国家示范院校重点建设专业

数控技术专业课程改革系列教材

汽车电器构造与维修

◎主　编　段　伟　马光胜

◎副主编　彭　伟　郭　微　耿道森

◎主　审　汪永华　余承辉

中国水利水电出版社
www.waterpub.com.cn

内 容 提 要

本书是安徽水利水电职业技术学院国家示范院校重点建设专业——数控技术专业课程改革成果之一。内容包括绪论、汽车电路图识读、汽车蓄电池、汽车交流发电机、汽车起动系、发动机点火系、照明与信号系统、汽车仪表与报警系统、空调系统、辅助电器系统、汽车音响与导航系统等。

本书为高职高专、电大、职大、成人教育等院校机械类、机电类专业的通用教材，也可作为工程技术人员的参考书。

图书在版编目（CIP）数据

汽车电器构造与维修/段伟，马光胜主编．—北京：中国水利水电出版社，2010.3（2014.1重印）
（国家示范院校重点建设专业、数控技术专业课程改革系列教材）
ISBN 978-7-5084-7303-1

Ⅰ.①汽… Ⅱ.①段…②马… Ⅲ.①汽车-电气设备-构造-高等学校：技术学校-教材②汽车-电气设备-车辆修理-高等学校：技术学校-教材 Ⅳ.①U472.41

中国版本图书馆CIP数据核字（2010）第039572号

书　　名	国家示范院校重点建设专业 数控技术专业课程改革系列教材 **汽车电器构造与维修**
作　　者	主　编　段　伟　马光胜 副主编　彭　伟　郭　微　耿道森 主　审　汪永华　余承辉
出版发行	中国水利水电出版社 （北京市海淀区玉渊潭南路1号D座　100038） 网址：www.waterpub.com.cn E-mail：sales@waterpub.com.cn 电话：（010）68367658（发行部）
经　　售	北京科水图书销售中心（零售） 电话：（010）88383994、63202643、68545874 全国各地新华书店和相关出版物销售网点
排　　版	中国水利水电出版社微机排版中心
印　　刷	北京市北中印刷厂
规　　格	184mm×260mm　16开本　21.25印张　517千字
版　　次	2010年3月第1版　2014年1月第2次印刷
印　　数	3001—5000册
定　　价	**42.00**元

前言

本书是安徽水利水电职业技术学院国家示范院校重点建设专业——数控技术专业课程改革成果之一，由学院教师和企业工程技术人员共同编写。

现代汽车电子技术的迅速发展，使汽车的动力性、经济性、环保性、安全性、舒适性等得到了进一步的提高，汽车已不仅仅是一种交通工具，进一步成为一种集先进机械制造工艺和高新电子技术为一体的技术密集型机电一体化产品。

现代汽车电路结构复杂，技术含量高，使许多初学者在学习修理汽车电器故障时遇到理论知识和技能知识的瓶颈。有鉴于此，为了适应高等职业技术教育的发展，我们结合国家劳动与社会保障部对于汽车维修工的考试要求编写了本书《汽车电器构造与维修》，目的是引导初学汽车维修者掌握汽车电器设备的构造和工作原理，能够读懂汽车电器电子线路图，并最终步入汽车维修工高级人才的行列。

该书作为汽车检测与维修方向的重要专业课规划教材，主要培养学员的汽车电器电路故障诊断能力和汽车电子系统拆装、检查、维修能力。本书第 1 章主要内容为介绍汽车电器设备的基本特点和学习方法，第 2 章主要内容为汽车电路识图必备的基础知识。此两章是为便于高职院校学生及其他初学者能够迅速读懂汽车电子线路而设立的，也是本书的特色之处。第 3 章～第 11 章从汽车电器基本组成系统讲起，详细解读了汽车电源系统、起动系统、点火系统、照明与信号系统、仪表与报警系统、辅助电器系统、音响与导航系统的相关的基础知识及相关元件的检修方法。书中还并以主流品牌汽车全车线路图为例，详细介绍了如何识别并读懂整车及各系统电子线路图。读者若能认真钻研本书，可从初学入门，再通过自己的检修实践逐渐提高认识，就有可能成为一名熟练的汽车保养和维修人员。

本书是为了落实《高等职业教育汽车运用与维修专业领域技能型紧缺人才培养指导方案》而编写的，其特色可以概括为：

（1）结合国家劳动与社会保障部对于汽车维修工的考试要求，编写中力求做到理论夯实、技能先进的原则。

（2）通过电路分析把汽车电器、汽车电路故障等相关知识有机地结合起来。

（3）坚持“实际、实用、实践”的编排原则，选择在国内生产和销售最多的中、高档车的实际车身电气系统上，讲解汽车基本系统电路识图、电路检修方法。

（4）本书内容注重应用、面向实践，既有汽车电器的使用与维护知识，也有电路故障的诊断和排除知识。学生在学完后基本能适应专门化岗位的需要，直接为企业所用。

本书由段伟、马光胜担任主编，由彭伟、郭微、耿道森担任副主编，由汪永华、余承辉组织编写并审阅、修改、完善。参加编写的还有吴云艳、程玉、汤萍、胡宏彪、葛从新、凤鹏飞、彭敏、曹文霞、朱梅云、杨利群，李媛媛、王维娜承担编务工作，江淮汽车股份有限公司技术部张雷工程师、胡军义工程师，奇瑞汽车股份有限公司乘用车技术中心关长明工程师，天津夏利汽车股份有限公司技术部张林涛参加了部分实训内容的编写并给予技术指导。

本书在编写过程中得到了众多汽车及零部件生产厂家、4S维修部门有关人员的大力支持，在此深表谢意。同时我们也参考了一些书刊和有关资料，并引用了其中的一些资料，在此一并向有关书刊和资料的作者表示最诚挚的感谢。

本书可作为各类职业院校汽车维修及相关专业的教材，可供汽车运用、汽车修理、汽车营销、汽车管理等技术人员参考。希望读者能够喜欢本书，作为编者将会感到十分欣慰。

由于编者水平有限，书中难免有错误和不妥之处，敬请广大读者批评指正。

编者

2010年1月

目录

第1章 绪 论

- **知识目标**

(1) 了解汽车电子技术发展的现况。

(2) 了解本课程的性质、内容，掌握本课程的学习特点。

- **技能目标**

(1) 掌握汽车电气设备的组成。

(2) 掌握汽车电器设备的特点。

1.1 汽车电子技术的现状与发展趋势

现代汽车不仅仅是一种交通工具，更是一种集先进机械制造工艺和先进电子技术为一体的技术密集型机电一体化产品。

所谓汽车电子，简单说来就是汽车制造及装修过程中所采用的电子信息技术系统产品。按照对汽车整体性能的作用划分，可以把汽车电子产品归纳为电子控制装置和车载数码系统两个大类，前者主要用于机械操作功能的改进，包括电子燃油喷射系统、制动防抱死控制、防滑控制、自动变速器、电子动力转向、制动控制系统、安全气囊和电子悬架控制系统等；后者则是为了给汽车提供更多的娱乐、通信及移动办公功能，与汽车的机械性能并无直接关系，包括卫星导航仪、车载音像、车载电话、上网设备等。如今在任何一部汽车上，都不难发现电子技术的痕迹。

据统计，从1989～2008年，电子设备在整部汽车制造成本中所占的比例，已经由16%增至30%以上，在一些名牌豪华轿车上更是占到整车成本的50%以上。有经济学家对于中国汽车电子市场作出定量预测：2007～2011年，汽车电子市场将保持快速发展，年均复合增长率将超过20%，估计2011年汽车电子市场将实现2400亿元的规模。

如图1.1所示，汽车电子技术的发展对汽车的安全、能源、污染控制及汽车的舒适性、免维护、智能化等许多方面起着非常重要的作用。汽车电子技术始于20世纪50年代，其发展大致可分为四个阶段：

第一阶段（20世纪50年代初～70年代初）：主要是开发分立元件和集成电路，开始应用电子装置代替传统的机械部件，如集成电路调节器、电子点火器等。

第二阶段（20世纪70年代中期～80年代中期）：主要是发展专用的独立系统，电气装置被应用在某些机械装置所无法解决的复杂控制功能方面，如电子控制汽油喷射系统、制动防抱死系统等。

第三阶段（20世纪80年代中期～90年代中期）：主要是开发可完成各种功能的综合系统及各种车辆整体系统的微机控制，汽车上的电气装置不仅已能自动承担基本控制任务，而且还能处理外部和内部的各种信息，如集发动机控制与自动变速器控制为一体的动力传动系统控制、制动防抱死与防滑转控制系统等。

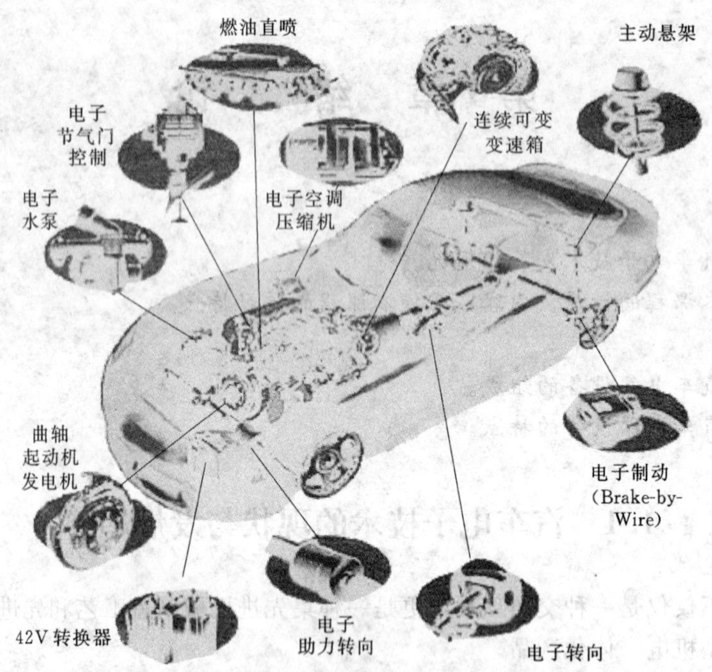

图 1.1 汽车电子技术车身分布图

第四阶段（20 世纪 90 年代中期开始）：主要是研究发展车辆的智能控制技术，模拟人的思维和行为对车辆进行控制，如汽车自动驾驶系统、汽车自动导航系统等。

目前，汽车电子技术正趋于形成计算机集中控制系统，这一系统包括主电脑和大量的微处理器、传感器、执行机构，是一个复杂精妙的信息交换和电控系统，这对车用计算机的计算速度提出了更高的要求。未来的汽车设计将更进一步朝着环保、节能、操作简单、智能化的方向发展。随着新技术、新材料的不断应用，汽车电器设备将会体积更小、性能更高、维修更简便，更好地满足汽车用户的要求。

随着动力和底盘电子控制系统持续产品升级，用于提高汽车舒适型和电控化水平的车身电子产品普及进程将进一步深化，车载信息系统将成为信息化时代车载电子产品的重要组成部分。而中国智能交通的发展对相关汽车电子产品普及也将起到重要的推动作用。

综上所述，“机电一体化”技术的发展决定了汽车电子技术发展的趋势。

1.2 汽车电器设备的构成

汽车电器构造与检修是一门汽车运用类专业课，其主要任务是阐明汽车各种电器的构造、原理、性质、使用、维护等诸方面的内容。现代汽车的电器设备种类和数量都很多，但总的来说，可以大致分为三大部分，即电源、用电设备、全车电路及配电装置。从功能上又可划分为八大部分。

1. 电源系

(1) 组成：蓄电池、发电机及电压调节器。其中蓄电池是汽车的辅助电源，发电机是汽车的主要电源。

(2) 作用：向用电设备提供低压直流电能。

2. 起动系

(1) 组成：起动机及其控制电路。

(2) 作用：在起动发动机时，带动发动机曲轴转动，并使其达到起动转速。

3. 汽油机点火系

(1) 分类：传统点火系、电子点火系、微机控制电子点火系。

(2) 作用：产生高压电火花，适时点燃发动机气缸内的可燃混合气。

4. 照明与信号装置

(1) 组成：车内外照明电路及信号系统。

(2) 作用：为车内外提供照明，同时就汽车运行状况做出信号提示，如提示行人或其他车辆注意本车行驶转向。

5. 仪表与报警装置

(1) 组成：水温表、燃油表、气压表、车速里程表、机油压力表、电流表、发动机转速表等仪表及其报警装置。

(2) 作用：显示汽车的运行工况的基本参数，同时对汽车运行异常及故障的发出警示或指示信号。

6. 辅助电器设备

(1) 组成：如电动刮水器、电动后视镜、中控门锁、自动坐椅等。

(2) 作用：提供方便、舒适的驾乘环境。

7. 音响与导航系统

(1) 组成：如收音机、CD 机、DVD、导航仪等。

(2) 作用：提供娱乐、舒适的驾乘环境。

8. 全车检测及配电装置

(1) 组成：包括各种检测、配电装置。检测装置，如诊断座和机油压力表、燃油表、车速里程表等各种仪表、各种检测传感器等；配电装置，如中央接线盒、电路开关、继电器、保险装置、接插件和导线等。

(2) 作用：对汽车行驶安全状况进行检测及整车线路的安全连接。

一般把除开关、起动电路、发电机以外的其他车载电器统称为用电设备。汽车电路的基本组成如图 1.2 所示。

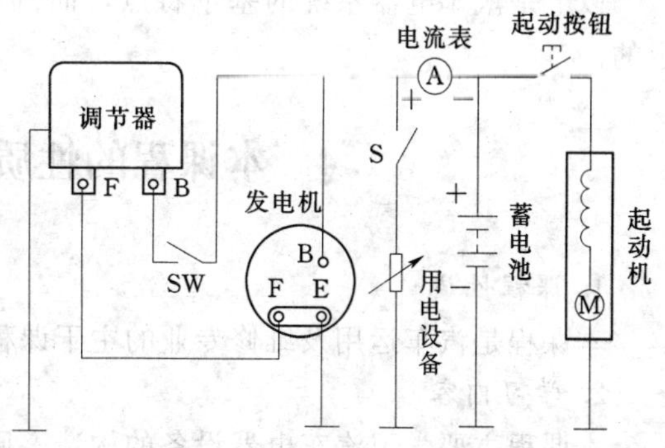

图 1.2 汽车电路的基本组成

1.3 汽车电器设备的特点

1. 两个电源

蓄电池是辅助电源，主要供起动机用电；发电机是主电源，提供汽车运行时各用电设备用电。

2. 低压直流

汽车电源的标称电压有12V和24V两种，目前汽油发动机普遍采用12V，而柴油发动机则多采用24V。由于蓄电池的充放电电流均为直流电流，所以发电机输出的也是直流电。采用低压系统比起市电和工业用电安全性好，蓄电池单格数少，便于蓄电池新技术的应用。

3. 并联单线

汽车用电设备较多，为确保各电器相互独立、便于控制和提高电气线路的可靠性，用电设备和电源间均为并联连接，蓄电池和发电机并联，可单独或同时向用电设备供电；各用电设备并联，可单独或同时工作。

单线制是指从汽车电源到用电设备只有一根导线连接，而用汽车底盘、车架和发动机等金属机体作为搭铁端。单线制节省导线、线路清晰，安装和检修方便，电器不需与车体绝缘。但对于某些电气设备，为了保证其工作可靠性，提高灵敏度，仍然采用双线制连接方式。如发电机与调节器间的搭铁线、双线电喇叭、电控单元、传感器等。同时由于汽车电脑控制功能的发展，已在向总线制过渡，现代汽车上控制单元ECU与控制单元ECU之间均采用了总线控制，即多路信号通过一条数据线传输。

4. 负极搭铁

为减少蓄电池电缆端子在车架车身连接处的电化学腐蚀，提高搭铁的可靠性和统一标准，方便电器的生产、使用和维护。采用单线制时，将蓄电池的负极接车架就称之为“负极搭铁”；反之，则称为“正极搭铁”，按照国家标准，我国生产的汽车均采用负极搭铁。

《汽车用电设备技术条件》中规定：汽车电系采用单线制时，必须统一电源负极搭铁。这表明同一汽车所有电器搭铁极性是一致的。任何一个电路中的电流都是从电源的正极出发经导线流入用电设备后，由用电设备自身或负极导线搭铁，通过车架或车身流回电源负极而形成回路。

以上是汽车电器系统的基本特点，而汽车电系的最大特点是由汽车类型及配置所决定的。

1.4 本课程的性质、内容和学习特点

1. 课程性质

本课程是汽车运用及维修专业的主干课程之一。

2. 学习内容

本课程主要学习汽车电器设备的构造、原理、使用方法与维护方法，主要电器的检测与维修，新型电器的结构特点与检修。通过本课程的学习，使学生掌握各种汽车电器与电子设备的功能、基本结构、工作原理、使用特性及常见故障诊断与排除等。结合学习汽车其他组成部分知识可考取汽车修理工及汽车电工等相关国家劳动部技能证书。

3. 学习目标

（1）掌握汽车电器设备的构造、工作原理及各大总成的修理和全车线路的分析方法。

（2）掌握主要电器的使用、维护和调整方法。

（3）熟悉汽车电器设备的检测、维修专用仪器、设备的工作原理并掌握其使用方法。

(4) 掌握新型汽车电器的构造特点及检修方法。

4. 学习特点

本课程是汽车专业课，以电工电子学为理论基础，学习中需要重视理论学习，用理论指导实践。在实际操作中还要加强操作技能的训练，掌握正确的操作方法。

主对于结构复杂及实践性较强的内容，须充分利用实物，采取边学习、边实践的学习方法，加强对所学内容的理解，并不断归纳总结，培养举一反三的能力。

对于理论与技能这两个学习部分，应加强预习和复习，以获得较好的学习效果。

本 章 小 结

1. 汽车电器设备包括三个部分：电源、用电设备、全车电路及配电装置。

2. 汽车电器设备的特点是：低电压、直流电、并联单线、负极搭铁。

单 元 习 题

一、判断题（正确的打“√”，错误的打“×”）

1. 汽车在正常运行时，向用电器供电的是发电机。（ ）

2. 汽车上用的电和日常生活上用的电是一样的，都是交流电。（ ）

3. 因为汽车上用电器都是一条导线连接的，所以称为串联单线制。（ ）

4. 汽车上采用单线制时，必须是负极搭铁。（ ）

二、简答题

1. “汽车电器构造与维修”课程是讲授什么知识的？

2. 现代汽车电气设备可分为哪八大系统？

3. 汽车电气设备有哪四个共同的特点？

第2章 汽车电路图识读

- **知识目标**

  (1) 了解汽车电路主要元件的组成与要求。

  (2) 了解汽车电路图常见符号。

- **技能目标**

  (1) 掌握利用原车电路图分析和查找电路故障的方法。

  (2) 掌握汽车电路识图的一般方法。

  (3) 掌握分析汽车电器系统故障的方法。

2.1 概 述

汽车电路图是利用各种符号和线条构成的图形，电路图清楚地表示了电路中各组成元件，如电源、保险、继电器、开关、继电器盒、连接器、电线、搭铁等。有些电路图还表示了电器零件的安装位置、连接器的形式及接线情况、电线的颜色、接线盒和继电器盒中继电器及保险的位置，线束在汽车上的布置。汽车电路图一般可分为汽车电气线路图、汽车电路原理图和汽车线路定位图，如图2.1所示。

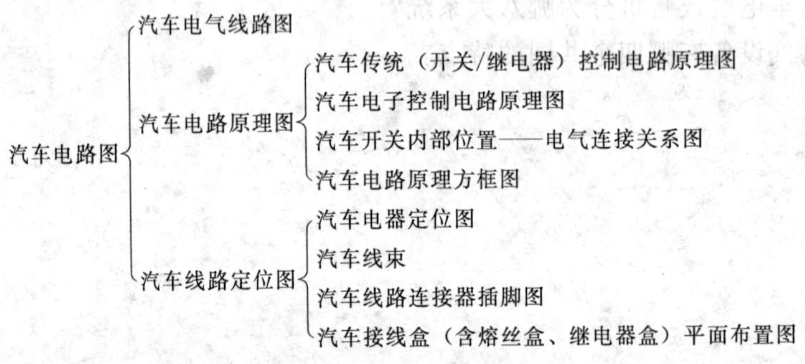

图2.1 汽车电路图类型

汽车电路图是维修汽车电器设备的重要辅助工具，特别是随着现代汽车工业的不断发展，汽车有关电子电器的内容越来越多，电路越来越复杂，所以，对于维修人员来说，有很多故障必须通过仔细阅读电路图，并根据其相应的功能才能对故障进行分析，准确地查出故障的部位。

2.1.1 全车电路的组成

整车电路就是电气设备的电路按照它们各自的工作性能及它们之间的内在联系，用导线连接起来构成的一个整体，主要由以下几部分组成：

(1) 电源电路：由蓄电池、发电机及电压调节器和工作情况显示装置等组成，其主要

任务是对全车所有用电设备供电并维持供电电压稳定。

(2) 起动电路：由起动机、起动继电器、起动开关及起动保护装置等组成，其主其要任务是将发动机由静止状态转变为自行运转状态。

(3) 点火电路：由分电器、电子点火控制器、点火线圈、火花塞及点火开关等组成，其主要任务是控制并产生足以击穿火花塞电极间隙的电压，同时按发动机工作顺序将高压电送至各缸火花塞。

(4) 空调控制电路：由空调压缩机电磁离合器、空调控制器、控制开关及风机控制电路等组成，其主要任务是根据环境温度和空气质量控制调节车内的温度和空气质量，以满足乘员舒适度的要求。

(5) 仪表电路：由仪表、指示表、传感器、各种报警器及控制器等组成，其主要任务是控制各种仪表显示信息参数及报警。

(6) 照明与信号电路：由前照灯、雾灯、示廓灯、转向灯、制动灯、倒车灯等及其控制继电器和开关组成，其主要任务是控制各种照明灯的启闭及各种信号的输出。

(7) 辅助电器电路：由各种辅助电器及其控制继电器和开关等组成，其主要任务是根据需要控制各种辅助电器的工作时机和工作过程。

(8) 电子控制系统电路：由电子控制器 ECU 根据车辆上所装用的电控系统内容不同采用不同的控制方式完成控制功能。

2.1.2 控制开关

全车电路控制是通过各种控制开关接通或切断电源与用电设备之间的电路连接来实现的。汽车上控制开关主要有以下四种。

1. 电源开关

车辆上装有电源总开关，用于切断蓄电池与外电路的连接，以防止车辆停驶过程中蓄电池经外电路漏电。电源开关主要有闸刀式和电磁式两种：闸刀式电源开关直接由手动切断或接通电源；电磁式电源开关则由电磁力吸力控制触点的吸合或断开而实现的。

2. 点火开关

点火开关是一个多挡开关，需用相应的钥匙才能对其进行操纵。点火开关通常用于控制点火电路、仪表电路、发电机励磁电路、起动电路及一些辅助电器电路等。

3. 灯光开关

灯光开关通常是两挡式开关，按操纵的形式分主要有推拉式、旋转式、组合式三种。灯光开关Ⅰ挡接通示廓灯、尾灯、仪表照明灯等；Ⅱ挡接通前照灯、尾灯、仪表照明灯等。

4. 组合开关

组合开关由两种及两种以上的开关如转向灯开关、警报灯开关、灯光开关、前照灯变光开关、刮水器开关、洗涤开关等集装在一起，可使操纵更加方便。

2.1.3 保险装置

汽车电路中都设有保护装置，当线路因负荷超载、短路故障而电流过大时，保护装置自动断开电源电路，以防止线路或用电设备烧坏。汽车上保险装置主要有以下三种。

1. 熔断器

熔断器的保护元件是熔丝，串联在其所保护的电路中。当通过熔丝的电流超过其规定值时，熔丝发热熔断，从而保护了线路用电设备不被烧坏。

熔断器的熔丝固定在可插式塑料片上或封装在玻璃管中。通常将熔断器集中安装在一个盒中，并称之为熔断器盒或电源盒，如图 2.2 所示。各熔断器都编号排列，有的还在熔断器上涂以不同的颜色，以便于检修时识别。

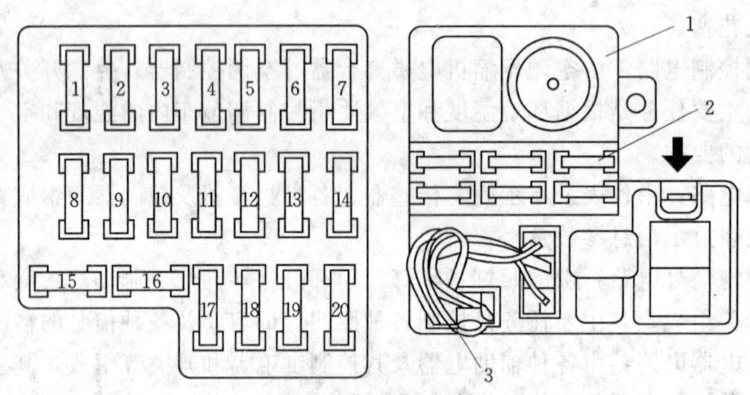

图 2.2　熔断器盒

1—熔断器盒；2—熔断器；3—易熔线

2. 易熔线

易熔线比熔丝粗一些，被保护的线路其工作电流往往较大，通常连接在电源线路和通过电流较大的线路上。

3. 断路器

断路器起保护作用的主要元件是双金属片和触点，有自恢复式和按压恢复式两种。

如图 2.3 所示为自恢复式断路器的工作过程。当被保护线路中的电流超过规定值时，双金属片受热弯曲而使触点张开而切断电路。电路断电后，双金属片因无电流通过而逐渐冷却伸直，触点又重新闭合，接通电路。

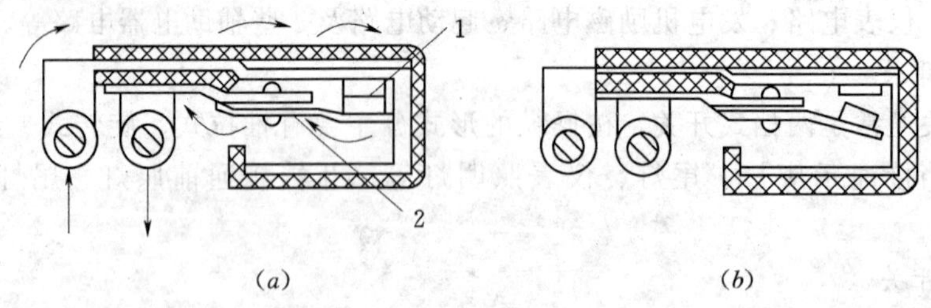

(*a*)　(*b*)

图 2.3　自恢复式断路器

(*a*) 触点闭合通路；(*b*) 触点张开断路

1—触点；2—双金属片

如果线路电流过大的原因未及时排除，自恢复式断路器就会使电路时而接通，时而切断，以限制通过线路的电流，起到了线路过载保护的作用。

如图 2.4 所示为按压恢复式断路器的组成结构。当被保护线路中的电流超过规定值

时，双金属片受热向上弯曲，使双金属片两端的触点张开而切断电路。向上弯曲的双金属片冷却后不能自行恢复原形，若要重新接通电路，必须按下按钮才能使双金属片复位。

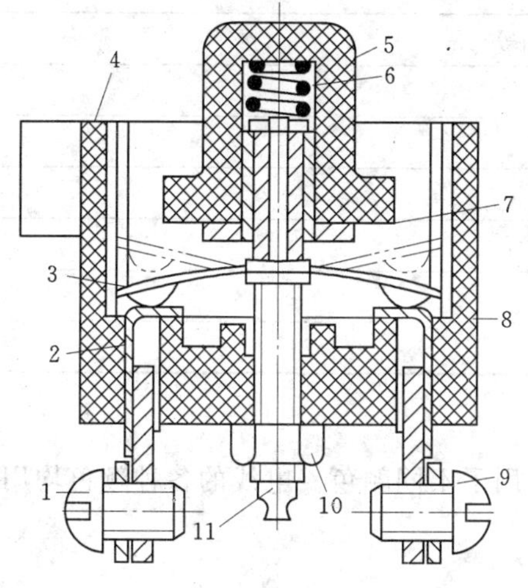

图 2.4 按压恢复式熔断器

1、9—接线柱；2、8—触点；3—双金属片；4—外壳；5—按钮；6—弹簧；7—垫圈；10—锁紧螺母；11—调整螺钉

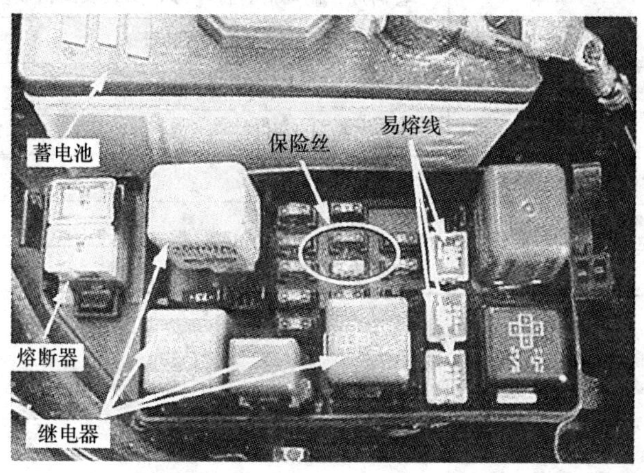

图 2.5 汽车熔断器盒

这种断路器的限定电流是可调的，需要调整时，松开紧固螺母，旋动调整螺钉，改变双金属片的挠度即可。如图 2.5 所示为汽车熔断器盒中的三种熔断器。

2.2 导线、线束和连接器

2.2.1 导线

导线是汽车电器线路的基础元件，均采用多股铜线。

1. 导线截面积

导线的截面积根据所用电气设备的电流值确定。为保证导线有足够的机械强度，规定截面积不能小于 $0.5mm^2$。各种低压导线标称截面积所允许载流值见表 2.1。

表 2.1 低压导线参数

铜芯导线截面积（mm^2）	1.0	1.5	2.5	3.0	4.0	6.0	10	13
导线允许截流量（A）	11	14	20	22	25	35	50	60

导线标称截面积是根据规定换算方法得到的截面积值，它既不是线芯的几何面积，也不是各股铜线几何面积之和。

12V 车辆主要线路导线的标称截面积推荐值见表 2.2。

表 2.2 **12V 车辆主要线路导线种类**

标称截面积（mm^2）	适用的电路
0.5	尾灯、顶灯、仪表灯、指示灯、牌照灯、燃油表等
0.8	转向灯、制动灯、停车灯、点火线圈初级绕组等
1.0	前照灯、电喇叭等（3A 以下）
1.5	前照灯、电喇叭等（3A 以上）
1.5～4.0	其他 5A 以上电路
4.0～6.0	柴油车电热塞电路
6.0～25	电源电路
16～95	起动电路

2. 导线的颜色

为了便于识别和维修，电线束中的低压电线都采用了不同颜色。电线的各种颜色均用字母表示，其代号规定见表 2.3。

表 2.3 **导线颜色及其代号**

颜色	黑	白	红	绿	黄	棕	蓝	灰	紫	橙
代号	B	W	R	G	Y	Br	BL	Gr	V	O

低压电线的选择主色规定见表 2.4。

表 2.4 **汽车电路导线颜色选择**

系统名称	主色代号	系统名称	主色代号
电器装置搭铁线	B	仪表及报警指示和喇叭系统	Br
点火起动系统	W	前照灯、雾灯等外部照明系统	BL
电源系统	R	各种辅助电动机及电器操纵系统	Gr
灯光信号系统	G	收音机、点烟器等辅助装置系统	V
防雾灯及车身内部照明系统	Y		

2.2.2 线束

线束是由同路的导线包扎而成，可使线路不凌乱，便于安装，而且起到了保护导线的作用。一辆车辆可以有多个线束，如图 2.6 所示是东风 EQ1090 型汽车全车电器系统的线束图。

2.2.3 连接器

连接器和电线焊片是线路与各电器设备之间、线路与线路之间的连接部件。现代车辆由于采用了线间连接器，使线束设计的自由度增加，其线束的数量也可较多，给安装、检修和更换带来了方便。车辆常用连接器及电线焊片接头如图 2.7 所示。

连接器由插头和插座两部分组成，车辆上不同位置所用连接器的端子数目、几何尺寸和形状各不相同。为保证连接可靠，连接器设有锁止装置，大多数连接器具有良好的密封性，以防止油污、水及灰尘等进入而使端子锈蚀。在车辆电路图上连接器有特定的图形符号表示，如图 2.8 所示为我国汽车连接器的图形符号。

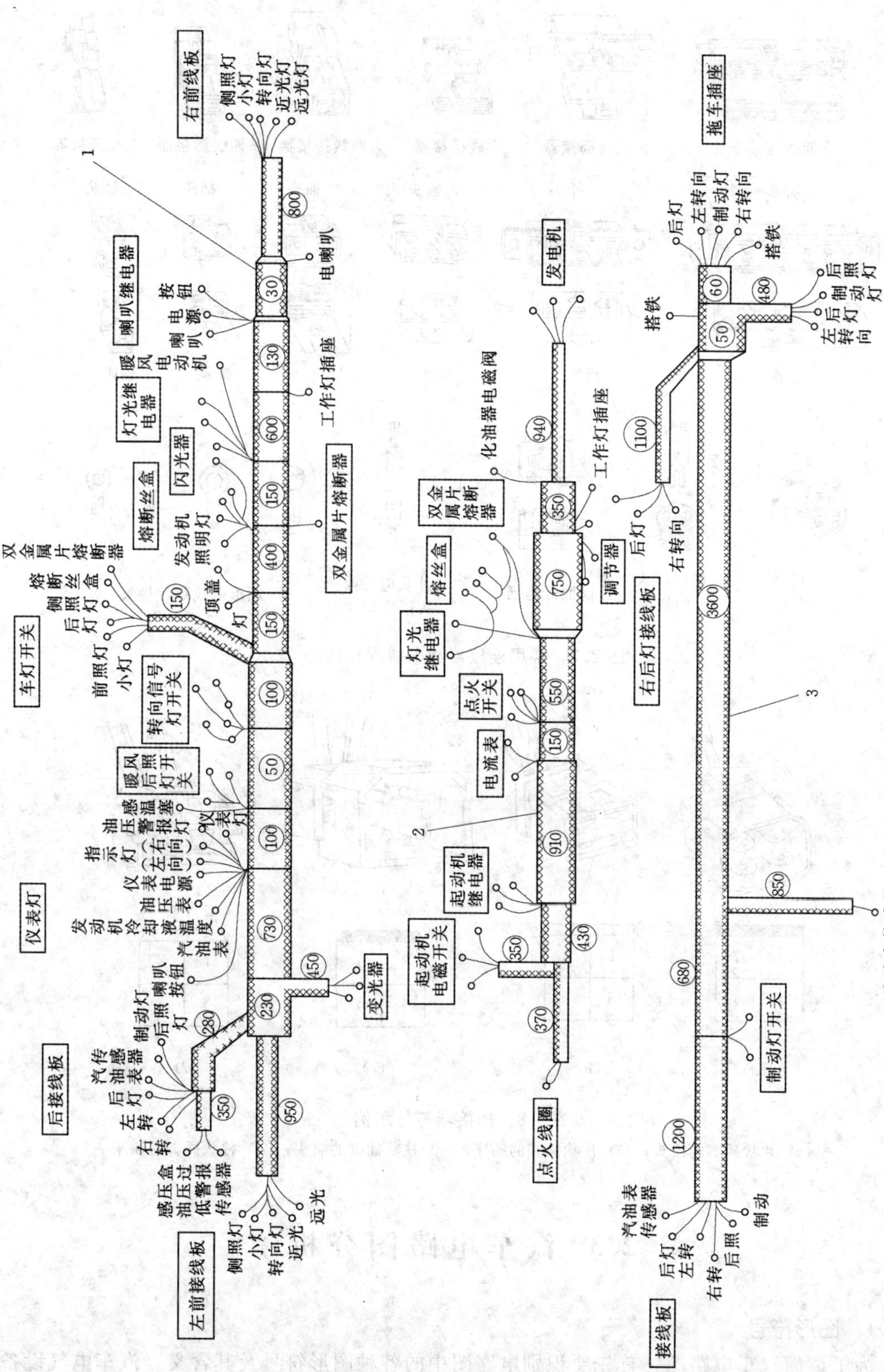

图 2.6 EQ1090 汽车线束图

1—驾驶室线束；2—电源、点火、起动线束；3—车架线束

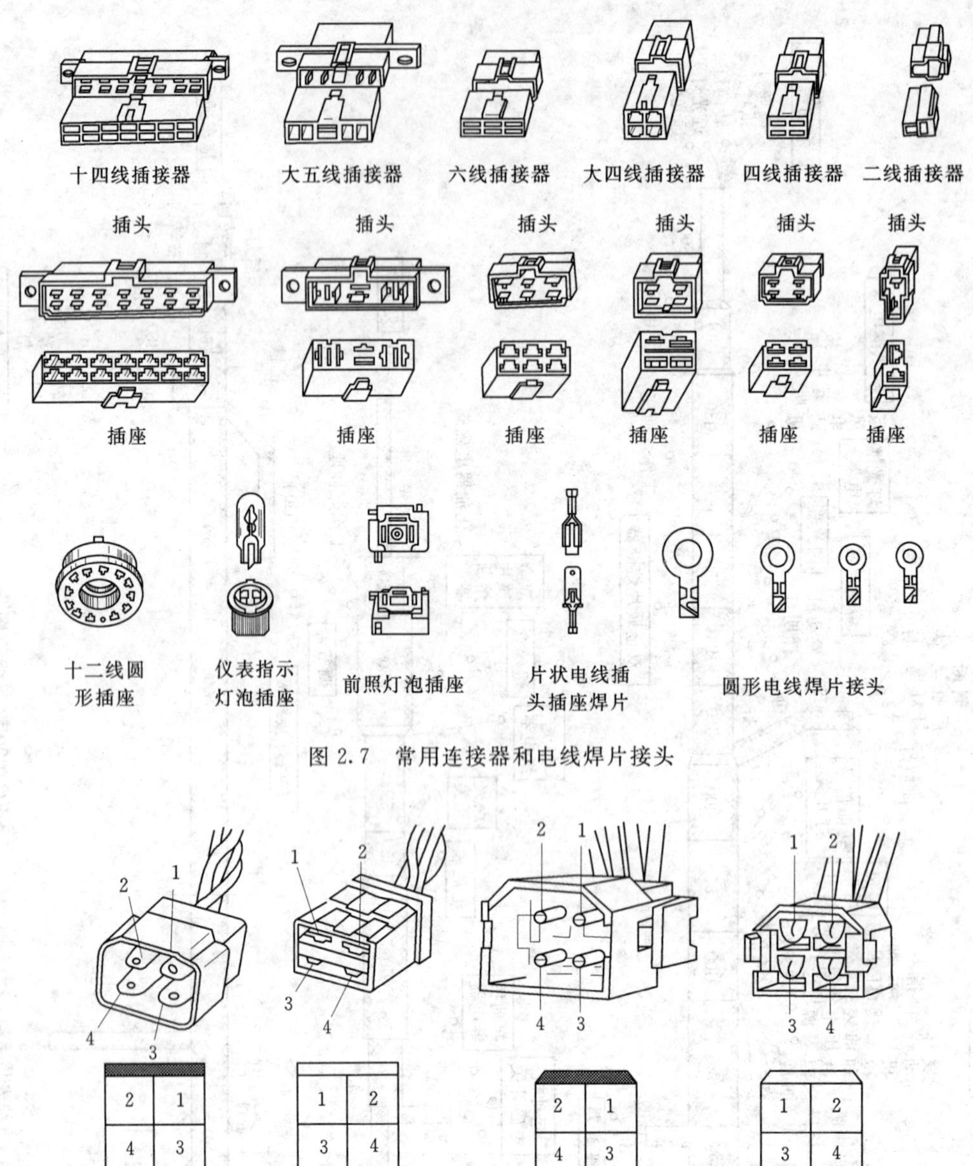

图 2.7　常用连接器和电线焊片接头

图 2.8　插接器符号示例

(*a*) 片状插脚的插头；(*b*) 片状插脚的插座；(*c*) 柱状插脚的插头；(*d*) 柱状插脚的插座

2.3　汽车电路图分析

2.3.1　图形符号

为了读懂汽车电路图，首先要识别电路图中的各种图形符号及其含义。汽车电气设备电路图常用图形符号可分为以下 5 种：

（1）汽车电路图限定符号，见表 2.5 所示。

表 2.5　　汽车电路图限定符号

序号	名　称	图形符号	序号	名　称	图形符号
1	直流	—	6	中性点	N
2	交流	～	7	磁场	F
3	交直流	≂	8	搭铁	⊥
4	正极	＋	9	交流发电机输出接线柱	B
5	负极	−	10	磁场二极管输出端	D_+

（2）导线、端子和导线的连接符号，见表 2.6。

（3）触点与开关符号，见表 2.7。

（4）电器元件符号，见表 2.8。

（5）仪表符号，见表 2.9。

（6）传感器符号，见表 2.10。

表 2.6　　导线、端子和导线的连接符号

序号	名　称	图形符号	序号	名　称	图形符号
1	接点	●	11	多极插头和插座（示出的为三极）	
2	端子	○			
3	可拆卸的端子	ϕ			
4	导线的连接				
5	导线的分支连接		12	接通的连接片	
6	导经球交叉连接		13	断开的连接片	
7	导线的跨越		14	边界线	
8	插座的一个极		15	屏蔽（护罩）	
9	插头的一个极				
10	插头和插座		16	屏蔽导线	

表 2.7　　触点与开关符号

序号	名　称	图形符号	序号	名　称	图形符号
1	动合（常开）触点		5	双动合触点	
2	动断（常闭）触点		6	双动断触点	
3	先断后合的触点		7	单动断双动合触点	
4	中间断开的双向触点		8	双动思单动合触点	

续表

序号	名　称	图形符号
9	一般情况下手动控制	
10	拉拔操作	
11	旋转操作	
12	推动操作	
13	一般机械操作	
14	旋转、旋钮开关	
15	液位控制开关	
16	机油滤清器报警开关	OP
17	热敏开关动合触点	$t°$
18	热敏开关动断触点	$t°$
19	热敏自动开关动断触点	
20	钥匙操作	
21	热执行器操作	
22	温度控制	t
23	压力控制	p
24	制动压力控制	BP
25	液位控制	
26	凸轮控制	
27	联动开关	
28	手动开关的一般符号	
29	定位(非自动复位开关)	
30	按钮开关	
31	能定位的按钮开关	
32	拉拔开关	
33	热继电器触点	
34	旋转多挡开关位置	0 1 2
35	推拉多挡开关位置	0 1 2
36	钥匙开关（全部定位）	0 1 2
37	多挡开关、点火、启动开关，瞬时位置为2能自动返回到1(即2挡不能定位)	0 1 2　0,1
38	节流阀开关	

表 2.8 电器元件符号

序号	名　称	图形符号	序号	名　称	图形符号
39	电阻器		58	滑线式变阻器	
40	可变电阻器		59	分路器	
41	压敏电阻器	U	60	滑动触点电位器	
42	热敏电阻器	t°	61	仪有照明调光电阻	
43	光敏电阻		62	电感器、线圈、绕阻、扼流图	
44	加热元件、电热塞		63	带磁心的电感器	
45	电容器		64	熔断器	
46	可变电容器		65	易熔线	
47	极性电容器	+	66	电路断电器	
48	穿心电容器		67	永久磁铁	
49	半导体二极管一般符号		68	操作器件一般符号	
50	单向击穿二极管，电压调整二极管（稳定压）		69	一个绕组电磁铁	
51	发光二极管				
52	双向二极管（变阻二极管）		70	两个绕组电磁铁	
53	三极晶体闸流管				
54	光电二极管		71	不同方向绕组电磁铁	
55	PNP 型三极管				
56	集电极接管壳三极管（NPN 型）		72	触点常丌的继电器	
57	具有两个电极的压电晶体		73	触点常闭的继电器	

表 2.9　　仪 表 符 号

序号	名　　称	图形符号	序号	名　　称	图形符号
1	指示仪表	● (圆圈)	8	转速表	n (圆圈)
2	电压表	V (圆圈)	9	温度表	$t°$ (圆圈)
3	电流表	A (圆圈)	10	燃油表	Q (圆圈)
4	电压电流表	A/V (圆圈)	11	车速里程表	v (圆圈)
5	欧姆表	Ω (圆圈)	12	电钟	(圆圈内直角)
6	瓦特表	W (圆圈)	13	数字式电钟	(方框内数字及钟)
7	油压表	OP (圆圈)			

表 2.10　　传 感 器 符 号

序号	名　　称	图形符号	序号	名　　称	图形符号
1	传感器的一般符号	* (方框)	8	空气流量传感器	AF (方框)
2	温度表传感器	$t°$ (方框)	9	氧传感器	λ (方框)
3	空气温度传感器	$t°a$ (方框)	10	爆震传感器	K (方框)
4	水温传感器	$t°w$ (方框)	11	转速传感器	n (方框)
5	燃油表传感器	Q (方框)	12	速度传感器	v (方框)
6	油压表传感器	OP (方框)	13	空气压力传感器	AP (方框)
7	空气质量传感器	m (方框)	14	制动压力传感器	BP (方框)

(7) 电器设备符号，见表2.11。

表2.11 电器设备符号

序号	名称	图形符号	序号	名称	图形符号
1	加热定时器	H T	15	蓄电池组	
2	点火电子组件	I C	16	蓄电池传感器	B
3	风扇电动机	M	17	制动灯传感器	BR
4	刮水电动机	M	18	尾灯传感器	T
5	天线电动机	M	19	制动器摩擦片传感器	F
6	直流伺服电动机	SM	20	燃油滤清器积水传感器	W
7	直流发电机	G	21	三丝灯泡	
8	星形连接的三相绕组		22	汽车底盘与吊机间电路滑环与电刷	
9	三角形连接的三相绕组		23	自记车速里程表	v
10	定子绕组为星形连接的交流发电机	G 3~	24	带电钟自记车速里程表	v
11	定子绕组为三角形连接的交流发电机	G 3~	25	带电钟的车速里程表	v
12	外接电压调节器与交流发电机	G 3~ U	26	门窗电动机	M
13	整体式交流发电机	G 3~ U	27	坐椅安全带装置	
14	蓄电池				

（8）仪表板上常用控制符号，如图 2.9 所示。

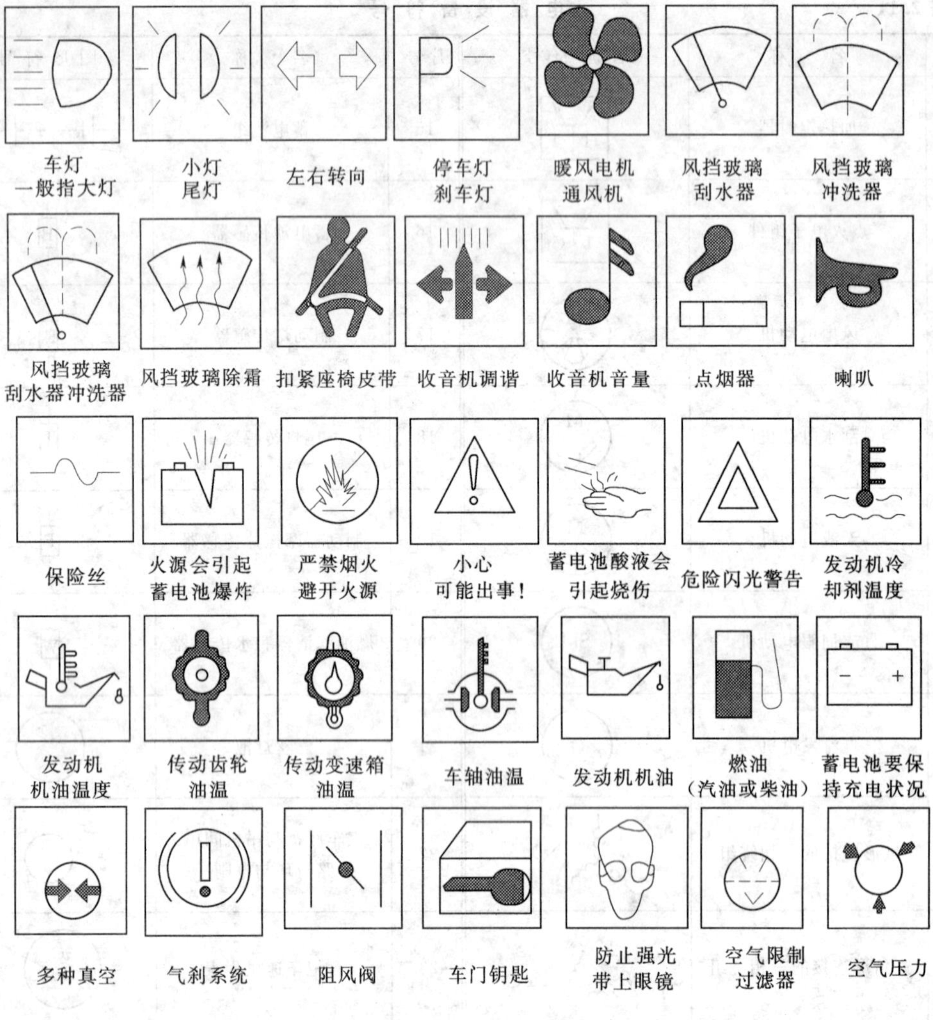

车灯一般指大灯　小灯尾灯　左右转向　停车灯刹车灯　暖风电机通风机　风挡玻璃刮水器　风挡玻璃冲洗器

风挡玻璃刮水器冲洗器　风挡玻璃除霜　扣紧座椅皮带　收音机调谐　收音机音量　点烟器　喇叭

保险丝　火源会引起蓄电池爆炸　严禁烟火避开火源　小心可能出事！　蓄电池酸液会引起烧伤　危险闪光警告　发动机冷却剂温度

发动机机油温度　传动齿轮油温　传动变速箱油温　车轴油温　发动机机油　燃油（汽油或柴油）　蓄电池要保持充电状况

多种真空　气刹系统　阻风阀　车门钥匙　防止强光带上眼镜　空气限制过滤器　空气压力

图 2.9　仪表板上常用控制符号

2.3.2　汽车电路图识读方法

（1）认真读几遍图注。图注说明了该汽车所有电气设备的名称及其数码代号，通过读图注可以初步了解该汽车都装配了哪些电气设备。然后通过电气设备的数码代号在电路图中找出该电气设备，在进一步找出相互连线、控制关系。

（2）牢记电气图形符号。汽车电路图是利用电气图形符号来表示其构成和工作原理的。因此，必须牢记电路图形符号的含义，才能看懂电路原理图。

（3）熟记电路标记符号。为了便于绘制和识读汽车电器电路图，有些电器装置或其接线柱等上面都赋予不同的标志代号。

（4）牢记汽车电路特点。

（5）牢记回路原则。任何一个完整的电路都是由电源、熔断器、开关、控制装置、用电设备、导线等组成。电流流向必须从电源正极出发，经过熔断器、开关、控制装置、导线等到达用电设备，再经过导线（或搭铁）回到电源负极，才能构成回路。因此电路读图

时，有三种思路：

思路一：沿着电路电流的流向，由电源正极出发，顺藤摸瓜查到用电设备，开关、控制装置等，回到电源负极。

思路二：逆着电路电流的方向，由电源负极（搭铁）开始，经过用电设备、开关、控制装置等回到电源正极。

思路三：从用电设备开始，依次查找其控制开关、连线、控制单元，到达电源正极和搭铁（或电源负极）。

实际应用时，可视具体电路选择不同思路，但有一点值得注意：随着电子控制技术在汽车上的广泛应用，大多数电气设备电路同时具有主回路和控制回路，读图时要兼顾两回路。

(6) 浏览全图，分割各个单元系统。要读懂汽车电路图，首先必须掌握组成电路的各个电器元件的基本功能和电器特性。在大概掌握全图的基本原理的基础上，再把一个个单元系统电路分割开来，这样就容易抓住每一部分的主要功能及特性。

在框划各个系统时，一定要遵守回路原则，注意既不能漏掉各个系统中的组件，也不能多框划其他系统的组件，一般规律是：各电器系统只有电源和总开关是公共的，其他任何一个系统都应是一个完整的独立的电器回路，即包括电源、开关（保险）、电器（或电子线路）、导线等。从电源的正极经导线、开关、保险丝至电器后搭铁，最后回到电源负极。

(7) 熟记各局部电路之间的内在联系和相互关系。从整车电路来讲，各局部电路除电源电路公用外，其他单元电路都是相对独立的，但它们之间也存在着内在联系（如信号共享）。因此，识图时，不但要熟悉各局部电路的组成、特点、工作过程和电流流经的路径，还要了解各局部电路之间的联系和相互影响。这是迅速找出故障部位、排除故障的必要条件。

(8) 掌握各种开关在电路中的作用。对多层多挡接线柱的开关，要按层、按挡位、按接线柱逐级分析其各层各挡的功能。有的用电设备受两个以上单挡开关（或继电器）的控制，有的受两个以上多挡开关的控制，其工作状态比较复杂。当开关接线柱较多时，首先抓住从电源来的一两个接线柱，再逐个分析与其他各接线柱相连的用电设备处于何种挡位，从而找出控制关系。

对于组合开关，实际线路是在一起的，而在电路图中又按其功能画在各自的局部电路中，遇到这种情况必须仔细研究识读。

(9) 全面分析开关、继电器的初始状态和工作状态。在电路图中，各种开关、继电器都是按初始状态画出的。即按钮未按下、开关未接通，继电器线圈未通电，其触点未闭合（指常开触点），这种状态称为原始状态。在识图时，不能完全按原始状态分析，否则很难理解电路的工作原理，因为大多数用电设备都是通过开关、按钮、继电器触点的变化而改变回路的，进而实现不同的电路功能。所以，必须进行工作状态的分析。

(10) 掌握电器装置在电路图中的位置。大量电器装置是机电合一的，在电路图上表示时，厂家为了使画法既简单（便于画图）又便于识图，多根据实际情况采用集中或分开表示法。

集中表示法是把一个电器装置的各组成部分，在图上集中绘制的一种表示方法。此法仅适用于较简单的电路。

分开表示法，如把继电器的线圈、触点分别画在不同的电路中，用同一文字符号或数字符号将分开部分联系起来。

(11) 先易后难。有些汽车电路图的某些局部电路可能比较复杂，一时难以看懂，可以暂时将其放一放，待其他局部电路都看懂后，结合看懂图中与该电路有联系的有关信息，再来进一步识读这部分电路。

(12) 注意搜集资料和经验积累。对于看不懂的电路要善于请教有关人员，同时还要善于查找收集相关资料；注意深入研究典型汽车电路，做到触类旁通；特别注意实际工作经验的积累，新技术、新工艺的应用和创新。

总之，在读车辆电路时，一定先读懂某种车型的电路图，再遵循举一反三、触类旁通、对照比较的原则，去掌握其他车型电路的读图方法。

2.3.3　全车电路图例

大众公司车系在我国占有率很高，下面以大众车系为例，解释电路图的读图方法。

1. 电路图中各符号的含义

典型大众车系的电路图如图2.10所示。图中各个符号解释见表2.12。

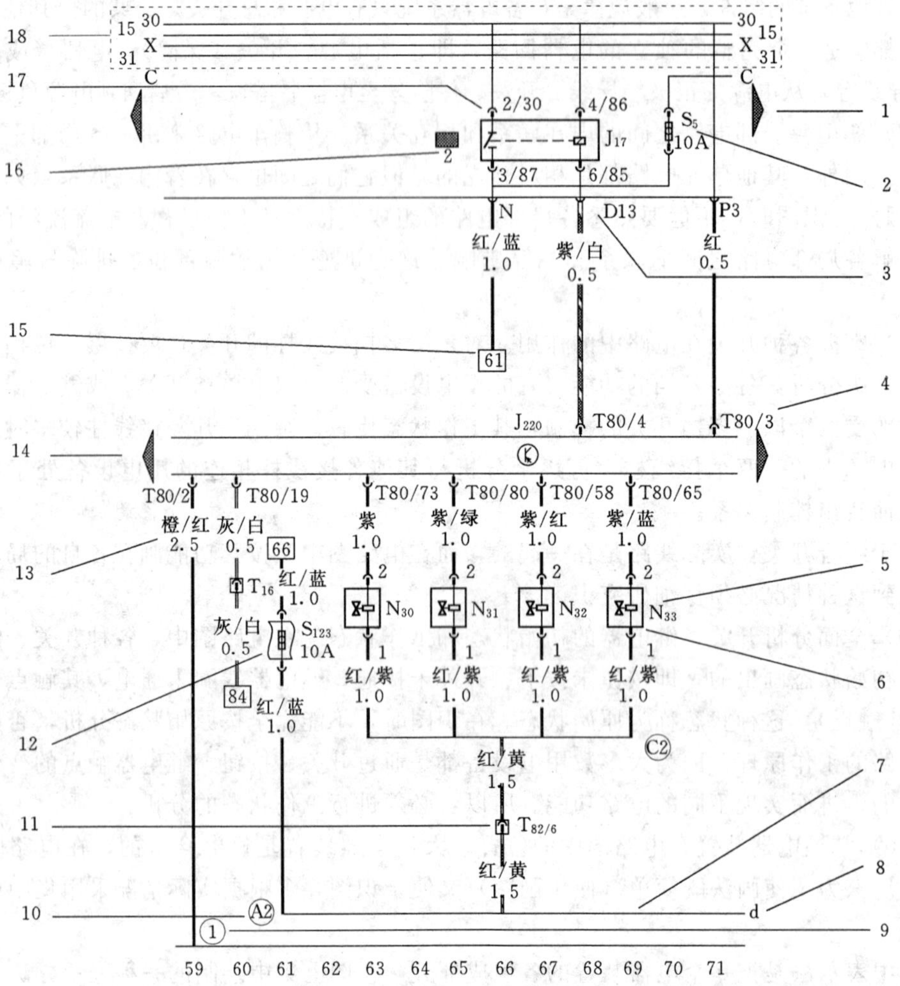

图2.10　典型大众车系的电路图

表 2.12 大众车系电路图符号表

图例	含义
1—三角箭头	表示下接下一页电路图
2—熔断丝代号	图 2.10 中 S5 表示该熔断丝位于熔断丝座第 5 号位，10A
3—继电器板上接头连接代号	表示多针或单针插头连接和导线的位置，例如，D13 表示多针插头连接，D 位置触点 13
4—接线端子代号	表示电器元件上接线端子数/多针插头连接触点号码
5—元件代号	在电路图下方可以查到元件的名称
6—元件的符号	插头与插座
7—内部接线（细实线）	该接线并不是作为导线设置的，而是表示元件或导线束内部的电路
8—指示内部接线的去向	字母表示内部接线在下一页电路图中与标有相同字母的内部接线相连
9—搭铁点的代号	在电路图下方可查到该代号搭铁点在汽车上的位置
10—线束内连接线的代号	在电路图下方可查到该不可拆式连接位于哪个导线束内
11—插头连接	例如，$T_{8a/6}$表示 8 针 a 插头触点 6
12—附加熔断丝符号	例如，S_{123}表示在中央电器附加继电器板上第 23 号位熔断丝，10 安培
13—导线的颜色和截面积	例如，棕/红 2.5 表示线束为棕红相间颜色，线束直径为 2.5mm²
14—三角箭头	指示元件接续上一页电路图
15—指示导线的去向	框内的数字指示导线连接到哪个接点编号
16—继电器位置编号	表示继电器板上的继电器位置编号
17—继电器板上继电器或控制器接线代号	该代号表示继电器多针插头的各个触点。例如，2/30 表示：2＝继电器板上 2 号位插口的触点 2，30＝继电器/控制器上的触点 30
18—中央电器继电器和熔断丝座	标有“30”字样的导线直接与蓄电池正极相连接，中间不经过任何开关，不论汽车处于停车或发动机处于熄火状态均有电，其电压为电源电压（12V 或 14V）。“30”字样导线所连接的用电设备均为发动机熄火时所需要用电的电器，如停车灯、报警灯、制动灯、顶灯、冷却风扇电动机等。标有“15”字样的导线为小容量用电设备的电源正极线，受点火开关控制。只有在点火开关接通后，用电设备才能通电使用。标有“X”字样的导线为大容量用电设备的电源正极线，受点火开关控制。只有在点火开关接通后、卸荷继电器触点闭合、车辆起步运行中才能使用的大容量电器所用电源线。标有“31”字样的为中央线路板内搭铁点

2. 电路图的整体标识

本车电路图大体上可以分解为以下几部分：

（1）外线部分。外线部分在电路图上以粗实线画出，集中在图的中间部分。每条线上都有导线的颜色、导线的截面积的标注。线端都有接线柱号或插口号表示其连接关系。颜色标记以字母表示。对应关系为：ws 代表白色；sw 代表黑色；rd 代表红色；gn 代表绿色；bl 代表蓝色；gr 代表灰色；li 代表紫色；ge 代表黄色。如果导线是双色的，则以两种颜色的字母共同标记，如 ro/sw、sw/ge 等。导线的截面积是以数字标示在导线上方，单位是 mm²，如 0.5、1.0、1.5、2.5、4.0 等。

（2）内部连接部分。内部连接部分在图上以细线画出。这部分连接是存在的，但线路是不存在的。标示线路只是为了说明这种连接关系，使电路图更加容易被理解。

1）电器元件部分。电路图本身就是表达元件之间的连接关系的，因此，电器元件在电路图中是主体。电器元件在图中用框图附以相应的标号表示。每一个元件都有一个代号，如A表示蓄电池；N表示电磁阀等。电器元件的接线点都用标号标出，标号在元件上可以找到。

2）继电器、熔断器及其连接件部分。这一部分表示在图的上部，反映的内容有：继电器的位置号、继电器名称，中央配电盒上插接件符号、中央配电盒上连接件符号、熔断器座标号及熔断器容量等。

(3) 电路接续号。在图的最下方，这一标号只是制图和识图的标记号，数字的大小没有实际的物理意义。它有两个作用：一是可顺序表达整个车的全部电路内容，便于每一部分既相对独立又相互联系；另一个作用是便于反映在一部分电路图中难以表达的接续部分。

3. 电路图的特点分析

(1) 接点标记具有固定的含义。在大众汽车电路图中经常遇到接点标记的数字及字母，它们具有固定的含义。如数字30代表的是来自蓄电池正极的供电线；数字31代表搭铁线；数字15代表来自点火开关的点火供电线；数字50代表点火开关在起动挡时的起动供电线；X代表受控的大容量用电设备供电线（来自卸荷继电器的供电线）等。无论这些标记出现在电路的什么地方，相同的标记都代表相同的接点。

(2) 所有电路都是纵向排列，不互相交叉。大众公司汽车电路图采用了断线代号法来处理线路复杂交错的问题。例如，假设某一条线路上半段在电路续号为61的位置上，下半段在电路接续号为84的位置上。这时，在电路上半段的终止处画一个标有84的小方格，在下半段电路的开始处也有一小方格，内标有61，通过61和84就可以将上、下半段电路连在一起了。

(3) 整个电路以中央配电盒为中心。大众公司汽车电路图在表示线路走向的同时，还表达了线路的结构情况。中央配电盒的正向插有各种继电器和熔断器。在电路图上的继电器标有2/30、3/87、4/86、6/85等数字，其中分子数2、3、4、6是指中央配电盒插孔代号，分母30、85、86、87是指继电器的插脚代号。2/30就表示出了继电器插脚与插孔的配合关系。

2.3.4 汽车主要电气系统电路分析

1. 电源系统

调节器外装的交流发电机有内搭铁式和外搭铁式两种，相应的调节器也分为内搭铁式和外搭铁式两种，下面分别以两种形式的控制电路进行分析。

(1) 内搭铁形式的交流发电机和调节器电路。图2.11所示为东风EQ1090系列汽车上装用的交流发电机和电压调节器工作电路图。

电路分析过程为：

1）当发电机停转或转速较低时，磁场绕组的电流由蓄电池提供（即它激过程）。由于蓄电池的电压低于调节器的调压值，则分到R_3两端的电压不足以使稳压管VD_1击穿，VT_1的基极无电流通过而截止不工作。此时，VT_2的基极电压较高，使VT_2管正向偏置导通，于是接通了发电机的磁场电路，电路分为两路：一路由蓄电池正极→点火开关K→磁场继电器线圈→搭铁→蓄电池负极，使磁场继电器触点闭合；另一路由蓄电池正极→磁场继电器触点（已闭合）→调节器“+”极接线柱→三极管VT_2→调节器“F”接线柱→

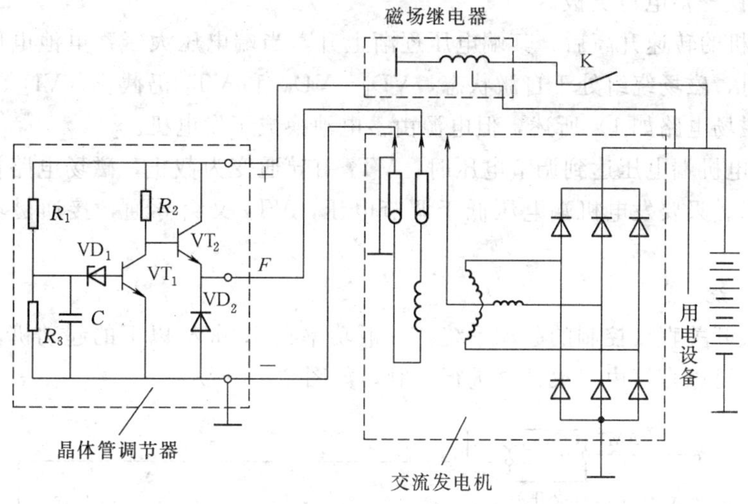

图 2.11 东风 EQ1090 发电机和电压调节器电路图

发电机电刷组件和滑环→磁场绕组→滑环和电刷组件→搭铁→蓄电池负极。

2）发电机的转速升高后，其端电压逐渐上升，当端电压大于蓄电池电压而又小于调节器调压值时，磁场绕组的电流由发电机自身提供（即自激过程）。此时激磁电路由发电机正极→磁场继电器触点（已闭合）→调节器"+"极接线柱→三极管 VT_2→调节器"F"接线柱→发电机电刷组件和滑环→磁场绕组→滑环和电刷组件→搭铁→发电机负极。

3）当发电机端电压达到调节电压时，稳压管 VD_1 被击穿而导通，于是 VT_1 管正向偏置导通。此时，VT_2 管基极无电压而截止不工作，从而磁场绕组电路被切断，使发电机电压急剧下降。当发电机端电压稍低于调节电压时，磁场绕组电路又被接通。如此反复工作，将发电机端电压稳定在规定值以内。

（2）外搭铁形式的交流发电机和调节器电路。图 2.12 所示为解放 CA1092 汽车上装用的九管交流发电机和 JFT106 电子式调节器工作电路图。

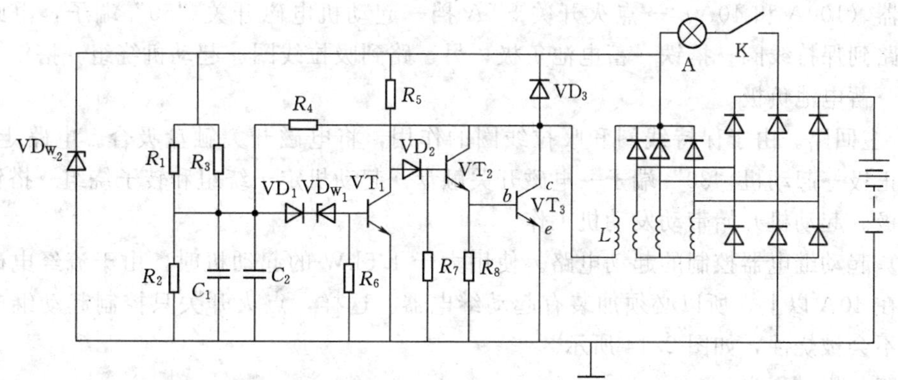

图 2.12 解放 CA1092 汽车发电机和 JFT106 电子式调节器电路图

电路分析过程为：

1）发电机停转或转速较低时，VD_1、VD_{W_1} 和 VT_1 截止，VD_2、VT_2 和 VT_3 导通，磁场绕组处于他激状态。激磁电路由蓄电池正极→点火开关 K→充电指示灯 A→磁场绕组

L→VT_3→搭铁→蓄电池负极。

2）发电机的转速升高后，其端电压逐渐上升，当端电压大于蓄电池电压而又小于调节器调压值时，磁场绕组处于自激状态，VD_1、VD_{W_1} 和 VT_1 仍截止，VD_2、VT_2 和 VT_3 继续导通，磁场电路如1）所述，但电源由蓄电池换成了发电机。

3）当发电机端电压达到调节电压时，VT_3 由导通变为截止，磁场电路被切断，发电机端电压下降。只要发电机端电压低于调节电压，VT_3 又会导通，接通磁场电路，反复循环工作。

2. 起动系统

（1）点火开关直接控制的起动系统。一般功率在 1.5kW 以下的起动机，工作时由于电流比较小，可以直接由点火开关进行控制，如图 2.13 所示。

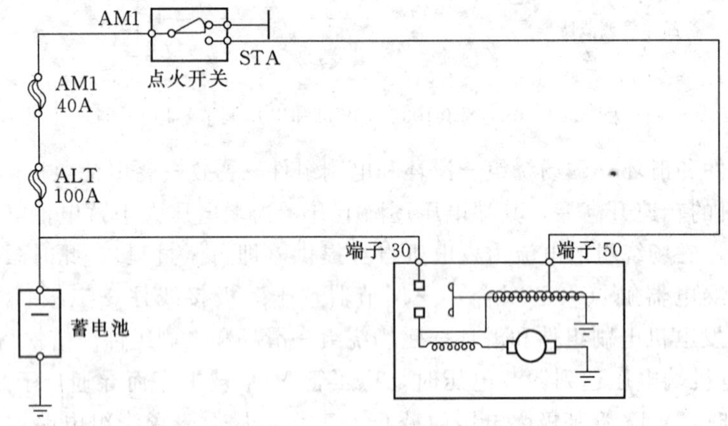

图 2.13 点火开关直接控制的起动系统

电路分析过程为：

1）控制回路。将点火开关旋到 STA 挡时，起动机电磁开关的吸拉线圈和保持线圈被接通电源而工作，同时驱动啮合齿轮伸出与飞轮进行啮合。电路走向为：蓄电池正极→两个熔断器（100A 和 40A）→点火开关 STA 挡→起动机电磁开关“50”端子，由此分两路，一路到保持线圈→搭铁→蓄电池负极；另一路到吸拉线圈→起动机绕组→搭铁（通过电机）→蓄电池负极。

2）主回路。由于保持线圈和吸拉线圈的作用，将电磁开关触盘吸合。电路走向为：蓄电池正极→起动机“30”端子→电磁开关触盘→起动机定子绕组和转子绕组→搭铁→蓄电池负极。起动机开始带动发动机工作。

（2）起动继电器控制的起动电路。使用大于 1.5kW 的起动机时，由于流经电磁开关的电流在 40A 以上，所以必须加装有起动继电器。这样，点火开关只控制起动继电器的线圈而不会被烧蚀，如图 2.14 所示。

电路分析过程为：

1）控制回路。将点火开关旋到 ST 挡，电源由蓄电池正极→两个熔断器（100A 和 40A）→点火开关 ST1 挡→起动熔断器（7.5A）→空挡起动开关（N）→起动继电器线圈→搭铁→蓄电池负极。起动继电器触点被吸合，电源由蓄电池正极→熔断器（FL）→起动继电器触点→起动机电磁开关端子“50”，由此分两路：一路经保持线圈后搭铁；另

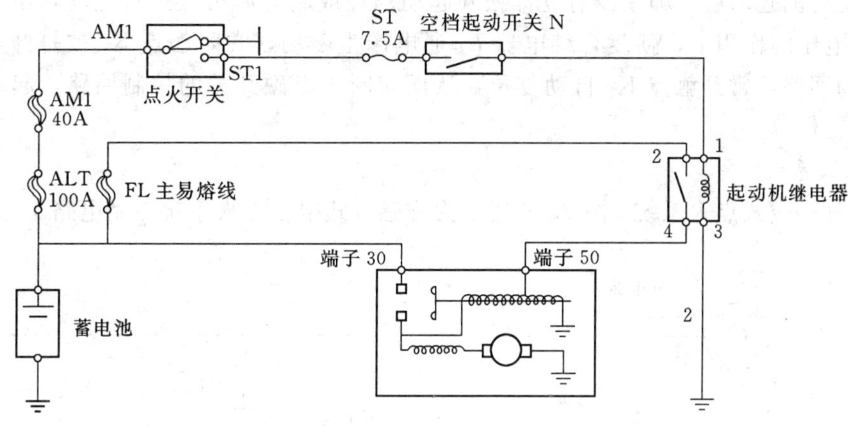

图 2.14 起动继电器控制的起动电路

一路到吸拉线圈→电机绕组（定子绕组和转子绕组）→搭铁→蓄电池负极。

2）主回路。电磁开关主触盘在磁场力的作用下将起动机两主接柱接通，同时驱动小齿轮伸出与飞轮啮合。电源由蓄电池正极→起动机端子“30”→电磁开关主触盘→电机绕组→搭铁→蓄电池负极。起动机在大电流的作用下迅速带动发动机运转。

（3）带起动保护继电器的起动电路。为了保证起动系统能安全、可靠地工作，很多车型通常用带有起动保护继电器的起动系统，如图 2.15 所示。

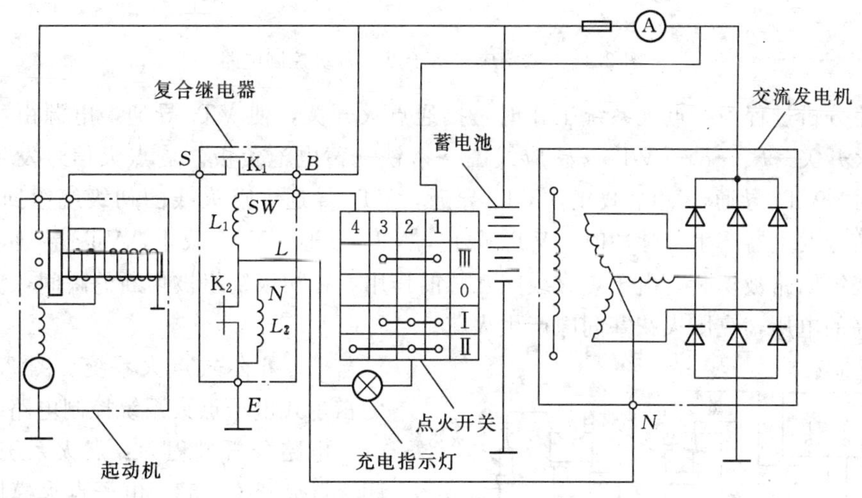

图 2.15 带起动保护继电器的起动电路

电路分析过程为：

1）起动时（即将点火开关旋到Ⅱ挡），电源由蓄电池正极→熔断器→电流表→点火开关Ⅱ→复合继电器线圈 L_1→复合继电器常闭触点 K_2→搭铁→蓄电池负极。在线圈 L_1 的作用下，复合继电器常开触点 K_1 闭合，从而接通了电磁开关的电路，其电流走向为：蓄电池正极→复合继电器常开触点 K_1，由此分两路，一路经保持线圈后搭铁，回到蓄电池负极，形成回路；另一路到吸拉线圈→电机绕组→搭铁→蓄电池负极。由于吸拉线圈和保持线圈共同作用，驱动小齿轮与飞轮齿圈啮合，同时接通了主回路电源。

2）发动机起动后，即使没有立即松开起动挡位或起动后再次进行起动，由于在发电机中性点电压的作用下，使复合继电器 L_2 通电产生磁场，常闭触点 K_2 被打开，切断了线圈 L_1 的回路，常开触点 K_1 自动复位，从而切断了电磁开关的控制回路，起动机因断电而停止工作。

3. 点火系统

（1）磁感应式点火系统。图 2.16 所示为磁感应式电子点火系统控制电路。

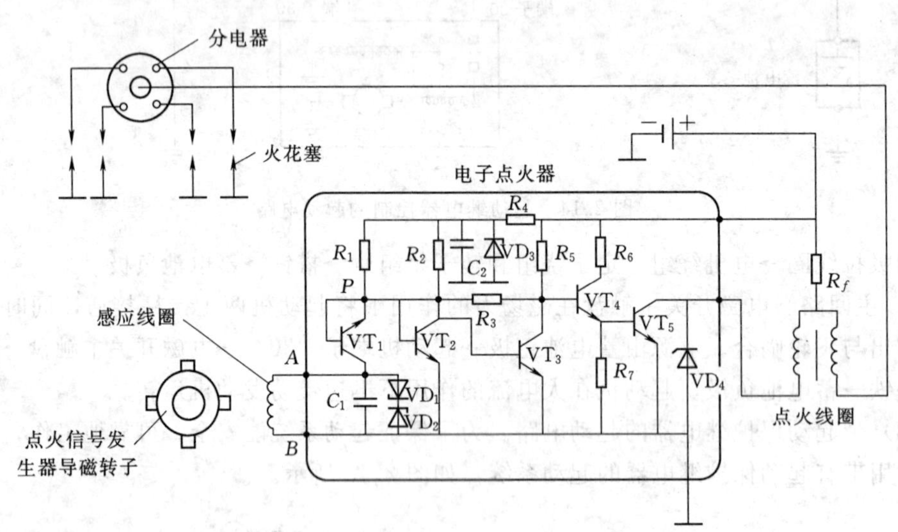

图 2.16　磁感应式电子点火系统控制电路

电路分析过程为：点火系统工作时，接通点火开关，使 VT_1 导通，电源由蓄电池正极→点火开关→R_4→R_1→VT_1→感应线圈→搭铁→蓄电池负极。当点火信号发生器产生正脉冲时，VT_2 导通，VT_3 截止，VT_4 导通，VT_5 导通，点火线圈初级绕组回路接通。当点火信号发生器产生负脉冲时，VT_2 截止，VT_3 导通，VT_4 截止，VT_5 导通，点火线圈初级绕组回路被切断，由于点火线圈互感的作用，在初级绕组被切断的瞬间，次级绕组产生很高的电压，克服火花塞间隙产生火花。

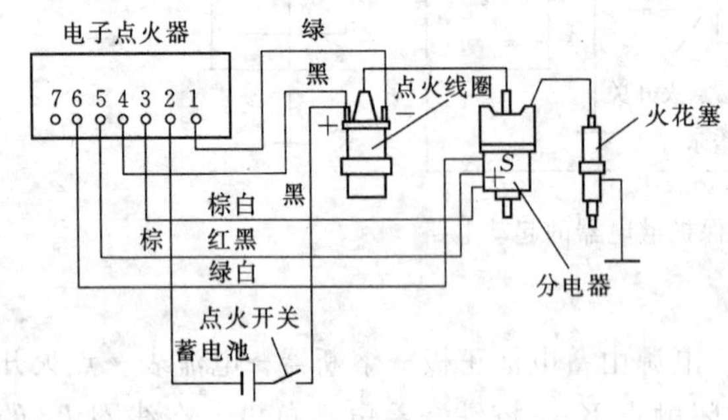

图 2.17　霍尔式电子点火系统控制电路

（2）霍尔式点火系统。图 2.17 所示为霍尔式电子点火系统控制电路。

电路分析过程为：点火系统工作时，闭合点火开关“5”，电子点火模块的电源由 4 号端子提供。当点火信号发生器输出为正脉冲电压时，其 1 号端子将点火线圈初级绕组与地接通。当点火信号发生器输出为负脉冲电压时，点火线圈初级绕组回路被切断，从而次级产生高压。

4. 照明系统

照明系统一般包括前照灯、示廓灯、雾灯、牌照灯、室内照明灯等。下面以图 2.18 为例介绍前照灯电路的控制过程。

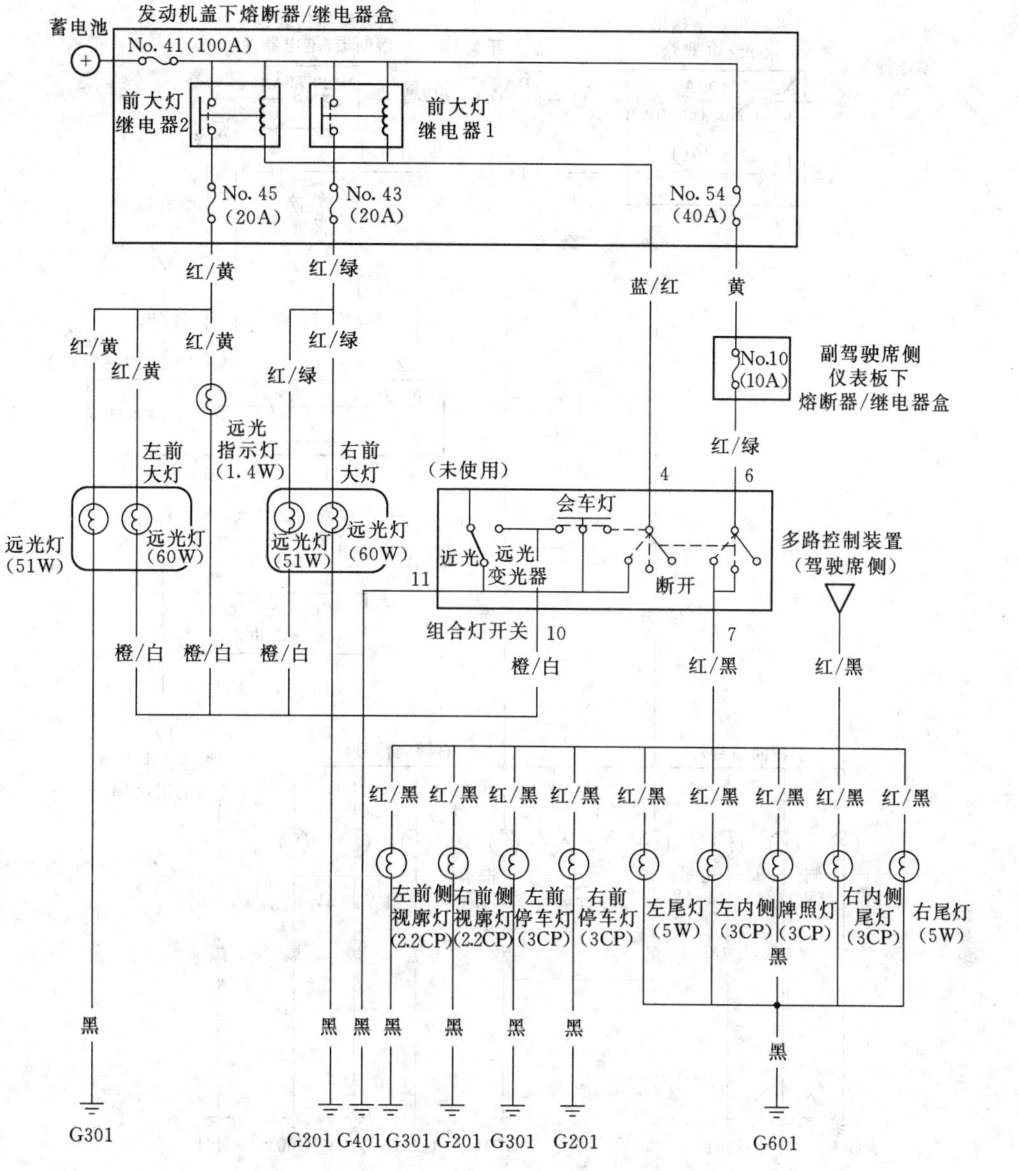

图 2.18 奥迪汽车照明系统电路

电路分析过程：使用前照灯时，开启组合灯开关到Ⅱ挡，接通前大灯继电器 1 和前大灯继电器 2 的线圈回路，两继电器触点闭合，此时前照灯近光电路被接通。若要进行变光，则将变光器置于远光位置，前照灯远光电路通过变光开关搭铁而接通。

5. 信号系统

汽车信号系统主要包括转向信号、危险报警信号、喇叭信号、制动信号、倒车信号等。图 2.19 所示为转向信号和危险警告信号的控制电路。

电路分析过程：

(1) 转向信号分析。转向灯工作时，分别打开点火开关“ON”位置和转向开关左或右位置，电源由蓄电池正极→熔断器 No. 41 和 No. 42→点火开关→熔断器 No. 10→危险

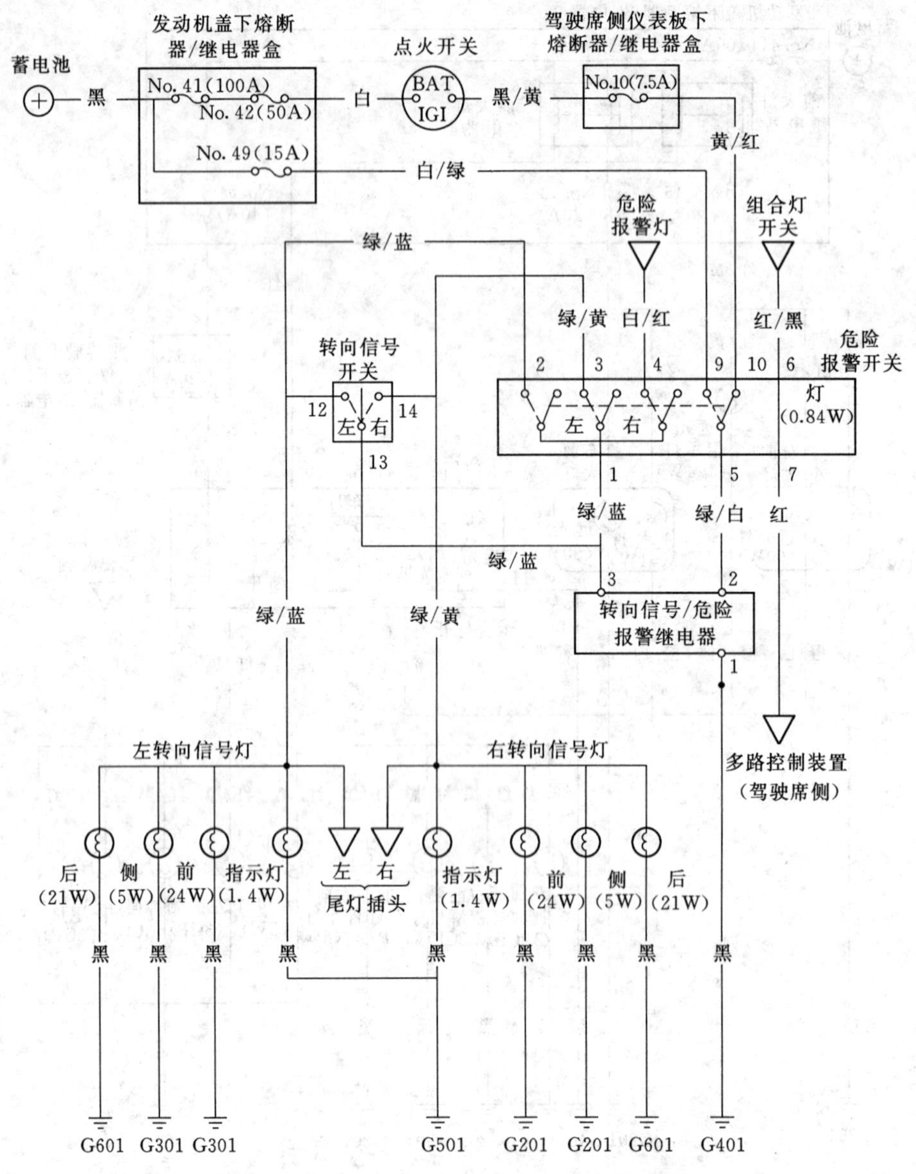

图2.19　奥迪汽车转向信号和危险警告信号的控制电路

报警开关10号和5号端子→转向继电器2号端子（转向继电器1号端子搭铁）→转向继电器3号端子（带闪光）→转向信号开关13号端子→转向信号开关12号或14号端子→左边或右边转向信号灯以及仪表转向信号指示灯→搭铁→蓄电池负极。

（2）危险警告信号分析。当车辆发生应急事件时，将危险报警开关按下，电源由蓄电池正极→熔断器No.49→危险报警开关9号和5号端子→转向信号/危险警告继电器2号端子（1号端子搭铁）→转向信号/危险警告继电器3号端子→危险报警开关1号和2、3号端子→左/右转向信号灯和仪表转向信号指示灯→搭铁→蓄电池负极。

6. 仪表与报警系统

仪表主要包括发动机转速表、车速里程表、机油压力表、水温表、燃油量表等；报警

系统主要包括机油压力过低报警指示灯、燃油量过少报警指示灯、冷却液温度和液面过低报警指示灯、制动液面过低报警指示灯等。下面以图 2.20 为例着重介绍几种典型的仪表与报警系统电路。

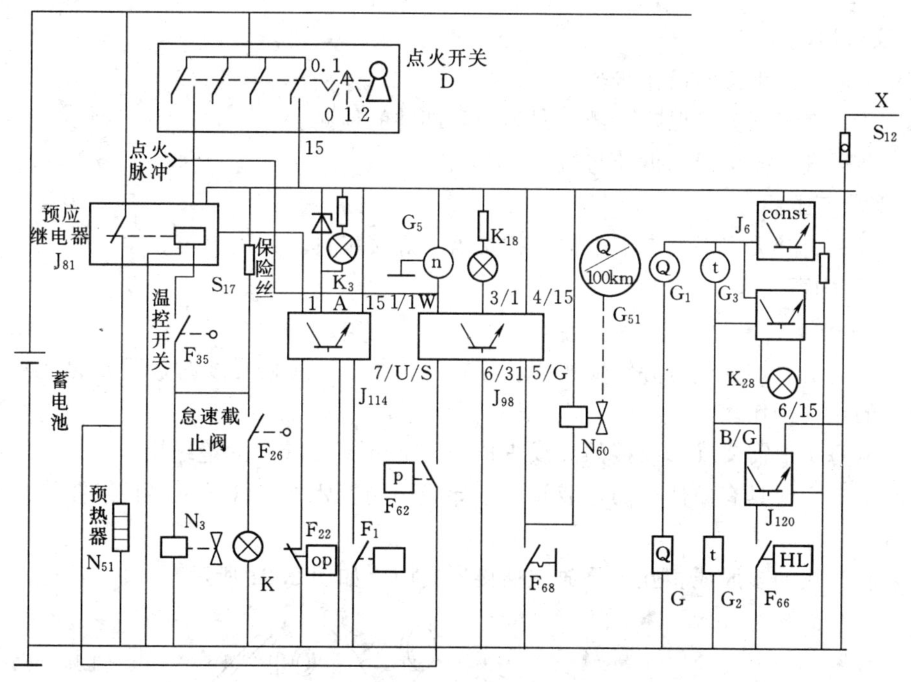

图 2.20 典型汽车仪表与报警系统电路

电路分析：

（1）发动机转速表控制电路。电源正极→点火开关 D 第四掷触点闭合→15 号控制线→发动机转速表 G_5→换挡指示器控制装置 J_{98}→搭铁→蓄电池负极。

（2）水温表控制电路。电源正极→点火开关 D 第四掷触点闭合→15 号控制线→稳压器 J_6→水温表 G_3→水温传感器 G_2→搭铁→蓄电池负极。图 12.20 所示为典型汽车仪表与报警系统电路。

（3）燃油量表控制电路。电源正极→点火开关 D 第四掷触点闭合→15 号控制线→稳压器 J_6→燃油量表 G_1→燃油量传感器 G→搭铁→蓄电池负极。

（4）机油压力过低报警控制电路。电源正极→点火开关 D 第四掷触点闭合→15 号控制线→油压指示灯限流电阻→油压指示灯 K_3→油压控制器 J_{114}→低压油压开关 F_{22}→搭铁→蓄电池负极。

高压油压开关 F_1→搭铁→蓄电池负极。

当发动机工作时，如果油压低于规定值，高压油压开关 F_1 仍处于断开位置，油压报警指示灯 K_3 点亮，表示润滑系统有故障。

（5）冷却液温度和液面过低报警控制电路。电源正极→点火开关 D 第四掷触点闭合→15 号控制线→稳压器 J_6→冷却液报警指示灯 K_{28}→水温传感器 G_2→搭铁→蓄电池负极。

冷却液位控制器 J_{120}→冷却液不足指示器开关 F_{66}→搭铁→蓄电池负极。

（6）油耗表控制电路。电源正极→点火开关 D 第四掷触点闭合→15 号控制线路→油

耗电磁阀 N_{60}→换挡油耗指示器变换开关 F_{68}→搭铁→蓄电池负极。

2.4　实训项目1　汽车电路基本元件的使用与维护

2.4.1　实训目的

（1）掌握导线维修的操作步骤。

（2）掌握汽车开关、保险、继电器等中间部件的检测。

（3）掌握汽车插接器的拆装与检测。

2.4.2　仪器与工具

汽车线束、开关、保险、继电器、插接器、焊接工具、万用表等。

2.4.3　实训内容

1. 导线维修

大多数制造商推荐所有导线应用焊接方式进行维修。维修导线时，重要的是要使用电路图所示的正确操作。

（1）从每1根需要维修绞接的导线去掉12.7mm（1/2in）的绝缘层。

（2）准备1根具有黏性衬的热装管置于导线一侧。要确保管子足够长以覆盖并封住整个修理区。

（3）将导线的多股线相互搭叠放在插接器夹内，如图2.21所示。

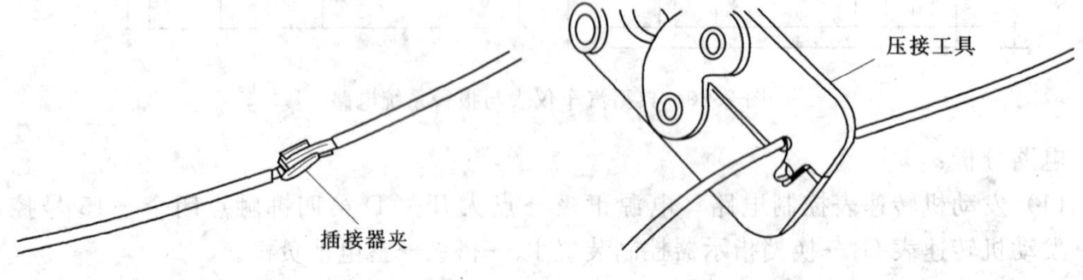

图2.21　插接器夹　　图2.22　压接工具

（4）用压接工具将插接器夹和导线卷缩在一起，如图2.22所示。

（5）用松香心型焊锡丝将连接处焊接在一起，如图2.23所示。

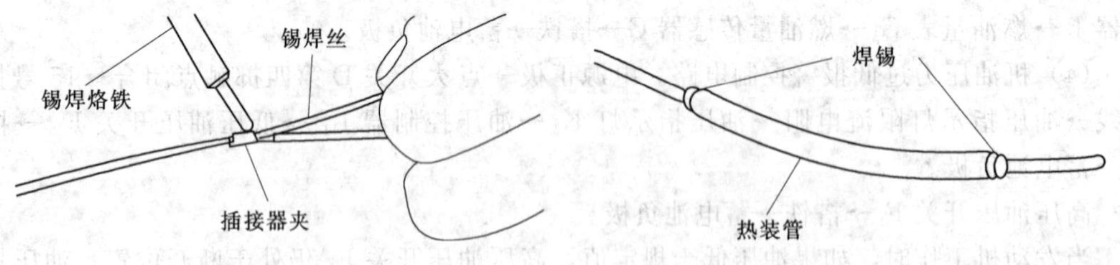

图2.23　锡丝焊接　　图2.24　喷枪加热

（6）热缩管的连接用喷枪加热并使连接点处于热缩管的中央位置。加热连接处直到管子紧紧封住并使焊液从管子两端流出，如图2.24所示。

2. 开关的检测

将开关拨到相应的位置，用万用表电阻挡检测对应的端子间电阻，接触电阻不能超出

范围。

3. 保险的检查

可用观察法检查，也可用万用表电阻挡测量熔断器是否熔断。

4. 继电器检测（图 2.25）

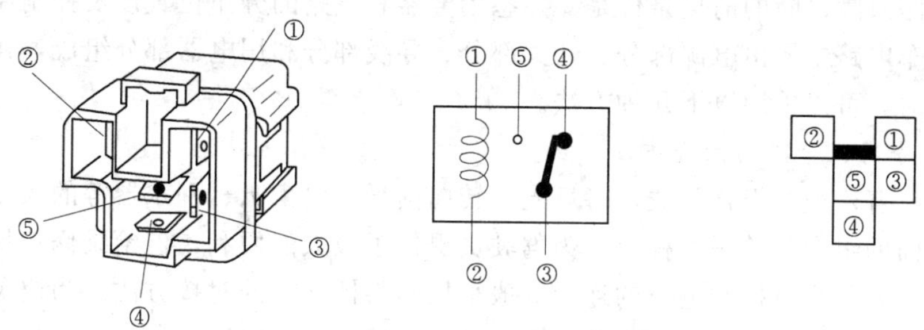

图 2.25 继电器检测

(1) 开路检测。采用万用表测阻法，以图示的继电器为例，用万用表 $R\times100\Omega$ 挡检查：如果①脚—②脚通，③脚—④脚通，③脚—⑤脚电阻∞，则正常，否则有问题。

(2) 加电检测。在①脚和②脚之间加 12V 电压，则：③脚—④脚不通，③脚—⑤脚通，为正常。

5. 插接器的拆装与检测

(1) 拆卸。

1) 断开蓄电池。

2) 从其配对的一半/元件上断开插接器。

3) 压下黄色接头上的锁止凸舌，以松开端子。

4) 用专用工具压端子并将导线从插接器上拆下。

5) 修理或更换端子。

(2) 安装。

1) 使锁止凸舌复位。

2) 将拆下的导线插入修理插头原来的插孔中。

3) 重复插入插接器上的每根导线，确保所有导线都插入正确的插孔中。另外插接器引出线的识别，参见相关电路图。

4) 在重新组装插接器时，锁止凸舌必须放到锁定位置，以防端子脱出。

5) 将插接器连接到其配对的一半/元件中。

6) 连接蓄电池并测试所有受影响的系统。

(3) 检测。在检查线路的电压或导通情况时，不必脱开连接器，只用万用表两探针插入连接器尾部的线孔内进行检查即可。

2.5 实训项目 2 全车电路的故障诊断与排除

2.5.1 实训目的

(1) 熟悉全车电路的连接，并能分析各系统的工作过程。

（2）掌握全车电路故障的诊断与排除方法。

2.5.2 仪器与工具

丰田系列实验用车若干辆，万用表若干块，试灯若干个，常用工具若干套。

2.5.3 实训内容

全车电路故障诊断的前提条件是要熟悉用电器和线路的分布位置以及控制原理、控制方式等；全车电路主要由电源部分、开关部分、导线部分和用电器部分组成，在进行故障诊断与排除时，可以采用以下几种方法。

1. 中间分离、分段的检查方法

现代汽车普遍采用组合开关，将灯光、转向信号、电喇叭、刮水器等的操作同时集中于转向盘下面的组合开关操纵杆上，为驾驶员提供了极大的便利，但给维修却带来了一定的难度。组合开关与所控制电路的连接一般采用塑料插接件的对接方法。为避免线路对接上的错误，采用不同形状、不同个数及不同花色的导线加以区别。

当遇到组合开关所控制的电系（前照灯、小灯、喇叭、雨刷转向灯等）出现故障时，不要盲目拆卸组合开关。因为拆卸组合开关需要取下转向盘，转向盘的拆取是比较麻烦的。应首先将组合开关装饰护盖打开找到与其相关的线束，再将线束所连接的插接件找到，将插头与插座分离开，用带电源的试灯或万用表找到插座电路中的火线，再用一根短导线将火线短接到。有故障的电系线路中去，查看不经开关直接搭火后电器工作是否正常。如正常，证明故障发生在插接件以上的组合开关；如短接搭火后有关电器仍不正常，则应检查插接件以下通往电器的这段电路及电器故障的部位，待这段电系恢复正常后再将插接件对接好。用组合开关操作有关电器是否正常，从而确定是否检查插接件上部的组合开关。

这种分段检查的方法，还可用于前、后桥插接件电系及其他使用插接件部位的电系故障的检查。以插接件为中心，上段与下段（插头与插座）各段电系分别检查，即可迅速查找到故障部位。

2. 从易到难的检查方法

仪表及报警电系故障的检测，现代车辆尤其是轿车及微型车的仪表盘内空间极小。当仪表及报警灯（如机油压力、冷却液温度、燃油等）出现故障时，手很难伸到仪表盘里去。因此应先检查仪表及报警灯传感器上的导线是否接好，连接仪表及报警灯传感器导线的插线头及接线端子是否松动及脱落，然后将传感器上的连接导线拆下搭铁看仪表及报警灯是否有反应，以确定故障部位。这样做可避免盲目拆卸仪表盘，既节省了时间，少走了弯路，又使得工作有条不紊。

检查起动系故障时，应首先检查蓄电池（电源）电力是否充足，电源导线及线端是否有氧化断路现象，最后检查起动电路，确定是否拆卸起动机。

3. 不可忽视的熔断器

使用不当往往会造戒不良后果。有的车因熔断器（丝、管片）与底座接触不良，发热将底座烧坏。轿车及微型车一般使用塑料熔断丝盒，具有透明易观察的优点，但却因受热后易变形熔化给使用者带来极大的不便。变形后的塑料底座扭曲，缝隙窄狭，熔片无法插入或勉强插入又接触不良，造成电路故障连续不断地发生，只有更换底座才会彻底根除故障源。

进口车电系故障率较低，大多数的电器、电路故障常发生在熔断器的熔断及插接件的

氧化、松动上，只要注意这两个因素，便可排除一般故障。

本 章 小 结

1. 汽车电路图可分为汽车电气线路图、汽车电路原理图、汽车线路定位图三种。

2. 汽车常用图形符号主要分为：限定符号，导线、端子和导线的连接线的连接符号，触点与开关符号，电器元件符号，仪表符号，各种传感器符号，电气设备符号。

3. 采用了特定的图形标志或英文字母作为各种开关、报警灯和指示灯功能的表示。

4. 汽车电路图的识读的十二条要领。

5. 全车电路图大致可分为外线部分和内线连接部分，外线部分在电路图上以粗实线画出，集中在图的中间部分。每条线上都有导线的颜色、导线的截面积的标注。线端都有接线柱号或插口号表示其连接关系。颜色标记以字母表示。内部连接部分在图上以细线画出。这部分连接是存在的，但线路是不存在的。标示线路只是为了说明这种连接关系，使电路图更加容易被理解。

6. 各种车系都有特定的布线方式和线路走向，接点标记也具有固定的含义，在汽车维修作业中要以相关车型的电路图为准。

单 元 习 题

一、填空题

1. 汽车电系的连接导线有________和________两种，它们均采用________________并外包绝缘层。

2. CA1091 型汽车曾使用的直流接触器是用来控制________、________等全车大部分电气设备电路的，当点火开关处于 0 挡时，上述电路均被________。

3. 汽车保险装置的作用是在电路发生________或________时________，以保证电气设备及线路的________。保险装置可分为________与________两类。

4. 国产新型汽车和国外汽车上，导线间的连接均采用________，这有利于____________，更有利于________。

5. 为防止汽车行驶过程中插接器脱开，所有插接器均采用________装置，当要拆下时，应先____________，然后再将其________。

二、单项选择题

1. 汽车信号系统主要包括（　　）。

A. 转向信号　　B. 危险报警信号

C. 喇叭信号　　D. 制动信号

E. 倒车信号

2. 照明系统一般包括（　　）。

A. 前照灯　　B. 示廓灯

C. 雾灯　　D. 牌照灯

E. 室内照明灯

3. 仪表主要包括（　　）。

A. 发动机转速表　　　　　　　　B. 车速里程表

C. 机油压力表　　　　　　　　　D. 水温表

E. 燃油量过少报警指示灯

三、判断题（正确的打“√”，错误的打“×”）

1. 一般仪表盘的指示灯多以红色和黄色为主。（　　）

2. 接线柱标记为“50”，在点火开关上用于起动控制。（　　）

3. 外装式调节器就是外搭铁调节器。（　　）

四、简答题

1. 现代汽车电路包括那几个部分？

2. 汽车电路图里有哪几种元件？如何准确读出现代汽车电路图？

3. 上海桑塔纳轿车电气线路图上的一些统一符号，如“30”、“15”、“X”、“31”等分别表示什么？

4. 上海桑塔纳轿车的电气线路图采用了什么画法？简述其特点。

5. 说明起动系接线柱标记的含义。

6. 试分析本田雅阁轿车照明系统电路。

7. 试分析桑塔纳 2000 型轿车仪表与报警信号电路。

第3章　汽车蓄电池

- **知识目标**

　　(1) 了解蓄电池基本结构和型号。

　　(2) 了解蓄电池的基本工作原理。

　　(3) 了解蓄电池的容量及影响因素。

　　(4) 了解蓄电池的基本工作特性。

- **技能目标**

　　(1) 掌握蓄电池技术状况检查和维护的方法。

　　(2) 掌握对蓄电池进行充电的方法。

　　(3) 掌握蓄电池基本故障的诊断与排除方法。

3.1　蓄电池的功用

汽车蓄电池是一种储存电能的装置。一旦连接外部负载或接通充电电路，它便开始了能量转换过程，在放电过程中，蓄电池中的化学能转变成电能。在充电过程中，电能被转变成化学能。

在汽车上它的功用是：

(1) 在起动发动机期间，它为起动系统、点火系统、电子燃油喷射系统和汽车的其他电气设备供电。

(2) 当发动机低速运转，发电机电压低于蓄电池的充电电压时，由蓄电池向用电设备供电。

(3) 当发动机中、高速运转，发电机电压高于蓄电池的充电电压时，蓄电池将发电机的剩余电能储存起来。

(4) 当发电机过载时，蓄电池协助发电机向用电设备供电。

(5) 蓄电池还可以吸收电路中的瞬时过电压，保持汽车电器系统电压的稳定，保护电子元件。

3.2　蓄电池的结构

3.2.1　蓄电池的分类

汽车的蓄电池必须能在短时间内向起动机提供大电流（汽油机为200～600A，柴油机可达1000A），以满足发动机起动的需要。因此汽车上采用的蓄电池通常称为起动型蓄电池，如图3.1所示。

根据电解液的不同，起动型蓄电池可分为铅酸蓄电池、镍碱蓄电池和电动车蓄电池，其中铅酸蓄电池按性能又可分为干荷蓄电池、湿荷蓄电池、免维护蓄电池。蓄电池在汽车上的位置如图 3.2 所示。

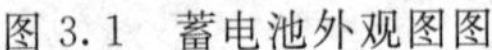
图 3.1　蓄电池外观图图

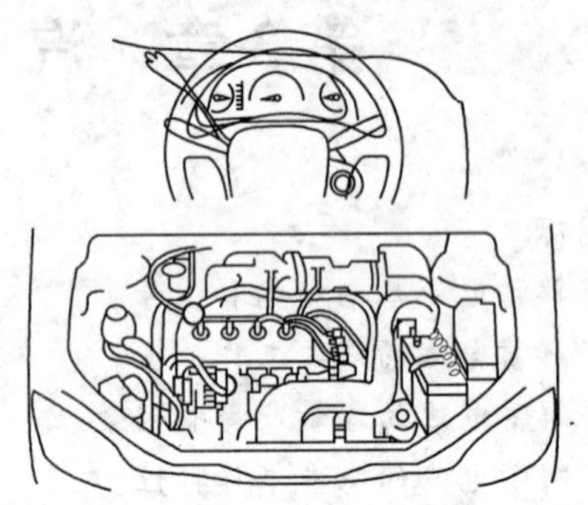

图 3.2　蓄电池的位置

由于铅酸蓄电池结构简单、内阻小，起动性能好，能在短时间内提供起动机所需的大电流，因而得到了普遍的应用，缺点是比容小，也就是说，在同样的容量下，电池重量和体积都大。

3.2.2　蓄电池的组成

汽车蓄电池由多个单格电池组成。单格电池由正极板、负极板、隔板、电解液、电池盖板、加液孔塞和电池外壳组成，如图 3.3 所示。

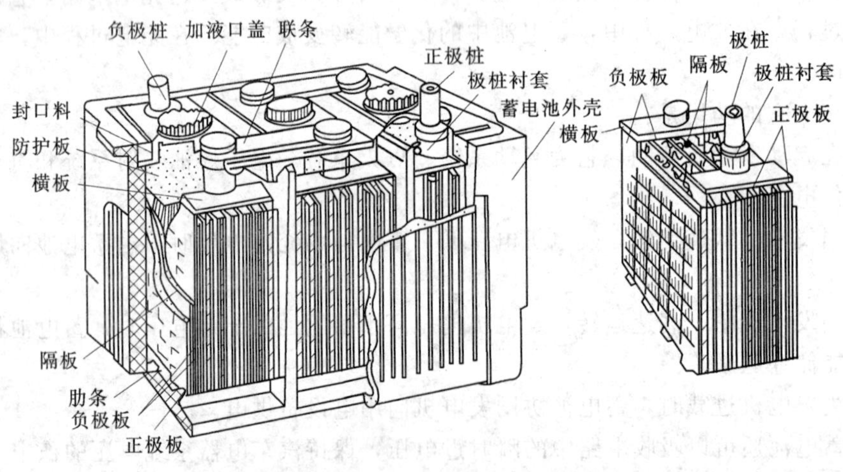

图 3.3　蓄电池的基本结构

蓄电池外壳分为 3 格、6 格或 12 格，每格装有电解液，正负极板浸入电解液中成为单格电池。每个单格电池的标准电压为 2.06V，因此，3 格串联起来成为 6V 蓄电池，6 格串联起来成为 12V 蓄电池，12 格串联起来成为 24V 蓄电池。

1. 蓄电池极板

(1) 极板的构成。极板是蓄电池的中心部分，分为正极板和负极板。正、负极板由栅架和活性物质组成。活性物质填充在铅锑合金的栅架上，如图 3.4 (*a*) 所示。

蓄电池栅架主要由铅锑合金组成，其作用是固结活性物质，如图 3.4 (*b*) 所示。为了降低蓄电池的内阻，改善蓄电池的起动性能，有些铅蓄电池采用了放射形栅架，如桑塔

纳 2000 型轿车的蓄电池就采用了放射形栅架的结构。

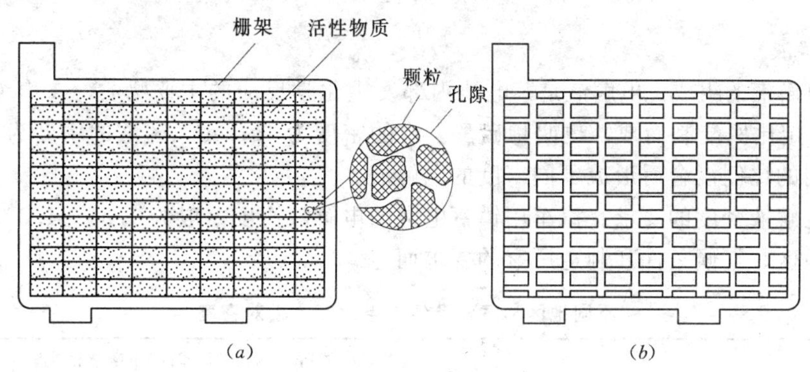

图 3.4 蓄电池极板
(a) 极板；(b) 极板栅架

(2) 极板的片数。将正、负极板各一片浸入电解液中，可获得 2V 左右的电动势。为了增大蓄电池的容量，常将多片正、负极板分别并联，组成正、负极板组，由于单片极板上的活性物质数量少，所存储的电量少，为了增大蓄电池的容量，通常将多片正、负极板分别并联，用横板焊接，组成正、负极板组，如图 3.5 所示。

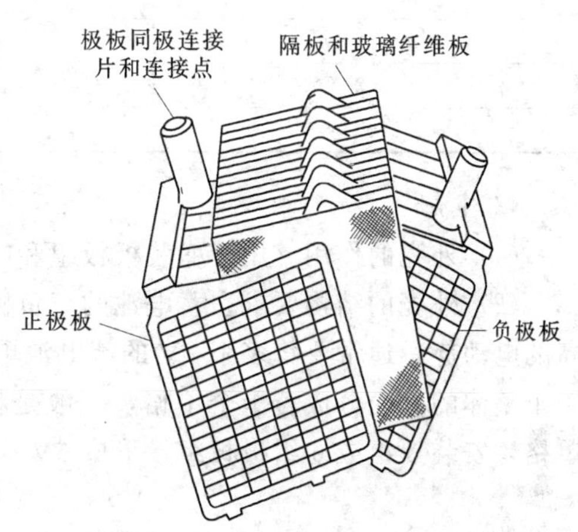

图 3.5 极板组的组成

横板上联有极桩，各片间留有间隙。安装时正负极板相互嵌和，中间插入隔板，这样每片正极板都处于两片负极板之间，可以使正极板两侧放电均匀，避免因放电不均匀造成极板拱曲。因此在每个单格电池中，负极板的数量总比正极板多一片。

2. 隔板

(1) 隔板的作用。放置在正负极板之间，以避免正负极板接触而短路。

(2) 隔板的要求。应具有多孔性，以便电解液渗透，且化学稳定性要好，具有耐酸和抗原氧化性。一般采用以下材质：

1) 木质：价格便宜，但耐酸性差，已很少使用。

2) 微孔橡胶：性能好，寿命长，但生产工艺复杂、成本高，故尚未推广使用。

3) 微孔塑料和玻璃纤维板：其孔径小、孔率高、薄而软，生产效率高、成本低，所以目前推荐使用，如图 3.6 所示。

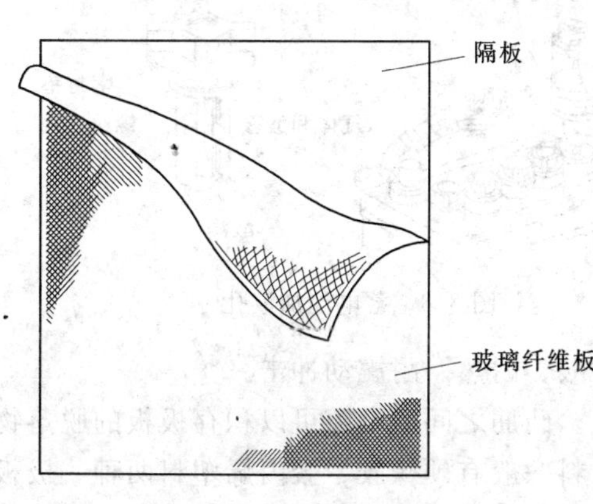

图 3.6 玻璃纤维隔板

4) 袋式隔板：免维护蓄电池使用较多，

它将正极板装入，起到良好的分隔作用，这样可以增大极板面积，进而增大蓄电池的容量。

3. 电解液

(1) 电解液的组成。电解液是蓄电池内部发生化学反应的主要物质，它由纯净硫酸和蒸馏水按一定比例配制而成，也叫稀硫酸。水的密度为1g/cm^3，硫酸的密度为1.84/cm^3，两者以不同的比例混合后形成不同密度的电解液。

(2) 电解液密度的要求。汽车用铅蓄电池的电解液密度一般为1.24～1.30g/cm^3，具体应根据地区、气候条件和制造厂家的要求而定。

表3.1　不同地区和气候条件下电解液的相对密度

使用地区最低温度	充足电的蓄电池在25℃时的电解液密度	
	冬　季	夏　季
<－40℃	1.3	1.26
－30～－40℃	1.28	1.24
－20～－30℃	1.27	1.24
0～－20℃	1.26	1.23
>0℃	1.23	1.23

4. 外壳

(1) 外壳的作用。用于盛装极板组和电解液，如图3.7所示。

(2) 外壳的结构要求。蓄电池的正负极板所能产生的电动势大约为2V，为了获得更高的电动势，通常要将多个2V的蓄电池单元串联起来，为此，在制造蓄电池外壳时，将一个整体的外壳分成若干个单格，一般是将整个外壳分成3个、6个或12格互不相通的单格，安装3组或6组极板组，形成6V、12V或24V的蓄电池。

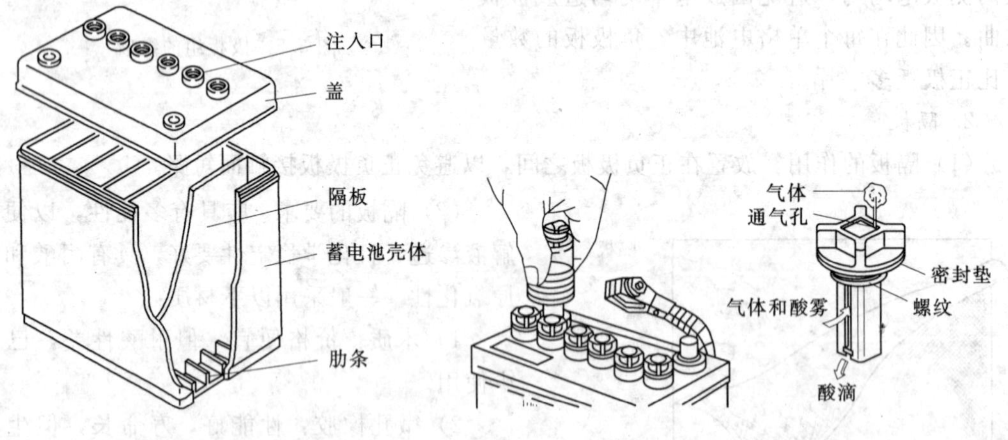

图3.7　蓄电池壳体　　　图3.8　蓄电池加液孔

蓄电池外壳对性能有严格要求，一般要能耐酸、耐热、耐震动冲击。

每个单格的底部制有凸筋，用来搁置极板组。凸筋之间的空隙可以积存极板的脱落物质，防止正、负极板短路。制造蓄电池外壳的材料一般有硬橡胶、聚丙烯塑料两种。极板组的连接均采用铅质连条进行串联。可分为两种形式，即传统的外露式连接和当前常见的

穿壁式连接。加液孔用来向蓄电池单格内注入电解液或蒸馏水，加液孔盖上有通气小孔以保证蓄电池内部与大气的压力平衡，防止外壳胀裂和发生事故，如图 3.8 所示。

3.3 免维护蓄电池

免维护蓄电池又称 MF 蓄电池。免维护是指在汽车合理使用期间，不需要对蓄电池进行加注蒸馏水、检测电解液液面高度、检测电解液密度等维护作业，因此得到了普遍使用。

3.3.1 免维护蓄电池的结构特点

(1) 极板栅架采用铅钙锡合金材料制成，彻底消除锑的副作用。

(2) 采用袋式聚氯乙烯隔板，将正极板装在隔板袋内，既能避免活性物质脱落，又能防止极板短路。

(3) 通气孔塞采用新型安全通气装置和气体收集器。

(4) 蓄电池内部安装有电解液密度计（俗称电眼），如图 3.9 所示，可自动显示蓄电池的存电状态和电解液液面的高低。如果密度计的观察窗呈绿色，表明蓄电池存电充足，可正常使用；若显示深绿色或黑色，表明蓄电池存电不足，需补充充电；若显示浅黄色，表明蓄电池已接近报废。

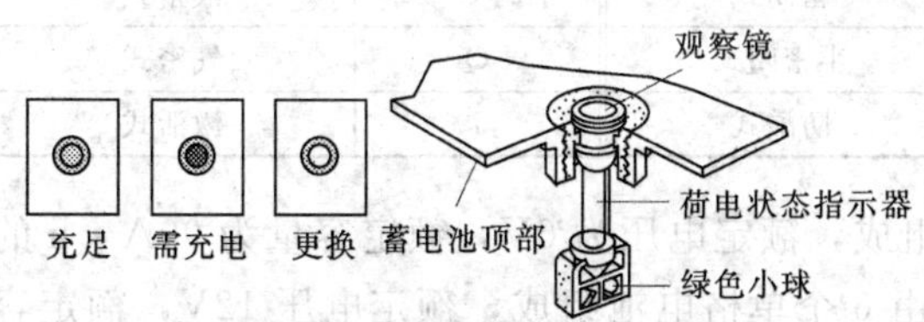

图 3.9 免维护蓄电池电量指示

3.3.2 免维护蓄电池的使用特点

(1) 内阻小，起动性能好。

(2) 整个使用过程中无须补加蒸馏水，免维护。

(3) 电池盖上设有安全通气装置，阻止水蒸气和酸性气体的通过，减少了电解液的消耗，并能减弱电桩和附近机件的腐蚀。

(4) 耐过充电性能好，免维护蓄电池的过充电电流，在充满电时可接近零，减少了电和水的损耗。

(5) 自放电少，可储存 2 年以上，使用寿命约为普通蓄电池的 4 倍。

3.4 蓄电池的型号

3.4.1 国产蓄电池的型号

按照 JB 2599—85《起动型铅蓄电池标准》规定，其型号的编制由三段 5 部分组成，如图 3.10 所示。

蓄电池的型号一般都标注在外壳上，蓄电池产品型号和含义如下：

第一部分表示蓄电池总成由几个单个格电池组成，用阿拉伯数字表示。

第二部分表示蓄电池用途，用大写字母表示，如汽车用蓄电池用“Q”表示，摩托车用蓄电池用“M”表示，船用铅蓄电池用“JC”表示，飞机用铅蓄电池用“HK”表示。

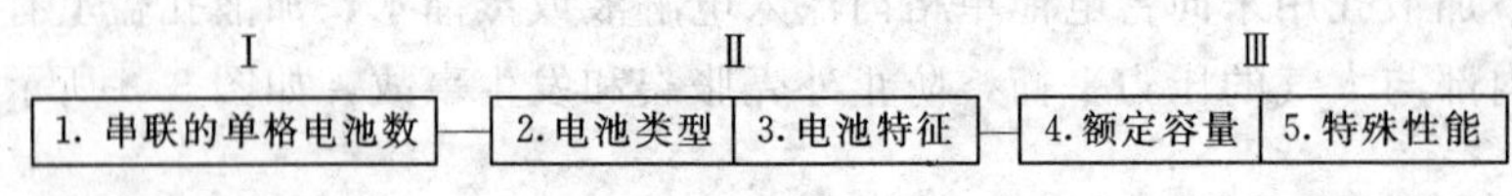

图 3.10 蓄电池的编号

第三部分表示蓄电池特征，用大写字母表示，干封普通极板铅蓄电池可省略不写，蓄电池特征代号见表 3.2 所示。

第四部分表示 20h 放电率的额定容量，用阿拉伯数字表示，单位是 A·h（安培小时）。

第五部分表示特殊性能，用大写字母表示（无字为一般性能蓄电池），如薄型极板的高起动率电池用“G”表示，S 表示塑料槽；D 表示低温起动性好。

表 3.2 蓄电池特征代号

特征代号	蓄电池特征	特征代号	蓄电池特征	特征代号	蓄电池特征
A	干荷电	J	胶体电解液	D	带液式
H	湿荷电	M	密闭式	Y	液密式
W	免维护	B	半密闭式	Q	气密式
S	少维护	F	防酸式	I	激活式

例如 3－Q－90，表示由 3 个单格电池组成，额定电压为 6V，额定容量为 90A·h 的起动用蓄电池。又如 6－QAW－100，表示由 6 个单格电池组成，额定电压 12V，额定容量为 100A·h 的起动用干荷电免维护蓄电池。

国产部分车型的蓄电池型号和主要性能见表 3.3。

表 3.3 国产部分车型的蓄电池型号和主要性能

车型	铅蓄电池			车型	铅蓄电池		
	型号	额定电压（V）	额定容量（A·h）		型号	额定电压（V）	额定容量（A·h）
旗 CA722AE	6—QA—63S	12	63	解放 CA1091	6—QAW—100	12	100
奥迪 100	6—QAS—63	12	63	东风 EQ1090	6—QA—105D	12	105
桑塔纳 2000	6—QAW—54	12	54	南京依维柯		12	110
富康	L. 250A—12V	12	42	五十铃 NHR54		12	80
北京切诺基	58—390	12	60	五十铃 APR59		24	120
天津夏利	6—QA—40S	12	40				

3.4.2 日本、美国蓄电池的型号

按日本标准生产的蓄电池，型号由两部分组成。

如 6N2—2A、12N2A—4A、12N7—3B。

第一部分表示蓄电池的形式。开头的数字“6”或“12”表示蓄电池的公称电压；“N”代表日本的缩写；后面数字表示 10 小时的电容量数值；数字之后的字母表示同一容量下的电槽的种类不同；第二部分表示端子及排气口的位置。数字表示端子的位置，字母表示排气口的位置。

按美国 BCI 标准生产的铅酸蓄电池，型号由两组数字组成，中间由一短横线相隔。

第一组数字表示蓄电池的组号，即蓄电池的外形尺寸；第二组数字表示蓄电池的低温起动电流值。

北京切诺基用蓄电池型号为“58—475”或“58—500”，其外形尺寸一致，－17.8℃时的起动电流分别为475A和500A。

3.4.3 蓄电池的选用

蓄电池在选用时必须注意：

(1) 电压必须和汽车电气系统的额定电压一致。

(2) 容量必须满足汽车起动的要求。

(3) 应对照相关技术参数文件选择。

3.5 蓄电池的工作原理

蓄电池的工作原理就是化学能与电能的相互转化。当蓄电池将化学能转化为电能而向外供电时，称为放电过程，如图3.11 (*a*) 所示；当蓄电池与外界直流电源相联而将电能转化为化学能储存起来时，称为充电过程，如图3.11 (*b*) 所示。

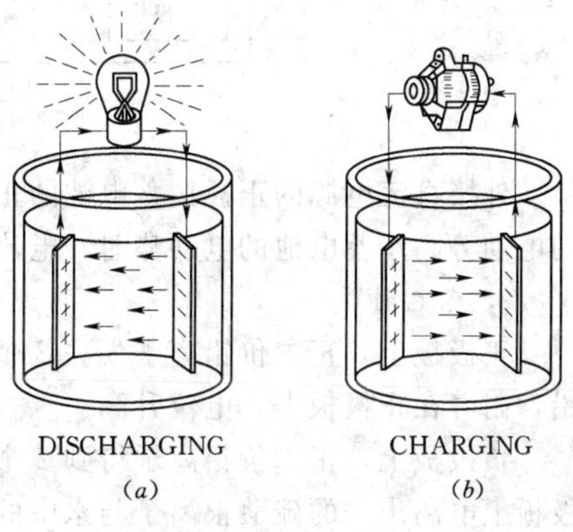

图3.11 蓄电池基本工作原理

铅蓄电池由浸渍在电解液中的正极板（二氧化铅 PbO_2）和负极板（海绵状纯铅Pb）组成，电解液是硫酸（H_2SO_4）的水溶液。蓄电池和负载接通放电时，正极板上的 PbO_2 和负极板上的Pb都变成 $PbSO_4$，电解液中的 H_2SO_4 减少，相对密度下降。充电时按相反的方向变化，正负极板上的 $PbSO_4$ 分别恢复成原来的 PbO_2 和Pb，电解液中的硫酸增加，相对密度变大。

当蓄电池充足电时，正极板上的活性物质是二氧化铅，负极板上的活性物质是纯铅。如图3.12所示为蓄电池充电过程和放电过程，下面将具体讲解蓄电池的充电过程和放电过程。

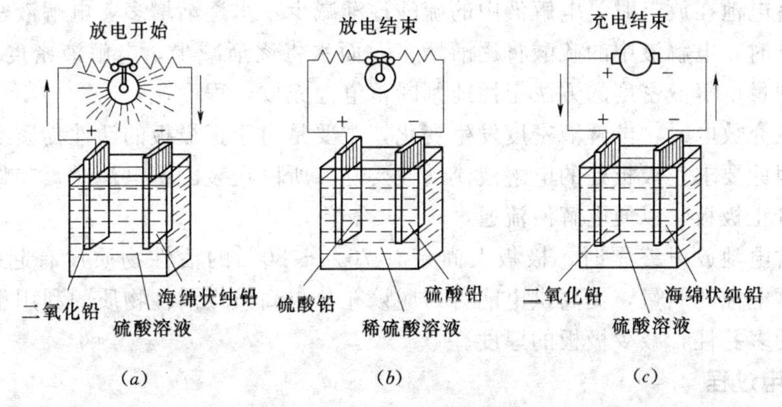

图3.12 蓄电池充放电过程

3.5.1 充电过程

1. 充电前

充电时的化学反应过程，如图3.13所示。

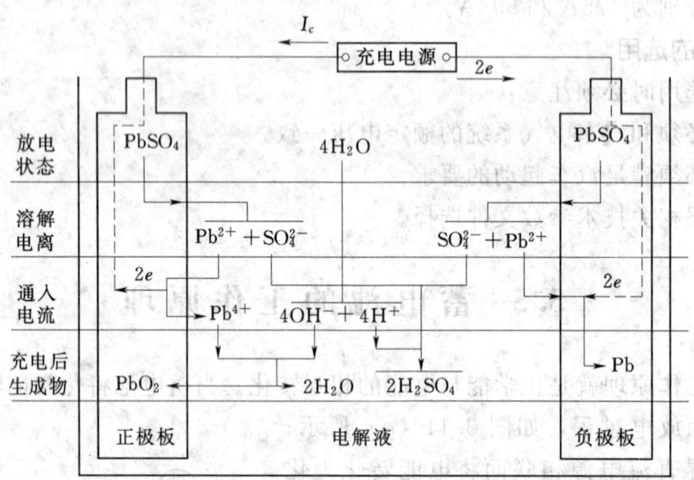

图3.13 蓄电池的充电过程

外接直流电源的正极接蓄电池的正极板，电源的负极接蓄电池的负极板。当直流电源的电动势高于蓄电池的电动势时，电流将以放电电流相反的方向流过蓄电池，充电开始。

2. 充电时

正极板上，正二价铅离子失去2个电子而成为正四价铅离子，再与水反应生成二氧化铅，附着在正极板上，电位升高。

负极板上，正二价铅离子得到2个电子生成一个铅分子而附着在负极板上。从正、负极板上电离出来的硫酸根离子与水中的氢离子结合生成硫酸。

由此可见，在充电过程中，电解液中 H_2SO_4 逐渐增多而水减少，电解液相对密度上升。总的化学反应式如下：

$$PbSO_4+2H_2O+PbSO_4 \longrightarrow PbO_2+2H_2SO_4+Pb$$

由蓄电池充电时的化学反应过程，可以得出如下几点结论：

(1) 蓄电池在放电时，电解液中的硫酸逐渐减少，水逐渐增多，电解液密度下降；蓄电池在充电时，电解液中的硫酸将逐渐增多，而水将逐渐减少，电解液密度增加。因此，可以通过测量电解液密度的方法定性地判断蓄电池充放电程度。

(2) 在充放电时，电解液密度发生变化，主要是由于正极板的活性物质发生化学反应的结果，因此要求正极板处的电解液流动性要好。所以在装配蓄电池时，应将隔板有沟槽的一面对着正极板，以便电解液流通。

(3) 蓄电池放电终了时，极板上尚余有70%～80%的活性物质没有起作用。因此，要减轻铅蓄电池的质量，提高供电能力，应该充分提高极板活性物质的利用率，在结构上提高极板的多孔性，减少极板的厚度。

3.5.2 放电过程

1. 放电前

正极板上二氧化铅 PbO_2 电离为四价铅离子 Pb^{4+} 和二价氧离子 O^{2-}，铅离子附着在正

极板上，氧离子进入电解液中，使正极板具有2.0V的正电位。

负极板上的纯铅Pb电离为二价铅离子Pb^{2+}和两个电子$2e$，铅离子进入电解液中，电子留在负极，使负极板具有−0.1V的负电位。这样正负极板之间就有了电位差，这个电位差约为2.1V。

2. 放电时

放电时的化学反应过程，如图3.14所示。

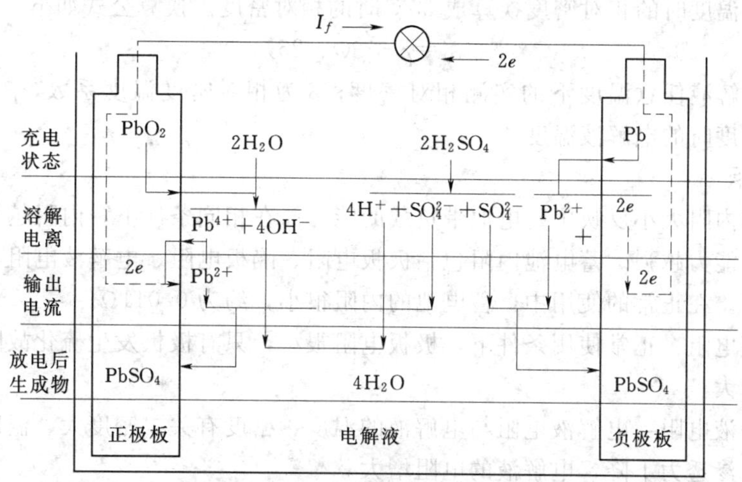

图3.14 蓄电池的放电过程

此时外电路接通，在2.1V的电位差作用下，电流从正极流出，经过灯泡，流回负极，使灯泡发亮。在放电过程中，正极板上四价铅离子Pb^{4+}与电子结合生成二价铅离子Pb^{2+}，进入电解液再与硫酸根离子结合生成硫酸铅并附着在正极上。

负极板上，二价铅离子也同硫酸根离子结合生成硫酸铅并附着在负极板上。

如果电路不中断，上述电化学反应将继续进行，使正极板上的PbO_2和负极板上的Pb都逐渐转变为$PbSO_4$，电解液中H_2SO_4逐渐减少而水增多，电解液相对密度下降。总的化学反应式如下：

$$PbO_2+2H_2SO_4+Pb \longrightarrow PbSO_4+2H_2O+PbSO_4$$

理论上，放电过程应进行到极板上的活性物质全部变为硫酸铅为止。而实际上是不可能的，因为电解液不能渗透到活性物质的最内层。使用中，所谓放完电的蓄电池，实际上只有20%～30%的活性物质变成了硫酸铅，因此采用薄型极板，增加多孔率，提高极板活性物质的利用率是蓄电池工业的发展方向。

3.6 蓄电池的工作特性

要正确使用蓄电池，必须掌握它的工作特性，即蓄电池的静止电动势、内阻和充放电特性的变化规律。

3.6.1 静止电动势

蓄电池在静止状态下（充电或放电后静止2～3h），正负极板间的电位差称静止电动势，用 E_0（E_j）表示，静止电动势的测量方法有以下两种：

（1）用直流电压表或万用表的直流电压挡直接测得。

（2）测出电解液密度，然后用经验公式求得。

$$E_0=0.85+\rho_{25℃}$$

式中：E_0 为蓄电池的静止电动势；$\rho_{25℃}$ 为 25℃时的电解液相对密度。

在实际使用中，蓄电池电解的温度受环境温度的影响，不可能总保持在 25℃，这样就必须将任意温度时的相对密度换算成 25℃时的相对密度。换算公式如下

$$\rho_{25℃}=\rho_t+\beta(t-25)$$

式中：ρ_t 为电解液任意温度下的实测相对密度；β 为相对密度温度系数，$\beta=0.00075$；t 为实测相对密度时的电解液温度。

3.6.2 内电阻

蓄电池的内阻大小反映了蓄电池带负载的能力。在相同条件下，内阻越小，输出电流越大，带负载能力越强。蓄电池内阻包括极板电阻、隔板电阻、电解液电阻、铅连接条和极桩的电阻等。在正常的使用中，蓄电池的内阻很小，约为 0.011Ω。

（1）极板电阻：正常使用条件下，极板电阻很小，只有极板发生硫化故障时，极板的电阻才明显增大。

（2）电解液电阻：电解液电阻与电解液的温度、密度有关。密度大、温度低，电解液的黏度增大，渗透力下降，电解液的电阻增大。

（3）隔板电阻：隔板电阻主要取决于隔板的材料、厚度及多孔性。

（4）联条电阻：采用穿壁式结构后，电阻可以忽略不计。

3.6.3 蓄电池的充电特性

在定电流充电过程中，蓄电池的端电压 U、电动势 E 和电解液密度随时间变化的规律称为蓄电池的充电特性。

如图 3.15 所示，蓄电池的充电过程可分为以下四个阶段。

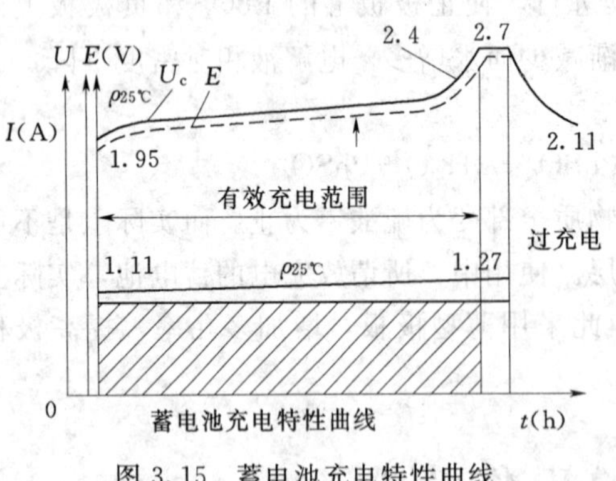

图 3.15 蓄电池充电特性曲线

1. 迅速上升阶段

充电开始，在极板的孔隙表层中首先形成硫酸，且来不及向外扩散，致使孔隙中的电解液密度增大，此阶段蓄电池的端电压和电动势迅速增大。

2. 稳定上升阶段

充电至孔隙中产生硫酸的速度和向外扩散硫酸速度相同时，蓄电池的端电压和电动势随整个容器内电解液密度的上升而缓慢上升。

3. 急剧上升阶段

端电压上升致 2.3～2.4V 时，极板上可能参加变化的活性物质大多恢复为二氧化铅和铅，若继续充电，则电解液中的水被电解成 H_2 和 O_2，以气泡形式放出，形成“沸腾”。但是氢离子在负极板处与电子的结合不是瞬时完成的，于是在负极板处就积聚了大量的氢离子，使电解液与极板间产生了附加电位差 0.33V，因而端电压上升到了 2.7V。

4. 急剧下降阶段

端电压上升到 2.7V 后应停止充电。若继续充电，则称为过充电。过充电会产生大量的气泡从极板孔隙中冲出，导致活性物质脱落，蓄电池的容量下降。

停止充电后，电源电压消失，积聚在负极板周围的氢离子形成氢气逸出，孔隙内的硫酸向外扩散，电解液混合均匀，端电压迅速下降到稳定值。

5. 充电终了

充电终了的标志是：电解液呈沸腾状（氢气和氧气的溢出）；电解液密度上升至最大值，且 2～3h 内不再上升；单格电池的端电压上升至最大值 2.7V，且 2～3h 内不再上升。

3.6.4 蓄电池的放电特性

定电流放电时，蓄电池的端电压、电动势和电解液密度随时间变化的规律称为蓄电池的放电特性。

如图 3.16 所示，蓄电池的整个放电过程可分为以下 4 个阶段。

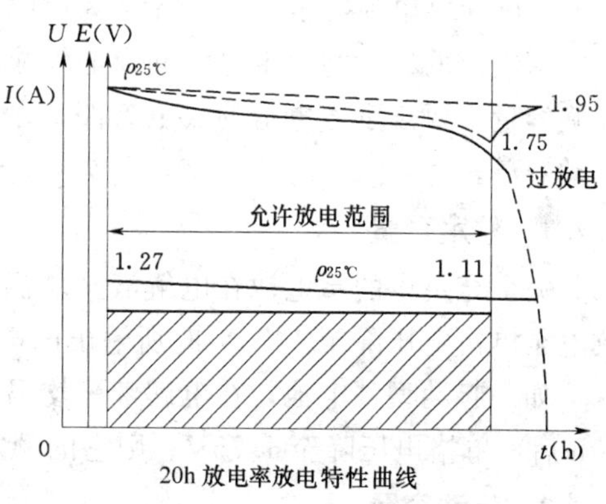

图 3.16 蓄电池放电特性曲线

1. 开始放电阶段（2.11～2.0V）

蓄电池端电压 U_f 从 2.11V 迅速下降，这是由于放电之初极板孔隙内的 H_2SO_4 迅速消耗，密度迅速下降的缘故。

2. 相对稳定阶段（2.0～1.85V）

极板孔隙外的电解液向极板孔隙内渗透速度加快，当渗透速度与化学反应速度达到相对平衡时，极板孔隙内的电解液密度的变化速率趋于一致，端电压将随整个容器内的电解液密度降低而缓慢下降到 1.85V。

3. 迅速下降阶段（1.85～1.75V）

以下 3 个原因导致了端电压迅速下降：

(1) 当放电接近终了时，孔隙外电解液密度已大大下降，孔隙外硫酸向孔隙内补充的速度减慢，离子的扩散速度下降。

(2) 随着放电时间的延长，极板表面硫酸铅的数量增多，使孔隙变小，将极板活性物质与电解液隔开来。

(3) 硫酸铅本身的导电性能差。放电时间越长，硫酸铅越多，内阻越大。通常把端电压急剧下降的临界点（端电压约为 1.7V）称为放电终了。若此时仍继续放电，端电压会很快下降到 0，所以必须停止放电。

4. 过度放电阶段（<1.75V）

蓄电池单格的端电压下降至一定值时（20h 放电率降至 1.75V），再继续放电即为过度放电。过度放电对蓄电池十分有害，易使极板损坏。

此时如果切断电源，让蓄电池“休息”一下，由于极板孔隙中的电解液和容器中的电解液相互渗透，趋于平衡，蓄电池的端电压将会有所回升。

由此可见，蓄电池放电终了的特征是：

(1) 单格电压放电至终止电压（以 20h 放电率放电，单格电压降至 1.75V）。

(2) 电解液密度降至最小许可值（约 1.11g/cm^3）。

蓄电池允许的放电终止电压与放电电流强度有关，放电电流越大，则放完电的时间越短，而允许的放电终止电压越低。

3.7　蓄电池的容量及其影响因素

铅蓄电池的容量是指蓄电池在完全充足电的情况下，在允许放电的范围内对外输出的电量，用以表示蓄电池对外供电的能力，单位为安培小时（A·h）。

当电池以恒定电流值进行放电时，其容量 Q 等于放电电流 I 和放电时间 t 的乘积，即

$$Q=It$$

式中：Q 为蓄电池容量，A·h；I 为放电电流，A；t 为放电时间，h。

蓄电池的容量与放电电流的及电解液的温度等因素有关，为了准确地表示出蓄电池的准确容量，要规定蓄电池的放电条件，在一定放电条件下，蓄电池的容量分为额定容量和起动容量。

3.7.1　额定容量

完全充足电的蓄电池在电解液平均温度为25℃的情况下，以20h率放电的电流连续放电至单格电压降至1.75V时所输出的电量。

如一起动型蓄电池，在电解液平均温度为25℃的情况下，以4.5A放电电流连续放电20h后，单格电压降至1.75V。则它的额定容量为 $Q=4.5\times20=90$(A·h)。

3.7.2　起动容量

起动容量表示蓄电池接起动机时的供电能力，有常温和低温两种起动容量。

1. 常温起动容量

常温起动容量即电解液温度为25℃时，以5min率放电的电流（3倍额定容量的电流）连续放电至规定的终止电压（6V蓄电池为4.5V，12V蓄电池为9V）时，所输出的电量，其放电持续时间应在5min以上。例如，3－Q－90型蓄电池在25℃以270A电流放电5min电池的端电压降到4.5V，其起动容量为 $270\times5/60=22.5$A·h。

2. 低温起动容量

低温起动容量，即电解液温度为－18℃时，以3倍额定容量的电流连续放电至规定的终止电压（12V蓄电池为6V，6V蓄电池为3V）时所放出的电量，其放电持续时间应在2.5min以上。

3.7.3　使用条件对蓄电池容量的影响

蓄电池的容量与活性物质的数量、极板的厚薄、活性物质的孔率、极板的结构、生产工艺、放电电流、电解液温度、电解液密度等因素有关。

1. 放电电流对蓄电池容量的影响

如图3.17所示，放电电流越大，蓄电池的容量就越低。放电电流过大，则单位时间内参加反应的活性物质及硫酸量增多，由于极板孔隙内硫酸消耗量过快，极板外部的硫酸来不及渗入到极板的内部，使得极板孔隙内的电解液密度下降过快，蓄电池的端电压下降过快，提前到达终止电压；由于硫酸来不及渗入到极板的内部，反应在极板的表面进行，

生成的硫酸铅也附着在极板的表面，阻碍硫酸渗入极板，则极板内部的活性物质得不到充分利用，蓄电池的容量减小。

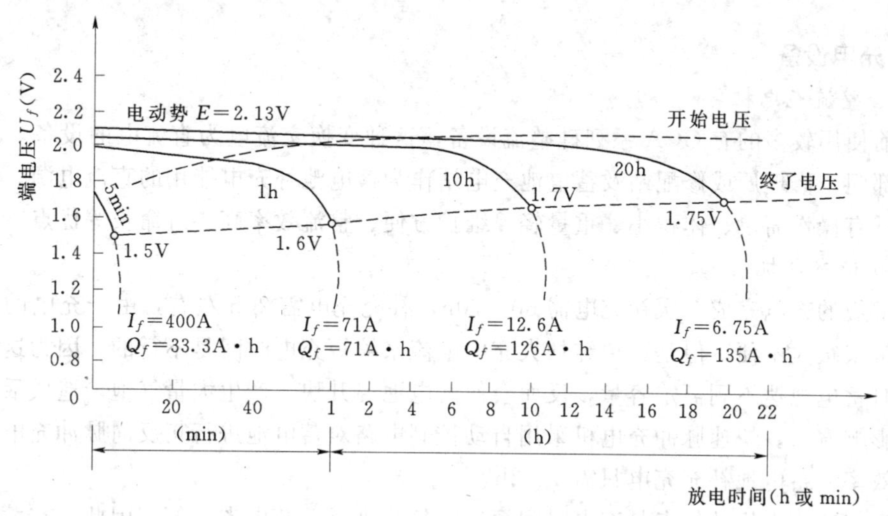

图 3.17　放电电流对蓄电池容量的影响

使用注意事项：使用起动机起动发动机时，蓄电池会大电流放电，端电压会急剧下降，输出容量会减小，且容易损坏。因此，起动时应注意，一次起动时间不应超过 5s，连续两次起动应间隔 15s 以上。

2. 电解液的温度

电解液温度较低时，黏度会增大，渗透能力下降，致使蓄电池的容量减小；同时，电解液的溶解度和电离度也会降低，同样加剧了蓄电池容量的下降。

使用注意事项：寒冷地区注意蓄电池的保温。

3. 电解液的密度

适当增加电解液的密度，减小了电解液的内阻，其渗透能力有所提高，有利于增加蓄电池的容量。但密度过高时，由于电解液的黏度增加，其内阻也增加，渗透能力反而有所降低，引起蓄电池的容量下降，如图 3.18 所示。

因此，电解液的密度偏低时，蓄电池的容量、放电电流可以提高。所以，冬季在电解液不结冰的前提下，尽量采用低密度的电解液。

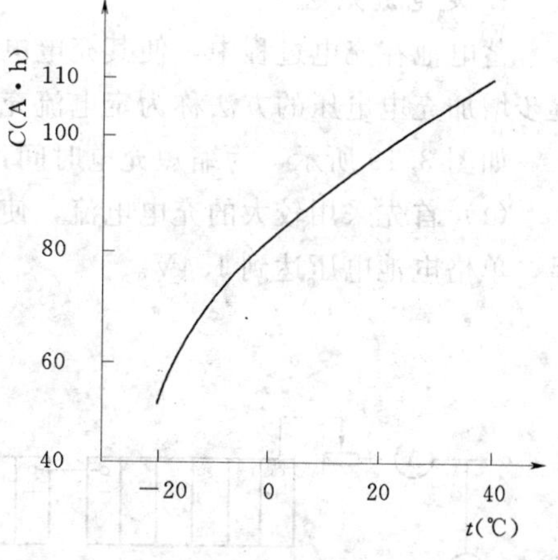

图 3.18　电解液温度对蓄电池容量的影响

4. 电解液的纯度

电解液中的一些杂质会腐蚀极板上的栅架、沉附于极板上形成局部电池产生自放电。

5. 结构因素

蓄电池极板的表面积越大，极板片数越多，参加反应的活性物质就越多，容量就越大。另外，极板越薄，活性物质的多孔性越好，则电解液向极板内部的渗透越容易，活性物质利用率就越高，输出容量也就越大。

3.8 蓄电池的充电

3.8.1 充电设备

1. 硅整流充电机

目前使用较多的有GCA系列硅整流设备，这种变换交流电为直流电的设备，专供汽车运输部门、修理厂或修配站及蓄电池充电站作为蓄电池补充电能用的直流电源。硅整流充电机具有操作简单、体积小、重量轻、维护方便、整流效率高、寿命长等优点。

2. 快速充电机

用常规的充电完成一次初充电需60～70h，补充充电需20h左右，由于充电的时间长给使用带来很大不便。但是，单纯加大充电电流来缩短充电时间是不行的，因为这样不仅在充电时蓄电池达不到额定容量，反而会使蓄电池温升快，产生大量气泡，造成活性物质脱落而影响寿命。快速脉冲充电机采用自动控制电路对蓄电池进行正反向脉冲充电，可提高充电效率，蓄电地补充充电只需1～2h。

脉冲快速充电机的优点是充电时间短，空气污染小，节电省能等。因此，在蓄电池集中，充电频繁或应急使用部门，其优点更显突出。

3. 充电电源

这种设备既可用于充电也可作为起动电源使用，它通过连接背面两组接柱可对不同电压的蓄电池进行充电（12V或24V），在汽车蓄电池电压不足时可作为起动电源起动发动机。具有操作简单、输出电流大、充电效率高、寿命长等优点。

3.8.2 蓄电池的充电方法

蓄电池的充电方法有常规充电和快速充电法两种。常规充电方法有定电压充电和定电流充电两种。

1. 定电流充电

蓄电池在充电过程中，使其充电电流保持恒定不变，随着蓄电池电动势的逐渐提高，逐步增加充电电压的方法称为定电流充电，又叫恒流充电。

如图3.19所示，为缩短充电时间，充电过程通常分为两个阶段：

(1) 首先采用较大的充电电流，使蓄电池的容量得到迅速恢复，当蓄电池电量基本充足，单格电池电压达到1.4V。

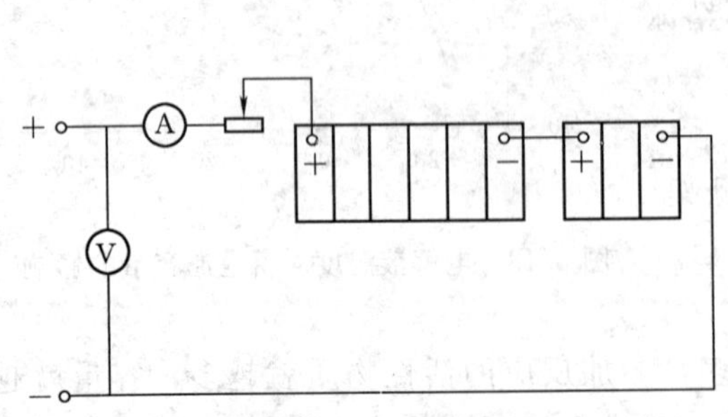

图3.19 定电流充电时蓄电池的连接

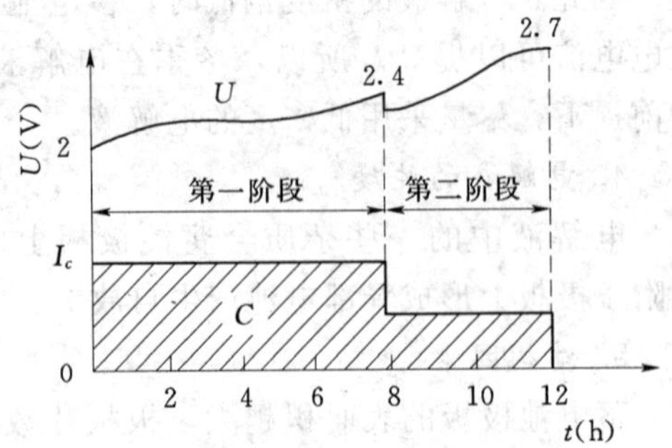

图3.20 定电流充电特性曲线

(2) 当开始电解水产生气泡时，转入第二阶段，将充电电流减小一半，直到电解液密度和蓄电池端电压达到最大值且在 2～3h 内不再上升，蓄电池内部剧烈冒出气泡时为止，此时蓄电池完全充足。充电特性曲线如图 3.20 所示。

因为恒流充电有较大适用性，可任意选择和调整电流，适应各种不同条件（新蓄电池的初充电，使用中的电池补充充电以及去硫充电等）下的蓄电池充电，一般使用充电机，在充电工作间对蓄电池进行充电，常采用这种定电流充电法。其主要特点是充电时间长，要经常调节充电电流。

2. 定电压充电

在充电过程中，加在蓄电池两端的充电电压保持恒定不变的充电方法，称为定电压充电。定电压充电，被充蓄电池常采用并联连接法，如图 3.21 所示。要求各并联支路的单格电压总数相等，但各蓄电池的型号、容量以及放电程度则可不同。

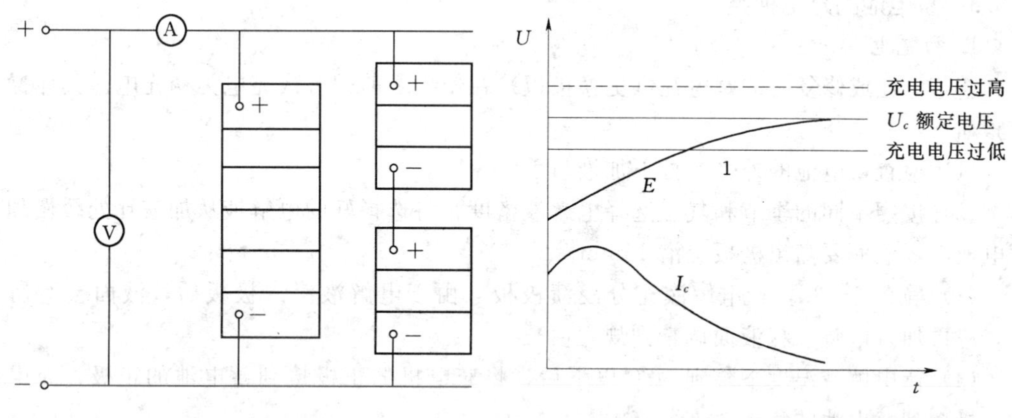

图 3.21　定电压充电　　图 3.22　定电压充电特性曲线

汽车上的发电机对蓄电池的充电即为定电压充电，又称恒压充电。其特点是充电开始，充电电流很大，随着蓄电池电动势的不断增高，充电电流逐渐减小。充电终了，充电电流将自动减小至零，因而不需要人照管。同时由于定电压法充电速度快，4～5h 内蓄电池就可获得本身容量的 90%～95%，比定电流充电时间的大大缩短。所以特别适合对具有不同容量的蓄电池进行充电。其充电特性曲线如图 3.22 所示。

在定电压充电过程中，充电电压对充电的效果影响很大，如果充电电压合适，蓄电池充足电后，充电电流可自动减小到 0。如果充电电压低，蓄电池将永远也充不满电，对蓄电池的使用寿命会产生很大的影响。如果充电电压过高，在蓄电池充满电后还会继续充电，此时的充电即为过充电，过充电将会消耗电解液中的水分，也会影响蓄电池的使用寿命。

3. 脉冲快速充电法

脉冲快速充电，又称分段充电法，必须用脉冲快速充电机进行，其充电电流波形如图 3.23 所示。

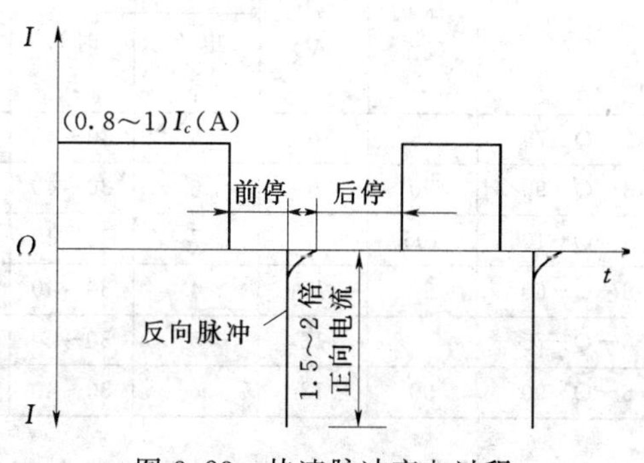

图 3.23　快速脉冲充电过程

整个充电过程为：

（1）先用0.8～1倍额定容量的大电流进行恒流充电，使蓄电池在短时间内充至额定容量的50%～60%。

（2）当单格电池电压升至1.4V，开始冒气泡时，由充电机的控制电路自动控制，开始脉冲快速充电，首先停止充电25ms（称为前停充），然后再放电或反向充电，使蓄电池反向通过一个较大的脉冲电流（脉冲深度一般为充电电流的1.5～3倍，脉冲宽度为150～1000μs），然后再停止充电40ms（称为后停充）。

（3）以后的充电过程为：正脉冲充电－前停充－负脉冲瞬间放电－后停充－正脉冲充电……循环进行，直至充足电。

脉冲快速充电的优点是充电时间可大大缩短（新蓄电池充电仅需5h，补充充电需1h）。缺点是对蓄电池的寿命有一定的影响，并且脉冲快速充电机结构复杂，价格昂贵，适用于电池集中、充电频繁、要求应急的场合。

3.8.3 蓄电池的充电种类

1. *初充电*

新蓄电池或修复后的蓄电池（更换极板）在使用之前的首次充电为初充电。具体操作步骤如下：

（1）检查蓄电池的外壳，拧下加液口盖。

（2）按照不同的季节和气温选择电解液密度，将选择好的电解液从加液孔处缓慢加入蓄电池内，液面要高出极板上沿15mm。

（3）静止6～8h，让电解液充分浸渍极板（由于电解液浸入极板后，液面会有所下降，应再加入电解液将液面调整到规定值）。

（4）待电解液温度下降到30℃以下后，将充电机的正极接到蓄电池的正极，充电机的负极接到蓄电池的负极，准备充电。

（5）选择初充电规范

第一阶段的充电电流约为蓄电池容量的1/15，充电至电解液中有气泡析出，单格端电压达到2.4V。

第二阶段的充电电流约为蓄电池容量的1/30。

不同型号铅蓄电池的初充电电流值见表3.4。

表3.4 铅蓄电池的初充电电流值

蓄电池型号	额定容量 C_{20h}	额定电压（V）	初充电				补充充电			
			第一阶段		第二阶段		第一阶段		第二阶段	
			电流（A）	时间（h）	电流（A）	时间（h）	电流（A）	时间（h）	电流（A）	时间（h）
3－Q－75	75	6	5	30～40	1.5	25～30	7.5	10～12	3.75	3～5
3－Q－90	90	6	6	30～40	3	25～30	9	10～12	4.5	3～5
3－Q－105	105	6	7	30～40	3.5	25～30	10.5	10～12	5.25	3～5
6－Q－60	60	12	4	30～40	2	25～30	6	10～12	3	3～5
6－Q－75	75	12	5	30～40	1.5	25～30	7.5	10～12	3.75	3～5
6－Q－90	90	12	6	30～40	3	25～30	9	10～12	4.5	3～5

（6）开始充电。注意：充电过程中要经常测量电解液的密度和温度。如果电解液的温

度超过 40℃，则应将电流减小；如果温度继续上升至 45℃，则应停止充电。适当采取冷却措施以降低电解液的温度。

充电接近终了时，如果电解液的密度不符合规定，应用蒸馏水或相对密度为 1.400g/cm^3 电解液调整，调整后再充电 2h。

(7) 充足电的标志。蓄电池电解液产生大量气泡，呈沸腾状态；蓄电池电解液的密度及单格端电压达到规定值，并连续 3h 不变。

(8) 放电。新蓄电池充足电后，应以 20h 率放电。

放电的步骤是：使充足电的蓄电池休息 1～2h，然后以 20h 率放电。放电开始后每隔 2h 测量一次单格电压，当单格电压下降至 1.8V 时，每隔 20min 测量一次电压，单格电压下降至 1.75V 时，立即停止放电。

(9) 进行补充充电至蓄电池充足。

2. 蓄电池的补充充电

蓄电池在使用中，如果发现起动机运转无力；灯光比平时暗淡，冬季放电超过 25%，夏季放电超过 50%，贮存不用已近一个月的蓄电池，都必须进行补充充电。另外，由于汽车上使用的蓄电池进行的是定电压充电，不一定能使蓄电池充足，为了有效防止硫化，最好每 2～3 个月进行一次补充充电。具体操作步骤如下：

(1) 清洁，从汽车上拆下蓄电池，清除蓄电池盖上的脏污，疏通加液孔盖上的通气孔，清除极桩和导线接头上的氧化物。

(2) 检查电解液的密度和液面高度。

(3) 用高率放电计检查各单格电池的放电情况。

(4) 将蓄电池的正、负极接至充电机的正、负极。

(5) 选择充电规范，第一阶段的充电电流约为蓄电池额定容量的 1/10；第二阶段的充电电流约为蓄电池额定容量的 1/20。

(6) 充足电的标志（电解液呈沸腾状态；电解液密度和蓄电池端电压达到规定值，且连续 3h 不变）。

(7) 将加液口盖拧紧，擦净蓄电池的表面。

3. 去硫化充电

蓄电池使用过程中可能发生极板硫化，内阻加大，充电时温度上升较快，蓄电池的容量降低．对于硫化较轻的蓄电池可以通过去硫化充电法加以消除。具体操作步骤如下：

(1) 先倒出原有的电解液，并用蒸馏水清洗两次，然后加入蒸馏水。

(2) 接通充电电路，将电流调到初充电的第二阶段电流值充电，当密度上升到 1.15g/cm^3 时，倒出电解液，换加蒸馏水再进行充电，直到电解液密度不再增加为止。

(3) 以 10h 率放电，当单格电压下降到 1.7V 时，再以补充充电的电流进行充电、再放电、再充电，直到容量达到额定值 80%以上。

3.9 蓄电池使用与维护

普通蓄电池的使用寿命一般在 1～2 年之间，要想延长其使用寿命，就应掌握正确的使用、维护方法，经常保持蓄电池技术状况良好，发现问题及时处理。

3.9.1 蓄电池的使用

1. 蓄电池的储存

(1) 新蓄电池的储存。未启用的新蓄电池，其加液孔盖上的通气孔均已封闭，不要通破。保管蓄电池时应注意以下几点：

1) 存放室温 5～30℃，干燥、清洁、通风。

2) 不要受阳光直射，离热源距离不小于 2m。

3) 避免与任何液体和有害气体接触。

4) 不得倒置或卧放，不得叠放，不得承受重压。

5) 新蓄电池的存放时间不得超过 2 年。

(2) 暂时不用的蓄电池的储存。采用湿储存方法，即先充足电，再把电解液密度调至 1.24～1.28g/cm^3，液面调至规定高度，然后将通气孔密封，存放期不得超过半年，期间应定期检查，如容量降低 25%，应立即补充充电，交付使用前也应先充足电。

(3) 长期停用的蓄电池的储存。采用干储存法，即先将充足电的蓄电池以 20h 放电率放完电，然后倒出电解液，用蒸馏水反复冲洗多次，直到水中无酸性，晾干后旋紧加液孔盖，并将通气孔密封，存放条件与新蓄电池相同。

2. 新蓄电池启用

首先擦净外表面，旋开加液孔盖，疏通通气孔，注入新电解液，静置 4～6h 后，调节液面高度到规定值，按初充电规范进行充电后即可使用。

干荷电蓄电池在规定存放期（一般为 2 年）内，启用时可直接加入规定密度的电解液，静置 20～30min 后，校准液面高度，即可使用。若超期存放或保管不当损失部分容量，应在加注电解液后经补充充电方可使用。

3. 蓄电池的拆装

(1) 拆装、移动蓄电池时，应轻搬轻放，严禁在地上拖拽。

(2) 蓄电池型号和车型应相符，电解液密度和高度应符合规定。

(3) 安装时，蓄电池固定在托架上，塞好防振垫。

(4) 极桩涂上凡士林或润滑油，防腐防锈。极桩卡子与极桩要接触良好。

(5) 蓄电池搭铁极性必须与发电机一致。

(6) 接线时先接正极后接负极，拆线时相反，以防金属工具搭铁，造成蓄电池短路。

3.9.2 蓄电池维护

(1) 保持蓄电池外表面的清洁干燥，及时清除极桩和电缆卡子上的氧化物，并确定蓄电池极桩上的电缆连接牢固。

清洗蓄电池时，如图 3.24 所示，最好从车上拆下蓄电池，用苏打水溶液冲洗整个壳体，然后用清水冲洗蓄电池并用纸巾擦干。对蓄电池托架，可先用腻子刀刮净厚腐蚀物，然后用苏打水溶液清洗托架，之后用水冲洗并干燥。托架干燥后，漆上防腐漆。

注意：清洗蓄电池之前，要拧紧加液孔盖，防止苏打水进入蓄电池内部。

(2) 保持加液孔盖上通气孔的畅通，定期疏通。对极桩和电缆卡子，可先用苏打水溶液清洗，再用专用清洁工具进行清洁。如图 3.25 所示。清洗后，在电缆卡子上涂上凡士林或润滑油防止腐蚀。

(3) 定期检查并调整电解液液面高度，液面不足时，应补加蒸馏水。

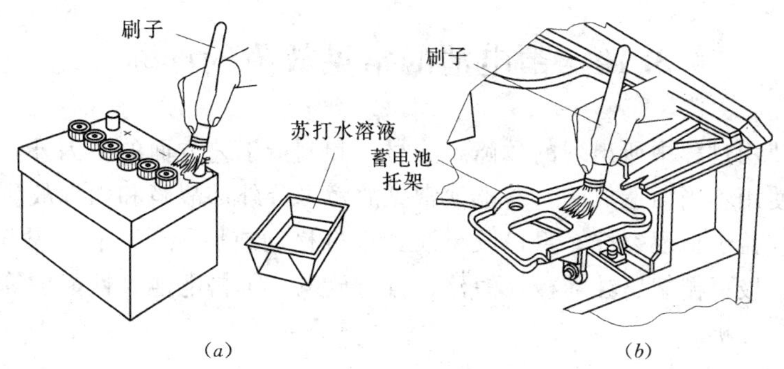

图 3.24 蓄电池壳体的清洁

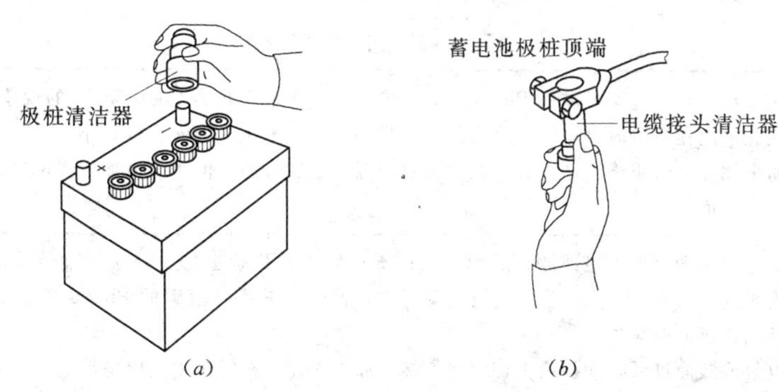

图 3.25 蓄电池极桩的清洁

(4) 汽车每行驶 1000km 或夏季行驶 5～6d，冬季行驶 10～15d，应用密度计或高率放电计检查一次蓄电池的放电程度，当冬季放电超过 25%，夏季放电超过 50%时，应及时将蓄电池从车上拆下进行补充充电。

(5) 根据季节和地区的变化及时调整电解液的密度。冬季可加入适量的密度为 1.40g/cm^3 的电解液，以调高电解液的密度（一般比夏季高 0.02～0.04g/cm^3 为宜）。

(6) 冬季向蓄电池内补加蒸馏水时，必须在蓄电池充电前进行，以免水和电解液混合不均而引起结冰。

(7) 冬季蓄电池应经常保持在充足电的状态，以防电解液密度降低而结冰，引起外壳破裂、极板弯曲和活性物质脱落等故障。蓄电池电解液密度、放电程度和冰点温度的关系见表 3.5。

表 3.5　　蓄电池电解液密度、放电程度和冰点温度的关系

放电程度	充足电		放电 25%		放电 50%		放电 75%		放电 100%	
	密度 (g/cm^3) 25℃	冰点 (℃)	密度 (g/cm^3) 25℃	冰点 (℃)	密度 (g/cm^3) 25℃	冰点 (℃)	密度 (g/cm^3) 25℃	冰点 (℃)	密度 (g/cm^3) 25℃	冰点 (℃)
电解液的密度和冰点	1.31	−66	1.27	−58	1.23	−36	1.19	−22	1.15	−14
	1.29	−70	1.25	−50	1.21	−28	1.17	−18	1.13	−10
	1.28	−69	1.24	−42	1.20	−25	1.16	−16	1.12	−9
	1.27	−58	1.23	−36	1.19	−22	1.15	−14	1.11	−8
	1.25	−50	1.21	−28	1.17	−18	1.13	−10	1.09	−6

3.10 蓄电池的常见故障的诊断

蓄电池在使用过程中所出现的故障，除材料和制造工艺方面的原因外，还有很多情况是由于维护和使用不当而造成的。蓄电池常见故障可分外部故障和内部故障。蓄电池的外部故障有壳体或盖子出现裂纹、封口胶干裂、极桩松动或腐蚀等；内部故障有极板硫化、活性物质脱落、极板栅架腐蚀、极极短路、自行放电、单格电池极性颠倒等，下面对蓄电池内部故障进行分析。

1. 极板硫化

极板硫化故障特征、故障原因及故障排除办法见表3.6。

表3.6 极板硫化故障

故障特征	极板上生成一层白色粗晶粒的 $PbSO_4$，在正常充电时不能转化为 PbO_2 和 Pb 的现象。 (1) 硫化的电池放电时，电压急剧降低，过早降至终止电压，电池容量减小。 (2) 蓄电池充电时单格电压上升过快，电解液温度迅速升高，但密度增加缓慢，过早产生气泡，甚至一充电就有气泡
故障原因	(1) 蓄电池长期充电不足或放电后没有及时充电，导致极板上的 $PbSO_4$ 有一部分溶解于电解液中，环境温度越高，溶解度越大。当环境温度降低时，溶解度减小，溶解的 $PbSO_4$ 就会重新析出，在极板上再次结晶，形成硫化。 (2) 电解液液面过低，使极板上部与空气接触而被氧化，在行车中，电解液上下波动与极板的氧化部分接触，会生成大晶粒 $PbSO_4$ 硬化层，使极板上部硫化。 (3) 长期过量放电或小电流深度放电，使极板深处活性物质的孔隙内生成 $PbSO_4$。 (4) 新蓄电池初充电不彻底，活性物质未得到充分还原。 (5) 电解液密度过高、成分不纯，外部气温变化剧烈
排除方法	轻度硫化的蓄电池，可用小电流长时间充电的方法予以排除；硫化较严重者采用去硫化充电方法消除硫化；硫化特别严重的蓄电池应报废

2. 活性物质脱落

活性物质脱落故障特征、故障原因及故障排除方法见表3.7。

表3.7 活性物质脱落故障

故障特征	主要指正极板上的活性物质 PbO_2 的脱落。蓄电池容量减小，充电时从加液孔中可看到有褐色物质，电解液浑浊
故障原因	(1) 蓄电池充电电流过大，电解液温度过高，使活性物质膨胀、松软而易于脱落。 (2) 蓄电池经常过充电，极板孔隙中逸出大量气体，在极板孔隙中造成压力，而使活性物质脱落。 (3) 经常低温大电流放电使极板弯曲变形，导致活性物质脱落。 (4) 汽车行驶中的颠簸振动
排除方法	对于活性物质脱落的铅蓄电池，若沉积物较少时，可清除后继续使用；若沉积物较多时，应更换新极板和电解液

3. 极板栅架腐蚀

极板栅架腐蚀故障特征、故障原因及故障排除方法见表3.8。

4. 极板短路

极板短路故障特征、故障原因及故障排除方法见表3.9。

表 3.8　极板栅架腐蚀故障

故障特征	主要是正极板栅架腐蚀，极板呈腐烂状态，活性物质以块状堆积在隔板之间，蓄电池输出容量降低
故障原因	(1) 蓄电池经常过充电，正极板处产生的 O_2 使栅架氧化。 (2) 电解液密度、温度过高、充电时间过长，会加速极板腐蚀。 (3) 电解液不纯
排除方法	(1) 腐蚀较轻的蓄电池，电解液中如果有杂质，应倒出电解液，并反复用蒸馏水清洗，然后加入新的电解液，充电后即可使用。 (2) 腐蚀较严重的蓄电池，如果是电解液密度过高，可将其调整到规定值，在不充电的情况下继续使用。 (3) 腐蚀严重的蓄电池，如栅架断裂、活性物质成块脱落等，则需更换极板

表 3.9　极板短路故障

故障特征	蓄电池正、负极板直接接触或被其他导电物质搭接称为极板短路。极板短路的蓄电池充电时充电电压很低或为零，电解液温度迅速升高，密度上升很慢，充电末期气泡很少
故障原因	(1) 隔板破损使正、负极板直接接触。 (2) 活性物质大量脱落，沉积后将正、负极板连通。 (3) 极板组弯曲。 (4) 导电物体落入池内
排除方法	出现极板短路时，必须将蓄电池拆开检查。 更换破损的隔板，消除沉积的活性物质，校正或更换弯曲的极板组等

5. 自行放电

自行放电故障特征、故障原因及故障排除方法见表 3.10。

表 3.10　自行放电故障

故障特征	蓄电池在无负载的状态下，电量自动消失的现象称为自放电。如果充足电的蓄电池在 30 天之内每昼夜容量降低超过 2%，称为故障性自放电
故障原因	(1) 电解液不纯，杂质与极板之间以及沉附于极板上的不同杂质之间形成电位差，通过电解液产生局部放电。 (2) 蓄电池长期存放，硫酸下沉，使极板上、下部产生电位差引起自放电。 (3) 蓄电池溢出的电解液堆积在电池盖的表面，使正、负极柱形成通路。 (4) 极板活性物质脱落，下部沉积物过多使极板短路
排除方法	自放电较轻的蓄电池，可将其正常放完电后，倒出电解液，用蒸馏水反复清洗干净，再加入新电解液，充足电后即可使用；自放电较为严重时，应将电池完全放电，倒出电解液，取出极板组，抽出隔板，用蒸馏水冲洗后重新组装，加入新的电解液重新充电后使用

6. 单格电池极性颠倒

单格电池极性颠倒故障特征、故障原因及故障排除方法见表 3.11。

表 3.11　单格电池极性颠倒故障

故障特征	单格电池原来的正极板变成负极板，负极板变成正极板。此时，蓄电池电压迅速下降，不能继续使用
故障原因	没有及时发现有故障的单格电池（如极板短路、活性物质脱落等），当蓄电池放电时，该单格电池由于容量小，首先放电至零，再继续放电时，其他单格电池的放电电流对它进行充电，使其极性颠倒
排除方法	对极性颠倒的单格电池应更换新极板

3.11 电动汽车蓄电池的种类和特点

电动汽车用蓄电池的种类很多，例如铅酸电池、镉镍（Ni－Cd）电池、氢镍（Ni－MH）电池、硫（Na－S）电池、锂电池、锌—空电池、飞轮电池、燃料电池、太阳能电池等。

3.11.1 镉镍（Ni－Cd）电池

镉镍电池的比能量可达53Wh/kg，其比功率超过190W/kg可以快速充电（1min能恢复50%容量），过充放电性能好，深度放电性能好，循环使用寿命较长，是铅酸电池的两倍多，达到了2000多次，价格为铅酸电池的4～5倍，每千瓦时为400～500美元。镉镍电池的初期购置成本较贵，但由于其比能量和使用寿命都比铅酸电池好，因此，在电动汽车上实际使用成本并不比铅酸电池高，甚至还会低点。

镉镍电池作为电动汽车动力源的一个需要十分注意的问题是，如果使用后没得到很好的回收将会由重金属镉造成严重的环境污染，因此，尽管在近几年来，美国、欧洲和日本在镉镍蓄电池中镉回收技术方面几乎能达到了100%的回收和再生，但一些环境保护人士仍反对在电动汽车上使用这种电池。

镉镍蓄电池充电后，正极板活性物质为氢氧化镍［$Ni(OH)_3$］，负极为镉（Cd）和铁（Fe）的混合物。放电后，正极活性物质转变为氢氧化亚镍［$Ni(OH)_2$］，负极的活性物质转变为氢氧化亚镉［$Cd(OH)_2$］。

3.11.2 氢镍（Ni－MH）电池

氢镍电池和镉镍电池一样，也属于碱性电池，它的许多基本特性和镉镍电池相似，但氢镍电池不像镉镍电池那样存在重金属污染问题，它不含镉和铅之类的重金属，使用后回收不是主要问题，被称为“绿色电池”。

氢镍电池是由以储氢合金作为活性物质的负极、以氢氧化镍作为活性物质的正极及隔膜组成。

ECD Ovonic电池公司现有80Ah和130Ah的两种单元电池，由它们构成的电池组有30kWh和50kWh两种规格，其技术指标为：

比能量（3h率）	75～80Wh/kg	170～200Wh/L
比功率（DOD80%时）	160～230W/kg	400～600W/L
快速充电	从满容量的40%～80%	15min
工作温度	－28～＋80℃	
循环使用寿命	超过600次	

这种电池已装在好几种电动汽车上进行实验，有一种车一次充电行驶了345km，有辆车一年最长走过8万km。但至今尚未大比量投产，价格很贵，约600～800美元/kWh。在大批量生产后，价格可能会降到250美元/kWh，Ovonic电池公司现在还致力于提高储氢材料的储氢能力、减少合金用量、提高比能量以及全面改进电池的性能，估计远景价格可能降至150美元/kWh。

随着氢镍电池技术的不断发展，预计其比能量可望超过80Wh/kg，循环使用寿命可望超过2000次，其比功率也会大幅度地提高，预计氢镍充电速度仅为1h，使其能量补充到满能量的70%仅需10min的充电时间。

美国通用汽车公司已把氢镍电池作为今后几年在电动汽车上的优先考虑的电池。

3.11.3　锂电池

锂电池（这里主要指二次锂电池）具有比能量高等一系列优点，受到了美国、欧洲和日本的高度重视，并把电动汽车与燃油机汽车全面竞争的希望寄托于它的成功。

锂电池有锂离子电池、高温锂熔盐电池、锂聚合物电池（常温）及锂聚合物固体电解质电池（常温）。

1. 高温锂熔盐电池

该种电池负极是锂合金，正极是硫化铁，硫化铁有两种，即 FeS 和 FeS_2 前者每单体电池电压为 1.3V，比能量大约为 100Wh/kg，后者每单体电池电压力 1.7V，比能量可达到 225Wh/kg，但 FeS_2 腐蚀性大，现在还在研究解决这一问题，正负极板间是氮化硼毛毡状多孔性隔膜，电解质为如 LiBr、LiCI、LiF 等盐的混合物，电解质的熔点大约为 445℃ ，电池的工作温度为 450℃到 500℃之间，这种温度使电解质熔化，但低于负极锂合金的熔点。该种电池目前一般水平为，比能量 100Wh/kg，比功率 100～120W/kg (80%DOD/15s)，100%放电时的循环寿命约 350 次。

2. 锂聚合物电池（常温）

这种电池用锂合金做阳极，高分子导电材料做阴极，有机熔剂做电解质，导电材料的种类很多，有聚乙炔、聚苯胺、聚对本酚等，程聚苯胺电池比能量有望达到 350Wh/kg，但比功率目前只有 50～60W/kg，寿命也只有 300 次左右，过充电、快充电、价格等问题还有待解决。

3.12　蓄电池的技术状态检测

1. 外部检查

(1) 检查蓄电池封胶有无开裂和损坏，极桩有无破损，壳体有无泄露，否则应修理或者更换。

(2) 疏通加液孔盖的通气孔。

(3) 清洁蓄电池外壳，并用钢丝刷或极柱接头清洗器清洁极桩和电缆卡子上的氧化物，清洁后涂抹一层凡士林或润滑脂。

2. 检测蓄电池电解液液面高度

(1) 用玻璃管测量法，如图 3.26 所示。工具内径为 3～5mm 的玻璃管。液面高度标准值为 10～15mm。

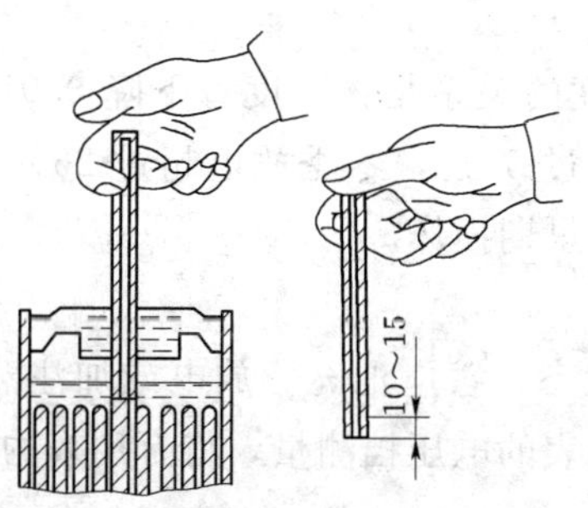

图 3.26　蓄电池电解液液面高度

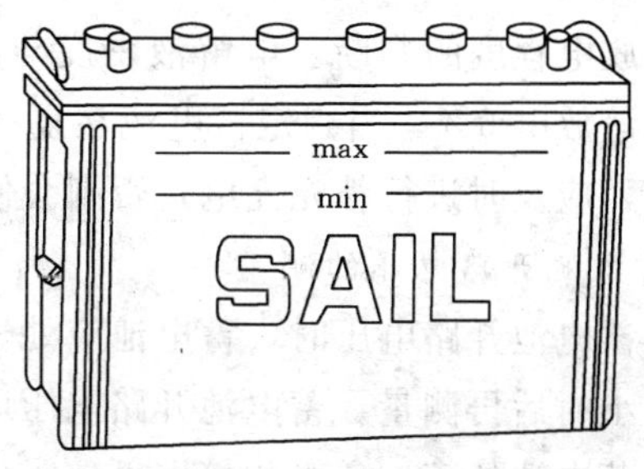

图 3.27　蓄电池电解液液面线限

(2) 观察液面高度指示线法，如图 3.27 所示。正常液面高度应介于两线之间，液面过低时，应加入蒸馏水补充。

3. 检测蓄电池电解液密度

电解液密度的大小，是判断蓄电池容量的重要标志。测量蓄电池电解液密度时，蓄电池应处于稳定状态。蓄电池充、放电或加注蒸馏水后，应静置 0.5h 后再测量。

(1) 用吸式密度计测量电解液密度，其测量过程如图 3.28 所示。测得的密度值应用标准温度（+25℃）予以校正（同时测量电解液温度）。不同温度条件下电解液密度修正值见表 3.12。

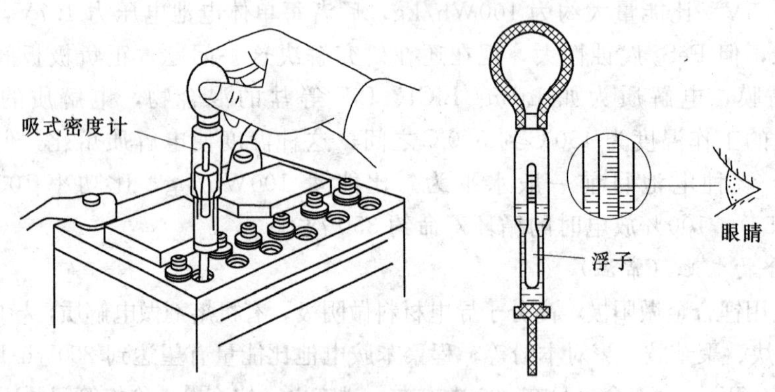

图 3.28 测量电解液密度

表 3.12 电解液密度修正

电解液温度（℃）	密度修正值（g/cm³）	电解液温度（℃）	密度修正值（g/cm³）
+40	+0.0113	+10	−0.0113
+35	+0.0075	+5	−0.0150
+30	+0.0037	0	−0.0188
+25	0	−5	−0.0255
+20	−0.0037	−10	−0.0263
+15	−0.0075		

通过对各个单格电池电解液密度的测量，可以确定蓄电池是否失效。如果单格电池之间的密度相差 0.05g/cm³，则该电池失效。

(2) 放电程度的判断。电解液密度与放电程度的关系是：密度每下降 0.01g/cm³ 相当于蓄电池放电 6%，当判定蓄电池在夏季放电超过 50%，冬季放电超过 25%时不宜再继续使用，应及时进行补充充电，否则会使蓄电池早期损坏。

4. 蓄电池开路电压的测量

测量蓄电池开路电压时，蓄电池应处于稳定状态，蓄电池充、放电或加注蒸馏水后，应静置半小时后再测量。蓄电池开路电压可用万用表的电压挡测量，将万用表的正、负表笔分别与蓄电池的正、负极相接即可。

蓄电池端电压可以反应蓄电池的存电程度，它们之间的关系见表 3.13。

表 3.13 蓄电池存电程度

存电状态	100%	75%	50%	25%	0%
蓄电池电压	11.6V 以上	11.4V	12.2V	12V	11.9V 以下

5. 负荷试验检测

负荷试验要求被测蓄电池至少存电 75%以上，若电解液密度低于 1.22g/cm³，用万用表测得静止电动势不到 11.4V，应先充足电，再作测试。

(1) 使用高率放电计检测。高率放电计的结构如图 3.29 所示。

高率放电计是模拟起动机工作状态，检测蓄电池容量的仪表。它由一只电压表和一负载电阻组成。由于在检测时，蓄电池对负载电阻的放电电流可达 100A 以上，所以，能比较准确判定蓄电池的容量和基本性能，是目前普遍使用的检测仪表。以 12V 蓄电池为例，使用方法如下：

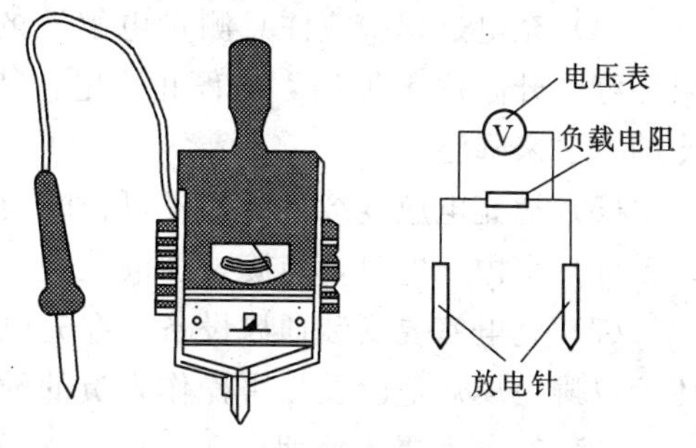

图 3.29 高率放电计

将高率放电计的正、负放电针分别压在蓄电池的正、负极柱上，保持 15s，若电压保持在 9.6V 以上，说明性能良好，若稳定在 11.6～10.6V，说明存电充足，若电压迅速下降，说明蓄电池已经损坏。

注意：此项测量不能连续进行，必须间隔 1 分钟后才可以再次检测，以防止蓄电池损坏。

(2) 随车起动测试。在起动系正常的情况下，以起动机作为试验负荷。拔下分电器中央高压线并搭铁，将万用表置于电压挡，红、黑表笔分别接在蓄电池正、负极柱上，接通起动机 15s，读取电压表读数，对于 12V 蓄电池，应不低于 9.6V。

3.13 实训项目 1 蓄电池的充电

3.13.1 实训目的

掌握蓄电池初充电、补充充电的充电方法。

3.13.2 仪器与工具

(1) 蓄电池 1 个，充电机 1 台。

(2) 玻璃杯、玻璃棒、密度计、温度计各 1 个。

(3) 蒸馏水、浓硫酸（密度 1.835g/cm³）适量。

3.13.3 实训内容

(1) 电解液的配制：根据当地的气温条件，选择合适的电解液密度。配制电解液时，先用耐酸的容器装蒸馏水，然后将浓硫酸慢慢注入水中，同时用清洁的玻璃棒搅拌，使其混合均匀。测量其密度和温度，若不符合要求，适当调整，直至合格为止。

(2) 蓄电池的初充电：现在汽车普遍采用干荷电蓄电池，所以初次使用只需按规定加足电解液后，静置 30min 即可装车使用。

（3）蓄电池的补充充电：首先清除蓄电池脏污和极柱上的氧化物，拧下加液孔盖，疏通通气孔。将充电机与蓄电池相连，选择合适的电压和电流。

3.13.4 注意事项

（1）严格遵守各种充电方法的操作规范。

（2）处于寒冷天气的蓄电池在充电之前，需检查电解液是否结冰，不可对结冰的蓄电池进行充电，否则会引起爆炸。

（3）充电前，需检查电解液的液面高度，电解液不足时，不得充电。

（4）充电过程中应注意测量电解液的温度，当温度超过40℃时，应将电流减半，如温度继续升高达45℃时，应停止充电，待冷却至35℃以下时再充电。也可采用风冷或水冷的方法来降温。

（5）初充电应连续进行，不可长时间间断。

（6）室内充电时，应旋下加液孔盖，使氢气和氧气能顺利排出。

（7）充电室要安装通风设备，在充电过程中，通风设备应不停地工作，以排出有害气体，以避免爆炸危险及损害操作人员的健康。

（8）充电室要严禁烟火。

3.14 实训项目2 蓄电池的检测

3.14.1 实训目的

掌握蓄电池的检测方法。通过检测，判断被测蓄电池有无故障。

3.14.2 仪器与工具

（1）蓄电池1个，发动机1台。

（2）万用表、吸式密度计、温度计、高率放电计、钢丝刷、玻璃管各1个。

（3）蒸馏水、凡士林、润滑油适量。

3.14.3 实训内容

（1）外部检查。

（2）检测蓄电池电解液液面高度。

（3）检测蓄电池电解液密度。

（4）蓄电池开路电压的测量。

（5）负荷试验检测。

本 章 小 结

1. 蓄电池是一种既能将化学能转化为电能，也能将电能转化为化学能的可逆低压直流电源。

2. 蓄电池在发动机起动时、发动机停止时或怠速时供电。

3. 每当出现供电需求超出发电机输出时，蓄电池参与供电。

4. 蓄电池可以缓和电器系统中的冲击电压。

5. 蓄电池主要包括极板、隔板、电解液和外壳等。

6. 蓄电池正极板上的活性物质是二氧化铅，负极板上的活性物质是海绵状纯铅。

7. 电解液邮政流水和纯硫酸组成，其相对密度为1.24～1.30g/cm^3。

8. 蓄电池在放电过程中，正负极板上的活性物质都转变为硫酸铅。

9. 干荷电蓄电池在加入电解液，静置20～30min后即可投入使用。

10. 蓄电池型号由5部分组成。

11. 蓄电池放电终了的特征是单格电压降低到最低允许值，电解液密度下降到最低允许值。

12. 蓄电池充电终了的特征是单格电压上升到最大值，电解液密度上升到最大值，电解液成沸腾状况。

13. 蓄电池容量的单位为安培小时（A·h），常用的容量有额定容量和启动容量。

14. 影响蓄电池容量的因素有：放电电流、电解液温度和电解液的密度。

15. 接通起动机的时间不要超过5s，两次启动之间的间隔为15s。

16. 如果能确认蓄电池的电解液没有泄露，在电解液不足时，应补加蒸馏水。

17. 蓄电池的充电方法有定电流充电、定电压充电和快速充电等。

18. 充电种类有初充电、补充充电、去硫化充电等。

19. 蓄电池技术状况的检查。

20. 蓄电池故障诊断与排除。

单 元 习 题

一、填空题

1. 蓄电池按结构特点可分为__________和__________两大类，汽车上采用的是__________。

2. 汽车上有两个电源：一个是________，一个是________。

3. 正负极板是由________和__________组成。

4. 正极板上的活性物质是________；负极板上的活性物质是__________。

5. 电解液是由____________和__________配制而成。

6. 配制成的电解液相对密度一般为__________。

7. 铅蓄电池的充电过程是________转变成________的过程。

8. 充电条件必须有__________。

9. 充电终了时，正负极板上的硫酸铅已大部分转变为__________和________。

10. 铅蓄电池的内阻包括__________、__________、__________和__________。

二、单项选择题

1. 蓄电池与发电机两者在汽车上的连接方法是（　　）。

A. 串联连接　　B. 并联连接　　C. 各自独立　　D. 以上都不对

2. 蓄电池充足电时，正极板上的活性物质是（　　）。

A. 硫酸　　B. 纯铅　　C. 二氧化铅　　D. 硫酸铅

3. 铅蓄电池的电解波密度一般为（　　）。

A. 1.11～1.12　　B. 1.15～1.24g　　C. 1.24～1.30　　D. 1.30～1.34g

4. 有一蓄电池型号为6－QA－75，其中A表示（　　）。

A. 干式荷电池　　B. 薄型极板

C. 低温起动性好　　D. 起动型蓄电池

5. 汽车蓄电池在放电时，是（　　）。

A. 电能转变为化学能　　B. 化学能转变为电能

C. 电能转变为机械能　　D. 机械能转变为电能

6. 温度为15℃时，单格电池的静止电动势 E_j 与电解液密度的关系可用经验公式表示为（　　）。

A. $E_j=0.84-\gamma15℃$　　B. $E_j=0.84+\gamma15℃$

C. $E_j=0.84+\gamma25℃$　　D. $E_j=0.84-\gamma25℃$

7. 铅蓄电池的密度温度系数为（　　）。

A. 0.00075　　B. 0.0075　　C. 0.075　　D. 0.75

8. 蓄电池内部产生气体最多的时候是（　　）。

A. 加注电解液时　　B. 放电时　　C. 充电时　　D. 过充电时

9. 蓄电池内部发生化学反应时，则（　　）。

A. 会产生氧气　　B. 会产生氢气

C. 会同时产生氧气和氢气　　D. 既不产生氧气也不产生氢气

10. 铅酸蓄电池以20h放电率放电时，当放电终了，其单格电池电压应是（　　）。

A. 1.85V　　B. 1.75V　　C. 1.65　　D. 1.55

三、判断题（正确的打"√"，错误的打"×"）

1. 汽车发动机热起动时，起动机（起动电动机）由发电机供电。（　　）

2. 隔板的主要作用是防止正、负极板短路。（　　）

3. 在单格电池中正极板比负极板多一片。（　　）

4. 放电电流越大，则蓄电池的容量也越大。（　　）

5. 电解液密度越大，则蓄电池的容量越大。（　　）

6. 传统蓄电池消耗水的途径是蒸发和水的电解。（　　）

7. 配制电解液时，应将蒸馏水缓慢地倒入硫酸中去。（　　）

8. 初充电的特点是充电电流较大，充电时间较短。（　　）

9. 对蓄电池进行定电流充电时，蓄电池采用并联连接。（　　）

10. 对蓄电池进行充电必须用交流电源。（　　）

11. 根据蓄电池电解液密度的变化，可以判断其放电程度。（　　）

12. 为了防止蓄电池的接线柱氧化，通常可在接线柱上涂一层油漆。（　　）

13. 蓄电池电解液不足，在无蒸馏水时，可暂用自来水代替。（　　）

14. 蓄电池在使用中应注意密封，防止漏气和泄漏电解液。（　　）

15. 冬季起动发动机，若一次起动不了，可延长起动时间，直到起动了为止。（　　）

四、简答题

1. 铅蓄电池主要有哪些用途？

2. 画出用电器和发电机、铅蓄电池的并联电路。

3. 铅蓄电池的连接有哪几种形式？

4. 试解释解放牌CA1091汽车用的6－QA－100型铅蓄电池各部分的意义。

5. 为什么说充电终期充电电流不宜过大？

6. 怎样延长铅蓄电池的使用寿命？

7. 铅蓄电池放电终了有什么特征？

8. 铅蓄电池充满电时有什么特征？

9. 解放牌汽车 CA1091 装有一个 6－QA－100 型干荷式铅蓄电池，试计算其总内阻多少？单格电池的内阻是多少？

10. 东风牌汽车 EQ1090 用 6－Q－105 型干封式起动铅蓄电池，已知以 5.25A 恒定电流连续放电 20h，求铅蓄电池的额定容量。

第4章　汽车交流发电机

- **知识目标**

  (1) 了解交流发电机的基本结构及主要部件的功能。

  (2) 了解电压调节器的基本类型及基本工作原理。

- **技能目标**

  (1) 掌握电源系统电路的连接方法。

  (2) 掌握拆装发电机及万用表检测发电机和调节器的方法。

  (3) 掌握解决电源系统常见故障的正确的诊断方法。

  (4) 掌握使用万用表检验交流发电机的部件的方法。

4.1　交流发电机的结构及类型

4.1.1　发电机的功用

汽车蓄电池的作用是向汽车电气设备如起动马达、汽车大灯和刮水器灯提供电能。但是蓄电池的电量是有限的，不能满足汽车连续供电的需要。因此，蓄电池必须要经常充满电，以保证各种电器随时用电。所以汽车需要充电系统来产生电能和随时给蓄电池充电。

实际上，当发动机运转时，充电系统产生的电能不但给蓄电池充电，而且向各种电器提供必要的电能。发电机是充电系统的主要设备，也是汽车的主要电源，由于交流发电机发电性能好、寿命长及其他优点，所以目前汽车一般都使用交流发电机。过去经常采用的直流发电机目前已淘汰。如图4.1所示为交流发电机在汽车上的位置。

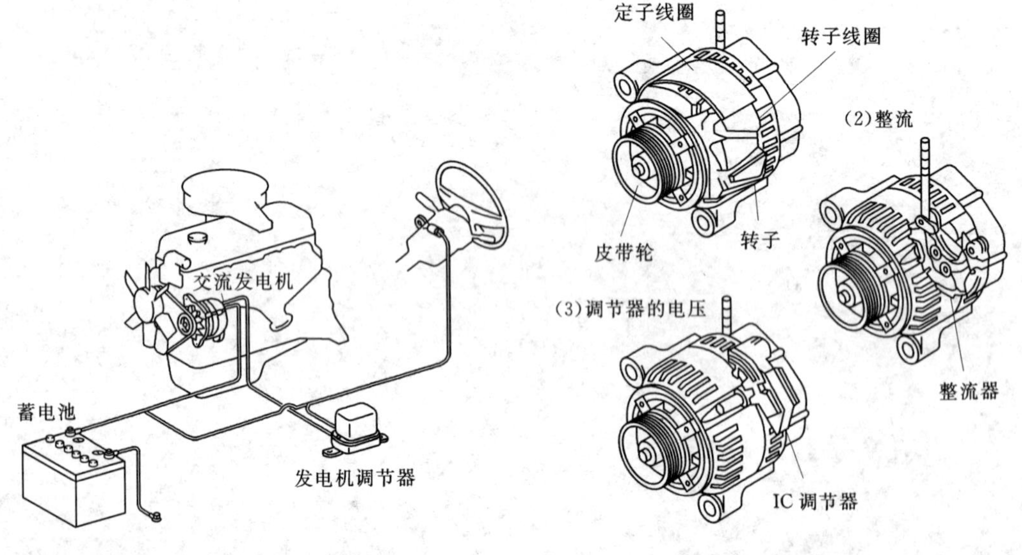

图4.1　发电机在汽车上的位置　　图4.2　发电机的功能

发电机有三个功能：发电、整流和调节电压，如图 4.2 所示。

（1）发电：用多槽带把发动机的旋转传输到皮带轮，转动电磁化的转子，在定子线圈中产生交流电流。

（2）整流：因为定子线圈中产生的电是交流电，它不能用于车辆上安装的直流电器装置，所以利用整流器将交流电变为直流电。

（3）调节电压：利用调节器调节发电机的电压，在发电机转速或负载发生变化时也能保持电压稳定。

4.1.2 交流发电机的分类

交流发电机按照不同的分类方法分为以下几类。

1. 按总体结构分类

（1）普通交流发电机：这种发电机即无特殊装置，也无特殊功能特点，使用时需要配装电压调节器。如图 4.3（*a*）所示。

（2）整体式交流发电机：发电机和调节器制成一个整体的发电机。如图 4.3（*b*）所示。

（3）带泵的交流发电机：发电机和汽车制动系统用真空助力泵安装在一起的发电机。如图 4.3（*c*）所示。

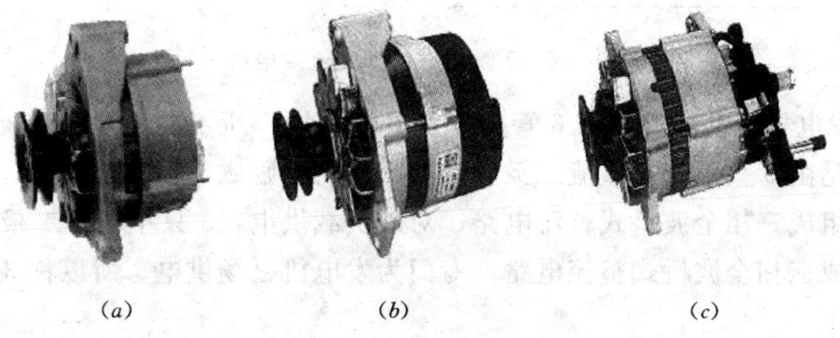

图 4.3 交流发电机分类

（*a*）普通交流发电机；（*b*）整体式交流发电机；（*c*）带泵的交流发电机

（4）无刷交流发电机：不需要电刷的发电机。

（5）永磁交流发电机，转子磁极为永磁铁制成的发电机。

2. 按整流器结构分类

（1）6 管交流发电机，如图 4.4 所示。

（2）8 管交流发电机，如图 4.5 所示。

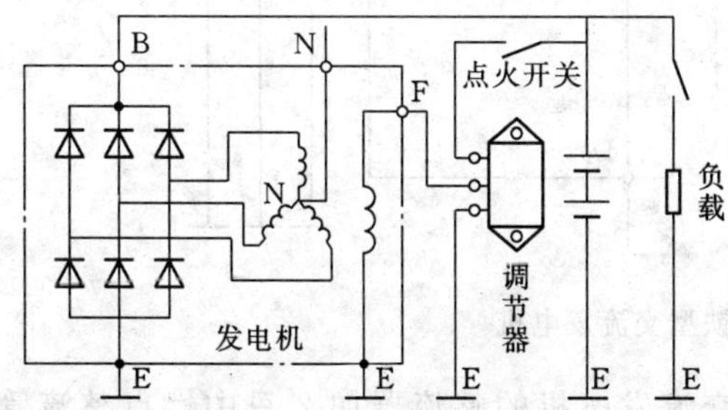

图 4.4 六管交流发电机

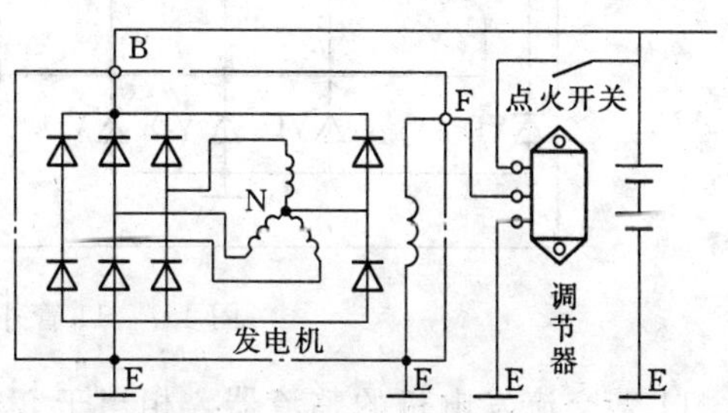

图 4.5 8 管交流发电机

8 管交流发电机（如夏利车用）和 6 管交流发电机的基本机构是相同的，所不同的是整流器有 8 只硅整流二极管。

其中 6 只组成三相全波桥式整流电路，另 2 只是中性点二极管，1 只正极管接在中性点和正极之间，1 只负极管接在中性点和负极之间，对中性点电压进行全波整流。

试验表明：加装中性点二极管的交流发电机在结构不变的情况下，可以将发电机的功率提高 10%～15%之间。

（3）9 管交流发电机，如图 4.6 所示。

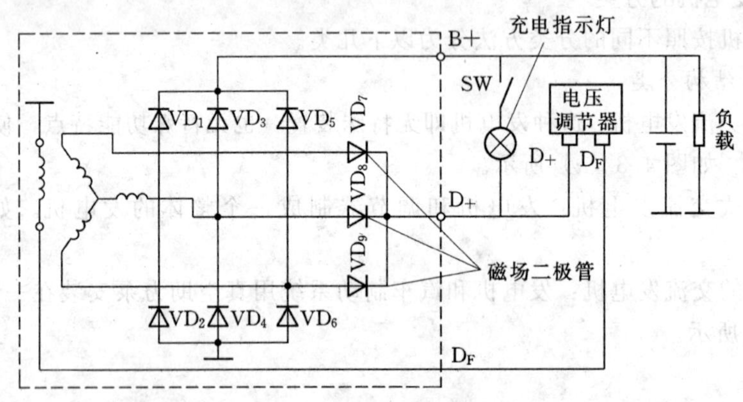

图 4.6　9 管内搭铁型交流发电机

9 管交流发电机的基本结构和 6 管交流发电机相同，所不同的是整流器。9 管交流发电机的整流器是由 6 只大功率整流二极管和 3 只小功率励磁二极管组成的。其中 6 只大功率整流二极管组成三相全波桥式整流电路，对外负载供电，3 只小功率二极管与 3 只大功率负极管也组成三相全波桥式整流电路，专门为发电机磁场供电。所以称 3 只小功率管为励磁二极管。

（4）11 管交流发电机，如图 4.7 所示。

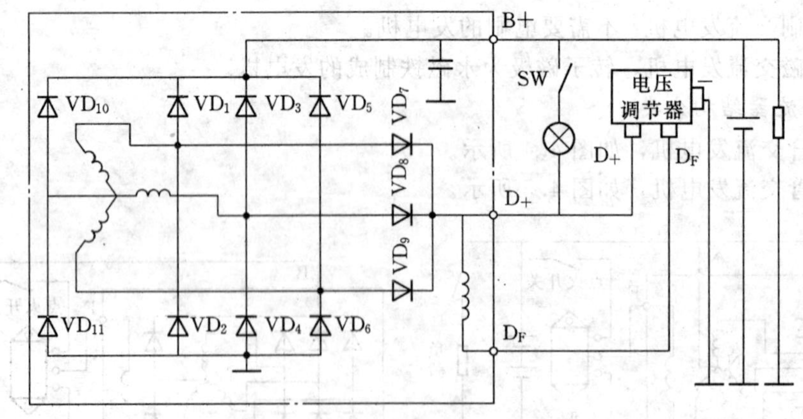

图 4.7　11 管外搭铁型交流发电机

11 管交流发电机的整流器，相当于 9 管交流发电机的整流器加 2 只中性点整流管。由于 11 管交流发电机既能提高功率又使充电指示灯电路简化，因此应用较广。

3. 按励磁绕组搭铁形式分类

(1) 内搭铁型交流发电机：磁场绕组的一端（负极）直接搭铁（和壳体相连），如图 4.8 (*a*) 所示。

(2) 外搭铁型交流发电机：磁场绕组的一端（负极）接入调节器，通过调节器后再搭铁，如图 4.8 (*b*) 所示。

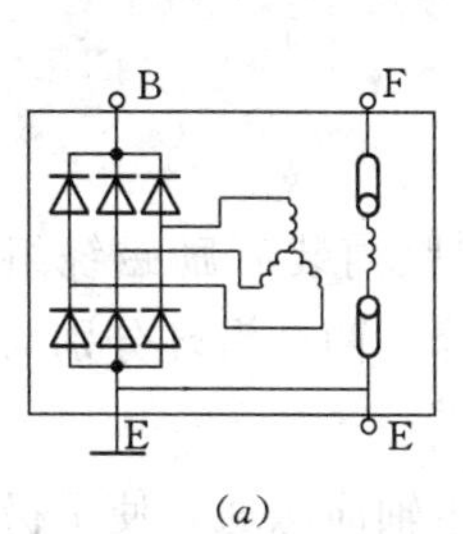

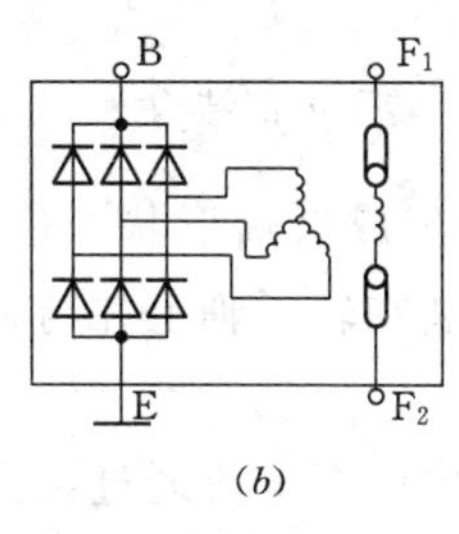

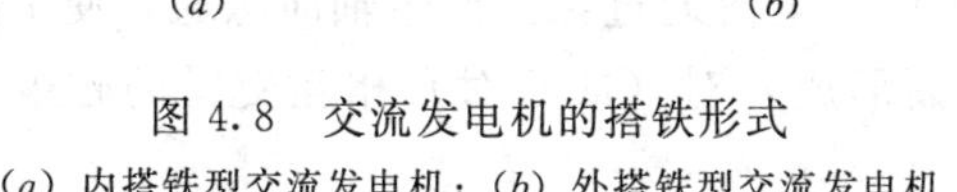

图 4.8 交流发电机的搭铁形式

(*a*) 内搭铁型交流发电机；(*b*) 外搭铁型交流发电机

图 4.9 整体式交流发电机实物图

4.1.3 交流发电机的结构

汽车用交流发电机由一个三相同步交流发电机和硅二极管整流器所组成。其结构按其类型的不同而异，普通式与整体式的车用交流发电机在结构上大同小异，而与无刷式交流发电机在结构上有较大的差异，下面将予以介绍。

1. 整体式交流发电机的结构（图 4.9）

三相同步交流发电机主要部件是转子、定子和整流用的二极管。此外，还有为了产生磁场而将电流提供给转子的电刷和滑环，使转子平滑转动的轴承、冷却转子、定子及二极管的风扇（电压调节器装在交流发电机后端的防护罩内，但不是交流发电机的组成部分）。所有这些部件均装在前后机架上，如图 4.10 所示。

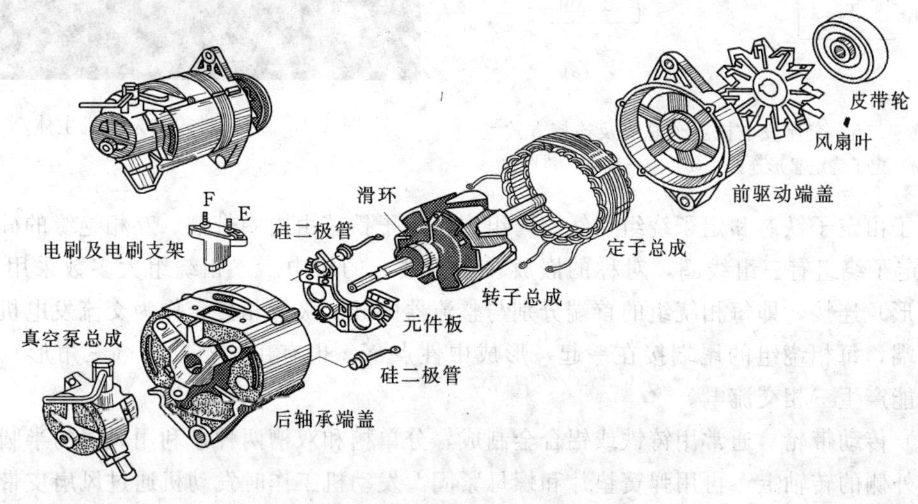

图 4.10 整体式交流发电机内部结构

(1) 转子的结构。转子总成是发电机的励磁部分，它主要由两块爪极磁极、磁场绕组、集电环及转子轴等组成，如图4.11所示。

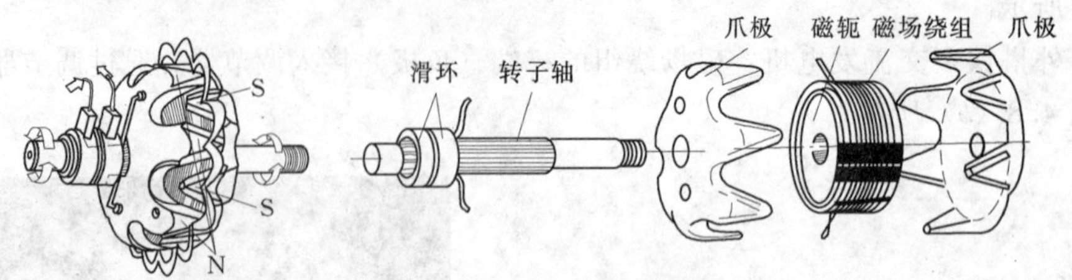

图4.11　转子内部结构

转子轴上压装着两块爪极，爪极被加工成鸟嘴形状，爪极空腔内装有励磁绕组和磁轭。滑环由两个彼此绝缘的铜环组成，压装在转子轴上并与轴绝缘，两个滑环分别与励磁绕组的两端相连。

当给两滑环通入直流电时，励磁绕组中就有电流通过，并产生轴向磁通，使爪极一块被磁化为N极，另一块被磁化为S极，从而形成六对（或八对）相互交错的磁极。当转子转动时，就形成了旋转的磁场。

(2) 定子的结构。定子总成是产生和输出交流电的部件，又叫电枢。定子铁芯一般由一组相互绝缘的且内圆带有嵌线槽的圆环状硅钢片叠制而成。嵌线槽内嵌入三相对称的定子绕组。如图4.12所示。

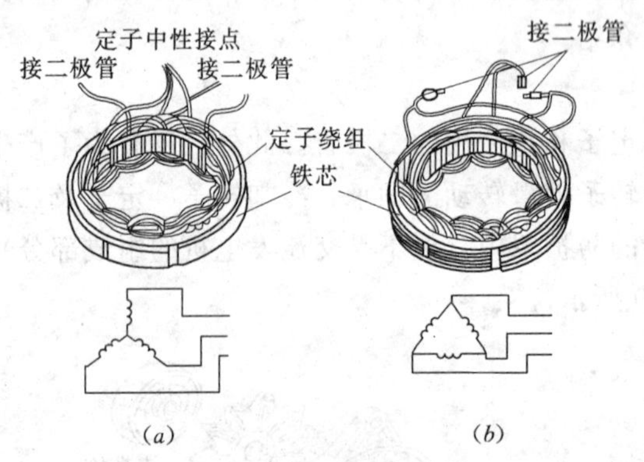

图4.12　交流发电机定子总成及连接方式
(a) 定子绕组星形连接；(b) 定子绕组三角形连

图4.13　传动带轮与发电机主体

定子由定子铁芯和定子绕组（线圈）组成。定子铁芯由内圈带槽、互相绝缘的硅钢片叠成。定子绕组有三组线圈，对称的嵌放在定子铁心的槽中。三相绕组大多数采用“Y”形（星形）连接，即每相绕组的首端分别与整流器的硅二极管相接，作为交流发电机的交流输出端，每相绕组的尾端接在一起，形成中性点N。也有用“△”形（三角形）连接的，都能产生三相交流电。

(3) 传动带轮。通常用铸铁或铝合金制成，分单槽和双槽两种，利用风扇的半圆键装在风扇外侧的转轴上，再用弹簧垫片和螺母紧固。发动机工作时发动机通过风扇皮带带动传动皮带轮转动，并传给发电机，如图4.13所示。

（4）风扇。发电机工作时，定子绕组和励磁绕组中都会有热量产生，温度过高会烧坏导线的绝缘导致发电机不能正常工作，所以为发电机散热是必须的，为了提高散热能力，有的发电机装有两个风扇（前后各一个）。一般用1.5mm厚的钢板冲压而成或用铝合金铸造制成，利用半圆键装在前端盖外侧的转子轴上，紧压在皮带轮与前端盖之间。如图4.14（*a*）所示。

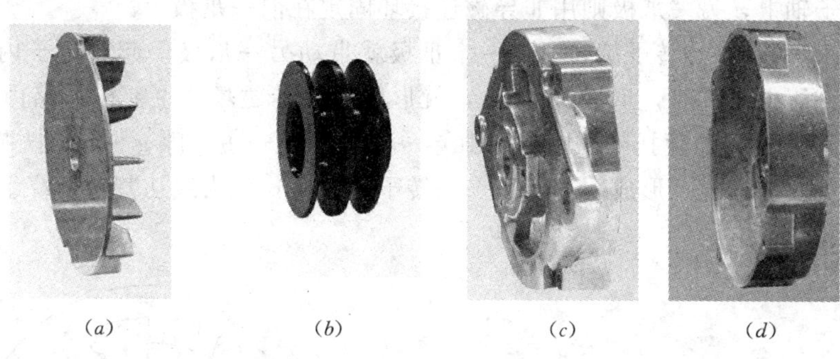

图4.14　发电机风扇、皮带轮、前端盖及后端盖外观图
（*a*）风扇；（*b*）皮带轮；（*c*）前端盖；（*d*）后端盖

（5）前、后端盖。前后端盖用非导磁性材料铝合金制成，漏磁少，并具有轻便、散热性好等优点。在后端盖内装有电刷架和电刷。汽车上使用的发电机的前后端盖上通常设有通风口。当传动带轮和风扇一起旋转时，使空气高速流经发电机内部进行冷却。有些工作环境恶劣的工程机械、农用拖拉机等为防止灰尘、泥土进入发电机内部，因此采用外形尺寸较大的封闭型交流发电机，以保证其散热的需要。如图4.14（*c*）、4.14（*d*）所示。

（6）电刷总成。两只电刷装在电刷架的方孔内，利用弹簧的压力使其与集电环保持良好的接触。电刷与电刷架的结构有外装式和内装式两种，其构造如图4.15所示。

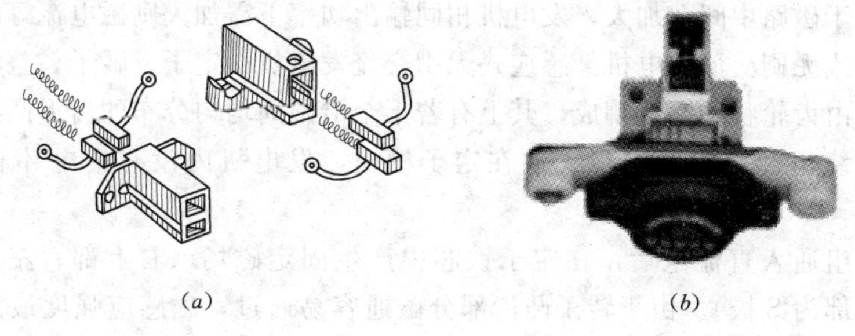

图4.15　电刷及电刷架
（*a*）外装式；（*b*）内装式

由于发电机磁场搭铁回路的不同，电刷总成上的两个电刷接线柱可分为“B、F”接线柱或“F1、F2”接线柱两种电刷总成。前者为内搭铁式发电机所用，后者为外搭铁发电机所用。

2. *无刷交流发电机的结构*

车用无刷交流发电机是指没有集电环、电刷与电刷架装置的交流发电机。由于没有电刷和集电环，所以不会因为电刷和集电环的磨损和接触不良造成激磁不稳定或发电机不发电等故障；同时工作时无火花，也减小了无线电干扰。具有结构新颖、性能优良、工作稳

定、故障少等优点。但与有刷发电机相比，在相同体积条件下，其设计功率将有所下降。

无刷交流发电机有爪极式、励磁机式、永磁式和感应式四种，其中爪极式和感应式比较常见。

(1) 爪极式无刷交流发电机的结构。爪极式无刷交流发电机磁场绕组是静止的，它通过一个磁轭托架固定在后端盖上，所以，不再需要电刷。两个爪极中只有一个爪极直接固定在电机转子轴上，另一爪极则用非导磁连接环固定在前一爪极上。

如图 4.16 所示，当转子旋转时，一个爪极就带动另一爪极一起在定子内转动，当磁场绕组中有直流电通过时，爪极被磁化，就形成了旋转磁场。主要磁通路由转子磁轭出发，经附加间隙 g_2→磁轭托架→附加间隙 g_1→左边爪极→主气隙 g→定子铁芯→主气隙 g→右边爪极→转子磁轭，形成闭合回路。当转子旋转时，磁力线切割定子绕组，在三相绕组中产生三相交变电动势。

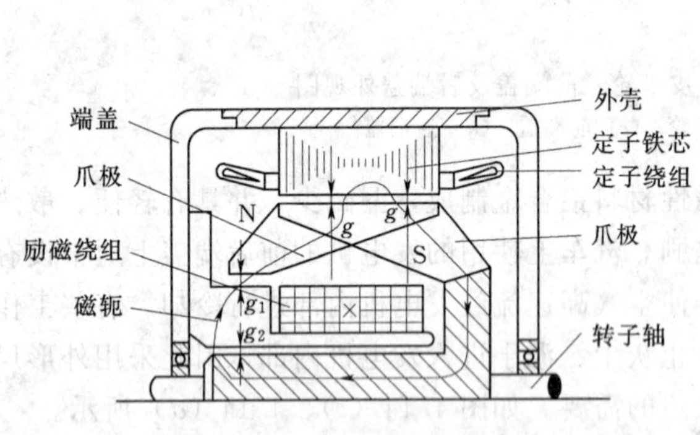

图 4.16 爪极式无刷交流发电机的结构

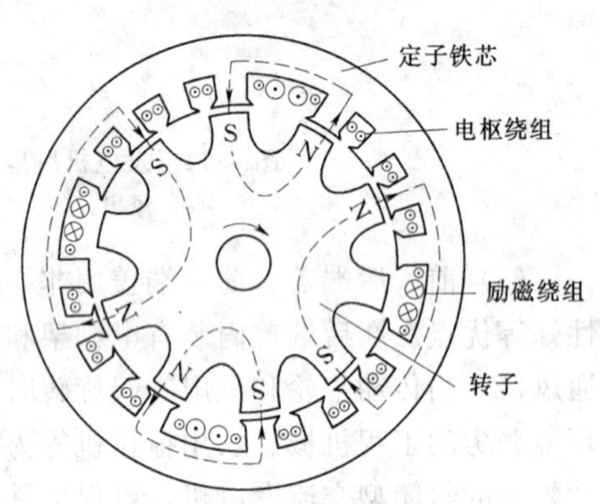

图 4.17 感应式无刷交流发电机

爪极式无刷交流发电机结构简单、维护方便、工作可靠，但其存在着爪极间连接工艺困难，并且由于磁路中间隙加大，发电机相同输出功率下需加大励磁电流等缺点。

(2) 感应式无刷交流发电机。感应式无刷交流发电机由定子、转子、整流器和机壳组成。它的转子由齿轮状硅钢片铆成，其上有若干个沿圆周均匀分布的齿形凸极，而没有励磁绕组。励磁绕组和电枢绕组均安放在定子槽内，发电机内没有集电环和电刷，如图 4.17 所示。

当励磁绕组通入直流电后，在定子铁芯中产生固定磁场（右上部、左下部为 N 极，左上部、右下部为 S 极）。由于转子凸齿部分磁通容易通过，磁感应强度最大，从而形成磁极。但转子的每个凸齿是没有固定极性的，当它对着定子右上部、左下部时就是 N 极，对着左上部、右下部时就是 S 极。可见，定子上的每个电枢绕组只与同极性的凸齿起作用。转子在不运动的磁场内旋转时，当转子凸齿对着定子凸齿时，磁通量最大，当转子槽对着定子凸齿时，磁通量最小。因此转子旋转时，定子凸齿内产生脉动磁通，在定子绕组中感应出交变电动势。将电枢绕组以一定的方式连接起来，并经整流，就可得到直流电。

3. 整流器

整流器由正整流板和负整流板组成，其作用是将三相定子绕组输出的交流电，通过三相桥式整流变成直流电输出；也可阻止蓄电池的电流向发电机倒流。

整流器由整流板和整流二极管组成，交流发电机的整流器大多由 6 只硅二极管组成。

外壳为正极、中心引线为负极的二极管，称为负极管，管壳底上注有黑色标记；外壳为负极、中心引线为正极的二极管，称为正极管，管壳底上有红色标记。

如图 4.18 及图 4.19 所示，在硅整流发电机中，3 个正极管的外壳压装在元件板的座孔内，共同组成发电机的正极，并绝缘固定在发电机后端盖的内侧或外侧，元件板上的大接线柱（螺栓）就是发电机的火线接柱，一般用符号“B”或“A”或“+”来表示。3 个正极管的外壳压装在后端盖的座孔内，共同组成发电机的负极。一般用符号“E”或“–”来表示。

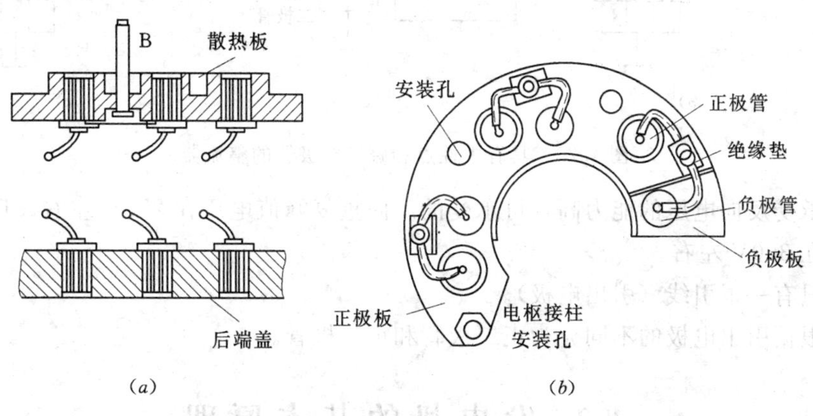

图 4.18　整流板及二极管的安装

(a) 二极管安装示意图；(b) 整流板总成

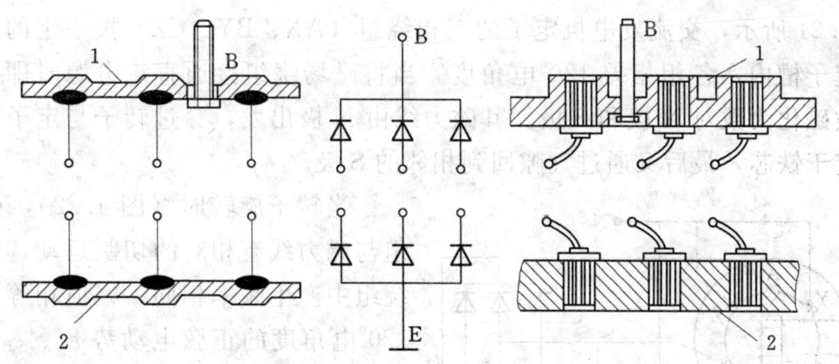

图 4.19　硅二极管的安装示意图

1—散热板；2—后端盖

在硅整流发电机中，有些交流发电机的整流器采用 9 只二极管，增加的是 3 只小功率磁场二极管，专门用来供给励磁电流，这样可以提高发电机的电压调节精度。采用磁场二极管后，仅用简单的放电警告灯即可以指示发电机的发电情况，节省了 1 只放电警告灯继电器。

有些发电机为了提高中性点电压，提高发电机输出功率，增加了 2 只二极管对中性点电压进行整流，汇入发电机的输出端。同时具备上述两种功能的发电机整流器共有 11 只硅二极管，图 4.20 为几种不同发电机整流器。

汽车用硅整流二极管是专用的，有如下特点：

(1) 允许的工作电流大，如 ZQ50 型二极管的正向平均电流为 50A。

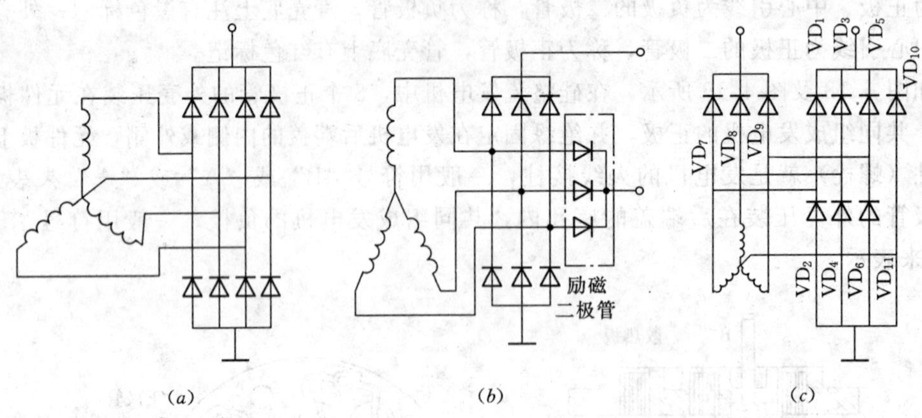

图 4.20　具有中性点和磁场二极管的整流器

(2) 承受反向电压的能力高，可承受的反向重复峰值电压在 270V 左右，反向不重复峰值电压在 300V 左右。

(3) 只有一根引线（引出电极）。

(4) 根据引出电极的不同分为正二极管和负二极管。

4.2　发电机的基本原理

4.2.1　交流电动势的产生

如图 4.21 所示，交流发电机定子的三相绕组（AX、BY、CZ）按一定的规律排列在发电机的定子槽内，各相相差 120°电角度。当将磁场绕组接通直流电源时即被激励，转子的爪极被磁化为数对 N 极和 S 极。其磁力线由 N 极出发，穿过转子与定子之间很小的气隙进入定于铁芯，最后又通过气隙回到相邻的 S 极。

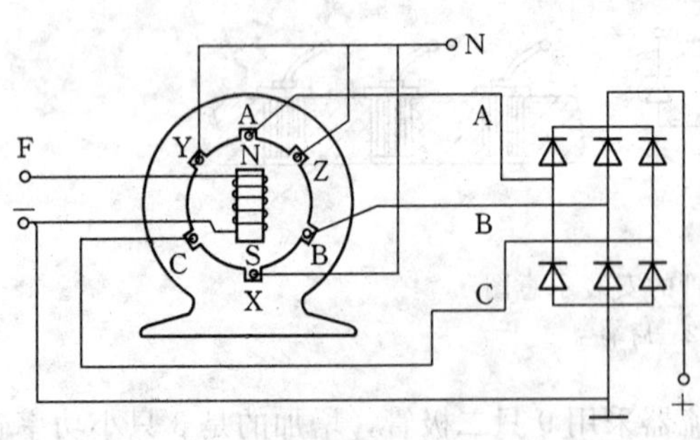

图 4.21　交流发电机电动势产生的过程

当转子旋转时（图 4.22），由于定子绕组与磁力线有相对的切割运动，所以在三相绕组中产生频率相同、幅值相等、相位相差 120°电角度的正弦电动势 e_A、e_B、e_C。三相绕组所产生的感应电动势可用下列方程式表示：

$$e_A = E_m \sin\omega t = E_\Phi \sin\omega t$$

$$e_B = E_m \sin(\omega t - 120°) = E_\Phi \sin(\omega t - 120°)$$

$$e_C = E_m \sin(\omega t + 120°) = E_\Phi \sin(\omega t + 120°)$$

式中：E_m 为相电动势的最大值；E_Φ 为相电动势的有效值；ω 为电角速度（$\omega = 2\pi f$）。

发电机每相绕组所产生的电动势的有效值（单位：V）为

$$E_\Phi = 4.44 K f N \Phi$$

式中：K 为定子绕组系数，一般小于 1；f 为感应电动势的频率，Hz，$f = Pn/60$（P 为磁极对数，n 为转速）；N 为每相绕组的匝数；Φ 为磁极的磁通，Wb。

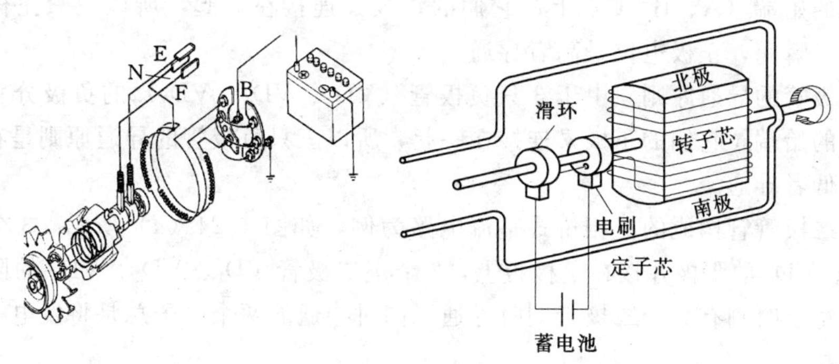

图 4.22 磁铁在线圈中旋转

由此可见，交流发电机的输出电压与频率、定子绕组的匝数及励磁绕组的磁通量成正比。

为了从线圈产生的电动势中引出电流，要使用三个导线，将线圈连接起来。一般有 2 种连接法，如图 4.23 所示。

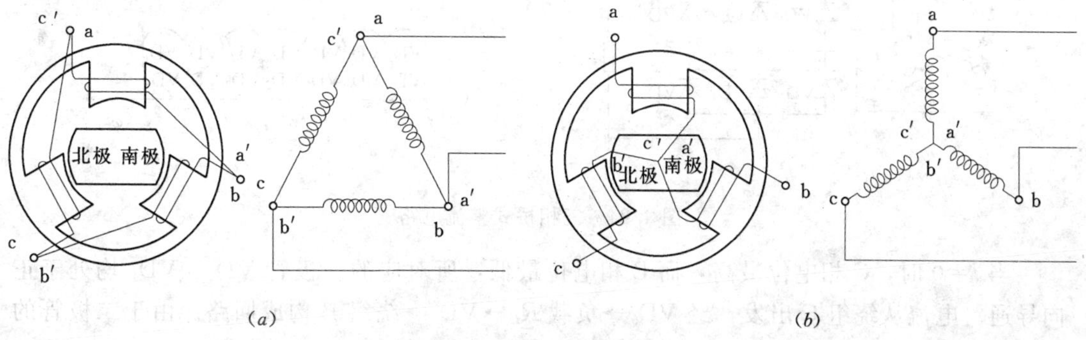

图 4.23 定子线圈的两种接法

(a) 三角形接法；(b) 星形接法

1. 三角形接法

采用三角形接法时，三组线圈头尾相接，如图 4.23 (a) 所示。这种接法使高速时发电量大，低速时发电量小。由于汽车发电机必须在低速下也能保证发出足够的电，所以三角形接法很少使用。

2. 星形 (Y) 接法

采用这种接法时，只是将三组线圈尾部相接，如图 4.23 (b) 所示。由于星形接法即使在低速下也能发出足够的电来，所以广泛地用在汽车交流发电机上。

4.2.2 整流原理

汽车的电器在工作时需要直流电，蓄电池充电时也要使用直流电。交流发电机发出三相交流电流，若不变成直流电，则汽车的充电系统就不能应用。

将交流电变成直流电的过程称作整流。整流的方法有许多种，但是汽车交流发电机所使用的是一种既简单又有效的二极管整流法。

二极管只允许电流按一个方向流动。

(1) 正极管的导通原则。由于 3 只正极管（VD_1、VD_3、VD_5）的正极分别接在发电机三相绕组的始端（A、B、C）上，它们的负极又连接在一起，所以三只正极管的导通原则是在某一瞬间，正极电位最高者导通。

(2) 负极管的导通原则。由于3只负极管（VD_2、VD_4、VD_6）的负极分别接在发电机三相绕组的始端，它们的正极又连接在一起，所以三只负极管的导通原则是在某一瞬间负极电位最低者导通。

以6个二极管管构成的三相桥式整流电路为例，如图4.24 (*a*) 所示。3个负二极管VD_2、VD_4、VD_6的阳极并接在负极板上，3个正二极管VD_1、VD_3、VD_5的阴极并接在正极板上。每个时刻有2个二极管同时导通，同时导通的两个管子总是将发电机的电压加在负荷的两端。

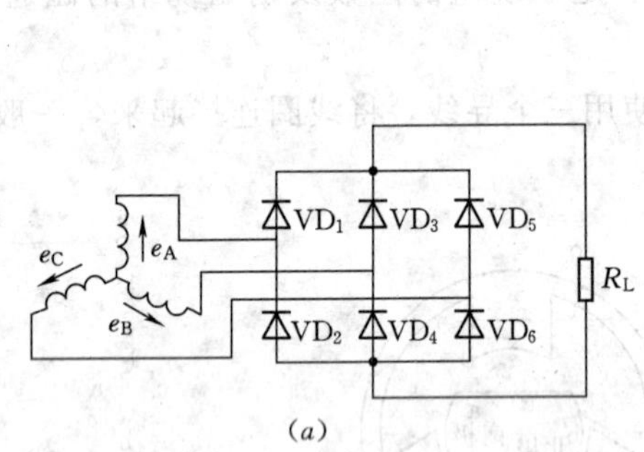

(*a*)

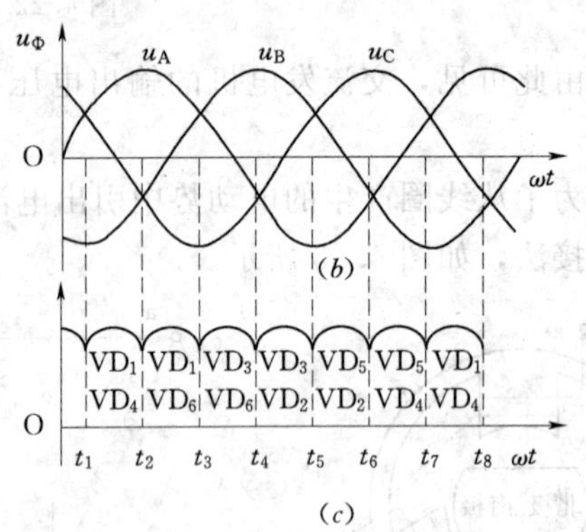

(*c*)

图4.24 三相桥式整流电路

当$t=0$时，C相电位最高，而B相电位最低，所对应的二极管VD_5、VD_4均处于正向导通。电流从绕组C出发，经VD_5→负载R_L→VD_4→绕组B构成回路。由于二极管的内阻很小，所以此时发电机的输出电压可视为B、C绕组之间的线电压。

在t_1～t_2时间内，A相的电位最高，而B相电位最低，故对应VD_1、VD_4处于正向导通。同理，交流发动机的输出电压可视为A、B绕组之间的线电压。

在t_2～t_3时间内，A相电位最高，而C相电位最低，故VD_1、VD_6处于正向导通。同理，交流发动机的输出电压可视为A、C绕组之间的线电压。

以此类推，周而复始，在负载上便可获得一个比较平稳的直流脉动电压。

(3) 中性点电压。在定子绕组为星形连接时，三相绕组的公共结点称为中性点。从三相绕组的中性点引一根导线到发电机外，标记为"N"。"N"点电压称为中性点电压。中性点电压的瞬时值是一个三次谐波电压，平均值为发电机输出电压（平均值）的一半，带有中性点接线柱的发电机，可用中性点电压来控制各种用途的继电器工作。

4.2.3 发电机的励磁方式

车用交流发电机要求在低速时能快速发电。为了使交流发电机在低速运转时的输出电压满足汽车上用电的要求，在发电机开始发电时，采用他励方式，即由蓄电池提供励磁电流，增强磁场，使电压随发电机转速很快上升。这就是交流发电机低速充电性能好的主要原因。当发电机输出电压高于蓄电池电压（发电机的转速达到1000r/min左右），励磁电流便由发电机自身供给，这种励磁方式称为自励。由此可见，汽车交流发电机在输出电压建立前后分别采用他励和自励两种不同的励磁方式。

车用交流发电机励磁电流的控制形式有两种，一种是控制励磁电流的火线，其搭铁可以通过发电机本体直接搭铁，这一种控制方式，通常称之为内搭铁（或内搭铁交流发电机），如图 4.25（*a*）所示；另一种控制方式是控制励磁电流的搭铁，而这一种控制方式，通常称之为外搭铁（或外搭铁交流发电机），如图 4.25（*b*）所示。

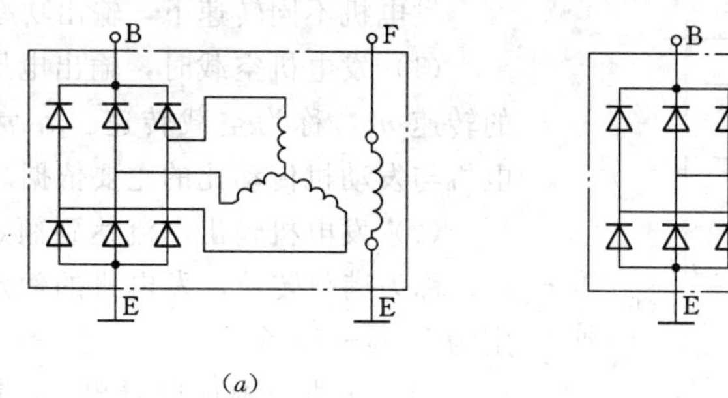

图 4.25 励磁电路

（*a*）内搭铁；（*b*）外搭铁

除了永磁式交流发电机不需要励磁以外，其他形式的交流发电机都需要励磁，因为它们的磁场都是电磁场，必须给励磁绕组通电才会有磁场产生而发电，否则发电机将不能发电。将电流引入到励磁绕组使之产生磁场称为励磁。交流发电机励磁方式有自励和他励两种。

1. 他励

在发电机转速较低时（发动机未达到怠速转速），自身不能发电，需要蓄电池供给发电机励磁绕组电流，使励磁绕组产生磁场来发电。这种由蓄电池供给磁场电流发电的方式称为他励发电。

2. 自励

随着转速的提高（一般在发动机达到怠速时），发电机定子绕组的电动势逐渐升高并能使整流器二极管导通，当发电机的输出电压 U_B 大于蓄电池电压时，发电机就能对外供电。当发电机能对外供电时，就可以把自身发的电供给励磁绕组，这种自身供给磁场电流发电的方式称为自励发电。

交流发电机励磁过程是先他励后自励。当发动机达到正常怠速转速时，发电机的输出电压一般高出蓄电池电压 1～2V 以便对蓄电池充电，此时，由发电机自励发电。

不同汽车的励磁电路各不相同，但有一个共同特点是，励磁电路都必须由点火开关控制。因此，汽车上发电机必须与蓄电池并联，开始由蓄电池向励磁绕组供电，使发电机电压很快建立起来并转变为自励状态，蓄电池被充电的机会就多一些，有利于蓄电池的使用。

4.3 交流发电机的工作特性

交流发电机的工作特性是指发电机经整流后输出的直流电压、电流和转速之间的关系，它包括输出特性、空载特性和外特性，其中以输出特性最为重要。

由于发电机的工作转速在较大范围变化，所以，研究发电机特性，应以转速为基准来分析各有关参数之间的关系。

4.3.1　输出特性

发电机输出电压一定时，它的输出电流随着转速的变化规律，称为输出特性，如图4.26所示。12V的发电机的额定电压是14V，24V的发电机额定电压是28V。

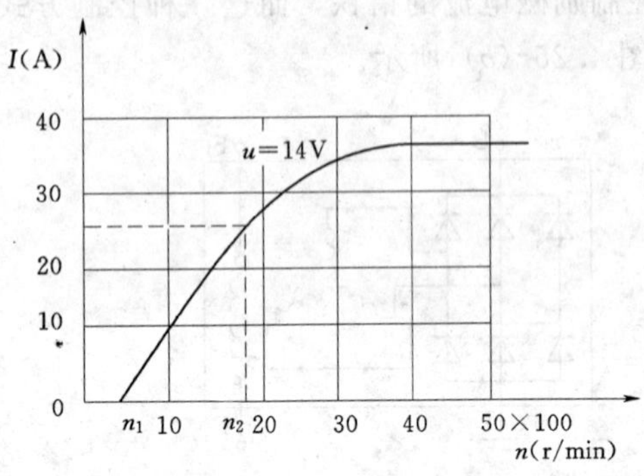

图4.26　输出特性

发电机不同转速下，输出功率情况如下：

(1) 发电机空载时，输出电压达到额定值的转速 n_1，称为空载转速。n_1 常用作选择发电机与发动机传动比的主要依据。

(2) 发电机输出电流达到额定值时的转速 n_2，称为满载转速，发电机的额定电流一般规定为70%～75%。

(3) 从曲线中可以看出，当转速达到一定值后，发电机的输出电流几乎不再继续增加，具有自动限制输出电流的能力，交流发电机的最大输出电流约为额定电流的1.5倍。这是因为：

1) 随着定子绕组中的感应电动势增加，其绕组的阻抗也随转速的升高而增大。

2) 定子绕组电流的增加，其电枢反应的增强也使感应电动势下降。

由于具有这种自我保护作用，硅整流发电机一般不需要设置限流器。

4.3.2　空载特性

发电机空载运行时（即发电机不向任何用电设备供电的状态下），发电机端电压与转速之间的关系，称为空载特性，如图4.27所示。

空载特性可以看出发电机的输出电压是随着发电机的转速升高而增高的，随着转速的升高，端电压上升较快。由他励转入自励发电时，即能向蓄电池进行补充充电，由此可见，空载特性是判定交流发电机充电性能是否良好的重要依据。

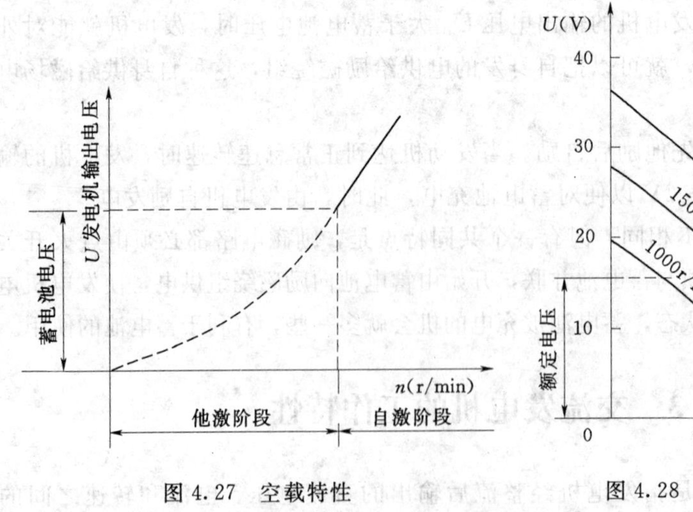

图4.27　空载特性

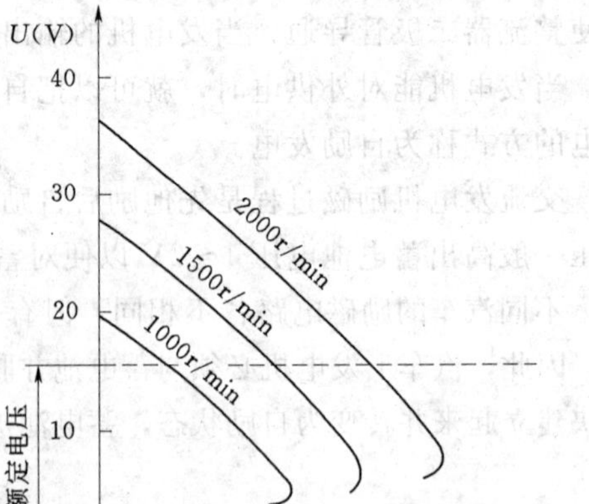

图4.28　交流发电机的外特性

4.3.3　外特性

外特性是指发电机转速保持一定时，发电机的端电压与输出电流的关系。

在经不同恒定转速的试验后，可以绘出外特性曲线，如图4.28所示。

由此可见：

(1) 发电机的转速越高，在相同电压下其输出电流越大或相同电流下其输出电压越高。

(2) 当保持在某一转速时，端电压均随输出电流的增大而相应下降得较快，原因是：

1) 发电机的输出电流增大，随着电枢反应增强，导致定子绕组中的感应电动势下降，引起端电压的下降。

2) 发电机的输出电流增加，使得发电机内压降增大，引起端电压下降。

3) 当端电压下降较多时导致励磁电流减小，引起磁场减弱，从而导致发电机端电压进一步下降。

此外，发电机输出电流随负载增加到一定值时，若再继续增加负载，输出电流不再增加，反而同端电压一起下降。因此，要使输出电流稳定，必须配用电压调节器；高速时，当发电机突然失去负载时，端电压会急剧升高，这时电器设备中的电子元件将有被击穿的危险。

4.4 国产交流发电机型号

根据中华人民共和国汽车行业标准 QC/T73—93《汽车电器设备产品型号编制方法》的规定，汽车交流发电机型号由产品代号、电压等级代号、电流等级代号、设计序号、变型代号五部分组成，如图 4.29 所示。

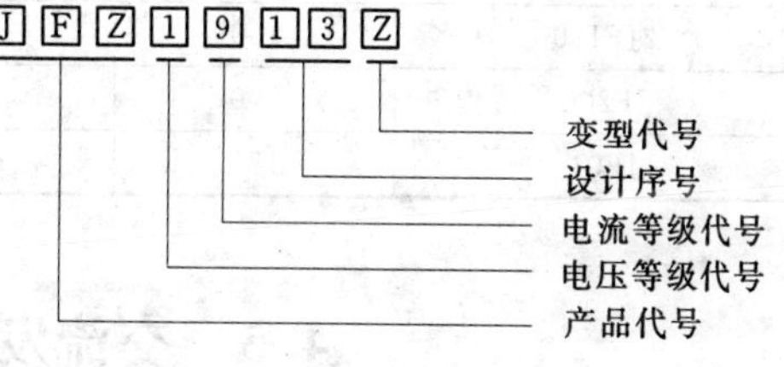

图 4.29 交流发电机型号

1. 产品代号

产品代号用中文字母表示，例如，JF——普通交流发电机；JFZ——整体式（调节器内置）交流发电机；JFB——带泵的交流发电机；JFW——无刷交流发电机。

2. 电压等级代号

电压等级代号用一位阿拉伯数字表示，1 表示 12V 系统；2 表示 24V 系统；6 表示 6V 系统。

3. 电流等级代号

电流等级代号也用一位阿拉伯数字表示，其含义见表 4.1。

表 4.1 电流等级代号

代号	1	2	3	4	5	6	7	8	9
电流等级（A）	19	≥20～29	≥30～39	≥40～49	≥50～59	≥60～69	≥70～79	≥80～89	≥90

4. 设计序号

设计序号用 1～2 位阿拉伯数字表示，表示产品设计的先后顺序。

5. 变形代号

交流发电机以调整臂位置作为变形代号，从驱动端看，调整臂在左边用 Z 表示，调整臂在右端用 Y 表示，调整臂在中间不加标记。

注：进口发电机不符合上述标准。

6. 国产交流发电机的性能指标

国产交流发电机的主要性能指标见表4.2。

表4.2　国产交流发电机型号及主要性能指标

交流发电机型号	额定数据			空载转速 (r/min)	满载转速 (r/min)
	功率 (W)	电压 (V)	电流 (A)		
JF11 JF13 JF132	250	14	25	1000	2500
JF12 JF23	350	28	12.5	1000	2500
JF21 JF152 JF153	500	14	36	1000	2500
JF22 JF25	500	28	18	1000	2500
JF1000 JF210	1000	28	36	1000	2250
2JF150	150	14	11	1000	2000
JF200	200	14	15	1000	3500
JF01	175	14	13	1300	3500

4.5　交流发电机的电压调节器

4.5.1　电压调节器的功用

由于交流发电机的转子是由发动机通过皮带驱动旋转的，且发动机和交流发电机的速比为1.7～3，由于交流发电机转子的转速变化范围非常大，这样将引起发电机的输出电压发生较大变化，无法满足汽车用电设备的工作要求。为了满足用电设备恒定电压的要求，交流发电机必须配用电压调节器才能工作。

电压调节器是把发电机输出电压控制在规定范围内的装置，其功用是在发电机转速变化时，自动控制发电机电压保持恒定，使其不因发电机转速高时电压过高烧坏用电器和导致蓄电池过充电；也不会因发电机转速低而电压不足导致用电器工作失常。

4.5.2　发电机电压调节器的分类

电压调节器的类型较多，按元器件的性质来分，可分为触点式（也称电磁振动式）和电子式两大类。其中，触点式按触点的数目又分单级触点式和双级触点式两种，按是否与其他继电器联动可分为单联式、双联式甚至是三联式；电子式又分晶体管式、集成电路式和可控硅式三种。按搭铁形式分，可分为内搭铁式（与内搭铁式交流发电机配套使用）和外搭铁式（与外搭铁式交流发电机配套使用）。

随着电子技术的发展，目前汽车用交流发电机几乎全部采用电子调节器。其优点是：

电压调节精度高，且不产生火花，还具有重量轻、体积小、寿命长、可靠性高、电波干扰小等优点。下面对触点式电压调节器和电子式电压调节器进行讲述。

1. 触点式电压调节器

触点式电压调节器应用较早，这种调节器触点振动频率慢，存在机械惯性和电磁惯性，电压调节精度低，触点易产生火花，对无线电干扰大，可靠性差，寿命短，现已被淘汰。

2. 晶体管电压调节器

随着半导体技术的发展，采用了晶体管调节器。如图 4.30 所示。其优点是：三极管的开关频率高，且不产生火花，调节精度高，还具有重量轻、体积小、寿命长、可靠性高、电波干扰小等优点，现广泛应用于东风、解放及多种中低档车型。

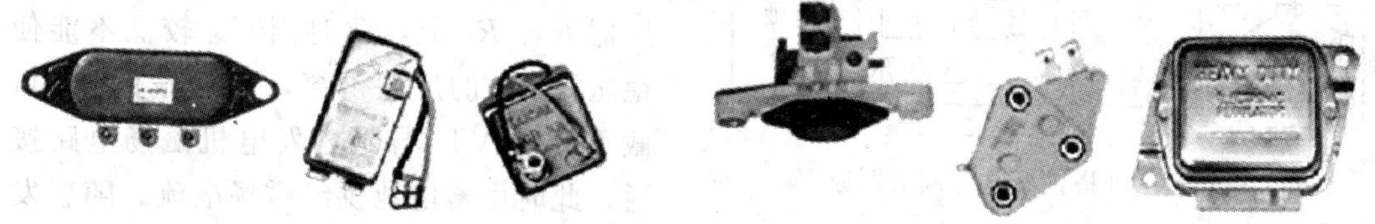

图 4.30　晶体管调节器

图 4.31　集成电路调节器

3. 集成电路电压调节器

集成电路调节器除具有晶体管调节器的优点外，还具有超小型，安装于发电机的内部（又称内装式调节器），减少了外接线，并且冷却效果得到了改善，如图 4.31 所示。现广泛应用于桑塔纳、奥迪等多种轿车车型上。

4. 微机控制电压调节器

微机控制调节器是现在轿车采用的一种新型调节器，由负载检测仪测量系统总负载后，向发电机电脑发送信号，然后由发动机电脑控制发电机电压调节器，适时地接通和断开磁场电路。即能可靠地保证电器系统正常工作，使蓄电池充电充足，又能减轻发动机负荷，提高燃料经济性。上海别克、广州本田等轿车发电机上使用了这种调节器。

交流发电机电压调节器按所匹配的交流发电机搭铁类型可分两种：

（1）内搭铁型电压调节器。适用于内搭铁型交流发电机的电子调节器称为内搭铁型电子调节器；

（2）外搭铁型电压调节器。适合用于外搭铁型交流发电机的电子调节器称为外搭铁型电子调节器。

对于晶体管调节器，在使用过程中，最好使用汽车说明书中指定的调节器，如果采用其他型号替代，除标称电压、功率等规定参数与原调节器相同外，代用调节器必须与原调节器的搭铁形式相同，否则，发电机可能由于励磁电路不通而不能正常工作。

4.5.3　发电机电压调节器的工作原理

交流发电机三相绕组产生的相电动势有效值为 $E_{\Phi}==C_{e}\Phi n$（V），即交流发电机所产生的感应电动势与转子转速和磁极磁通成正比。

当转速 n 升高时，E_{Φ} 增大，发电机输出端电压 U_{B} 升高，当转速升高到一定值时，输出端电压达到限定值，要想使发电机的输出电压 U_{B} 不再随转速的升高而上升，只能通

过减小磁通 Φ 来实现。又因磁极磁通 Φ 与励磁电流 I_f 成正比，所以减小磁通 Φ 也就是减小励磁电流 I_f。

所以，交流发电机电压调节器的调压原理是：当发电机转速升高时，调节器通过减小发电机励磁电流 I_f 来减小磁通 Φ，使发电机的输出电压 U_B 保持不变；当发电机的转速降低时，调节器通过增大发电机的励磁电流 I_f 来增加磁通 Φ，使发电机的输出电压 U_B 保持不变。

1. 外搭铁型电压调节器工作原理

(1) 基本电路。电压调节器有多种形式，其内部电路各不相同，但工作原理可用基本电路工作原理理解。如图 4.32 所示。

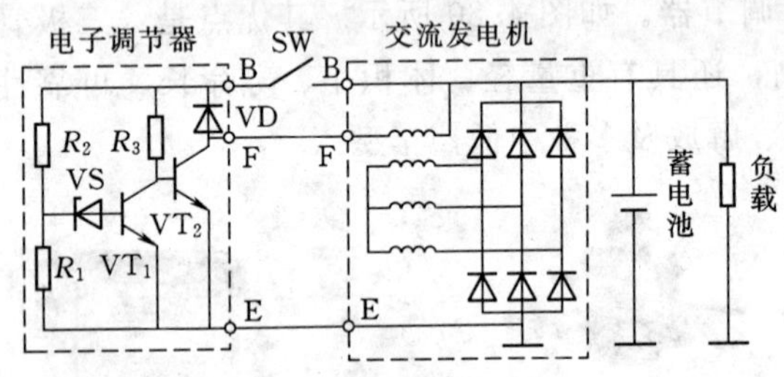

图 4.32　外搭铁型电压调节器原理

(2) 工作原理。

1) 点火开关 SW 刚接通时，发动机不转。发电机不发电，蓄电池电压加在分压器 R_1、R_2 上，此时因 U_{R_1} 较低不能使稳压管 VS 的反向击穿，VT_1 截止，VT_1 截止使得 VT_2 导通，发电机磁场电路接通，此时由蓄电池供给磁场电流。随着发动机的起动，发电机转速升高，发电机他励发电，电压上升。

2) 当发电机电压升高到大于蓄电池电压时，发电机自励发电并开始对外蓄电池充电，如果此时发电机输出电压 U_B 小于调节器调节电压的上限 U_{B2}，VT_1 继续截止，VT_2 继续导通，但此时的磁场电流由发电机供给，发电机电压随转速升高迅速升高。

3) 当发电机电压升高到等于调节电压上限 U_{B2} 时，调节器对电压的调节开始。此时 VS 导通，VT_1 导通，VT_2 截止，发电机磁场电路被切断，由于磁场被断路，磁通下降，发电机输出电压下降。

4) 当发电机电压下降到等于调节下限 U_{B1} 时，VS 截止，VT_1 截止，VT_2 重新导通，磁场电路重新被接通，发电机电压上升。

周而复始，发电机输出电压 U_B 被控制在一定范围内。

2. 内搭铁型电压调节器工作原理

(1) 基本电路。如图 4.33 所示，内搭铁型电子调节器基本电路的特点是晶体管 VT_1、VT_2 采用 PNP 型，发电机的励磁绕组连接在 VT_2 的集电极和搭铁端之间，与外搭铁型电路显著不同。

电路工作原理和结构与外搭铁型电子调节器类似。

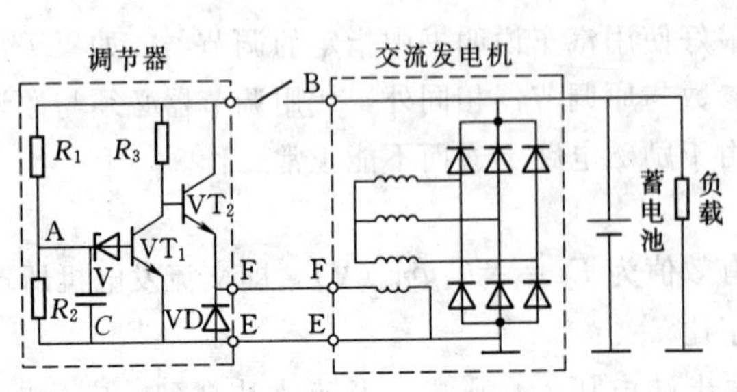

图 4.33　内搭铁型电压调节器工作原理

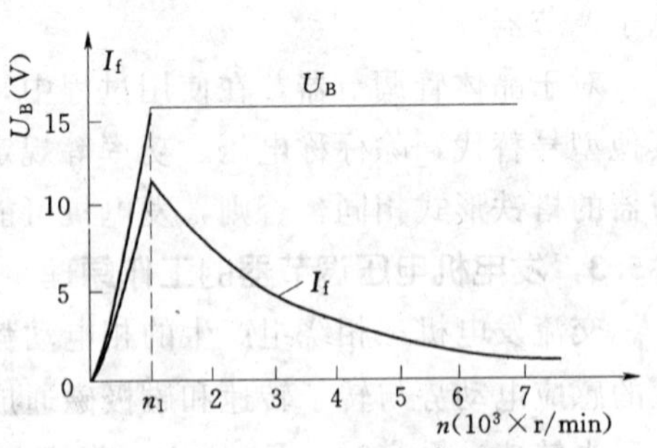

图 4.34　电子调节器工作特性

(2) 工作特性。调节器通过三极管 VT_2 的通断控制磁场电流，随着转速的提高，大功率三极管 VT_2 的导通时间减小，截止时间增加，这样可使得磁场电流平均值减小，磁通减小，保持输出电压 U_B 不变。发电机的输出电压 U_B、磁场电流 I_f（平均值）随转速 n 的变化关系称为电子调节器的工作特性。如图 4.34 所示。

从电子调节器的工作特性曲线可以看出，n_1 为调节器开始工作转速，称为工作下限，随着发电机转速的升高，磁场电流减小。当发电机转速很高时，由于大功率三极管可不导通，磁场电流被切断，发电机仅靠剩磁发电，所以，电子调节器的工作转速上限很高，调节范围很大。

3. 集成电路电压调节器工作原理

集成电路也叫 IC 电路，可分为全集成电路调节器和混合集成电路调节器。目前国内外生产的集成电路调节器的结构大多采用混合式，即由混合电路加集成电路组成，并没有完全集成化，一般由一个集成块、一个三极管、一个稳压管、一个续流二极管和几个电阻等电子元件集成在一块硅基片上，制成一个独立的电子芯片。集成电路调节器，在很多方面优于晶体管式调节器。比如体积更小，可将其安装在发电机内部，减少了外部线路，缩小了整个充电系统的体积，同时更加耐用，所以目前已被广泛的应用。

IC 电压调节器在工作原理与晶体管调节器工作原理完全相同。都是根据发电机得电压信号，利用三极管的开关特性控制磁场电流来调节发电机的输出电压。集成电路调节器同样也有内、外搭铁之分，而且以外搭铁形式居多。

(1) 集成电路电压调节器电压检测方法。根据 IC 调节器分压电路检测的电压归属的不同，可分为蓄电池端电压检测法和发电机端电压检测法。

1) 蓄电池电压检测法。蓄电池电压检测电路如图 4.35 (*a*) 所示，分压器 R_1、R_2 从蓄电池输出端得到电压，稳压管 VS 上的电压和蓄电池端电压成正比，所以该电路称为蓄电池电压检测电路（检测点在蓄电池上）。

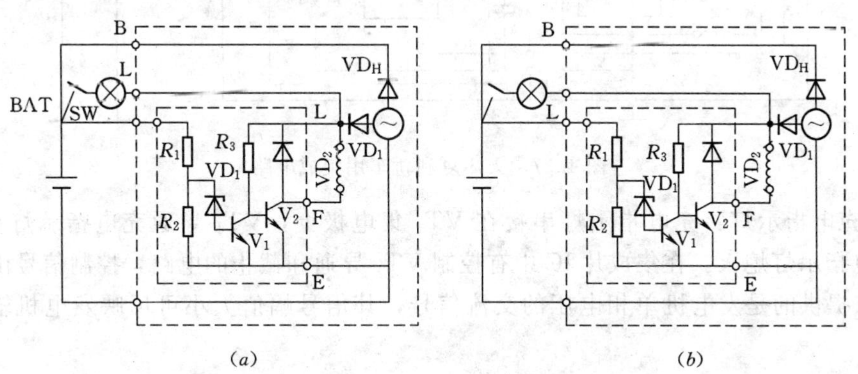

图 4.35　电压检测法
(*a*) 蓄电池电压检测法；(*b*) 发电机电压检测法

蓄电池电压检测电路优点：直接检测蓄电池端电压来控制发电机的输出，可使蓄电池的充电电压有保证。

蓄电池电压检测电路的缺点：当蓄电池和发电机之间的连接不可靠时，会使发电机失控。

2）发电机电压检测法。发电机电压检测电路如图4.35（*b*）所示，分压器R_1、R_2从发电机输出端（D+端）得到电压，稳压管VS上的电压与发电机的输出电压成正比，所以该电路称为发电机电压检测电路（检测点在发电机上）。

发电机电压检测电路的优点：发电机到检测电路距离近，可不用导线连接，直接接在发电机输出端，连接可靠，不致使检测电路检测不到信号。发电机电压检测电路的缺点：当发电机到蓄电池之间连接电阻大时，蓄电池充电电压会偏低，使蓄电池充电不足。

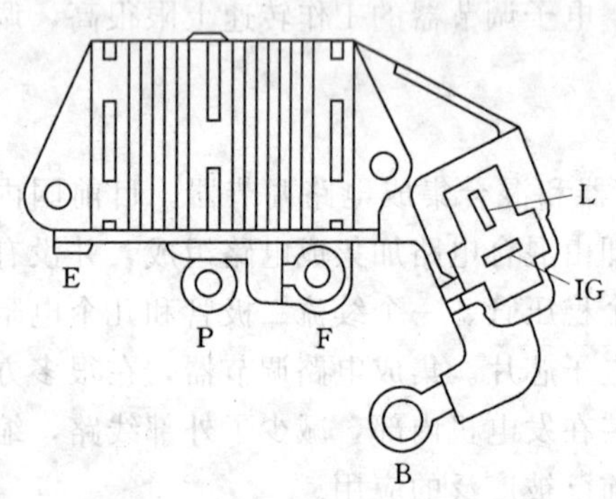

图4.36　夏利轿车用单块集成电路调节器外形

（2）集成电路调节器应用举例。天津夏利轿车发电机使用的集成电路调节器外形如图4.36所示。该发电机为整体式交流发电机，调节器为内装式外搭铁型。该调节器有6个接线端子F、P、E三个端子用螺钉直接和发电机连接，B端用螺母固定在发电机的输出端子“B”上，IG、L两个端子佣金属线引到调节器的外部接线插座上。

夏利轿车调节器电路连接图如图4.37所示。

1）磁场电流控制：VT_2是大功率三极管，和磁场串联，由集成片IC控制VT_2的导通和截止，从而控制磁场电路通断，使发电机电压得到控制。

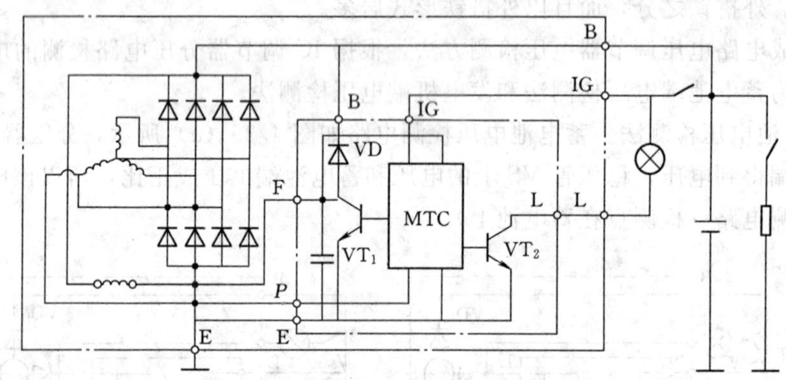

图4.37　天津夏利轿车用集成电路

2）充电指示灯：充电指示灯串接在VT_1集电极上，VT_1导通充电指示灯亮，VT_1截止充电指示灯熄灭。在集成片IC中有控制VT_1导通和截止的电路，控制信号由*P*点提供，*P*点提供的是发电机单相电压的交流信号，其信号幅值大小可反映发电机输出电压高低。

当发电机输出电压低于蓄电池电压时，IC中控制电路使VT_1导通，充电指示灯亮，当发电机输出电压高于蓄电池电压时，IC中控制电路使VT_1截止，充电指示熄灭。

4.6　充电指示灯电路

大多数汽车的充电指示灯安装在仪表板上，基本上是接通开关时，充电指示灯亮，发动机启动后，即发电机进入正常工作充电指示灯熄灭。充电指示灯控制电路有以下4种：

(1) 利用中性点电压通过继电器控制充电指示灯。

(2) 利用中性点电压通过起动复合继电器控制充电指示灯，如图 4.38 所示。

(3) 利用发电机磁场二极管电路控制充电指示灯。

(4) 利用二极管来控制充电指示灯。

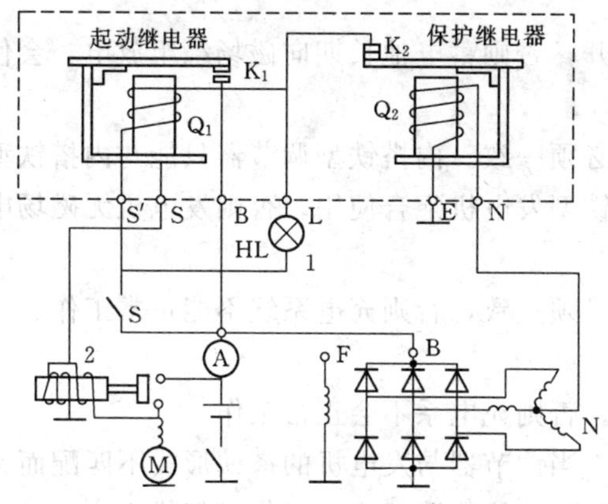

图 4.38 利用中性点控制充电指示灯电路

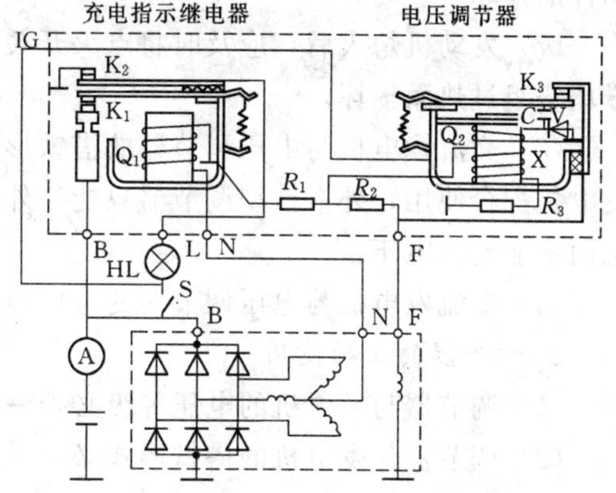

图 4.39 充电指示灯电路

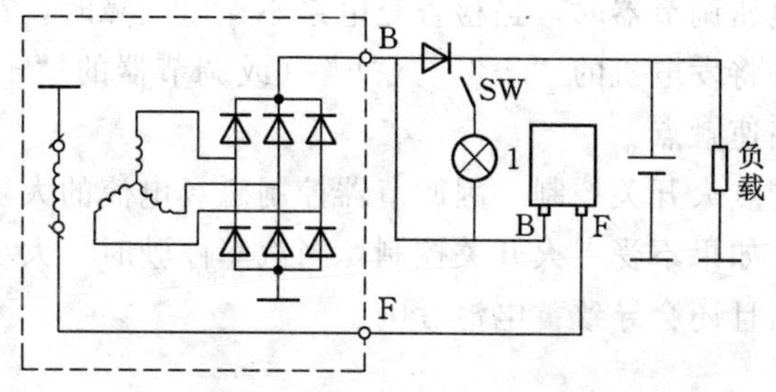

图 4.40 利用二极管控制充电指示灯

4.7 交流发电机与调节器的使用注意事项

交流发电机与调节器的结构简单，维护方便，若正确使用，不仅故障少而且寿命长；若使用不当，则会很快损坏。因此在使用和维护中应遵守一些注意事项。

1. 交流发电机的正确使用

(1) 蓄电池的搭铁极性必须与发电机搭铁极性相同。国产及进口交流发电机均为负极搭铁，蓄电池必须负极搭铁。否则，蓄电池将通过二极管大电流放电，使二极管烧坏。

(2) 发电机运转时，不能使用试火方法检查发电机是否发电，否则容易损坏二极管及其他电子元件。

(3) 发现交流发电机不发电或者充电电流较小时，应及时找出故障予以排除。如长期带故障运行，发电机可能出现严重故障或损坏。一个二极管短路，将会使其他二极管和定子绕组烧坏。

(4) 绝对禁止用 200V 以上的交流电压或兆欧表检查发电机的绝缘性能，否则将损坏整流二极管及调节器中的电子元件。

（5）发电机正常运行时，切不可任意拆卸各电器的连接线，以防引起电路中的瞬时过电压损坏二极管及调节器中的电子元件或其他电子设备。

（6）蓄电池可起到电容器的作用，即可在一定程度上吸收电路中的瞬时过电压。在发动机运行过程中不要拆下蓄电池连接导线，否则容易造成发电机二极管及调节器中的电子元件的损坏。

（7）发动机熄火后，应及时将点火开关断开，否则蓄电池长期向磁场绕组放电，会使磁场绕组过热而损坏。

（8）交流发电机与电压调节器的搭铁形式必须一致。内搭铁型调节器只能与内搭铁型发电机配合使用，外搭铁型调节器只能与外搭铁型发电机配合使用。否则发电机无磁场电流而不能输出电压。

（9）交流发电机与电压调节器的电压等级必须一致，否则充电系统不能正常工作。

2. 调节器的正确使用

（1）调节器与发电机的电压等级必须一致。否则充电系不会正常工作。

（2）调节器与发电机的搭铁形式必须一致，当调节器与发电机的搭铁形式不匹配而又急于使用时，可通过改变发电机磁场绕组的搭铁形式及线路的连接来临时替代。

（3）调节器与发电机之间的线路连接必须正确。

（4）配用双级式电压调节器时，当检查充电系不充电故障时，在没有断开发电机与调节器接线之前，不允许将发电机的“＋”与“F”（或调节器的“＋”与“F”）短接，否则将会烧坏调节器的高速触点。

（5）调节器必须受点火开关控制。因调节器控制磁场电流的大功率管在发电机输出电压较低时就始终导通，如果不受点火开关控制，当汽车停驶时，大功率管一直导通，将缩短调节器使用寿命，而且还会导致蓄电池亏电。

4.8 交流发电机的故障检测

汽车交流发电机当发现发电机不发电或发电量不足等故障时，应首先判断故障发生在外电路还是发电机内部，若初步确定故障在发电机内部，就应将交流发电机从车上拆下来，对其进行检测、修理。

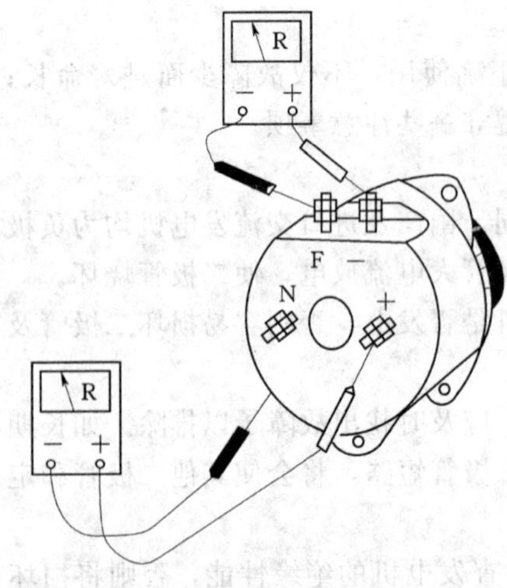

图 4.41 各接线柱之间电阻的测量

应先对交流发电机进行整机测试，目的是为了判定交流发电机有无故障和故障发生在哪个部位，以便有的放矢地修理。

整机测试项目包括：测量各接线柱之间的电阻、在万能试验台上进行空载电压和负载电流的试验、用示波器观察发电机输出波形。

（1）测量各接线柱之间的电阻。

1）测量发电机的输出端子 B＋和搭铁端 E 之间的阻值（壳体或搭铁接线柱）。通过测量并与相应的标准值（表 4.3 交流发电机各接柱之间的电阻）比

较，可以判断交流发电机整流器是否有故障，如有故障应将发电机解体进一步检测。

2）测量发电机正电刷F接线柱和负电刷E之间的阻值。通过测量各接线柱之间的阻值，通过测量并与相应的标准值（表4.3交流发电机各接柱之间的电阻）比较，可以进一步判断交流发电机整流器是否有故障，不能确定交流发电机是否有无故障时，应进行试验台试验。

表4.3　常用交流发电机各接柱之间电阻标准值

交流发电机型号		F与E间（Ω）	B与E间		N与E间	
			正向（Ω）	反向（Ω）	正向（Ω）	反向（Ω）
有刷	JF1　1.JF1　3.JF1　5.JF21	5～6	40～50	＞10000	10	＞10000
	JF1　2.JF2　2.JF2　3.JF25	19.5～21				
无刷	JFW14	3.5～3.8				
	JFW28	15～16				

（2）试验台试验。

1）空载试验。空载试验是在交流发电机不带任何负载（不对外输出电流）情况下的一种试验。空载试验的目的是初步测定发电机是否有故障。

2）负载试验。负载试验就是在交流发电机带有负载（对外输出电流）情况下的一种试验。负载试验的目的是进一步测定发电机是否有故障。

交流发电机的有些故障，在没有电流输出的情况下是表现不出来的，所以如果交流发电机空载试验正常情况下，应再作负载试验。

4.9　交流发电机与调节器常见故障的诊断与排除

1. 不发电

（1）故障现象。发动机中速以上运转，电流表指示放电，充电指示灯不熄灭。测量发电机端电压小于蓄电池电压。

（2）原因分析。

1）发电机皮带断或打滑严重。

2）发电机励磁线路或充电线路断路。

3）发电机故障：①电刷与滑环接触不良；②二极管击穿、断路；③转子绕组短路、断路或搭铁；④定子绕组短路、断路、搭铁。

4）调节器故障：①弹簧弹力不足、气隙过小、高速触电烧结、触点烧蚀脏污同时调节电阻段路；②晶体管调节器的稳压管及小功率三极管短路或到功率三极管断路；③调节器的搭铁方式与发电机不匹配。

（3）故障诊断方法步骤。

1）依次检查皮带松紧、导线连接（松脱或接错）情况。若正常，进行下一步。

2）检查励磁电路。对发电机进行电磁吸力试验，若不正常，检查励磁电路。应首先区分是发电机的故障还是调节器的故障（给发电机转子绕组通电，通过试验其是否有电磁吸力，来证明）。若正常，进行下一步。

3）检查电枢回路（用试灯检查发电机“B”接线端是否有电的方法来确定故障是在外线路还是在发电机内部）。

诊断电路故障时，可用试灯或万用表的电阻挡或电压挡。

2．充电电流过小

（1）故障现象。在蓄电池亏电的情况下，发动机中高速运转时充电电流很小，或蓄电池经常亏电。

（2）原因分析。

1）充电线路接触不良。

2）传动带打滑。

3）发电机有故障。

4）调节器调节电压过低或有故障。

（3）故障诊断方法步骤。

1）检查发电机传动带的松紧或油污、检查导线的连接。

2）拆下发电机“F”导线，用试灯两端接发电机“B”和“F”接线柱，起动发动机，并逐渐提高转速，若试灯发红，证明发电机有故障；若两度增加较大则说明发电机正常，故障在调节器。有电流表可在此情况下观察其充电电流的大小，以区分是发电机还是调节器的故障。

3．充电电流过大

（1）故障现象。在蓄电池不亏电的情况下，电流表指示充电仍在10A以上，或电解液消耗过快。

（2）原因分析。

1）调节器调节电压值过高。

2）晶体管调节器大功率三极管不能有效截止或短路。

3）电磁震动式调节器的磁化线圈或调解电阻断路、高速触点脏污等。

4）发电机的励磁线路与“B+”短接。

（3）故障诊断方法步骤。拆下调节器磁场接线，逐步提高发电机转速并观察电流表。若仍指示充电，即为发电机的故障；否则，为调节器的故障，对于电磁震动调节器可进行调整与检修；若是晶体管调节器，则应进行更换。

4．充电不稳

（1）故障现象。发动机在怠速以上运转时，电流表指示不稳或开灯后又闪亮现象。

（2）原因分析。

1）转动带松动有时打滑。

2）充电系导线接触不良。

3）发电机故障：①转子或定子线圈有局部断路或短路故障；②电刷与滑环间基础不良。

4）调节器调节触点烧蚀或脏污，触点臂弹簧过软等。

（3）故障诊断方法步骤。

1）首先排除传动带打滑和导线基础不良等外在故障。

2）应先检查调节器的故障再检查发电机的故障。

3）发电机故障：①轴承故障；②转子与定子相碰；③电刷磨损过大或与滑环接触不良；④转子轴弯曲等。

5. 交流发电机异响

（1）故障现象。发动机在运转过程当中有不正常的响声。

（2）原因分析。

1）转动带过紧或过松。

2）轴承损坏或缺油松旷、转子与定子相碰。

3）电刷磨损过大或与滑环接触角度偏斜。

4）电刷在刷架内倾斜摇摆。

5）发电机装配不到位，使机体倾斜或转子轴弯曲。

6）发电机皮带轮与轴松旷，使皮带轮与散热片碰撞。

（3）故障诊断方法步骤。首先检查传动带的松紧度，然后根据原因分析依次进行检修与调整。

6. 充电指示灯故障

（1）继电器控制式充电指示灯故障。

1）充电指示灯在汽车行驶中时亮时灭。可首先检查是否充电不稳，若正常，应检查相应的插接器和发电机之继电器间的中性点导线是否接触不良。

2）充电指示灯不亮。接通点火开关，观察其他报警灯和仪表是否正常，若正常，应检查继电器触点是否能闭合导通、灯泡是否损坏、接线是否断路。

3）充电指示灯不熄灭。将试灯两端分别接发电机“B”和“N”接线端，会出现以下几种情况之一：①试灯微亮指示灯熄灭，应拆检发电机内部中性点线路是否断路；②若试灯不亮，说明继电器磁化线圈有断路；③若试灯微亮指示灯不熄灭，应检查继电器，弹簧是否过硬，触点是否烧结；④若试灯亮，则证明整流器负极管有击穿的。

（2）带励磁二极管发电机的充电指示灯故障。

1）充电指示灯不亮。证明励磁电路断路，检查的方面包括：灯泡是否烧坏、调节器是否断路、电刷和滑环断路、线路是否断路（或插接器接触不良）、磁场绕组短路。

2）充电指示灯常亮。应首先检查发电机是否发电，若发电再检查线路二极管是否击穿、励磁二极管是否均发生断路、负极管和励磁管均有击穿短路的。

4.10 实训项目1 交流发电机结构认识

4.10.1 实训目的

（1）认识发电机结构。

（2）掌握发电机的拆装方法。

4.10.2 仪器与工具

（1）普通6管内搭铁交流发电机、9管交流发电机、11管整体式外搭铁交流发电机、无刷交流发电机各一台。

（2）台钳、拉器各1～2个。

（3）十字起子、一字起子、开口扳手、梅花扳手、油盆、毛刷、清洗剂润滑脂、抹布按分组情况配置。

4.10.3　实训内容

1. 外部结构认识

（1）型号的辨别。

（2）接线柱认识。

2. 外部清洗

用蘸有少许清洗剂的抹布将发电机表面擦拭干净。

注意：抹布不能有液体浸出，汽油清洗剂不能接触绝缘件。

3. 发电机的分解（不同型号的发电机分解步骤有所不同，以下分解步骤仅作参考）

（1）拆下电刷组件。

（2）分解前后端盖。

（3）分解定子和后盖。

（4）分解定子和整流器总成。对于某些发电机的整流器可以在发电机外部就能和发电机分解，可在分解前后端盖之前将整流器拆下。

（5）小心清洗擦拭每一部件，绝缘部分严防汽油浸泡。

4. 各部分结构认识（对整体式发电机的调节器可以后再认识）

注意：轻拿轻放，不要折断导线或损坏部件，转子轴严防磕碰。

5. 发电机的装配

发电机的装配顺序按照拆卸的反方向进行，但应注意以下几点：

（1）各零部件应保持清洁。

（2）配合部位涂些机油润滑。

（3）各部位所配装的垫片（包括调整垫、绝缘垫等）应按要求装回，不能遗漏。

（4）对于整体式、电刷架内置的发电机，将转子轴装入后轴承时，应注意将电刷压入孔中，以免折断。

（5）装配后应检查各转动部位是否能灵活转动。

4.11　实训项目2　交流发电机的检修

4.11.1　实训目的

（1）熟悉交流发电机的拆检及装复。

（2）掌握交流发电机各部件及总成的检查。

（3）正确进行交流发电机的检测。

4.11.2　仪器与工具

（1）电气试验台、发动机试验台架若干台或汽车若干辆、硅整流交流发电机若干台、蓄电池若干个、一字和十字旋具大小各若干把、开口和梅花扳手各若干套。

（2）万用表、弹簧秤、游标卡尺、拉器、百分表各若干、V形铁若干对。

（3）油盆、毛刷各若干、适量清洗剂、润滑脂、00号砂布及棉纱。

4.11.3 实训内容

1. 硅整流交流发电机的拆解及清洗

硅整流交流发电机的拆解及清洗（以丰田系列40A型为例，如图4.42所示）。

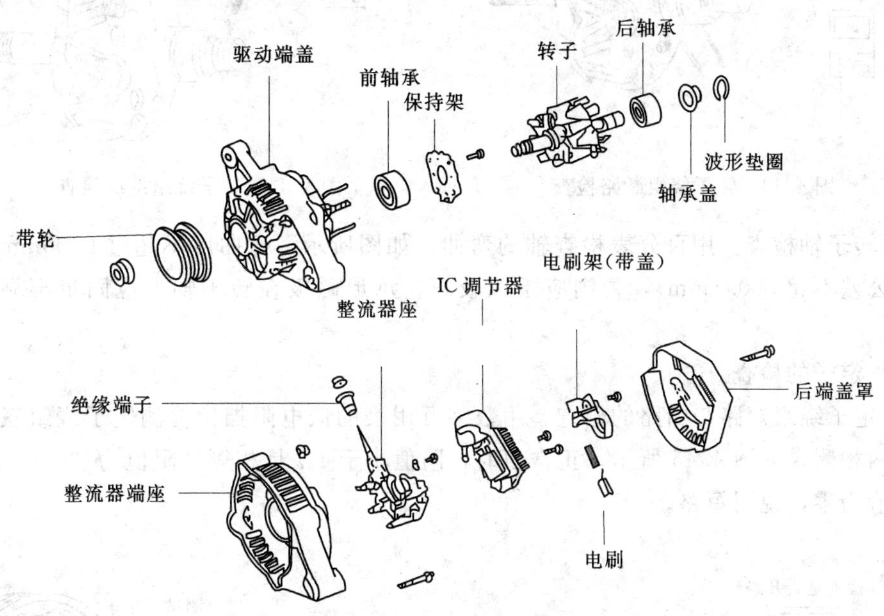

图4.42 丰田系列40A硅整流交流发电机

（1）拆下带轮。

（2）拧下“B”端子上的固定螺母并取下绝缘套管。

（3）拆下后端盖罩。

（4）拧下电刷架和IC调节器的固定螺钉，取下电刷架和IC调节器（注意：电刷要轻取）。

（5）将与整流器相连接的三相绕组引线及中性点引线的连接螺钉用十字旋具拧下，取下整流器。

（6）拆卸整流器端座。

（7）从驱动端盖里取出转子，用棉纱沾适量清洗剂擦洗转子绕组、定子绕组、电刷及其他机件。

2. 硅整流交流发电机的检查

（1）转子的检查。

1）转子绕组短路与断路的检查。用数字万用表的低电阻挡检测两滑环之间的电阻，应符合技术标准。若阻值为“∞”，则说明断路；若阻值过小，则说明短路。一般阻值约为3.5～6Ω，如图4.43所示。

2）转子绕组搭铁检查。检查转子绕组与铁芯（或转子轴）之间的绝缘情况。用万用表导通挡检测两滑环与铁芯（或转子轴）之间的导通情况。若为零且表发出响声，说明有搭铁故障，正常应为“∞”，如图4.44所示。

3）滑环的检查。滑环表面应平整光滑，无明显烧损，否则用00号砂布打磨。两滑环间隙处应无积污。滑环圆度误差不超过0.025mm，厚度不小于1.5mm。

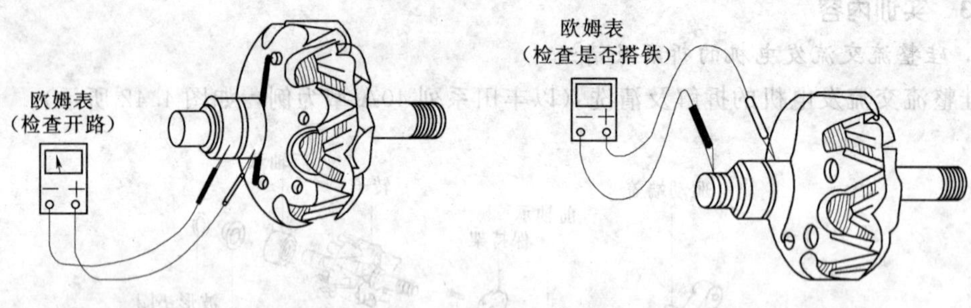

图 4.43 转子绕组断路检查　　图 4.44 转子绕组绝缘检查

4）转子轴检查。用百分表检查轴的弯曲，如图所示，弯曲度不超过 0.05mm（径向圆跳动公差不超过 0.1mm），否则应予以校正。爪形磁极在转子轴上应固定牢靠，间距相等。

（2）定子的检查。

1）定子绕组短路与断路的榆查。用数字万用表的低电阻挡位检测定子绕组三个接线端，两两相测，如图 4.45 所示。正常值时，阻值小于 1Ω 且相等。阻值为“∞”，说明断路；阻值为零，说明短路。

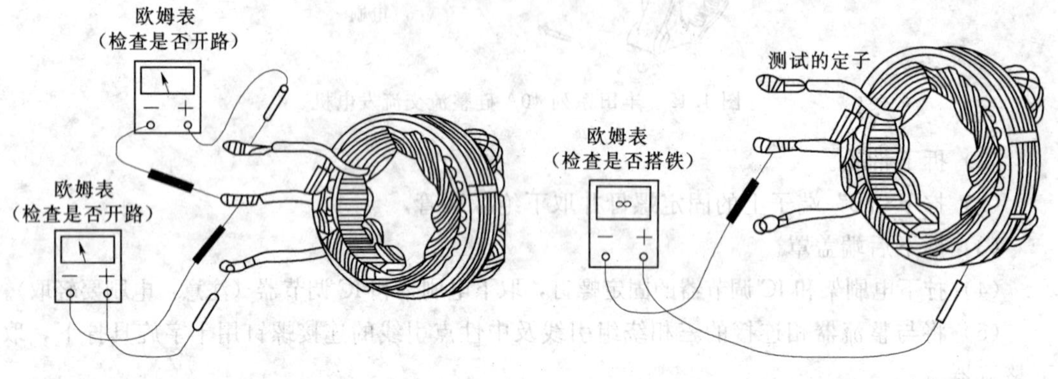

图 4.45 定子绕组断路检查　　图 4.46 定子绕组绝缘检查

2）定子绕组搭铁检查。检查定子绕组与定子铁芯间绝缘情况。用数字万用表导通挡测定子绕组接线端与铁芯间的电阻，若电阻过小（表内发出响声），说明有绝缘不良故障。正常应指示“∞”。如图 4.46 所示。

（3）整流器的检查（主要是整流二极管）。

1）检测正极管。用数字万用表的导通挡位，黑表笔接整流器端子“B”，红表笔分别接整流器各接线柱，万用表均应导通，否则说明该二极管断路，应更换整流器总成；调换两表笔进行测试，此时万用表均应不导通，否则说明二极管短路，也应更换整流器总成。

2）检测负极管。用数字万用表的导通挡位，红表笔接整流器的端子“E”，黑表笔分别接整流器各接线柱，万用表均应导通，否则说明该二极管断路，应更换整流器总成；调换两表笔进行测试，此时万用表均应不导通，否则说明二极管短路，也应更换整流器总成。

3）在不分解发电机的情况下检测二极管。用万用表的导通挡位，黑表笔接发电机电

枢“B”接线柱，红表笔接发电机端盖。若阻值在40～50Ω之间，说明无故障；若阻值在10Ω左右，说明有失效的二极管，须拆检；若阻值为0Ω，说明有不同极性的二极管击穿。

4）电刷组件的检查。电刷表面不得有油污，且应在电刷架中活动自如，电刷磨损不得超过标准长度的1/2（标准长度为10.5mm）；当电刷从电刷架中露出2mm时，电刷弹簧力一般为2～3N；电刷架应无烧损，破裂或变形。

（4）硅整流交流发电机的装复。按拆解的反顺序装复。装复后，转动发电机带轮，转子转动平顺，无摩擦及碰击声。

（5）硅整流交流发电机的测试。

1）试验台动态试验测试。

a. 空载试验。将交流发电机正确安装在试验台上，启动试验台，观察发电机发电情况。当电压达到额定值（14.8V）时，发电机的转速不得超过1000r/min。

b. 负载试验。将发电机正确安装在试验台上，启动试验台，当电压为14V时，输出电流应达到25A；当发电机输出电压和输出电流均达到额定值时，发电机转速不得超过2500r/min。

2）就车动态测试。检查传动带松紧度，用如30～50N的力按下传动带，挠度应为10～15mm。发电机电压测试，关闭车上所有用电器，起动发动机并保持在2000r/min，测量蓄电池的空载充电电压，应比参考电压（原蓄电池电压）高些，但不高出2V；仍在2000r/min时，接通所有电器，测量蓄电池负载电压，应至少高出参考电压0.5V。

4.12 实训项目3 交流发电机的试验

4.12.1 实训目的

掌握交流发电机试验方法

4.12.2 仪器与工具

（1）被测交流发电机1～2个。

（2）万能电器试验台。

（3）扳手、带接线插连接导线按需要配置。

4.12.3 实训内容

1. 空载试验

（1）将发电机安装在试验台的夹具上，选好套筒及橡胶传动接头，调整夹具位置，使被测发电机与试验台的调电机主轴同心。

（2）按照试验电路原理图（图4.47）接线，检查接线是否正确，无误后方可起动试验台上的调速电动机。

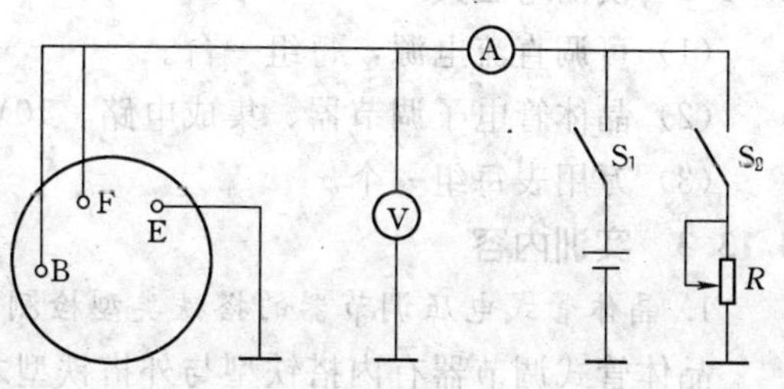

图4.47 交流发电机的试验电路原理图

（3）起动试验台上的调速电动机，由蓄电池（或试验台上的电源）给发电机提供励磁电流。逐步提高电动机的转速。当转速上升到500～800r/min时，不再由外部电源给发电机提供励磁电流。发电机应能开始自励发电。

（4）继续提高转速，同时观察电压表的读数。合上开关 S_1，由蓄电池供给发电机励孩电流进行他励，当发电机转速为 1000 r/min（用转速表测量）时，对 12V 电系发电机电压应为 14V，对 24V 电系发电机电压应为 28V。当电压达到额定电压时，记下此时发电机转速。关断调速电机开关，空载试验完毕。

（5）分析空载试验数据。

和标准值比较，若转速高于空载转速，则说明发电机有故障，应将发电机分解检测。如果不能确定发电机有故障，继续做负载试验。

2. 负载试验

在空载试验的基础上做负载试验。

（1）将变阻器调节到阻值最大位置。

（2）起动调速电动机，使发电机电压达到额定值。

（3）保持电压不变，同时提高发电机转速和输出电流，使转速达到额定值。断开开关 S_1，发电机转为自励，合上开关 S_2，调节可调电阻 R，在发电机转速为 1000r/min 时，发电机电压应大于 12V 或 24V；在发电机转速为 2500r/min 时，电压应达到 14V 或 28V，电流应达到或接近该发电机的额定电流。记下此时的输出电流大小。关断调速电机开关，负载试验结束。

（4）分析负载试验数据。

和标准值比较，若输出电流能达到额定电流，则说明发电机完好，否则表明交流发电机有故障，应将发电机分解检测。

3. 交流发电机的就车检验法

就车实验法就是在汽车上进行的实验。关掉点火开关 S_1，临时拆下蓄电池搭铁线，将一块 0～40A 的电流表串接到发电机火线 B 接线柱与火线原接线之间，再将一块 0～50V 的电压表接到 B 与 E 之间，连接好蓄电池的搭铁线。启动发动机，并提高转速，当发电机转速为 2500r/min 时，电压应在 14V 或 28V 以上，电流应为 10A 左右。此时打开前照灯、雨刮器等负荷，电流若为 20A 左右，则表明发电机工作正常。

4.13 实训项目 4 电子调节器的检测

4.13.1 实训目的

掌握电子调节器和集成电路调节器的检测方法。

4.13.2 仪器与工具

（1）可调直流电源，每组一台。

（2）晶体管电子调节器、集成电路、10W 以下的灯泡每组 2～4 个。

（3）万用表每组一个。

4.13.3 实训内容

1. 晶体管式电压调节器的搭铁类型检测

晶体管式调节器有内搭铁型与外搭铁型之分，使用时一定要按照产品的说明，与发电机配套使用。如果在不清楚其搭铁形式的情况下，可采用如下方法加以识别：

（1）对12V系统的调节器，用一个12V蓄电池和1个12V、2W的小灯泡按图4.48所示连接好线路。

（2）灯泡接在“－”（E）与“F”接线柱之间发亮，而接在“＋”（B）与“F”接线柱之间不亮，说明该调节器为内搭铁式；反之，如果灯泡接在“＋”（B）与“F”接线柱之间发亮，而接在“－”（E）与“F”接线柱之间不亮，说明该调节器为外搭铁形式。

（3）如调节器是四个引出端（D＋、B、F、D－），试验时，可将D＋与B连接为一点，再按上述方法识别；如调节器有五个引出端（D＋、B、F、D－、L），则将L端子不接线，并将D＋与B连接在一起，再按上述方法试识别。

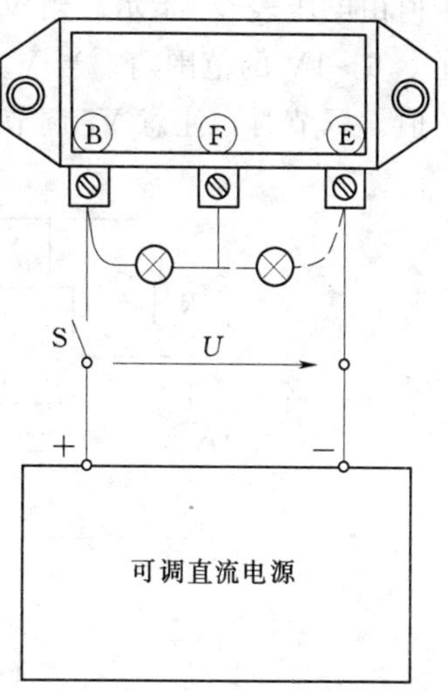

图4.48 晶体管式调节器的识别接线图

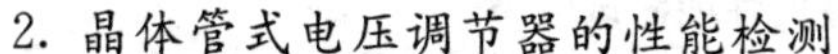

2. 晶体管式电压调节器的性能检测

对晶体管电压调节器进行性能检测时，同样要区分其搭铁极性，采用不同的检测方法。

（1）内搭铁式晶体管电压调节器的测试。将可调直流电源与调节器按图4.49（*a*）所示的线路接好，逐渐提高电源输出电压。当电压达到6V左右时，指示灯点亮。继续提高电源电压，当电压达到13.5～14.5V时，指示灯应熄灭，熄灯时的电压即为调节器的调节电压，并与性能参数值相比较。若指示灯在电压达6V时不亮，或电压超过规定值后，指示灯仍不熄灭，则说明该调节器有故障。

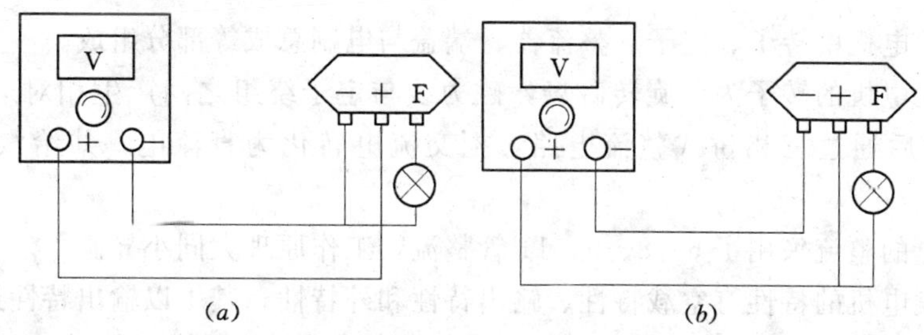

图4.49 晶体管电压调节器的性能测试电路

（2）外搭铁式晶体管电压调节器的测试。外搭铁晶体管式调节器的测试与内搭铁式晶体管式调节器的测试方法一样，只是要求按图4.49（*b*）所示，连接好可调直流电源与晶体管式调节器。

3. 集成电路电压调节器的检测

集成电路电压调节器一般为内装式，检测前应先将其从发电机内拆下，并弄清楚集成电路电压调节器各引线含义，以防实验时电源极性接错。

集成电路电压调节器一般有3引线和4引线两种。3引线的集成电路电压调节器采用发电机电压检测法，4引线的集成电路电压调节器采用蓄电池电压检测法。

（1）1.3引线集成电路电压调节器的检测，按图4.50（*a*）接好线路。图中R为一个3～5Ω的电阻，可变直流电源的调节范围为0～30V。逐渐增加直流电源电压，该直流电

压值由电压表 V_2 指示。当 V_2 指示值小于调节器调节电压值时，V_1 电压表上的电压值应在 0.6～1V 的范围内；当 V_2 指示值大于调节器调节电压值时，V_1 表上的电压值应为 V_2 的值。调节时，注意 V_2 调节电压值不能超过 30V。

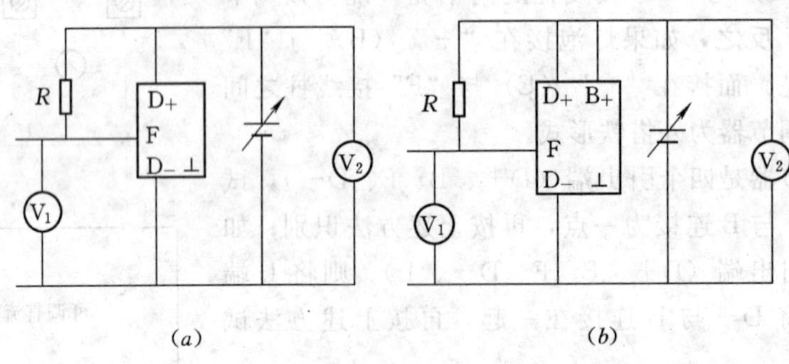

图 4.50 集成电路电压调节器的性能测试电路

(2) 2.4 引线集成电路电压调节器的检测。4 引线集成电路电压调节器的测试与 3 引线晶体管式调节器的测试方法也相同，只是需按图 4.50 (*b*) 接好线路。需要指出的是，图中调节器的引出钱字母符号多为国外生产厂家采用，对应到实际接线，B_+ 与发电机输出端引线相连，D_+ 与点火开关引出线相连接，D_- 相当于搭铁线，F 与发电机磁场绕组相连。

本 章 小 结

1. 交流发电机由转子、定子、整流器、端盖与电刷总成等部分组成。

2. 交流发电机的转子为一旋转磁场，磁力线与定子绕组之间产生相对运动，产生交流电动势，然后通过三相桥式整流电路，把交流电转化为直流电，共给汽车上的用电设备。

3. 交流电的整流采用了 6、8、9、11 管整流，工作原理大同小异。

4. 交流发电机的特性有空载特性、输出特性和外特性，其中以输出特性最重要。

5. 交流发电机的维护包括单机静态测试与交流发电机零部件的检查。

6. 交流发电机转速及负载在很大范围内变化，均可引起发电机的输出电压发生较大变化，因此交流发电机必须配备电压调节器。

7. 晶体管是电压调节器、集成电路电压调节器的工作原理。

8. 电压调节器有内外打铁的区别，必须与发电机匹配使用。

9. 交流发电机的常见故障有不发电、充电电流过小、充电电流过大、充电不稳、发电机异响、充电指示灯故障等。

单 元 习 题

一、填空题

1. 三相同步交流发电机主要由______总成、______总成、______、______及______等部件组成。

2. 定子总成的作用是产生________________。它由__________、__________绕组，两块________等组成。

3. 硅整流器是利用硅二极管的____________把____________转换成。

4. EQ1090 系列汽车上装用的 JFW132 型无刷交流发电机，励磁绕组不是装在________上，而是装在____________上。

5. 硅整流发电机的特性有____________、____________和____________。

6. 硅整流发电机的输出特性是指____________一定时，发电机的____________和________之间的关系。

7. 电压调节器的作用是当发动机的________发生变化，________调节发电机________电流，使基本保持不变。

8. 晶体管调节器一般由____________和____________、________________三个基本部分组成。

9. 磁场继电器的作用是____________和________硅整流发电机________电路。

10. CA1091 型汽车电源系除装有电流表外，还加装了__________，它是由________中的________进行控制。

二、选择题

1. 交流发电机的输出电压 U 是相电压 U_{Φ} 的（　　）倍。

A. 1　　B. $\sqrt{2}$　　C. 2.34　　D. 3.23

2. 十一管整流的交流发电机有（　　）个负二极管。

A. 3　　B. 6　　C. 9　　D. 11

3. 交流发电机的励磁方式是（　　）。

A. 他励　　B. 自励　　C. 他励和自励　　D. 先他励后自励

4. 电压调节器是通过控制交流发电机的（　　）来实现电压调节的。

A. 转速　　B. 励磁电流　　C. 整流二极管　　D. 大功率三极管

5. 外搭铁式电压调节器控制的是励磁绕组的（　　）。

A. 火线　　B. 搭铁　　C. 电流方向　　D. 感应电压方向

6. 从交流发电机在汽车上的实际功用来说，它是汽车上的（　　）。

A. 主要电源　B. 次要电源　C. 充电电源　D. 照明电源

7. 交流发电机中产生磁场的元件是（　　）。

A. 定子　　B. 转子　　C. 整流器　　D. 端盖

8. 发电机后端盖装有两个炭刷架，用两个螺旋形弹簧压住炭刷，使其能可靠接触转子上的两个（　　）。

A. 接线柱　　B. 滑环　　C. 轴头　　D. 轴承

9. 从电刷引出的两个接线柱，分别是“F”和“E”，它们固定在后端盖上，与后端盖的绝缘情况是（　　）。

A. “F”接线柱与后端盖绝缘，“E”接线柱与后端盖不绝缘

B. “F”接线柱与后端盖不绝缘，“E”接线柱与后端盖绝缘

C. “E”和“F”两接线柱与后端盖都绝缘

D. “E”和“F”两接线柱与后端盖都不绝缘

10. 交流发电机采用的整流电路是（ ）。

A. 单相半波 B. 单相桥式

C. 三相半波 D. 三相桥式

11. 交流发电机的调节器不需要限流器的原因是（ ）。

A. 电压调节器本身具有单向导电性

B. 二极管具有限流作用

C. 定子绕组的阻抗随转速的增大而增大

D. 转子绕组的阻抗随转速的增大而增大

12. 汽车用交流发电机的额定电流一般为其最大输出电流的（ ）。

A. 1/3 B. 1/2 C. 2/3 D. 3/5

13. 改变交流发电机输出电压大小的部件是（ ）。

A. 硅二极管 B. 转子 C. 定子 D. 调节器

14. 汽车上交流发电机配装了调节器后，具有（ ）。

A. 限制自身最大输出电流的性能

B. 限制自身最大输出电压的性能

C. 同时限制最大输出电流和最大输出电压的性能

D. 控制激磁电流保持恒定不变的性能

15. 发电机正常工作后，其充电指示灯熄灭，这时灯两端应（ ）。

A. 电压相等 B. 电位相等

C. 电位差相等 D. 电动势相等

三、判断题（正确的打“√”，错误的打“×”）

1. 元件板上压装的二极管是正管子。（ ）

2. 端盖上压装的三个硅二极管是负管子。（ ）

3. 交流电的瞬时值加在二极管的正极电位高于负极时就导通。（ ）

4. 充电指示灯亮就表示起动蓄电池处于放电状态。（ ）

5. 发电机严禁采用短接接柱试火的方法检查故障。（ ）

6. 交流发电机的中性点是没有电压的。（ ）

7. 电压调节器是通过改变交流电机的励磁电流来实现电压调节的。（ ）

8. 内外搭铁式的电压调节器在使用中可以互换。（ ）

9. 外搭铁式的电压调节器控制的是励磁绕组的火线。（ ）

10. 目前车用的交流发电机大部分是无刷式的交流电机。（ ）

四、简答题

1. 交流发电机由哪几部分组成？其作用如何？

2. 简述交流发电机的工作原理。

3. 何谓交流发电机的输出特性、空载特性与外特性？了解这些特性有何指导意义？

4. 交流发电机高速运转时突然失去负载有何危害？

5. 交流发电机的中性点输出有何功用？

6. 简述无刷交流发电机的种类、结构特点。

7. 交流发电机用双极式电压调节器是如何工作的？

8. 电子式调节器有何优点？

9. 试分析 JFT106 型晶体管电压调节器的工作原理，并说明各主要电子元件的作用。

10. 交流发电机与电压调节器在使用中应注意哪些事项？

11. 如何对晶体管电压调节器搭铁形式及好坏进行测试？

12. 内搭铁式发电机使用外搭铁式电压调节器时应做哪些相应的改动？

13. 如何用万用表检查发电机故障？

第5章　汽车起动系

- **知识目标**

（1）了解常规起动机的组成、结构、工作原理。

（2）了解起动机的工作特性及其对使用的影响。

（3）了解减速起动机的结构组成和工作原理。

- **技能目标**

（1）掌握分析起动系的电路的方法。

（2）掌握正确拆装起动机、会检测起动机各个零部件的方法。

（3）掌握正确诊断、排除起动系统的故障的方法。

5.1　概　　述

要使发动机由静止状态过渡到工作状态，必须用外力转动发动机的曲轴，使气缸内吸入（或形成）可燃混合气并燃烧膨胀，工作循环才能自动进行。曲轴在外力作用下开始转动到发动机开始自动地怠速运转的全过程，称为发动机的起动。

发动机起动的方法很多，汽车发动机常用的电动机起动是用电动机作为机械动力，当将电动机轴上的齿轮与发动机飞轮周缘的齿圈啮合时，动力就传到飞轮和曲轴，使之旋转。电动机本身又用蓄电池作为能源。目前绝大多数汽车发动机都采用电动机起动。

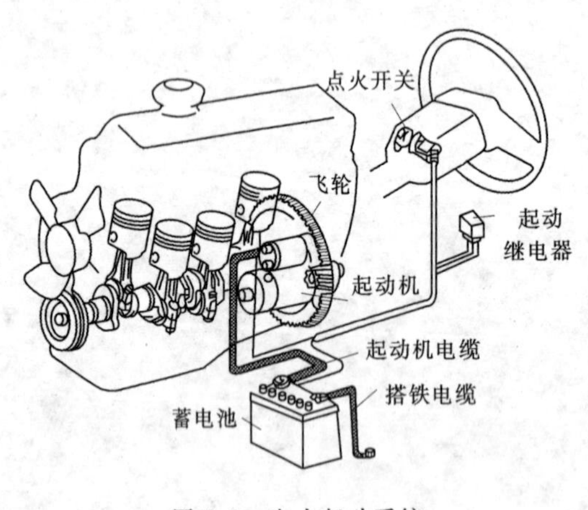

图5.1　电力起动系统

电力起动系由起动机和控制电路两大部分组成。具体包括蓄电池、起动机、起动继电器和点火开关组成，如图5.1所示。

它们的作用是：起动机产生力矩，通过小齿轮驱动发动机飞轮转动，使发动机起动；控制电路用来控制起动机的工作。

常见的电力起动机主要有以下三种：

（1）电磁控制强制啮合式起动机（常规起动机）。磁极采用电磁铁，传动机构中一般只是由简单的驱动齿轮、单向离合器和拨叉等组成，无特殊结构和装置。

（2）永磁起动机。电动机的磁极用永磁材料制成，取消了磁场线圈，可以使结构简化，体积小、质量轻。

（3）减速起动机。减速起动机采用高速、小型、低力矩电动机，在传动机构中设有减速装置。质量和体积比普通起动机可减小30%～35%。但结构和工艺比较复杂。

为了完成起动的任务，不管何种起动机都要满足以下要求：

1）起动时应该平顺，起动机的齿轮与发动机的飞轮齿圈啮合要柔和，不应发生冲击。

2）发动机起动后，起动机的小齿轮应能自动打滑或脱离啮合。

3）发动机在工作中，起动机的小齿轮不能再进入啮合，防止发生冲击。

4）起动系统结构应简单、工作可靠。

5.2 常规起动机的组成

起动机由直流电动机、传动机构和控制装置三部分组成，如图 5.2 所示。

直流电动机的作用是将蓄电池输入的电能转换为机械能，产生电磁转矩。

传动机构：由单向离合器与驱动齿轮、拨叉等组成。其作用是在起动发动机时使驱动齿轮与非轮齿圈相啮合，将起动机的转矩传递给发动机曲轴；在发动机起动后又能使驱动齿轮与飞轮自动脱离，在它们脱离过程中，发动机飞轮反拖驱动齿轮时，单向离合器使其形成空转，避免了飞轮带动起动机轴旋转。

操纵机构：主要是指起动机的电磁开关，用来接通或断开电动机与蓄电池之间的电路。

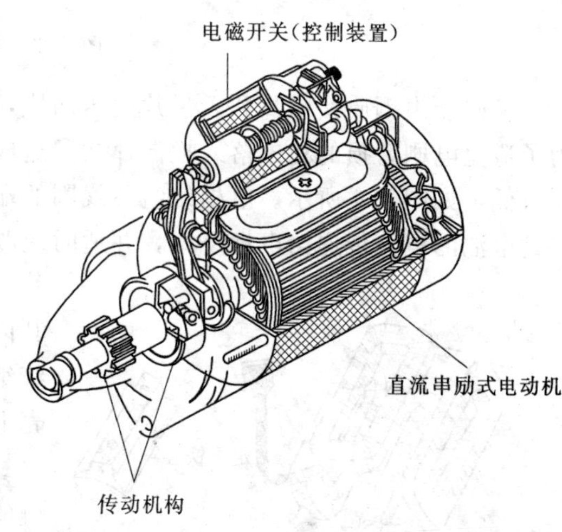

图 5.2　起动机组成

1. 直流串励式电动机

串励直流电动机的作用是将蓄电池输入的电能转换为机械能，产生电磁转矩。串励直流电动机由电枢（转子）、磁极（定子）、换向器和电刷等主要部件构成，如图 5.3 所示。

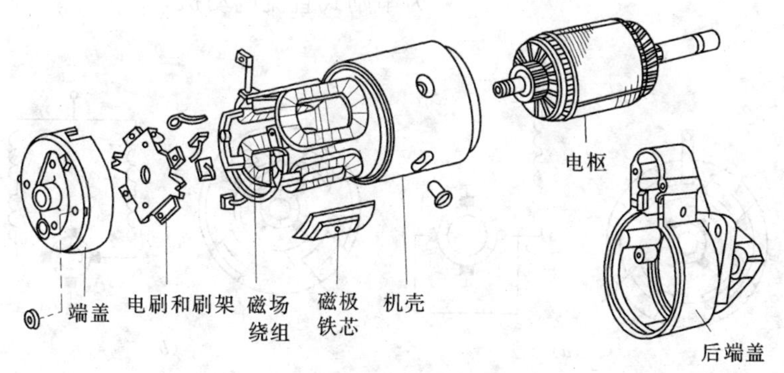

图 5.3　串励直流电动机

（1）电枢。直流电动机的转动部分称为电枢，又称转子。转子由外圆带槽的硅钢片叠成的铁芯、电枢绕组线圈、电枢轴和换向器组成。为了获得足够的转矩，通过电枢绕组的电流较大（汽油机为 200～600A；柴油机可达 1000A），因此，电枢绕组采用较粗的矩形裸铜漆包线绕制为成型绕组，如图 5.4 所示。

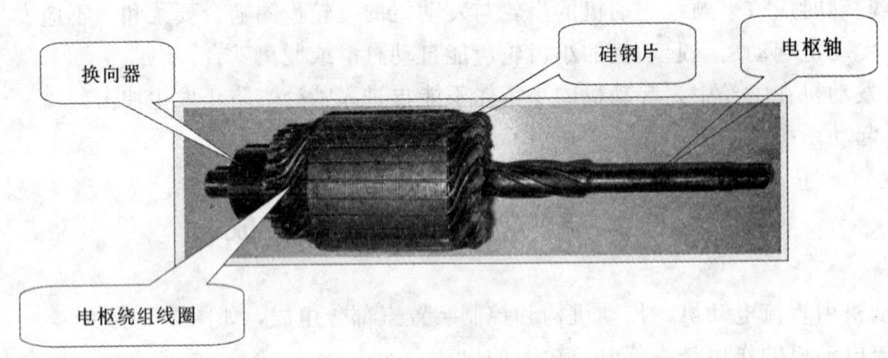

图 5.4 电枢组成

换向器由铜质换向片和云母片叠压而成，且云母片的高度略低于铜质换向片的高度，为了避免电刷磨损的粉末落入换向片之间造成短路，起动机换向片间的云母的高度一般不能过低，如图 5.4 所示。电枢绕组各线圈的端头均焊接在换向器片上，通过换向器和电刷将蓄电池的电流传递给电枢绕组，并适时地改变电枢绕组中电流的流向。

(2) 磁极。磁极一般是 4 个低碳钢板制成，其内端部扩大为极掌形。每个磁极上绕有励磁绕组，两对磁极相对交错安装在电动机定子内壳上，如图 5.5 所示。

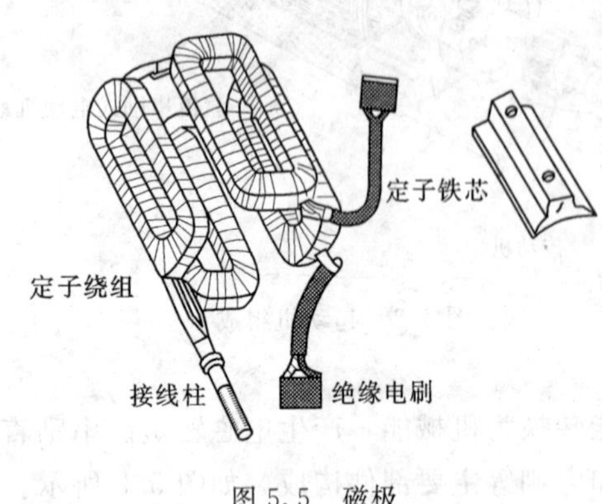

图 5.5 磁极

如图 5.6 所示，两对磁极相对交错安装在电机的壳体内，定子与转子铁芯形成磁通回路，低碳钢板制成的机壳也是磁路的一部分。4 个励磁线圈可互相串联后再与电枢绕组串联，也可两两串联后并联再与电枢绕组串联。常见的激磁绕组一般与电枢绕组串联在电路中，故被称为串励式直流电动机。

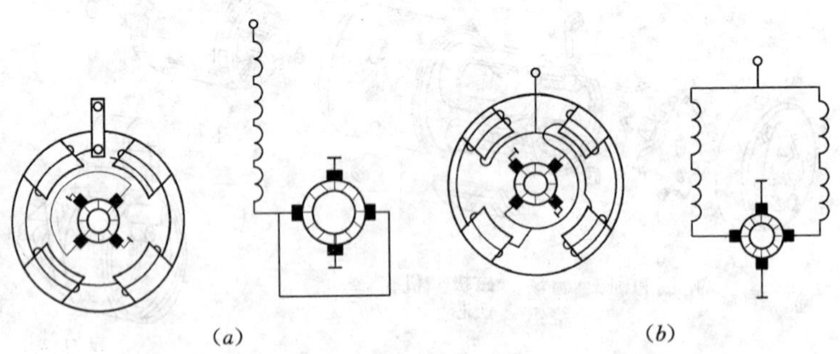

图 5.6 励磁绕组的接法

(a) 励磁绕组的串联；(b) 励磁绕组的串、并联

(3) 电刷与电刷架。如图 5.7 所示，电刷架一般为框式结构，其中正极电刷架绝缘地固定在端盖上，负极电刷架与端盖直接相连并搭铁。电刷置于电刷架中，电刷有铜粉与石墨粉压制而成，呈棕黑色。电刷架上有较强弹性的盘形弹簧。

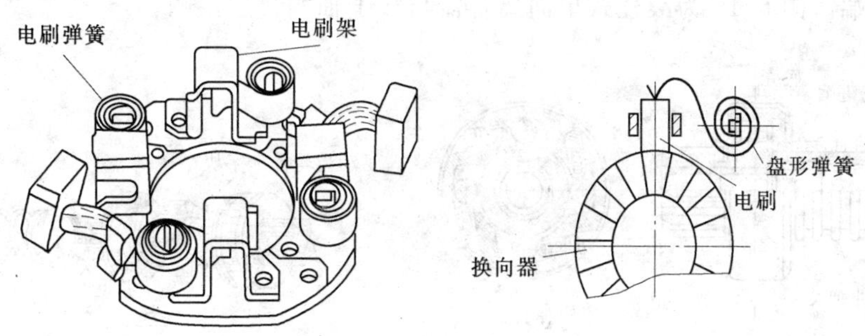

图 5.7 电刷及电刷架的组合

起动机机壳的一端有 4 个检查窗口，中部有一个与壳体绝缘的电流输入接线柱，并在内部与励磁绕组的一端相连。端盖分前、后两个，前端盖由钢板压制而成，后端盖由灰口铸铁浇制而成。前后端盖均压装有青铜石墨轴承套或铁基含油轴承套，外围有 2 个或 4 个组装螺孔。电刷装在后端盖内，前端盖上有拨叉座，盖口有凸缘和安装螺孔，还有拧紧中间轴承板的螺钉孔。

(4) 换向器。换向器的作用是向旋转的电枢绕组注入电流。换向器由许多截面呈燕尾形的铜片围合而成，如图 5.8 所示。铜片之间由云母绝缘。云母绝缘层应比换向器铜片外表面凹下 0.8mm 左右，以免铜片磨损时，云母片很快突出。电枢绕组各线圈的端头均焊接在换向器的铜片上。

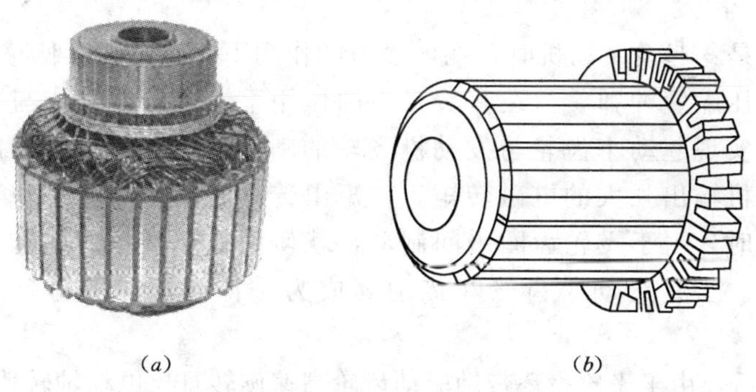

图 5.8 换向器外形图

2. 传动机构

传动机构的作用是在发动机起动时，将直流电动机的转矩传递给发动机曲轴；在发动机起动后而与飞轮啮合的小齿轮没有及时回位的情况下，保护起动机不被飞轮反拖超速运转而遭到损坏。传动机构由驱动齿轮、单向离合器、拨叉、啮合弹簧等组成，安装在转子轴的花键部位。传动机构一般有滚柱式单向离合器、摩擦片式单向离合器、弹簧式单向离合器三种。

(1) 滚柱式单向离合器。滚柱式单向离合器结构如图 5.9 所示，其传动套筒内具有花键槽，与电枢轴上的外花键相配合。起动小齿轮套在电枢轴的光滑部分上。在传动套筒的另一端，活络地套着缓冲弹簧压向右方，并有卡簧防止脱出。移动衬套由传动叉拨动。起动小齿轮与离合器外壳刚性连接，十字块与传动套筒刚性连接。装配后，十字块与外壳形成四个楔形空间，滚柱分别安装在四个楔形空间内，且在压帽弹簧张力的作用下，处在楔形空间的窄端。图 5.10 为滚柱式单向离合器与转子轴实物连接图。

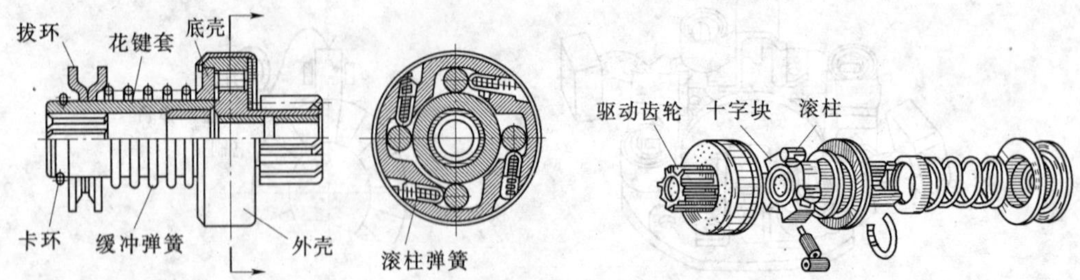

图 5.9 滚柱式单向离合器结构

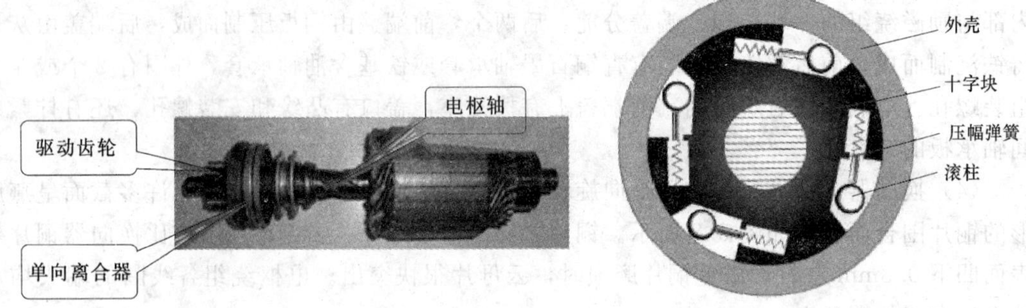

图 5.10 滚柱式单向离合器与转子轴

图 5.11 滚柱式单向离合器原理

其工作过程是：起动发动机时，在电磁力的作用下，传动拨叉使移动衬套沿电枢轴轴向移动，从而压缩缓冲弹簧。在弹簧张力的作用下，离合器总成与起动小齿轮沿电枢轴轴向移动，实现起动小齿轮与发动机飞轮的啮合。与此同时，控制装置接通起动机主电路，起动机输出强大的电磁转矩。转矩由传动套筒传至十字块，十字块与电枢轴一同转动。此时，由于飞轮齿圈瞬间制动，就使滚柱在摩擦力的作用下，滚入楔形槽的窄端而卡死。于是起动小齿轮和传动套成为一体，带动飞轮起动发动机。如图 5.11 所示。

起动发动机后，由于飞轮齿环带动驱动齿轮高速旋转且比电枢轴转速高的多，驱动齿轮尾部的摩擦力带动滚柱克服弹簧张力，使滚柱滚向楔形腔室较宽的一端，于是滚柱将在驱动齿轮尾部与外座圈间发生滑摩，发动机动力不能传给电枢轴，起到分离作用，电枢轴只按自己的转速空转，避免电枢超速飞散的危险。

此种离合器构造简单，工作可靠；接合时为刚性，不能承受大的冲击力，传递大扭矩会因滚柱卡死而失效；适用于额定功率在 1.57kW 以下的小型起动机。

(2) 摩擦式单向离合器。摩擦式单向离合器的驱动齿轮与外接合鼓做成一个整体，其结构如图 5.12 所示。在外接合鼓的内壁有 4 道轴向槽沟，装有钢质从动摩擦片。在花键套筒的一端表面亦有 3 条螺旋花键，与内接合鼓内的 3 条螺旋花键配合。内接合鼓的表面也有 4 条轴向槽沟，装有钢或青铜制造的主动摩擦片。主动摩擦片和从动摩擦片彼此相间地排列组装。内接合鼓的外面装有缓冲弹簧，端部固装着拨环。

动机起动时，拨叉推动拨环使内接合鼓沿 3 条螺旋花键向外移动，由于螺旋花键的作用，主动和从动摩擦片被相互压紧，具有了摩擦力。当驱动齿轮啮入飞轮齿圈后，电动机

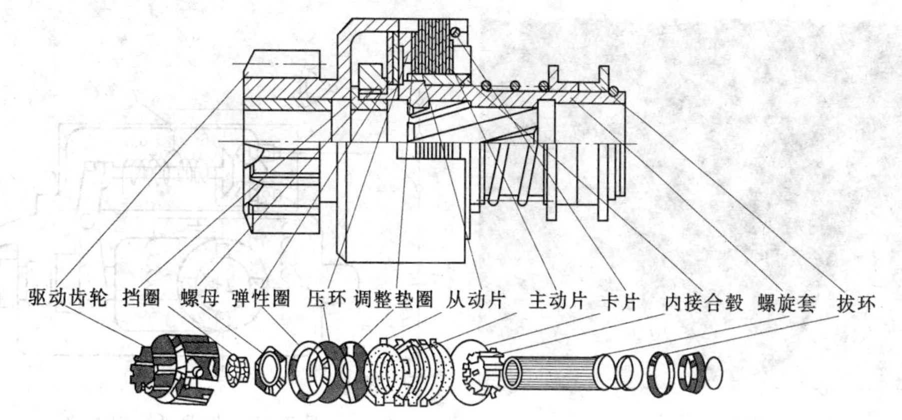

图 5.12　摩擦式单向离合器的结构图

的转矩使主、从动片压得更紧，摩擦力更大，起动机的转矩通过摩擦传给飞轮齿圈，驱动曲轴旋转。发动机起动后，驱动齿轮被飞轮齿圈带动高速旋转，从动摩擦片到主动摩擦片的摩擦力带动内花键毂转动，使内花键毂与螺旋花键旋松，于是主动和被动摩擦片之间的摩擦力消失而打滑，防止了电枢超速飞散的危险。

摩擦片式离合器具有传递大转矩，防止超载损坏起动机的优点，多用在大功率起动机上。但由于摩擦片容易磨损而影响起动性能，需要经常检查、调整或更换。

(3) 弹簧式单向离合器。弹簧式单向离合器的结构如图 5.13 所示，传动套套装在电枢轴的花键上，驱动齿轮套装在电枢轴前端的光滑部分，在驱动齿轮与传动套外圆上装有扭力弹簧，扭力弹簧的内径略大于两套筒的外径。起动发动机时，传动叉拨动拨环，并压缩缓冲弹簧，推动单向离合器移向飞轮齿圈一端，使小齿轮啮入飞轮齿圈。电枢旋转时带动传动套筒旋转，在摩擦力的作用下，扭力弹簧被扭紧，将两个套筒抱死，起动机转矩便经扭力弹簧传给驱动齿轮再传给飞轮。起动机起动后，驱动齿轮飞轮齿圈拖动，同时驱动齿轮与传动套的主、从动关系也发生改变，这种变化使扭力弹簧被旋松而打滑，从而使电枢轴避免了超速运转的危险。

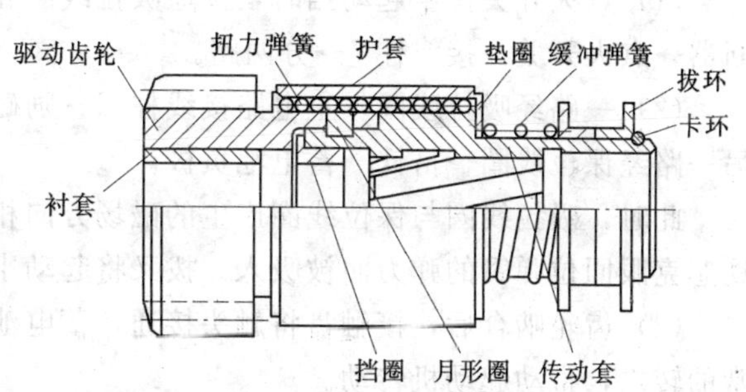

图 5.13　弹簧式单向离合器的结构

弹簧式离合器具有结构简单、制造工艺简单、成本低等优点，但由于驱动弹簧所需圈数较多，使其轴向尺寸增大。

3. 控制装置

现代汽车上，起动机的控制装置均采用电磁式控制装置，即电磁开关，其外形如图 5.14 所示。

起动机的控制装置控制驱动齿轮与飞轮齿圈的啮合与分离；控制电动机电路的接通与切断。励磁绕组和电枢绕组串联，保位线圈的一端直接搭铁，两线圈的公共端接点火开关。

图 5.14 电磁开关

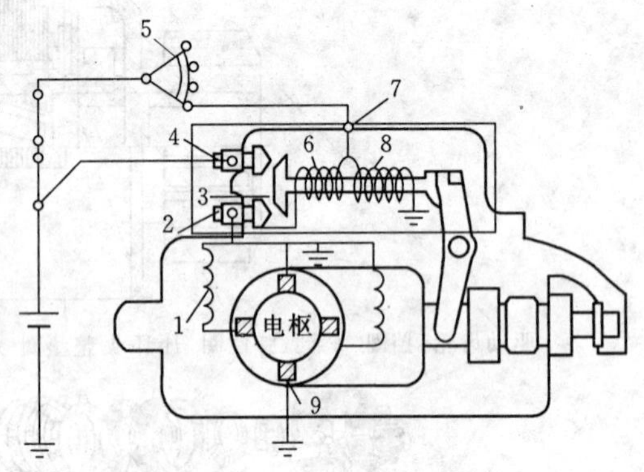

图 5.15 起动机控制电路

1—励磁线圈；2—“C”端子；3—旁通接柱；4—“30”端子；5—点火开关；6—吸拉线圈；7—“50”端子；8—保持线圈；9—电刷

如图 5.15 所示，电磁开关主要由吸引线圈、保持线圈、复位弹簧、活动铁芯、接触片等组成。其中，电磁开关上的“30”端子接至蓄电池正极；“C”端子接起动机励磁绕组；吸引线圈一端接起动机主电路。

起动机控制装置工作过程：

(1) 点火开关接至起动挡时，接通吸拉线圈和保位线圈，其电路为：蓄电池正极→熔断器→点火开关→接线柱 7→分两路。

(2) 一路经吸拉线圈→主电路接线柱 C→励磁绕组→电枢绕组→搭铁→蓄电池负极；另一路经保位线圈→搭铁→蓄电池负极。

此时，吸拉线圈与保位线圈产生的磁场方向相同，在两线圈电磁吸力的作用下，活动铁芯克服回位弹簧的弹力而被吸入。拨叉将起动小齿轮推出使其与飞轮齿圈啮合。

(3) 齿轮啮合后，接触盘将触头接通，蓄电池便向励磁绕组和电枢绕组供电，产生正常的转矩，带动起动机转动。

与此同时，吸拉线圈被短路，齿轮的啮合位置由保位线圈的吸力来保持。

5.3 起动机的类型、型号

5.3.1 起动机的类型

按照不同的分类方式，起动机分为不同类型，见表 5.1。

表 5.1 起动机的分类

分类方式	类型	分类方式	类型
按电动机磁场产生的方式分	励磁式起动机	按传动机构分	惯性啮合式
			强制啮合式
	永磁式起动机		电枢移动啮合式
按照控制装置分	直接操纵式起动机	按转矩传递方式分	直接传矩式
	电磁操纵式起动机		减速传矩式

5.3.2 起动机的型号

根据我国行业标准 QC/T 73—1993《汽车电气设备产品型号编制方法》的规定，起动机的型号由以下五部分组成（图 5.16）。

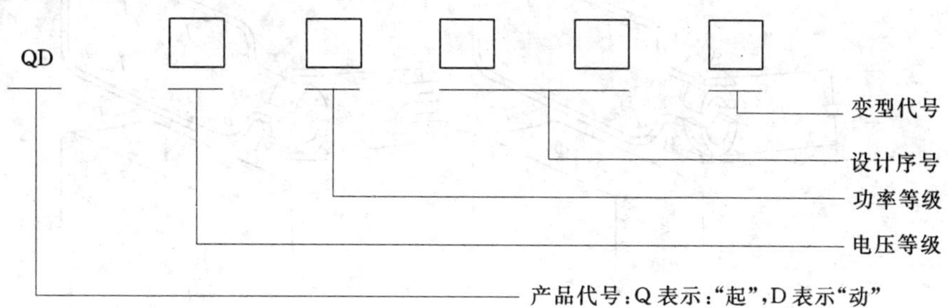

图 5.16 起动机的型号组成

第 1 部分为产品代号：起动机的产品代号 QD、QDJ、QDY 分别表示起动机、减速起动机及永磁起动机。

第 2 部分为电压等级代号：1－12V；2－24V；3－6V。

第 3 部分为功率等级代号：“1”代表 0～1kW，“2”代表 1～2kW，…“9”代表 8～9kW，如表 5.2 所示。

第 4 部分为设计序号。

第 5 部分为变形代号。

例如，QD27E 表示额定电压为 24V、功率为 6～7kW、第五次设计的起动机。

表 5.2 起动机功率等级

功率等级代号	1	2	3	4	5	6	7	8	9
功率 (kW)	<1	1～2	2～3	3～4	4～5	5～6	6～7	7～8	>8

5.4 起动机的工作原理及特性

5.4.1 起动机的工作原理

这里主要讲述直流电动机的工作原理。

（1）电磁转矩的产生。它是根据载流导体在磁场中受到电磁力作用而发生运动的原理工作的。如图 5.17（*a*）所示，为一台最简单的两极直流电动机模型。

根据左手定则判定 *ab*、*cd* 两边均受到电磁力 F 的作用，由此产生逆时针旋转方向的电磁转矩 M 使电枢转动。其换向方法如图 5.17（*b*）所示。实际的电枢上有很多线圈，换向器铜片也有相应的对数。

（2）直流电动机转矩自动调节原理。电枢在电磁转矩 M 作用下转动，但由于绕组在转动时同时也切割磁力线而产生感应电动势，根据右手定则判定其方向与电枢电流 I_s 方向相反，故称反电动势 E_f。反电动势 E_f 与磁极的磁通 Φ 和电枢的转速 n 成正比，即

$$E_f = C_e \Phi n$$

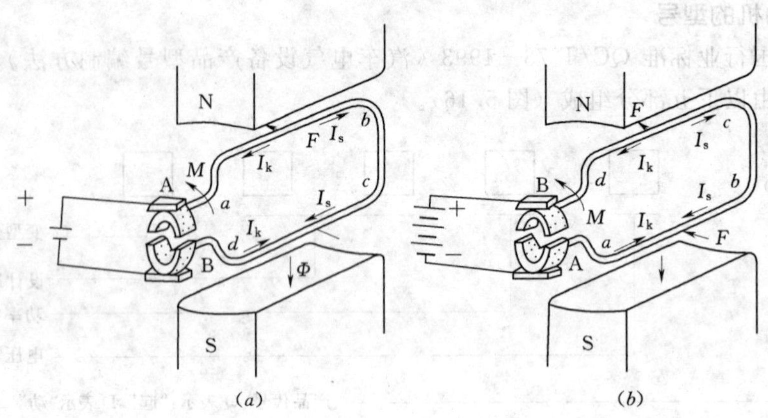

图 5.17　直流电动机的工作原理

式中：C_e 为电机结构常数。

由此可推出电枢回路的电压平衡方程式，即

$$U=E_f I_s R_s$$

式中：R_s 为电枢回路电阻，其中包括电枢绕组电阻和电刷和换向器的接触电阻。

直流电动机在刚刚接通直流电源的瞬间，电枢转速、反电动势均为 0，此时，电枢绕组中的电流最大，即 $I_{sm}=U/R_s$，将产生最大的电磁转矩，即 M_{max}，若此时的电磁转矩 M 大于电动机阻力转矩 M_z，电枢就开始加速运转起来。随着转速 n 的上升，E_f 增大，I_s 下降，M 也就随着下降。当 M 下降至于 M_z 相等时，电枢就以此转速运转。如果直流电动机在工作过程中负载发生变化，就会出现以下情况：

负载增大时，$M<M_z \rightarrow n\downarrow \rightarrow E_f\downarrow \rightarrow I_s\uparrow \rightarrow M\uparrow \rightarrow M=M_z$，达到新的稳定。

负载减小时，$M>M_z \rightarrow n\uparrow \rightarrow E_f\uparrow \rightarrow I_s\downarrow \rightarrow M\downarrow \rightarrow M=M_z$，达到新的稳定。

由此可见，当负载变化时，电动机能通过转速、电流和转矩的自动变化来满足负载的需要，使之能在新的转速下稳定工作。因此，直流电动机有自动调节转矩功能。

5.4.2　直流电动机的工作特性

起动机的转矩、转速、功率与电流的关系称之为起动机的特性曲线。

串励直流电动机的特点是起动转矩大，电枢转速随其负载增大而降低，随其负载的减小而上升（机械特性软）。

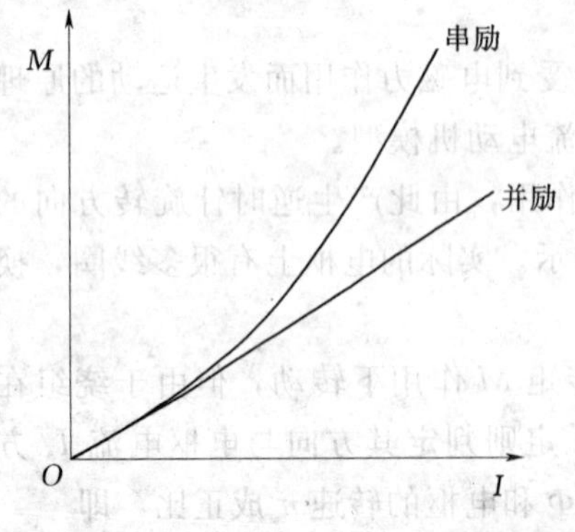

图 5.18　直流电动机转矩特性

1. 转矩特性

在磁路未饱和的情况下，串励直流电动机的转矩 M 与电枢电流的平方 I_s^2 成正比。直流电动机的转矩特性如图 5.18 所示。

在发动机起动瞬间，发动机的内部阻力矩很大，起动机处于完全制动状态下，由于转速为电枢电流达到最大值（称为制动电流），电动机产生最大转矩（称为制动转矩），足以克服发动机的阻力矩使发动机起动。这就是汽车起动机采用串励式电动机的主要原因之一。

2. 转速特性（机械特性）

串励直流电动机转速 n 与电枢电流 I_s 的关系式为

$$n=\frac{U-I_s\sum R-\Delta U_{ds}}{C_m\Phi}$$

式中：U 为加在起动机上的电压，V；I_s 为电枢电流；$\sum R$ 为包括电枢、励磁绕组电阻；ΔU_{ds}为电刷接触电压降。

串励电动机在磁极未饱和时，由于 Φ 不为常数，当 I_s 增加时，即电枢转矩增大，由于 Φ 与 $I_s(R_s+R_j)$ 也随之增加，因此，电枢转速 n 随 $I_{s(M)}$ 的增大下降较快，故具有较软的机械特性，如图 5.19 所示。即直流串励电动机具有在轻载时，电枢电流小，转速高；在重载时，电枢电流大，转速低的软机械特性，能保证发动机即安全又可靠地起动，这是汽车起动机采用串励式电动机的又一主要原因。

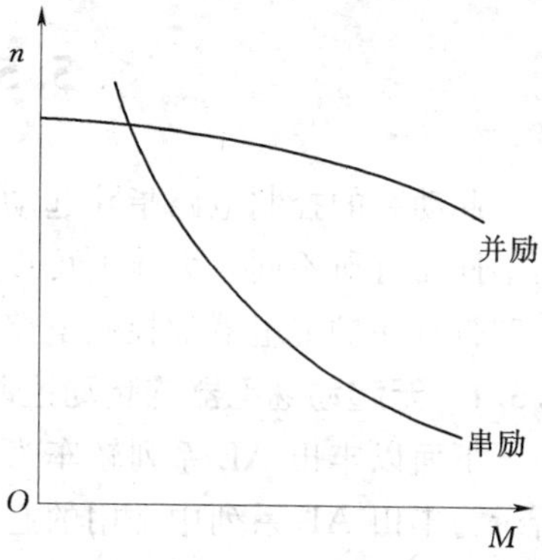

图 5.19　直流电动机机械特性

3. 功率特性

起动机的输出功率由电动机电枢转矩 M 和电枢的转速 n 来确定，即

$$P=\frac{Mn}{9550}$$

式中：M 为电枢轴上的力矩，N·m；n 为电枢转速，r/min。

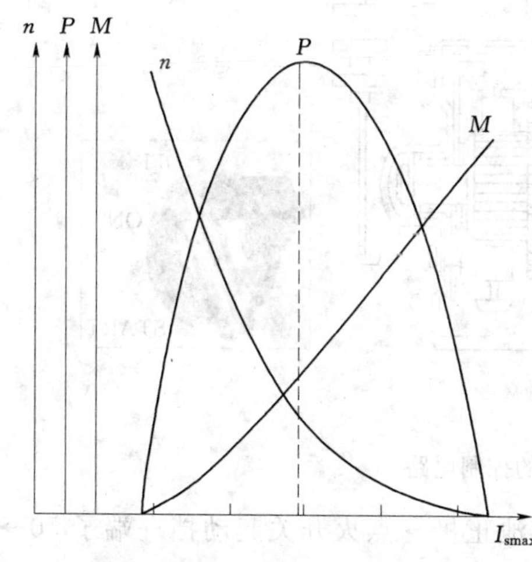

图 5.20　电动机功率特性曲线

由上式可以看出，在完全制动（$n=0$）和空转（$M=0$）两种情况下，起动机的功率都等于 0。因为起动机工作时间很短，可以允许在最大功率下工作，所以把起动机的最大输出功率称为起动机的额定功率。其特性曲线如图 5.20 所示。

（1）直流串励式电动机的转矩、转速、功率特性完全可以表述起动机的工作特性。如图 5.20 所示为三大特性曲线在同一坐标系的情况。由图 5.20 可以看出：

1）完全制动时，相当于起动机刚接通的瞬间，$n=0$，电枢电流最大（即制动电流 I_{max}），转矩也达到最大值（称为制动转矩），但输出功率为 0。

2）起动机空转时电流最小（称为空载电流 I_0），转速达到最大值（称为空载转速）输出功率也为 0。

3）在电流接近制动电流的一半时，起动机功率最大。将其最大功率作为额定功率。

（2）影响起动机功率的主要因素。

1）蓄电池容量的影响：蓄电池容量越小，其内阻越大，放电时产生的电压降越大，因而供给起动机的电压降低，使起动机输出的功率减小。

2）环境温度影响：当温度降低时，由于蓄电池电解液密度增大，内阻增大，会使蓄电池容量和端电压急剧下降，起动机功率将会显著下降。

3）接触电阻和导线电阻：电刷与换向器接触不良、电刷压簧弹力下降、电刷过短以及导线与蓄电池接线柱接触不良，都会使工作线路电阻增加；导线过长以及导线横截面积过小也会造成较大的电压降，由于起动机工作电流特别大，这些都会使起动机功率减小。

5.5　起动系控制电路

起动系的控制电路指除起动机本身电路以外的起动系电路，起动系的控制电路随车型的不同而有所不同，大体上可以分为无起动继电器的控制电路、带有起动机电器的控制电路和带有保护继电器的控制电路。下面介绍几种典型的控制电路。

5.5.1　无起动继电器的起动控制电路

下面以丰田 AE 系列轿车为例，介绍无起动继电器的控制电路。如图 5.21 和图 5.22 所示为丰田 AE 系列中常用的起动机控制电路及其工作过程。

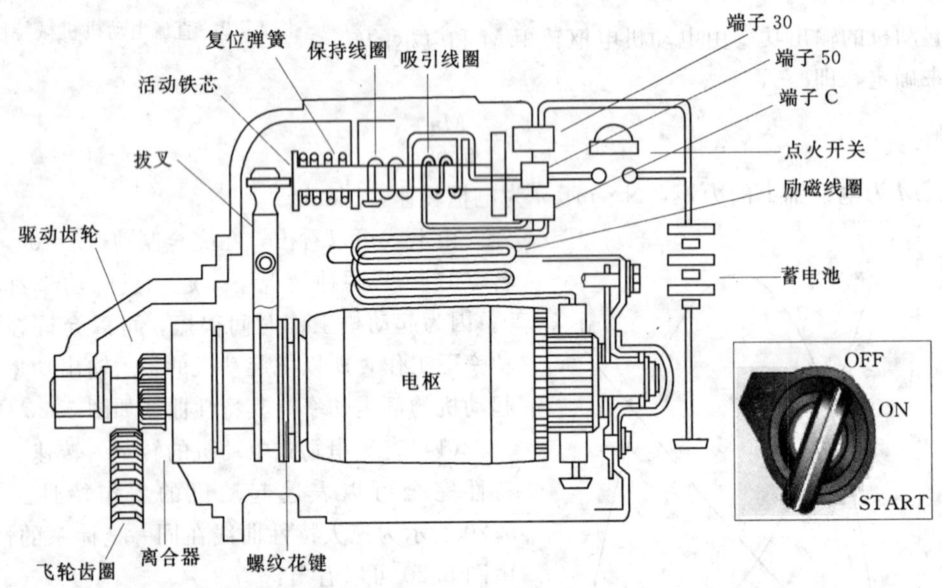

图 5.21　无起动继电器的控制电路

点火开关接至起动挡时，电流的流向为：蓄电池正极→点火开关起动挡→端子 50→吸引线圈→端子 C→励磁绕组→电枢绕组→搭铁→蓄电池负极；同时，保持线圈中也通过电流：蓄电池正极→点火开关起动挡→端子 50→保持线圈→搭铁→蓄电池负极。

此时，吸拉线圈与保位线圈产生的磁场方向相同，在两线圈电磁吸力的作用下，活动铁芯克服回位弹簧的弹力而被吸入。拨叉将起动驱动齿轮推出使其与飞轮齿圈啮合。

齿轮啮合后，接触盘将端子“C”与端子“30”接通，蓄电池便向励磁绕组和电枢绕组供电，产生正常的转矩，带动起动机转动。

与此同时，吸拉线圈被短路，齿轮的啮合位置由保位线圈的吸力来保持。

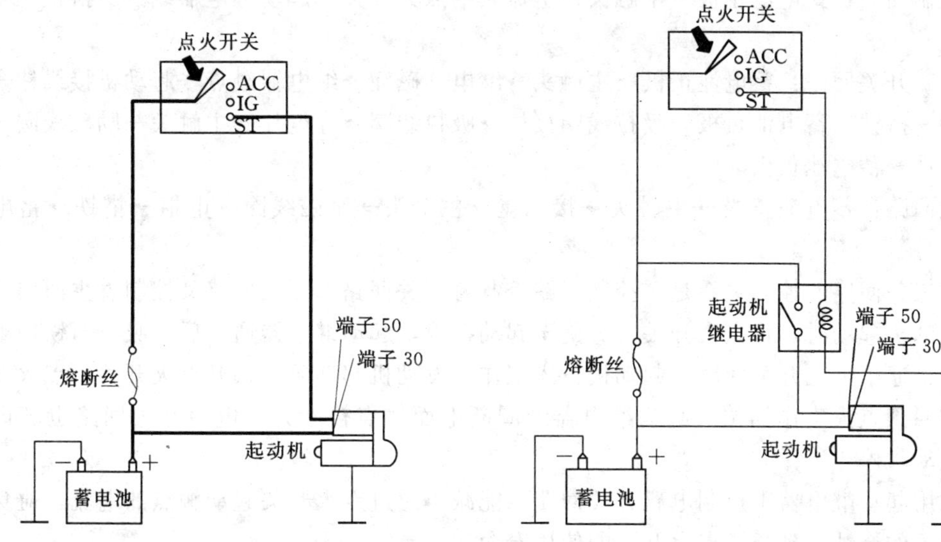

图 5.22 点火开关位于起动位置　　图 5.23 带起动继电器的控制电路

5.5.2 带起动继电器的控制电路

在电磁操纵式起动机的使用中，常通过起动继电器的触点接通或切断起动机电磁开关的电路控制起动机的工作，以保护起动开关。

与图 5.21 的控制电路相比，没有很大区别，只是多了一条点火开关控制起动继电器磁场线圈的控制回路。起动开关接通时，如图 5.23 所示。

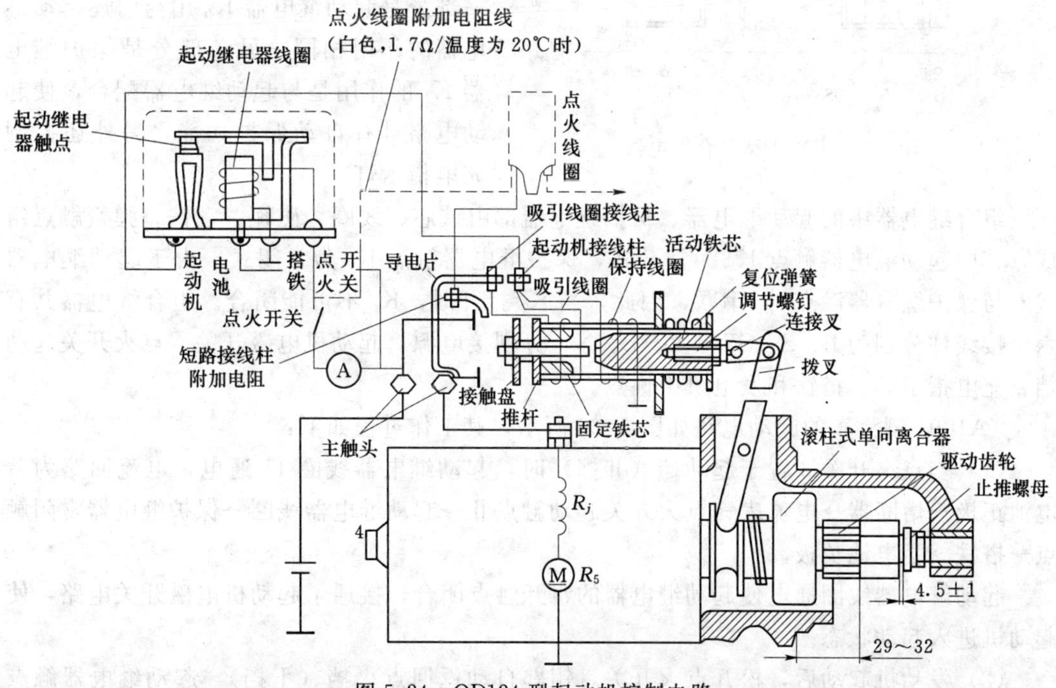

图 5.24 QD124 型起动机控制电路

如图 5.24 所示，QD124 型起动机控制电路工作过程如下：

控制回路：蓄电池正极→主触头→电流表→点火开关→起动继电器线圈→搭铁→蓄电池负极。

电磁开关回路：蓄电池正极→主触头→继电器磁轭→继电器触点→起动机接线柱→保持线圈→搭铁→蓄电池负极→吸拉线圈接柱→吸拉线圈→导电片→主触头→励磁线圈→电枢→搭铁→蓄电池负极。

主回路：蓄电池正极→主触头→接触盘→主触头→励磁线圈→电枢→搭铁→蓄电池负极。

这三条回路的控制关系是：控制回路控制着开关回路，开关回路又控制着主回路。

发动机起动时，将点火开关开关旋至起动挡位，起动继电器通电后，吸下衔铁使触点闭合，接通了电磁开关回路，起动机投入工作。发动机起动后，松开点火开关，点火开关自动转回到点火工作挡位，起动继电器线圈断电而触点被断开，电磁开关回路也随即断开，起动机停止工作。

利用起动继电器来控制电磁开关回路，能减小通过点火开关起动触点的电流，避免了点火开关的烧蚀，延长了点火开关的使用寿命。

5.5.3 带保护继电器的控制电路

为了防止发动机起动以后起动电路再次接通，一些起动电路中还安装了带有保护功能的组合式继电器，以CA1090型汽车起动系电路为例，介绍其作用和工作过程，如图5.25所示。

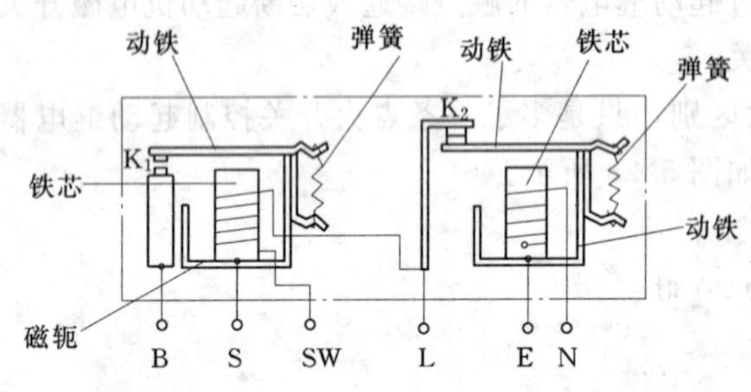

图5.25 JD171型组合继电器

JD171型组合继电器由两部分构成，一部分是起动继电器 K_1 用与前述起动继电器的作用相同；另一部分是保护继电器 K_2 的作用是与起动继电器配合，使起动电路具有自动保护功能，另外还控制充电指示灯。

组合继电器中的起动继电器、保护继电器都由铁芯、线圈、磁轭、动铁。弹簧触点组成，其中起动继电器触点 K_1 为常开式，保护继电器触点 K_2 为常闭式。由于起动继电器线圈与保护继电器触点 K_2 串联，因此，当 K_2 打开时，K_1 不可能闭合。组合继电器共有六个接线柱分别为B、S、SW、L、E、N，分别接电源、起动机电磁开关、点火开关起动挡、充电指示灯、搭铁和发电机中性点。

CA1091型汽车的起动电路如图5.26所示，其工作过程如下：

(1) 当点火开关3置于起动挡（Ⅱ挡）时，起动继电器线圈11通电，电流回路为蓄电池正极→熔断器→电流表→点火开关起动触点Ⅱ→起动继电器线圈→保护继电器常闭触点→搭铁→蓄电池负极。

起动继电器线圈通电使起动继电器的常开触点闭合，接通了起动机电磁开关电路，使起动机进入起动状态。

(2) 发动机起动后，松开点火开关，钥匙自动返回点火挡（Ⅰ挡），起动继电器触点打开，切断了起动机电磁开关电路，电磁开关复位，停止起动机工作。

(3) 发动机起动后，如果点火开关没能及时返回Ⅰ挡，这时组合继电器中保护继电器

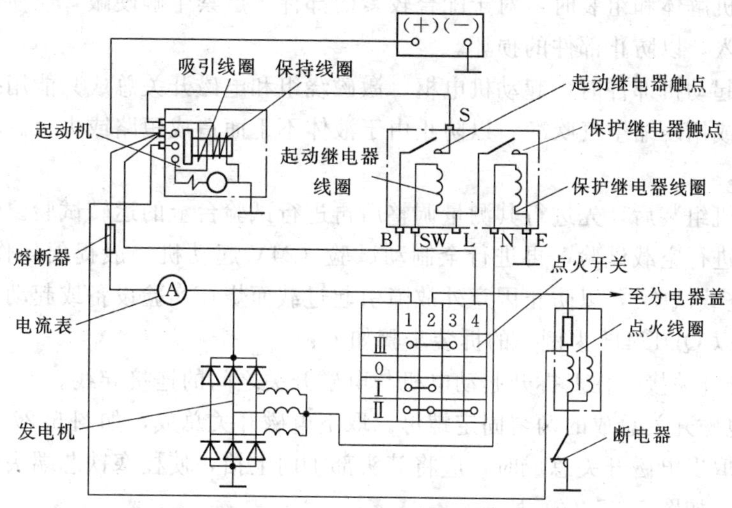

图 5.26 CA1091 型汽车起动系电路图

线圈由于承受交流发电机中性点的电压，使常闭触点断开，自动切断了起动继电器线圈的电路，触点断开，使起动机电磁开关断电，起动机便自动停止工作。发动机起动后，由于触点的断开，也切断了充电指示灯的搭铁电路，充电指示灯也熄灭。

(4) 在发动机运行时，如果误将点火开关置于起动挡，由于在此控制电路中，保护继电器的线圈总加有交流发电机中性点电压，常闭触点处于断开状态，起动继电器线圈不能通电，起动机电磁开关不能动作，避免了发动机在运行中使起动机的驱动齿轮进入与飞轮齿圈的啮合而产生的冲击，起到了保护作用。

有的汽车起动继电器线圈通过防盗系统搭铁，发动机起动时，只有防盗系统发出起动信号后，继电器线圈才能搭铁，如果防盗系统没有收到起动信号，则继电器线圈中无电流，起动机就不能工作，实现了防盗功能。

5.6 起动机的使用与维护

5.6.1 起动机的正确使用

(1) 起动机每次起动时间不超过 5s，再次起动时应间歇 15s，使蓄电池得以恢复。如果连续第三次起动，应在检查与排除故障的基础上停歇 2min 以后进行。

(2) 在冬季或低温情况下起动时，应对蓄电池采取保温措施。

(3) 发动机起动后，必须立即切断起动机控制电路，使起动机停止工作。

5.6.2 起动机的拆装

起动机拆装过程中应注意以下事项：

(1) 从车上拆卸起动机前，应先关闭点火开关后，将蓄电池的搭铁线拆除，再拆除电磁开关上的蓄电池正极线，尤其是电脑控制发动机的车辆更要注意这一点。

(2) 在安装起动机时，则应先连接电磁开关上的蓄电池正极线，再接上蓄电池的正极线、负极线。接蓄电池正、负极线之前要确保点火开关处在关闭状态，这是保护车上电子装置的必要措施。

(3) 起动机解体和组装时，对于配合较紧的部件，严禁生砸硬敲，应使用拉、压工具进行分离与装入，以防止部件的损坏。

(4) 清洗起动机部件时，起动机电枢、激磁绕组和电磁开关总成只能用拧干汽油的棉纱进行擦拭，或用压缩空气吹净，以防止由于液体不干而造成短路或失火。其他部件均可用液体清洗剂。

(5) 起动机组装后，先进行其测量调整后再进行试验台上的运转试验。作起动机运转试验时，要先进行空载试验，再进行全制动试验（24V 起动机一般提倡先作 12V 空载试验，再作 24 空载试验），以防止因意外故障引起过载而烧坏实验设备或起动机本身。

起动机（以 QD124H 为例）的拆装步骤如下：

1) 从电磁开关接线柱上拆开起动电机与电磁开关之间的连接导线。

2) 松开电磁开关总成的两个固定螺母。取下电磁开关总成，如图 5.27 (*a*) 所示。

注意：在取出电磁开关总成时，应将其头部①向上抬，使柱塞铁芯端头的扁方②与拨杆脱开后取出，如图 5.27 (*b*) 所示。

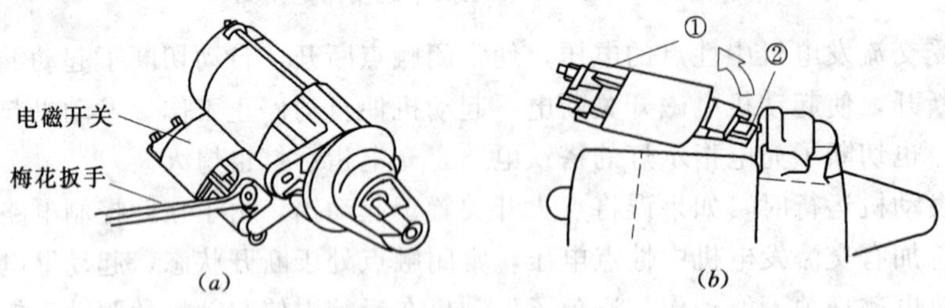

图 5.27 电磁开关拆卸

(*a*) 松开电磁开关固定螺母；(*b*) 取出电磁开关总成

3) 拆下换向器的两个螺栓，取下换向端盖，如图 5.28 所示。

4) 拆下电刷架及定子总成，如图 5.29 所示。

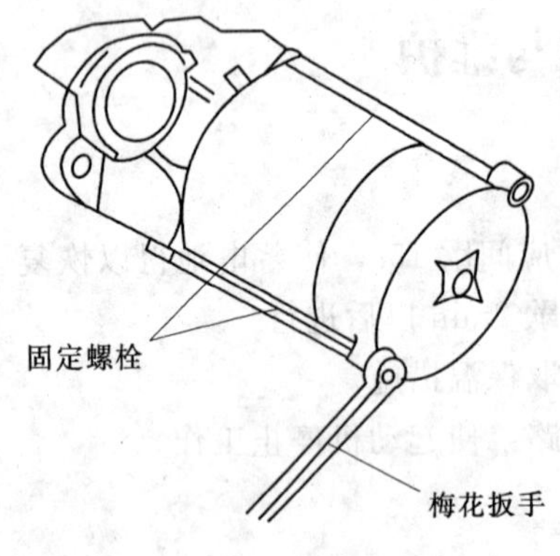

图 5.28 拆换向端盖

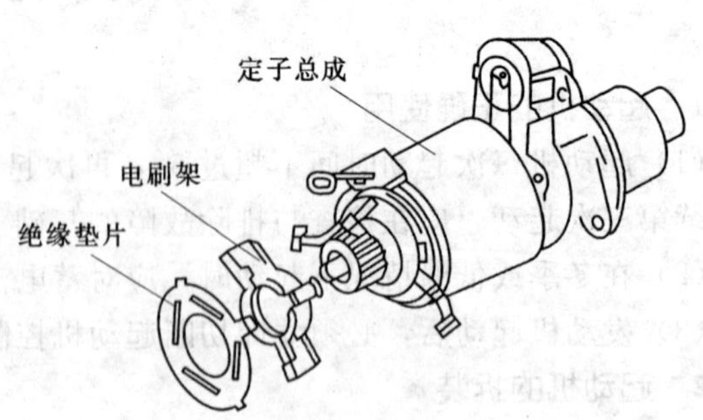

图 5.29 拆电刷架及定子总成

5) 将起动机电枢总成及小齿轮拨杆一起从起动机机壳上拉出来，如图 5.30 所示。

6) 从电枢轴上拆下电枢止推挡圈的右半环、卡环、电枢止推挡圈左半环，拆下超速离合器总成，如图 5.31 所示。

起动机的组装程序与分解相反，但要注意：在组装起动机前，应将起动机的轴承和滑动部位涂以润滑脂。

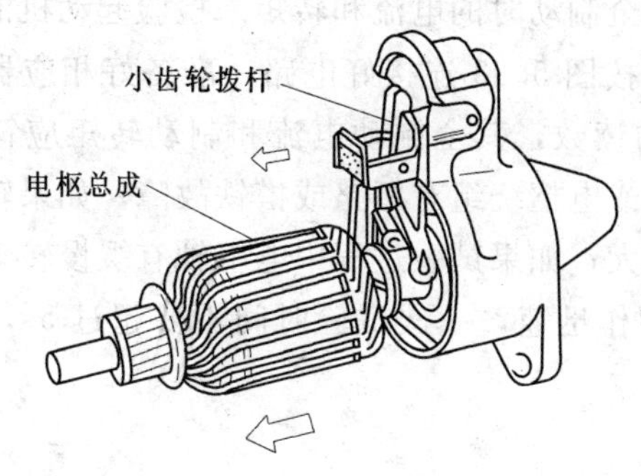

图 5.30 拆电枢总成

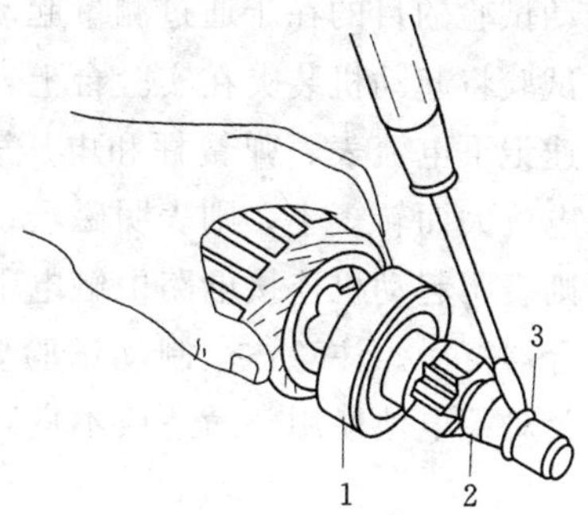

图 5.31 拆离合器总成

1—止推挡圈；2—卡环；3—拨环

5.6.3 起动机的装复

起动机的型式不同，具体装复的步骤不可能完全相同，但基本原则是按分解时的相反步骤进行。

装复的一般步骤是：先将离合器和移动叉装入后端盖内，再装中间轴承支撑板，将电枢轴装入后端盖内，装上电动机外壳和前端盖，并用长螺栓结合紧，然后装电刷和防尘罩，装起动机开关可早可晚。

5.7 起动机的试验

起动机性能是否良好，可通过空载试验和全制动试验来检验。

1. 空载试验

将起动机夹紧在实验台上，如图 5.32 所示接通起动机电路。闭合控制开关，起动机应运转均匀、电刷无火花。其电流表、电压表和转速表上的读数应符合规定值。如果电流大于标准值而转速低于标准值，则可能故障有：起动机装配过紧，电枢绕组、磁场绕组有匝间短路或搭铁故障。如果电流和转速都低于标准值，则可能故障是起动机内部电路有接触不良之处。空载实验时应注意：每次空载试验不应超过 1min，以免起动机过热。

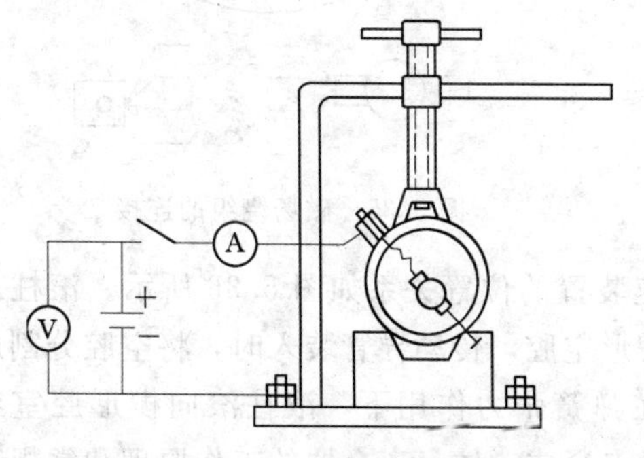

图 5.32 起动机空载试验接线图

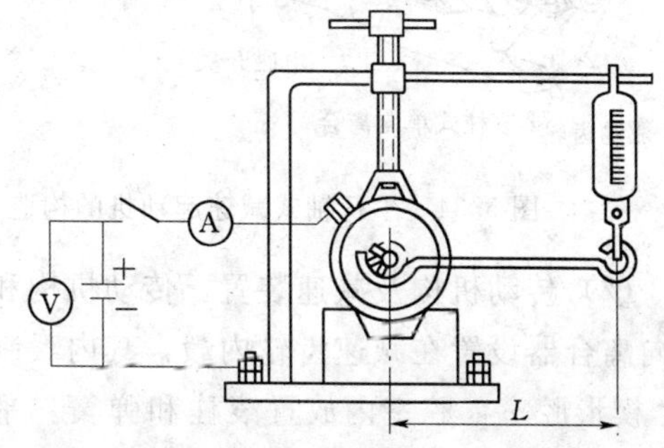

图 5.33 起动机全制动试验接线图

2. 全制动试验

全制动试验的目的在于通过测量起动机全制动时的电流和转矩来检验起动机的性能是否良好。试验将起动机装夹在实验台上，并按图 5.33 连接好电路，准备好相应器材。通电后，迅速记下电流表、弹簧秤和电压表的读数，其全制动电流和制动转矩应符合标准值。如果电流大而转矩小，则表明磁场绕组或电枢绕组有短路或搭铁故障；如果转矩和电流都小，则表明起动机连接电路中触电阻过大；如果试验过程中电枢轴有缓慢转动，则说明单向离合器打滑。注意：全制动试验要动作迅速，一次试验时间不要超过 5s，以免烧坏电动机及对蓄电池使用寿命造成不良影响。

5.8 减速起动机

减速起动机与常规起动机的主要区别是：在传动机构和电枢轴之间安装了一套齿轮减速装置，通过减速装置把力矩传递给单向离合器，可以降低电动机的速度增大输出力矩，减小起动机的体积和质量。齿轮减速装置主要有平行轴外啮合减速齿轮装置和行星齿轮减速装置两种形式。

5.8.1 平行轴式减速起动机

结构：如图 5.34 所示，主要包括电动机、平行轴减速装置、传动机构和控制装置。

(1) 电动机。该电动机 4 个磁场绕组相互并联后再与电枢绕组串联，仍为串励式电动机，如图 5.35 所示。基本不见与常规起动机相似。

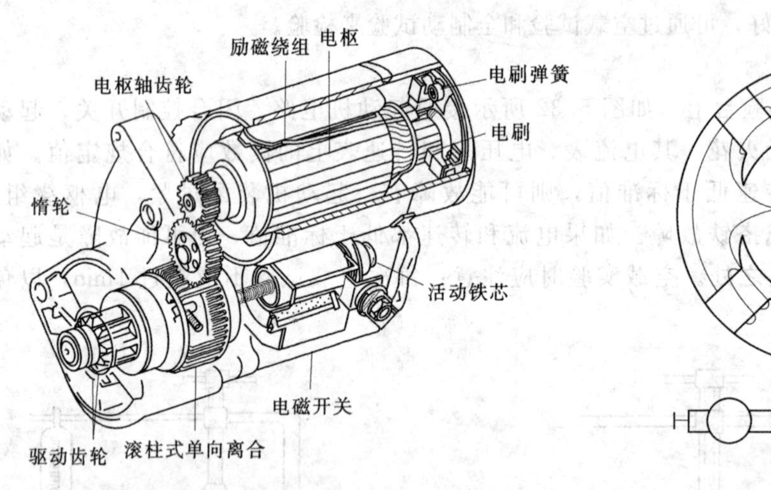

图 5.34 平行轴式减速起动机的构造

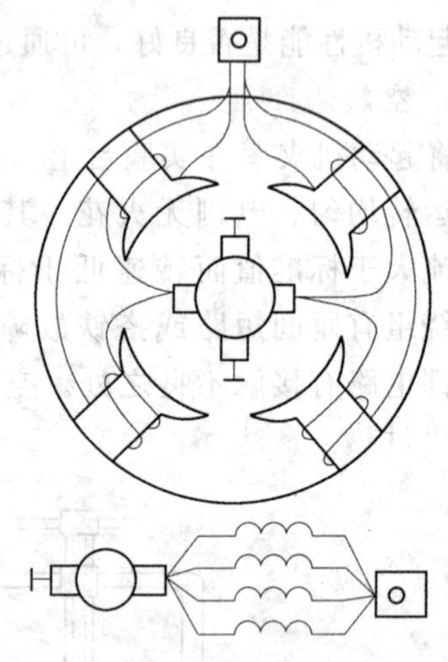

图 5.35 磁场绕组的连接

(2) 传动机构及减速装置。传动机构和减速装置的位置关系如图 5.36 所示。滚柱式单向离合器设置在减速齿轮内毂，其内毂制成楔形空腔，传动导管装入时，将空腔分割成 5 个楔形腔室，腔室内放置滚柱和弹簧。平时在弹簧张力作用下，滚柱滚向楔形腔室窄端，传递动力时，由滚柱将传动导管和减速齿轮卡紧成一体。离合器的工作原理和常规起动机中的滚柱式单向离合器工作原理相同。

齿轮装置采用平行轴外啮合减速齿轮装置，该装置中设有三个齿轮，即电枢轴齿轮，惰轮（中间齿轮）及减速齿轮。与常规起动机相比，该减速装置传动比较大，输出力矩也较大。

(3) 控制装置及工作过程。下面以丰田花冠轿车中平行轴式减速起动机为例，结合电路图分析控制装置的工作原理。如图 5.37 所示，控制装置的结构与传统式电磁控制装置大致相同，不同之处在于活动铁芯的左端固装的挺杆，经钢球推动驱动齿轮轴，引铁右端绝缘地固装着接触片。起动机不工作时，触盘与触点分开，驱动齿轮与飞轮分离。

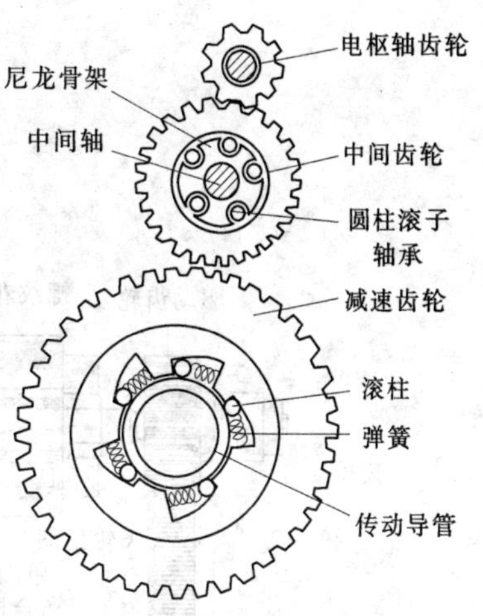

图 5.36 减速齿轮啮合关系和单向离合器

其工作过程如下：接通起动开关，吸引线圈和保持线圈通电，此时的电流流向为：蓄电池→点火开关→端子 50→保持线圈→搭铁，蓄电池→点火开关→端子 50→吸引线圈→端子 C→励磁线圈→电枢绕组→搭铁，此时电动机低速运转。如图 5.38 所示。

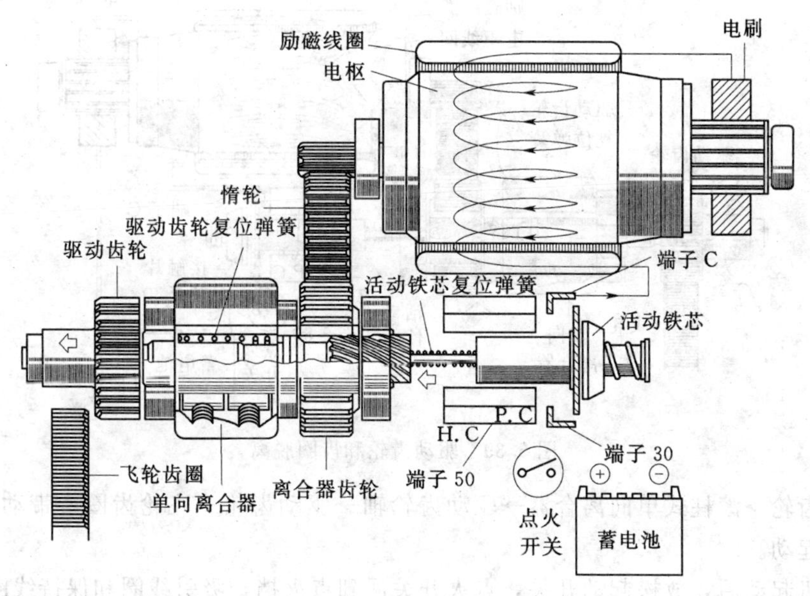

图 5.37 平行轴式减速起动机结构及电路图

H. C—保持线圈；P. C—吸引线圈

如图 5.39 所示，吸引线圈和保持线圈的电磁力吸引活动铁芯左移，推动驱动齿轮轴，迫使驱动齿轮与飞轮啮合，这种动作过程称为直动齿轮式。

驱动齿轮与飞轮齿圈进入啮合后，接触片和触点接触，此时电流的方向为：蓄电池→点火开关→端子 50→保持线圈→搭铁，这样保持线圈产生的磁场使活动铁芯保持在原位。同时，电流还流经磁场线圈，电路为：蓄电池→端子 30→接触片→端子 C→励磁线圈→电枢绕组→搭铁。这样电枢电路接通并开始旋转。电枢轴产生的力矩经电枢轴齿轮→惰

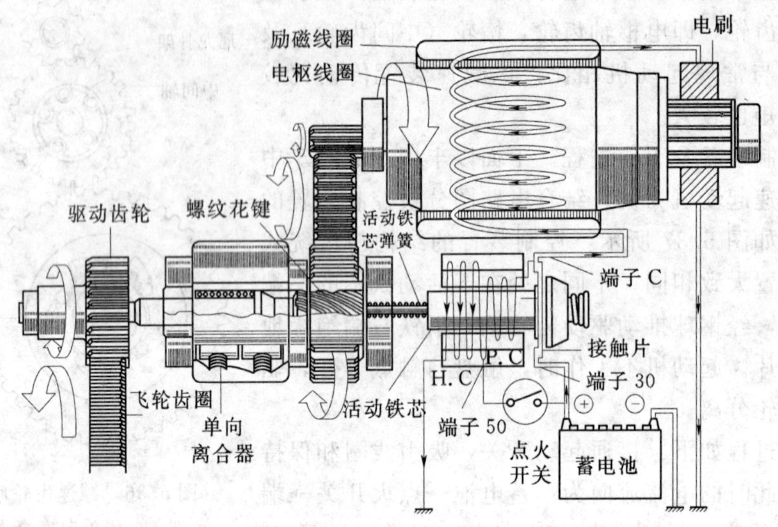

图 5.38 驱动齿轮和齿圈啮合过程

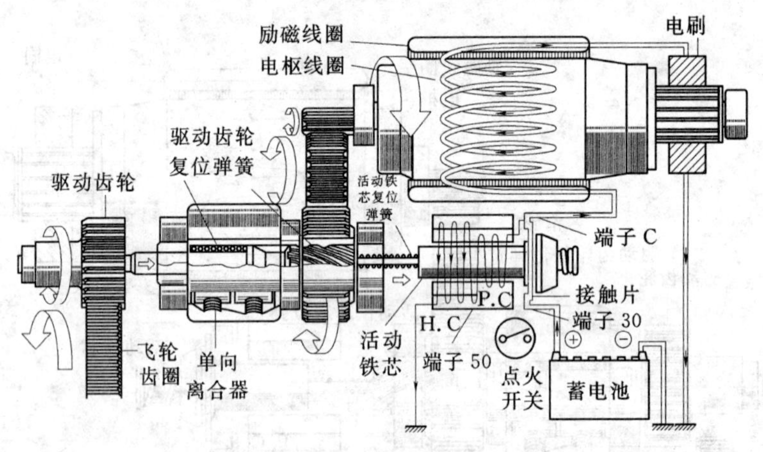

图 5.39 驱动齿轮和齿圈脱离

轮→减速齿轮→滚柱式单向离合器→驱动齿轮轴→驱动齿轮→飞轮齿圈，带动曲轴旋转，使发动机起动。

发动机起动后，放松起动开关，点火开关回到点火挡，吸引线圈和保持线圈断电，引铁在复位弹簧张力作用下回位，接触片与触点分离，电枢停止转动。同时，驱动齿轮轴在复位弹簧作用下回位，拖动驱动齿轮与飞轮分离，恢复到初始状态。

5.8.2 行星齿轮式减速起动机

行星齿轮式减速起动机的结构如图 5.40 所示。

(1) 电动机。该电动机的结构有两类：一类与常规起动机类似，采用励磁线圈产生磁场；另一类采用永久磁铁磁场代替励磁绕组，减小了起动机的体积，提高了起动性能。

(2) 传动机构及减速齿轮装置。该起动机的传动机构采用滚柱式单向离合器，用拨叉

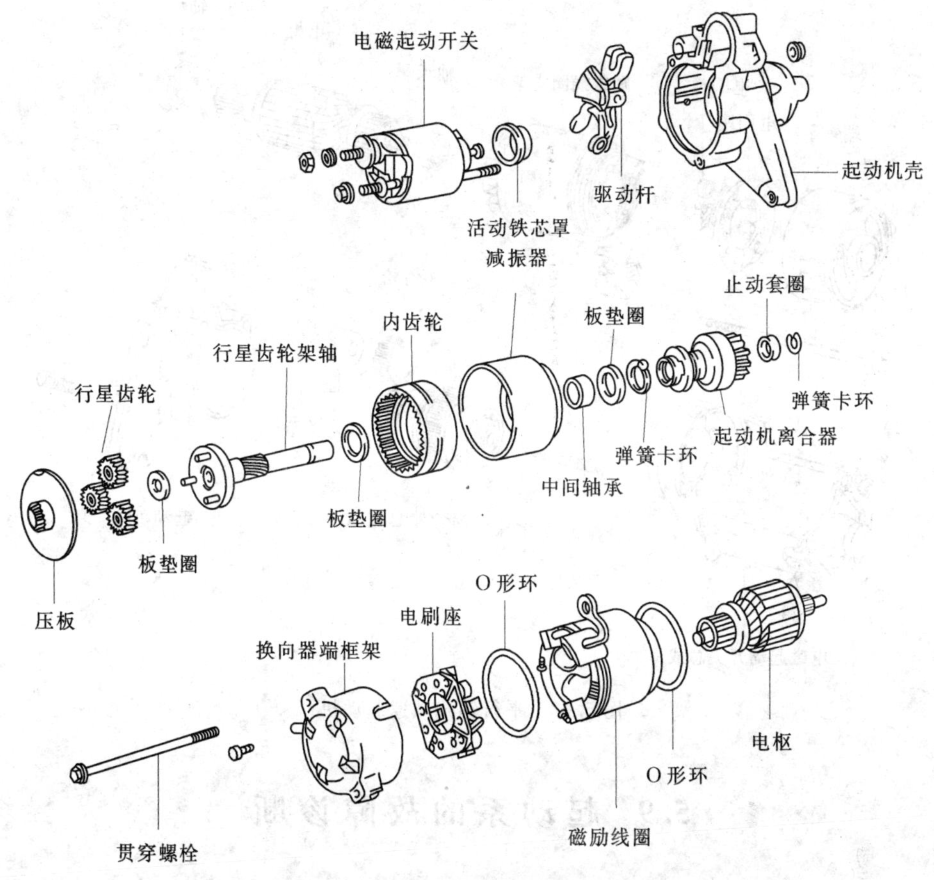

图 5.40 行星齿轮式减速起动机

拨动驱动齿轮使之移动。其结构和工作过程和传统式起动机类似。

行星齿轮减速装置中设有 3 个行星轮，一个太阳轮（电枢轴齿轮）及一个固定的内齿圈，其结构如图 5.41 所示。

内齿圈固定不动，行星齿轮支架是一个具有一定厚度的圆盘，圆盘和驱动齿轮轴制成一体。3 个行星齿轮连同齿轮轴一起压装在圆盘上，行星齿轮在轴上可以边自转边公转。驱动齿轮轴一端制有螺旋键齿，与离合器传动导管内的螺旋键槽配合。

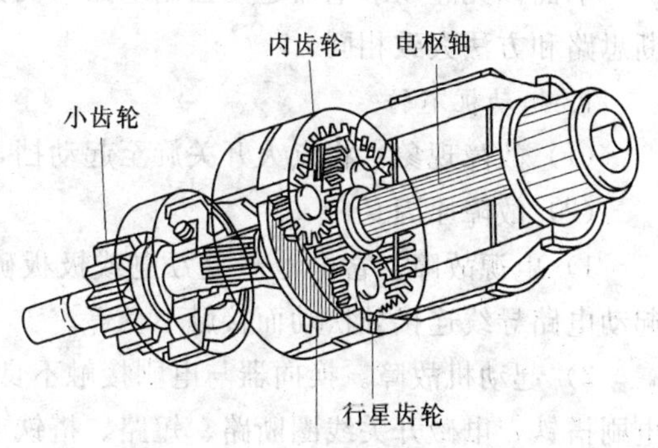

图 5.41 行星齿轮减速装置结构

为了防止起动机中过大的扭力对齿轮造成损坏，弹簧垫圈把离合器片压紧在内齿轮上，当内齿圈受到过大的扭力时，离合器片和弹簧垫圈可以吸收过大的扭力。

5.8.3 减速起动机的拆装与维护

平行轴式减速起动机的分解过程参考图 5.42 所示。

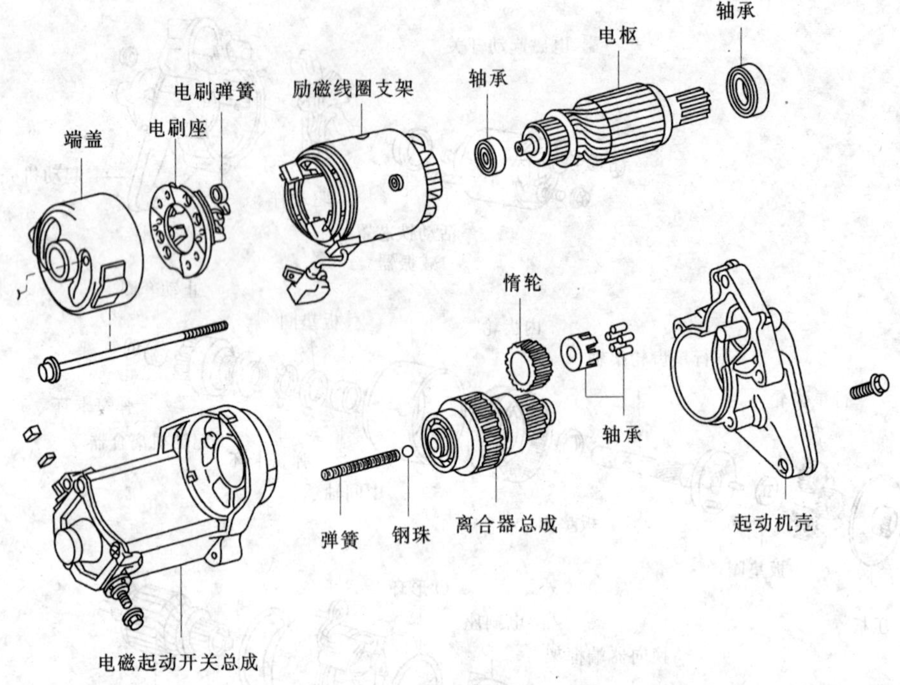

图 5.42　平行轴式减速起动机

5.9　起动系的故障诊断

起动系统的常见故障包括：起动机不转、起动机转动无力、起动机空转和起动机运转不停等。

下面以无起动继电器起动控制电路为例分析起动系的故障，其他汽车起动系故障的诊断思路和方法大致相同。

1. 起动机不转

(1) 故障现象。将点火开关旋至起动挡，起动机驱动齿轮不向外伸出，起动机不转。

(2) 故障原因。

1) 电源故障。蓄电池严重亏电或极板硫化、短路等，蓄电池极桩与线夹接触不良，起动电路导线连接处松动而接触不良等。

2) 起动机故障。换向器与电刷接触不良，激磁绕组或电枢绕组有断路或短路，绝缘电刷搭铁，电磁开关线圈断路、短路、搭铁或其触点烧蚀等。

3) 点火开关故障。点火开关接线松动或内部接触不良。

4) 起动系线路故障。起动线路中有断路、导线接触不良或松脱等。

(3) 诊断思路。起动机不转故障诊断思路流程如图 5.43 所示。

2. 起动机转动无力

(1) 故障现象。将点火开关旋至起动挡，起动齿轮发出“咔哒”声向外移出，但是起动机不转动或转动缓慢无力。

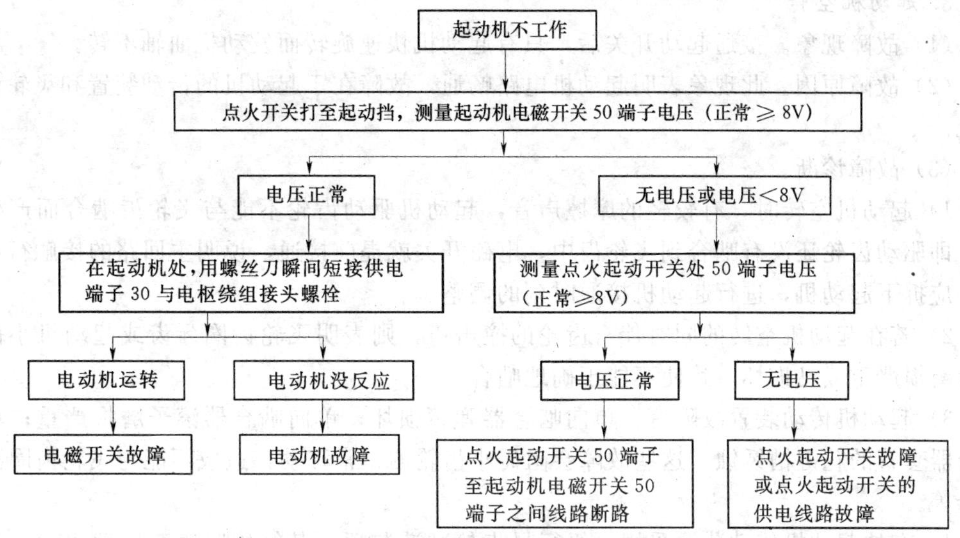

图 5.43 起动机不转故障诊断思路流程图

（2）故障原因。

1）电源故障。蓄电池亏电或极板硫化短路，起动电源导线连接处接触不良等。

2）起动机故障。换向器与电刷接触不良，电磁开关接触盘和触点接触不良，电动机激磁绕组或电枢绕组有局部短路等。

（3）诊断思路。起动机运转无力故障诊断流程如图 5.44 所示。

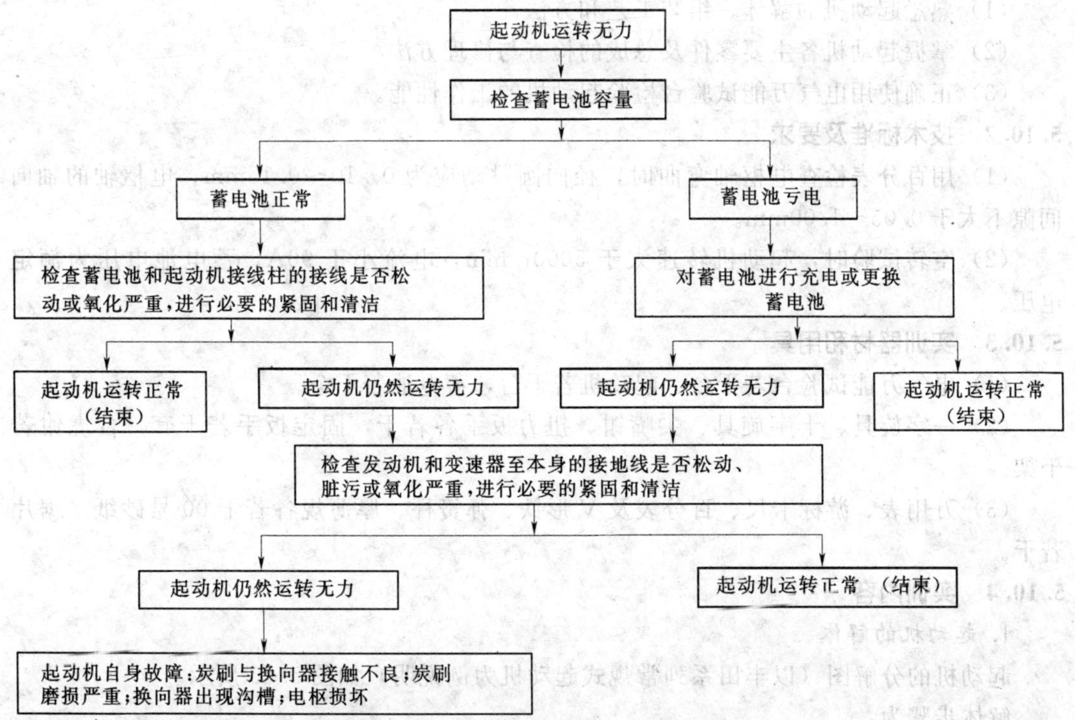

图 5.44 起动机运转无力故障诊断流程图

3. 起动机空转

(1) 故障现象。接通起动开关后，只有起动机快速旋转而发动机曲轴不转。

(2) 故障原因。此现象表明起动机电路畅通，故障在于起动机的传动装置和飞轮齿圈等处。

(3) 故障诊断。

1) 起动机空转时，有较轻的摩擦声音，起动机驱动齿轮不能与飞轮齿啮合而产生空转，即驱动齿轮还没有啮合到飞轮齿中，电磁开关就提前接通，说明主回路的接触行程过短，应拆下起动机，进行起动机接通时刻的调整。

2) 若在起动机空转的同时伴有齿轮的撞击声，则表明飞轮齿圈牙齿或起动机小齿轮牙齿磨损严重或已损坏，致使不能正确地啮合。

3) 起动机传动装置故障有：单向啮合器弹簧损坏；单向啮合器滚子磨损严重；单向啮合器套管的花键槽锈蚀，这些故障会阻碍小齿轮的正常移动，造成不能与飞轮齿圈准确啮合等。

4) 有的起动机传动装置采用一级行星齿轮减速装置，其结构紧凑，传动比大，效率高。但使用中常会出现载荷过大而烧毁卡死。有的采用摩擦片式离合器，若压紧弹簧损坏，花键锈蚀卡滞和摩擦离合器打滑，也会造成起动机空转。

5.10 实训项目1 起动机的检修与试验

5.10.1 实训目的

(1) 熟悉起动机的解体、组装工艺和方法。

(2) 掌握起动机各主要零件及总成的检查与修理方法。

(3) 正确使用电气万能试验台检验起动机的工作性能。

5.10.2 技术标准及要求

(1) 用百分表检查电枢轴弯曲时，径向圆跳动应为0 .10～0.15mm，电枢轴的轴向间隙不太于0.05～1.00mm。

(2) 空转试验时，起动机转速太于5000r/min，电流小于90A，蓄电池电压为额定电压。

5.10.3 实训器材和用具

(1) 电气万能试验台若干台、起动机若干台，蓄电池若干个。

(2) 一字旋具、十字旋具、尖嘴钳、扭力扳手各若干，固定扳手若干套，台虎钳若干架。

(3) 万用表、游标卡尺、百分表及V形铁、弹簧秤、厚薄规各若干00号砂纸、锯片若干。

5.10.4 实训内容

1. 起动机的解体

起动机的分解图（以丰田系列常规式起动机为例说明）如图5.45所示。

解体步骤为：

(1) 从电磁开关处断开引线。

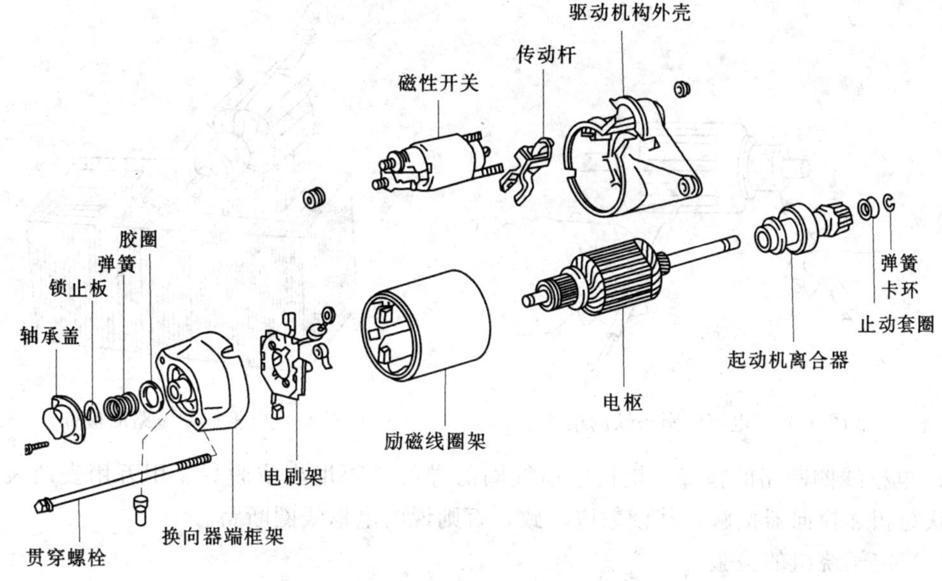

图 5.45 起动机分解图

(2) 拧出将电磁开关固定在驱动机构外壳上的两个螺母，将电磁开关取下。

(3) 拧出后轴承盖的两个螺钉，将轴承盖取下。

(4) 用一字旋具将锁止板撬开，取出弹簧和胶圈。

(5) 拧出两个贯穿螺栓，将换向器端框架拆下。

(6) 用铁丝钩将四个电刷取出，同时电刷架也拆下。

(7) 将励磁线圈架和电枢等一并取下。

(8) 用一字旋具轻轻敲人前端止动圈套，撬出弹簧卡环，从电枢轴上拆下止动圈套和单向离合器。解体后，清洗擦拭各零件。金属零件用煤油或汽油，绝缘零件用浸了汽油的布擦拭。

2. 起动机各主要零件的检修

(1) 转子总成的检修。

1) 电枢轴。用游标卡尺检测轴颈外径与衬套内径，配合间隙应为 0.035～0.077mm，极限值不超过 0.15mm，间隙过大应更换衬套并重新铰配。电枢轴弯曲可用百分表检测，其径向圆跳动应不大于 0.10～0.15mm，否则应予以校正。

2) 换向器。检查换向器表面有无烧蚀和失圆。轻微烧蚀用 00 号砂纸打磨，严重时应车削，换向器与电枢轴的同轴度不大于 0.03mm，否则在车床上修整。换向器直径不小于标准值 1.10mm，换向片高出云母片 0.40～0.80mm。

3) 电枢。

a. 电枢线圈搭铁的检查。用万用表检查时，其表针分别搭在换向器和铁芯（或电枢轴）上，阻值应为无穷大，若阻值为零，则为搭铁，如图 5.46 所示。

b. 电枢线圈短路的检查。把电枢放在万能试验台检验器上，接通电源，将锯片放在检验器上并转动电枢。锯片不振动表明电枢线圈无短路，否则为电枢线圈短路，应予以修理或更换，如图 5.47 所示。

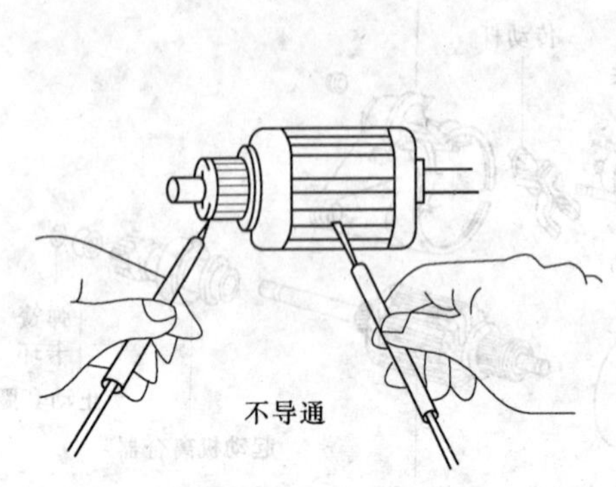

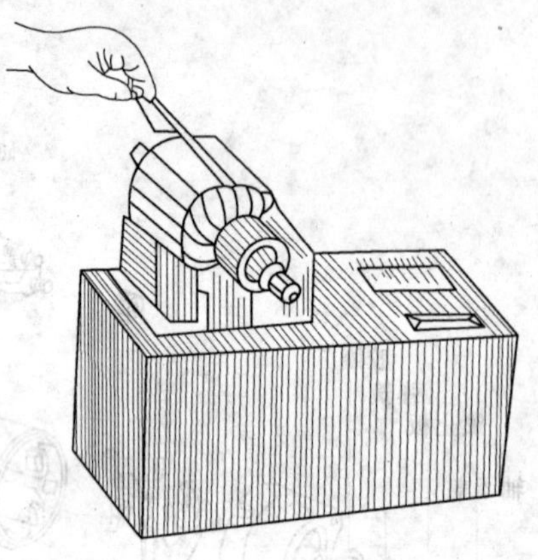

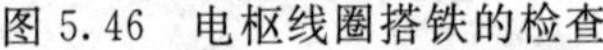

图 5.46 电枢线圈搭铁的检查

图 5.47 电枢线圈短路的检查

c. 电枢线圈断路的检查。检视电枢线圈的导线是否甩出或脱焊。用万用表两表针分别依次与相邻换向器接触，其读数应一致，否则说明电枢线圈断路。

(2) 定子绕组的检验。

1) 励磁线圈搭铁的检验。用万用表的两表针分别接励磁线圈接线柱和外壳，若阻值为无穷大，则正常；若阻值为零，则为搭铁故障，如图 5.48 所示。

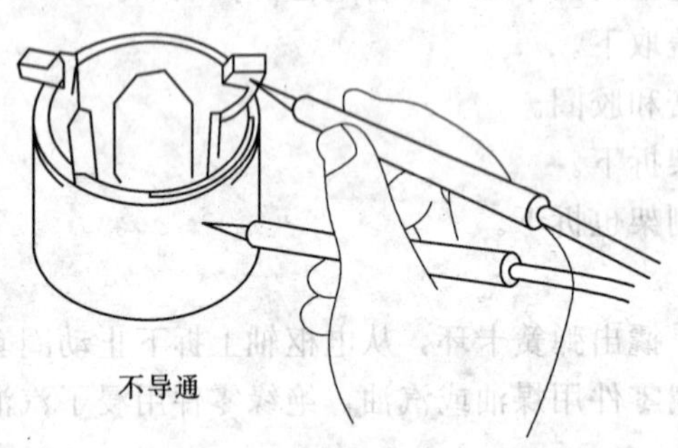

图 5.48 励磁线圈搭铁的检查

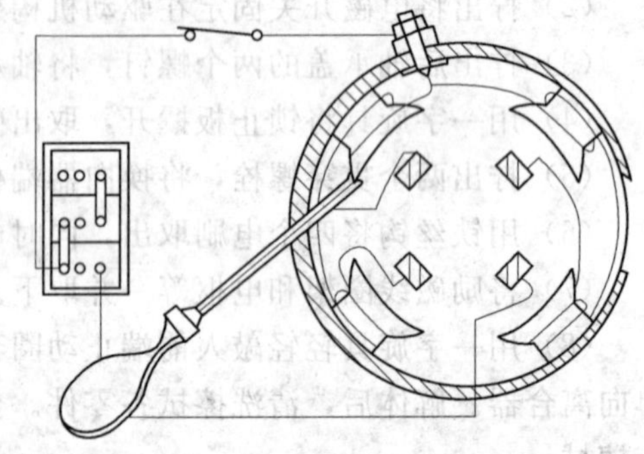

图 5.49 励磁线圈短、断路的检查

2) 用 12V 蓄电池检查定子绕组短、断路。蓄电池正极接起动机接线柱，负极接正电刷，将旋具放在每个磁极上迅速检查磁极对旋具的吸力，吸力应相同。磁极吸力弱的为匝间短路，各磁极均无吸力为断路。将万用表置于导通挡，测接线柱与正电刷的导通情况。如不导通，也为断路，如图 5.49 所示。

(3) 电刷总成的检修。

1) 电刷高度的检查。电刷磨损后的高度不应小于电刷原高度的一半，一般不小于 10mm，电刷在架内活动自如，无卡滞，电刷与换向器的接触面不低于 80%。

2) 电刷架的检查。用万用表的导通挡位测两绝缘电刷架与电刷架座盖，阻值应为无穷大，否则说明绝缘体损坏；相同方法测两搭铁电刷架与电刷架座盖，阻值应为零，否则说明电刷架松动搭铁不良。

3) 电刷弹簧的检查。用弹簧秤检查弹簧的弹力，应为 11.76～14.7N，如过弱应更换。

(4) 单向离合器的检查。按顺时针转动驱动齿轮，应自由转动；逆时针转动时应该被锁住。

(5) 磁开关的检查（用万用表的低电阻挡位测量)。将两表针分别接于励磁线圈接线柱和电磁开关外壳，若有电阻，说明保持线圈良好；若电阻为零，则为短路；若电阻无穷大，则为断路，如图5.50所示。

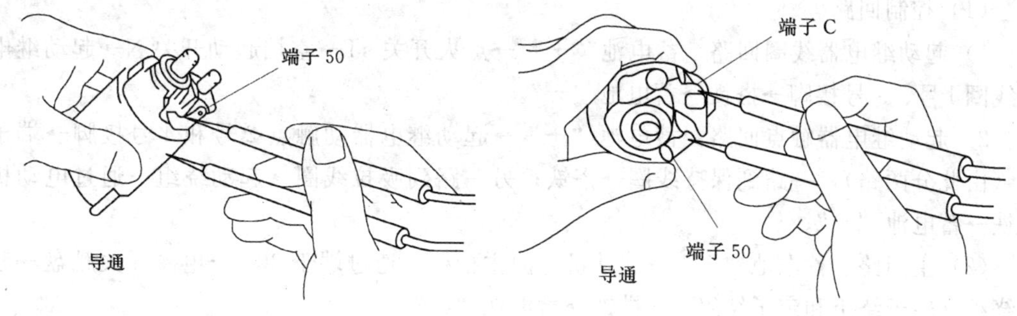

图5.50 保持线圈的检查

图5.51 吸拉线圈的检查

1) 两表针分别接于励磁线圈接线柱和起动机接线柱，如图5.51所示。若有电阻，说明吸拉线圈良好；若电阻为零，则为短路；若电阻无穷大，则为断路。

2) 用手将接触盘铁芯压住，让电磁开关上的电源接线柱与起动机接线柱连通，测量两接线柱间的电阻应为零，否则为接触不良。

(6) 起动机的装复。按分解的反顺序装复起动机各零件。装复后应转动灵活，电枢轴的轴向间隙应为0.05～1.00mm。

3. 使用电气万能试验台检验起动机的工作性能

(1) 空载试验。将起动机夹在夹具上，接好试验线路，接通起动机电路，起动机应运转均匀，无碰擦声，且电刷下无强烈火花产生。此时电流表、电压表、转速表的读数应符合规定。正常情况下起动机转速大于5000r/min，电流小于90A，蓄电池电压为额定电压。若电流高而转速低，说明起动机装配过紧或电枢励磁绕组有短路或搭铁故障；若电流和转速都小，说明电路中接触电阻过大，有接触不良之处。

(2) 全制动试验（扭矩试验)。将起动机夹紧在万能试验台上，使制动力矩杠杆（扭力杠杆）的一端夹住起动机驱动齿轮，另一端挂在弹簧秤上，接通起动机电路（注意：小于5s)，观察单向离合器是否打滑并迅速记录下电流表、电压表和弹簧秤读数，然后与原技术标准对照。若扭矩小而电流大，说明电枢和励磁绕组中有搭铁短路故障；若扭矩和电流都小，则说明电路中有接触不良之处；若驱动齿轮不转而电枢轴有缓慢转动，则说明单向离合器打滑。

5.11 实训项目2 起动系电路检测

5.11.1 实训目的

(1) 熟悉起动系统的线路连接及电流走向并正确分析。

(2) 掌握起动系统线路的检测方法和步骤。

5.11.2 仪器与工具

(1) 起动性能良好的丰田系列发动机试验台架若干台或丰田汽车若干辆。

（2）常用工具若干套，万用表若干个，导线、试灯若干。

5.11.3 实训内容

1. 起动系线路连接（以带继电器的起动回路为例说明）

（1）控制回路。

1）起动继电器线圈回路。蓄电池“+”→点火开关sT→空挡起动开关N→起动继电器线圈1号、3号接脚→搭铁→蓄电池“-”。

2）起动继电器触点回路。蓄电池“+”→起动继电器动触点2号和4号接脚→端子50（由此分两路），一路到保持线圈→搭铁；另一路到吸拉线圈→起动绕组→通过电动机搭铁→蓄电池“-”。

（2）主回路。蓄电池“+”→起动机电源主接柱（通过端于30）→电磁开关触盘→起动绕组（转子绕组和定子绕组）→搭铁→蓄电池“-”。

2. 起动系线路分析

（1）控制回路的分析。

1）打开点火开关进行起动时，电源由蓄电池提供，经点火开关的起动挡（ST）起动开关N（为了安全起动，必须将挡位置于N位置才能发车），将电源送入起动继电器线圈；起动继电器触点在线圈磁场的作用下闭合。

2）电源经起动继电器触点和端子50进入电磁开关的保持线圈和吸拉线圈。此时电磁开关在两组线圈的作用下，使触盘将起动机两主接线柱接通，同时驱动齿被推出与发动飞轮相啮合（注意：在两主接线柱接通之前，由于吸拉线圈是通过起动绕组搭铁的，所以会使起动机缓慢旋转，以便使驱动齿与飞轮很好地啮合）。

（2）主回路的分析。由于起动机两主接线柱被触盘接通，起动大电流通过蓄电池以及端子30送入起动绕组（转子绕组和定于绕组）；起动机迅速转动并带动发动机着车。

（3）起动机的回位。发动机起动后迅速放开点火开关。在回位弹簧的作用下点火开关将起动继电器线圈的电源切断，同时端子50由于起动继电器触点的断开，而停止向保持线圈和吸拉线圈供电；但由于两主接线柱还处于接通的状态，使保持线圈和吸拉线圈的电流流向相反，相互抵消磁场；此时触盘在回位弹簧的作用下将两主接线柱分离，起动机停止工作。

3. 起动系线路的检测

检测时使用万用表，采用逐点搭铁检测法可确诊断路部位，采用依次拆断检测法可确诊短路搭铁部位。检测程序可从前向后，也可从后向前，或从中间向两边依次选择各个节点进行，主要分两个线路的检测：一是起动控制线路，主要检测线路的通断情况；二是起动机供电线路，重点检测线路各节点的电压降情况，各节点连接处的电压降不得大于0.2V。

5.12 实训项目3 起动系故障检测

5.12.1 实训目的

（1）了解起动机不工作相应的故障部位。

（2）掌握起动机的结构和工作原理。

（3）熟练排除起动机不工作的故障。

5.12.2 仪器与工具

轿车一辆；汽车电器万能试验台；万用表一个；常用工具一套。

5.12.3 实训内容

（1）起动发动机的同时，接通前大灯或喇叭，观察灯光亮度和喇叭声响是否正常，如变弱，则检查蓄电池是否亏电和线路连接是否松动。

（2）短接起动机电磁开关与蓄电池正极接柱，观察起动机运转情况，如运转正常，则检查点火开关。

（3）短接起动机开关接柱，观察起动机运转情况，如运转正常，则检查起动机电磁开关。

（4）从车上拆下起动机，然后拆下起动机电刷，检查起动机电刷和换向器表面状况，换向器表面应无烧蚀现象，电刷在电刷架内应活动自如，无卡滞现象，电刷与换向器的接触面积不应小于 4/5，电刷长度不应小于新电刷的 2/3。

（5）以上检测都正常，若起动机不转，则故障为励磁线圈断路。

（6）若起动机转动无力，则故障为励磁线圈短路。

（7）若外部电路接触火花很大，则故障为励磁线圈或电刷架搭铁。

（8）若有运转不均匀的现象，则故障为励磁线圈和电枢线圈短路。

（9）若输出扭矩小，则故障还可能为电刷接地不良。

（10）确认并排除故障后，将起动机装回发动机。

（11）再次起动发动机，发动机能正常起动，确认系统正常无故障。

本 章 小 结

1. 起动机由串励直流电动机、传动机构和操纵机构三部分组成。

2. 起动机按操纵机构可分为直接操纵式和电磁操纵式。

3. 串励直流电动机由电枢、磁极、换向器等主要部件构成，

4. 串励直流电动机的特点是起动转矩大，具有软机械特性。

5. 起动机由于其轻载或空载时转速很高，容易造成“飞散”事故，对于功率较大的串励直流电动机，不允许在轻载或空载下长时间运行。

6. 电枢电流接近制动电流的一半时，电动机输出功率最大。最大功率作为额定功率。

7. 起动机的传动机构由单向离合器和减速机构组成。单向离合器具有防止起动机被飞轮反拖的作用，可分为滚柱式、摩擦片式、弹簧式几种。

8. 起动机的电路可归纳为三条回路，即主回路、开关回路、控制回路。其控制关系为：控制回路控制开关回路，开关回路控制主回路。

9. 发动机起动后，必须立即切断起动机控制回路，使起动机停止工作。

10. 起动机性能可通过空载试验和全制动试验来检验，也是故障诊断的基本方法。

11. 起动系常见的故障有起动机不运转、运转无力、起动异响等故障。

单 元 习 题

一、填空题

1. 现代汽车普遍采用的起动方式是__________，它具有__________、__________，

又具有______起动能力。

2. 按操纵机构的不同，起动机可分为______操纵式和电磁操纵式两类，电磁操纵式具有可以实现__________、________等优点。

3. 起动机电枢用来产生________，它由________、________、__________及电枢轴等组成。

4. 起动机用电枢绕组与磁场绕组为______联接，起动机工作时各磁极形成的磁场按N、S极______排列。

5. 起动机空载时的输出功率为____，全制动时的输出功率为____，当电流约为______的一半时，输出最大功率。

6. 摩擦片式离合器的优点是能__________，并能在超载时__________，但也存在摩擦片容易等问题，使用中需经常______、______。

7. 当起动机电磁开关两线圈通电产生同向磁场时，被动铁芯被______，一方面活动铁芯拉动______，使齿轮__________，另一方面它推动______，使起动机主电路______，起动机投入工作。

8. CA1091型汽车的组合继电器由两部分构成，一部分是起动继电器，其触点______，另一部分是________，其触点______。它们都由______、______、磁轭、____、弹簧及__________构成。

9. CA1091型汽车当发电机中性点电压达到________时，保护继电器触点______，充电指示灯______，起动继电器触点处于______状态，起动机________投入工作。

10. 起动机通常进行______和______试验来检验其检修质量。

二、单项选择题

1. 汽车发动机在起动时，曲轴的最初转动是（　　）。

A. 由于有一个外力转动了发动机飞轮而引起的

B. 借助于气缸内的可燃混合气燃烧和膨胀作功来实现的

C. 借助于活塞与连杆的惯性运动来实现的

D. 由起动电动机通过皮带传动直接带动的

2. 为了获得足够的转矩，通过电枢绕组的电流很大，一般汽油机的起动电流为(　　)。

A. 20～60A　　B. 100～200A　　C. 200～600A　　D. 2000～6000A

3. 起动机在起动瞬间，则（　　）。

A. 转速最大　　B. 转矩最大　　C. 反电动势最大　　D. 功率最大

4. 起动机在全制动时的输出功率（　　）。

A. 最大　　B. 中等　　C. 较大　　D. 为零

5. 在将起动机传动叉压到极限位置时，驱动小齿轮与止推垫圈之间必须保持适当的间隙，这个间隙一般为（　　）。

A. 1.5±1mm　　B. 2.5± 1mm

C. 3.5±1mm　　D. 4.5±1mm

6. 起动机在汽车的起动过程中是（　　）。

A. 先接通起动电源，然后让起动机驱动齿轮与发动机飞轮齿圈正确啮合

B. 先让起动机驱动齿轮与发动机飞轮齿圈正确啮合，然后接通起动电源

C. 在接通起动电源的同时，让起动机驱动齿轮与发动机飞轮齿圈正确啮合

D. 以上都不对

7. 当起动继电器线圈通过电流时，铁芯被磁化而吸闭触点，致使吸引线圈和保持线圈之间的电路被（　　）。

A. 断开　　B. 接通　　C. 隔离　　D. 以上都不对

8. 起动机炭刷的高度如不符合要求，则应予以更换。一般炭刷高度不应低于标准高度的（　　）。

A. 1/2　　B. 2/3　　C. 1/4　　D. 1/5

9. 空载试验的持续时间不能超过（　　）。

A. 5s　　B. 10s　　C. 1min　　D. 5min

10. 全制动试验每次接通电路的时间不能超过（　　）。

A. 5～7s　　B. 10s　　C. 1min　　D. 5min

11. 发动机起动运转无力，其主要原因在（　　）。

A. 蓄电池与起动机　　B. 起动机与点火系

C. 蓄电池与供油系　　D. 蓄电池与点火系

三、判断题（正确的打“√”，错误的打“×”）

1. 直流串激式电动机中“串激”的含义是四个激磁绕组相串联。（　　）

2. 反电动势的大小正比于电枢转速，但对电枢电流没有影响。（　　）

3. 起动机的电磁转矩与电流的平方成反比。（　　）

4. 起动机转速愈高，流过起动机的电流愈大。（　　）

5. 直流串激式电动机在重载时转速低而转矩大的特性，可保证起动安全、可靠。（　　）

6. 对功率较大的起动机可在轻载或空载下运行。（　　）

7. 起动机驱动齿轮与飞轮不啮合并有撞击声，这是起动机开关闭合过晚的缘故（驱动齿轮与飞轮还未啮合），起动机就已转动了。（　　）

8. 驱动小齿轮与止推垫圈之间的间隙大小视不同的起动机型号而稍有出入。（　　）

9. 判断起动机电磁开关中吸拉线圈和保位线圈是否已损坏，应以通电情况下看其能否有力地吸动活动铁芯为准。（　　）

10. 发动机在起动时需要的扭力较大，而起动机所能产生的最大扭力只有它的几分之一，因此，在结构上就采用了通过小齿轮带动大齿轮来增大扭力的方法解决。（　　）

11. 单向滚柱式啮合器的外壳与十字块之间的间隙是宽窄不等的。（　　）

12. 起动机开关断开而停止工作时，继电器的触点张开，保位线圈的电路便改道，经吸拉线圈、电动机开关回到蓄电池的正极。（　　）

四、简答题

1. 起动机由哪些部分组成？各组成部分的作用是什么？

2. 汽车上为何采用直流串激式电动机？

3. 电磁操纵强制啮合式起动机的主电路接通前后，吸拉、保位线圈中的电流方向有无变化？为什么？

4. 起动机的分类如何？

5. 改变蓄电池的搭铁极性，起动机的旋转方向是否改变？为什么？
6. 起动机单向离合器有哪些？单向离合器的作用是什么？
7. 简述带起动继电器的起动控制电路的工作过程。
8. 复合继电器控制电路为何对起动机具有保护功能？
9. 起动系常见的故障有哪些？
10. 起动机需要调整的内容有哪些？
11. 起动机的实训项目有哪些？如何判断其技术状况？

第6章 发动机点火系

- **知识目标**

(1) 了解传统点火系统的组成、结构、工作原理。

(2) 了解电子点火系统的组成、结构、工作原理。

(3) 了解微机控制点火系统的组成、结构、工作原理。

- **技能目标**

(1) 掌握分析点火系的电路的方法。

(2) 掌握正确拆装点火系统、会检测点火系统各个零部件的方法。

(3) 掌握正确诊断、排除点火系统故障的方法。

6.1 概 述

对于汽油发动机来说，吸入气缸内的可燃混合气在压缩终了时由电火花点燃而开始燃烧的，燃烧产生的强大的压力即推动活塞向下运动而作功。为此，在汽油机上设有一套能在气缸内产生电火花的系统，称为点火系。

6.1.1 点火系的发展概况

汽油发动机的点火系统主要历经了四个阶段。

1886年，第一辆以四循环内燃机为动力的汽车是以磁电机为电源的点火系。这种点火装置结构较复杂，且低速时的点火性能较差，一般只用于无蓄电池的机动车上，如小排量摩托车等。

1908年，美国人首先在汽车上使用蓄电池点火装置，这种以蓄电池和发电机为电源的点火系经过不断的改进，结构性能逐渐完善，半个多世纪以来曾在汽车上得到广泛的应用，并称之为传统点火系统。随着人们对汽油发动机技术指标要求的不断提高，在提高动力性和安全性、降低油耗和减少排放污染等方面，这种点火装置也不能满足高速发动机的点火要求，成了进一步提高发动机转速、降低燃油消耗和废气排放污染的障碍。

20世纪60年代，出现了电子点火系统。这种点火装置利用原分电器中断电器的触点，来控制晶体管的导通和截止，因而流经触点的电流很小，解决了传统点火系工作时由于断电器触点火花较大而带来的一系列问题，并使点火性能得到了较大的提高。

20世纪70年代，无触点的电子点火系统开始应用并得到了迅速的发展。如今，无触点电子点火装置在国内外已基本普及。但点火提前机构仍然沿用了传统点火系统中的机械式点火提前机构及真空式点火提前机构。

20世纪70年代末期，随着微机控制的喷油系统的应用与发展，以微机控制点火时刻的点火系统开始在汽车上使用。这种微机控制的点火系统，解决了传统点火系统中点火提前装置不能适应发动机工况和状态改变时实际需要的问题，使发动机的油耗和排污进一步降低。

6.1.2 点火系的作用

点火系的作用是将汽油发动机工作时吸入气缸的可燃混合气，在压缩行程终了时，及时地用电火花点燃可燃混合气，并满足可燃混合气充分地燃烧及发动机工作稳定的性能要求，使汽油发动机顺利地实现从热能到机械能的转变。如图 6.1 所示。

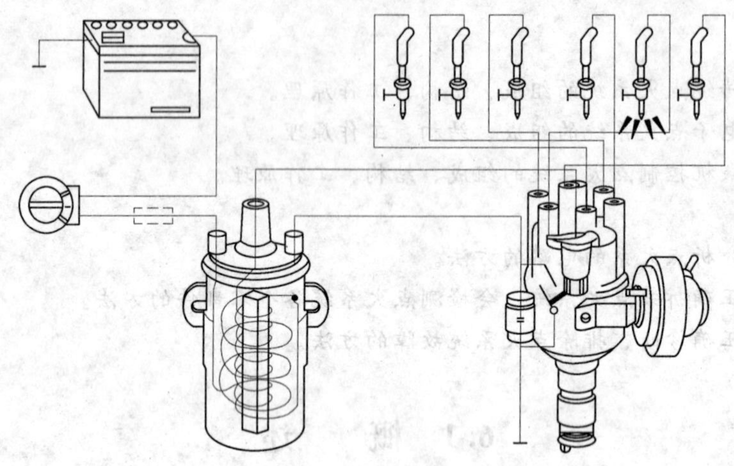

图 6.1 点火系

6.1.3 点火系的要求

无论是哪一类的点火装置，均有共同的技术性能要求，即应在发动机各种工况和使用条件下保证可靠而准确地点火，为此应满足以下三个方面的要求。

1. 能产生足以击穿火花塞间隙的电压

火花塞电极击穿而产生火花时所需要的电压称为击穿电压。点火系产生的次级电压必须高于击穿电压，才能使火花塞跳火。击穿电压的大小受很多因素影响，其中主要有以下几项。

(1) 火花塞电极间隙和形状。火花塞电极的间隙越大，气体中的电子和离子受电场力的作用越小，不易发生碰撞电离，击穿电压就越高；电极的尖端棱角分明，所需的击穿电压低。如图 6.2 所示。

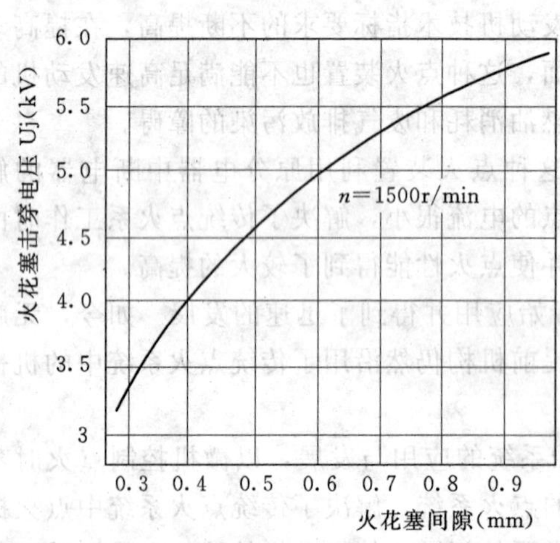

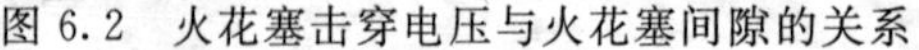

图 6.2 火花塞击穿电压与火花塞间隙的关系

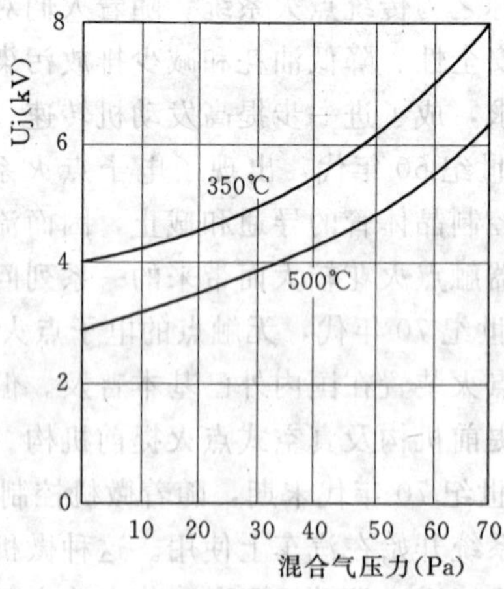

图 6.3 火花塞击穿电压与混合气压力的关系

(2) 气缸内混合气体的压力和温度。混合气的压力越大，温度越低，其密度就越大，离子自由运动距离就越短，不易发生碰撞电离，击穿电压就越高，如图 6.3 所示。

(3) 电极的温度和极性。火花塞电极的温度越高，电极周围的气体密度越小，击穿电压就越低；针状的中心电极为负极且温度较高时，击穿电压就较低。如图 6.4 所示。

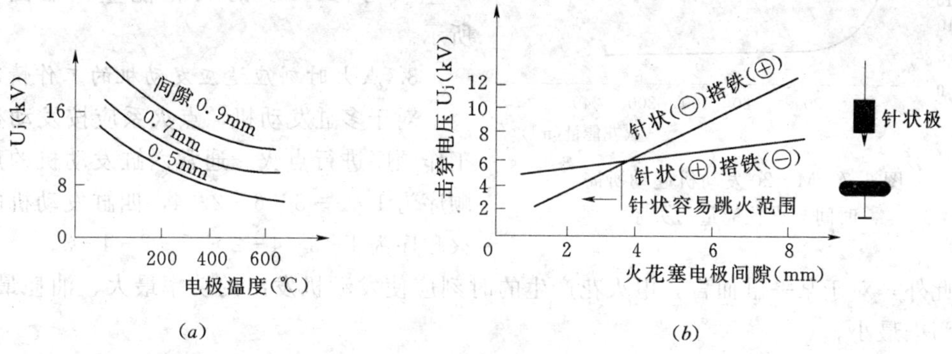

图 6.4 火花塞击穿电压与火花塞电极的关系

(4) 发动机的工作情况。

1) 发动机转速。击穿电压与发动机转速的关系如图 6.5 所示。发动机高速工作时，气缸内的温度升高，使气缸的充气量减小，致使气缸中压力减小，因而火花塞的击穿电压随转速的升高而降低。发动机在起动和急加速时击穿电压升高，而全负荷且稳定工作状态时击穿电压较低。

2) 混合气空燃比。如图 6.6 所示，混合气过稀和过浓时击穿电压都会升高。

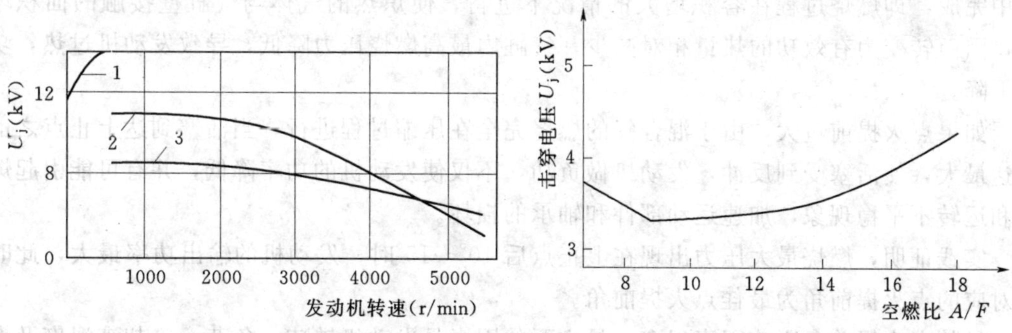

图 6.5 火花塞击穿电压与发动机转速的关系

1—起动；2—加速；3—最大功率的稳定状态

图 6.6 火花塞击穿电压与空燃比的关系

此外，发动机的功率、压缩比以及点火时刻等因素也影响击穿电压的高低。为了保证点火的可靠性，点火系必须有一定的次级电压储备。但过高的次级电压，将造成绝缘困难，使成本提高。

2. 火花应具有足够的能量

发动机正常工作时，由于混合气压缩终了的温度接近其自燃温度，仅需要 1～5mJ 的火花能量。但在混合气过浓或是过稀时，发动机起动、怠速或节气门急剧打开时，则需要较高的火花能量。

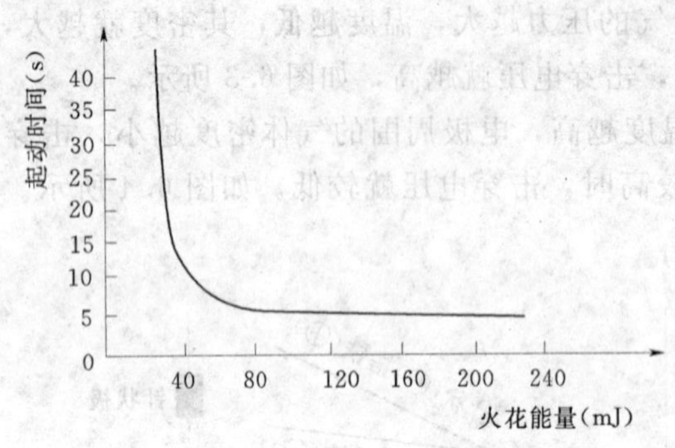

图6.7 M－20发动机起动所需时间与火花能量的关系

随着现代发动机对经济性和排气净化要求的提高，都迫切需要提高火花能量。因此，为了保证可靠点火，高能电子点火系一般应具有80～100mJ的火花能量，起动时应产生高于100mJ的火花能量，如图6.7所示。

3. 点火时刻应适应发动机的工作情况

对于多缸发动机，点火系应按发动机的工作顺序进行点火。通常六缸发动机的点火顺序为1－5－3－6－2－4，四缸发动机的点火顺序为1－3－4－2或1－2－4－3。

此外，对于某一缸而言，电火花产生的时刻应使发动机发出的功率最大、油耗最低、排放污染最小。

点火时刻对发动机性能影响很大，从火花塞点火到气缸内大部分混合气燃烧，并产生高的爆发力需要一定的时间，虽然这段时间很短，但由于曲轴转速很高，在这段时间内，曲轴转过的角度还是较大的。若在压缩上止点点火，则混合气边燃烧，活塞边下移而使气缸容积增大，这将导致燃烧压力低，发动机功率也随之减小。因此要在压缩接近上止点前点火，即点火提前。

从发出电火花开始至活塞到达上止点为止的一段时间内曲轴转过的角度，称为点火提前角。

如果点火提前过小，当活塞到达上止点时才点火，则混合气的燃烧主要在活塞下行过程中完成，即燃烧过程在容积增大的情况下进行，使炽热的气体与气缸壁接触的面积增大，因而转变为有效功的热量相对减少，气缸内最高燃烧压力降低，导致发动机过热，功率下降。

如果点火提前过大，由于混合气的燃烧完全在压缩过程进行，当活塞到达上止点之前即达最大，使活塞受到反冲，发动机做负功，不仅使发动机的功率降低，并有可能引起爆燃和运转不平稳现象，加速运动部件和轴承的损坏。

实践证明，燃烧最大压力出现在上止点后10°～15°时，发动机的输出功率最大，此时所对应的点火提前角为最佳点火提前角。

最佳点火提前角影响因素很多，最主要的因素是发动机转速、负荷、冷却液温度及燃油品质等。

当发动机转速一定时，随着负荷的加大，节气门开度增大，进入气缸内的可燃混合气量增多，则压缩终了时混合气的压力和温度增高，同时，残余废气在气缸内所占的比例减小，混合气燃烧速度加快，这时，点火提前角应适当减小。反之，发动机负荷减小时，点火提前角则应适当增大。

当发动机节气门开度一定时，随着转速增高，燃烧过程所占曲轴转角增大，这时，应适当加大点火提前角。即点火提前角应随转速增高适当加大。

汽油的辛烷值越高，抗爆性越好，点火提前角可适当增大，以提高发动机的性能；辛烷值较低的汽油抗爆性差，点火提前角则应减小。

6.1.4 点火系的类型

分类方法不同，点火系的类型也不同。点火系常用的分类方法及类型有以下几种。

（1）按电能的来源分：蓄电池点火系、磁电机点火系。

（2）按储能方式分类可分为：电感储能点火系、电容储能点火系统。电感储能点火系的火花能量以磁场形式储存在点火线圈中，而电容储能点火系统的火花能量以电场的形式储存在专门的储能电容器中。

（3）按初级电路控制方式分类：有触点式和无触点式。有触点式点火系的初级绕组由断电触点控制其接通和断开，点火系工作可靠性差，点火状况受转速、触点技术状况影响较大，需要经常维修、调整。满足不了现代发动机对点火系的要求，正日趋被无触点点火系所取代。无触点点火系又称电子点火系。其特点是用信号发生器代替了断电器的触点。随着先进的电子技术在点火系中的应用，电子点火系经历了普通电子点火系和微机控制电子点火系阶段。微机控制电子点火系可根据发动机传感器送来的各种参数进行运算、判断，然后进行点火时刻的调节，使点火时刻总是处于最佳，因而得到了广泛的应用。

（4）按高压电的配电方式分类：机械配电点火系（有分电器点火系）和计算机配电点火系（无分电器点火系）。

6.2 传统点火系

6.2.1 传统点火系的组成和工作原理

1. 传统点火系的组成

目前汽车上所采作的点火系统大多数为电感储能的点火系统。主要由电源、点火开关、点火线圈、断电器、配电器、电容器、火花塞、高压导线、附加电阻等组成。如图6.8所示。

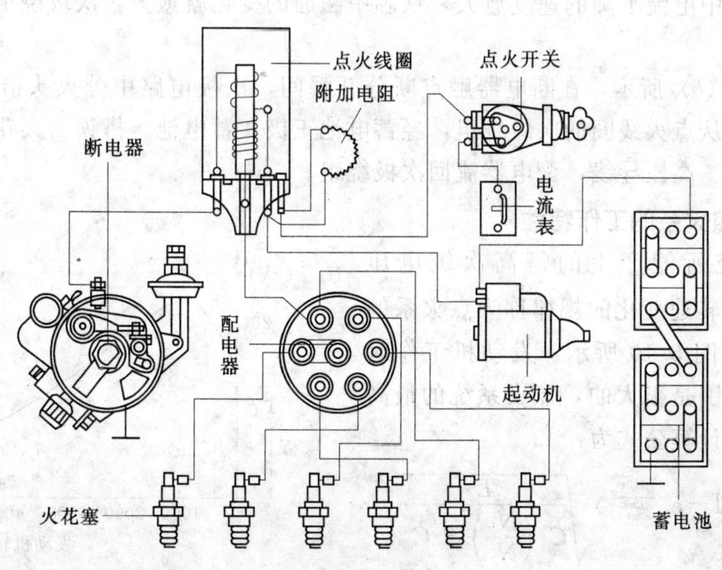

图6.8 蓄电池点火系组成

蓄电池为点火系提供电能；点火开关接通或断开点火系系统电源；点火线圈存储点火能量，并将蓄电池电压转变为点火电压。分电器由断电器和点火提前机构组成，断电器的作用是接通或切断点火线圈初级回路；点火提前机构的作用是随发动机转速、负荷和汽油辛烷值变化调节点火提前角。火花塞将点火高压引入气缸燃烧室，并在电极间产生电火花，点燃混合气。

2. 传统点火系的工作原理

蓄电池点火系的基本工作过程如图 6.9 所示。

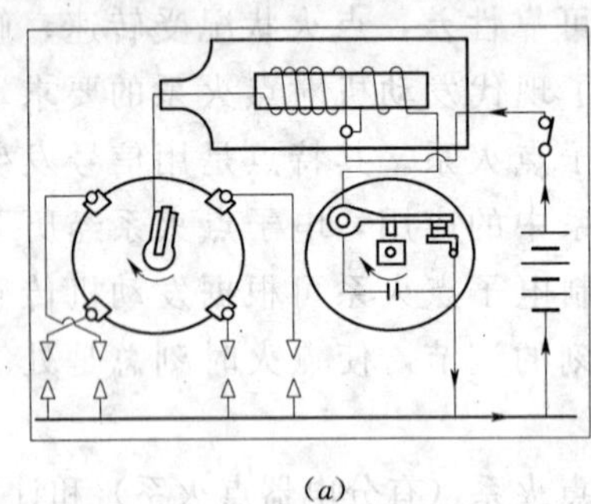

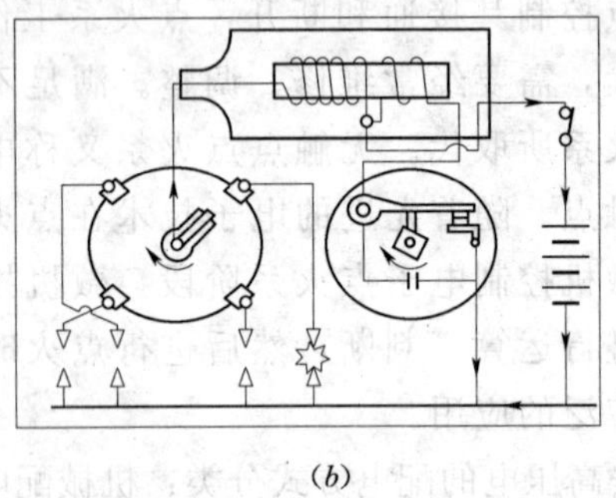

(a)　　(b)

图 6.9　传统点火系工作过程

(a) 初级电路；(b) 次级电路

如图 6.9 (a) 所示，触点闭合时，初级电路通电，初级电流从蓄电池的正极经点火开关、点火线圈的初级绕组、断电器触点臂、触点，搭铁流回蓄电池的负极。

初级绕组通电时，其周围产生磁场，且并由于铁芯的作用而加强。当断电器凸轮顶开触点时，初级电路被切断，初级电路电流迅速下降到零，铁芯中的磁通随之迅速衰减以至消失，因而在匝数多，导线细的次极绕组中感应出相当高的次级电压，使火花塞两极之间的间隙被击穿，产生火花。

初级绕组中电流下降的速度愈大，铁芯中磁通的变化就愈大，次级绕组中的感应电压也就愈高。

如图 6.9 (b) 所示，在断电器触点断分开瞬间，次极电路中分火头恰好与侧电极对准，次级电流从点火线圈的次级绕组，经蓄电池正极、蓄电池，搭铁、火花塞侧电极、火花塞中心电极、高压导线，配电器流回次极绕组。

6.2.2　传统点火系的工作特性

点火系统所能产生的最高次级电压 U_{2max} 随发动机转速变化的规律称为点火系的工作特性，如图 6.10 所示。发动机工作时的转速变化范围是很大的，点火系统的最高次级电压理论计算公式为：

$$U_{2max}=\frac{U_B}{R}(1-e^{-\frac{R}{L}\frac{120\tau_b}{nZ}})\sqrt{\frac{L}{C_1\left(\frac{N_1}{N_2}\right)^2+C_2}}$$

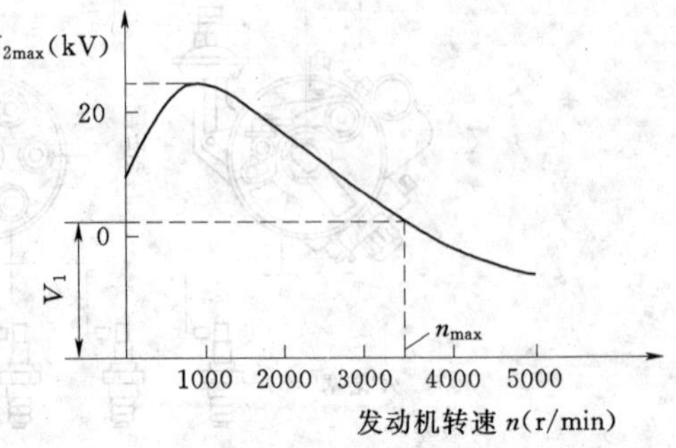

图 6.10　传统点火系的工作特性

式中：U_B 为点火系电源电压；R 为点火系

初级回路电阻；L 为点火线圈初级绕组电感；n 为发动机转速；Z 为发动机气缸数；C_1 为分电器上的电容；C_2 为分布电容；τb 为触点的相对闭合时间；N_1/N_2 为点火线圈初次级绕组匝数比。

由上可知，次级电压的最大值 U_{2max} 随发动机转速的升高而降低。从图 6.10 可以看出，在发动机转速为 1000r/min 左右，次级电压 U_{2max} 达到最高值，随着发动机转速的升高，次级电压将下降到某一限值 V_1（保证能可靠点燃可燃混合气的最低电压），超过此限值，发动机将不能稳定地工作。

6.2.3 传统点火系的使用与维护

1. 传统点火系的使用

传统点火系在使用过程中，应注意以下事项。

(1) 确保各部位导线及接柱连接的可行。

(2) 确认发动机工作时分火头的旋转方向，以便能按发动机作功顺序，正确连接各缸高压线而不至于启动时点火错乱，造成发动机不能启动的故障。

(3) 安装分电器时，必须保证点火正时正确。

(4) 洗车时应尽量避免水将点火系统元器件及高压线打湿而造成漏电。

(5) 发动机熄火后需要使用辅助电器时，应将点火开关置于 ACC 挡而不要长时间置于 IG 挡或 ON 挡，以免造成初级绕组的长时间放电而使蓄电池亏电，同时还降低了点火线圈的使用寿命。

(6) 应定时对点火系统进行维护与调整，确保点火系工作性能的稳定可靠。

(7) 远途运输的车辆，应备有断电器触点、点火线圈及电容器作为备用零件，以便中途零件损坏时可以及时更换。

2. 传统点火系的维护

(1) 点火正时的调整。

1) 首先确认或调整断电器触点间隙应符合要求。

2) 确认第一缸压缩上止点位置。

3) 确认断电器触点刚刚打开时刻。

4) 起动发动机，在发动机达到正常工作温度时（水温 70～80℃），检查点火正时。

5) 行车检查点火正时。

(2) 点火系的维护。要保证发动机运转正常，少出故障，必须做好传统点火系的维护工作。传统点火系维护作业内容主要有以下几项。

1) 及时清理火花塞积炭。

2) 检查调整火花塞间隙。

3) 检查高压导线的连接及其对缸体的绝缘情况。

4) 传统分电器触点应无烧蚀，触点间隙正常。

6.3 电子点火系

电子点火系作为第三代点火装置，它具有次级上升速度更高，点火能量大，对火花塞积炭不敏感，高速点火可靠等优点，使发动机燃烧更充分、工作更可靠，同时还对降低燃

料的消耗、改善排放污染起到了积极的作用。

6.3.1 电子点火系的分类

电子点火系统按储能方式的不同，可分为电感储能式（以点火线圈作为储能元件）和电容储能式（以电容作为储能元件）两大类，电感储能式电子点火系统与电容储能式相比，具有结构简单成本低、发动机低速点火性能好等优点而在普通汽油发动机上得以广泛的应用，而电容储能式点火系统仅应用在高速发动机上。

电感储能式电子点火系统按有无微机控制，可分为普通电子点火系统和微机控制的电子点火系统两类；早期的普通电子点火系统按有无触点，可分为有触点式和无触点式，而有触点电子点火系统目前基本被淘汰；按信号发生器的性质不同，又可分为电磁式、霍尔式和光电式三种。

本节将只对目前应用广泛的无触点式、普通型电子点火系统的相关知识进行阐述，而微机控制的电子点火系统将在下一节介绍。

6.3.2 普通电子点火系的组成

如图 6.11 所示，普通电子点火系主要由蓄电池、点火线圈、分电器、点火器、火花塞和高压线等部件组成。

蓄电池或发电机供给点火系统的低压电能，标准电压一般是 12V。点火线圈将 12V 的低压电变成 15～20kV 的高压电。分电器主要由信号发生器、配电器和点火提前机构组成。信号发生器产生点火的信号。配电器将点火线圈产生的高压电，按照发动机的工作顺序送至各缸的火花塞。点火提前机构随发电机转速、负荷和汽油辛烷值的变化改变点火提前角。点火器将信号发生器产生的信号放大，最后控制大功率三极管的导通与截止，达到控制点火线圈初级电流通断的目的。火花塞将高压电引入燃烧室产生电火花点燃混合气。点火开关控制点火系统初级电路，还可以控制仪表电路和起动继电器电路等。

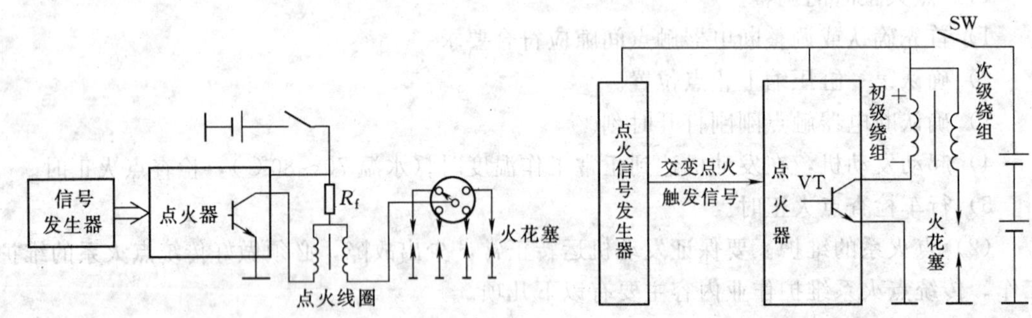

图 6.11　普通电子点火系　　图 6.12　电子点火系统的基本工作原理

6.3.3 普通电子点火系的工作原理

普通点电子点火系基本工作原理如图 6.12 所示：转动的分电器根据发动机作功的需要，使点火信号发生器产生某种形式的电压信号（有模拟信号和数字信号两种），该电压信号经电子点火器大功率晶体管前置电路的放大、整形等处理后，控制串联于点火线圈初级回路的大功率晶体管的导通和截止。大功率晶体管导通时，点火线圈初级通路，点火系统储能；大功率晶体管截止时，点火线圈初级断路，次级绕组便产生高压电，通过配电器送达各缸的火花塞上，点燃可燃混合气。

6.3.4 主要部件的结构和工作原理

1. 分电器

分电器形式很多，但结构和工作原理基本相同，均由信号发生器、配电器、离心点火提前装置组成，如图 6.13 所示。

(1) 信号发生器。信号发生器的作用是产生信号电压输送给点火控制器，通过点火控制器来控制点火系的工作。信号发生器按其工作原理不同可分为磁感应式、霍尔式、光电式、电磁振荡式。

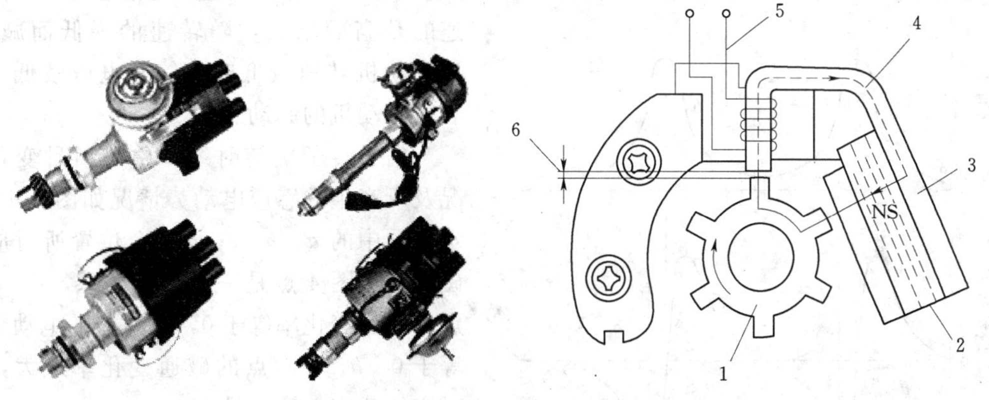

图 6.13 分电器组成

图 6.14 磁感应信号发生器的基本结构

1—信号转子；2—永久磁铁；3—铁芯；4—磁通；5—传感线圈；6—空气隙

1) 磁感应式信号发生器：如图 6.14 所示，磁感应式信号发生器主要包括信号转子、永久磁铁、感应线圈和支座架等。磁感应式信号发生器的工作原理如下：信号发生器的信号转子上有与发动机气缸数相同的凸齿，信号转子转动时，信号转子的凸齿与铁心的空气隙发生变化，则通过传感线圈的磁通发生变化，在传感线圈中便产生感应的交变电动势，该交变电动势输入到点火器可控制点火系统工作。

如图 6.15 所示为信号转子转动过程中磁通变化的情况。图 6.15 (*a*) 中，转子凸齿与线圈铁心间的气隙最大，线圈中的磁通量最小，磁通变化率等于 0，此时线圈中无感应电动势产生。

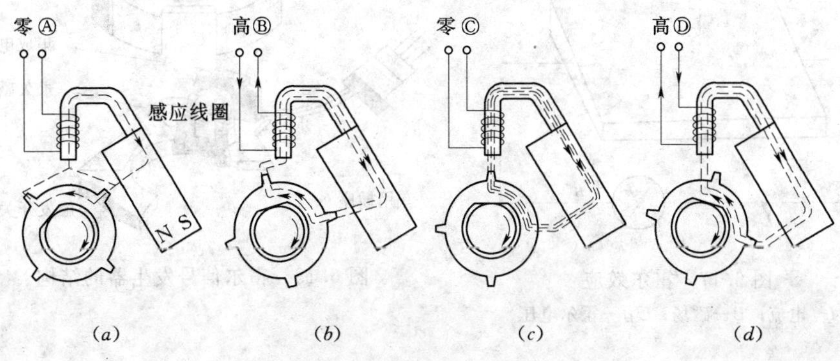

图 6.15 磁感应信号发生器的工作情况

(*a*) 磁通变化（零）；(*b*) 磁通变化（最大）；(*c*) 磁通变化（零）；(*d*) 磁通变化（最大）

当凸齿逐渐接近铁芯，线圈中的磁通量增大，凸齿到达图 6.15（b）所示的位置时，线圈中磁通量增加的速度达到最大，即磁通变化率达到最大，此时，线圈中感应出最大的感应电动势。

转子继续转动，线圈中磁通增加的速度减小，当达到图 6.15（c）中的位置时，线圈中的磁通量达到最大，但此时的磁通变化率为 0，线圈中的感应电动势也等于 0。

凸齿转过铁心位置后，磁通量逐渐减小，到达图 6.15（d）位置时，磁通量减小的速度达到最大，又使磁通变化率达到最大值，信号感应线圈中的感应出的反向电动势最大。

磁感应式信号发生器的优点是结构简单，能适应各种环境。其缺点是信号电压是随转速的升高而增大，随转速的降低而减小。当发动机转速较低时，信号电压较低，不利于发动机的起动。

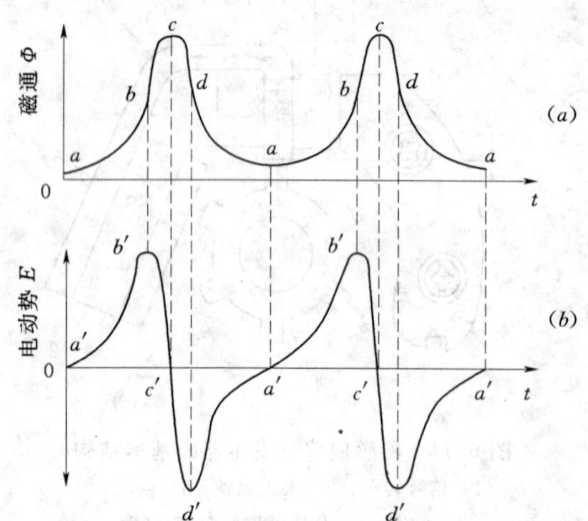

图 6.16 传感器中的磁通及感应电动势情况

信号转子旋转时线圈中磁通量变化情况及所产生的感应电动势情况如图 6.16 所示。图中的 a、b、c、d 4 个位置所对应的磁通与上图 4 点是一一对应关系，a、c 两点的磁通变化率等于 0，所感应的电动势也等于 0。b、d 两点的磁通变化率最大，所对应的感应电动势最大。

2）霍尔信号发生器。霍尔信号发生器是利用霍尔效应进行工作的。霍尔效应是美国科学家霍尔在 1879 年发现的，其基本原理是当电流通过放在磁场中的半导体基片，且电流方向和磁场方向垂直时，在垂直于电流和磁场的半导体基片的横向侧面上产生一个与电流和磁场强度成正比的电压，这个电压称为霍尔电压。如图 6.17 所示。

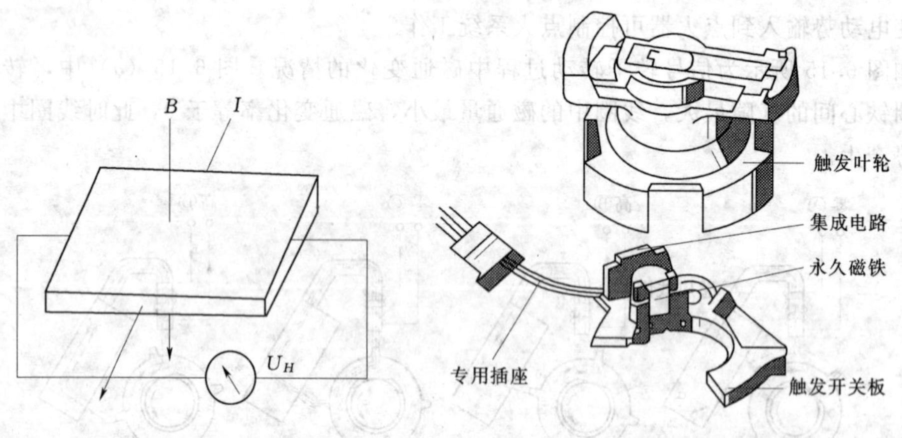

图 6.17 霍尔效应

I—电流；B—磁场；U_H—霍尔电压

图 6.18 霍尔信号发生器的结构

如图 6.18 所示。霍尔信号发生器的主要由触发叶轮、霍尔集成电路、永久磁铁及专用插座等组成。触发叶轮上有与发动机气缸数相等的叶片，触发开关板上制有霍尔集成电

路及带导磁板的永久磁铁，霍尔集成电路的外层是霍尔元件，同一基板的其他部分制成放大电路。

霍尔信号发生器的工作原理如图 6.19 所示：分电器轴带动触发叶轮转动，当叶片进入磁铁与霍尔元件之间的空气隙时，磁场被旁路，霍尔元件不产生霍尔电压；当触发叶轮离开空气隙，永久磁铁的磁力线通过霍尔元件而产生霍尔电压。

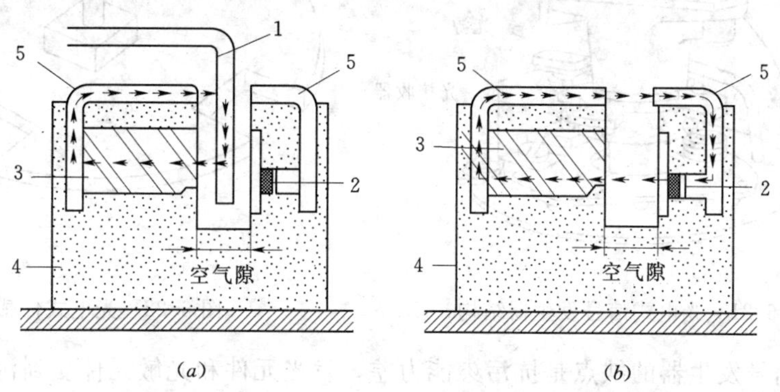

图 6.19 霍尔发生器的工作原理

(a) 触发叶片进入空气隙；(b) 触发叶片离开空气隙

1—触发叶轮的叶片；2—霍尔集成块；3—永久磁铁；4—底板；5—导板

霍尔电压的信号较弱（仅为 mV 级），因此必须对其进行放大。经放大后的信号控制输出端三极管的导通与截止。当霍尔元件不产生霍尔信号时，输出端的三极管处于截止状态，由点火器输入的检测信号处于高电平（接近电源电压，约 9V 左右）；当霍尔元件产生霍尔信号时，输出端的三极管处于导通状态，由点火器输入的检测信号处于低电平（约 0.4V 左右）。如图 6.20 所示。

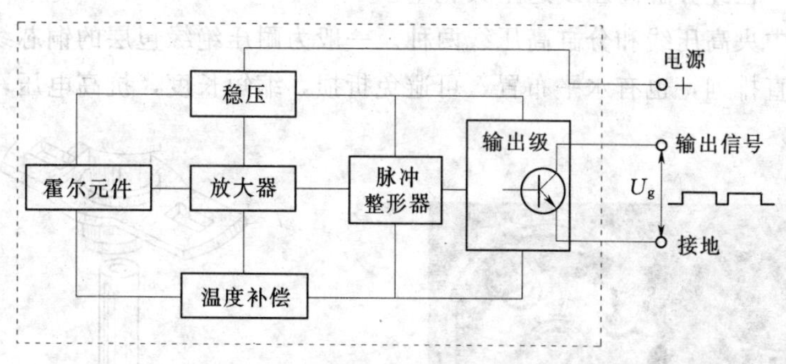

图 6.20 霍尔集成块电路框图

U_g—霍尔信号发生器输出信号电压

3）光电感应式信号发生器。光电感应式信号发生器的结构如图 6.21 所示，它主要由发光元件、光敏元件和遮光转子组成。

如图 6.22 所示。发光元件和光敏元件位置相对，分别位于遮转子的两侧。遮光转子固定在凸轮轴上，与凸轮轴一同旋转。当遮光转子挡住发光元件的光线时，光敏元件截止，控制电路输出低电平。当缝隙对准发光元件与光敏元件时，光线照射到光敏元件上，控制电路输出高电平。凸轮轴转一周，由 360 条缝隙所控制的电路将输出 360 个脉冲信号，此信号作为向电脑输入的转速信号。

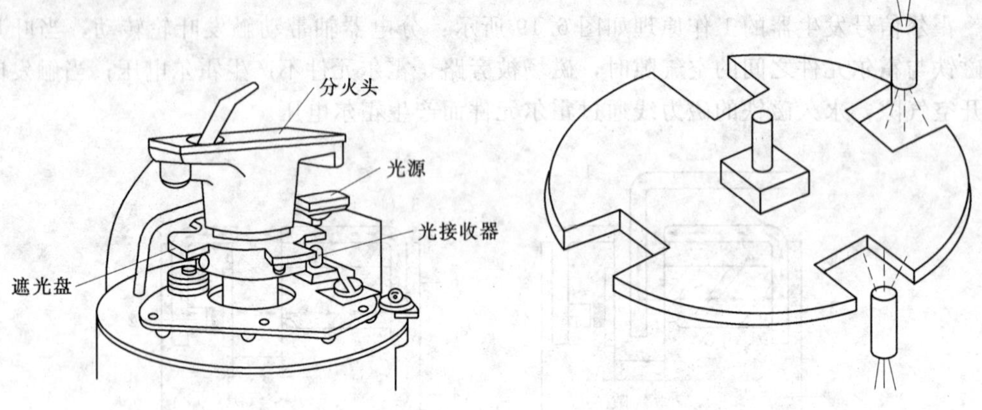

图 6.21 光电式信号发生器结构　　图 6.22 光电式传感器

光电式信号发生器的缺点是抗污染能力差，发光元件和光敏元件受到污染后都会影响信号电压，由此，这种信号发生器远不如前两种信号发生器应用的广泛。

(2) 配电器。配电器装于信号发生器的上部，由分电器盖、分火头组成，如图 6.23 所示。其作用是将高压电按点火顺序分配至火花塞。

分电器盖由胶木粉在钢模中热压而成，装于分电器顶端，用两弹性夹卡固。分火头套装在分电器轴的顶端随轴一起旋转，其上有金属导电片。分电器盖的中间有高压线座孔，其内装有带弹簧的碳柱，压在分火头的导电片上。分电器盖的四周有与发动机气缸数相等的旁电极通至盖上的金属套座孔，以安插分缸高压线。分火头旋转时，导电片在距离旁电极 0.2～0.8mm 间隙处越过，当信号发生器产生点火信号时，高电压自导电片跳至与其相对的旁电极，在经分缸高压线送至火花塞。

高压线有中央高压线和分缸高压线两种。一般为耐压绝缘包层的铜芯线或全塑高压阻尼线。常为竖直排列，也有水平布置，可避免折损，缩短长度，抗高电压，延长寿命。

图 6.23 配电器

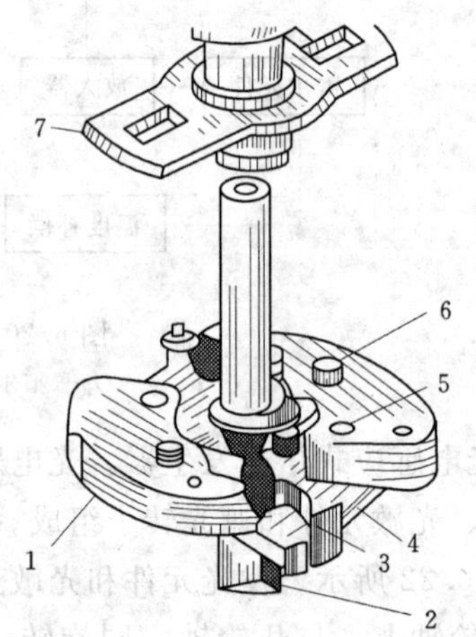

图 6.24 离心提前机构

1—离心块；2—分电器轴；3—弹簧及支架；4—托板；5—柱销；6—销钉；7—拨板

(3) 离心调节器。离心调节器的作用是在转速变化时，利用离心力自动使信号发生器提前产生点火信号来调节点火提前角。其结构如图 6.24 所示。在分电器轴上固定有托板，两个重块分别套在托板的柱销上，重块的另一端由弹簧拉向轴心。信号发生器的转子与拨板一起套在分电器轴上，拨板的两端有长形孔，套于离心块的销钉上。

点火提前角无需调整时，离心调节器处于不工作位置，两离心块在拉簧作用下抱向轴心。当发动机转速升高时，两离心块在离心力作用下向外甩开，离心块上的销钉拨动拨板和信号发生器转子，顺着分电器轴的旋转方向相对于轴转动一个角度，提前产生点火信号，点火提前角增大。转速越高，离心块离心力越大，点火提前角越大。反之，转速降低，点火提前角减小。

(4) 真空调节器。真空调节器的作用是在发动机负荷变化时，自动调节点火提前角。装于分电器壳体一侧。其结构如图 6.25 所示。在外壳内固定有弹性金属片制成的膜片，膜片中心一侧与拉杆固连，另一侧压有弹簧。拉杆由壳底座孔中伸出，与底板相连，拉动底板带着信号发生器的定子相对于轴产生角位移。

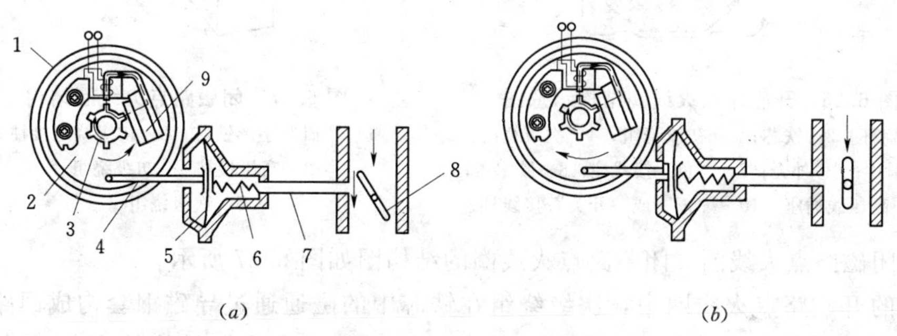

图 6.25 真空提前机构

(a) 节气门开度小；(b) 节气门开度大

1—分电器壳体；2—底版；3—信号转子；4—拉杆；5—膜片；6—弹簧；
7—真空连接管；8—节气门；9—永久磁铁

当发动机负荷较小时，节气门开度也小，节气门下方及管道的真空度增大，真空吸力吸引膜片压缩弹簧而拱曲，通过拉杆拉动底板带着信号发生器的定子逆着分电器轴旋转方向转动一定角度，提前产生点火信号，于是点火提前角增大。负荷越小，节气门开度也越小，真空度越高，点火提前角越大，反之，负荷变大则点火提前角减小。

2. 点火线圈

点火线圈的作用是将低压电转变为 15000～40000V 的高压电，以满足火花塞跳火的需要。

点火线圈按磁路和结构的不同，可分为开磁路和闭磁路两种。开磁路点火线圈多用于传统点火系。而闭磁路点火线圈常用于高能点火电子点火系。

(1) 开磁路点火线圈。开磁路点火线圈的基本结构如图 6.26 所示，主要由铁芯、绕组、胶木盖、瓷杯等组成。

其铁芯用 0.3～0.5mm 厚的硅钢片叠成，铁芯上绕有初级绕组和次级绕组。次级绕阻居内，通常用直径为 0.06～0.10mm 的漆包线绕 11000～26000 匝；初级绕阻居外，通常用0.5～1.0mm的漆包线绕230～370匝。次级绕阻的一端连接在盖子高压插孔中的弹簧片上，另一端与初级绕阻的一端相连；初级绕阻的两端则分别连接在盖子上的低压接线柱上。绕阻与外壳之间装有导磁钢套并填满沥青或变压器油，以减少漏磁、加强绝缘性并防止潮气侵入。

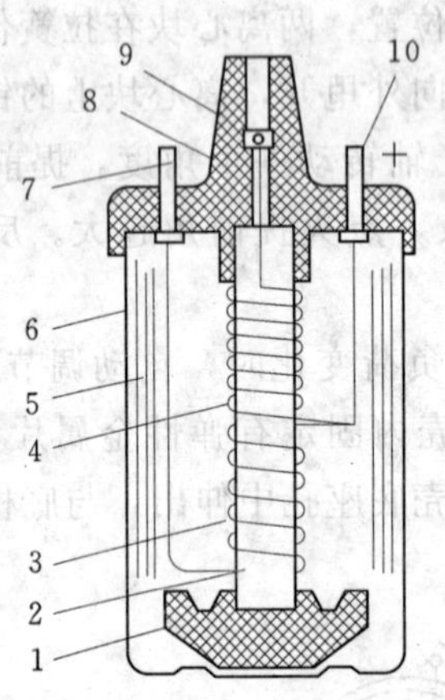

图6.26　开磁路点火线圈结构示意图

1—瓷杯；2—铁芯；3—初级绕组；4—次级绕组；5—铜片；6—外壳；7—“负”接线柱；8—胶木盖；9—高压线插座；10—“正”或“开关”接线柱

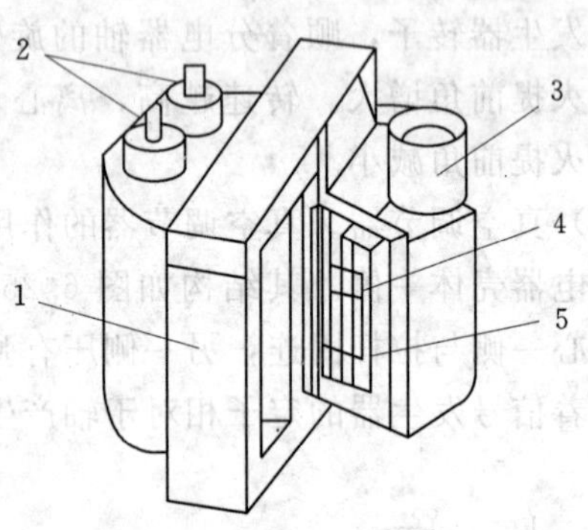

图6.27　闭磁路点火线圈结构

1—“日”字形铁芯；2—初级绕组接柱；3—高压接柱 4—初级绕组；5—次级绕组

(2) 闭磁路点火线圈。闭磁路点火线圈的结构图如图6.27所示。

传统的开磁路点火线圈中，次级绕组在铁芯中的磁通通过导磁钢套构成回路，磁力线的上、下部分从空气中通过，磁路的磁阻大，磁通损失大，转换效率低（约60%）；闭磁路点火线圈的铁芯是“曰”字形或“口”字形，铁芯内绕有初级绕组，在初级绕组外面绕有次级绕组，其铁芯构成闭合磁路，磁路中只设有一个微小的气隙，其磁路如图6.27所示 。闭磁路点火线圈漏磁少，磁阻小，能量损失小，变换效率高，可使点火线圈小型化。

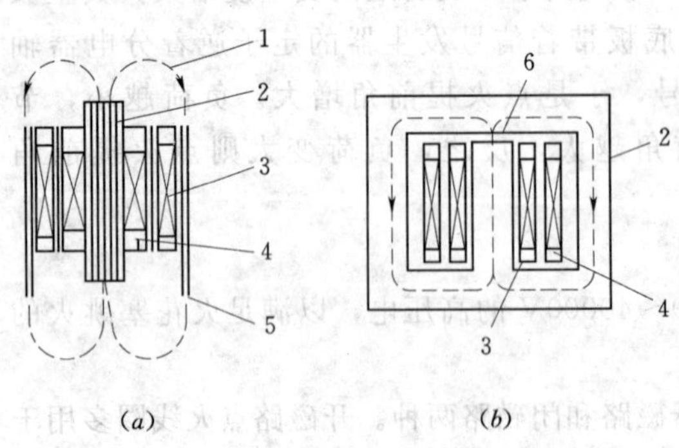

图6.28　开磁路及闭磁路点火线圈的磁路

(a) 开磁路点火线圈的磁路；

(b) 闭磁路点火线圈的磁路

1—磁力线；2—铁芯；3—初级绕组；4—次级绕组；5—导磁钢片；6—空气隙

开、闭磁路点火线圈的磁路：如图6.28(a)所示，当点火线圈的初级绕组通过电流时，铁芯磁化后所产生磁场的磁路，闭合的磁力线的上部和下部都是从空气中通过的，铁芯未形成闭合的磁路。因此，这种点火线圈称为开磁路点火线圈。如图6.28(b)所示，为闭磁路点火线圈的磁路，由图可见，点火线圈的磁力线可由铁芯构成闭合磁路，因而漏磁少，能量损失小，能量变换效率高。另外，彼此路点火线圈的结构紧凑，体积小，可以直接安装在分电器中，省去了点火线圈到分电器的高压线。基于上述优点，闭磁路点火线圈

已在电子点火系中广泛应用。

(3) 点火线圈的型号。

| 1 | | 2 | | 3 | | 4 | | 5 |

1) 产品代号DQ表示点火线圈，DQG表示干式点火线圈，DQD表示电子点火系用点火线圈。

2) 电压等级1—12V，2—24V，6—6V。

3) 用途代号。

1—单、双缸发动机　　2—四、六缸发动机

3—四、六缸发动机（带附加电阻）　　4—六、八缸发动机（带附加电阻）

5—六、八缸发动机　　6—八缸以上的发动机

7—无触点分电器　　8—高能

9—其他（包括三、五、七缸）

4) 设计序号。

5) 变形代号。

3. 火花塞

火花塞安装在燃烧室内，其功用是将高压电引入燃烧室内，在电极间形成火花，以点燃可燃混合气。由于燃烧室中要承受周期性高温、高压以及燃烧产物的强烈腐蚀，其工作条件恶劣，因而对火花塞提出了较高的要求。

(1) 火花塞的工作条件及要求。

1) 混合气燃烧时，火花塞下部将承受高压燃气的冲击，要求火花塞必须有足够的机械强度。

2) 火花塞承受着交变的高电压，要求它应有足够的绝缘强度，能承受30kV高压。

3) 混合气燃烧时，燃烧室内温度很高，可达1500～2200℃，进气时又突然冷却至50～60℃，因此要求火花塞不但耐高温，而且能承受温度剧变，不出现局部过冷或过热。

4) 混合气的燃烧产物很复杂，含有多种活性物质，如臭氧、一氧化碳和氧化硫等，易使电极腐蚀。因此要求火花塞要耐腐蚀。

5) 火花塞的电极间隙影响击穿电压，所以要有合适的电极间隙。火花塞安装位置要合适，以保证有合理的着火点。火花塞气密性应当好，以保证燃烧室不漏气。

(2) 火花塞的结构。火花塞主要由接触头、瓷绝缘体、中心电极、侧电极和壳体等部分组成，如图6.29所示。在钢质外壳的内部固定有高氧化铝陶瓷绝缘体，在绝缘体中心孔的上部有金属杆，杆的上端有接线螺母，用来接高压导线，下部装有中心电极。金属杆与中心电极之间用导体玻璃密封，铜质垫圈起密封和导热作用。钢质外壳的上部有便于拆装的六角平面，下部有螺纹以便旋装在发动机气缸盖内，

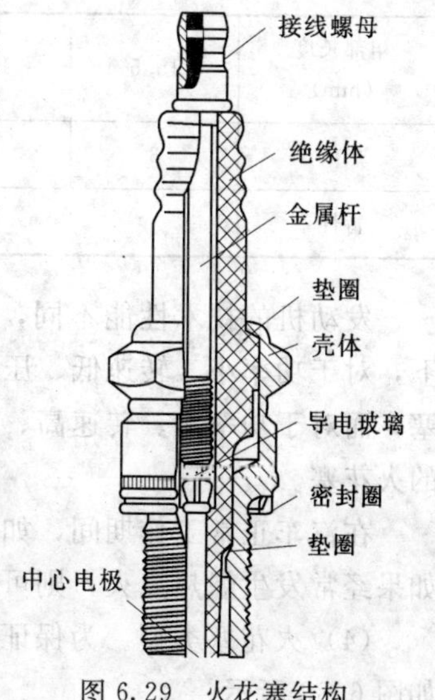

图6.29　火花塞结构

外壳下端固定有弯曲的侧电极。

电极一般采用耐高温、耐腐蚀的镍锰合金钢或铬锰氮、钨、镍锰硅等合金制成，也有采用镍包铜材料制成，以提高散热性能。火花塞电极间隙多为0.6～0.7mm，电子点火其间隙可增大至1.0～1.2mm。

火花塞与气缸盖座孔之间应保证密封，密封方式有平面密封和锥面密封两种。平面密封时，在火花塞与座孔之间应加装铜包石棉垫圈；锥面密封是靠火花塞壳体的锥形面与气缸盖之间相应的锥形面进行密封。

(3) 火花塞的热特性。若使火花塞工作性能良好，必须使火花塞保持在适当的温度范围内。火花塞工作过程中，温度过低时，则燃油不完全燃烧所产生的积炭就会沉积在火花塞的陶瓷绝缘体的表面，导致火花塞漏电；温度过高时，火花塞中心电极的温度过高，超过燃油的自燃温度，火花塞不跳火就能将混合气点燃，即混合气的早燃。混合气早燃会造成发动机的输出功率下降，甚至造成活塞顶烧熔。

实践证明，火花塞裙部温度保持在500～750℃时，落在电极上的油滴会被立即烧掉，不会形成积炭，也不会产生是炽热点火。

火花塞温度低于450℃时，则滴在电极的油滴会出现燃烧不完全的现象，则称此温度为火花塞的“自洁温度”；火花塞的温度超过950℃时，将会引起混合气的“早燃”。因此，火花塞的工作温度应在950℃以下。

火花塞的工作温度与发动机的功率、转速、压缩比有关，还与火花塞本身的结构有关。就火花塞本身的结构而言，影响火花塞工作温度的主要是陶瓷绝缘体暴露在燃烧室内的部分，通常将这部分称为火花塞的裙部。在相同的工作条件下，火花塞的裙部越长，内径大，受热面积也越大，其吸收的热量多，因此工作温度高。反之，火花塞的裙部短，内径小，受热面积小，因而工作温度低。

火花塞的热特性通常用热值表示。所谓热值是指火花塞散掉所吸热量的程度。我国以火花塞绝缘体的长度来标定火花塞的热特性，用阿拉伯数字表示热值的高低，见表6.1。

表6.1　火花塞裙部长度与热值

裙部长度(mm)	15.5	13.5	11.5	9.5	7.5	5.5	3.5
热值	3	4	5	6	7	8	9
特性	热　冷						

发动机的技术性能不同，火花塞的工作温度也不同。为保证火花塞工作在正常温度下，对于功率小、转速低、压缩比小的发动机，气缸的工作温度低，应采用热值高的火花塞；而对于功率大、转速高、压缩比大的发动机，气缸内的工作温度高，则应采用热值低的火花塞。

在汽车正常工作期间，如果经常因火花塞积炭而断火，就可能是所用火花塞太“冷”；如果经常发生炽热点火，则可能是所用火花塞太“热”。

(4) 火花塞类型。为保证火花塞的可靠点火，现代汽车上采用了各种类型的火花塞，如图6.30所示。

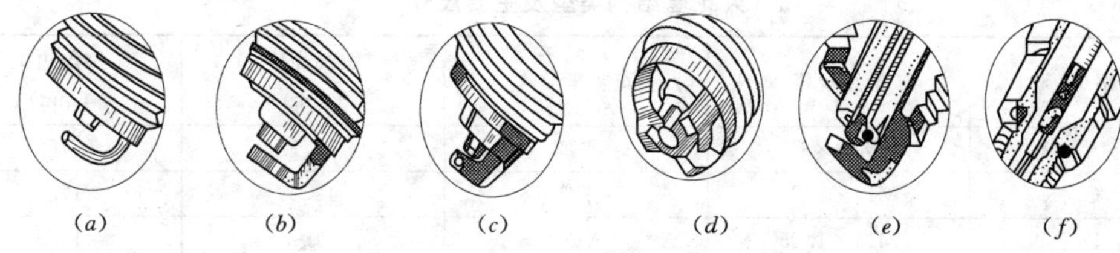

图 6.30 不同类型的火花塞

(a) 标准型；(b) 电极突出型；(c) 细电极型；(d) 多极型；(e) 铜芯电阻型；(f) 内装电阻型

1）断电触头尖形火花塞：如图 6.31 所示，断电触头尖形火花塞的结构与前述火花塞基本相同，只是中心电极和侧电极都覆盖一层很薄的断电触头薄膜。断电触头薄膜非常耐蚀，大大延长了火花塞的使用寿命。此外，为了改善火花塞的放电性能，此种火花塞中心电极直径减小，电极间隙增大。

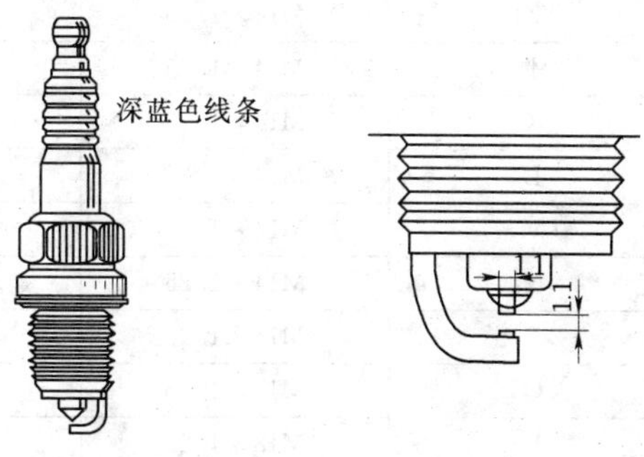

图 6.31 断电触头尖形火花塞

2）多极火花塞：多极火花塞的侧电极一般两个以上，其优点是点火可靠，电极间隙不需要经常调整。此类火花塞在一些对点火要求较高的发动机上采用。

3）突出型火花塞：突出型火花塞的绝缘体裙部较长，突出于壳体端面之上，具有吸收热量大，抗污能力强的优点。工作过程中，直接受到进气的冷却，不易产生炽热点火，热适应范围宽，应用范围较广。

4）细电极型火花塞：此类火花塞电极极细，其特点是火花强烈，点火能力强，在寒冷条件下也能保证发动机迅速可靠起动，热范围较宽，能满足多种用途。

5）铜芯电极型：火花塞内部的电极导热性好，热值较普通火花塞提高 10%～40%，高速时能限制炽热点火。火花塞裙部加长，使热值的下限拓宽，同时也提高了电极的耐油污、抗烧蚀能力。

6）电阻型：为了抑制点火系对无线电的干扰，在火花塞内装有 5～10kΩ 的电阻。

多极火花塞、突出型火花塞、细电极型火花塞、铜芯电极型、电阻型火花塞的结构如图 6.30 所示。

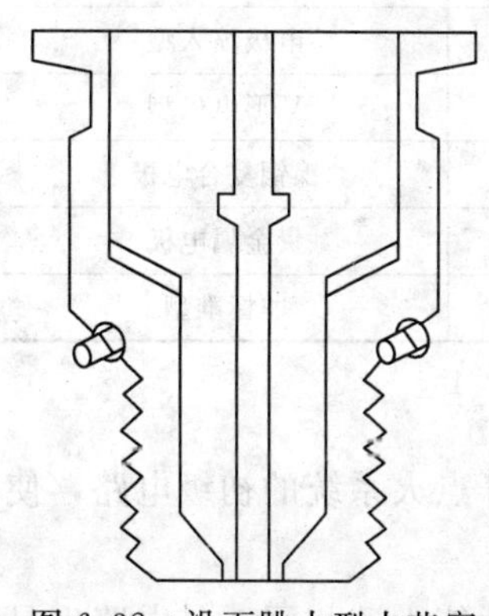

图 6.32 沿面跳火型火花塞

7）沿面跳火型火花塞是一种冷型火花塞，其中心电极与壳体端面间的间隙是同心的，如图 6.32 所示。此类火花塞必须与点火能量大、电压上升率快的电容放电型点火系配合使用。其特点是可完全避免火花塞的炽热点火，即使在油污的情况下也能正常发火。但可燃混合气不易接近电极，稀混合气情况下，不能充分发挥汽油机的功能。

(5) 火花塞的型号。根据 ZBT 37003—89《火花塞产品型号编制方法》的规定，火花塞型号由三部分组成。

第一部分用汉语拼音字母表示火花塞的结构类型和主要尺寸，其字母的含义见表 6.2。

表 6.2　　火花塞结构类型及主要尺寸

字母	螺纹规格	安装座形式	螺纹高度（mm）	六角边距（mm）
A	M10×1	平座	12.7	16
C	M14×1.25	平座	12.7	17.5
D	M14×1.25	平座	19	17.5
E	M14×1.25	平座	12.7	20.8
F	M14×1.25	平座	19	20.8
(G)	M14×1.25	平座	9.5	20.8
(H)	M14×1.25	平座	11	20.8
(Z)	M14×1.25	平座	11	19
J	M14×1.25	平座	12.7	16
K	M14×1.25	平座	19	16
L	M14×1.25	矮型平座	9.5	19
(M)	M14×1.25	矮型平座	11	19
N	M14×1.25	矮型平座	7.8	19
P	M14×1.25	锥座	11.2	16
Q	M14×1.25	锥座	17.5	16
R	M18×1.25	平座	12	20.8
S	M18×1.25	平座	19	(22)
T	M18×1.25	锥座	10.9	20.8

注　（ ）表示是非标准保留产品，不推荐使用。

第二部分用阿拉伯数字表示火花塞的热值。数字越大，表示火花塞越“冷”。一般地说，1、2、3 为热型火花塞，4、5、6 为中型火花塞，7 以上为冷型火花塞。

第三部分用汉语拼音字母表示火花塞派生产品结构特征、发火端特征、材料特性及特殊技术要求。其顺序、代号的含义见表 6.3。在同一产品的型号中，如果需要多个字母，须按表 6.3 中的顺序使用。

表 6.3　　火花塞派生产品特征和材料特性

顺序	字母	特征和特性	顺序	字母	特征和特性
1	P	屏蔽型	7	H	环形电极型
2	R	电阻型	8	U	电极缩入型
3	B	半导体型	9	V	V形电极型
4	T	绝缘体突出型	10	C	镍铜复合电极
5	Y	沿面跳火型	11	G	贵金属电极
6	J	多电极型	12	F	非标准型

4. 点火器

点火器的作用是按照信号发生器输入的点火信号接通或断开点火系统的初级电路，使点火线圈次级绕组产生点火高压电。

目前汽车上所用点火器的内部电路形式多种多样，但基本功能大致相同，其电路也是

由相应功能电路组成的，如图 6.33 所示。

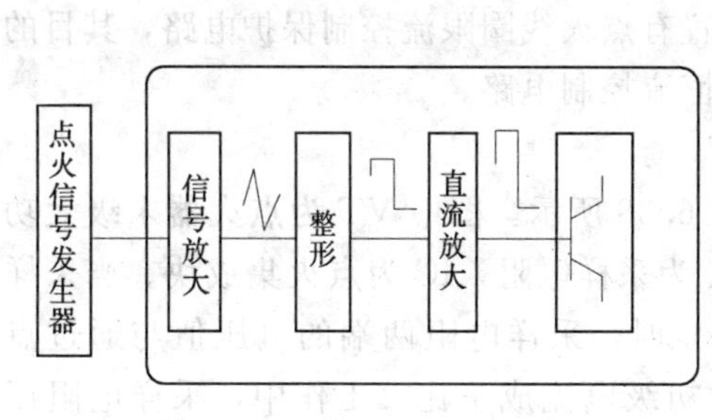

图 6.33 电子点火器的基本功能电路

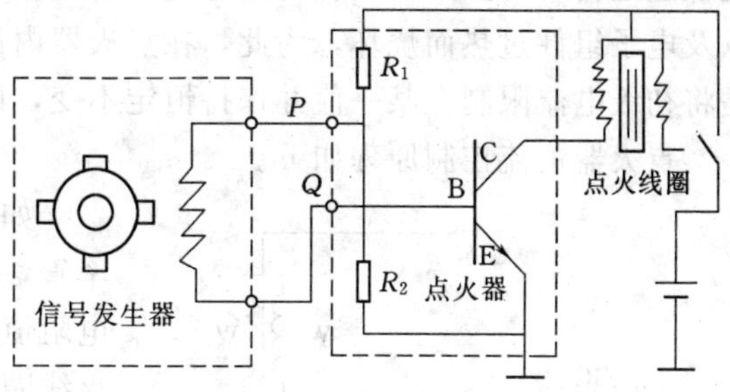

图 6.34 简化的点火器电路

现代汽车点火器广泛采用了集成电路，内部电路非常复杂，一旦损坏，只能更换。下面仅以磁感应式信号发生器和简化了的点火器电路来描述其基本工作原理。其简化电路如图 6.34 所示。

(1) 停机保护状态。如图 6.35 所示，当点火开关刚刚接通而发动机未起动时，信号发生器无信号电压，蓄电池电压经过 R_1、R_2 分压后作用在 P 点上，P 点电压又通过信号线圈作用在三极管的基极上。此电压低于三极管的导通电压，三极管处于截止状态，切断了点火系的初级电路。

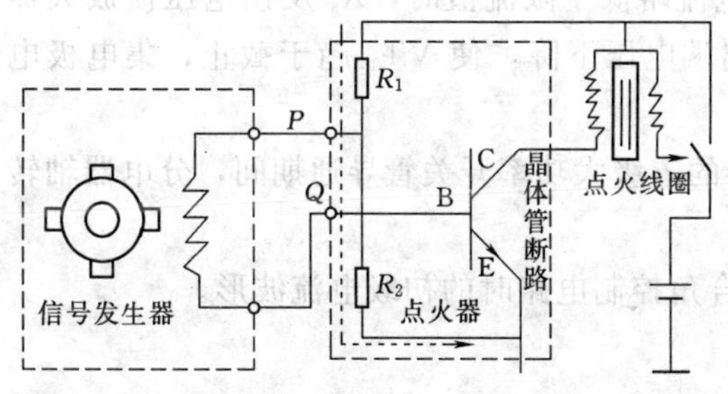

图 6.35 停机保护电路

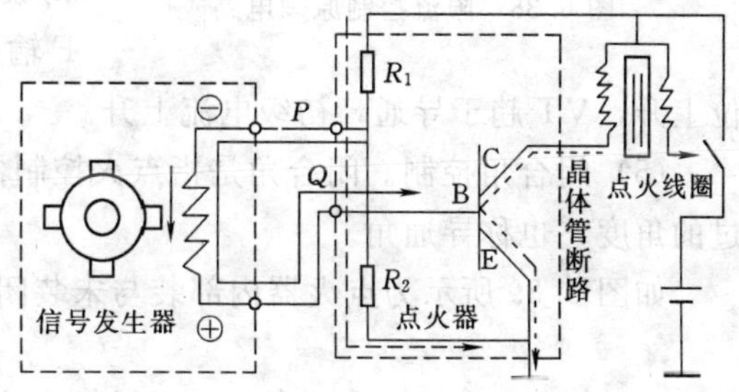

图 6.36 初级电路导通电路原理

(2) 初级电路导通状态。发动机起动后，信号发生器不断发出交变电压信号，当信号电压为如图 6.36 所示方向时，信号电压与 P 点电压叠加后使 Q 点电压上升，当 Q 点电压超过了三极管导通电压时，三极管便由截止状态转为导通状态，初级电路被接通，流经点火线圈初级绕组的电流经过三极管搭铁。

(3) 初级电路截止状态。当信号电压为如图 6.37 所示的方向时，信号电压与 P 点电压叠加后使 Q 点电压下降，当 Q 点电压降至三极管截至电压时，三极管由导通状态转为截止状态，切断了初级电路，点火线圈的次级绕组便感应出高压电动势。

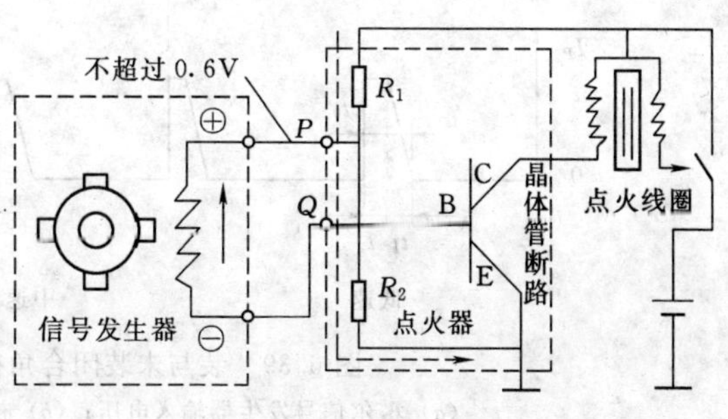

图 6.37 初级电路截止状态电路

(4) 恒流控制。为了保证发动机在任何工况下都能实现稳定的高能点火，现代汽车广泛采用高能点火线圈，其初级绕组的阻值较小，一般为 0.5～0.8Ω。使用此种点火线圈后，初级绕组的电流值较大。在发动机低速运转时，点火线圈长时间通过大的电流，不但浪费电能，更重要的是会使点火线圈以及电子组件过热而烧坏，为此，在点火器内设置有点火线圈限流控制保护电路，其目的是将初级电流限制在某一值并保持恒定不变，即恒流控制电路。

点火器恒流控制原理如下。

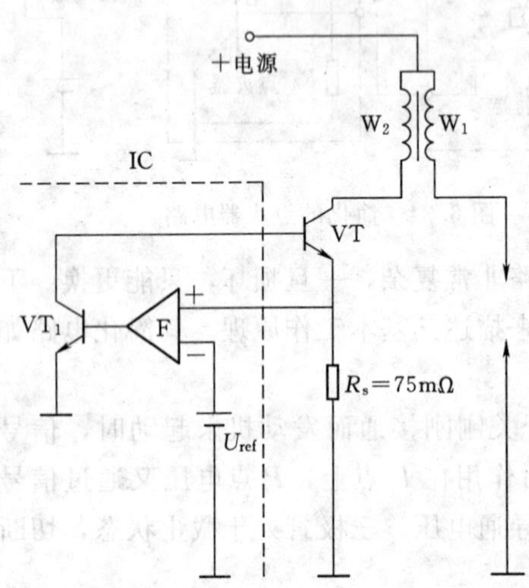

图 6.38　限流控制原理电路

如图 6.38 所示，图中 VT 为点火器末级大功率管，R_s 为采样电阻，IC 为点火集成块。当采样电阻值一定时，采样电阻两端的电压值与通过点火线圈的初级电流成正比，工作中，采样电阻压降值反馈到点火集成块中的限流控制电路，使限流控制电路工作，从而保持流过点火线圈的初级电流恒定不变。

具体工作过程是：当大功率管饱和导通时，如果初级电流小于限流值时，初级电流逐渐增大；当初级电流大于限流值时，R_s 反馈电压使放大器 F 输出端电压升高，使 VT_1 更加导通，集电极电位下降，VT 向截止区偏移，初级电流下降；当初级电流略低于限流值时，R_s 反馈电压使放大器 F 输出端电压下降，使 VT_1 趋于截止，集电极电位上升，VT 趋于导通，初级电流上升。

（5）闭合角控制。闭合角是指点火控制器的末级大功率开关管导通期间，分电器轴转过的角度，也称导通角。

如图 6.39 所示为点火器内部装与未装闭合角控制电路时的初级电流波形。

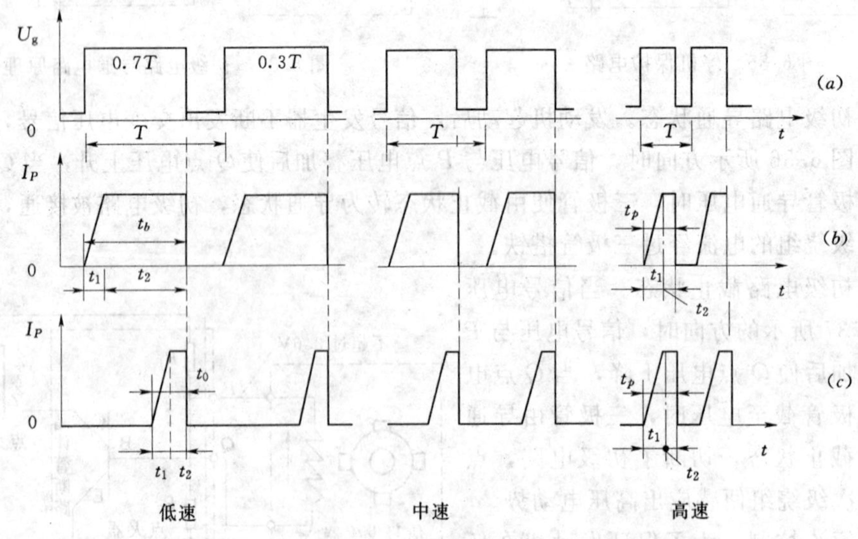

图 6.39　装与未装闭合角控制时的初级电流波形

(a) 霍尔信号发生器输入电压；(b) 初级电流（只有线圈限流功能时）；

(c) 初级电流（有线圈限流和闭合角控制功能时）

闭合角控制电路可以根据发动机转速的变化自动控制初级电路的导通时间。发动机低速运转时，闭合角减小，防止初级电流过大；发动机高速运转时，闭合角增大，保证一定的初级电流，确保高速时可靠点火。各种转速下的闭合角见表6.4。

此外，闭合角控制电路还可以根据电源电压的变化改变闭合角的大小。电源电压高时闭合角减小，电源电压低时闭合角增大。各种电压下闭合角见表6.5。

表6.4　各种转速下的闭合角

分电器转速(r/min)	闭合角(°)
300	20
750	32
1000	43
1200	49
1600	63

表6.5　各种电源电下的闭合角

电源电压(V)	闭合角(°)
11	55
14	39
16	33
18	29
20	26

5. 高压线

高压线的作用是将点火线圈的高压电送至分电器盖的中央插孔，再从分电器盖的旁电极插孔传至火花塞。

国产高压线分为普通铜芯线和高压阻尼线两种。高压阻尼线具有一定的电阻，能抑制和衰减点火系产生的高频电磁波，减轻对无线电设备的干扰。

由于高压电的特点是电压高、电流小，所以高压线芯的截面积约为1.5mm^2，绝缘层很厚，多用橡胶绝缘，其耐压值高达30000V。

6.3.5 普通电子点火系典型电路

1. *磁感应式普通电子点火系典型电路*

日本丰田MS75系列汽车装用磁感应式无触点电子点火系，电路工作原理如图6.40所示。

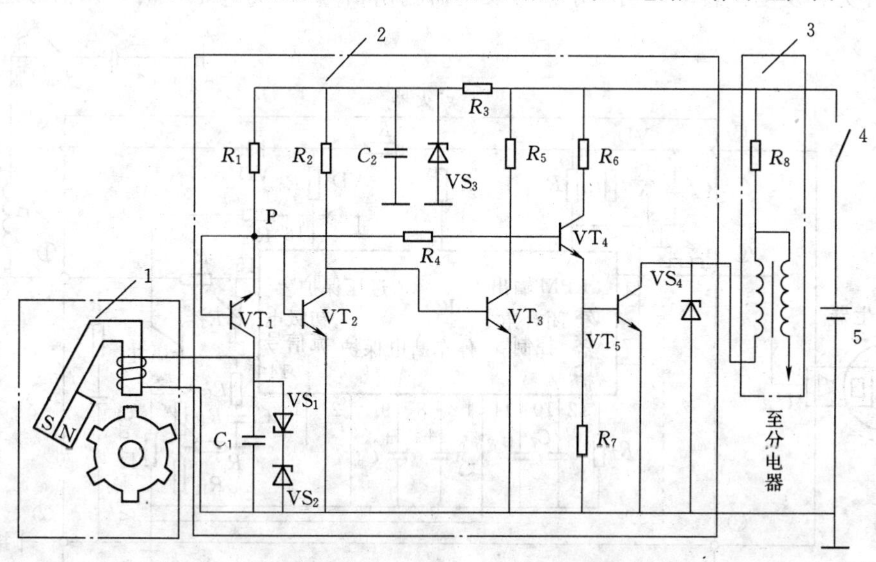

图6.40　磁感应式无触点点火系电路

1—信号发生器；2—点火器；3—点火线圈；4—点火开关；5—蓄电池

(1) 接通点火开关4，VT_1、VT_2 导通，VT_3 截止，VT_4、VT_5 导通，初级电路接通，在线圈中形成磁场。其电路是：蓄电池正极→点火开关4→附加电阻 R_f→点火线圈初级绕组→VT_5（集电极、发射极）→搭铁→蓄电池负极。

(2) 起动发动机，分电器开始转动，信号发生器的传感线圈开始产生交变电动势信号。

传感线圈中产生正向信号电压时，VT_1 截止，VT_2 导通，VT_3 截止，VT_4、VT_5 导通，初级电路仍然接通。

传感线圈中产生负向信号电压时，VT_1 导通，VT_2 截止，VT_3 导通，VT_4、VT_5 截止，初级电路切断，磁场迅速消失，次级绕组产生高压。

2. 霍尔效应式普通电子点火系典型电路

上海桑塔纳轿车电子点火系采用的是霍尔效应式电子点火系，其基本结构如图6.41所示。它主要包括装有霍尔效应发生器的分电器、点火器、高能点火线圈和火花塞等。

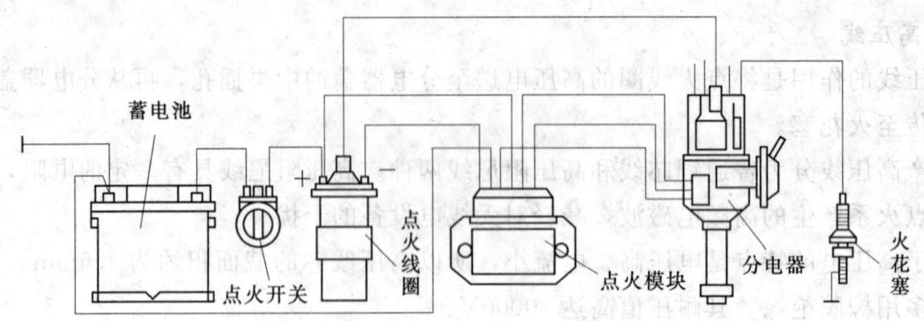

图6.41 上海桑塔纳轿车电子点火系电路

如图6.42所示为霍尔式点火装置的工作电路，其电子点火器的基本工作过程为：接通点火开关，发动机转动，当霍尔信号发生器输出信号 U_g 为高电位时，该信号通过点火

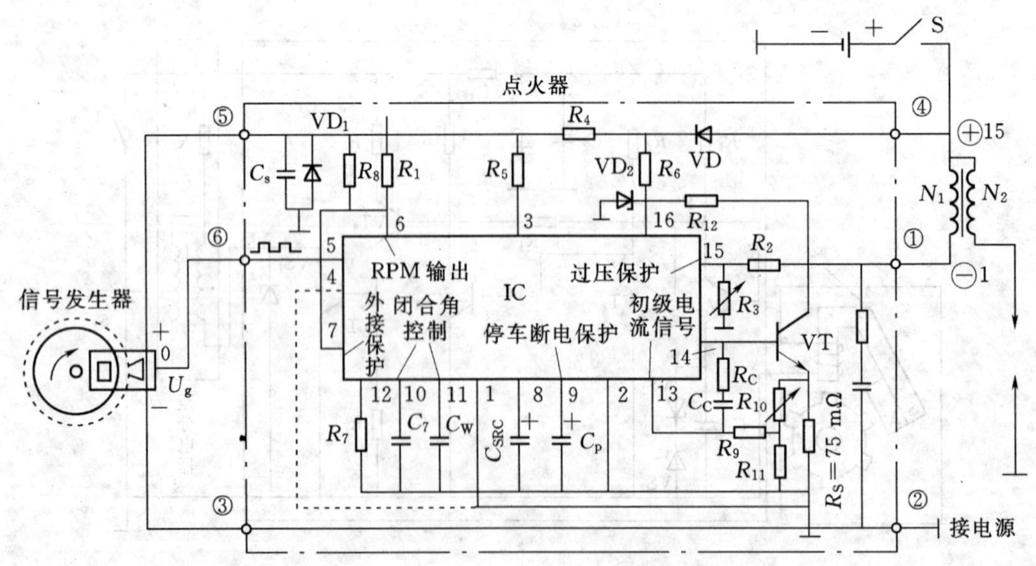

图6.42 霍尔电子点火系原理图

器插座⑥端子和③端子进入点火器。此时，点火器通过内部电路，驱动点火器大功率晶体VT导通，接通初级电路。其初级电路是：蓄电池（或发电机）“+”极→点火开关→点火线圈初级线圈 N_1→点火器大功率晶体管VT→反馈电阻 R_s→搭铁→蓄电池（或发电机）“−”极。

当霍尔信号发生器输出信号 U_g 下跳为低电位时，点火器大功率晶体VT立即截止，切断点火线圈初级电路，次级线圈产生高压电。

6.3.6 普通电子点火系的维护

为确保安全，电子点火系统使用与维修中在进行检修时，应注意以下事项。

(1) 拆卸或安装电路部件之前，应先关闭点火开关或拆下蓄电池的负极塔铁线。

(2) 当利用起动机带动发动机旋转，而又想不使发动机发动的情况下，如进行缸压检查等，应拔下分电器盖上的中央高压线，并将其搭铁。

(3) 点火器必须搭铁良好，使用中应尽可能减少搭铁处的接触电阻，确保电路稳定可靠的工作。

(4) 发动机在运转过程中，严禁拆卸蓄电池，也不可用刮火的方法检修电路。

(5) 在判断点火系统故障时，不要使高压电路处于开路状态，否则极易使点火器中的大功率三极管损坏。

(6) 点火信号线应与高压线分开，避免高压线对点火系统的干扰。

(7) 电子点火系的点火线圈一般使用高能点火线圈，应尽可能避免用普通点火线圈代用。

6.4 微机控制电子点火系

普通电子点火系取消了断电器触点，采用了专用点火芯片为核心的电子组件，配上高能点火线圈使其具有了点火能量高、点火电压大、能够实现点火的恒流控制、闭合角控制等多种控制功能，对改善发动机的性能起到了很大的作用。但电子点火系对点火提前角的控制仍采用离心调节器和真空调节器，所控制的点火提前角与最佳点火提前角仍有较大的误差。发动机的最佳点火提前角不仅取决于发动机的转速和负荷，同时还受到了发动机冷却液温度、进气温度、可燃混合气成分、燃油品质等因素的影响，微机控制的电子点火系可将所有影响因素都考虑进去，能为发动机提供任何工况下的最佳点火提前角，进一步提高了发动机的动力性和经济性，降低了汽车的排气污染。

6.4.1 微机控制电子点火系的组成

微机控制电子点火系由传感器、电控单元、执行器组成，如图6.43所示。

1. 传感器

传感器的作用是检测与点火提前角有关的发动机工况信息，并将信息输入到电控单元，作为运算和控制点火时刻的依据。

传感器的类型有曲轴转角传感器、曲轴基准位置传感器、进气压力传感器、空气流量传感器、进气温度传感器、冷却液温度传感器、节气门位置传感器、爆震传感器等。

(1) 曲轴转角、曲轴基准位置传感器。

1) 曲轴转角传感器可将发动机曲轴转过的角度变换成电信号输入到电控单元，电控

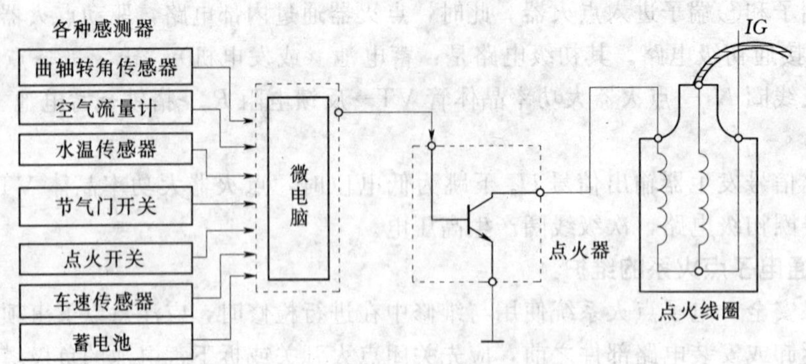

图 6.43 微机控制电子点火系的基本组成

单元根据此信号计算出曲轴转过的角度，也可根据此信号计算出曲轴的转速。

2）曲轴基准位置传感器可在曲轴转至某一特殊位置时输出电信号。电控单元将此信号作为计算曲轴位置的基准点，并与曲轴转角信号一起计算出任意时刻曲轴所处的位置。

曲轴转角、曲轴基准位置传感器是微机控制电子点火系统最基本的输入信号。常用的传感器形式有磁感应式、霍尔效应式和光电式。

下面以磁感应式曲轴转角、基准位置传感器介绍其工作原理。

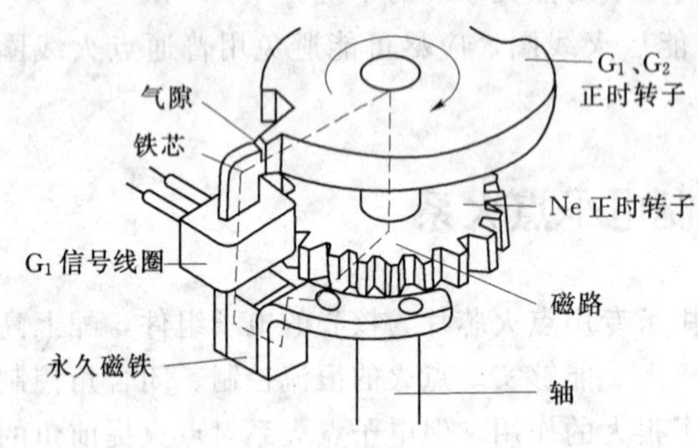

图 6.44 磁感应式曲轴转角、基准位置传感器

如图 6.44 所示，曲轴转角、基准位置传感器通常安装在分电器内，它由上、下两个传感器组成。下传感器为曲轴转角传感器，上传感器为曲轴位置传感器。

曲轴转角传感器主要由信号转子与感应线圈组成，如图 6.45 所示。信号转子上有 24 个轮齿，固定在分电器轴上，感应线圈固定在外壳内。分电器旋转一圈时，线圈输出 24 个脉冲，即每 30°曲轴转角产生一个脉冲。将脉冲送入发动机的电控单元，电控单元通过内部特设的转角脉冲发生器，将 30°转角等分成 30 份或更精细些，使转角的步长为 1°或 0.5°，以满足使用精度的要求。

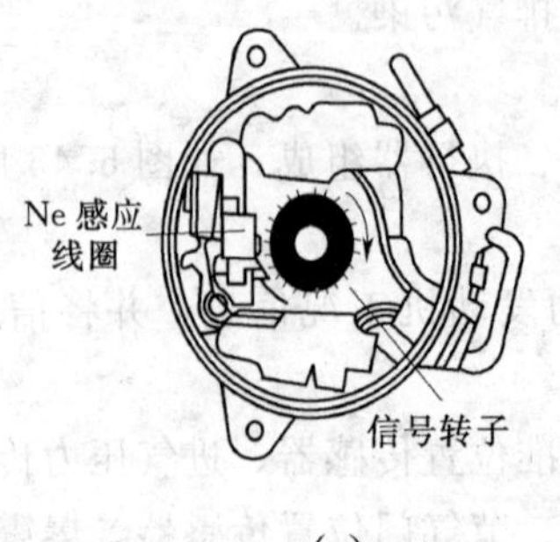

(*a*)

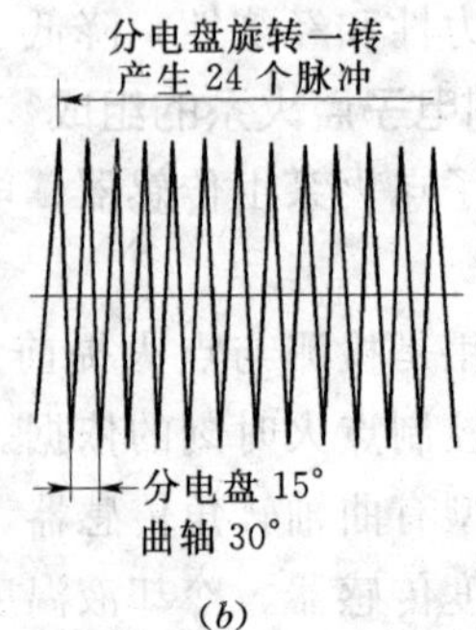

(*b*)

图 6.45 Ne信号发生器的结构与输出信号波形

(*a*) Ne信号发生器的结构；(*b*) Ne信号发生器的波形

电控单元不断检测由曲轴转角传感器输入的脉冲个数，即可判断出曲轴的转速。曲轴位置传感器由带两个凸缘的信号转子及相应感应线圈组成，如图 6.46 所示。

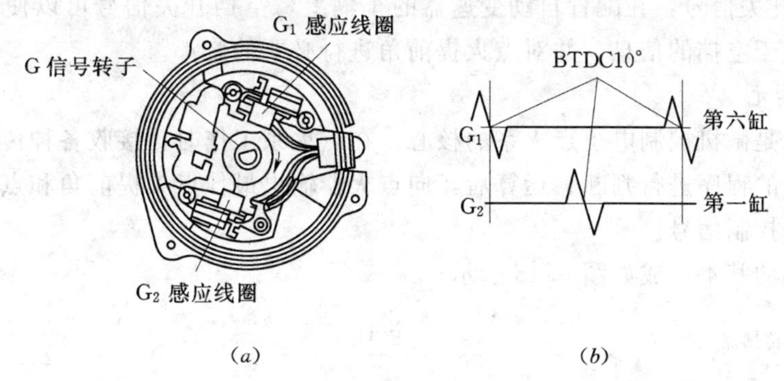

图 6.46 G 信号发生器的结构与输出信号波形

(a) G 信号发生器的结构；(b) G 信号发生器的波形

当信号转子上的凸缘通过感应线圈 G_1 时，产生 G_1 信号；当信号转子上的凸缘通过感应线圈 G_2 时，产生 G_2 信号。G_1、G_2 在分电器内相差 180°（相当于曲轴转角 360°）。分电器轴转一圈，G_1 和 G_2 信号分别出现一次。

当曲轴位置与曲轴转角信号同时输入到发动机的电控单元中时，电控单元可以根据两信号的关系计算出某时刻气缸内活塞的位置及发动机的转速，再从储存器的数据表中查出最佳点火提前角，向点火执行元件发出点火指令，如图 6.47 所示。

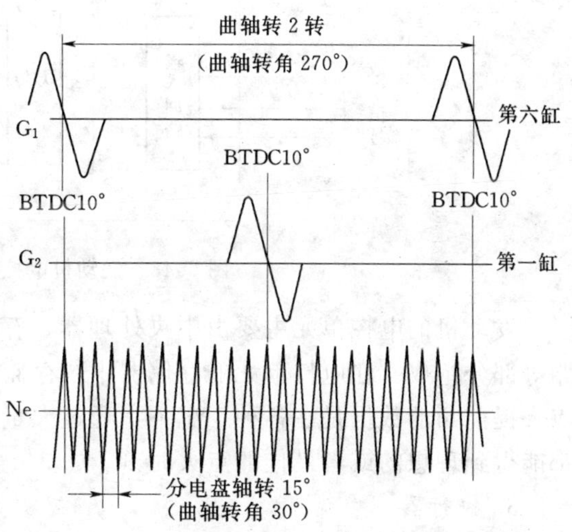

图 6.47 G 信号与 Ne 信号关系

(2) 空气流量计。空气流量计用来测量进入气缸的空气量，作为发动机的负荷信号，同时也作为点火提前的基本信号。空气流量计的形式有翼片式、热线式、热膜式和卡尔曼涡旋式等。

(3) 进气温度传感器。进气温度传感器用来测量发动机的进气温度，电控单元可根据此信号对点火提前角进行修正。

(4) 冷却液温度传感器。冷却液温度传感器将发动机的冷却液温度信号送入电控单元，电控单元根据此信号对点火提前角进行修正，并控制起动和暖机期间的点火提前角。

(5) 节气门位置传感器。节气门位置传感器将节气门位置的变化转变为电信号，电控单元通过此信号判定节气门所处的位置及发动机工况，依此修正点火提前角。

(6) 爆震传感器。爆震传感器用来检测发动机是否发生爆震，如果发动机发生爆震，电控单元将自动减小点火提前角。

(7) 各种开关信号。

1) 起动开关信号：在起动机接通时，将发动机的起动状态通知电控单元，电控单元以此控制起动时的点火提前角。

2）空调开关信号：在发动机的怠速工况下使用空调时，空调开关将此信号输送到电控单元，电控单元据此信号在提高发动机转速的同时，也对点火提前角进行修正。

3）空挡开关信号：在配置自动变速器的车辆上，空挡开关信号可以使电控单元获得自动变速器位于空挡的信息，并对点火提前角进行必要的修正。

2. 电控单元

电控单元是微机控制电子点火系的核心，在点火系工作时，接收各种传感器输入的信息，按照特定的程序进行判断、运算后，向点火器输出最佳点火提前角和点火线圈初级电路导通的时间控制信号。

电控单元的基本构成如图 6.48 所示。

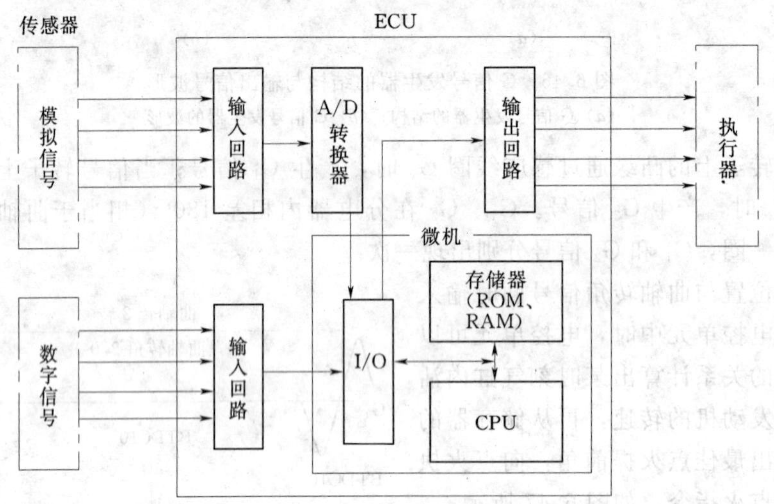

图 6.48 发动机电控制单元的基本组成

发动机的电控单元主要由中央处理器、存储器、输入/输出接口、总线及电源供给电路等部分组成。在电控单元的存储器中，存储着点火控制程序和点火提前角的数据。其中点火提前角的数据是在各种工况下，通过大量实验获得的，它可使发动机在任何工况下，都能得到理想的或者最佳的点火时刻。

3. 执行器

执行器的作用是接受电控单元的指令，具体执行某项控制功能。

（1）点火器。点火器是微机控制点火系统的功率输出级，它接受电子控制单元输出的指令进行工作，并对点火信号进行放大，驱动点火线圈工作。

点火器的内部结构和电路各不相同，有的点火器单纯起开关的作用，接通、切断点火线圈的初级电路；有的点火器除起开关作用外，还有电流控制、闭合角控制、判别缸位、点火监视等功能。

有的发动机不单设点火器，将大功率三极管组合在电控单元中，由电控单元直接控制点火线圈的初级电流的通断。

如图 6.49 所示为丰田发动机点火器的内部电路框图，该点火器的功能有以下几项。

1）根据电控单元输入的点火信号，使大功率三极管适时导通和截止。

2）闭合角控制及恒流控制，其作用是：根据发动机转速和蓄电池电压调节闭合角，

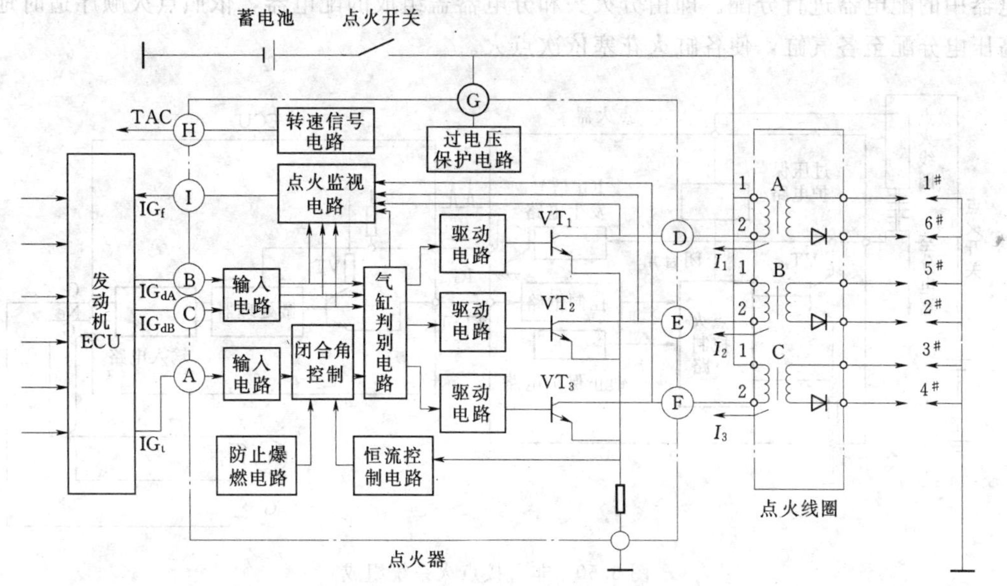

图 6.49 无分电器点火系统的点火器电路框图

以保证足够的点火能量。在发动机转速上升和蓄电池电压下降时，闭合角控制电路使闭合角加大，即延长初级电流的通电时间，防止初级储能下降，确保点火能量。

3）点火监视。该点火器中设有点火监视电路，用来监视点火系初级电路通、断情况，此信号通常称为点火监视信号，有的也称为点火确认信号，用 IG_f 表示。其作用是：若点火器中的大功率三极管不能正常导通、截止，即点火器发生故障时，火花塞则不能正常跳火，此时若喷油器照常喷油，则由于混合气不能被点燃，残留气缸内的燃油会污染火花塞和冲刷气缸壁，排入排气管的部分燃油会使三元催化器过热而加速损坏。为避免上述异常情况的发生，当点火监视信号 IG_f 连续 3～5 次未反馈到电控单元时，电控单元便向汽油喷射控制电路发出停止喷油的信号，喷油器停止喷油。

4）点火感知。当发动机转速急剧上升时，点火感知电路向闭合角控制电路发出信号，通过闭合角控制电路使大功率三极管提前导通，保证点火线圈有足够的初级电流通过，产生足够的次级电压，从而避免发生断火现象。

5）锁止保护。当停车而未关断点火开关超过一定时间时，锁止保护电路使大功率三极管自动截止，从而自动切断初级电路，防止点火线圈的初级绕组及点火器通电时间过长而发热，损坏点火线圈和点火器。

（2）点火线圈。与微机控制电子点火系相匹配的点火线圈为专用高能点火线圈，一般采用闭磁路点火线圈，能量损失小，对外电磁干扰小。线圈的初、次级绕组电阻、电感比较小，初级电流上升快，其稳定值比较大，在不控制状态下一般可达 20～30A，为此，在点火器内一般设置有限流控制装置。即当初级电流上升到一定值时，使其保持恒定不变，从而保证了发动机在任何工况下都能实现稳定的高能点火。

6.4.2 微机控制电子点火系的类型

微机控制电子点火系按照是否保留分电器可分为非直接点火系统和直接点火系统。

如图 6.50 所示，非直接点火系统仍然保留分电器，点火线圈产生的高压电是经过分电器中的配电器进行分配。即由分火头和分电器盖组成的配电器，依照点火顺序适时地将高压电分配至各气缸，使各缸火花塞依次点火。

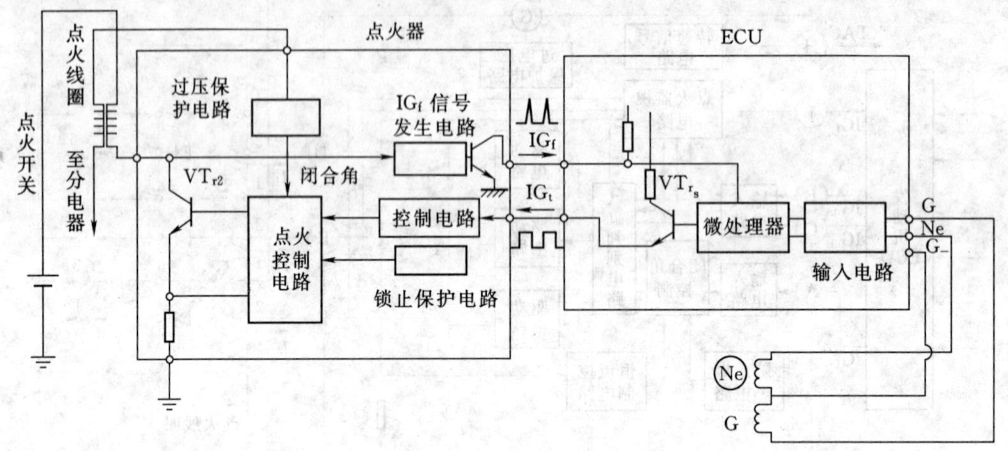

图 6.50 非直接点火系统组成

直接点火系统（无分电器点火系统）取消了分电器，该系统中点火线圈上的高压线直接与火花塞相连，工作时，点火线圈产生的高压电直接送至各火花塞，由微机根据各传感器输入的信息，依照发动机的点火顺序，适时的控制各缸火花塞点火。无分电器点火系统由于废除了分电器，因此不存在分火头和旁电极间跳火的问题，减小了能量损失，不存在分火头与旁电极之间产生火花问题，电磁干扰小，节省了安装空间。

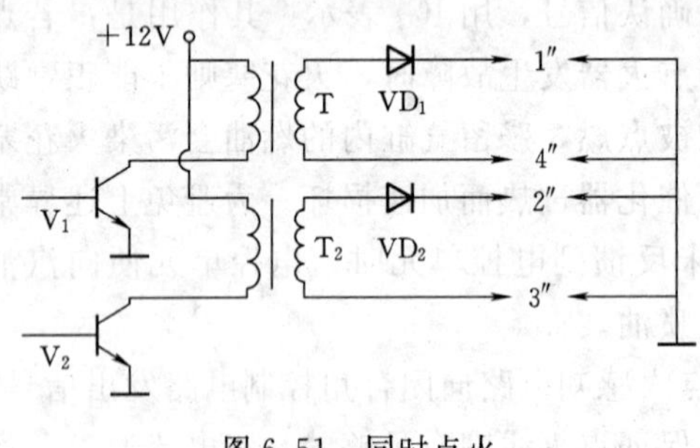

图 6.51 同时点火

直接点火系统又可分为以下两类。

(1) 同时点火方式：两个气缸合用一个点火线圈，对两个气缸同时点火。如图 6.51 所示。

(2) 单独点火方式：每个气缸的火花塞配一个点火线圈，单独对本缸点火。如图 6.52 所示。

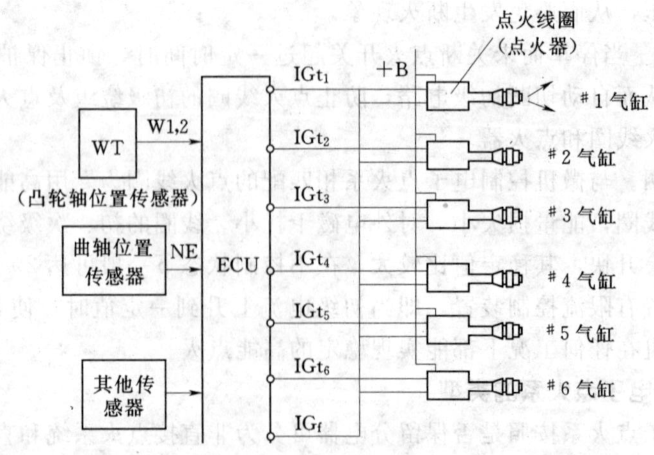

图 6.52 单独点火

6.4.3 微机控制电子点火系的控制功能

根据汽油机对点火系统的要求，在电子控制点火系统中，电控单元对点火的控制包括点火提前角控制，闭合角控制和爆震控制三个方面。

1. 点火提前角控制

对现代汽车而言，最佳点火提前角不仅要保证发动机的动力性、经济性达到最佳值，而且还必须使排气中有害物质的排放达到最小。

(1) 最佳点火提前角的确定。微机控制的电子点火系统所控制的最佳点火提前角通常包括初始点火提前角、基本点火提前角和修正点火提前角三部分，即：实际点火提前角＝初始点火提前角＋基本点火提前角＋修正点火提前角。如图 6.53 所示。

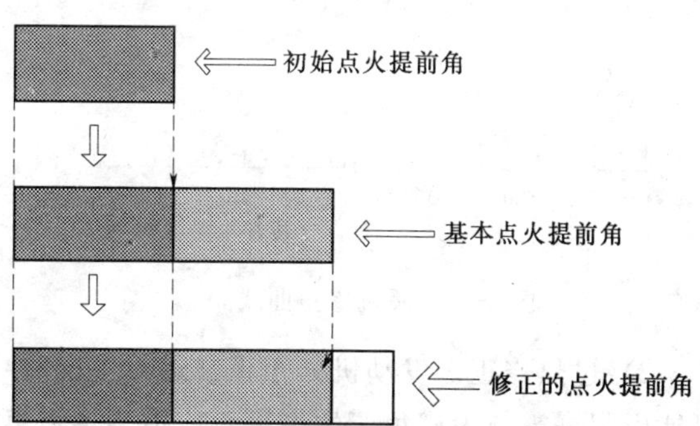

图 6.53 最佳点火提前示意图

初始点火提前角由发动机的结构及曲轴位置传感器的安装位置决定，是未经电子控制单元修正的点火提前角，通常为固定值。其大小随车型或发动机形式而异。

有些发动机的电子控制单元将 G_1 或 G_2 信号出现后的第一个 Ne 信号过零点定为压缩行程上止点前 10°，并以这个角度作为点火正时计算的基准点。

基本点火提前角是电子控制单元根据发动机的转速和负荷所确定的点火提前角，是发动机运转过程中最为主要的点火提前角。

当节气门位置传感器中的怠速触点闭合时，发动机处于怠速运行工况，电控单元根据发动机转速和空调开关是否接通确定基本点火提前角；当节气门位置传感器中的怠速触点断开时，发动机处于正常运行工况，电子控制单元通过发动机转速和负荷传感器获得发动机的工况信息，根据发动机所处的工况，从存储器的数据中得出最佳的其本点火提前角。

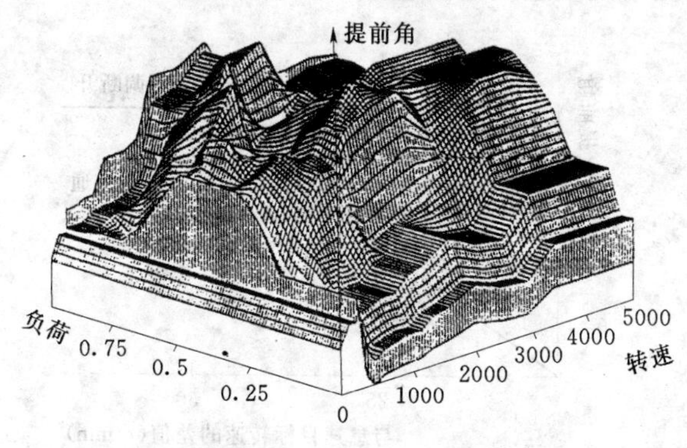

图 6.54 点火提前角控制脉谱图

发动机在各种工况下的最佳基本点火提前角通过大量的台架试验得出，将试验数据优化后作出了如图 6.54 所示的点火提前角控制脉谱图，并将其存储在电子控制单元的存储器中。

点火提前角随发动机转速和负荷变化的脉谱图。

除了转速和负荷以外，其他对点火提前角有重要影响的因素均归入到修正点火提前角中。电控单元根据有关传感器的信号，分别示出对应的修正值，它们的代数和即为修正点火提前角。修正点火提前角包含的修正值有暖机修正、过热修正、空燃比反馈修正、怠速稳定性修正、爆震修正等。

1) 暖机修正。为了改善发动机的低温起动性能，在冷却液温度较低时，应适当增大点火提前角。在暖机过程中，随着冷却液温度的升高，点火提前角修正值逐渐减小，如图6.55所示。

修正值的变化规律及大小随发动机的冷却液温度信号、空气流量信号、节气门位置信号等变化。

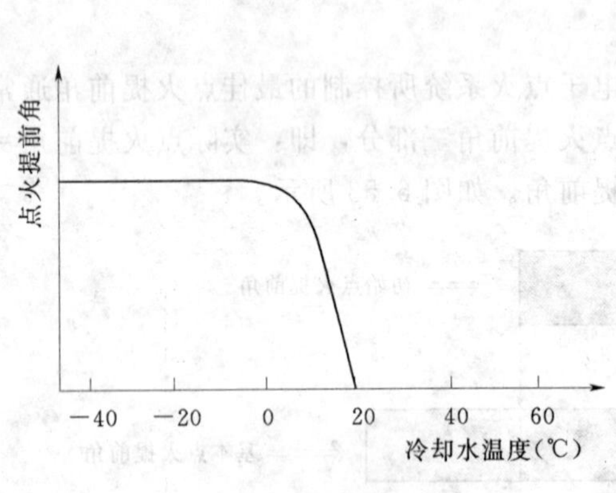

图6.55 暖机修正曲线

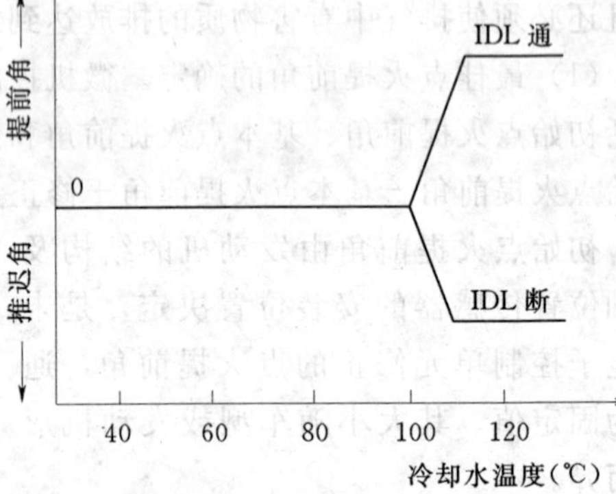

图6.56 过热修正曲线

2）过热修正。发动机处于正常运行工况时（怠速触点断开），若冷却液温度过高，则可能引起爆震。为避免产生爆震，应适当推迟点火提前角。发动机处于怠速工况时（怠速触点闭合），若发动机冷却液温度过高，为避免发动机长时间过热，应适当增大点火提前角。过热修正值的变化规律如图6.56所示。

3）空燃比反馈修正。安装有氧传感器的电控发动机，电控单元可根据氧传感器的信号增减喷油量，使空燃比保持在14.7左右。随着修正喷油量的增加和减少，发动机转速也会发生变化。为提高发动机转速的稳定性，在减少喷油量的同时，应适当增大点火提前角，如图6.57所示。

4）怠速稳定性控制。发动机在怠速工况下运行时，由于负荷不稳定，可能会造成转速的变化。为了维持稳定的怠速转速，电控单元应适当的调整点火提前角。

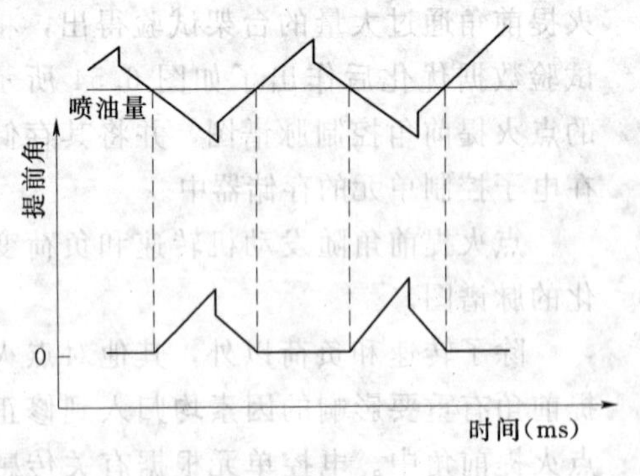

图6.57 空燃比反馈修正

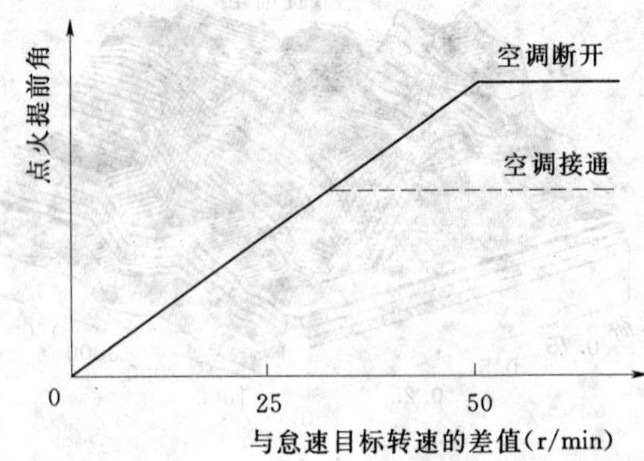

图6.58 与怠速目标转速的差值

发动机处于怠速工况时，电控单元不断地计算发动机的平均转速，当发动机的转速低于规定的怠速时，电控单元根据实际转速与目标转速差值的大小相应地增大点火提前角；当发动机转速高于目标转速时，则相应的减小点火提前角，如图6.58所示。

(2) 最佳点火提前角的控制方式。点火提前角的控制方式有开环控制和闭环控制两种方式。

1) 开环控制是电子控制单元根据有关传感器提供的发动机工况信息，从内部存储器内提取相应的基本点火提前角，再对发动机的非正常工况修正而得出的最佳点火提前角，以控制点火系统的工作，对控制结果的好坏不予考虑。点火提前角的开环控制方式，控制系统简单、运算速度快，但其控制精度取决于各传感器的精度，传感器所产生的任何偏差都可能使发动机偏离最佳点火时刻。此外，一些使用因素也会对发动机造成一定的影响，如积炭增多、燃油的辛烷值低造成的爆燃；怠速时由于负荷不稳定造成的发动机转速波动；发动机使用中的磨损、调整不当对点火提前角的影响等。开环控制不能根据上述的变化及时、准确地调整点火提前角，从而影响其控制精度。

2) 闭环控制方式可以在控制点火提前角的同时，为断检测发动机的有关工作情况，如发动机是否爆震、怠速是否稳定等，然后根据检测结果，及时对点火提前角进行进一步的修正，使发动机始终处于最佳点火工作状态，基本不受使用因素的影响，控制精度高。目前实行的闭环控制主要有爆震控制和怠速稳定控制。

2. 闭合角控制

闭合角控制也称通电时间控制。

电感储能式点火系统，当点火线圈的初级线圈被接通后，通过线圈的电流是按指数规律增大的。初级线圈被断开瞬间时，所能达到的电流值与初级线圈接通时间长短有关。只有通电时间达到一定值时，初级线圈的电流才能达到饱和。而次级线圈所能产生的电压最大值与初级线圈断开时的电流大小成正比，为了获得足够高的次级电压，必须使初级线圈的电流达到饱和。

影响初级线圈通过电流大小的主要因素有发动机转速和蓄电池电压。为保证在不同的蓄电池电压和不同的转速下，初级线圈均具有相同的初级断开电流，电控单元根据蓄电池电压和发动机的转速信号，从预置的闭合角数据表中查出相应的数值，对闭合角进行控制。

当发动机转速高时，适当增大闭合角，以防止初级线圈中通过的电流下降，造成次级电压下降，点火困难；当蓄电池电压下降时，也适当增大闭合角。反之适当减小闭合角，以防止初级线圈发热和电能的无效消耗。

3. 爆震控制

为了最大限度地发挥汽油机的潜能，应将点火提前角控制在接近临界爆震点，同时又不能使发动机发生爆震。若使发动机的点火系达到这样的性能要求，对发动机的点火提前角必须采用爆震反馈控制。

爆震反馈控制即对发动机的气缸压力或其他能对发动机爆震作出判断的相关参数进行检测，电控单元根据检测传感器的输入信号，对发动机是否发生爆震作出判断，然后发出相应的执行指令，对点火提前角进行必要的修正。

(1) 爆震的检测。对发动机爆震的检测方法有气缸压力检测、燃烧噪声检测和发动机机体振动检测等，燃烧噪声检测是一种非接触式检测方法，其耐久性好，但精度和灵敏度偏低。气缸压力检测方法精度较高，但传感器的耐久性装差，安装困难。发动机机体振动检测法具有较高的检测精度，传感器安装灵活，耐久性也较好，是目前最常用的爆震检测方法。

(2) 爆震控制方法。爆震与点火时刻有密切关系。一般而言，点火提前角越大，就越易产生爆震，推迟点火时刻对消除爆震有明显的作用。

电子控制单元对爆震进行反馈控制时，首先将来自爆震传感器的输入信号进行滤波处理，滤波电路只允许特定范围频率的爆震信号通过，由此达到将爆震信号与其他振动信号分离的作用。此后，电控单元将此信号的最大值与爆震强度基准值进行比较，对是否发生爆震及爆震强弱程度作出判断，如信号最大值大于基准值，则表示发生爆震，电控单元推迟点火时刻。

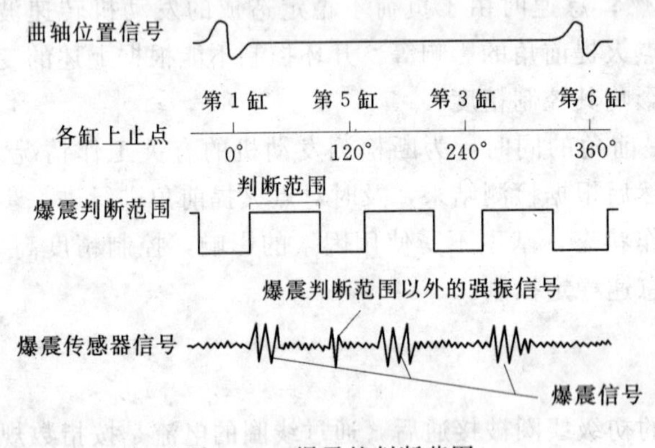

图 6.59 爆震的判断范围

由于发动机工作时振动比较剧烈，为了防止产生错误的爆震判别，电子控制单元对爆震信号的判别不是连续的，只限于发动机点火后可能发生爆震时段的振动信号。如图 6.59 所示。

电子控制单元通过对反映发动机负荷状况传感器的输入信号的分析，判断是否对点火提前角进行开、闭环控制。

当发动机的负荷低于一定值时，一般不会发生爆震，此时电子控制单元对点火提前角实行开环控制，电子控制单元只按预置数据及相关传感器的输入信号控制点火提前角的大小。

当发动机的负荷达到一定程度，电子控制单元对点火提前角进行闭环控制。若发动机产生爆震，电子控制单元根据爆震信号的强弱，控制推迟角度的大小。爆震强度大，推迟的角度大；爆震强度弱，推迟的角度小。每一次的反馈控制调整都以一固定的角度递减，直到爆震消失为止。当爆震消失后，电子控制单元又以固定的提前角度逐渐增大点火提前角。当再次出现爆震时，电子控制单元再次逐渐减小点火提前角。在闭环控制点火提前角的过程中，此过程是反复进行，如图 6.60 所示。

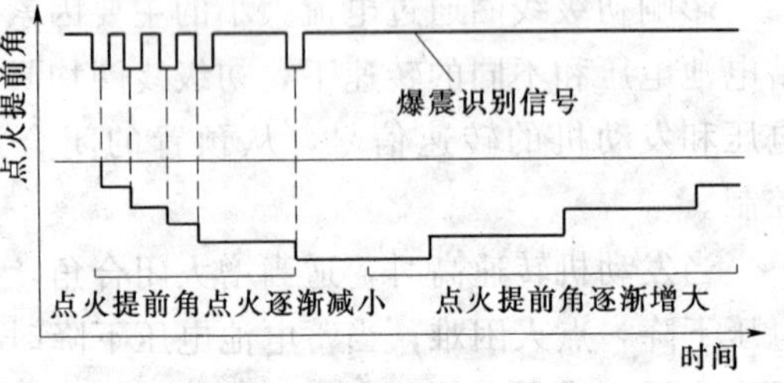

图 6.60 点火提前角的闭环控制过程

6.4.4 微机控制电子点火系的工作过程

1. 微机控制非直接点火系的工作过程

如图 6.61 所示为微机控制非直接点火系的电路图。其工作过程如下。

电控单元 ECU 根据传感器输入的曲轴位置和转角信号，确定点火时刻，并将点火正时信号 IG_t 送到点火器，当 IG_t 信号变为低电平时，点火线圈初级电流被切断，次级线圈中感应出高压电，再由分电器送至相应缸的火花塞产生电火花。

有分电器式微机控制电子点火系工作过程中，发动机的结构不同，上止点曲轴位置参照信号的设定方法及曲轴转角的分度方法不同，但点火时刻和初级线圈通电时间的控制原理及控制方法基本相同。

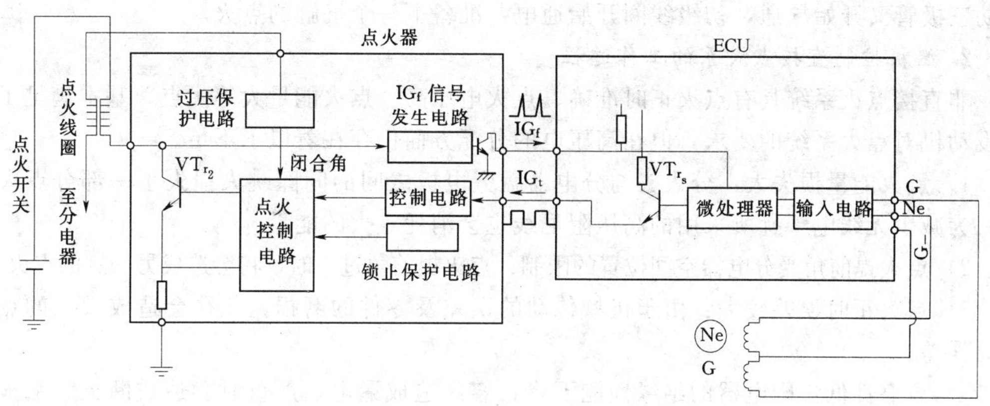

图 6.61 微机控制非直接点火系电路图

如图 6.62 所示为某 6 缸发动机在某工况下点火正时和通电时间的控制过程。此工况下发动机转速为 2000r/min，电控单元计算出最佳点火提前角为上止点前 30°曲轴转角，初级线圈所需通电时间为 5ms，相当于曲轴转角为 60°。

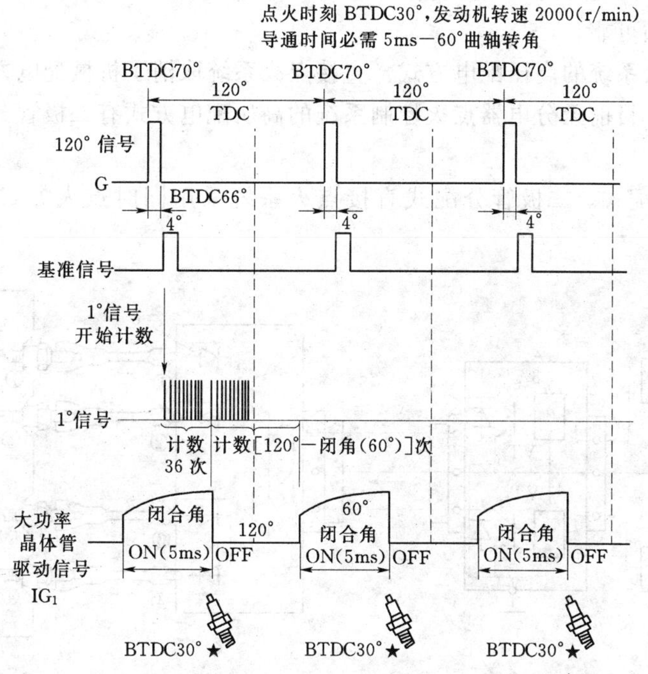

图 6.62 分电器式电控点火系统控制信号时序图

该发动机识别上止点的参照信号设定在压缩行程上止点前 70°，而电子控制单元接收到该信号后 4°开始计数，即点火控制基准信号为上止点前 66°。该发动机曲轴转角信号分度为 1°。因此，当电控制单元计数到第 36 个 1°信号时，即压缩行程上止点前 30°时，点火正时信号 IG_t 正好处于下降沿，控制功率三极管截止，切断初级线圈的电路，次级线圈感应出高压电实现点火。

由于 6 缸发动机的点火间隔为 120°，而该工况的通电闭合角为 60°，因此电控单元从功率三极管截止（点火）时开始计数到第 61 个 1°信号时，点火正时信号 IG_t 处于上升沿，

使功三极管又开始导通，初级线圈开始通电，准备下一个气缸的点火。

2. 微机控制直接点火系的工作过程

非直接点火系统具有点火正时准确、点火电压高、点火能量大等优点，基本满足了现代发动机对点火系统的要求，但在高压电的分配方面仍存在着以下不足。

1）点火能量损失大：分火头与分电器盖旁电极之间的间隙跳火损失了一部分点火能量；为减少无线电干扰所采用的高压阻尼线也会消耗点火的能量。

2）点火提前角受分电器空间位置的限制：点火提前角过大时，将会造成另一缸的点火。

3）点火正时误差较大：由于机械传动的误差及零件的磨损，往往会造成较大的点火正时误差。

4）可靠性低：配电器的绝缘性能下降，容易造成漏电，严重时会造成断火、乱火等故障，使点火系统的可靠性下降。

直接点火系统取消了分电器总成，直接将点火线圈次级绕组与火花塞相连接，即将点火线圈产生的高压电直接送给火花塞进行点火。其优点是：具有电子点火系统的全部优点；由于废除了分电器，节省了空间；由于废除了配电器，不存在分火头与分电器盖旁电极间产生的火花，因此可有效地降低点火系对无线电的干扰，同时因点火系高压电路中阻抗减小，点火更加可靠。

（1）直接点火系统的高压配电方式。直接点火系统取消了机械配电方式，因而必须角决高压配电问题。目前无分电器点火控制系统的高压配电方式有二极管分配式和点火线圈分配式两大类。

1）二极管分配式。二极管分配式直接点火系统采用同时点火方式，工作原理如图6.63所示。

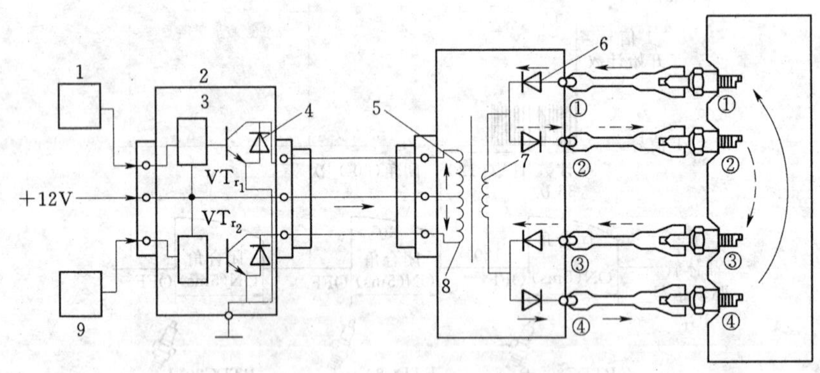

图6.63 二极管分配式工作原理图

1—1、4缸触发信号；2—电子点火器；3—控制部分；4—稳压器；5—初级绕组A；6—高压二极管；7—次级绕组；8—初级绕组B；9—2、3缸触发信号

点火顺序为1—3—4—2的四缸发动机，当电控单元接收到曲轴位置传感器相应信号时，向点火控制器发出点火信号，控制器的控制回路使三极管VT_{r_1}截止，初级绕组A中的电流被切断，在次级绕组中感应出下“+”上“-”的高压电，经4缸和1缸火花塞构成回路，两个火花塞均跳火，此时，1缸接近压缩终了，混合气被点燃，而4缸正在排气，火花塞点空火；曲轴转过180°后，电控单元接到传感器信号后再次向点火控制器发

出触发信号，VT_{r_2} 截止，初级绕组 B 中电流被切断，次级绕组感应出上“+”下“−”的高压，并经 2 缸和 3 缸火花塞构成回路，同时跳火，此时 3 缸点火，2 缸火花塞点空火。以此类推，发动机曲轴转 2 圈，各缸作功一次。

2）点火线圈分配式。点火线圈分配式直接点火系统是将来自点火线圈的高压电直接分配给火花塞，其类型有单独点火和同时点火两种形式。

单独点火方式即一个火花塞配一个点火线圈，其基本电路如图 6.64 所示。点火线圈可以安装在火花塞的顶部，因而取消了分电器和高压线，彻底解决了分电器和高压线的缺陷，分火性能好，但结构和点火控制系统比较复杂。

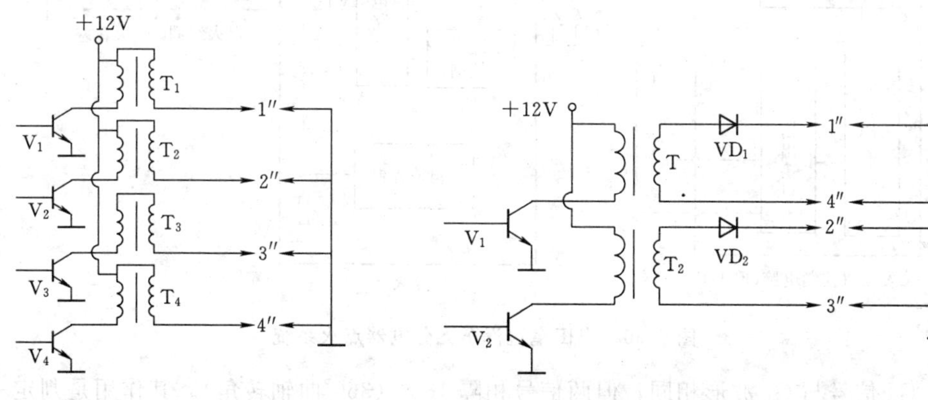

图 6.64 单独点火方式　　图 6.65 双缸同时点火方式

3）同时点火方式。同时点火方式是指两个气缸合用一个点火线圈，即一个点火线圈有两个高压输出端，分别与火花塞相连，负极对两个气缸点火，电路图如图 6.65 所示。

此点火方式要求同时点火的两个气缸的工作过程相差 360°曲轴转角，即一个气缸处于压缩行程的上止点时，另一个气缸则处于排气行程上止点，点火时，两个气缸的火花塞同时跳火，处于排气行程的气缸由于气缸内的压力很小，火花塞容易跳火，能量损失很小。而处于压缩行程气缸的压缩压力很高，气体分子密度大，必须有足够的点火电压。所以在两缸同时点火的过程中，实际加在压缩行程气缸火花塞的电压远高于排气行程气缸火花塞的电压，保证了压缩行程气缸火花塞的正常跳火，而排气行程的火花塞的火花只是一次无效火花，不会造成大的能量损失。

在两缸同时点火的电路中，当点火线圈的初级绕组接通瞬间时，会在次级绕组内所产生 1000～2000V 电动势，此电动势加在火花塞上会产生误点火。在高压电路中串联有高压二极管，由于高压电动势的方向与高压二极管的极性相反，因而防止了高压电动势引起的火花塞误点火。

有的发动机点火系统在点火线圈与火花塞的电路连接上留有适当的间隙，同样也可以防止误点火的发生。

（2）直接点火系统的工作过程。如图 6.66 所示，发动机曲轴位置与转速传感器可输出 G_1、G_2 和 Ne 三个信号。

1）G_1 信号的作用是判别六缸压缩行程上止点的位置。其信号线圈产生电压波形的时刻设定在六缸压缩行程上止点的附近，只要 G_1 信号出现，发动机电控单元即可判定六缸处在压缩行程上止点附近。

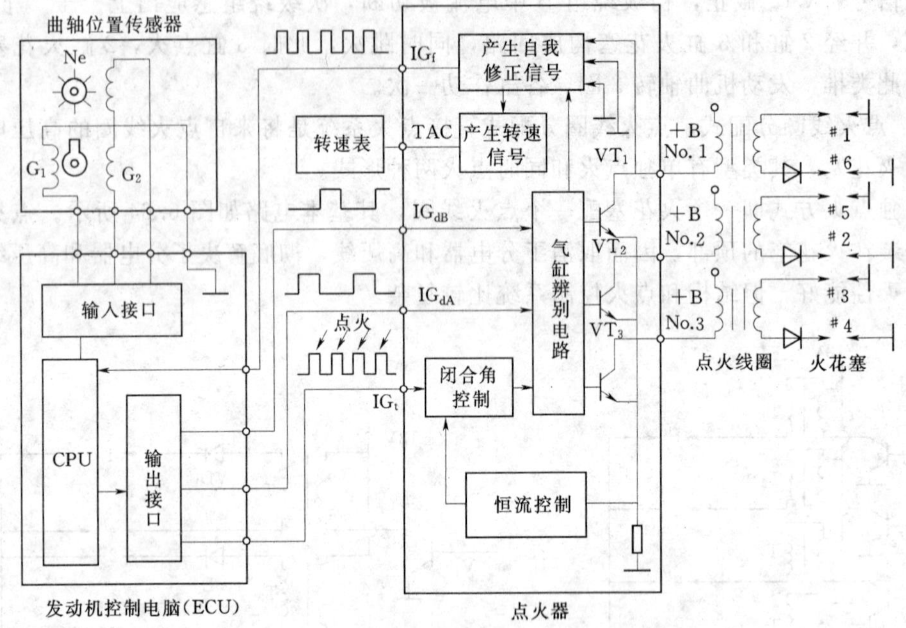

图 6.66　丰田皇冠汽车无分电器点火系统

2）G_2 信号与 G_1 波形相同，但两信号相隔 180°（360°曲轴转角）。其作用是判定一缸压缩行程上止点的位置，即当 G_2 信号出现时，表示一缸在压缩行程附近。

3）Ne 信号转子上设有 24 个齿，转子每旋转一周产生 24 个波形信号，每个波形信号表示 15°转角（30°），由于每波形表示的曲轴转角过大，点火控制会引起较大误差，因此电控单元中的转角脉冲发生器将传感器一转产生的脉冲转变成为 1440 个脉冲，即每个波形表示 0.5°曲轴转角。

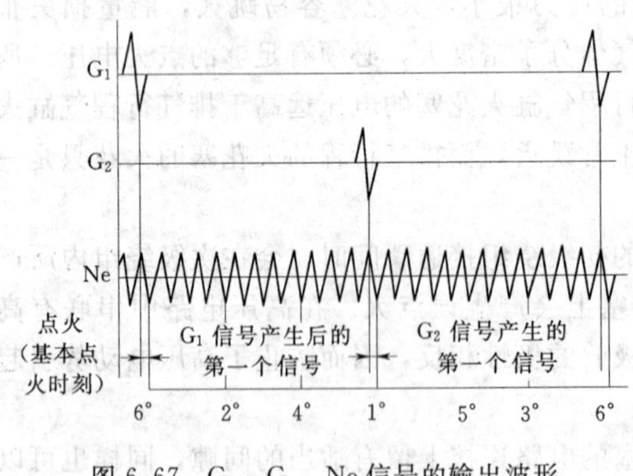

图 6.67　G_1、G_2、Ne 信号的输出波形

G_1、G_2 和 Ne 信号的输出波形及对应关系如图 6.67 所示。

当电控单元接收到 G_1 或 G_2 信号后，即以 G 信号为基准信号，再根据 Ne 信号确定点火提前角和闭合角。

发动机电控单元通过曲轴位置和曲轴转速传感器接收到 G_1、G_2 和 Ne 信号，向点火器输出 IG_t、IG_{dA}、IG_{dB} 三个信号。其中 IG_t 信号是点火正时信号，IG_{dA}、IG_{dB} 信号是电控单元输送给点火器的判缸信号。IG_{dA}、IG_{dB} 信号有两种状态，即高电位代表 1，低电位代表 0，不同的组合状态表示某个需要点火的气缸。如 0、1 表示 1、6 缸需要点火；0、0 表示 2、5 缸需要点火；1、0 表示 3、4 缸需要点火。点火的触发信号在 IG_t 信号的下沿，IG_t 和 IG_{dA}、IG_{dB} 信号配合点火的波形和信号组合状态所对应的缸号如图 6.68 所示。

点火器中的气缸判别电路根据 IG_{dA}、IG_{dB} 信号状态，决定哪条驱动电路接通，并将点火正时 IG_t 信号送往与此驱动电路相连接的点火线圈，完成对某缸的点火。

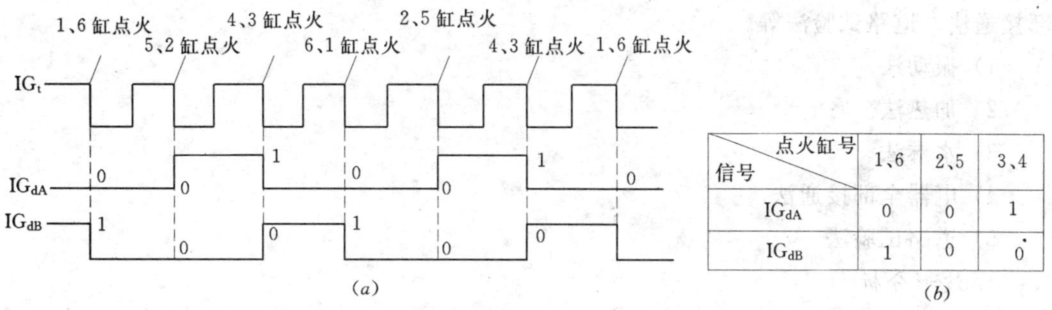

信号＼点火缸号	1、6	2、5	3、4
IG_{dA}	0	0	1
IG_{dB}	1	0	0

(b)

图 6.68 IG_{dA}、IG_{dB}、IG_t 信号配合点火的波形及 IG_{dA}、IG_{dB} 的状态

在点火系完成正常点火的同时，电子点火器向发动机电控单元发出点火确认信号，即将点火线圈初级电路的通、断信号反馈给发动机电控单元。在发动机工作过程中，当 IG_f 信号连续 3～5 次无反馈信号时，电控单元则判断为点火系有故障，发出指令强制停止喷油器工作，以免造成缸内喷油过多使再次起动困难或加大三元催化剂系统负荷。

6.4.5 微机控制电子点火系的故障诊断

微机控制点火系统与普通电子点火系相比，在结构上多了一些传感器、在控制方式上由信号发生器的直接控制点火器，变为由电控单元 ECU 综合控制点火器。因此，在进行微机控制点火系统的故障诊断与排除时，应在变通电子点火系故障诊断的基础上，增加传感器的检测与控制信号传输电路的检测。

车载的电控故障自诊断系统，为我们进行故障诊断与排除带来了许多方便。因此，在进行微机控制点火系统的故障诊断与排除时，要充分利用电控单元的自诊断功能，快速地查找故障原因，及时排除故障。微机控制的点火系统主要是利用信号来控制执行元件的，这些信号在传输过程中的衰减和失真，对控制结果造成了较大的偏差。针对这样的故障，有时还需要用到一些特殊的方法来加以检测与诊断。

微机控制点火系统故障诊断的一般程序与方法如下。

1. 调取故障码

调取故障码的方法较多，可以就车调码，也可以借助一些检测设备如解码器等来获取存储在电控单元中的故障码。

故障码给我们排除故障指明了方向，特别像信号断路或上下限超标等具有明显征兆的故障，简直就是“手到病除”。但也有部分故障是不具有故障码的，这就需要我们借助其他手段，做进一步的诊断。

2. 元器件性能检测

根据故障码的提示，针对有故障的元器件，需要进一步明确到底是元器件损坏还是线路（接触不良）所造成的故障，因此需要对元器件做进一步的检测。元器件的检测与普通电子点火系的元器件检测方法基本一至，线路故障可以用万用表测量、观察插接器松旷情况等手段明确。

3. 故障模拟再现

对于某些间歇性故障，因受某种特殊环境因素的影响才会出现，当在失去这种环境因素时检测，肯定什么故障也检测不到。因此，我们应采用各种各样的办法，来模拟故障出现的环境因素，让故障再现。一般常用的模拟方法有：振动法、加热法、水淋法、电器全

部接通法、道路试验法等。

1）振动法。

2）加热法。

3）水淋法。

4）电器全部接通法。

5）道路试验法。

4. 波形分析

对于某些复杂的疑难杂症，我们往往要借助于高科技手段来记录、存储各元器件的工作波形，并与标准波形进行比对，最后综合各种因素来诊断故障的所在。

微机控制的点火系统因其在精确控制点火时刻所涉及的因素较多，控制过程复杂，给我们的故障诊断带来了一定的难度，但我们只要用科学的态度和手段认真分析故障原因、综合考虑各种因素，再难的故障也就迎刃而解。

微机控制点火系统的故障诊断树如图 6.69 所示。

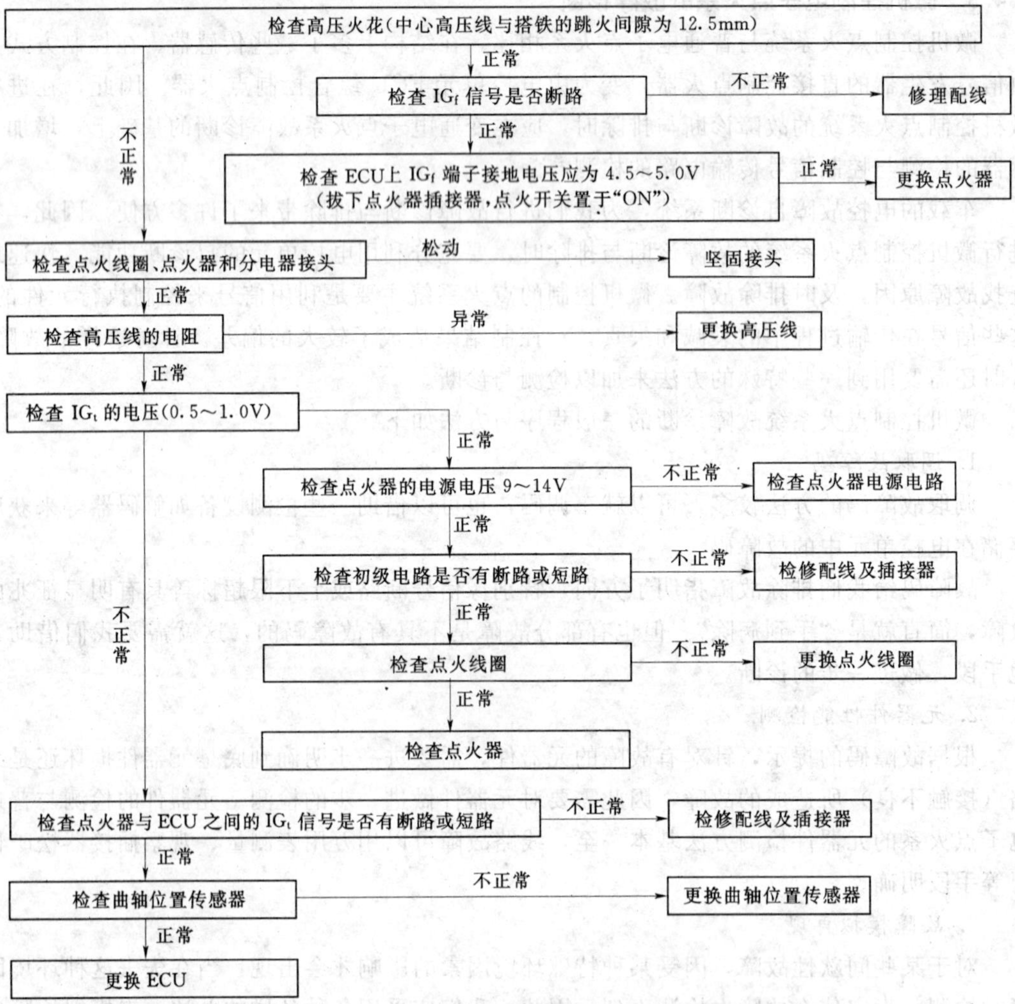

检查高压火花（中心高压线与搭铁的跳火间隙为 12.5mm）

正常 → 检查 IG_f 信号是否断路 —不正常→ 修理配线

正常 → 检查 ECU上 IG_f 端子接地电压应为 4.5～5.0V（拔下点火器插接器，点火开关置于“ON”） —正常→ 更换点火器

不正常 → 检查点火线圈、点火器和分电器接头 —松动→ 坚固接头

正常 → 检查高压线的电阻 —异常→ 更换高压线

正常 → 检查 IG_t 的电压（0.5～1.0V）

正常 → 检查点火器的电源电压 9～14V —不正常→ 检查点火器电源电路

正常 → 检查初级电路是否有断路或短路 —不正常→ 检修配线及插接器

正常 → 检查点火线圈 —不正常→ 更换点火线圈

正常 → 检查点火器

不正常 → 检查点火器与ECU之间的 IG_t 信号是否有断路或短路 —不正常→ 检修配线及插接器

正常 → 检查曲轴位置传感器 —不正常→ 更换曲轴位置传感器

正常 → 更换 ECU

图 6.69 微机控制点火系统的故障诊断流程图

6.5 实训项目1 传统点火系统的检修

6.5.1 实训目的

(1) 掌握传统点火系的拆装方法。

(2) 掌握传统点火器的一般检修方法。

6.5.2 仪器与工具

传统点火系统、塞尺、弹簧秤、常用拆装工具若干套。

6.5.3 实训内容

1. 分电器的检修

(1) 检查断电器触点接触情况：将触点分开察看接触面是否有油污、烧蚀、凸凹不平及触点间能否全面接触。如触点有油污，可用干布稍蘸些汽油将其擦净；如触点有轻微烧蚀，可用细砂纸擦磨干净；如表面严重烧蚀、凸凹不平时，应更换触点总成。两触点的中心线应重合，否则应用尖嘴钳校正。

(2) 检查触点间隙：用塞尺检查方法如图 6.70 所示。

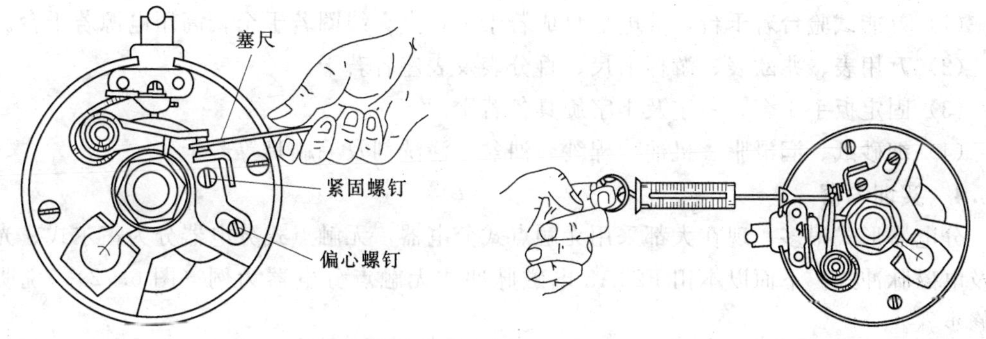

图 6.70 断电器触点间隙的调整

图 6.71 触点臂张力的检查

(3) 检查触点臂弹簧的张力：触点闭合时，用弹簧秤的挂钩勾在活动触点的一端，沿着触点的轴向拉动弹簧秤，如图 6.71 所示。触点刚刚分开时的读数一般为 4.9～6.9N，否则应予以更换。

(4) 检查分电器轴与衬套之间的间隙。分电器轴与衬套的正常配合间隙为 0.02～0.04mm，最大不得超过 0.07mm。

(5) 检查分火头和分电器盖是否漏电。可在汽车上利用点火线圈的高压电对准分火头进行跳火试验。若能跳火，说明分火头漏电。分电器盖如有裂损应更换。

(6) 点火提前机构的检修：点火提前机构的性能检查只能在实验台上进行。

2. 电容器的检修

检查电容器是好是坏的方法很多。例如：将电容器拆下放在机体上（搭铁），有中心高压线对着电容器的中心引线进行连续跳火试验，若刚开始时能跳火，后来又不跳了，说明电容器完好；若一直能跳火，说明电容器被击穿，应予以更换。

3. 点火线圈的检修

点火线圈的检测步骤与方法参见6.7节内容，若点火线圈外部有裂纹、初级或次级绕组的阻值不符合要求，应予以更换。

6.6 实训项目2 分电器的检修

6.6.1 实训目的

（1）掌握分电器总成的解体与清洗方法。

（2）掌握分电器主要零件的检修方法。

（3）掌握分电器的装复、调整与试验方法。

6.6.2 技术标准及要求

（1）分电器轴与衬套的配合间隙为0.01～0.03mm，极限0.05mm。

（2）分电器轴的直线度误差应不大于0.05mm。

（3）各缸发火间隔角度偏差不大于±1.5°，火花晃动量应在偏差角度内且不应大于1°。

6.6.3 仪器与工具

（1）万能试验台若干台，分电器总成若干个，点火线圈若干个，高压电源若干台。

（2）万用表、兆欧表、游标卡尺、百分表及表座各若干。

（3）固定扳手1套，一字及十字旋具各若干。

（4）细砂纸、润滑脂、机油、棉纱、油盆、清洗剂及毛刷具等若干。

6.6.4 实训内容

分电器形式很多，现在大都采用无触点式分电器，无触点式分电器分为霍尔式、光电式及电磁脉冲式。下面以本田F23A3电磁脉冲式无触点分电器为例（图6.72），说明其检修步骤。

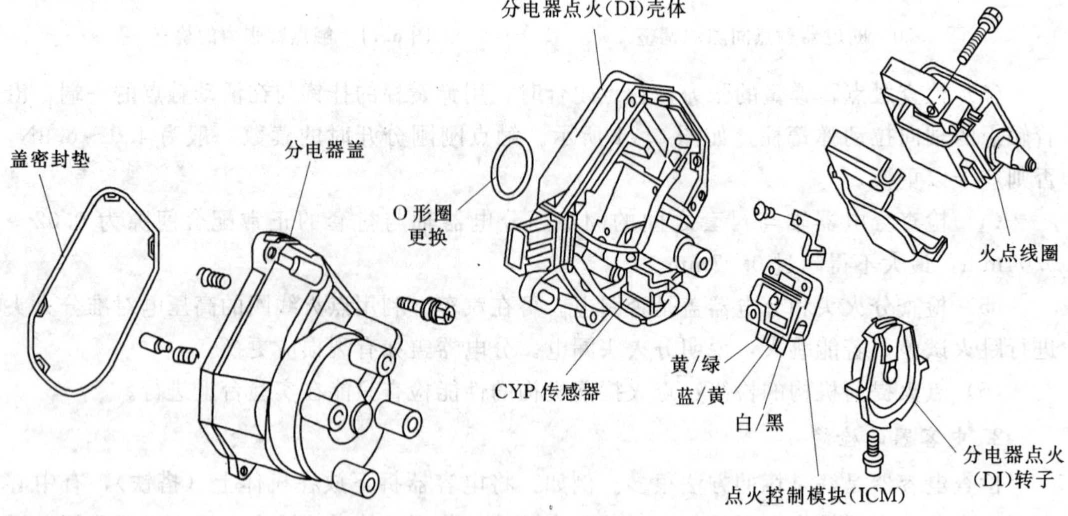

图6.72 磁脉冲式无触电分电器

1. 分电器总成的解体与清洗

(1) 用十字旋具将分电器盖上的固定螺钉拧下，拆除分电器盖，并取下密封垫。

(2) 用十字旋具拧下分火头的固定螺钉，取下分火头。

(3) 拆下点火线圈以及点火控制模块。

(4) 解体后，用棉纱蘸适量清洗剂擦洗各零件。

2. 分电器主要零件的检修

(1) 分火头的检修。直观检查，分火头应无裂痕、烧蚀及击穿，否则应更换新件（注意：分火头顶部金属有一些焦状物是正常的）；测试检查，分火头应不漏电，方法是将高压电源（10～20kV）的两根触针分别接导电片和底部轴孔，若有明显跳火过轴孔，证明分火头漏电。也可将分火头倒放在机体上，用发动机高压电进行跳火试验（注意：若在高压线与分火头距离很近时，勉强能够看到有很细弱的火花，一般为正常情况）。还可采用兆欧表检测，阻值应为无穷大；分火头顶部电阻检测，应符合规定，正常应为1±0.4kΩ。

(2) 分电器盖的检修。用一块干燥的棉布将分电器盖擦拭干净，进行直观检查，分电器盖应无裂纹及烧蚀痕迹，内部各电极应无明显的磨损、腐蚀及烧蚀，否则应更换分电器盖。中心电极应无卡滞，若烧蚀磨损致使其长度较标准长度减小2mm以上时，应更换新件。测试检查，分电器盖应不漏电，中央插孔和各旁插孔之间应不窜电，方法同分火头的漏电测试，采用高压跳火测试或兆欧表检测（各插孔和底座都要检测），应无明显跳火或阻值无穷大。

(3) 电磁脉冲传感器（CYP传感器）的检测。此项检测应在分电器拆解前进行，可在车上或试验台上检测。当在点火良好的同型号车上检测时，拆下原车分电器上的点火信号线束，插在被测分电器上，将点火线圈上高压线搭铁或作跳火试验；用万用表R×10挡测量传感器感应线圈的电阻值，应符合原厂规定，其电阻值一般在300～1500Ω之间；用万用表Ac电压挡测量其输出的电压，起动时应高于0.1V，运转时应为0.4～0.8V。

(4) CYP传感器转子（信号转子或触发器转子）的检修。信号转子应无断齿变形等现象，与感应元件等应无碰剐现象，否则应换成新件。

(5) 分电器轴、衬套及齿轮的检修。检查分电器轴与村套配合间隙。将分电器壳体夹在台虎钳上，使百分表的测量触头垂直顶到分电器轴上部外圆面上，沿百分表测杆方向晃动分电器轴，检查轴与衬套的配合间隙为0.01～0.03mm，极限值为0.05mm，否则更换衬套；转动分电器轴，观察百分表指针的摆差，分电器轴的直线度误差应不大于0.05mm，否则更换新件；分电器驱动齿轮轮齿磨损严重、齿面出现明显的疲劳剥落凹坑或出现裂损，也应更换新件。

3. 分电器的装复、调整与试验

(1) 分电器的装复、调整。分电器的组装可按解体的相反顺序进行。进行组装时，应保证各零件的清洁，并在各相对运动的摩擦表面上涂抹少量润滑脂进行润精。装复后，应对分电器轴的轴向间隙进行检查，转动分电器轴时应灵活无卡滞，轴向推拉分电器轴时，应无明显的间隙感，否则可通过改变调整垫片的厚度进行调整。

(2) 分电器试验。分电器装复后，应在试验台上进行发火性能、发火间隔角度性能测试。

1) 发火性能试验。将分电器装在电气试验台上，用一个高压线圈给分电器提供高压电并正确连接测试线，调整三针放电器间隙，约7～9mm，而后按规程操作试验台，起动调速电动机，将分电器转速逐渐升高至最高转速，约2500r/min左右。此时，用肉眼观察或用耳听，发出的火花均应具有足够强度并且无可察觉的断火现象。

2）发火均匀性试验。试验时，把高压线改接在放电装置的集电环上，而后按规程操作试验台，起动调速电动机，将分电器转速调至50～100r/min，在试验台的刻度盘上检查各缸的发火间隔角度，应发火均匀，以任意一缸为基准，其余各缸在到度盘上发火间隔角度的偏差应不大于±0 5°，火花的晃动量应在偏差角度内且应不大于1°。

6.7 实训项目3 点火线圈的检测与试验

6.7.1 实训目的

（1）掌握点火线圈的外部检查及初次级绕组短路、断路、搭铁检验。

（2）掌握点火线圈的发火强度检查。

6.7.2 技术标准及要求（丰田车系）

（1）点火线圈（12V）初级绕组的电阻值（冷态）为1.3～1. 6Ω。

（2）点火线圈（12V）次级绕组的电阻值（冷态）为10.7～14.5kΩ。

（3）点火线圈附加电阻器的电阻值（冷态）为1.3～1.5Ω。

6.7.3 仪器与工具

（1）电气万能试验台若干台，被测试的点火线圈、良好的点火线圈各若干。

（2）常用工具若干套，万用表、220V交流电试灯各若干个。

6.7.4 实训内容

点火线圈的检验主要包括外部检验、初次级绕组断短路搭铁检验以及发火强度检验。

1. 外部检验

检查点火线圈的外表，若绝缘盖破裂或外壳碰裂，因容易受潮而失去点火能力，应予以更换。

2. 初次级绕组断路、短路、搭铁检验

用万用表测量点火线圈的初级绕组、次级绕组以及附加电阻的电阻值，应符合技术标准，否则说明有故障，应予以更换。

（1）测量电阻法。

1）检查初级绕组电阻。用万用表电阻挡测量“+”与“－”端子间的电阻。

2）检查次级绕组电阻。用万用表电阻挡测量“+”与中央高压端子间的电阻。

3）检查电阻器的电阻。用万用表直接接于电阻器的两端子上。

（2）试灯检验法。用220V交流电试灯，接在初级绕组的接线柱上，灯亮则表示无断路故障，否则便是断路。当检查绕组是否有搭铁故障时，可将试灯的一端与初级绕组相连，一端接外壳，如灯亮，便表示有搭铁故障；否则为良好。短路故障用试灯不易查出。

对于次级绕组，因为它的一端接于高压插孔，另一端与初级绕组相连，所以检验中，当试灯的一个触针接高压插孔，另一触针接低压接柱时，若试灯发出亮光，说明有短路故障；若试灯暗红，说明无短路故障；若试灯根本不发红，则应注意观察，当将触针从接柱上移开时，看有无火花发生，如没有火花，说明绕组已断路。因为次级绕组和初级绕组是

相通的，若次级绕组有搭铁故障，在检查初级绕组时就已反映出来了，无需检查。

3. 发火强度检验

(1) 在万能电器试验台上检验火花强度及连续性。检查点火线圈产生的高电压时，可与分电器配合在试验台上进行试验，如果三针放电器的火花强，并能击穿5.5mm以上的间隙时，说明点火线圈发火强度良好。检验时将故电电极间隙调整到7mm，先以低速运转，待点火线圈的温度升高到工作温度（60～70℃）时，再将分电器的转速调至规定值，（一般4、6缸发动机用的点火线圈的转速为1900r/min，8缸发动机的为2500r/min)，在0.5 min内，若能连续发出蓝色火花，表示点火线圈良好。

(2) 用对比跳火的方法检验。此方法在试验台上或车上均可进行，将被检验的点火线圈与好的点火线圈分别接上进行对比，看其火花强度是否一样。点火线圈经过检验，如内部有短路、断路、搭铁等故障，或发火强度不符合要求时，一般均应更换新件。

6.8 实训项目4 点火正时的检查与调整

6.8.1 实训目的

(1) 掌握点火正时的检查判断方法。

(2) 掌握点火正时的调整方法。

6.8.2 仪器与工具

实训用轿车若干辆，点火正时枪若干套，常用工具若干套。

6.8.3 实训内容

为保证气缸中的混合气在正确的时间被点燃，在安装分电器或更换燃油品种时，要靠人工确定和调整初始点火提前角，通常将这一工作称为点火正时。点火正时是否正确对发动机的性能影响很大。点火时间过早会造成发动机的爆震燃烧，使发动机局部过热，燃料消耗增加，功率下降；点火时间过晚会使发动机燃烧所产生的最大压力下降，功率降低，经济性下降。因此，在发动机的使用与维修中，要确保点火正时的准确。

1. 就车检查点火正时

就车判断点火正时时，应使发动机处于正常工作温度（70～80℃）下怠速运转，当突然加速时，如果发动机速度急速提高并伴有短促而轻微的突爆声（轻微爆震），而后很快消失则为点火正时；如果发动机转速不能随节气门开大而增大，发动机发闷且排气管出现“突突”声，则为点火过迟；如果发动机出现严重的金属敲击声，即爆震（敲缸），则为点火过早。

点火过早或过迟的一般调整方法是：松开分电器壳体固定螺栓，将分电器轴按顺时针或逆时针方向转动少许，直至调好点火正时。

2. 使用点火正时灯检查点火正时

查找并验证飞轮或曲轴前端皮带盘上1缸压缩终了上止点标记和点火提前角标记，擦拭使之清晰可见，如标记不清晰，最好用粉笔或油漆将标记描白，如图6.73所示。

将点火正时灯正确连接到汽车发动机上，将传感器夹在1缸高压线上。必要时，接上转速表和真空表。

启动发动机至正常工作温度状态，保持在怠速下稳定运转。打开正时灯并对准正时标记（正时刻度盘或正时指针），调整正时灯电位器，使正时标记清晰可见，就如同固定不动一样。此时表头读数即为发动机怠速运转时的点火提前角。用同样的方法可分别测出不同工况、转速时的点火提前角并记录。

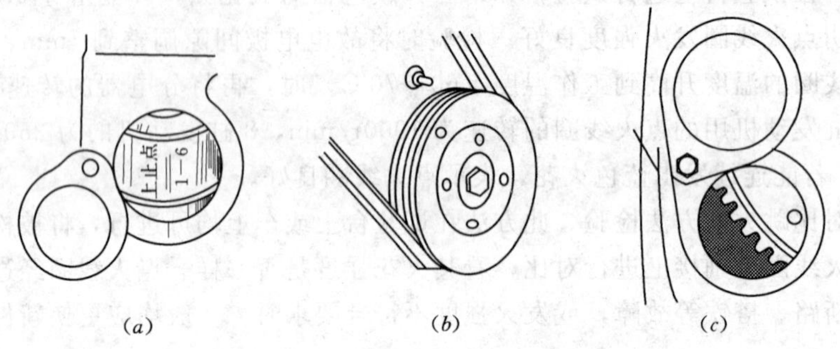

图 6.73 发动机正时记号

(*a*) 解放牌汽车：$\frac{\text{上止点}}{1-6}$与飞轮壳上刻线对准；(*b*) 北京 BJ212：曲轴皮带盘一个孔与正时齿轮室盖上的指针对准；(*c*) 东风 EQ1090：飞轮上的钢球与检视孔上的刻线对准，同时曲轴皮带轮上缺口对准正时齿轮室盖的凸起标记

本章小结

1. 点火系的发展历经了传统点火系、普通电子点火系和微机控制的点火系三个阶段。

2. 点火系的作用是在发动机活塞压缩行程终了前的某一时刻，及时地用电火花点燃可燃混合气，并满足可燃混合气充分地燃烧及发动机工作稳定的性能要求。

3. 传统点火系主要由电源、点火线圈、分电器、火花塞、点火开关和附加电阻等组成，其中分电器包括断电器、配电器、电容器、离心式点火提前机构和真空式点火提前机构。

4. 影响传统点火系次级电压的因素主要有发动机汽缸数、火花塞积碳、电容值大小、触点间隙和点火线圈温度。

5. 离心式点火提前机构随发动机转速的提高使点火提前角增大，真空式点火提前机构随发动机负荷的增大使点火提前角减小。

6. 火花塞的分类。

7. 电子点火系的分类。

8. 普通电子点火系一般又点火信号发生器、电子点火器、配电器、点火线圈、火花塞等主要部件组成。

9. 微机控制的点火系主要由传感器、ECU、执行器组成。

10. 微机控制点火系的功能主要包括点火提前角、通电时间及爆燃控制三个方面。

11. 微机控制的点火系按有无分电器可分为有分电器的微机控制点火系和无分电器的微机控制点火系两大类；按微机控制方式分，可分为开环控制和闭环控制。

12. 无分电器的微机控制点火系又可分为独立点火方式、分组点火方式和二极管配电点火方式三种类型。

单 元 习 题

一、单项选择题

1. 为使汽车发动机能在各种困难条件下点火起动，要求作用于火花塞两电极间的电压至少在（　　）。

A. 7000～8000V　　B. 8000～9000V　　C. 9000～10000V　　D. 10000V以上

2. 电感放电式点火系的每一点火过程可以划分的三个阶段是（　　）。

A. 触点张开→触点闭合→火花放电

B. 触点闭合→触点张开→火花放电

C. 触点闭合→火花放电→触点张开

D. 点火开关闭合→火花放电→点火开关打开

3. 点火线圈上附加电阻的作用是（　　）。

A. 减小初级电流　　B. 增大初级电流

C. 稳定初级电流　　D. 使初级电流达到最大值

4. 断电器触点间隙增大，则点火提前角（　　）。

A. 为零　　B. 增大　　C. 减小　　D. 保持不变

5. 断电器触点断开的瞬间，在初级绕组中产生的自感电压约（　　）。

A. 100V左右　　B. 300V左右　　C. 7000V左右　　D. 15000V左右

6. 点火提前角随发动机负荷的变化是靠（　　）。

A. 电压调节装置　　B. 真空式调节装置

C. 离心式调节装置　　D. 辛烷值调节装置

7. 当发动机的转速一定而负荷增大时，分电器中的点火提前调节装置将使提前角（　　）。

A. 减小　　B. 增大　　C. 不变　　D. 先增大后减小

8. 火花塞绝缘体裙部的温度应保持在（　　）。

A. 200～500C　　B. 500～900C　　C. 900～1200C　　D. 1200～1500C

9. 大功率、高转速、大压缩比的发动机选用的火花塞应是（　　）。

A. 冷型火花塞　　B. 热型火花塞　　C. 中型火花塞　　D. 都可以

10. 分电器的断电器触点间隙调小后，会使（　　）。

A. 点火时间推迟　　B. 点火时间提早

C. 点火时间不变　　D. 点火持续时间变长

11. 分电器电容器断路，则断电器触点之间（　　）。

A. 火花变大　　B. 火花变小　　C. 无火花　　D. 立即烧毁

12. 磁感应式信号发生器所产生的脉冲信号主要是应用（　　）。

A. 电磁振荡原理　　B. 光电效应原理

C. 霍尔效应原理　　D. 电磁感应原理

二、判断题（对打“√”，错打“×”）

1. 火花塞间隙越大，所需的击穿电压就越高。（　　）

2. 发动机的最佳点火时间是活塞到达压缩行程的上止点时。（　　）

3. 转速高或负荷小时，点火提前角应小些。(　　)

4. 断电器触点与点火线圈的初级绕组串联。(　　)

5. 点燃混合气主要靠电感放电，即火花尾。(　　)

6. 蓄电池点火系的工作特性是指反映其点火性能的次级电压受到一些因素影响后的变化规律。(　　)

7. 次级电压的高低与初级电流的大小有关，而与初级电流的变化快慢无关。(　　)

8. 发动机转速越高，次级电压就越大。(　　)

9. 发动机转速过高或过低，都将导致点火线圈次级电压降低。(　　)

10. 发动机的气缸数越多，则次级电压就越大。(　　)

11. 断电器触点间隙过大，则点火时间过早。断电器触点间隙过小，则点火时间过迟。(　　)

12. 分电器上的电容器断路，易使断电器触点烧蚀。(　　)

13. 离心式点火提前调节装置的工作特性取决于并联的两个弹簧的总刚度。(　　)

14. 负荷大或节气门开大时，点火提前角减小；负荷小或节气门关小时，点火提前角则增大。(　　)

15. 使用辛烷值较高的汽油时，应将点火时间略为推迟；反之，则应提前。(　　)

三、简答题

1. 点火系的作用是什么？对其有何要求？

2. 试述传统点火系统的工作原理及过程。

3. 什么是点火提前角？其过大或过小有何危害？

4. 影响汽油发动机点火系次级电压的因素有哪些？

5. 简述汽油发动机传统式点火系中分电器的离心式调节器和真空式调节器的工作原理。

6. 如何调整传统点火系的点火正时？

7. 电子点火系有何优点？如何分类？

8. 简述电磁感应式电子点火装置的工作原理。

9. 微机控制的点火系由哪几部分组成？有何优点？

10. 微机控制的点火系如何分类？

11. 微机控制的点火系是如何实现最佳点火提前角的精确控制的呢？

第7章 照明与信号系统

- **知识目标**

(1) 了解汽车灯系的组成和作用。

(2) 了解前照灯的分类、组成、结构、基本要求以及前照灯的电路。

(3) 了解前照灯的防眩目措施。

(4) 了解可缩回式前照灯装置的组成及工作原理。

(5) 了解前照灯电子控制装置。

(6) 了解其他照明信号灯的电路及基本工作原理。

- **技能目标**

(1) 掌握用前照灯检测仪对前照灯进行检测调整的方法。

(2) 掌握诊断与排除前照灯的故障的方法。

(3) 掌握按照电路图排除其他照明信号灯的故障的方法。

7.1 概　　述

为保证汽车行驶的安全性，减少交通事故和机械事故的发生，汽车上都装有多种照明设备和灯光信号装置，俗称灯系。汽车灯系根据安装位置和用途不同，一般可分为：外部照明装置、内部照明装置。常见汽车照明灯的种类、特点及用途见表7.1。

表7.1　汽车照明灯的种类、特点及用途

种类	外照明灯			内照明灯		
	前照灯	雾灯	牌照灯	顶灯	仪表灯	行李箱灯
工作时的特点	白色常亮远近光变化	黄色或橙色单丝常亮	白色常亮	白色常亮	白色常亮	白色常亮
用途	为驾驶员安全行车提供保障	雨雪雾天保证有效照明及提供信号	用于照亮汽车尾部牌照	用于夜间车内照明	用于夜间观察仪表时的照明	用于夜间拿取行李物品时的照明

(1) 前照灯：俗称大灯，装在汽车头部的两侧，用于夜间或光线昏暗路面上汽车行驶时的照明，有两灯制和四灯制之分。如图7.1所示。

(2) 雾灯：安装在车头和车尾，位置比前照灯稍低。装于车头的雾灯称为前雾灯，车尾的雾灯称为后雾灯。光色为黄色或橙色（黄色光波较长，透雾性能好）。用于在有雾、下雪、暴雨或尘埃等恶劣条件下改善道路照明情况。

(3) 示宽灯与尾灯：这两种都是低强度灯，用于夜间给其他车辆指示车辆位置与宽度。位于前方的称为示宽灯，位于后方的称为尾灯。

(4) 刹车灯：安装在车辆尾部，通知后面车辆该车正在刹车，以避免后面车辆与其后部碰撞。

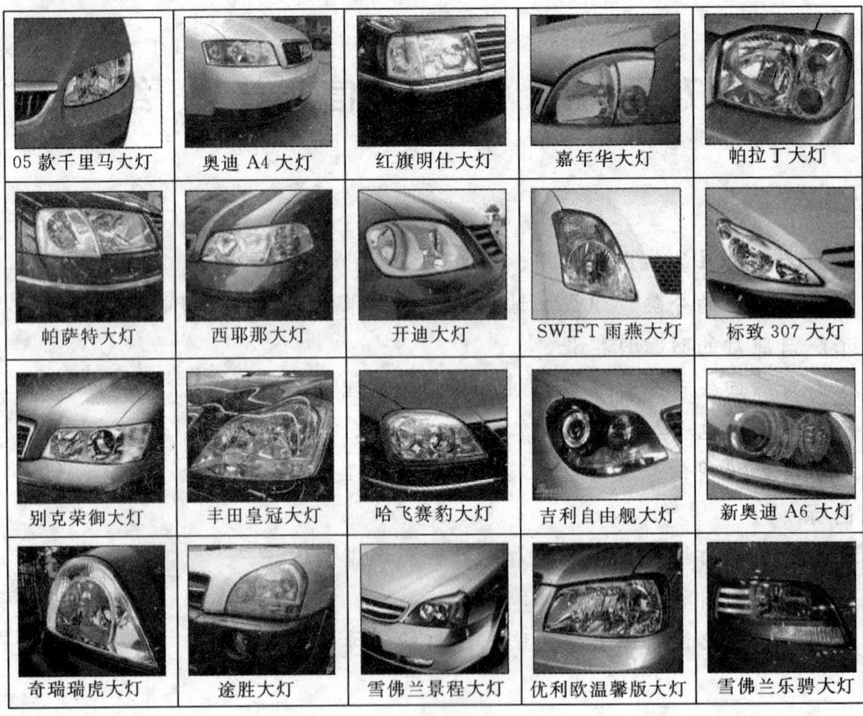

图 7.1 现代汽车大灯图

(5) 转向信号灯：安装在车辆两端以及前翼子板上，向前后左右车辆表明司机正在转弯或改换车道。转向信号灯每分钟闪烁 60～120 次。

(6) 危险警告灯：车辆紧急停车或驻车时，危险警告灯给前后左右车辆显示车辆位置。转向信号灯一起同时闪烁时，即作危险警告灯用。如图 7.2 所示。

(7) 牌照灯：用于照亮尾部车牌，当尾灯点亮时，牌照灯也点亮。

(8) 倒车灯：安装于车辆尾部，给司机提供额外照明，使其能在夜间倒车时看清车的后面，也警告后面车辆，该车司机想要倒车或正在倒车。当点火开关接通变速器换至倒车挡时，倒车灯点亮。

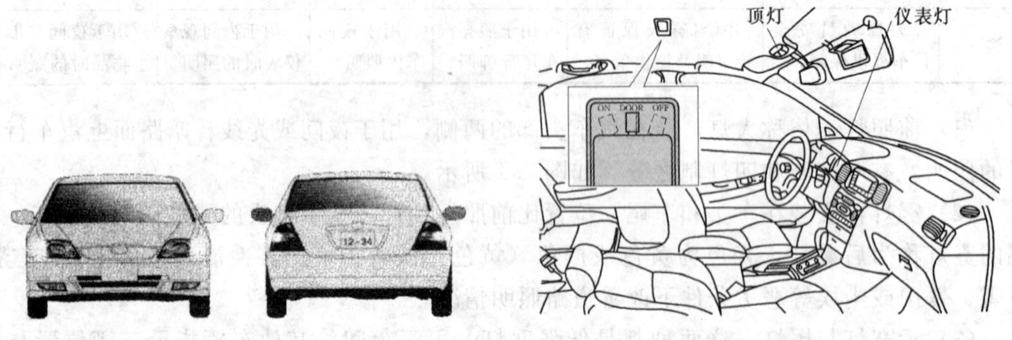

图 7.2 危险警告灯示意图

图 7.3 内部照明

目前，多将前照灯、雾灯、示宽灯等组合起来，称为组合前灯；将尾灯、后转向信号灯、刹车灯、倒车灯等组合起来称为组合后灯。

（9）仪表灯：用于夜间照亮仪表盘，使司机能迅速容易地看清仪表。尾灯点亮时，仪表灯也同时点亮。有些车还加装了灯光控制变阻器，使司机能调整仪表灯的亮度。

（10）顶灯：用于车内乘客照明，但必须不致使司机眩目。通常客车车内灯都位于驾驶室中部，使车内灯光分布均匀。仪表灯和顶灯的布置如图 7.3 所示 。

以上装置中前照灯、示宽灯及尾灯、倒车灯、转向信号灯、牌照灯、刹车灯等都是强制安装使用，其他灯光设备是在一定条件下强制安装或选装。由于前照灯在所有照明设备中具有特殊的光学性质，因此下面重点讨论前照灯。

7.2　前照灯的结构与分类

7.2.1　前照灯的基本要求

（1）前照灯应保证夜间车前有明亮而均匀的照明，使驾驶员能辨明 100m 以内道路上的任何物体。随着汽车行驶速度的不断提高，对前照灯的要求也越来越高，现代高速汽车的前照灯的照明距离能达到 200～250m。

（2）前照灯应具有防炫目装置，以免夜间车辆交会时造成对方驾驶员炫目而发生事故。

7.2.2　前照灯的结构

汽车前照灯一般由光源（灯泡）、反光镜、配光镜（散光镜）三部分组成。如图 7.4 所示。

1. 反射镜

反射镜的作用是最大限度地将灯泡发出的光线聚合成强光束，以增加照射距离。

反射镜的表面形状呈旋转抛物面，如图 7.4 所示，一般由 0.6～0.8mm 的薄钢板冲压而成或由玻璃、塑料制成。其内表面镀银、铝或镀铬，然后抛光处理；目前反射镜内面采用真空镀铝的较多，如图 7.5 所示。

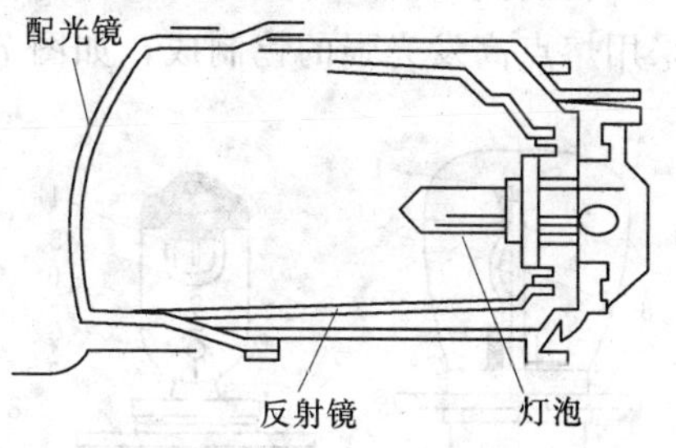

图 7.4　前照灯的组成

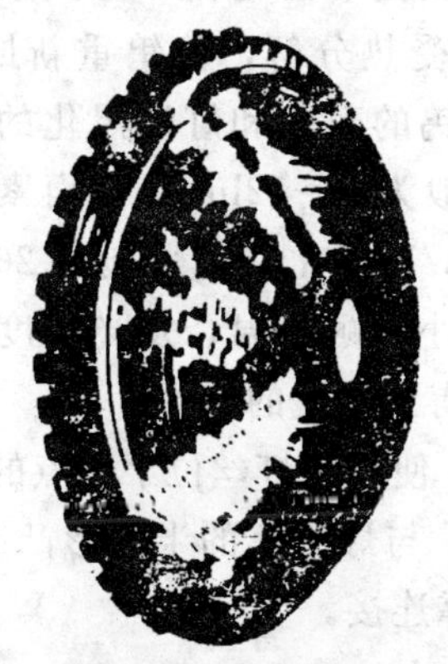

图 7.5　半封闭式前照灯的反射镜图

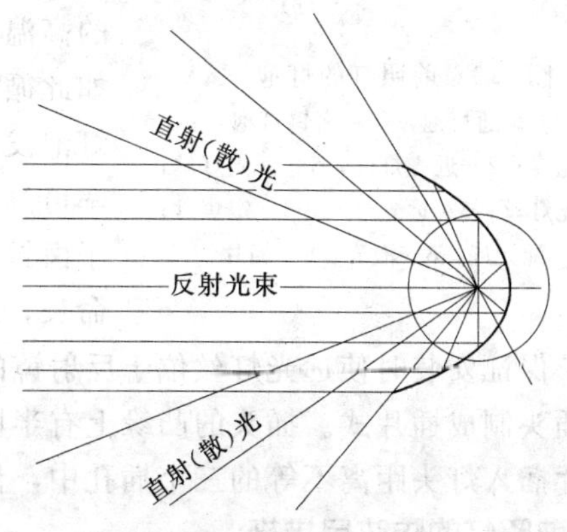

图 7.6　反射镜的作用

灯丝位于反射镜的焦点处，其大部分光线经反射后，成为平行光束射向远方。无反射镜的灯泡，其光度只能照清周围6m左右的距离，而经反射镜反射后的平行光束可照清远方150m以上的距离。经反射镜后，尚有少量的散射光线，其中向上的完全无用，向侧方和下方的光线则有助于照明5～10m的路面和路缘，如图7.6所示。

2. 配光镜

配光镜又称散光玻璃，由透光玻璃压制而成，是多块特殊棱镜和透镜的组合，外形一般为圆形和矩形。如图7.7所示。

图7.7　配光镜的结构图

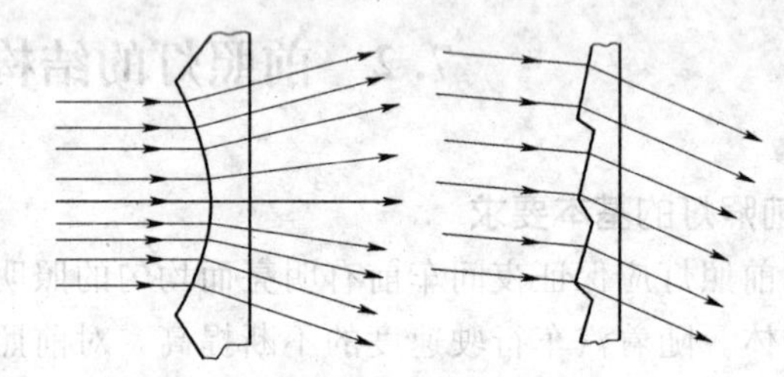

图7.8　配光镜的作用

配光镜的作用是将反射镜反射出的平行光束进行折射，使车前的路面有良好而均匀的照明。如图7.8所示。

3. 灯泡

目前汽车前照灯所用的灯泡有普通灯泡（白炽灯泡）和卤素灯泡，两种灯泡的灯丝均采用熔点高发光强的钨制成，如图7.9所示。

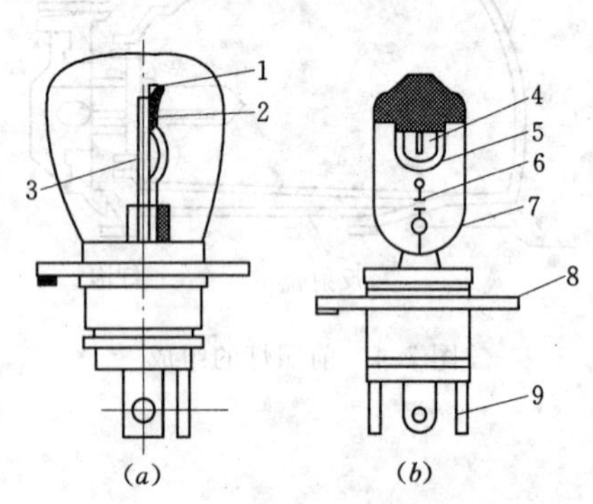

图7.9　前照灯的灯泡

(a) 普通灯泡；(b) 卤钨灯泡

1—配光屏；2—近光灯丝；3—远光灯丝；4—近光灯丝；5—远光灯丝；6—定焦盘；7—配光屏；8—泡壳；9—插片

前者灯丝用钨丝制成，玻璃泡内抽出空气，然后充以86%的氩气和约14%的氮气的混合惰性气体以减少钨丝受热蒸发，延长其使用寿命，灯丝制成紧密的螺旋状。灯泡在长期使用后发黑，表明灯丝的损耗依然存在，因此并不能阻止钨丝的蒸发。后者是在惰性气体中加入了一定量的卤族元素（如碘、溴），使得从灯丝上蒸发出来的气态钨与卤族元素反应生成了一种挥发性的卤化钨，在扩散到灯丝附近的高温区域后又受热分解，使钨重新回到灯丝上，如此循环防止了钨的蒸发和灯泡黑化的现象。白炽灯泡发光效率一般为8～12lm/W，卤素灯泡发光效率可达18～20lm/W，比白炽灯泡高20%以上。由于卤钨灯泡体积小、耐高温、发光强度高、使用寿命长，故而目前得到广泛的应用。

为了保证安装时使远光灯丝位于反射镜的焦点上，使近光灯丝位于焦点的上方，故将灯泡的插头制成插片式。插头的凸缘上有半圆形开口，与灯头上的半圆形凸起配合定位。三个插片插入灯头距离不等的三个插孔中，保证其可靠连接。

7.2.3　前照灯的防眩目措施

夜间会车时，前照灯强烈的灯光可造成迎面驾驶员眩目，容易引发交通事故。为了避

免前照灯的眩目作用，一般在汽车上都采用双丝灯泡的前照灯，可以通过变光开关切换远光和近光。我国交通法规规定，夜间会车时，必须在距对面来车 150m 以外互闭远光灯，改用防炫目近光灯。

目前前照灯防眩目的措施有：采用双丝灯泡、采用带遮光罩的双丝灯泡、采用非对称光形、Z 型光形和具有光敏电阻的自动变光器电路。

前照灯是汽车夜间行驶必要的照明设备，为了提高汽车夜间行驶的速度，确保行车安全，不少汽车上采用了前照灯电子控制装置，对前照灯进行自动控制。常用的控制装置有：前照灯自动变光器、前照灯状态控制装置、前照灯昏暗自动发光器、前照灯关闭自动延时器等。

1. 汽车前照灯自动变光器

它是一种根据对方车辆灯光的亮度自动变远光为近光或变近光为远光的自动控制装置。它的优点是实现了自动控制，不需要驾驶员操纵，其次是它的体积小，性能稳定可靠，且灵敏度高。在夜间两车相对行驶，当相距 150～200m 时，对方的灯光照射到自动变光器上，就立即自动变远光为近光，从而有效地避免了远光给对方驾驶员带来的眩目，待两车相会后，变光器又自动变近光为远光，汽车即可恢复原来的行驶速度。

图 7.10 所示为具有光敏电阻的自动变光器的电路图。它主要由电子电路（包括晶体管 T1～T6，二极管 D 及电阻 $R2$～$R15$，光敏电阻 R 和继电器 J）组成。为了防止电子电路出故障后影响夜间行驶，还保留脚踏变光开关 S。

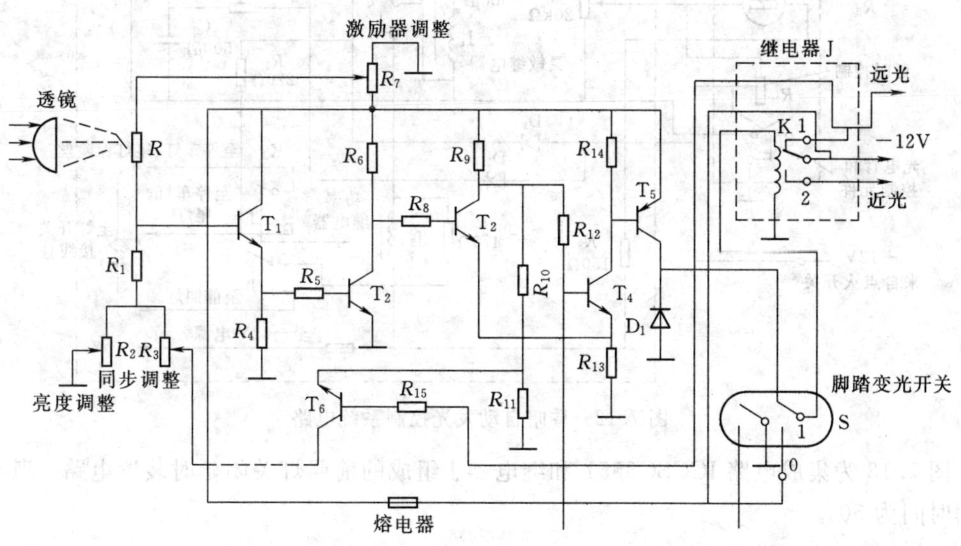

图 7.10 具有光敏电阻的自动变光器的电路

2. 前照灯状态自动调整系统

前照灯的照明范围随汽车的负荷变化而变化，当汽车的负荷较大时，前灯距地面变近，使照明范围变小，反之，虽使照明范围增大，但会造成对面来车驾驶员的眩目，这样都会造成安全事故。为了克服负荷对照明的影响，有些先进的车上装设有前照灯状态自动调整系统。根据汽车负荷的不同自动调整前照灯前倾的角度，使照明范围保持不变，如图 7.11 所示。

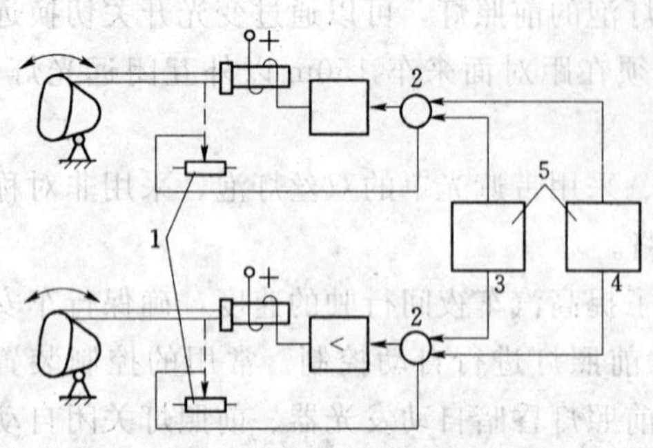

图 7.11　前照灯状态自动调整系统

1—电感传感器；2—信号合成器；3—前桥；4—后桥；5—标准信号发生器

3. 昏暗自动发光控制系统

昏暗自动发光控制系统的功能是：在行驶中，当车前的自然光的强度减低到一定程度时，自动将前照灯的电路接通，以确保行车安全，同时还有延时关灯的作用。

如图 7.12 所示为昏暗自动发光控制系统电路。它主要由光传感器和控制元件及晶体管放大器组件两大部分组成。

4. 前照灯关闭自动延时控制装置

前照灯关闭自动延时控制装置的主要功能是：当汽车夜间停入车库后，为驾驶员下车离开车库提供一段时间的照明，以免驾驶员摸黑走出车库时造成事故。

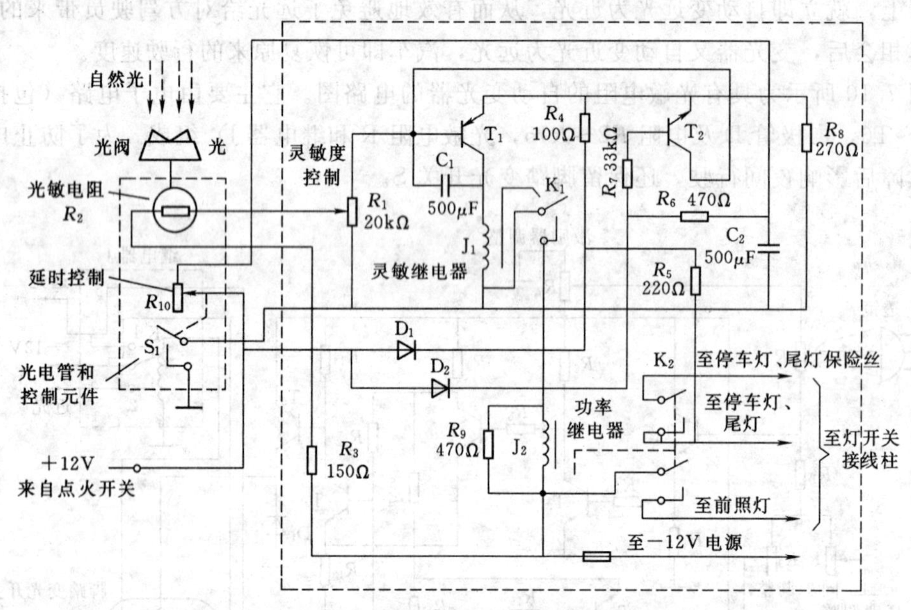

图 7.12　昏暗自动发光控制系统电路

图 7.13 为集成电路 ICCSG5551 和继电器 J 组成的前照灯关闭延时装置电路，其延时关闭时间为 50s。

7.2.4　前照灯的分类

按前照灯光学组件的结构不同，可将其分为以下几种：可拆式前照灯、半封闭式前照灯、封闭式前照灯和投射式前照灯。

1. 可拆式前照灯

可拆式前照灯由于反射镜和配光镜分别安装而构成组件，因此气密性差，反射镜易受湿气和尘埃污染而降低反射能力，严重降低照明效果，目前已很少采用。

2. 半封闭式前照灯

半封闭式前照灯的结构如图 7.14 所示，其配光镜靠卷曲反射镜边缘上的牙齿而紧固

在反射镜上，两者之间垫有橡皮密封圈，灯泡只能从反射镜后端装入。当需要更换损坏的配光镜时，应撬开反射镜外缘的牙齿，安上新的配光镜后，再将牙齿复原。

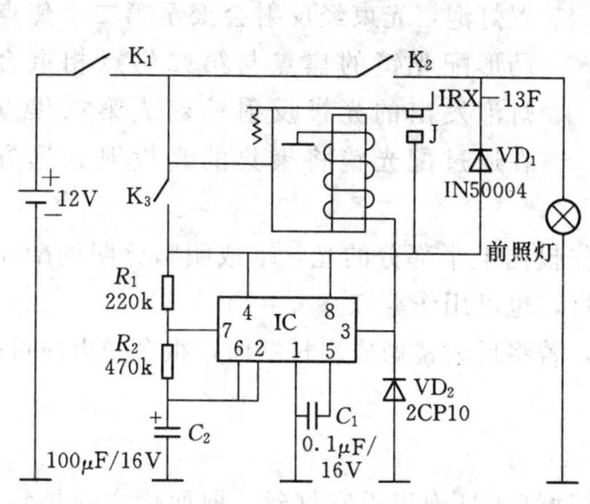

图 7.13 前照灯关闭自动延时控制器电路

K_1—电源开关；K_2—车灯开关；K_3—延时按钮

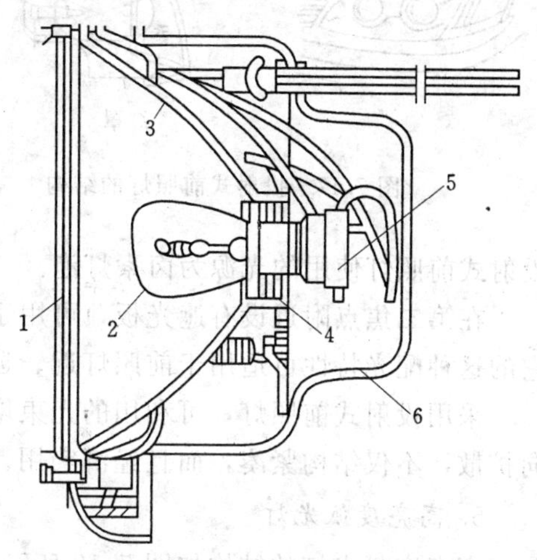

图 7.14 半封闭式前照灯

1—配光镜；2—灯泡；3—反光镜；4—插座；5—接线器；6—灯

由于这种灯具减少了对光学组件的影响因素，维修方便，因此得到广泛使用。

3. 封闭式前照灯

封闭式前照灯没有分开的灯泡，其整个总成本身就是一个灯泡。灯丝安装在反射镜前面，配光镜则与反射镜焊接在一起，如图 7.15 所示。更换时，先拔下灯脚与线束连接的插座，然后拆下灯圈，即可取下灯芯（见图 7.16）；安装灯芯时，应注意配光镜上的标记（箭头或字符），不应出现倒置或偏斜现象。

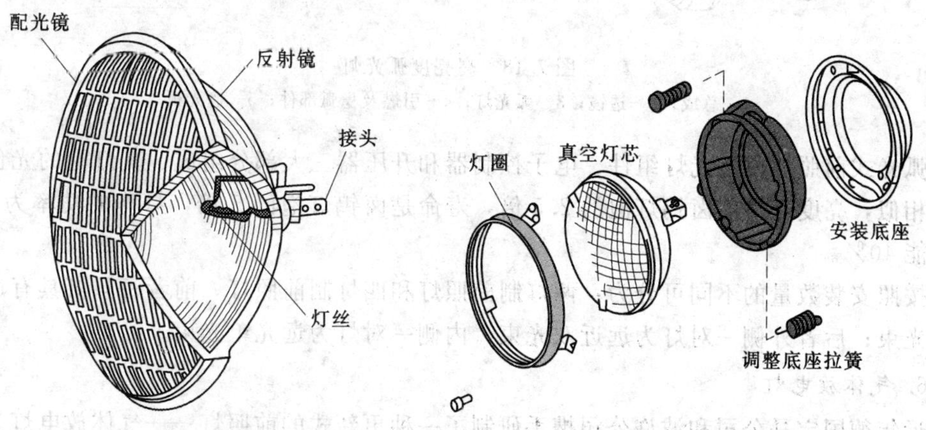

图 7.15 封闭式前照灯灯泡

图 7.16 封闭式前照灯的更换

封闭式前照灯完全避免了反射镜的污染，但价格较高。为使前照灯更亮、更远、更美观，现代轿车上出现了投射式前照灯和高亮度弧光灯。

4. 投射式前照灯

投射式前照灯采用了凸形配光镜，反射镜为椭圆形，所以其外径很小，结构如图

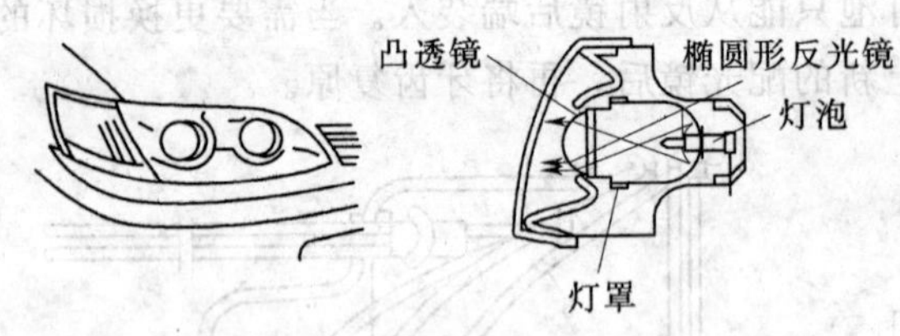

图 7.17 投射式前照灯的结构

7.17 所示。

由于投射式前照灯的反射镜呈椭圆形状，有两个焦点。在第一个焦点处放置灯泡，光束经反射会聚至第二个焦点。凸形配光镜的焦点与第二焦点相重合，灯泡发出的光被反射镜聚成第二焦点，在通过配光镜将聚集的光投射到远方。投射式前照灯使用的光源为卤素灯泡。

在第二焦点附近设有遮光板，可用于遮住投向上半部分的光，形成明暗分明的配光。它的这种配光特性可适用于前照灯近、远光灯，也可用作雾灯。

采用投射式前照灯，可利用的光束增多，若将反射镜做成扁长断面，很多光束便可横向扩散，不仅结构紧凑，而且经济实用。

5. 高亮度弧光灯

高亮度弧光灯的结构如图 7.18 所示，这种灯的灯泡里没有灯丝，取而代之的是装在石英管内的两个电极，管内充有氙及微量金属（或金属卤化物）。在电极上加上 5000～12000V 电压后，气体开始电离而导电。由气体原子激发到电极间少量水银蒸汽弧光放电，最后转入卤化物弧光灯工作，采用多种气体是为了加快起动。

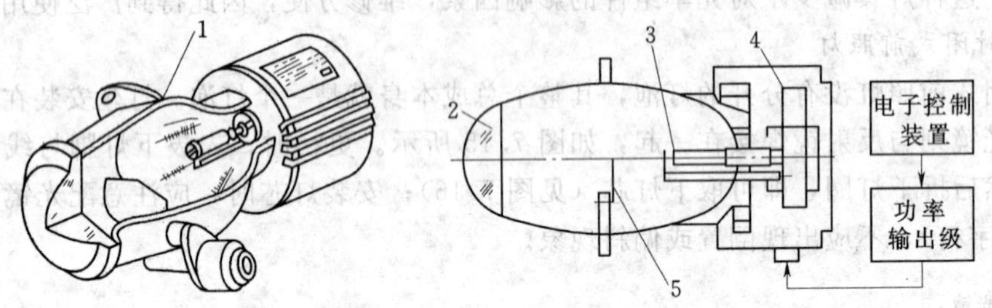

图 7.18 高亮度弧光灯

1—总成；2—透镜；3—弧光灯；4—引燃及稳弧部件；5—遮光板

弧光式前照灯由弧光灯组件、电子控制器和升压器三大部分组成。其灯泡的光色和日光灯相似，亮度是目前卤钨灯泡的 2.5 倍，寿命是卤钨灯泡的 5 倍，灯泡的功率为 35W，可节能 40%。

按照安装数量的不同可分为：两灯制前照灯和四灯制前照灯。前者每只灯具有远、近光双光束；后者外侧一对灯为远近双光束，内侧一对灯为远光单光束。

6. 气体放电灯

近年德国宝马公司和波许公司携手研制了一种更新式的前照灯——气体放电灯。气体放电灯是由小型石英灯泡、变压器和电子控制器组成，通过变压器升压到 0.5 万～1.2 万伏的高压电，激励小型石英灯泡发亮，其亮度比现在用的卤素灯亮 2.5 倍，发出的亮光色调与太阳光十分相似，而且气体放电灯发亮并达到规定的工作温度时，功率消耗只有 35W，比卤素灯低 1/3，非常经济，很适宜用做轿车前照灯。目前一些中高级轿车已经使用这种气体放电灯。

7. 氙灯

氙灯，一种含有氙气的新型前大灯，又称高强度放电灯或气体放电灯，英文简称HID（High Intensity Discharge Lamp）。目前奔驰E级车、宝马7系列、丰田凌志、本田阿库拉等高档车都使用了这种新型前大灯。氙灯亮度大，发出的亮光色调与太阳光比较接近，消耗功率低，可靠性高，不受车上电压波动影响。

8. LED车灯

现在汽车照明灯已有白炽灯、卤素灯、氙灯等。除了前大灯外，其他灯具例如小灯、指示灯、厢内照明灯等多是采用白炽灯。但近年也流行LED做指示灯，例如刹车指示灯、转向指示灯等。

7.3 大灯继电器

前照灯的工作电流较大，特别是四灯制的汽车，如用车灯开关直接控制前照灯，车灯开关易烧坏，因此在灯光电路中设有灯光继电器。

图7.19所示为触点为常开式前照灯继电器的结构和引线端子，端子SW与大灯开关相连，端子E接地，端子B与电源相连，端子L与变光开关相连。当接通前照灯开关后，继电器铁芯通电，触电闭合，通过变光开关向前照灯供电。

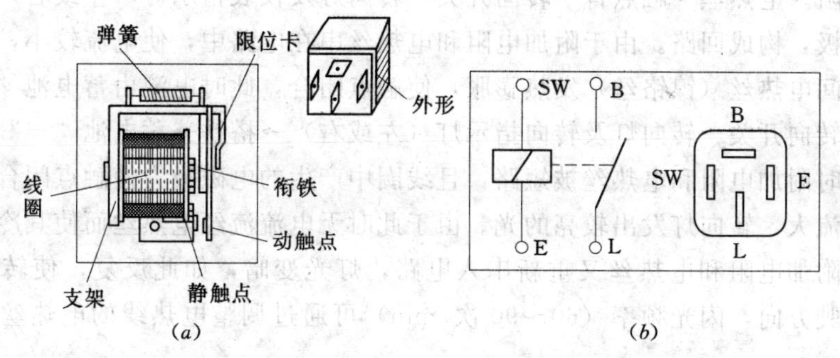

图7.19 大灯继电器

7.4 汽车信号灯概述

7.4.1 汽车信号灯的种类

汽车上除照明灯外，还有用以指示其他车辆或行人的灯光信号标志，这些灯称为信号灯。信号灯也分为外信号灯和内信号灯，外信号灯指转向指示灯、制动灯、尾灯、示宽灯、倒车灯，内信号灯泛指仪表板的指示灯，主要有转向、机油压力、充电、制动、关门提示等仪表指示灯。各种信号灯的特点及用途见表7.2。

汽车转向灯主要是用来指示车辆的转弯方向，以引起交通民警、行人和其他驾驶员的注意，提高车辆行驶的安全性。另外，汽车转向灯同时闪烁还用做危险警报的指示。汽车转向灯的闪烁是通过闪光器来实现的，通常按照结构的不同和工作原理分为电热丝式、电容式、翼片式、水银式、晶体管式、集成电路式等。

表 7.2　信号灯的种类、特点及用途

种类	外信号灯					内信号灯	
	转向灯	示宽灯	停车灯	制动灯	倒车灯	转向指示灯	其他指示灯
工作时的特点	琥珀色 交替闪亮	白或黄色 常亮	白或红色 常亮	红色 常亮	白色 常亮	白色 闪亮	白色 常亮
用途	告知路人或其他车辆将转弯	标志汽车宽度轮廓	表明汽车已经停驶	表示已减速或将停车	告知路人或其他车辆将倒车	提示驾驶员车辆的行驶方向	提示驾驶员车辆的状况

7.4.2　闪光器

转向信号闪光器是使转向信号灯按一定时间间隔闪烁的器件，转向信号闪光器可根据不同的原理运作。目前使用的闪光器主要有电热式、电容式、电子式。过去汽车转向灯闪光器，多采用电热式结构，由于它们工作稳定性差、寿命短、信号灯的亮暗不够明显，因而目前多采用结构简单、体积小、工作稳定、使用寿命长的电子式闪光器即晶体管式和集成电路式两大类。

1. 电热式闪光器

图 7.20 为电热式闪光器的结构原理图。该闪光器串联在电源与转向灯开关之间，有两接头，分别接电源和转向灯开关。当汽车转向时，接通转向开关，电流从蓄电池“+”极→附加电阻→电热丝→触点臂→转向开关→转向灯及仪表指示灯（左或右）→搭铁→蓄电池“—”极，构成回路。由于附加电阻和电热丝串在电路中，使电流较小，故转向灯不亮。经短时间电热丝（镍铬丝）发热膨胀，使触点闭合，此时电流由蓄电池“+”极→线圈→触点→转向开关→转向灯及转向指示灯（左或右）→搭铁→蓄电池“—”极，构成回路。由于此时附加电阻和电热丝被短路，且线圈中产生的电磁吸力使触点闭合更紧，电路中电阻小电流大，转向灯发出较亮的光。由于此时无电流流经电热丝而使其冷却收缩，又打开触点，附加电阻和电热丝又重新串入电路，灯光变暗，如此反复，使转向灯明暗交替，示意行驶方向，闪光频率（60～90 次/min）可通过调整电热线的电热丝拉力和触点间隙来进行。

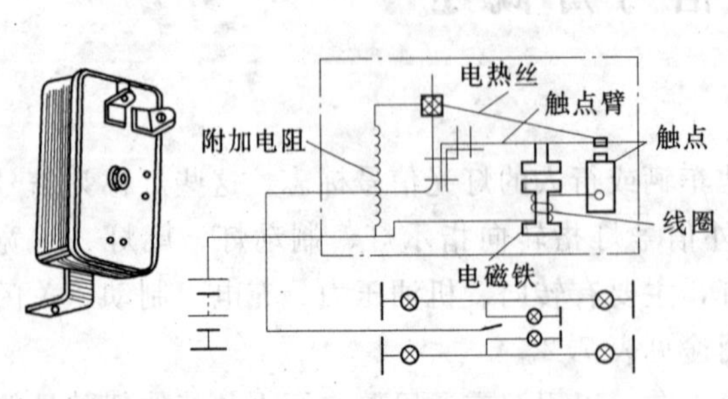

图 7.20　电热式闪光器的外形和电路图

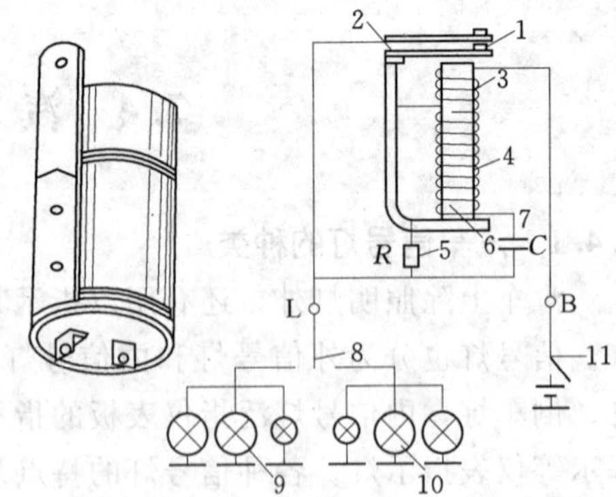

图 7.21　电容式闪光器外形和结构原理图

1—闭合触头；2—弹簧片；3、4—线圈；5—电阻；6—电磁铁；7—电容；8—转向灯开关；9、10—转向灯；11—电源开关

2. 电容式闪光器

图 7.21 所示为电容式闪光器的结构原理图。它也是串联在电源开关和转向灯开关之间，有两接柱（B 和 L），分别接电源开关和转向灯开关。

汽车转向时接通转向开关 8，电流经蓄电池“+”极→电源开关 11→接线柱 B→线圈 3→常闭合触点 1→接线柱 L→转向灯开关→转向灯及转向指示灯→搭铁→蓄电池“−”极，构成回路，此时线圈 4、电容 7、电阻 5 被触点 1 短路，而流经线圈 3 所引起的吸力大于弹簧片 2 的作用力，将触点 1 迅速打开，转向灯处于暗的状态（尚未来得及亮）。

触点 1 打开后，蓄电池开始向电容器 7 充电，其回路为：→蓄电池“+”极→电源开关 11→接线柱 B→线圈 3→线圈 4→电容 7→转向灯开关 8 转向灯及转向指示灯（左或右）→搭铁→蓄电池“−”极。由于线圈丝电阻较大，使充电电流较小，仍不足以使转向灯亮。

与此同时，线圈 3、4 产生的电磁吸力方向相同，使触点 1 继续打开，随着电容器 *C* 两端电压升高，充电电流逐渐减小，电磁吸力也减小，在弹簧片作用下，触点 1 闭合。触点 1 闭合后，电源通过线圈 3、触点 1、经转向开关 8 向转向灯供电，电容器经线圈 4、触点 1 放电。由于此时线圈 3 和线圈 4 方向相反，产生的电磁吸力减小，不足以使触点 1 打开，此时转向灯亮。随着电容器两端电压下降，流经 4 的电流减少，产生的退磁作用减弱，线圈 3 产生的电磁吸力又将触点 1 断开，转向灯变暗。蓄电池再次向电容器充电，如此反复，使转向灯以一定的频率闪烁。

3. 电子式闪光器

电子闪光器可分为触点式（带继电器）和无触点式（不带继电器），不带继电器的电子闪光器又称为全电子闪光器。

（1）带继电器触点式晶体管闪光器。如图 7.22 所示，当接通电源开关和转向灯开关后，主线路为蓄电池“+”极→电源开关 SW→接线柱 B→R_1→继电器 J 的触点→接线柱 S→转向开关→转向灯及转向指示灯（左或右）→搭铁→蓄电池“−”极，转向灯亮。当继电器 K_1 的触点闭合时，转向灯亮，触点断开时，转向灯灭，而触点的闭合与否取决于三极管的导通状况，电容 *C* 的充放电使三极管反复导通截止，这样触点也就时通时断，使转向信号灯闪烁发光。

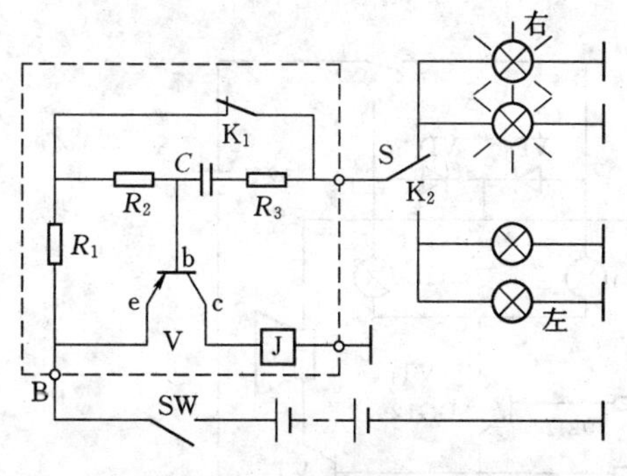

图 7.22 带继电器触点式晶体管闪光器电路

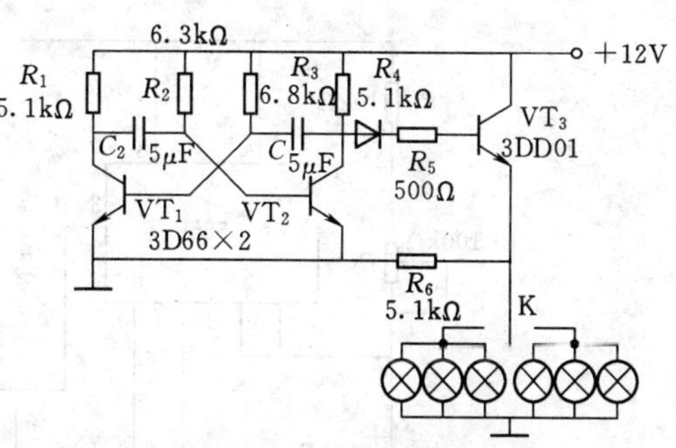

图 7.23 不带继电器无触点式晶体管闪光器电路

(2) 不带继电器无触点式晶体管闪光器。无触点晶体管闪光器又称全电子式闪光器，即把触点式晶体管闪光器中的继电器去掉，采用大功率晶体管来取代原来的继电器，如图7.23所示。本闪光器电路的振荡部分实际上是一个典型的非稳态多谐振荡器，其电路结构对称，也就是说，$R_1=R_4$、$R_2=R_3$、$C_1=C_2$，VT_1 与 VT_2 为同型号的晶体三极管，且其参数相同。闪光器的输出级采用一只大功率三极管 VT_3。当 VT_3 导通时，可将转向灯电路接通，使灯点亮；当 T_3 截止时，转向灯电路被切断而使灯变暗，从而发出频率为70～90次/min的闪光信号。

4. 集成电路闪光器

集成电路闪光器与晶体管闪光器的不同之处就是用集成电路IC取代了晶体管振荡器，这类闪光器也分有触点式和无触点式两种（图7.24、图7.25）。

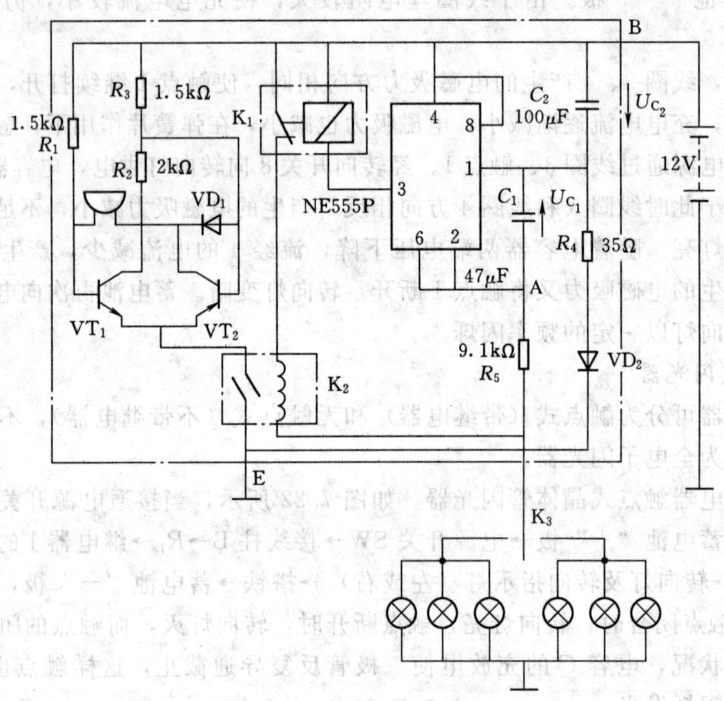

图7.24　SGF－141型有触点式集成电路闪光器工作原理图

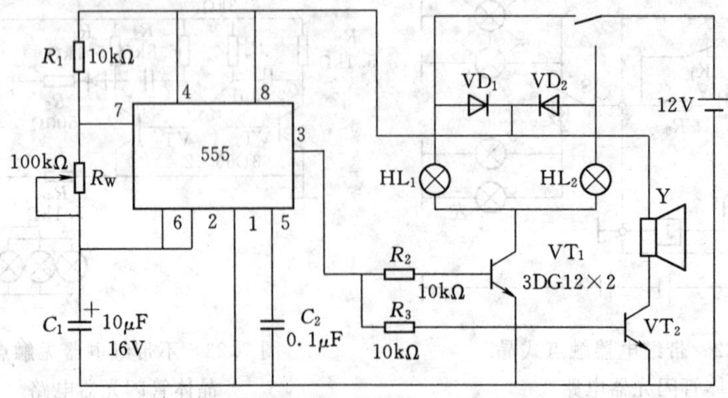

图7.25　无触点式集成电路闪光器工作原理图

7.4.3 制动信号灯

制动信号灯安装在车辆尾部，通知后面车辆该车正在制动，以避免后面车辆与其后部相撞，其简化电路如图 7.26 所示。

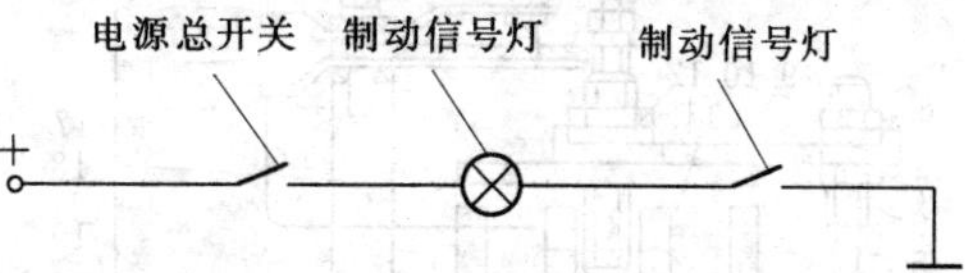

图 7.26 制动信号灯电路示意图

由电路图可知，制动信号灯由制动开关控制，从控制的方式不同可分为：气压式、液压式和机械式三种。其中气压式和液压式制动开关一般装于制动管路中，工作情况都是利用气压或液压使开关中两接柱相连，从而导通制动信号灯电路，这两种开关经常在载重货车上使用。小型轿车经常使用机械式开关，一般安装于制动踏板下方，当踩下制动踏板时，制动开关内的活动触点便将两接住接通，使制动灯点亮；当松开踏板后，断开制动灯电路。

7.4.4 倒车灯与倒车蜂鸣器

倒车灯安装于车辆尾部，给司机提供额外照明，使其能够在夜间倒车时看清车的后部，也警告后面车辆，该车司机想要倒车或正在倒车。当点火开关接通变速器换至倒车挡时，倒车灯点亮，其简化电路如图 7.27 所示。

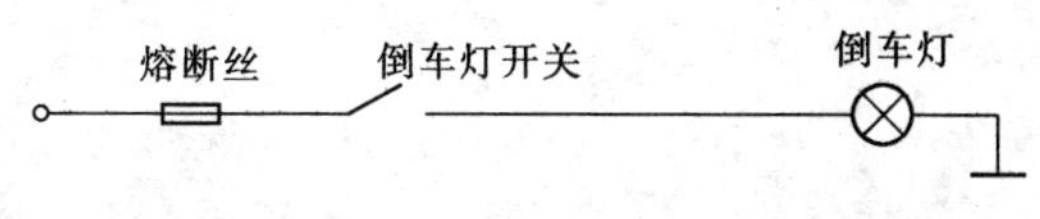

图 7.27 倒车灯电路示意图

倒车开关装在变速器盖上，为了提醒后面行人或车辆注意，有些车上装有倒车蜂鸣器。

7.5 汽 车 电 喇 叭

7.5.1 汽车电喇叭的种类

目前汽车上所装用的喇叭多为电喇叭，主要用于警告行人和其他车辆，以引起注意，保证行车安全。

喇叭按发音动力有气喇叭和电喇叭之分；按外形有螺旋形、筒形、盆形之分；按声频有高音和低音之分；按接线方式有单线制和双线制之分。

气喇叭是利用气流使金属膜片振动产生音响，外形一般为筒形，多用在具有空气制动装置的重型载重汽车上。电喇叭是利用电磁力使金属膜片振动产生音响，其声音悦耳，广泛使用于各种类型的汽车上。

电喇叭按有无触点可分为普通电喇叭和电子电喇叭。普通电喇叭主要是靠触点的闭合和断开，控制电磁线圈激励膜片振动而产生音响的；电子电喇叭中无触点，它是利用晶体管电路激励膜片振动产生音响的。

在中小型汽车上，由于安装的位置限制，多采用螺旋形利益形电喇叭。盆形电喇叭具有体积小重量轻指向好噪声小等优点。

7.5.2 汽车电喇叭的结构及工作原理

1. 筒形、螺旋形电喇叭

筒形、螺旋形电喇叭的构造如图 7.28 所示。其主要机件由山形铁芯、线圈、衔铁、膜片、共鸣板、扬声筒、触点以及电容器等。膜片和共鸣板借中心杆与衔铁、调整螺母、锁紧螺母联成一体。通过线圈的通断使得膜片不断振动，从而发出一定音调的音波，由扬声筒加强后传出。

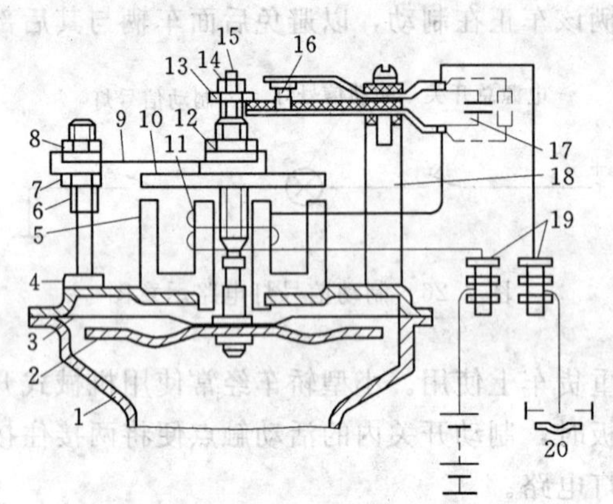

图 7.28　筒形、螺旋形电喇叭

1—扬声器；2—共鸣板；3—膜片；4—底板；5—山形铁芯；6—线螺柱；7、13—调整螺钉；8、12、14—锁紧螺母；9—弹簧片；10—衔铁；11—线圈；15—中心杆；16—触点；17—电容器；18—导线；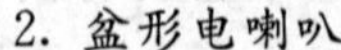19—接线柱；20—按钮

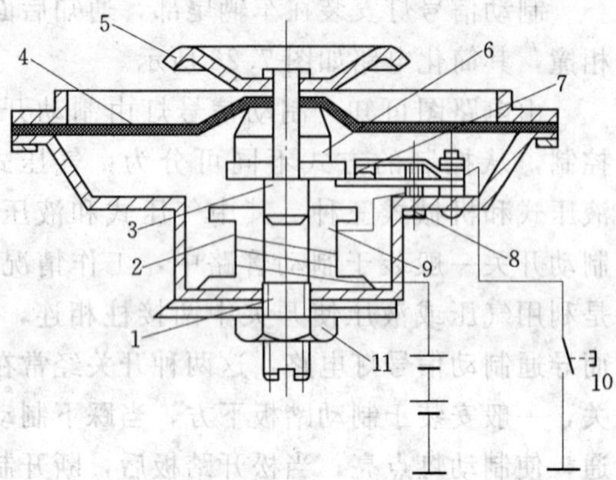

图 7.29　盆形电喇叭

1—下铁芯；2—线圈；3—上铁芯；4—膜片；5—共鸣板；6—衔铁；7—触点；8—调整螺母；9—铁芯；10—按钮；11—锁紧螺母

2. 盆形电喇叭

盆形电喇叭工作原理与筒形、螺旋形电喇叭相同，都是通过控制线圈的开闭使得膜片振动引起共鸣板共鸣来发声的。只不过盆形电喇叭的发声效果更好些，在没有扬声筒的情况下，仍能够发出较大的声响。其结构特点如图 7.29 所示。

3. 电子电喇叭

图 7.30 为盆形电子电喇叭的结构，其电路如图 7.31 所示。

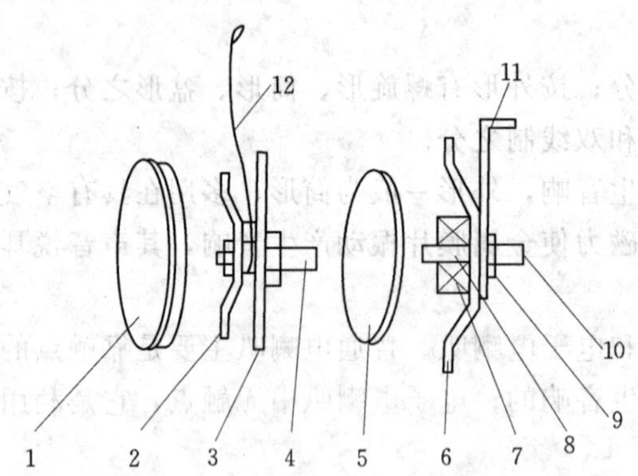

图 7.30　盆形电子电喇叭的结构

1—罩盖；2—共鸣板；3—绝缘膜片；4—上衔铁；5—绝缘垫圈；6—喇叭体；7—线圈；8—下衔铁；9—锁紧螺母；10—调节螺钉；11—托架；12—导线

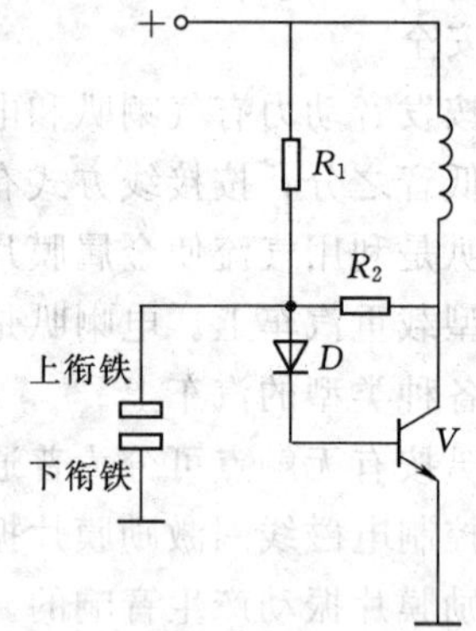

图 7.31　WDL－120G 型电子电喇叭电路

R_1—100Ω；R_2—470Ω

由于晶体三极管取代了触点，避免了触点烧蚀等故障的产生，使得电喇叭的工作性能更为可靠。

7.5.3　喇叭继电器

为了得到更加悦耳的声音，在汽车上常装有两个不同音调（高、低音）的喇叭。其中高音喇叭膜片厚，扬声筒短，低音喇叭则相反。有时甚至用三个（高、中、低）不同音调的喇叭。装用单只喇叭时，喇叭电流是直接由按钮控制的，按钮大多装在转向盘的中心。当汽车装用双喇叭时，因为消耗电流较大（喇叭继电器15～20 A），用按钮直接控制时，按钮容易烧坏。为了避免这个缺点，采用喇叭继电器，其构造和接线方法如图7.32所示。

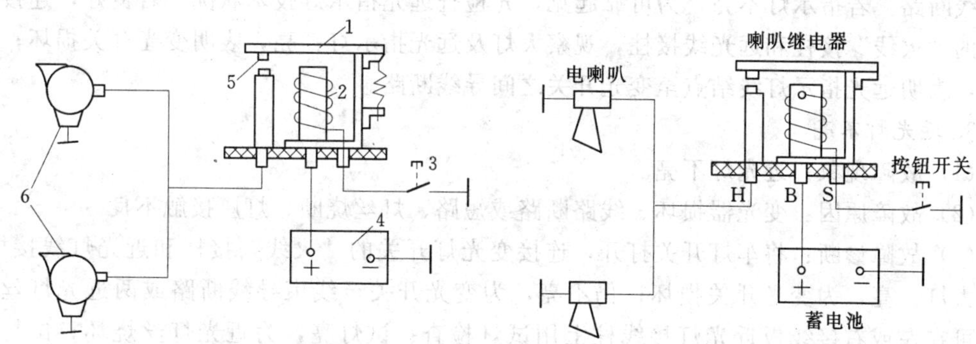

图7.32　喇叭继电器

1—触点臂；2—线圈；3—按钮；4—蓄电池；5—触点；6—喇叭

图7.33　双音电喇叭继电器电路

7.5.4　电喇叭的发展

随着科技的不断发展，一种新型喇叭“环保喇叭”问世了，它采用语言压缩技术，由集成电路制成，是一种结构简单、制作容易，耗能少、无噪声污染、低分贝、声音轻细柔和、音质悦耳动听，门铃式发音装置。“环保喇叭”不需要更改汽车线路设备，直接并联到警示灯上。只要按下警示灯开关，就有声音、灯光双重提示，既完善了汽车警示功能，又解决了城市禁鸣喇叭的难题。

7.6　汽车灯系常见故障的诊断与排除

汽车灯系常见的故障一般有灯光不亮、大灯远近光不亮、远光灯不亮、近光灯不亮、信号灯不工作等。在进行故障诊断时，应根据电路图对电路进行检查，判断出故障的部位。

1. 前照灯不亮

(1) 故障现象：接通车灯开关至2或3挡时，小灯和仪表正常，大灯远近光灯均不亮。

(2) 故障原因：引起灯光不亮的主要原因有灯泡损坏、熔断器熔断、灯光开关或继电器损坏及线路断路或短路等。

(3) 故障诊断：将车灯开关接至前照灯挡位，用试灯检查变光开关的“火线”接柱。若试灯不亮，用试灯检查车灯开关相应接柱；若试灯亮，表明两开关之间的导线断路；若试灯不亮，表明车灯开关损坏。检查变光开关接线柱时，若试灯亮，为变光开关损坏。用导线分别连接变光开关的“火线”接柱与远、近光灯线接柱，此时，远近灯均应点亮。

2. 远光灯不亮

(1) 故障现象：打开前照灯变光时，只有远光或只有近光。

(2) 故障原因：变光器损坏、线路断路或短路、灯丝烧断、灯座接触不良。

(3) 故障诊断：先将车灯开关接至前照灯挡，接通变光开关，察看远光指示灯。若指示灯亮，表明远光灯线接点至线束导线断路，或者两远光灯丝烧坏。可在左或右接线板远光灯接线柱上用试灯检查：试灯亮，为两远光灯丝烧坏；试灯不亮，为远光指示灯线至线束导线断路。若指示灯不亮，为可靠起见，先检查远光指示灯技术状况。若良好，连接变光灯的“火线”接柱和远光线接柱，观察大灯及远光指示灯：亮，表明变光开关损坏；仍不亮，表明远光指示灯线结点至变光开关之间导线断路。

3. 近光灯不亮

(1) 故障现象：近光灯不亮。

(2) 故障原因：变光器损坏、线路断路或短路、灯丝烧断、灯座接触不良。

(3) 故障诊断：将车灯开关打开，连接变光灯开关的“火线”接柱和近光灯线接柱，观察大灯：亮，为变光开关损坏；仍不亮，为变光开关至线束导线断路或两近光灯丝烧坏。可在左或右接线板近光灯接线柱上用试灯检查：试灯亮，为近光灯丝烧坏；试灯不亮，为变光开关至线束导线断路。

4. 小灯、尾灯和仪表灯均不亮

(1) 故障现象：灯光开关接至1挡时，小灯、尾灯和仪表灯均不亮。

(2) 故障原因：灯光开关损坏、线路断路、熔断器熔断、插接器松脱、灯泡灯丝断。

(3) 故障诊断：首先检查熔电器是否损坏。若损坏，更换熔断器后开灯检查熔断器是否再次熔断。若再次熔断，可能是线路或开关有短路故障，可采用断路检查法进行检查。若正常，可检查灯光开关相应的接柱上的电压是否正常。若电压不正常，则可能是灯光开关相应的挡位损坏。若电压正常，则应检查相应的灯泡是否损坏。

7.7 实训项目1 汽车前照灯的调整

7.7.1 实训目的

通过实训能够掌握汽车前照灯的调整方法，可以对一般车辆的前照灯的光束进行正确的调整。

7.7.2 仪器与工具

屏幕一张，集光式、银幕式或投影式调试仪一台，车辆一部，常用工具一套。

7.7.3 实训内容

调整前的准备：

轮胎气压应符合规定；前照灯配光镜表面应清洁；汽车空载；驾驶室内只准许乘坐1名驾驶员；场地平整。

注意：对装用远、近光双丝灯泡的前照灯以调整近光光形为主。

1. 利用屏幕检验与调整前照灯

不同车型其调整方法和数据也不同，现以东风EQ1090型汽车装用的ND170－Ⅲ型前照灯为例。其检验方法如图7.34所示。

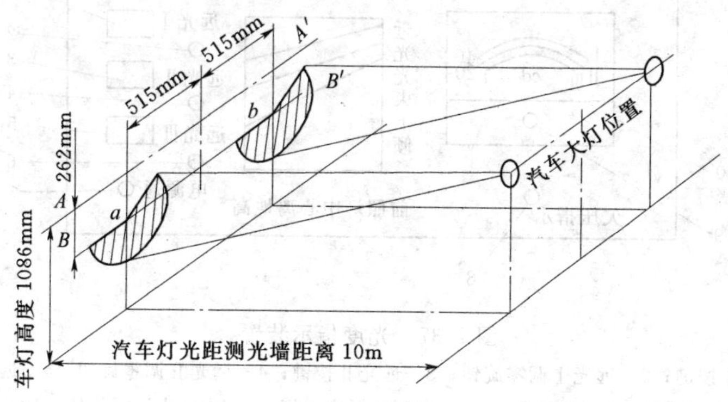

图7.34 利用屏幕检验与调整前照灯

2. 采用集光式大灯检验仪调整前照灯

集光式大灯检验仪的结构如图7.35所示。

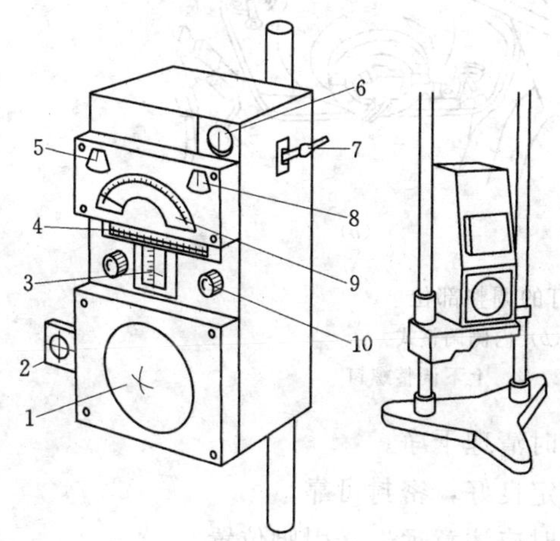

图7.35 集光式大灯检验仪

1—集光镜；2—瞄准孔；3—垂直调整刻度；4—水平调整刻度；5—水平调整标准刻度；6—瞄准缝；7—转换开关；8—垂直调整标准刻度；9—光度计；10—调整钮

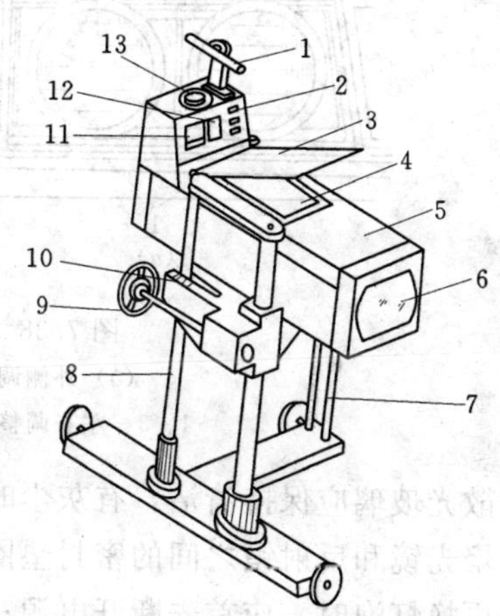

图7.36 QD－2型前照灯检验仪

1—对正器；2—光度选择按钮；3—观察窗盖；4—观察窗；5—仪器箱；6—透镜；7—仪器移动把手；8—支架；9—仪器箱升降手轮；10—仪器箱高度指示标；11—光度表；12—光束照射方向参考表；13—光束方向旋钮

3. 利用前照灯检验仪检验与调整前照灯

前照灯检验仪根据其结构与原理的不同，可分为聚光式、屏幕式、投影式以及自动追踪式四种。它们的检验项目基本相同。可以检验前照灯的光束照射位置与发光强度（cd）或光照度（Lx）。国产QD－2型前照灯检验仪属于屏幕式，结构如图7.36所示，其光度指示装置如图7.37所示。

前照灯的调整部位如图7.38所示。

前照灯的维护要求如下。

（1）安装前照灯时，应根据标志，不得倾斜侧置。

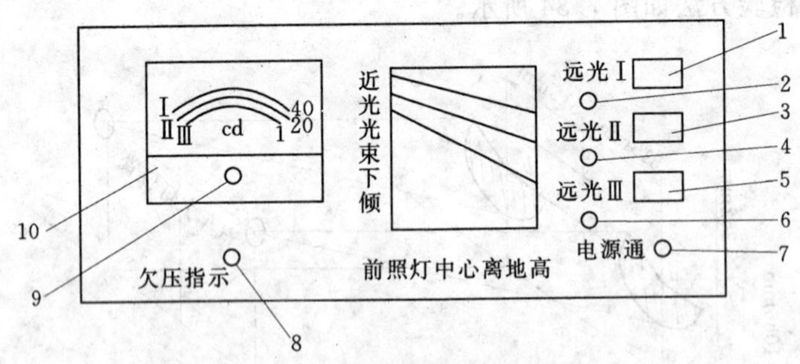

图 7.37 光度指示装置

1—远光Ⅰ按键；2—远光Ⅰ调零旋钮；3—远光Ⅱ按键；4—远光Ⅱ调零旋钮；5—近光按键；6—近光调零旋钮；7—电源开关；8—电源电压指示灯；9—光度表调零旋钮；10—光度表

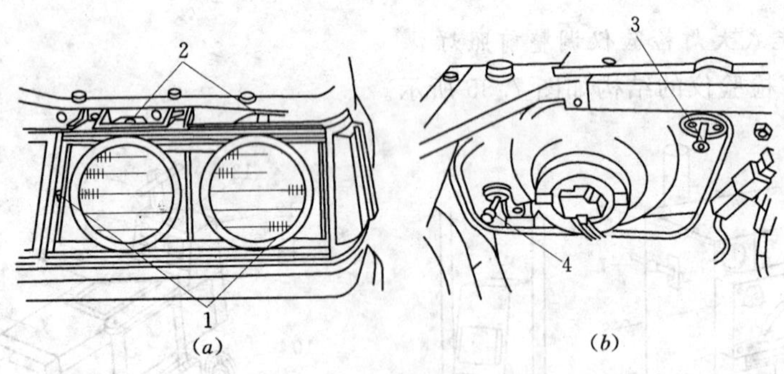

图 7.38 前照灯的调整部位

(*a*) 外侧调整式；(*b*) 内侧调整式

1、3—左右调整螺钉；2、4—上下调整螺钉

(2) 散光玻璃应保持清洁，有灰尘时应及时清理干净。

(3) 聚光镜和反射镜之间的密封垫圈应固定良好，密封可靠。

(4) 更换灯泡时，应首先断开电源；接线时应注意远近光引脚位置。

7.8 实训项目 2 闪光继电器的检测

7.8.1 实训目的

掌握闪光继电器检测的一般方法，能够利用现有工具、仪器进行检测。

7.8.2 仪器与工具

闪光继电器 3 个、导线、试灯、万用表、稳压电源、常用工具。

7.8.3 实训内容

(1) 闪光继电器的就车检查：闪光继电器好坏的检查；闪光继电器故障部位的检查。

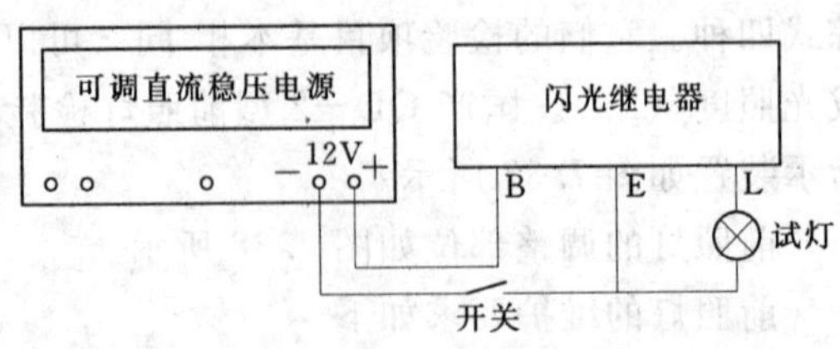

图 7.39 闪光继电器试验电路

(2) 闪光继电器的独立检测 ：将稳压电源、闪光继电器、试灯按照图 7.39 接入试

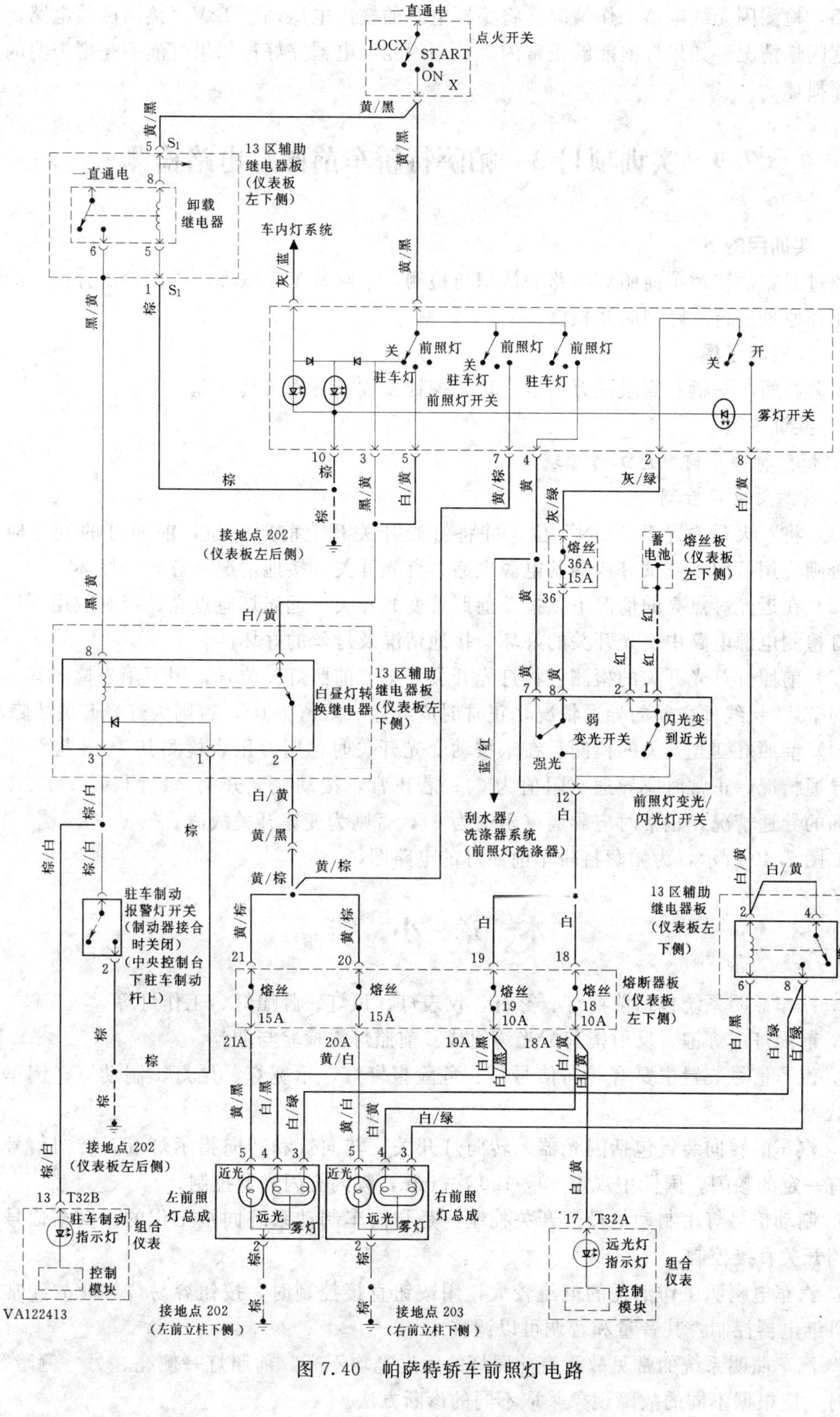

图 7.40 帕萨特轿车前照灯电路

验电路，检测闪光继电器工作情况。将稳压电源的输出电压调至12V，接通试验电路，观察灯泡闪烁情况。如果灯泡能够正常闪烁，则闪光继电器完好；如果灯泡不亮则表明闪光继电器损坏。

7.9 实训项目3 帕萨特轿车前照灯电路检测

7.9.1 实训目的

通过对帕萨特轿车前照灯电路的认识与检测，了解其工作原理，掌握检测方法，能够运用工作原理进行故障判断及检修。

7.9.2 仪器与工具

帕萨特轿车一辆、高阻抗万用表一块、探针4枚、常用工具一套。

7.9.3 实训内容

1. 帕萨特轿车前照灯工作原理

2. 前照灯电路检测

(1) 将点火开关置于“ON”位，并将灯光开关开至前照灯位，前照灯的近光应点亮，否则应用万用表或试灯检测其电源电路、灯光开关、接地情况及灯丝的好坏。

(2) 在近光灯点亮的情况下，按动前照灯变光开关，远光灯应点亮，否则应用万用表或试灯检测电源电路中变光开关的好坏、接地情况及灯丝的好坏。

(3) 前照灯灯光开关的检测：将灯光开关开至“前照灯”位置，用万用表检测其1接线柱与7、4接线柱之间的导通情况，正常时应导通（阻值为0），否则为灯光开关故障。

(4) 前照灯变光开关的检测：在未按动变光开关时，用万用表检测其7、8接线柱之间的导通情况，正常时应导通（阻值为0）；若正常，按动变光开关，检测其7、12接线柱之间的导通情况，正常时应导通（阻值为0），否则为变光开关故障。

如图7.40所示，为帕萨特轿车前照灯的电路图。

本 章 小 结

1. 汽车照明系统包括前照灯、雾灯、仪表灯、顶灯、牌照灯、工作灯等。

2. 前照灯由灯泡、反射镜和配光镜组成。前照灯需检验与调整。

3. 汽车信号装置主要有转向信号灯、危险报警灯、示宽灯、尾灯、制动灯、倒车灯和喇叭等。

4. 汽车的转向装置包括闪光器、转向灯开关、转向灯和转向指示灯等。转向信号灯应具有一定的频闪，国标中规定60～120次/min，频闪有闪光器控制。

5. 制动信号灯由制动信号灯开关控制，是与汽车制动系统同步工作的。倒车信号灯由倒挡开关直接控制。

6. 汽车电喇叭工作消耗的电流较大，用按钮直接控制时，按钮容易烧坏，故经常采用喇叭继电器控制，其音量和音调可以调整。

7. 汽车照明系统的常见故障有前照灯的远近光均不亮，前照灯一侧亮、另一侧暗等；诊断时，应根据不同的故障现象采取不同的诊断方法。

8. 汽车信号系统的常见故障有转向灯和危险报警灯故障、喇叭不响故障等，可用分段短路法诊断出故障部位。

单 元 习 题

一、单项选择题

1. 前照灯灯泡功率一般为（　　）。

A. 20～40W　　B. 40～60W

C. 60～80W　　D. 80～100W

2. 电喇叭配用喇叭继电器的目的是（　　）。

A. 为了喇叭能通过较大的电流　　B. 为了使喇叭的声音更响

C. 为了提高喇叭触点的开闭频率　　D. 为了保护按钮触点

3. 转向信号灯的闪光频率应控制在 55～110r/min，最为合适的是（　　）。

A. 60～ 95r/min　　B. 95～110r/min

C. 110～120r/min　　D. 120～135r/min

4. 照明系中所有灯都不亮，其常见原因是（　　）。

A. 所有灯已坏　　B. 灯总开关损坏

C. 变光开关损坏　　D. 灯光继电器

5. 灯光继电器常见故障是（　　）。

A. 触点烧蚀　　B. 触点间隙不当

C. 触点松动　　D. 触点氧化

二、判断题（正确的打“√”，错误的打“×”）

1. 汽车前照灯远光应在车前 50m 路面上得到明亮而均匀的照明。（　　）

2. 前照灯的光学组件中包括反射镜、聚光玻璃和灯泡。（　　）

3. 前大灯的近光灯丝位于反射镜的焦点上，远光灯丝位于焦点的前上方。（　　）

4. 安装喇叭继电器的目的是为了保护喇叭按钮。（　　）

5. 电喇叭音调的大小取决于通过喇叭线圈中电流的大小。（　　）

6. 多数电喇叭都是采用双线制的接线方式，即电喇叭上两个线端中的一端搭铁（与外壳相连），另一端是引出线。（　　）

7. 电喇叭音量可通过调整喇叭触点的接触压力改变其大小。（　　）

8. 倒车信号灯及报警器均由装在仪表板上的倒车灯开关控制。（　　）

三、简答题

1. 汽车照明系统由哪几部分组成？各有何作用？

2. 汽车前照灯如何检查与调整？

3. 汽车照明系统常见的故障及原因有哪些？

4. 汽车照明系统如何检修？

5. 汽车转向信号的闪光继电器种类有哪些？简述各自的工作原理。

6. 汽车转向信号系统有哪些常见故障？怎样进行判断与排除？

第 8 章　汽车仪表与报警系统

- **知识目标**

(1) 了解普通仪表系统的组成、电路及工作原理。

(2) 了解普通仪表的传感器的结构和工作原理。

(3) 了解各警报指示灯装置的结构、工作原理。

(4) 了解电子仪表系统的组成、电路及工作原理。

- **技能目标**

(1) 掌握分析仪表系统的故障的方法。

(2) 掌握排除仪表系统的常见故障的方法。

8.1　概　　述

为了使驾驶员随时掌握车辆的各种状况，并能及时发现和排除潜在的故障，在驾驶员座位前方的仪表板上装有各种测量仪表。一般计量、测量仪表及报警指示灯在仪表板上的布置如图 8.1 所示。

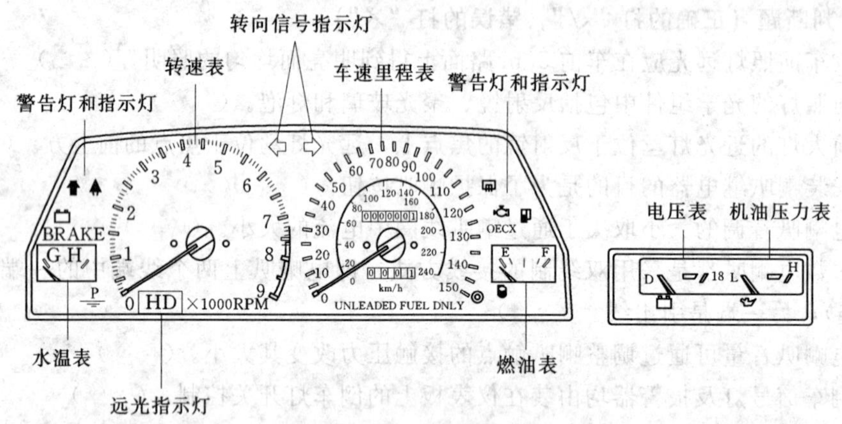

图 8.1　仪表板总成

汽车仪表按工作原理划分为机械式仪表、电气式仪表、模拟电路电子式仪表和数字式仪表；按安装方式划分为组合式仪表和分装式仪表。下面一一介绍。

1. 按工作原理划分

机械式仪表：就是基于机械作用力而工作的仪表。

电气式仪表：就是基于电测原理，通过各类传感器将被测的非电量变换成电信号（模拟量）加以测量的仪表。

模拟电路电子式仪表：其工作原理与电气式仪表基本相同，只不过是用电子器件（分

立元件和集成电路）取代原来的电气器件，现在均采用各种专用集成电路。

数字式仪表：就是由ECU采集传感器的信号，将模拟量转换为数字量，经分析处理后控制显示装置的仪表。

2. 按安装方式划分

组合式仪表：就是将各仪表组合安装在一起。

分装式仪表：就是将各仪表单独安装。

传统仪表为驾驶员提供的信息远远不能满足现代汽车新技术的发展要求，所以电子显示组合仪表逐渐成为汽车仪表发展的主流。它相对于传统仪表具有易于辨认、精确度高、可靠性好及显示模式的自由化等特点，能够利用各种传感器传来的信号并根据这些信号进行计算，以确定车辆的行驶速度、发动机速度、发动机部冷却液温度、燃油量及车辆其他情况的测量数据，并将这些数据以数字或条形图形式显示出来。如图8.2所示。

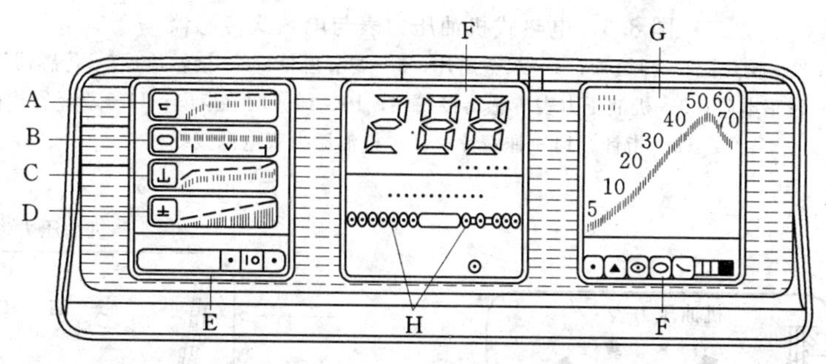

图8.2 电子显示组合仪表板

8.2 机油压力表及传感器

机油压力表用来检测和显示发动机主油道的机油压力的大小，以防因缺机油而造成拉缸、烧瓦的重大故障发生。机油压力指示表由机油压力传感器和机油压力指示表两部分组成，可分为电热式、电磁式和弹簧式三种。机油压力传感器可分为双金属片式和可变电阻式两种。常用的是电热式机油压力指示表配双金属片式机油压力传感器，而电磁式机油压力指示表配可变电阻式机油压力传感器。下面一一介绍。

8.2.1 电热式机油压力表与电热式机油压力传感器

1. 电热式机油压力表与电热式机油压力传感器的结构

电热式机油压力表也称双金属片式机油压力表，其与电热式传感器的基本结构如图8.3所示。

“双金属片”通常是指热膨胀系数不同的两种金属或合金结合成的金属条。温度改变时，由于两金属的伸缩程度不同，便会翘曲。很多仪表都是由双金属片元件与电热丝组成。

2. 电热式机油压力表与电热式机油压力传感器的工作原理

电热式机油压力表的工作有三种情况。

(1) 当无机油压力时，传感器中的双金属元件上的触点断开，此时接通点火开关，也无电流经过触点，故指针保持在0位不动，如图8.4所示。

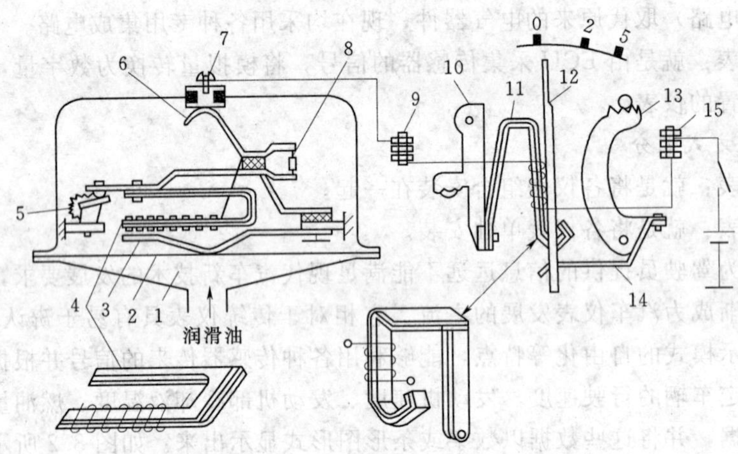

图 8.3　电热式机油压力表与电热式传感器

1—油腔；2—膜片；3—弹簧片；4—双金属片；5—调节齿轮；6—接触片；7—传感器接线柱；8—校正电阻；9—机油压力表传感器接线柱；10、13—调节齿扇；11—双金属片；12—指针；14—弹簧片；15—机油压力表电源接线柱

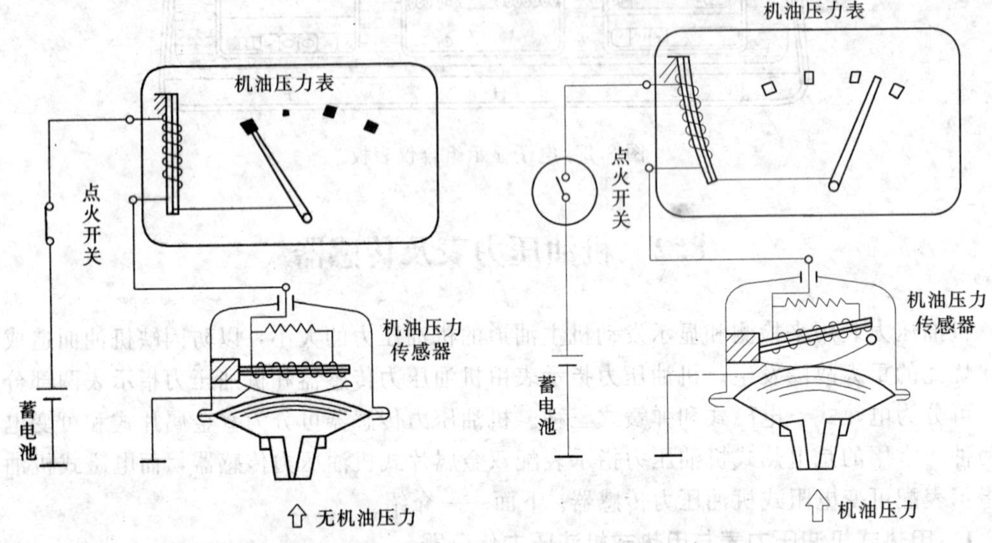

图 8.4　无机油压力时的工作情况　　　图 8.5　机油压力高时的工作情况

(2) 当机油压力低时，此时膜片会推动触点而产生轻微接触，使电流经过传感器和显示器中的电热丝。由于触点的接触压力很小，所以极弱的电流便可使传感器的双金属元件发生翘曲而断开触点，显示器的双金属元件的温度便不会上升，只会轻微翘曲，结果指针偏转量很微小。

(3) 当机油压力高时，此时膜片会强力推动触点，使双金属元件与触点的接触压力增大，要通过很强的电流才能断开，所以整个线路的平均电流增大，使显示器的双金属元件的温度上升，翘曲度增大，从而带动指针大幅度偏转，如图 8.5 所示。

3. 电热式机油压力表的使用注意事项

在安装传感器时，必须使传感器外壳上的箭头（安装记号）向上，不应偏出垂直位置

30°发动机低速运转时，机油压力不应小于 0.15MPa，发动机高速运转时，机油压力不应超过 0.5MPa。正常压力应为 0.2～0.4MPa。

8.2.2 电磁式机油压力表与可变电阻式机油压力传感器

1. 电磁式机油压力表与可变电阻式机油压力传感器的结构

电磁式机油压力表与可变电阻式机油压力传感器的基本结构如图 8.6 所示。

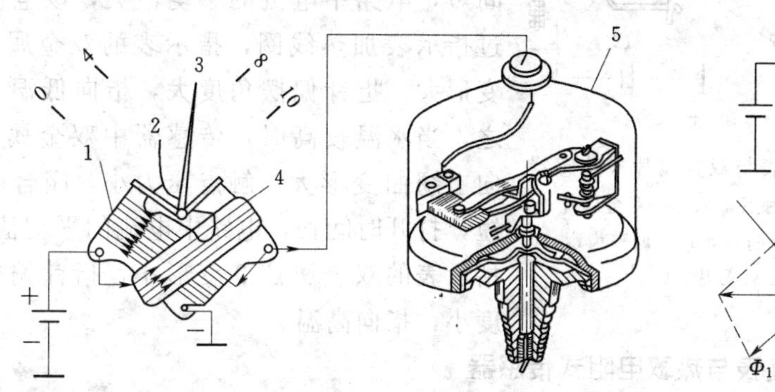

图 8.6 电磁式机油压力表与可变电阻式机油压力传感器
1—L_1 线圈；2—铁磁转子；3—指针；4—L_2 线圈；
5—可变电阻式机油压力传感器

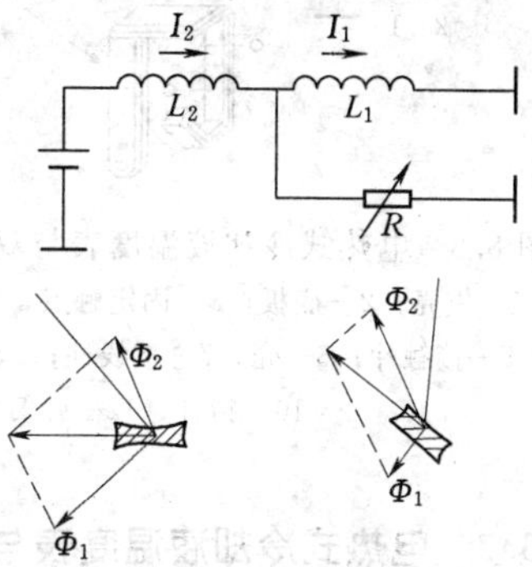

图 8.7 电磁式机油压力表工作原理图

2. 电磁式机油压力表与可变电阻式机油压力传感器的工作原理

工作原理如图 8.7 所示。

如图 8.6 所示，当油压降低时，传感器 5 的电阻值增大，线圈 L_1 中的电流减小，线圈 L_2 中的电流增大，铁磁转子 2 带动指针 3 随合成磁场的方向逆时针转动，指向低油压；当油压升高时，传感器 5 的电阻值减小，线圈 L_1 中的电流增大，线圈 L_2 中的电流减小，铁磁转子 2 带动指针 3 随合成磁场的方向顺时针转动，指向高油压。

8.3 冷却液温度表

冷却温度的作用是检测和显示发动机水套中冷却液的工作温度，以防发动机过热。

分类：冷却液温度指示表可分为电热式、电磁式和动磁式三种，冷却液温度传感器可分为双金属片式和热敏电阻式两种。常用的是电热式冷却液温度指示表配双金属片式传感器、电热式冷却液温度指示表配热敏电阻式传感器和电磁式冷却液温度指示表配热敏电阻式传感器三种。

8.3.1 电热式冷却液温度表与双金属片式传感器

1. 结构

如图 8.8 所示，电热式冷却液温度表与双金属片式传感器主要由双金属片、指针、弹簧片、调整齿扇、传感器等组成。

2. 工作原理

当点火开关置 ON 时，电流流过加热线圈，双金属片 4 受热变形使触点分离，切断电

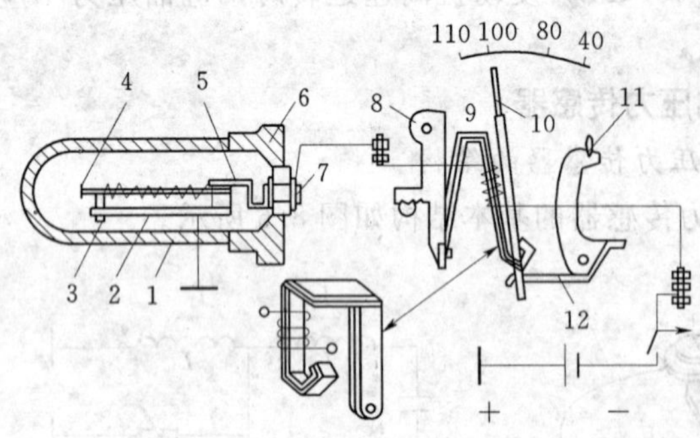

图 8.8 电热式冷却液温度表与双金属片式传感器

1—铜壳；2—底板；3—固定触点；4、9—双金属片；5—接触片；6—壳；7—接线柱；8、11—调整齿扇；10—指针；12—弹簧片

路；随后双金属片冷却伸直，触点重又闭合，电路又被接通，如此反复，电路中形成一脉冲电流。

当冷却液温度较低时，双金属片 4 变形小，触点压力大，闭合时间长，打开时间短，电路中电流的平均值大，该电流流过指示表加热线圈，指示表的双金属片 9 变形大，指针偏摆角度大，指向低温。反之，当水温较高时，传感器中双金属片 4 向上翘曲变形大，触点压力小，闭合时间短，打开时间长，电路中电流的平均值小，指示表的双金属片 9 变形小，指针偏摆角度小，指向高温。

8.3.2 电热式冷却液温度表与热敏电阻式传感器

1. 负温度系数热敏电阻的特点

当冷却液温度较低时，其阻值较大，而冷却液温度升高时，其电阻值会逐渐减小，如图 8.9 所示。

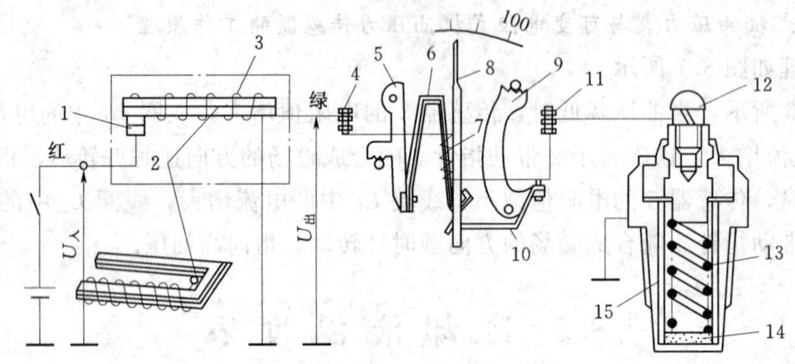

图 8.9 电热式冷却液温度表、热敏电阻式传感器与稳压器

1—触点；2、6—双金属片；3、7—加热线圈；4、11、12—接线柱；5、9—调解齿扇；8—指针；10、13—弹簧；14—热敏电阻；15—传感器外壳

2. 工作原理

当点火开关置 ON 时，电流从蓄电池正极→点火开关→电源稳压器→温度表双金属片 6 的加热线圈 7→传感器接线柱 12→热敏电阻 14→传感器外壳 15→搭铁→蓄电池负极。

当发动机冷却液温度较低时，传感器的热敏电阻阻值大，电路中电流的平均值小，温度表的双金属片弯曲变形小，指针指向低温。反之，当冷却液温度升高时，热敏电阻阻值小，电路中电流的平均值大，温度表的双金属片弯曲变形大，指针指向高温。

8.3.3 电磁式冷却液温度表与热敏电阻式温度传感器

1. 结构

如图 8.10 所示为电磁式冷却液温度与热敏电阻传感器的结构。线圈 1 与线圈 2 并联，

但线圈 1 直接搭铁，线圈 2 通过热敏电阻后搭铁。

2. 工作原理

当点火开关置 ON 时，左、右两线圈通电，各形成一个磁场，同时作用于软铁转子，转子 3 便在合成磁场的作用下转动，使指针指在某一刻度上。

当冷却液温度降低时，传感器热敏电阻阻值增大，线圈 2 中电流变小，合成磁场逆时针转动，使指针指在低温处；反之，当冷却液温度升高时，传感器热敏电阻阻值减小，线圈 2 中电流增大，合成磁场顺时针转动，使指针指在高温处。

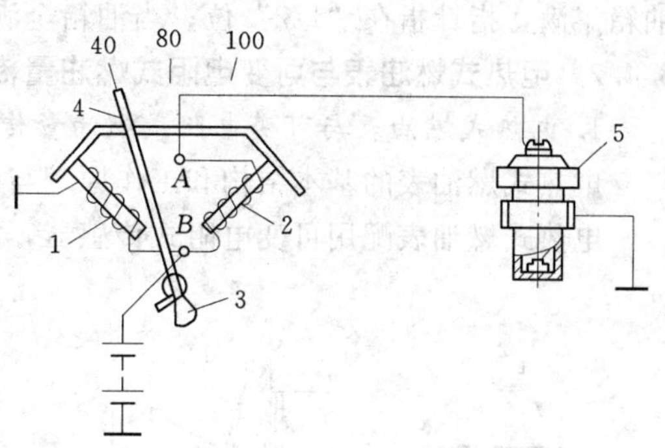

图 8.10 电磁式冷却液温度表与热敏电阻式温度传感器

1、2—线圈；3—转子；4—指针；5—传感器

8.4 燃油表及传感器

燃油表用来指示燃油箱内燃油的储存量，按其工作原理不同可分为电磁式、电热式和动磁式，所用传感器均为可变电阻式传感器。

8.4.1 电磁式燃油表与可变电阻式传感器

1. 电磁式燃油表与可变电阻式传感器的结构

如图 8.11 所示为电磁式燃油表与可变电阻式传感器的结构。线圈 1 串联在电源与传感器之间、线圈 2 与传感器并联。传感器由电阻、滑杆、浮子组成。

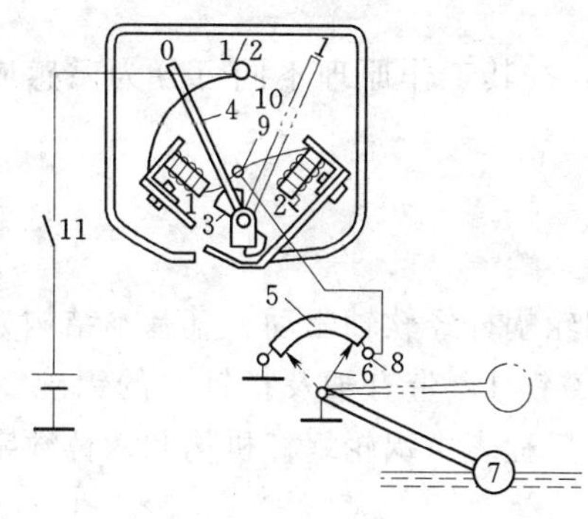

图 8.11 电磁式燃油表与可变电阻式燃油量传感器

1—左线圈；2—右线圈；3—转子；4—指针；5—可变电阻；6—滑片；7—浮子；8—传感器接线柱；9—接线柱；10—燃油表接线柱；11—点火开关

2. 电磁式燃油表与可变电阻式传感器的工作原理

当点火开关置 ON 时，电流由蓄电池正极→点火开关 11→燃油表接线柱→10 →左线圈 1→接线柱 9→右线圈 2→搭铁→蓄电池负极。同时电流由接线柱 9→传感器接线柱 8→可变电阻 5→滑片 6→搭铁→蓄电池负极。左线圈 1 和右线圈 2 形成合成磁场，转子 3 就在合成磁场的作用下转动，使指针指在某一刻度上。

当油箱无油时，浮子下沉，可变电阻 5 上的滑片 6 移至最右端，可变电阻 5 被短路，右线圈 2 也被短路，左线圈 1 的电流达最大值，产生的电磁吸力最强，吸引转子 3，使指针停在最左面的“0”位上。

随着油箱中油量的增加，浮子 7 上浮，带动滑片 6 沿可变电阻滑动。可变电阻 5 部分接入电路，左线圈 1 电流相应减小，而右线圈 2 中电流增大。转子 3 在合成磁场的作用下向右偏转，带动指针 4 指示油箱中的燃油量。如果油箱半满，指针指在“1/2”位；当油箱全满时，指针指在“1”位。

8.4.2　电热式燃油表与可变电阻式燃油量传感器

1. 电热式燃油表与可变电阻式燃油量传感器的结构

电热式燃油表的基本结构和工作原理与电热式机油压力表相同，仅表盘刻度不同。

电热式燃油表配用可变电阻式传感器，需串联一个稳压器。如图 8.12 所示。

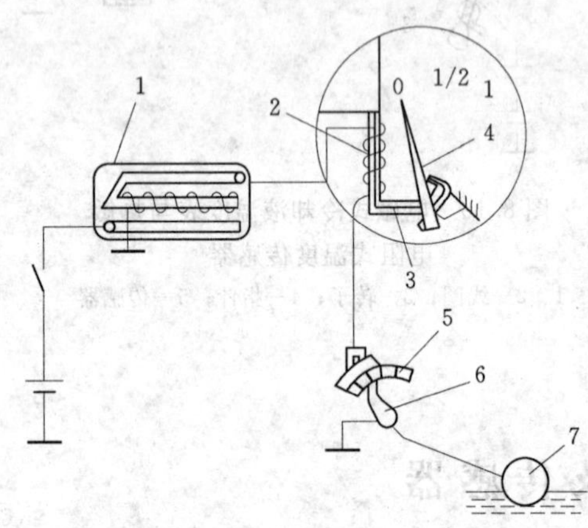

图 8.12　电热式燃油表与可变电阻式燃油量传感器

1—稳压器；2—加热线圈；3—双金属片；4—指针；5—可变电阻；6—滑片；7—浮子

2. 电热式燃油表与可变电阻式燃油量传感器的工作原理

当油箱无油时，浮子下沉，滑片 6 处于可变电阻 5 的最右端，传感器的电阻全部串入电路中，此时电路中电流最小，燃油表加热线圈 2 发热量小，双金属片 3 变形小，带动指针 4 指在“0”位。

当油箱内油量增加时，浮子上升，滑片向左移动，串入电路中的电阻减小，电路中的电流增大. 燃油表加热线圈 2 发热量大，双金属片 3 变形增大，带动指针 4 向右偏转。

当油箱充满时，滑片移至最左端，将可变电阻短路，此时电路中电流最大，指针偏到最右边，指在“1”处。

8.5　车 速 里 程 表

车速里程表是用来指示汽车行驶速度和累计行驶里程数的仪表。由车速表和里程表两部分组成。按其工作原理不同可分为磁感应式、电子式。

8.5.1　磁感应式车速里程表

1. 磁感应式车速里程表的结构

磁感应式车速里程表由变速器（或分动器）内的蜗轮蜗杆经软轴驱动。其基本结构如图 8.13 所示。车速表是由与主动轴紧固在一起的永久磁铁 1，带有轴及指针 6 的铝碗 2，磁屏 3 和紧固在车速里程表外壳上的刻度盘 5 等组成。里程表由蜗轮蜗杆机构和六位数字的十进位数字轮组成。

2. 磁感应式车速里程表的工作原理

(1) 车速表的工作原理。不工作时，铝碗 2 在盘形弹簧 4 的作用下，使指针指在刻度盘的零位。

当汽车行驶时，主动轴带着永久磁铁 1 旋转，永久磁铁的磁力线穿过铝碗 2，在铝碗 2 上感应出蜗流，铝碗在电磁转矩作用下克服盘形弹簧的弹力，向永久磁铁 1 转动的方向旋转，直至与盘形弹簧弹力相平衡。由于蜗流的强弱与车速成正比，指针转过角度与车速成正比，指针便在刻度盘上指示出相应的车速。

(2) 里程表的工作原理。汽车行驶时，软轴带动主动轴，主动轴经三对蜗轮蜗杆（或

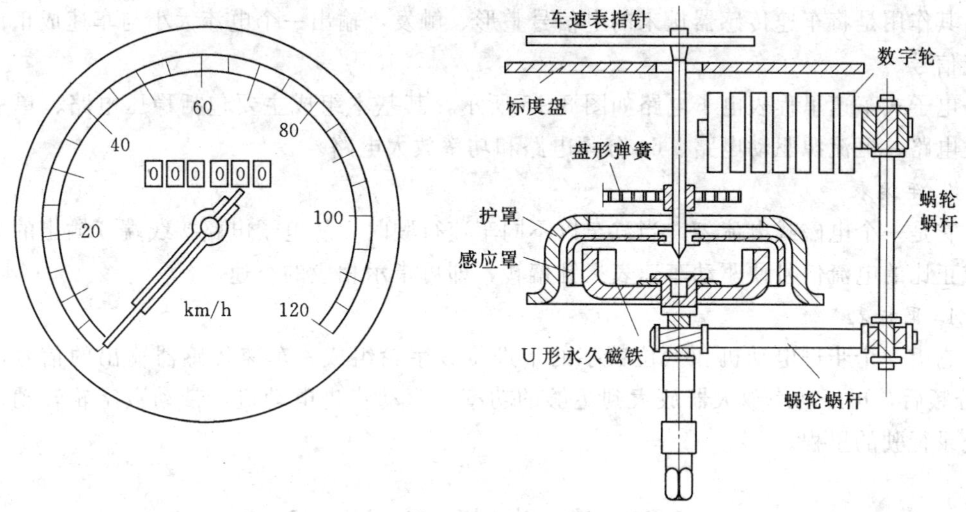

图 8.13 磁感应式车速里程表

一套蜗轮蜗杆和一套减速齿轮系）驱动里程表最右边的第一数字轮。第一数字轮上的数字为 1/10km，每两个相邻的数字轮之间的传动比为 1∶10。即当第一数字轮转动一周，数字由 9 翻转到 0 时，便使相邻的左面第二数字轮转动 1/10 周，成十进位递增。这样汽车行驶时，就可累计出其行驶里程数，最大读数为 99999.9km。

8.5.2 电子式车速里程表

电子式车速里程表主要由车速传感器、电子电路、车速表和里程表四部分组成。如图 8.14 所示为奥迪 100 型轿车的电子式车速里程表。

1. 车速传感器

其作用是产生正比于车速的电信号。

它由一个古簧开关和一个含有 4 对磁极的转子组成。变速器驱动转子旋转，转子每转一周，舌簧开关中的触点闭合、打开 8 次，产生 8 个脉冲信号，该脉冲信号频率与车速成正比。

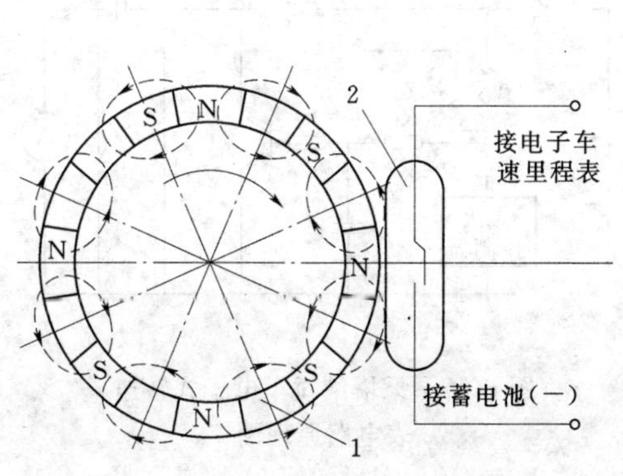

图 8.14 奥迪 100 型轿车电子式车速里程表

1—塑料环；2—舌簧开关管

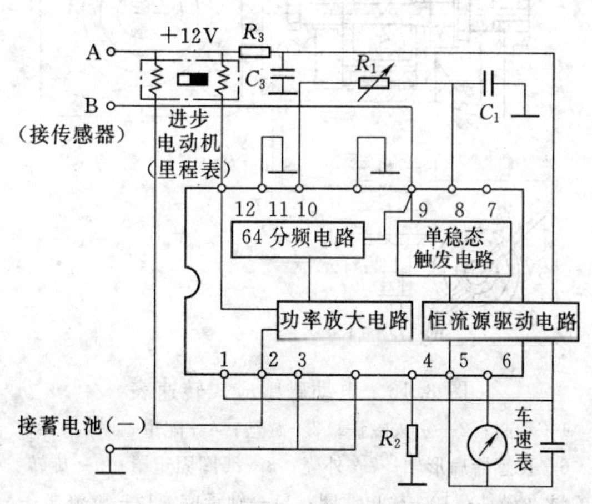

图 8.15 奥迪 100 型轿车电子式车速里程表电子电路

2. 电子电路

其作用是将车速传感器送来的电信号整形、触发，输出一个电流大小与车速成正比的电流信号。

电子式车速里程表电子电路如图 8.15 所示，其基本组成主要包括稳压电路、单稳态触发电路、恒流源驱动电路、64 分频电路和功率放大电路。

3. 车速表

它是一个电磁式电流表，当汽车以不同车速行驶时，从电子电路接线端 6 输出的与车速成正比的电流信号便驱动车速表指针偏转，即可指示相应的车速。

4. 里程表

它由一个步进电动机和六位数字的十进位数字轮组成。车速传感器输出的信号，经 64 分频后，再经功率放大器放大到足够的功率，驱动步进电动机，带动数字轮转动，从而记录行驶的里程。

8.6 发动机转速表

发动机转速表用于指示发动机的运转速度，使驾驶员正确地选择换挡时机。常用的转速表按其工作原理不同有机械式和电子式两种。

8.6.1 电动磁感应式转速表

1. 电动磁感应式转速表的结构

普通机械式转速表又可分为机械传动磁感应式转速表和电动磁感应式转速表。机械传动磁感应式转速表的结构和工作原理与上述磁感应式车速表基本相同，电动磁感应式转速表的基本结构如图 8.16 所示，它是由传感器和指示器两部分组成，传感器实际是一个小型的交流发电机，安装于发电机皮带轮附近，由四个螺钉固定。

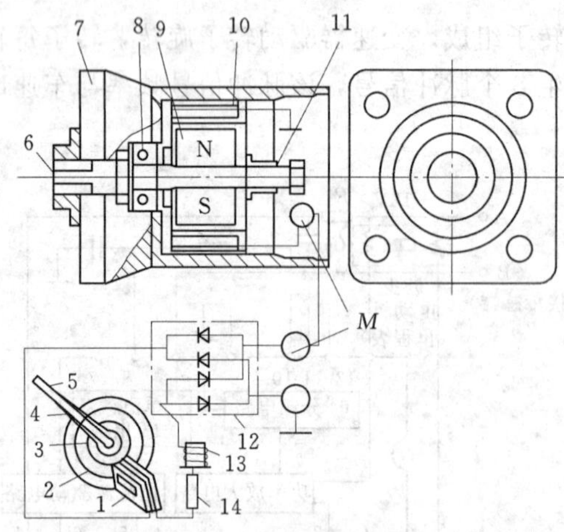

图 8.16　电动磁感应式转速表

1—动圈；2—永久磁铁；3—游丝；4—配重；5—指针；6—传感器扁形轴；7—外壳；8—线圈固定罩；9—旋转永久磁铁；10—输出线圈；11—轴承座；12—整流器；13—电阻 R_1（200Ω）；14—电阻 R_2（300Ω）

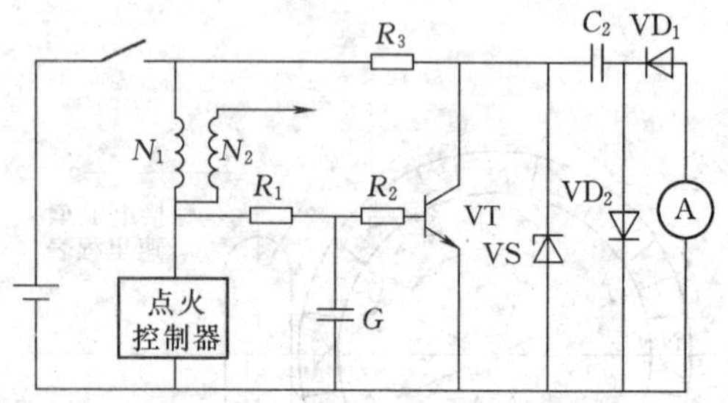

图 8.17　桑塔纳轿车电子式转速表电路原理图

2. 电动磁感应式转速表的工作原理

当发动机工作时，发动机的传动机构带动传感器扁形轴转动，与轴相连的永久磁铁随之转动，使磁力线切割线圈而产生交流电。电压高低随转速快慢而变化，通过整流器转化为直流电，再经绕线电阻和碳电阻输入动圈，此时动圈所产生的磁场与永久磁场相互作用，其结果使动圈偏转。发动机转速越快，传感器输出的电压也就越大，使动圈的输入电压变大，动圈偏转的幅度越大，指针的偏转角度也越大。

8.6.2 电子式转速表

电子式转速表获取转速信号的方式有三种，即取自点火系、发动机的转速传感器和发电机。如图 8.17 所示为桑塔纳轿车取自点火系的转速表电路原理图。

当初级电路导通时，三极管 VT 截止，电容 C_2 被充电，充电电流由蓄电池正极→点火开关→电阻 R_3→电容 C_2→二极管 VD_2→蓄电池负极。当初级电路截止时，三极管 VT 导通，电容器 C_2 放电，放电电流通过三极管 VT→电流表→二极管 VD_1。当发动机工作时，点火系初级电路不停的导通与截止，电容 C_2 不停的充放电。因为初级电路通断的次数与发动机转速成正比，所以电流表中电流平均值与发动机转速成正比，从而可用电流平均值标定发动机的转速。

8.7 数 字 仪 表

不论是家用电器还是工业机器，生活中处处可见到数字仪表，数字仪表以其方便、精确、维修方便得以普遍利用。汽车上常见得数字仪表由电子显示器件、控制电路组成。

8.7.1 电子显示器件

1. 真空荧光管（VFD）

（1）真空荧光管的结构。VFD 是最常用的发光型显示器，其结构如图 8.18 所示，钨灯丝为阴极，接电源负极；涂有荧光物质的屏幕为阳极，接电源正极，其上制有若干字符段图形，每个字符段由电子开关单独控制通电状态；栅格置于灯丝和屏幕之间；整个装置密封在被抽真空的玻璃罩内。

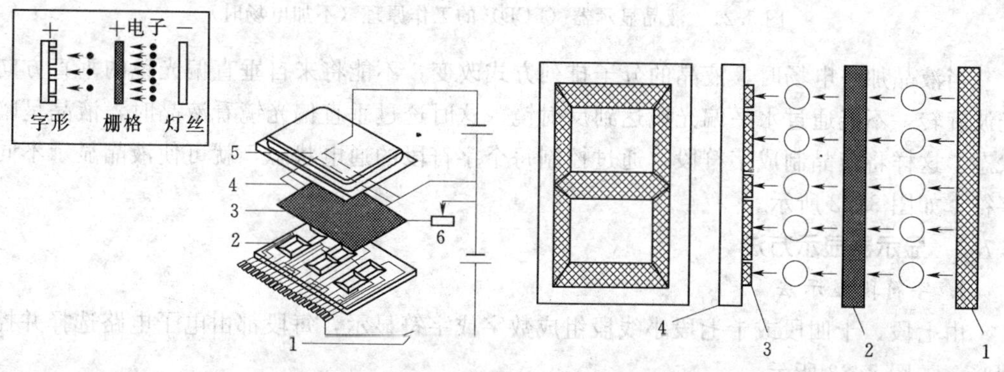

图 8.18 真空荧光管（VFD）的结构

1—电子开关；2—涂有荧光物质的屏幕（阳极）；3—栅格；4—钨灯丝（阴极）；5—玻璃罩；6—电位器（亮度调节）

图 8.19 真空荧光管（VFD）的工作原理

1—钨灯丝（阴极）；2—栅格；3—字符段（阳极）；4—屏幕

（2）真空荧光管的原理。如图8.19所示，当阴极灯丝1通电时，灯丝发热，释放电子，电子被电位较高的栅格2吸引，并穿过栅格，均匀地打在电位最高的屏幕字符段3上。凡是由电子开关控制通电的字符段受电子轰击后发亮，而未通电的字符段发暗。这样通过控制字符段通电状态，就可形成不同的显示数字。

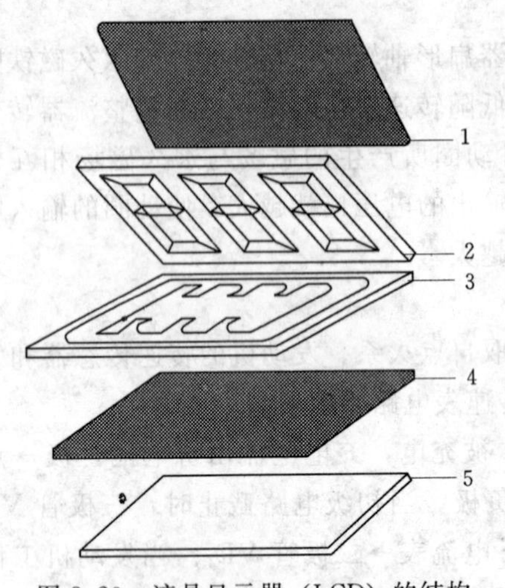

图8.20　液晶显示器（LCD）的结构
1—垂直偏光镜；2—前玻璃板；3—后玻璃板；4—水平偏光镜；5—反射镜

2. 液晶显示器（LCD）

（1）液晶显示器的结构。LCD是最常用的非发光型显示器，其结构如图8.20所示。前玻璃板2和后玻璃板3之间加有一层液晶，外表面贴有垂直偏光镜1和水平偏光镜4，最后面是反射镜5。

（2）液晶显示器的原理。当液晶不加电场时，液晶的分子排列方式可将来自垂直偏光镜的垂直方向的光波旋转90°，再经水平偏光镜后射到反射镜上，经反射后按原路回去，这时透过垂直偏光镜看液晶时，液晶呈亮的状态，如图8.21所示。

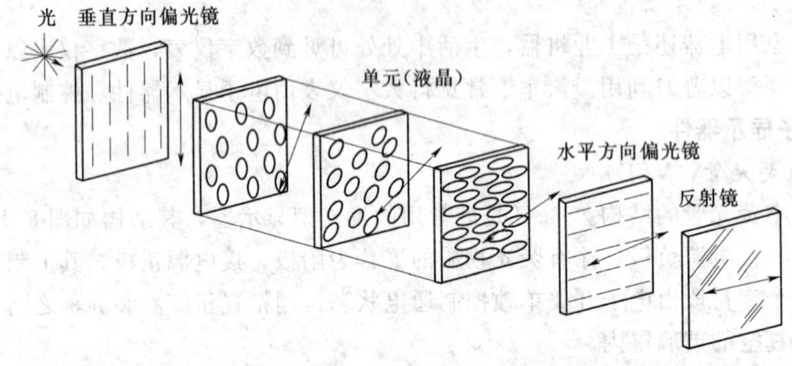

图8.21　液晶显示器（LCD）的工作原理（不加电场时）

当液晶加一电场时，液晶的分子排列方式改变，不能将来自垂直偏光镜的垂直方向的光波旋转，不能通过水平偏光镜达到反射镜，这时透过垂直偏光镜看液晶时，液晶呈暗的状态。这样将液晶制成字符段，通过控制每个字符段的通电状态，就可使液晶显示不同的字符，如图8.22所示。

8.7.2　显示器显示方法

1. 字符段显示法

由七段、十四段或十七段小线段组成数字或字符显示，每段都由电子电路选择并控制明暗，如图8.23所示。

2. 点阵显示法

由成行列排列的点阵元素组成数字或字符，各点阵元素都是由电子电路选择并控制明暗。图8.24所示为发光二极管组成的5×7点阵显示板和5×7点阵显示的一些数字和字母。

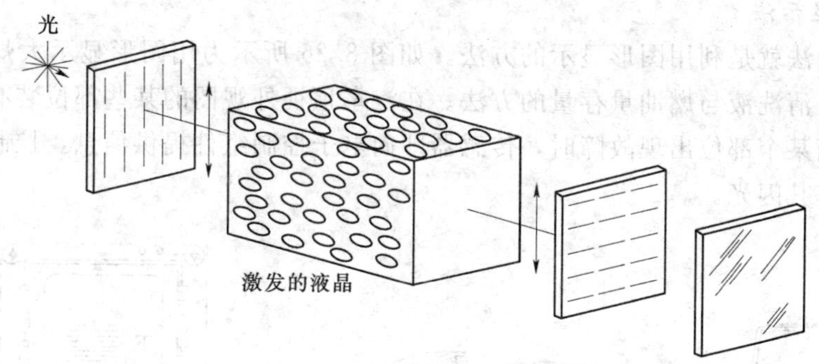

图 8.22 液晶显示器（LCD）的工作原理（加一电场时）

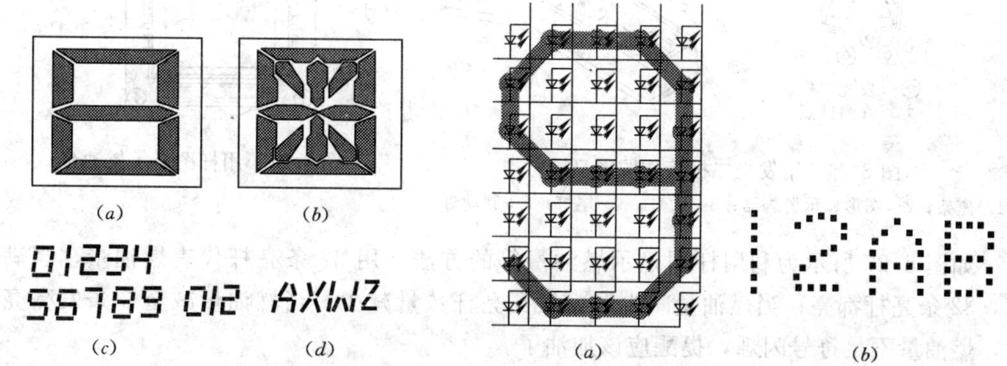

图 8.23 字符段显示法

(a) 七字符段；(b) 十四字符段；(c) 七字符段显示的数字；(d) 十四字符段显示的数字和字母

图 8.24 点阵显示法

(a) 5×7 点阵显示板；(b) 5×7 点阵显示的数字和字母

3. 特殊符号显示法

利用一些形象直观的国际标准 ISO 符号显示的方法，如图 8.25 所示。

图 8.25 国际标准 ISO 符号

4. 图形显示法

图形显示法就是利用图形显示的方法。如图 8.26 所示为用图形显示大灯、小灯与制动灯故障以及清洗液与燃油量存量的方法。在汽车顶视外观图的某些部位装有发光二极管显示装置，当某个部位出现故障时，传感器即向电子控制组件提供信息，控制发光二极管上的电压，使其闪光。

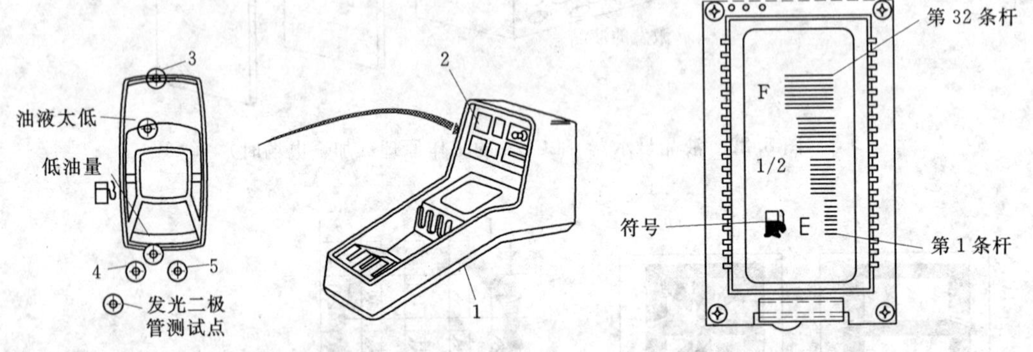

图 8.26　用发光二极管作图形显示

1—座架；2—图形显示警告器；3—大灯；4—尾灯；5—制动灯

图 8.27　用杆图显示燃油量

如图 8.27 所示为利用杆图显示燃油量等的方法。用 32 条亮杆代表燃油量，当满油时，32 条亮杆都亮；当燃油量减少时，发亮亮杆数量减少；当燃油量减至 3 条发亮亮杆时，燃油量不足符号闪烁，提醒应该加油了。

8.7.3　数字仪表控制电路

1. 分装式数字仪表

分装式数字仪表具有各自独立的控制电路，图 8.28 所示为微机控制的燃油表系统。

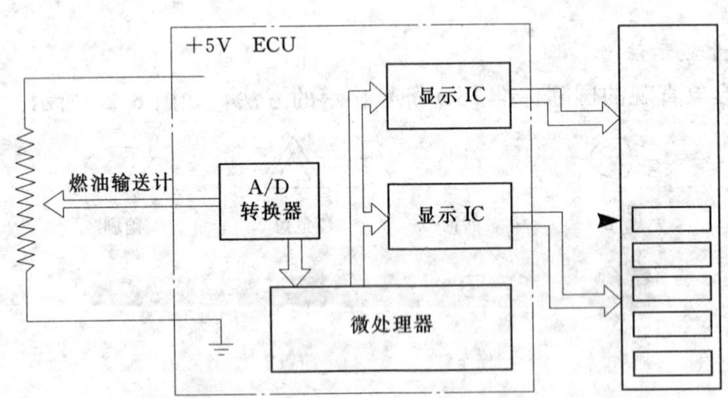

图 8.28　微机控制的燃油表系统

2. 组合式数字仪表

如图 8.29 所示为单片机控制的汽车智能组合仪表。

3. 综合信息系统

综合信息系统就是将各种仪表、报警装置和舒适性控制器组合到一起而形成的系统，如图 8.30 所示。

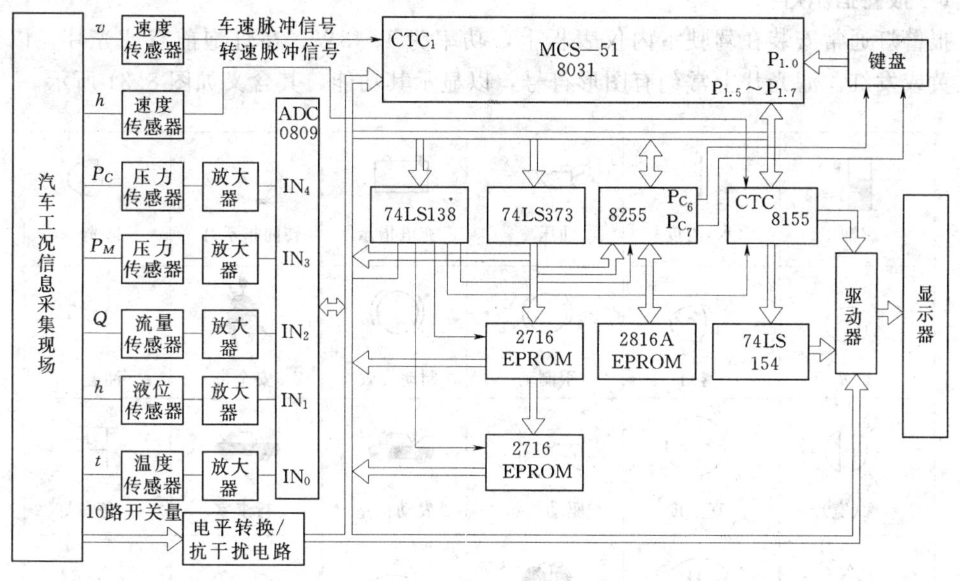

图 8.29 单片机控制的汽车智能组合仪表

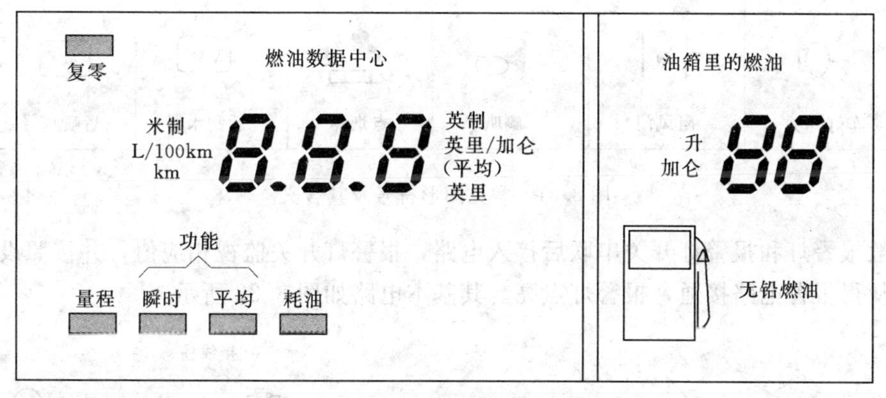

图 8.30 单片机控制的汽车智能组合仪表

8.8 报 警 装 置

为了保证行车安全，防止事故发生所设置的灯光或声音信号装置称为报警装置。一般分为对内（车辆驾驶员）和对外（行人及其他车辆）两类报警装置。

对内报警通常由报警灯和报警开关组成，当被监测的系统或总成不正常时，开关自动接通而使指示灯发亮，用以提醒驾驶员注意。如机油压力报警灯、车门未关好报警、制动液压不足指示灯、燃油不足报警灯、发动机故障指示灯、变速器故障指示灯、制动系统故障报警、防盗报警等。

对外报警装置通常有危险报警闪光装置、转向蜂鸣器、倒车报警蜂鸣器、汽车防撞报警、坐椅安全带报警、前照灯未关及点火钥匙未拔报警系统等。一般都带有声音信号或同时有灯光信号。

8.8.1　报警指示灯

报警灯通常安装在驾驶室内仪表板上，功率为1～3W。在灯泡前有滤光片，以使灯泡发黄或发红。滤光片上常刻有图形符号，以显示其功能，其含义如图8.31所示。

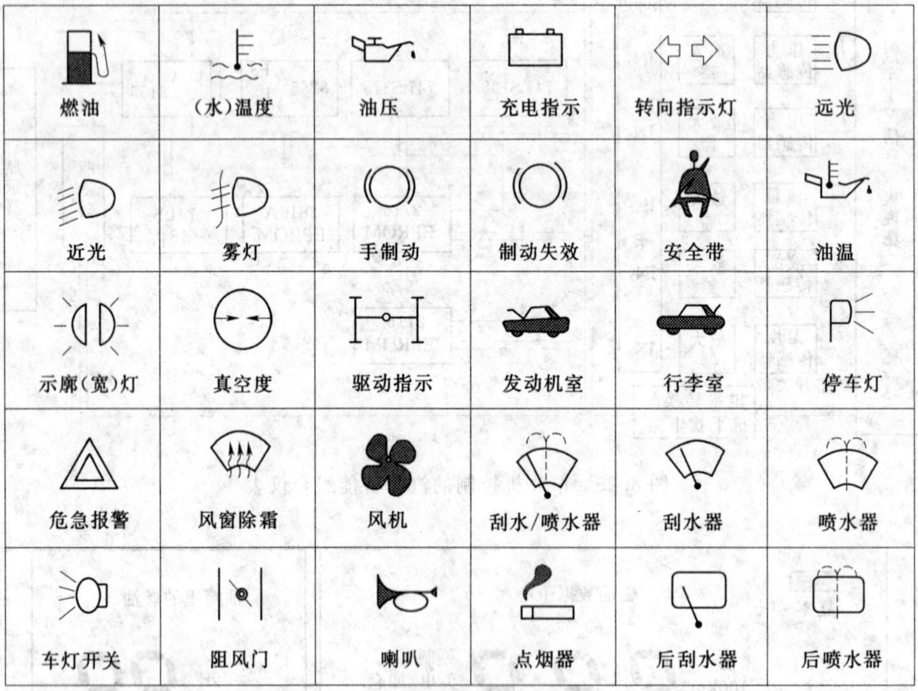

燃油
(水)温度
油压
充电指示
转向指示灯
远光
近光
雾灯
手制动
制动失效
安全带
油温
示廓(宽)灯
真空度
驱动指示
发动机室
行李室
停车灯
危急报警
风窗除霜
风机
刮水/喷水器
刮水器
喷水器
车灯开关
阻风门
喇叭
点烟器
后刮水器
后喷水器

图8.31　常见图形符号及其含义

一般报警灯和报警灯开关串联后接入电路，报警灯开关监视相应值，并按照设定条件动作，使得报警电路接通，报警灯点亮。其基本电路如图8.32所示。

1
2
3
4

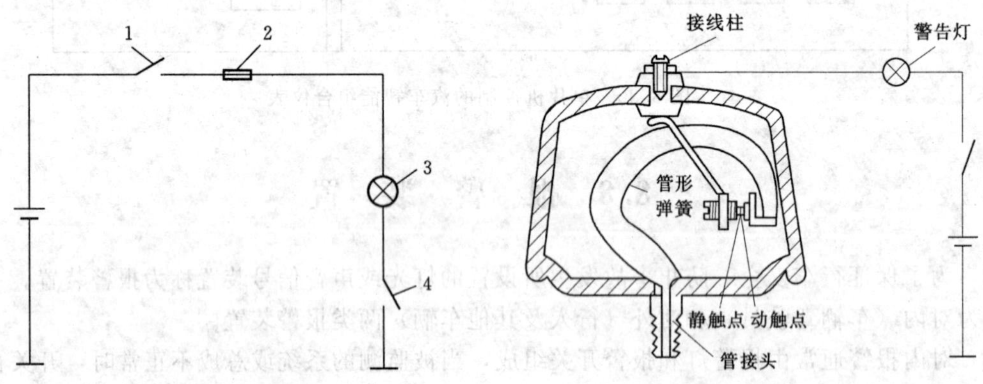

图8.32　报警灯电路

1—电源开关；2—熔断丝；3—报警灯；4—报警开关

接线柱
警告灯
管形
弹簧
静触点
动触点
管接头

图8.33　弹簧管式机油压力报警开关

1. 机油压力报警装置

用于提醒驾驶员注意发动机的机油压力异常的低。机油压力警报装置的报警开关一般装在主油道上，弹簧管式机油压力报警开关如图8.33所示。

其传感器为盒式，内有一管形弹簧，一端与接头相连，另一端与动触点相连，静触点与接线柱经接触片与接线柱相连，当机油压力低于0.05～0.09MPa时，管形弹簧变形很小，动触点和静闭合，电路接通，警告灯点亮；当机油压力高于0.05～0.09MPa时，管形弹簧变形较大，动触点和静触点分开，电路断开，警告灯熄灭。

2. 冷却液温度报警装置

警告灯的作用是当发动机冷却液温度高到一定程度时，警告灯自动点亮，以示警报。水温警告灯的通断由温度开关控制，其工作原理如图8.34所示。当冷却液温度低于95～98℃时，双金属上的触点与固定触点保持分离状态，警告灯不亮；当冷却液温度高至95～98℃时，双金属片受热变形向下弯曲程度变大，使触点和触点接触，将警告灯电路接通，警告灯点亮，提醒驾驶员注意。

驾驶室内还有其他一些警示灯，例如远光指示灯、转向信号灯、危险警告灯、车门未关指示灯以及与空调和刮水除霜装置相关的指示灯等，其很多指示灯都是和相关的电路连接在一起，由电路控制。

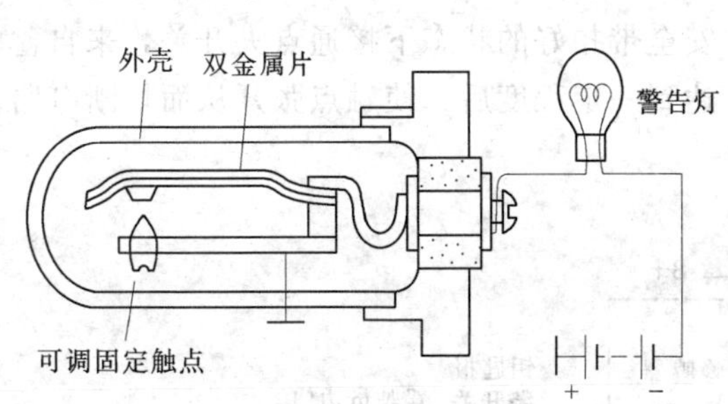

图8.34 温度开关控制电路

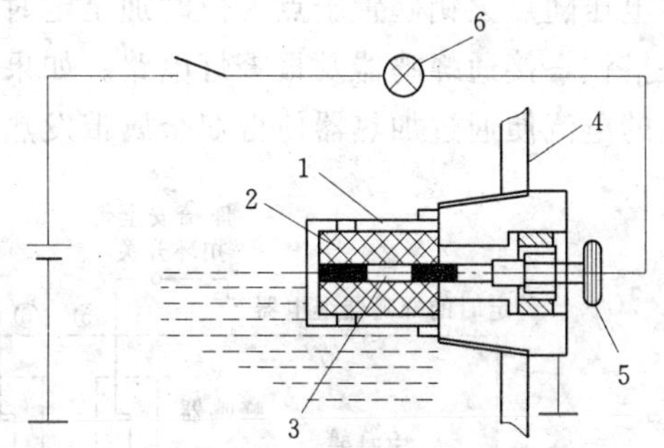

图8.35 燃油量报警灯电路图

1—外壳；2—防爆用金属网；3—热敏电阻元件；4—油箱外壳；5—接线柱；6—报警灯

3. 燃油量报警装置

燃油量报警灯用于指示燃油剩余量不足，其结构原理如图8.35所示。该装置是由负温度系数的热敏电阻式燃油油量报警传感器和警告灯组成。当油箱内油量较多时，热敏电阻元件浸没在燃油中，散热快，温度较低，电阻值较大，因此电路中电流很小，警告灯不亮；当燃油减少到规定值以下时，热敏电阻元件露出油面，散热慢，温度较高，电阻值较小，因此电路中电流增大，警告灯点亮。

4. 制动液液面报警装置

制动液液面报警灯的传感器安装于制动主缸的储液罐内，其结构如图8.36所示。在传感器的外壳内装有舌簧开关，开关的两个接线柱与液面报警灯及电源相连接，浮子上固装有永久磁铁。

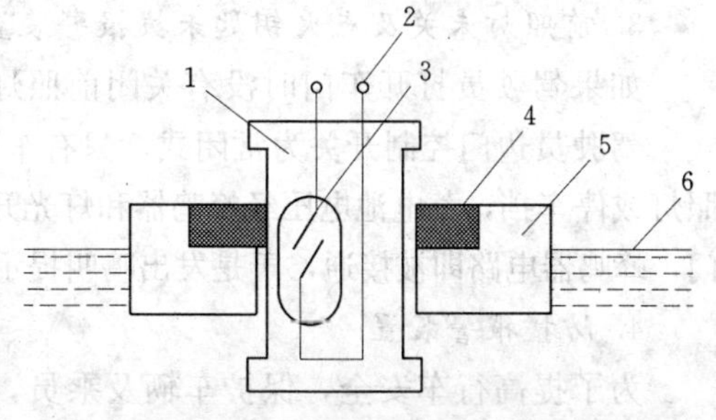

图8.36 制动液液面传感器

1—外壳；2—接线柱；3—舌簧开关；4—永久磁铁；5—浮子；6—液面

当浮子随制动液面下降至规定值以下时，

永久磁铁的电磁吸力使得舌簧开关闭合，接通报警灯电路，发出报警；当制动液液面在限定值以上时，浮子上升，由于吸力减弱，舌簧开关在自身弹力作用下，断开报警灯电路。

8.8.2　声音报警

1. 倒车蜂鸣器

汽车倒车时，为了警告车后的行人和车辆驾驶员，在汽车的后部常装有倒车灯、倒车蜂鸣器或语音倒车报警装置，他们都由装在变速器盖上的倒车开关自动控制。

当把变速杆拨到倒挡时，倒车灯、倒车蜂鸣器或语音倒车报警器便与电源接通，使倒车灯发出闪烁信号、蜂鸣器发出断续鸣叫声，语音倒车报警器发出“倒车，请注意”的提示音。

2. 坐椅安全带报警装置

当接通点火开关而没有扣紧坐椅安全带时，坐椅安全带报警系统蜂鸣器发出报警声响并点亮报警灯约8s。

坐椅安全带报警系统电路如图8.37所示。当坐椅安全带被扣紧时，开关张开。蓄电池电压随点火钥匙置于点火位时加至定时器，如果此时安全带未扣好，电路便通过常闭开关搭铁，接通蜂鸣器及报警灯电路。如果在安全带扣好的状态下接通点火开关，来自蓄电池的电流便通过加热器使得双金属带发热，达到一定程度后，使触点张开从而切断电路。

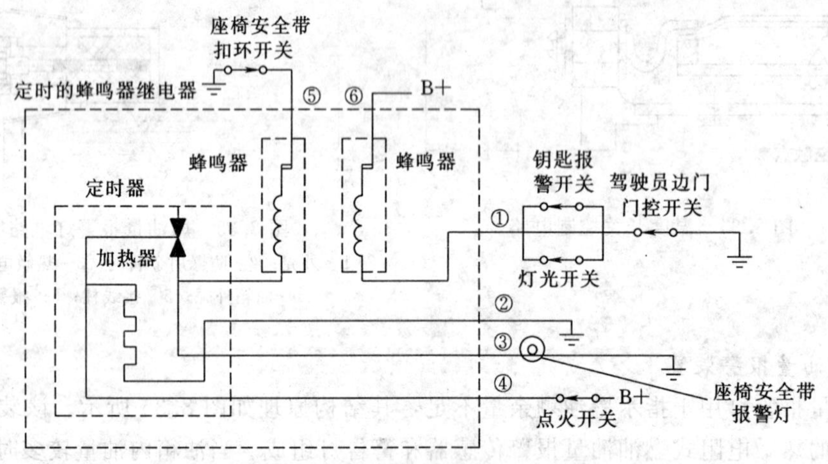

图8.37　坐椅安全带报警及前照灯未关及点火钥匙未拔报警系统

3. 前照灯未关及点火钥匙未拔报警装置

如果驾驶员打开车门时没有关闭前照灯，蜂鸣器或发音器便发出鸣叫提示。

驾驶员边门控制开关为常闭式，只有车门关闭时，该开关才断开。如果前照灯开关在前照灯或停车挡，蓄电池电压经蜂鸣器和灯光开关加至驾驶员边门控制开关。如果驾驶员打开车门，蜂鸣器电路即被接通，于是发出鸣叫提示，直到前照灯关闭或驾驶员边门关闭才停止。

4. 防撞报警装置

为了提高行车安全，保护车辆及乘员，现代汽车装备了防撞系统。按照距离识别元件的不同，有红外线防撞系统、超声波防撞系统、激光防撞系统等等。它们均采用单片机控制技术，能够自动检测并跟踪被测车辆与障碍物的距离，一旦该距离达到安全设置的极限距离时，便通过控制发出报警声音信号，并自动刹车，使车辆减速行驶乃至停车。

8.9 实训项目 1 传统仪表的故障诊断

8.9.1 实训目的

掌握传统仪表的故障检测方法。

8.9.2 仪器与工具

试灯、万用表等工具。

8.9.3 实训内容

1. 电热式机油压力表的故障诊断

(1) 指针不动。

1) 现象。发动机在各种转速时，机油压力表均无指示值。

2) 原因。①机油压力表故障；②机油压力传感器故障；③连接导线断路；④发动机润滑系有故障。

3) 诊断（图 8.38）。

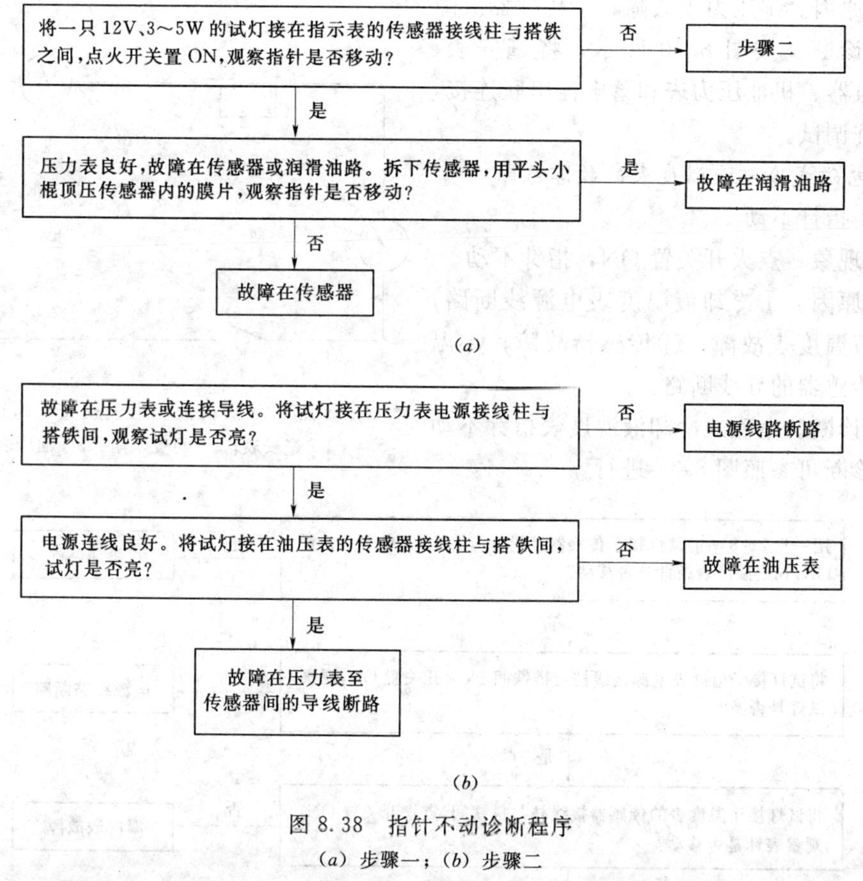

图 8.38 指针不动诊断程序
(a) 步骤一；(b) 步骤二

故障诊断可按图 8.38 所示的步骤进行检查。

(2) 发动机未起动指针就动。

1) 现象。接通点火开关，发动机未起动，机油压力表指针即开始移动。

2）原因。①机油压力表故障；②机油压力传感器故障；③压力表至传感器间的导线搭铁。

3）诊断。故障诊断可按图 8.39 所示的步骤进行检查。

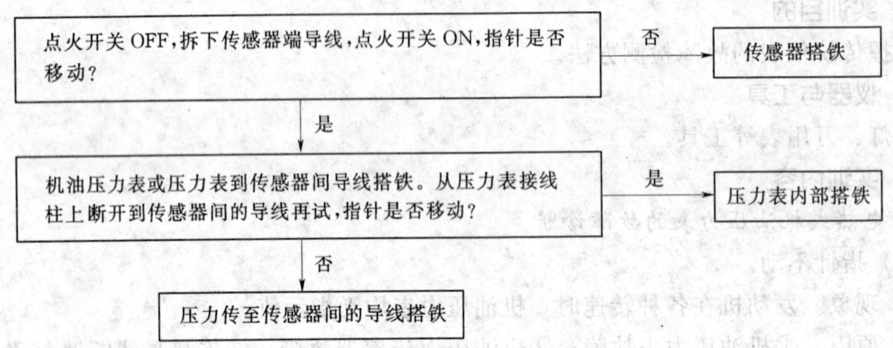

图 8.39 发动机未起动，电热式机油压力表指针就动诊断程序

（3）指针示值不准。

1）原因。①压力表故障；②传感器故障。

2）诊断。按图 8.40 所示，将毫安表、可变电阻器、机油压力表和蓄电池串联连接，进行检查调试。

2. 电磁式冷却液温度表的故障诊断

（1）指针不动。

1）现象。点火开关置 ON，指针不动。

2）原因。①冷却液温度表电源线断路；②冷却液温度表故障；③传感器故障；④温度表至传感器的导线断路。

3）诊断。电磁式冷却液温度表指针不动的故障诊断可参照图 8.41 进行。

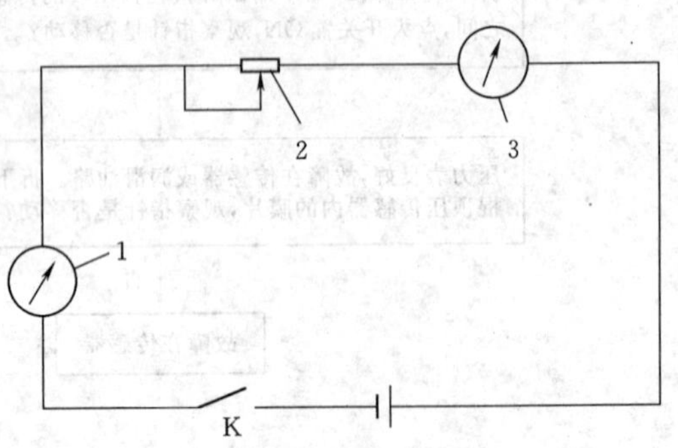

图 8.40 机油压力表检查电路

1—毫安表；2—可变电阻；3—油压表

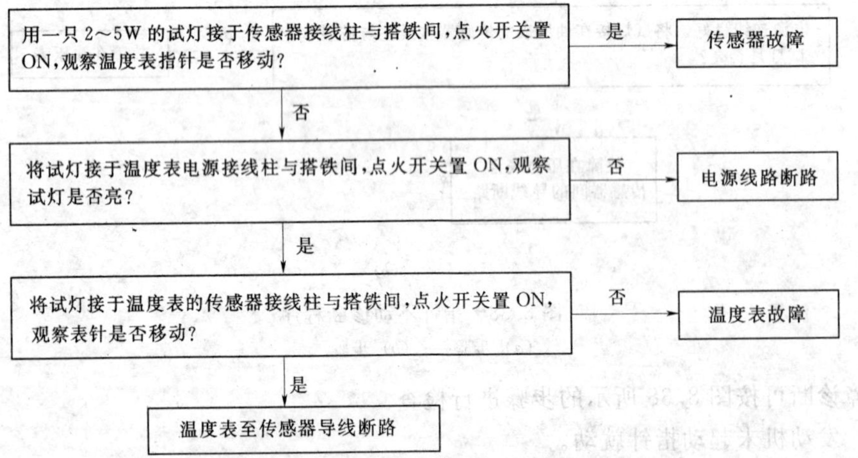

图 8.41 电磁式冷却液温度表指针不动诊断程序

(2) 指针指向最大值不变。

1) 现象。接通点火开关后，温度表指针即指向最高温度。

2) 原因。①温度表至传感器导线搭铁；②传感器内部搭铁。

3) 诊断。电磁式冷却液温度表指针指向最大值不变的故障诊断可参照图8.42进行。

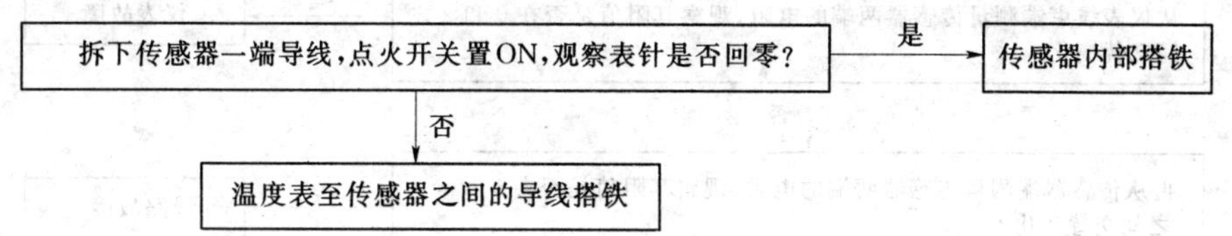

图8.42 电磁式冷却液温度表指针指向最大值不变诊断程序

3. 燃油表的故障诊断

(1) 燃油表指针总指示“1”(油满)。

1) 现象。点火开关置ON时，不论燃油量多少，燃油表指针总是指示“1”(油满)。

2) 原因。①燃油表至传感器导线断路；②传感器内部断路。

3) 诊断。燃油表指针总指示“1”的故障诊断可参照图8.43进行。

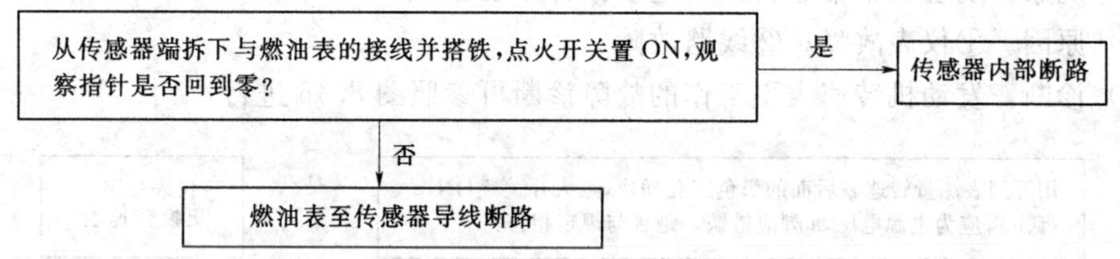

图8.43 燃油表指针总指示“1”诊断程序

(2) 燃油表指针总指向“0”(无油)。

1) 现象。点火开关ON，不论燃油量多少，燃油表指针总是指示“0”(无油)。

2) 原因。①传感器内部搭铁或浮子损坏；②燃油表至传感器的导线搭铁；③燃油表电源线断路；④燃油表内部故障。

3) 诊断。燃油表指针总指向“0”的故障诊断可参照图8.44进行。

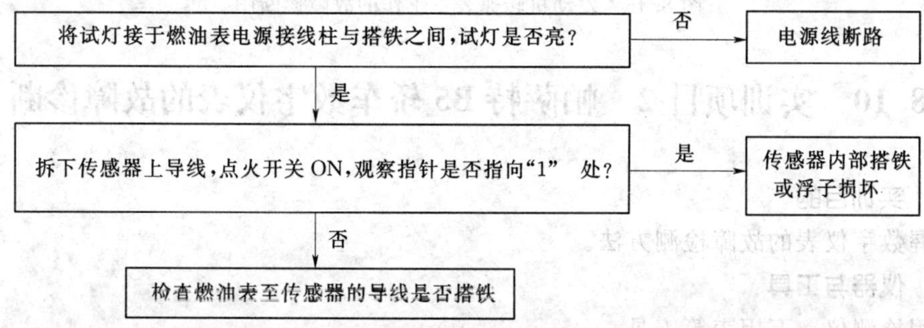

图8.44 燃油表指针总指向“0”诊断程序

4. 电子式车速里程表的故障诊断

电子式车速里程表常见故障是不工作。

(1) 现象。汽车行驶中车速里程表指针不动。

(2) 原因。①传感器故障；②仪表故障；③线路故障。

(3) 诊断。电子式车速里程表不工作的故障诊断可参照图8.45进行。

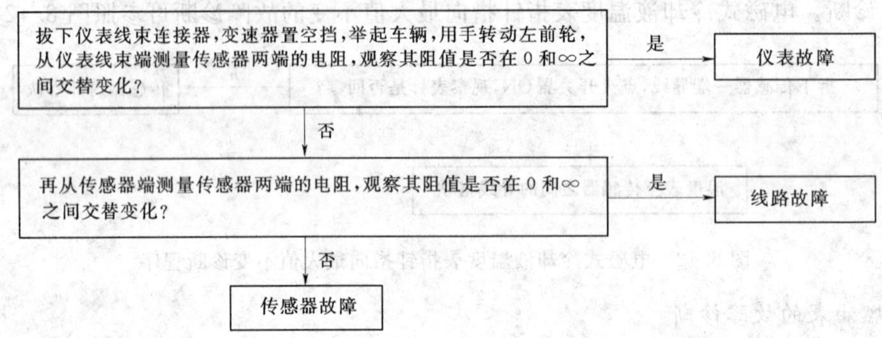

图8.45　电子式车速里程表不工作的故障诊断

5. 发动机转速表的故障诊断

发动机转速表常见故障是不工作，下面以桑塔纳轿车转速表为例说明其故障诊断方法。

(1) 现象。发动机正常运转，转速表指针不动。

(2) 原因。①仪表故障；②线路故障。

(3) 诊断。发动机转速表不工作的故障诊断可参照图8.46进行。

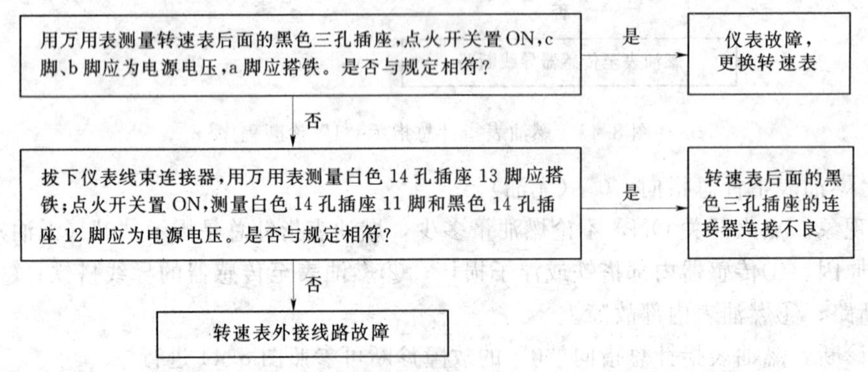

图8.46　发动机转速表不工作的故障诊断图

8.10　实训项目2　帕萨特B5轿车数字仪表的故障诊断

8.10.1　实训目的

掌握数字仪表的故障检测方法。

8.10.2　仪器与工具

专用检测仪、万用表等工具。

8.10.3　实训内容

1. 维修注意事项

(1) 该组合仪表是整体不可拆的，某仪表有故障，必须整体更换。

（2）更换前应使用VAG1551故障阅读仪查询故障存储器，读取维护间隔显示的数值，查询收放机电子防盗系统编码。

（3）更换组合仪表后，必须填写故障单，与组合仪表一起送回，并且退回只能使用原件包装。

（4）对于新换的组合仪表，必须使用VAG1551故障阅读仪设置车速里程表读数和维护间隔显示。

（5）检修仪表时，必须首先进行自诊断，使用VAG1551故障阅读仪或者VAG1552故障阅读仪读取存入信息。

（6）进行任何维修工作之前应解除安全气囊系统，否则，不允许施加电能至转向管柱上的任何部件。

2. 组合仪表的自诊断

诊断前应确保电源电压正常（至少9.0V），保险丝正常，接地线良好。

（1）进入车载诊断系统功能模式。点火开关OFF，参照图8.47，将适配器电缆（VAG 1551/3）一端连于读码器，一端连于DLC接头；点火开关ON，按下“PRINT”键接通打印机，按下“1”键，进入“快速数据传输”模式；输入地址字17，进入“组合仪表”模式；按下“Q”键确认输入正确；按下“→”键，进入车载诊断系统功能模式。至此，可按表8.1选择输入期望的功能模式，转入相应的程序。

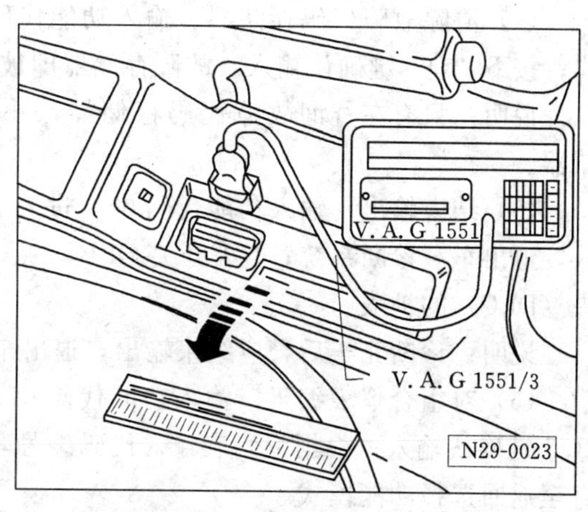

图8.47 连接适配器电缆

表8.1 功能模式说明

功能模式	说明	功能模式	说明
01	查询控制单元版本	06	结束输出
02	查询故障代码存储器	07	对组合仪表编码
03	部件诊断	08	读出测量数据块
05	清除故障代码存储器	10	匹配01—59

（2）查询故障代码存储器。输入功能代码02，进入“查询故障代码存储器”功能模式；按下“Q”键确认输入，如果存储器存有DTC，显示器显示存入的故障数量；按下“→”键，以提交DTC表。故障码含义见表8.2。

表8.2 故障码表

故障码	故障码含义	故障码	故障码含义
01039	冷却液温度传感器故障	00779	外部环境温度传感器故障
01086	车速传感器故障	65535	控制模块故障
00771	燃油量传感器故障		

说明：该功能模式用于检索存储的故障代码DTC。

(3) 输出诊断。输入功能代码03，进入“输出诊断”功能模式；按下“Q”键确认输入；按下“→”键，仪表将扫过全部量程并移至预设位置（表8.3）；继续按下“→”键，将完成对其他部件的诊断。

表8.3　仪表预设位置

仪表	预设位置	仪表	预设位置
冷却液温度表	88℃	车速里程表	105km/h
发动机转速表	3000r/min	燃油表	1/2

说明：该功能可以检查车速表、转速表、冷却液温度指示器、燃油液面指示器、里程显示、多功能显示、数字时钟、油压报警蜂鸣器。该功能必须在发动机停转、车辆静止情况下进行。

(4) 清除故障代码存储器。输入功能代码05，进入“清除故障代码存储器”功能模式；按下“Q”键确认输入，故障存储器即被清除。

说明：只有在查询故障代码存储器，并且排除所有故障后，才能清除故障代码存储器。

(5) 结束输出。输入功能代码06，进入“结束输出”功能模式；按下“Q”键确认输入，退出车载诊断系统；点火开关OFF，断开V.A.G1551故障阅读仪并安装数据传输接头（DLC）的护盖。

说明：诊断完毕后，应结束输出，退出车载诊断系统。

(6) 对组合仪表编码。输入功能代码07，进入“对组合仪表编码”功能模式；按下“Q”键确认输入；根据编码表输入代码编号，并按下“Q”键确认输入；按下“→”键，直至返回选择功能模式。

说明：使用该功能模式可以对组合仪表进行编码，编码内容包括国别、汽缸数量、发动机类型、选装设备。如果汽车安装了一个以上选装设备，选装设备编码应为各选装设备的代码相加求和。

(7) 读取测量数据块。输入功能代码08，进入“读取测量数据块”功能模式；按下“Q”键确认输入；输入显示组号，例如输入“002”，并按下“Q”键确认输入，即显示数据块2的数据。

说明：使用该功能时，显示器上始终显示着传感器的实际值，而组合仪表显示滤波后的数值，所以，这些数值可能会有偏差。

(8) 匹配。燃油表的匹配过程：如果燃油表显示的油量太高或太低（燃油表和传感器无故障），就可以使用该功能进行校正；点火开关OFF，完全倒空燃油箱，然后装入10L燃油；输入功能代码10，进入“匹配”功能模式，并按下“Q”键确认；按表8.4通道号30，并按下“Q”键确认输入；按下“1”键或“3”键，调整匹配值；如果指针指在右边红色标志上时，那么燃油表匹配正确，此时按下“Q”键确认输入，存储已修改的匹配值；按下“→”键，结束燃油表匹配，回到选择功能模式。

说明：该功能可实现维护周期显示（SIA）的匹配、更换仪表板时里程计数器的匹配、复位维护周期、燃油储存量的匹配、燃油消耗指示的校正和适用于导航显示设备的语言种类的编码。

表 8.4　　匹 配 通 道 号

匹配通道号	匹配功能模式
03	燃油消耗指示的校正
04	适用于导航显示设备的语言种类的编码（仅适用于高档仪表）
09	里程计数器的匹配
10	适用于更换机油维护（OEL）里程计数器的维护间隔数据
11	适用于里程检验（INSP）里程计数器的维护间隔数据
12	适用于时间检验（INSP）里程计数器的维护周期数据
30	燃油储存量的匹配

说明：在一个匹配值修改之后，或在一个匹配通道结束之后，为了进入一个其他的匹配通道，必须重新地执行“10－匹配”功能模式！

本 章 小 结

1. 汽车仪表用来了解和观察汽车各系统的工作状况，常用的有电流表、机油压力表、冷却也温度表、转速和里程表、燃油表等，主要类型有电热式和电磁式。

2. 为了提高仪表显示精度，电热式水温表和燃油表与可变电阻式传感器配合使用，应在电路中串联加入仪表稳压器。

3. 数字式仪表具有许多优点，在汽车上的应用越来越广泛，其显示器主要有发光二极管、液晶显示器件、真空荧光管等。

4. 汽车仪表的主要故障有仪表无指示、仪表指示不准确等。检修时，可将仪表与传感器分段检测。

5. 汽车报警装置用来保证行车安全，可分为指示灯报警装置音报警装置用的指示灯报警电路有蓄电池液面过低报警装置、机油压力报警装置、冷却液温度报警装置、燃油量报警装置等常用的声音报警有倒车蜂鸣器、坐椅安全带报警装置、前照灯未关及点火钥匙未拔报警系统、防撞系统报警等。

6. 报警装置电路都是由报警开关（传感器）、报警灯（或蜂鸣器）等组成。

单 元 习 题

一、单项选择题

1. 机油压力报警装置常见的类型是（　　）。

A. 膜片式　　B. 电热式　　C. 电磁式　　D. 上三种均有

2. 下列不属于水温表类型的是（　　）。

A. 电热式　　B. 电磁式　　C. 蒸气压力式　　D. 分流式

3. 电子式转速表，其转速信号取自点火系统的（　　）。

A. 点火线圈　　B. 分电器　　C. 点火开关　　D. 点火提前机构

4. 电流表最大读数为（　　）。

A. 10A　　B. 15A　　C. 20A　　D. 25A

5. 发动机低速运转时，机油压力不应小于（　　）。

A. 0.147MPa　　B. 0.196MPa　　C. 0.392MPa　　D. 0.490MPa

二、判断题（对打"√"，错打"×"）

1. 油压指示表位于驾驶室仪表板上，内有电感不同的一对主线圈和一对副线圈及连接一个指针。（　　）

2. 汽车油压传感器可以依靠其内部膜片弯曲程度的大小来传递油压的增高或降低。（　　）

3. 水温表传感器中触点的压力较大。（　　）

4. 汽油车的发动机转速信号来源于曲轴位置传感器。（　　）

5. 燃油低油面报警灯装置采用了热敏电阻与报警灯串联的方法来控制报警灯电路的接通和切断。这里的热敏电阻，当燃油面低于热敏电阻时，其电阻值将升高而不是降低。（　　）

三、简答题

1. 汽车常用仪表有哪些？各有何作用？

2. 数字式仪表有何优点？常用显示器件有哪些？

3. 汽车仪表系统有哪些常见故障？如何检修？

4. 汽车常用报警装置有哪些？各有何作用？

5. 试述制动液量报警装置的工作原理。

第9章 空调系统

- **知识目标**

(1) 了解空调系统的基本知识、基本组成、基本工作原理。

(2) 了解暖风系统的类型、组成和基本工作原理。

(3) 了解空调制冷系统的组成、基本工作原理和主要组成件的结构及工作原理。

(4) 了解通风系统和空气净化系统的结构和工作原理。

(5) 了解空调控制系统的功能、电路和基本工作原理。

- **技能目标**

(1) 掌握暖风系统的故障诊断方法。

(2) 掌握空调制冷系统的维护方法和排除故障的基本方法。

(3) 掌握通风系统和空气净化系统的维护作业方法。

(4) 掌握利用电路图判断空调控制电路故障的方法。

9.1 概述

"汽车空气调节"简称 汽车空调，指采用人为方式对车内空气流量、温度、湿度和清洁度进行调节。汽车安装空调系统，给司机及乘客创造了舒适的环境，改善了工作条件，减轻了旅途疲劳，从而也提高了工作效率和安全性。

1. 汽车空调系统的功能

如图 9.1 所示，汽车空调有 4 项基本功能。

(1) 调节温度（调温）：在冬季利用其采暖装置升高车内温度，夏季利用制冷装置对车内降温。

(2) 调节湿度（调湿）：利用制冷装置冷却降温去除空气中的水分，再由采暖装置升温以降低空气的相对湿度。

(3) 调节车内的空气流速（通风）：夏季空气流速稍大有利于人体散热降温，冬季气流速度过大影响人体保温，因此夏季舒适风速一般为 0.25m/s，冬季的舒适风速一般为 0.20m/s。

图 9.1 空调系统的功能

(4) 过滤净化车内空气（净化）：由于车内空间小，乘员密度大，车内极易出现缺氧，而车外道路上的粉尘等又容易进入车内造成空气污浊，影响乘员的身体健康，因此要求空调必须具有补充车外新鲜空气、过滤和净化车内空气的功能。

2. 汽车空调系统的组成

为完成空调的上述功能，汽车空调系统通常由以下装置组成。

(1) 通风装置：把车外新鲜空气吸进车内进行换气。

(2) 暖气装置：把车内空气或吸进来的新鲜空气加热。

(3) 冷气装置：把车内空气或吸进来的新鲜空气冷却或除湿。

(4) 空气净化装置：净化空气，除去车内存在的灰尘和气味。

(5) 控制装置：对制冷和暖风装置进行控制，使空调正常工作。

目前汽车的空调系统依车辆的配置不同所具备的装置也有所不同，一般低档汽车具有制冷、暖风和通风装置，中高档汽车还具备空气净化装置。如图 9.2 所示为空调系统的组成部件在车上的布置。

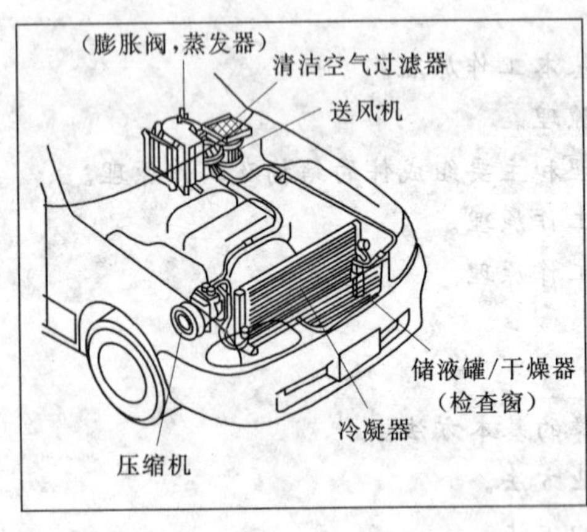

图 9.2 空调系统在车上的布置

空调系统控制有手动控制和自动控制之分，如图 9.3、图 9.4 所示。

手动空调需要驾驶员通过旋钮或拨杆对控制对象进行调节，自动空调只需驾驶员输入目标温度，空调系统便可按照驾驶员的设定自动进行调节。

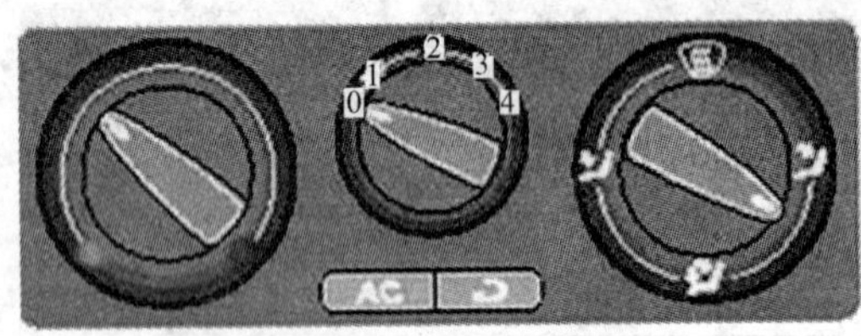

图 9.3 手动空调的控制面板

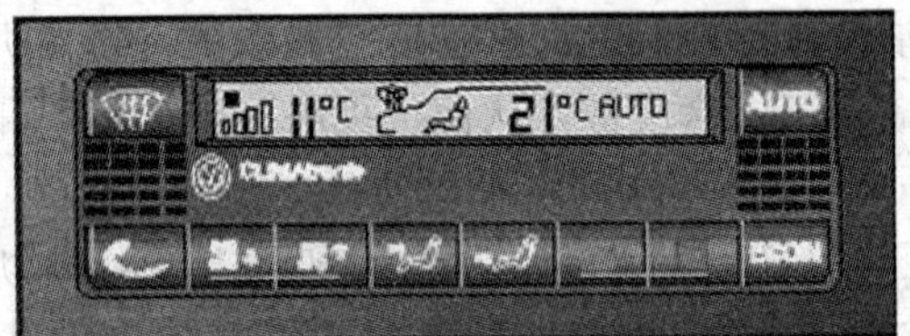

图 9.4 自动空调的控制面板

9.2 汽车空调制冷系统的结构及原理

9.2.1 制冷原理

制冷系统的作用是将车内的热量通过制冷剂在循环系统中循环转移到车外，实现车内降温。

目前汽车空调制冷系统主要采用单级压缩蒸气制冷循环系统，蒸气压缩制冷系统主要由压缩机、冷凝器、储液干燥器、膨胀阀、蒸发器、风机及制冷管道等组成。

制冷系统工作时，制冷剂以不同的状态在这个密闭系统内循环流动，汽车空调系统的制冷循环流程如图 9.5 所示。

物质的三种形态：气态、液态和固态会互相转化，称为相变。汽车空调所采用的蒸气压缩式制冷就是利用液态制冷剂汽化，发生相变吸热来产生冷效应，如图 9.6 所示，汽车

空调制冷循环是由压缩、放热、节流和吸热 4 个过程组成。

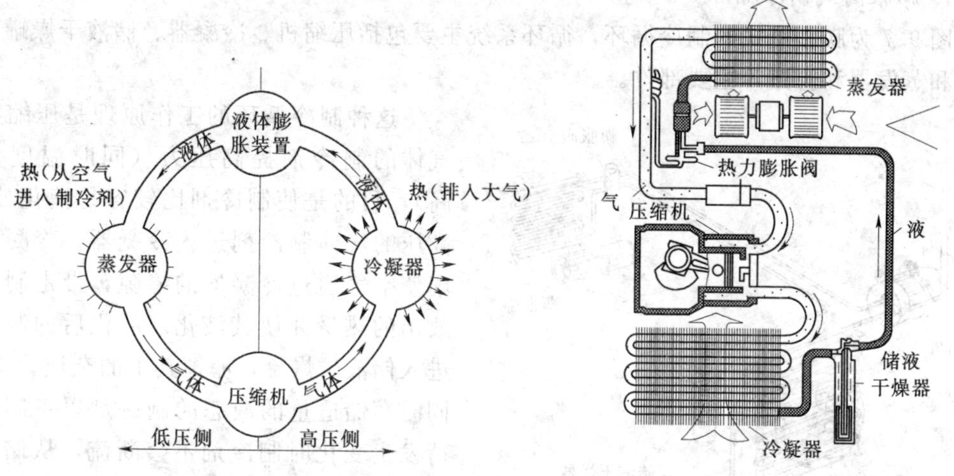

图 9.5 空调系统的制冷循环流程

图 9.6 汽车空调制冷循环图

1. 压缩过程

压缩机吸入蒸发器出口处的低温低压的制冷剂气体，把它压缩成高温高压的气体，然后送入冷凝器。此过程的主要作用是压缩增压，以便气体易于液化。压缩过程中，制冷剂状态不发生变化，而温度、压力不断升高，形成过热气体。

2. 放热过程

高温高压的过热制冷剂气体进入冷凝器（散热器）与大气进行热交换。由于压力及温度的降低，制冷剂气体冷凝成液体，并放出大量的热。此过程作用是排热、冷凝。冷凝过程的特点是制冷剂的状态发生变化，即在压力、温度不变的情况下，由气态逐渐向液态转变。冷凝后的制冷剂液体是高压高温液体。制冷剂液体过冷，过冷度越大，在蒸发过程中其蒸发吸热的能力也就越大，制冷效果越好，即产冷量相应增加。

3. 节流过程

高压高温制冷剂液体经膨胀阀节流降温降压，以雾状（细小液滴）排出膨胀装置。该过程的作用是使制冷剂降温降压，由高温高压液体，迅速地变成低温低压液体，以利于吸热、控制制冷能力以及维持制冷系统正常运行。

4. 吸热过程

经膨胀阀降温降压后的雾状制冷剂液体进入蒸发器，因此时制冷剂沸点远低于蒸发器内温度，故制冷剂液体在蒸发器内蒸发、沸腾成气体。在蒸发过程中大量吸收周围的热量，降低车内温度。而后低温低压的制冷剂气体流出蒸发器等待压缩机再次吸入。吸热过程的特点是制冷剂状态由液态变化到气态，此时压力不变，即在定压过程中进行这一状态的变化。

上述过程周而复始地进行，便可使汽车内温度达到并维持在给定的状态。

9.2.2 汽车空调制冷系统

从前述的制冷原理已知，通过制冷循环可以将车内的热量转移到车外，根据目前车辆上采用的循环系统，大致可以分为膨胀阀式和膨胀管式两种循环方式，共同点是都能防止蒸发器结霜。

1. 膨胀阀式制冷循环

图 9.7 为膨胀阀式的制冷循环，循环系统主要包括压缩机、冷凝器、储液干燥罐、膨胀阀和蒸发器和管路等主要部件。

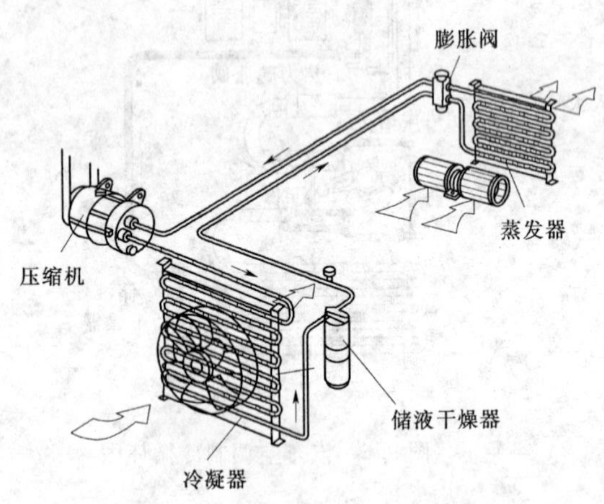

图 9.7　膨胀阀式制冷循环系统

这种制冷循环的工作原理是压缩机将气体的制冷剂提高压力（同时温度也提高），目的是使制冷剂比较容易液化放热。高压的气体制冷剂进入冷凝器，冷凝器风扇使空气通过冷凝器的缝隙，带走制冷剂放出的热量并使其液化。液化后的制冷剂进入储液干燥罐，滤掉其中的杂质、水分，同时存储适量的液态的制冷剂以备制冷负荷发生变化时制冷剂不会断流，从储液干燥罐出来的制冷剂流至膨胀阀，从膨胀阀中的节流孔喷出形成雾状制冷剂，雾状的制冷剂进入蒸发器，由于制冷剂的压力急剧下降，便很快蒸发气化，吸收热量，蒸发器外部的风扇使空气不断通过蒸发器的缝隙，其温度下降，使车内温度降低，蒸发器出来的气态制冷剂再进入压缩机重复上述过程。这种循环系统中的膨胀阀可以根据制冷负荷的大小调节制冷剂的流量。

2. 膨胀管式制冷循环（CCOT 方式）

膨胀管式的制冷循环系统从制冷的工作原理来看，与膨胀阀式的制冷循环系统无本质的差别，只不过将可调节流的膨胀阀换成不可调节流量的膨胀管，使其结构更加简单，其制冷循环如图 9.8 所示。为了防止液态的制冷剂进入压缩机而造成压缩机的损坏，故这种循环系统将储液干燥罐安装在蒸发器的出口，并按照它所起的作用更名为集液器，同时进行气液分离，液体留在罐内，气体进入压缩机，其他部分的工作过程与膨胀阀式的制冷循环相同。

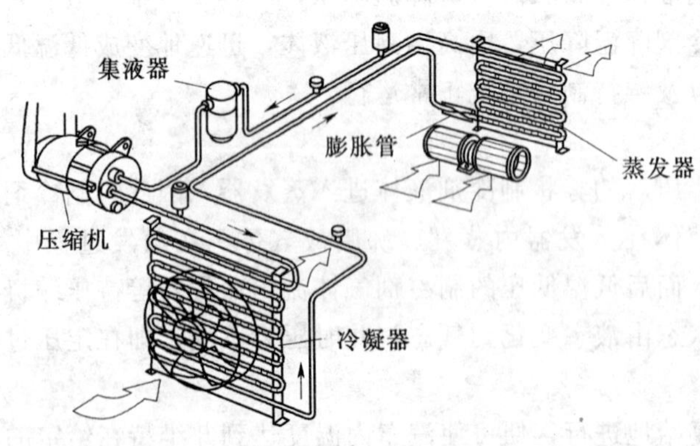

图 9.8　膨胀阀式制冷循环系统

9.2.3　汽车空调制冷系统的组成

汽车空调制冷系统由制冷压缩机、冷凝器、储液干燥器、膨胀阀、蒸发器、鼓风机及

制冷管道等组成。制冷循环系统中各部件在车上的安装位置如图 9.9 所示，下面对各主要组成部件分别予以介绍。

1. 制冷压缩机

制冷压缩机是汽车空调制冷系统的心脏，其作用是维持制冷剂在制冷系统中的循环，吸入来自蒸发器的低温、低压制冷剂蒸气，压缩制冷剂蒸气使其压力和温度升高，并将制冷剂蒸气送往冷凝器。其原理与普通空气压缩机相似，只是密封程度要求更高。

目前应用于汽车制冷系统的压缩机，主要采用容积型制冷压缩机，按运动形式和主要零部件形状分类如表 9.1 所示。

表 9.1　汽车空调压缩机零件形式

往复活塞式	曲轴连杆式	直列式、V 形、W 形、S 形
	变容曲轴连杆式	
	径向活塞式	
	轴向活塞式	翘板式 、斜板式
旋转式	旋叶式	气缸圆形、气缸椭圆形
	变容旋叶式	
	转子式	滚动活塞式、三角转子式
	螺杆式	单转子螺杆、双转子螺杆
	变容螺杆式	
	涡旋式	
	变容涡旋式	

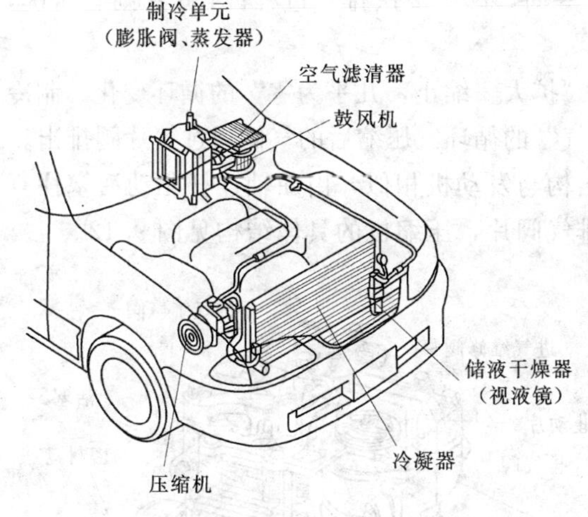

图 9.9　制冷循环系统各部件的位置

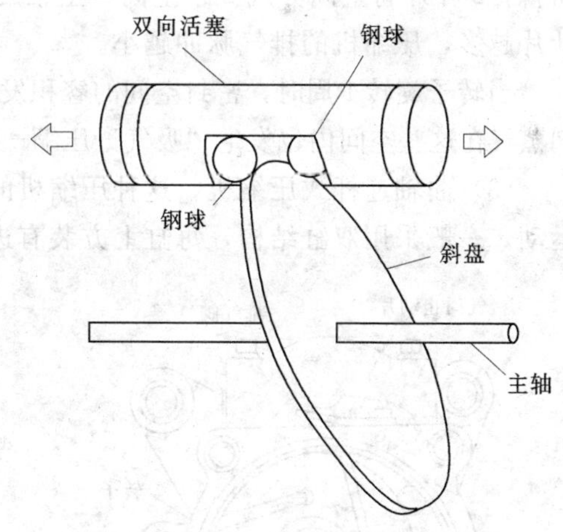

图 9.10　斜板式压缩机

(1) 斜板式压缩机。斜板式压缩机是一种轴向活塞式压缩机，其工作原理如图 9.10 所示。其主要零件是主轴和斜板。各气缸以压缩机主轴为中心布置，活塞运动方向与压缩机的主轴平行。

三缸斜板式，为三活塞等间隔 120°分布；五缸斜板式为五活塞等间隔 72°分布。为了使机器受力合理，结构紧凑，通常将活塞制成双头活塞，若是轴向 6 缸，3 缸在压缩机前部，另外 3 缸在压缩机后部；若是轴向 10 缸，5 缸在压缩机前部，另外 5 缸在压缩机后部。双头活塞的两活塞各自在相对的气缸（一前一后）中，活塞一头在前缸中压缩制冷剂蒸气时，活塞的另一头就在后缸中吸入制冷剂蒸气，反向时互相对调。各缸均备有高低压气阀，另有一根高压管，用于连接前后高压腔。斜板与压缩机主轴固定在一起，斜板的边缘装合在活塞中部的槽中，活塞槽与斜板边缘通过钢球轴承支承在一起。

当主轴旋转时，斜板也随着旋转，斜板边缘推动活塞作轴向往复运动。如果斜板转动一周，前后两个活塞各完成压缩、排气、膨胀、吸气一个循环，相当于两个气缸作用。如果是轴向 6 缸压缩机，缸体截面上均匀分布 3 个气缸和 3 个双头活塞，当主轴旋转一周，相当于 6 个气缸的作用。

(2) 旋叶式压缩机。旋叶式压缩机的结构如图 9.11 所示。转子在圆形气缸中偏心安装，在转子上安装若干叶片，与壳体形成几个密封的空间，在壳体上设置有吸气孔、排气孔和排气阀。

旋叶式压缩机有 2～4 片叶片，其单位压缩机质量具有最大的冷却能力。它没有活塞，仅有 1 个阀，称为排气阀。排气阀实际上起 1 个止回阀的作用，防止在循环停止或压缩机不运行时，制冷剂蒸气通过排气口进入压缩机。

在旋叶式压缩机中，叶轮是偏心安装的，叶轮外圆紧贴气缸内表面的吸、排气孔之间。在圆形气缸中，转子的主轴和椭圆中心重合，转子上的叶片和它们之间的接触线将气缸分成几个空间，当主轴带动转子旋转 1 周时，这些空间的容积发生“扩大—缩小—几乎为零”的循环变化，制冷剂蒸气在这些空间内也发生“吸气—压缩—排气”的循环。压缩后的气体通过簧片阀排出。

旋叶式压缩机没有吸气阀，因为滑片能完成吸入和压缩制冷剂的任务。对于圆形气缸而言，2 叶片将空间分成 2 个空间，主轴旋转一周，即有 2 次排气过程；4 叶片则有 4 次。叶片越多，压缩机的排气脉冲越小。

当转子旋转 1 周时，密封空间的容积发生“扩大—缩小—几乎为零”的循环变化，制冷剂蒸气在这些空间内也发生“吸气—压缩—排气”的循环。压缩后的气体通过簧片阀排出。

(3) 曲轴连杆式压缩机。这种压缩机的结构与发动机相似，由曲轴连杆驱动活塞往复运动，一般采用双缸结构，每缸上方装有进排气阀片，压缩机的具体结构见图 9.12。

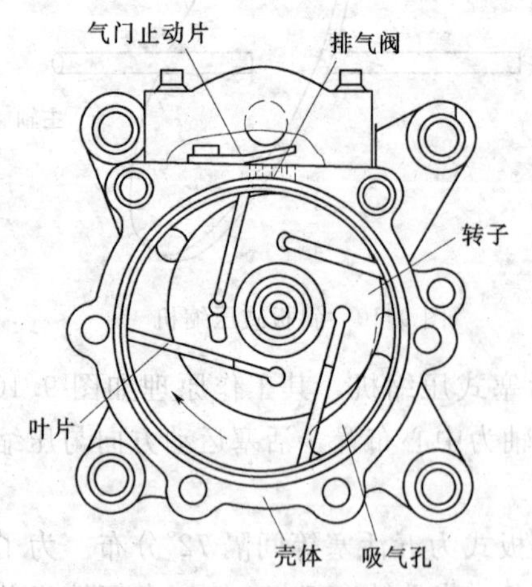

图 9.11 叶片式压缩机的工作过程

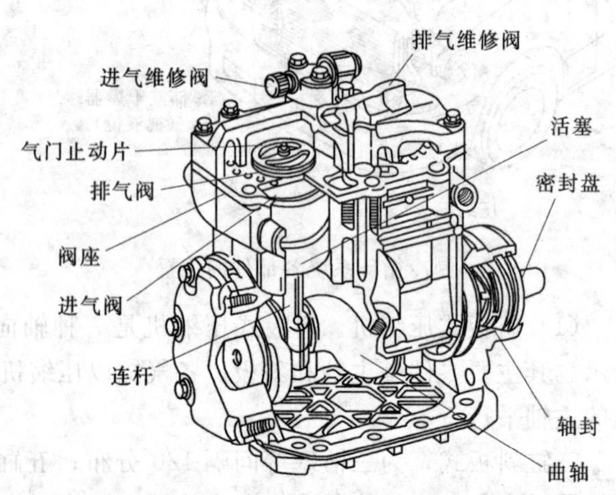

图 9.12　曲轴连杆式压缩机的结构

曲轴连杆式压缩机的工作过程见图 9.13，整个工作过程由吸气、压缩和排气三个过程组成，活塞下行时进气阀开启，制冷剂进入气缸，活塞上行时，制冷剂被压缩，当达到一定压力时，排气阀打开，制冷剂排出。这种压缩机由于体积较大，目前已很少在小车上使用。

2. 冷凝器

汽车空调制冷系统中的冷凝器是热交换设备，其作用是使从压缩机排出的高温、高压制冷剂蒸气在冷凝器中得到液化或冷凝，并把热量散发到车外空气中，从而使其凝结为高压制冷剂液体。汽车空调系统冷凝器的结构形式主要有管片式、管带式、鳍片式等几种，如图 9.14 所示。

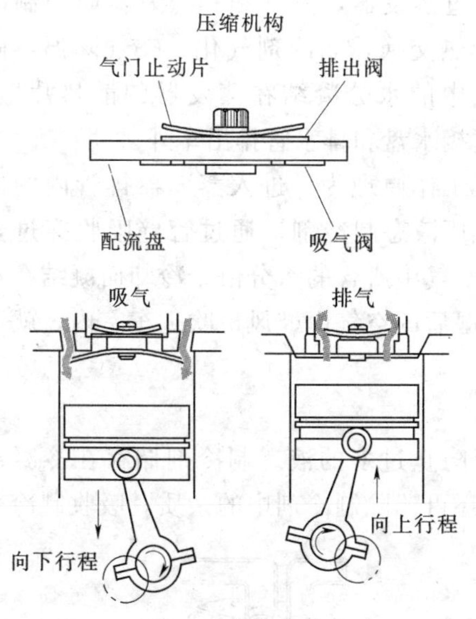

图 9.13 曲轴连杆式压缩机的工作过程

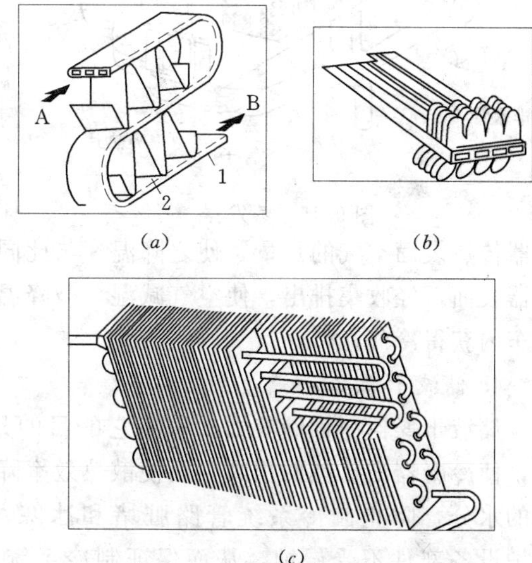

图 9.14 冷凝器结构形式

(a) 管带式；(b) 鳍片式；(c) 管片式

(1) 管片式。它是汽车空调中早期采用的一种冷凝器，制造工艺简单，由铜质或铝质圆管套上散热片组成。片与管组装后，经胀管法处理，使散热片胀紧在散热管上。这种冷凝器散热效果较差。一般用在大中型客车的制冷装置上。

(2) 管带式。它是由多孔扁管弯成蛇管形，并在其中安置散热带后焊接而成。管带式冷凝器的散热效果比管片式冷凝器好一些（一般高 15%左右），但工艺复杂，焊接难度大，且材料要求高。一般用在小型汽车的制冷装置上。

(3) 鳍片式。它是在扁平的多通管道表面直接锐出鳍片状散热片，然后装配成冷凝器。由于散热鳍片与管子为一个整体，因而不存在接触热阻，故散热性能好；另外，管、片之间无需复杂的焊接工艺，加工性好，节省材料，而且抗震性也特别好。所以，是目前较先进的汽车空调冷凝器。

3. 蒸发器

蒸发器和冷凝器一样，也是一种热交换器，也称冷却器，是制冷循环中获得冷气的直接器件。外形近似冷凝器，但比冷凝器窄、小、厚。它的作用是让低温、低压液态制冷剂在其管道中吸热并蒸发，使蒸发器和周围空气的温度降低，从而在鼓风机的风力通过它时，能输出更多的冷气，蒸发器安装在驾驶室仪表台的后面，其结构如图 9.15 所示，主要由管路和散热片组成，在蒸发器的下方还有接水盘和排水管。

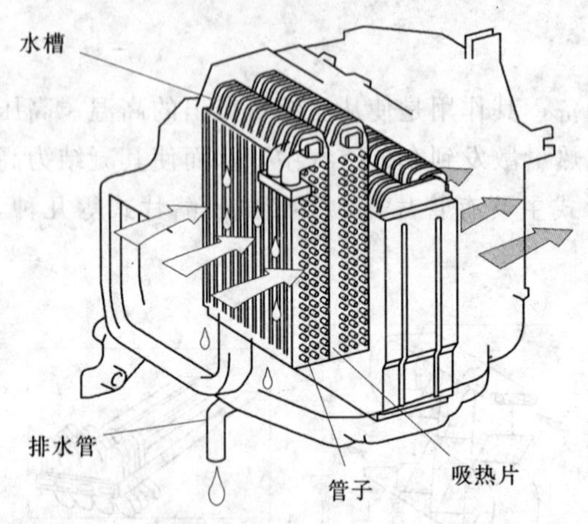

图 9.15 蒸发器

蒸发器有管片式、管带式和层叠式三种结构。管片式结构简单、加工方便，但换热效率较差。管带式比管片式工艺复杂，效率可提高10%左右。层叠式加工难度最大，但其换热效率也最高，结构也最紧凑。

空调制冷系统工作时，鼓风机的风扇将空气吹过蒸发器，空气和和蒸发器内的制冷剂进行热交换，制冷剂气化，空气降温，同时空气中的水分凝结在蒸发器的散热片上，并通过接水盘和排水管排出车外。

其工作原理为：进入蒸发器排管内的低温、低压液态制冷剂，通过管壁吸收穿过蒸发器传热表面空气的热量，使之降温。与此同时，空气中所含的水分由于冷却而凝结在蒸发器表面，经收集排出，使空气减湿，被降温、减湿后的空气由鼓风机吹进车室内，就可使车内获得冷气。

4. 储液干燥器

储液干燥器简称储液器。采用它的目的是为了防止过多的液态制冷剂储存在冷凝器里，使冷凝器的传热面积减少而使散热效率降低，还可滤除制冷剂中的杂质，吸收制冷剂中的水分，防止制冷系统管路脏堵和冰塞，保护设备部件不受侵蚀，从而保证制冷系统的正常工作。

它用于以膨胀阀为节流装置的系统中，安装在冷凝器和膨胀阀之间，当含有蒸气的液态制冷剂进入储液器后，使液态和气态的制冷剂分离。液态制冷剂通过膨胀阀进入蒸发箱（吸热箱），多余制冷剂可暂时储存在储液罐中。在制冷负荷变动时，及时补充和调整供给热力膨胀阀的液态制冷剂量，以保证制冷剂流动的连续和稳定性。同时，由于水分与制冷剂结合会生成酸或结冰，因此储液器中的干燥剂可用来吸收制冷剂中的水分，防止机件腐蚀或冰块堵塞膨胀阀。滤网用于过滤制冷剂中的杂质，防止膨胀阀堵塞。

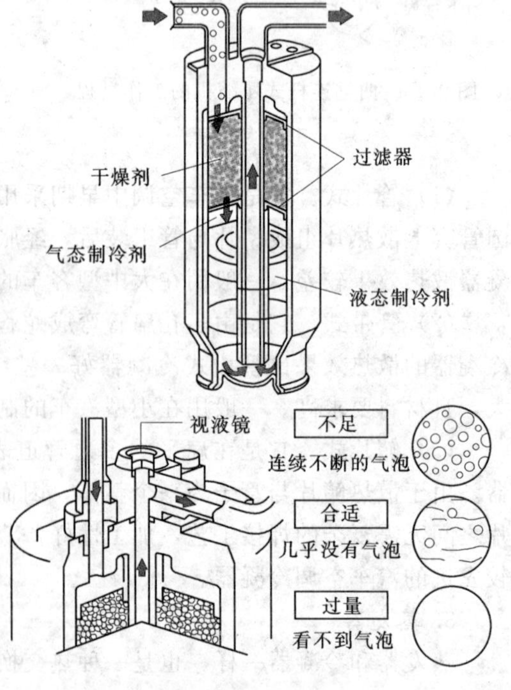

图 9.16 储液干燥器

储液干燥器的结构如图 9.16 所示，干燥器内有滤网和干燥器，罐的上方有观察玻璃及进口和出口。

储液干燥器主要由外壳、视液镜、安全熔塞和管接头等组成。制冷剂在储液器中的流动情况如图 9.16 中箭头所示。在储液器上部出口端装有一个玻璃视液镜，用于观察制冷剂在工作时的流动状态，由此可判断制冷剂量是否合适。对直立式储液器而言，安装时，一定要垂直，倾斜度不得超过 15°。在安装新的储液干燥器之前，不得过早将其进出管口的包装打开，以免湿空气侵入储液器和系统内部，使之失去除湿的作用。安装前一定要先搞清楚储液器的进、出口端，在储液器的进出口端一般都打有记号，如进口端用英文字母 IN，出口端用 OUT 表示，或直接打上箭头以表示进、出口端。

储液器出口端旁边装有一只安全熔塞，也称易熔螺塞，它是制冷系统的一种安全保护装置。其中心有一轴向通孔，孔内装填有焊锡之类的易熔材料，这些易熔材料的熔点一般为 85～95℃。当冷凝器因通风不良或冷气负荷过大而冷却不够时，冷凝器和储液器内的制冷剂温度和压力将会异常升高。当压力达到 3MPa 左右时，温度超过易熔材料的熔点，此时，安全熔塞中心孔内的易熔材料便会熔化，使制冷剂通过安全熔塞的中心孔逸出散发到大气中去，从而可避免系统的其他部件因压力过高而被胀坏。

5. 集液器

集液器用于膨胀管式的制冷系统，安装在蒸发器出口处的管路中。由于膨胀管无法调节制冷剂的流量，因此蒸发器出来的制冷剂不一定全部是气体，可能有部分液体，为防止压缩机损坏，故在蒸发器出口处安装集液器，一方面将制冷剂进行气液分离；另一方面起到与储液干燥器相同的作用，其结构如图 9.17 所示。

在一定条件下，膨胀节流管会将较多的液态制冷剂节流入蒸发器用以蒸发，而留在蒸发器中的多余制冷剂则会进入压缩机造成损害。为防止这一问题，应使所有留在蒸发器中的液态、蒸气制冷剂和冷冻油进入集液器，集液器允许制冷剂蒸气进入压缩机，而留下液态制冷剂和冷冻油。在集液器出口处有一毛细孔，通常称其为过油孔，目的是仅允许少量液态制冷剂和冷冻油在给定时间随制冷剂蒸气返回压缩机，它也允许少量制冷剂进入。

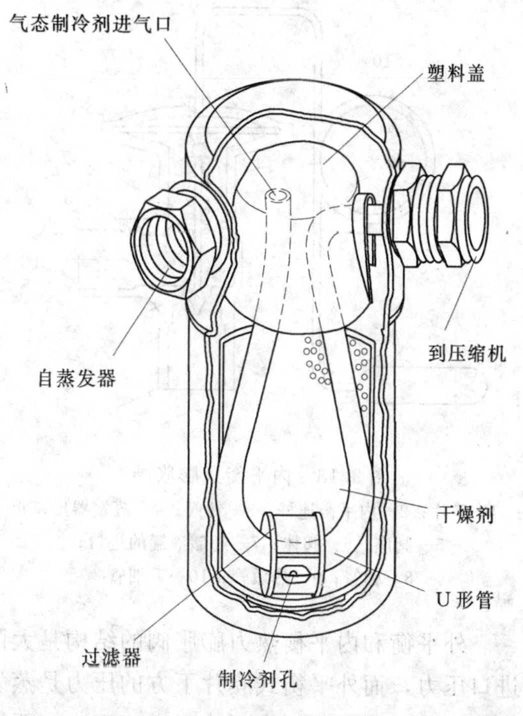

图 9.17 集液器结构

集液器还装有化学干燥剂，可吸附、吸收并滞留因不当操作而进入系统的湿气。干燥剂不能维修，若有迹象表明需更换干燥剂时，集液器必须整体更换。

6. 膨胀阀和膨胀管

膨胀阀安装在蒸发器的入口处，其作用是将储液干燥器的高温、高压的液态制冷剂从膨胀阀的小孔喷出，使其降压，体积膨胀，转化为雾状制冷剂，在蒸发器中吸热变为气态制冷剂，同时还可根据制冷剂负荷的大小调节制冷剂的流量，确保蒸发器出口处的制冷剂全部转化为气体。膨胀阀的结构形式有 3 种，分别是内平衡热力膨胀阀、外平衡热力膨胀阀、H 形膨胀阀。

(1) 内平衡热力膨胀阀。如图 9.18 所示，内平衡热力膨胀阀对来自储液干燥器的高压液态制冷剂节流降压，即将液态高压制冷剂从其孔口中喷出，急剧膨胀，变成低压雾状体，以便吸热气化。此外，它还调节和控制进入蒸发器中的液态制冷剂量，使之适应制冷负荷的变化，同时防止压缩机发生液击现象和蒸发器出口蒸气异常过热。利用装在蒸发器出口处的感温包来感知制冷剂蒸气的过热度，由此来调节膨胀阀开度的大小，从而控制进入蒸发器的液态制冷剂流量。感温包和蒸发器出口管接触，蒸发器出口温度降低时，感温包、毛细管和薄膜腔内的液体体积收缩，压力降低，阀口将闭合，限制制冷剂进入蒸发器。相反孔口开启，制冷剂流入蒸发器。

随着针阀开启，较多的制冷剂进入蒸发器，蒸发器内压力上升，回气温度降低，膜片下侧压力增加，阀门关闭。由于膜片上、下侧压力处于不平衡状态，因此孔口不断地开启和闭合，使制冷装置与负载相匹配。

感温包和蒸发器必须紧密接触，不能和大气相通。如果接触不良，感温包就不能正确地感应蒸发器出口的温度。如果密封不严，感应的温度是大气温度。所以，要用一种特殊的空调胶带捆扎和密封感温包。

(2) 外平衡热力膨胀阀。外平衡热力膨胀阀主要由热敏管、毛细管、膜片、球阀、顶杆及弹簧等部件组成，如图 9.19 所示。

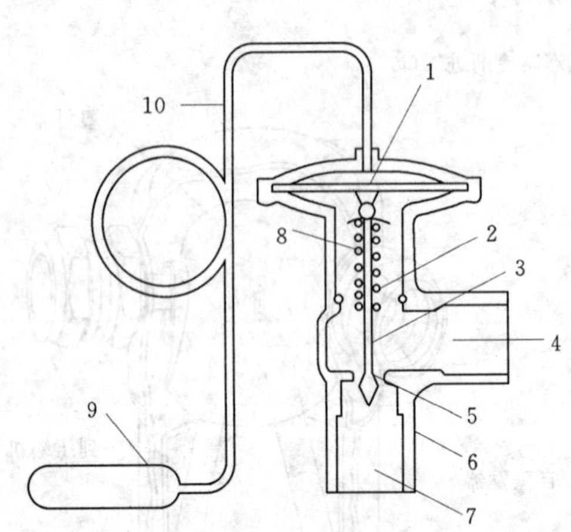

图 9.18 内平衡式膨胀阀

1—膜片；2—内平衡连杆；3—针阀；4—蒸发器出口；5—阀座；6—阀体；7—通储液罐的进口；8—弹簧；9—热敏管；10—毛细管

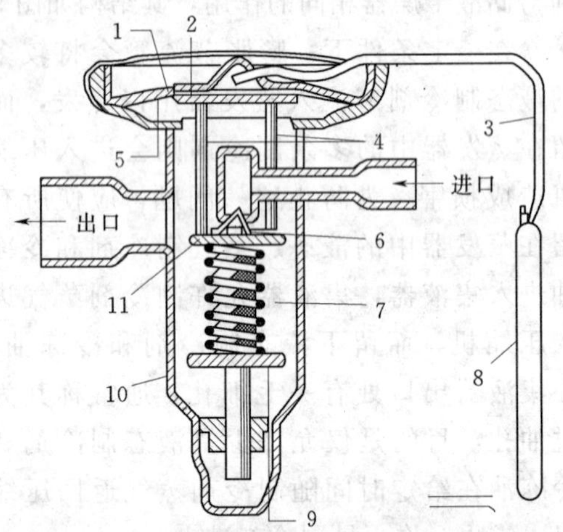

图 9.19 外平衡热力膨胀阀

1—膜片；2—温包压力；3—毛细管；4—推杆；5—蒸发器出口压力；6—阀座；7—过热调整弹簧；8—热敏管；9—弹簧压力；10—阀体；11—针阀

外平衡和内平衡热力膨胀阀的结构是大同小异的，内平衡式膜片下方的压力是蒸发器进口压力，而外平衡式膜片下方的压力是蒸发器出口的压力。由于蒸发器内部会产生压力损失，蒸发器出口压力要小于进口压力。要达到同样的阀开度，外平衡式需要的过热度小些，蒸发器容积效率可以提高。大客车空调系统要选用外平衡热力膨胀阀。

(3) H 形膨胀阀。H 形膨胀阀因其内部通道形同 H 形而得名。它取消了外平衡膨胀阀的外平衡管和感温包，直接与蒸发器进出口相连。它有 4 个接口通往空调系统，其中 2

个接口和普通膨胀阀一样，1个接干燥过滤器出口，1个接蒸发器入口。另外2个接口，1个接蒸发器出口，1个接压缩机进口。感温元件处在进入压缩机的制冷剂气流中，如图9.20所示。

H形膨胀阀具有结构紧凑、使用可靠、维修简单等优点，符合汽车空调的要求。

H形膨胀阀安装在蒸发器的进出管之间，感应温度不受环境影响，调节灵敏度较高。由于无感温包、毛细管和外平衡管，不会因汽车颠簸引起充注系统断裂外漏，也不会引起感温包包扎松动而影响膨胀阀的正常工作。

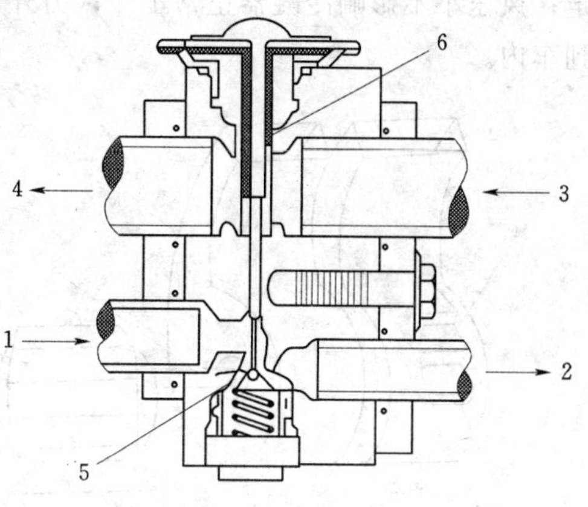

图9.20 H形膨胀阀结构

1—接冷凝器；2—至蒸发器；3—从蒸发器来；4—至压缩机；5—钢球和弹簧；6—温度传感器

7. 膨胀节流管（孔管）

膨胀管是用于许多轿车制冷系统的一种固定孔口节流装置。它直接安装在冷凝器出口和蒸发器进口之间，用于将液态制冷剂节流降压。由于不能调节流量，液体制冷剂很可能流出蒸发器而进入压缩机，造成压缩机液击。所以装有膨胀管的系统，必须同时在蒸发器出口和压缩机进口之间，安装一个集液器，实行气液分离，避免压缩机发生液击。

膨胀节流管系统目前使用的温度控制方法有循环离合器膨胀节流管系统（CCOT）、可变容积膨胀节流管系统（VDOT）、固定膨胀节流管离合器系统等。

膨胀管的结构如图9.21所示。它是一根细铜管，装在一根塑料套管内。在塑料套管外环形槽内，装有密封圈。有的还有两个外环形槽，每槽各装一个密封圈。把塑料套管连同膨胀管都插入蒸发器进口管中，密封圈就是密封塑料套管外径和蒸发器进口管内径间的配合间隙用的。膨胀管两端都装有滤网，以防止系统堵塞。

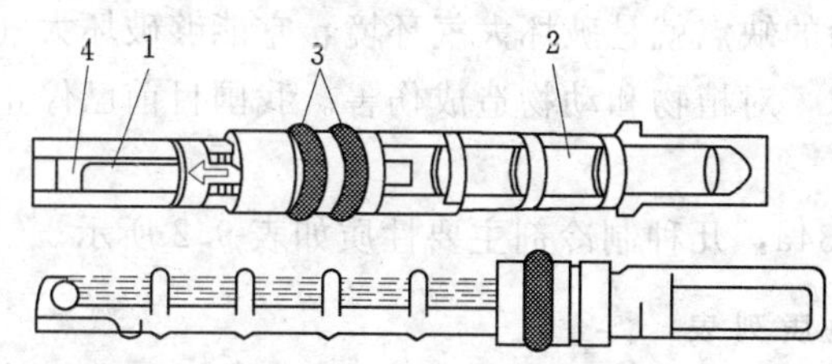

图9.21 膨胀管的结构

1—孔口；2—进口滤网；3—密封圈；4—出口

由于膨胀节流管没有运动部件，结构简单、可靠性高，同时节省能耗，很多高级轿车都采用这种方式。缺点是制冷剂流量不能根据工况变化进行调节。

8. 风机

汽车空调制冷系统采用的风机按气体流向与风机主轴的相互关系，可分为离心式风机和轴流式风机两种。

（1）离心式风机。离心式风机的空气流向与风机主轴成直角，它的特点是风压高、风量小、噪音也小。蒸发器采用这种风机，因为风压高可将冷空气吹到车室内每个乘员身上，使乘员有冷风感；噪音小使乘员不至于感到不适而过早疲劳。

离心式风机主要由电机、风机轴（与电机同轴）、风机叶片、风机壳体等组成，如图9.22所示。风机叶片有直叶片、前弯片、后弯片等形状，随叶轮叶片形状不同，所产生的风量和风压也不同。

（2）轴流式风机。轴流式风机的空气流向与风机主轴平行，它的特点是风量大、风压小、耗电省、噪音大。冷凝器采用这种风机，因为风量大可将冷凝器四周的热空气全部吹走；风压小不影响冷凝器正常工作；另外，冷凝器安装在车室外面，风机噪音大也不影响到车内。

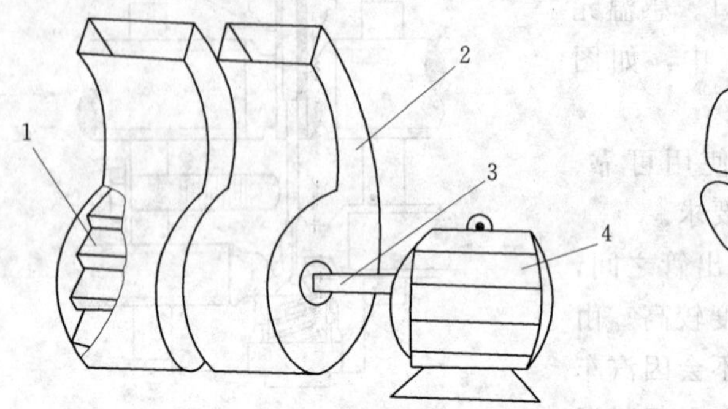

图 9.22 离心式风机

1—风机叶片；2—风机壳体；3—风机轴；4—电机

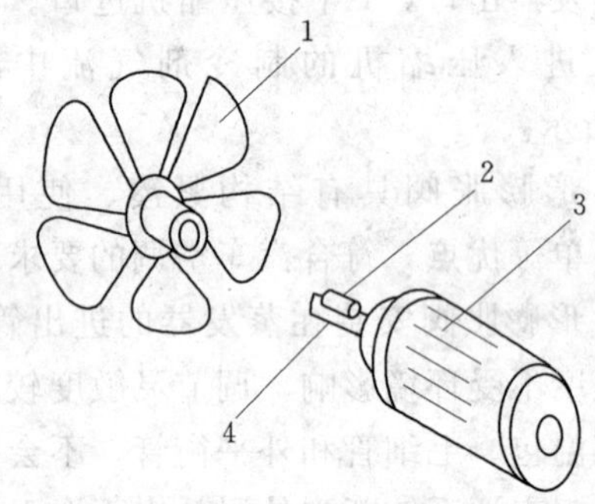

图 9.23 轴流式风机

1—风机叶片；2—键；3—电机；4—风机轴

轴流式风机主要由电机、风机轴、风机叶片、键等组成，如图 9.23 所示。叶片固定在骨架上，叶片常做成 3～5 片不等，叶片骨架穿在电机轴上，由键带动旋转。

9.2.4 制冷剂和压缩机油

1. 制冷剂

制冷剂是制冷循环当中的传热载体，通过状态变化吸收和放出热量，因此要求制冷剂在常温下很容易汽化，加压后很容易液化，同时在状态变化时要尽可能地多吸收或放出热量（较大的汽化或液化潜热）。同时，制冷剂还应具备以下的性质：不易燃易爆，无毒，无腐蚀性，对环境无害。

制冷剂的英文名称为 Refeigerant，所以常用其头一个字母 R 来代表制冷剂，后面表示制冷剂名称，如 R12、R22、R134a 等。过去常用的制冷剂是 R12（又称氟利昂）。这种制冷剂各方面的性能都很好，但是有一个致命的缺点就是破坏大气环境，它能够破坏大气中的臭氧层，使太阳的紫外线直接照射到地球，对植物和动物造成伤害。我国目前已停止生产用 R12 作为制冷剂的汽车空调系统。

目前汽车上广泛采用 R12 的替代品是 R134a，几种制冷剂主要性质如表 9.2 所示。

表 9.2　　制冷剂性质列表

制冷剂代号	R12	R22	R134a
化学式	CCl_2F_2	$CHCF_2$	$CH_2F—CF_3$
分子量	120.9	86.5	102.3
标准大气压下沸点（℃）	−29.8	−40.8	−26.2
临界温度（℃）	111.80	96.10	101.14
临界压力（MPa）	4.125	4.975	4.065
临界密度（kg/m^3）	558	525	511
饱和液体密度（25℃）（kg/m^3）	1311	1192	1206
饱和蒸汽比容（25℃）（m^3/kg）	0.0271	0.0235	0.0310
汽化潜热（kJ/kg）	151.5	205.4	197.5
ODP 值（臭氧破坏潜能值）	1.0	1.0	0.1

制冷剂的选用原则：

（1）压缩机的类型。

（2）蒸发压力和蒸发温度。

（3）冷凝温度和冷凝压力。

（4）制冷装置的使用条件。

由于R12含有氯原子，分离出氯离子导致大气臭氧层的破坏，因此，R12已经被禁止使用。现在汽车空调制冷剂的首选R134a制冷剂。

2. 冷冻润滑油

在空调制冷系统中有相对运动的部件，需要对其润滑。由于制冷系统中的工作条件比较特殊，所以需要专门的润滑油——冷冻润滑油。它是一种在高低温工况下均能正常工作的特殊润滑油。性能要求：

（1）凝点低，具有良好的低温流动性。

（2）黏度受温度的影响要小。

（3）与制冷剂的溶解性能要好。

（4）要有较高的热稳定性。

（5）化学性质要稳定。

冷冻润滑油除了起到润滑作用以外，还可以起到冷却、密封和降低机械噪音的作用。在冷冻润滑油的选用上，一定要注意正确选用冷冻润滑油的型号，切不可乱用，否则将造成严重后果。根据上述原则，适用于R134a的润滑油只有两大类：聚烃基乙二醇（PAG）和聚酯油（ESTER），其性能指标见表9.3所示。

表 9.3　　PAG 油与 ESTER 油性质比较

性　能	PAG 油	ESTER 油	性　能	PAG 油	ESTER 油
与 R134a 互溶性	不好	好	润滑性	差	差
热稳定性	较好	较好	与橡胶相容性	较好	较好
吸湿性	较高	高	电绝缘性	差	差

PAG油应用较为普遍，但具有高吸湿能力，易使制冷系统的节流元件（毛细管或膨胀阀）发生冰堵。

9.3 暖 风 系 统

对车内空气或进入车内的外部空气进行加热的装置，称为汽车暖风装置。近代汽车空调是全年性的冷暖一体化的装置。通过冷热风的混合，人为设定冷热风量的比例，通过风门开闭和调节，满足人们对舒适性的要求。因此，暖风是汽车空调的重要组成部分。

1. 暖风系统的分类

按所使用的热源不同可分为以下几类。

（1）水暖式暖风系统，利用发动机的冷却液热量，多用于轿车。

（2）独立热源式，装有专门的暖风装置，多用于客车和载货车。

(3) 综合预热式，既利用发动机的冷却液热量，也装有燃烧预热的综合加热装置暖风，多用于大客车。

2. 暖风系统的作用

(1) 冬季天气寒冷，在运动的汽车内人们感觉更寒冷。这时，汽车空调可以向车内提供暖风，提高车室内的温度，使乘员不再感觉到寒冷。

(2) 冬季或者初春，室内外温差较大，车窗玻璃会结霜或起雾，影响司机和乘客的视线，不利于安全行车，这时可以用暖风来除霜和除雾。

9.3.1 水暖式暖风系统

1. 水暖式暖风系统的工作原理

水暖式暖风系统一般由控制开关、鼓风机、暖风水箱、循环水控制开关及相应的管路组成，如图 9.24 所示。

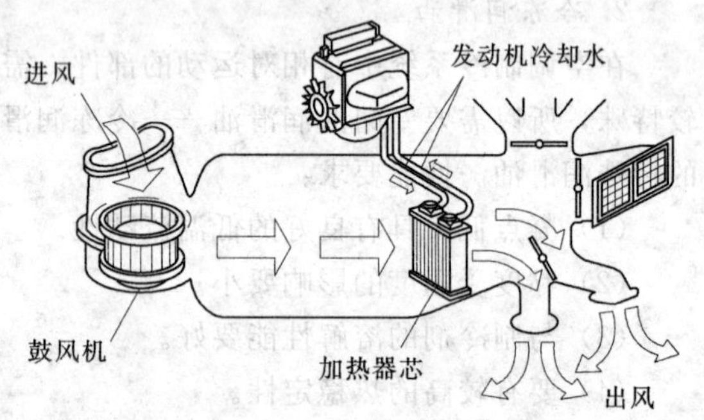

图 9.24 热水取暖系统的工作原理

需要暖风时，接通控制开关，循环水控制开关也自动接通，这样发动机的冷却液开始在暖风水箱及管路中循环。鼓风机同时开始转动，风通过暖风水箱后变成暖风通过出风口吹向车内。这种暖风装置结构简单、耗能少、成本低、操作维修方便，所以各种汽车一般都采用这种暖风装置。

2. 热水取暖系统的组成和部件的安装位置

热水取暖系统主要由加热器芯、水阀、鼓风机、控制面板等组成，其在车上的安装位置如图 9.25 所示。

(1) 加热器芯。加热器芯的结构如图 9.26 所示，由水管和散热器片组成，发动机的冷却水进入加热器芯的水管，通过散热器片散热后，再返回发动机的冷却系统。

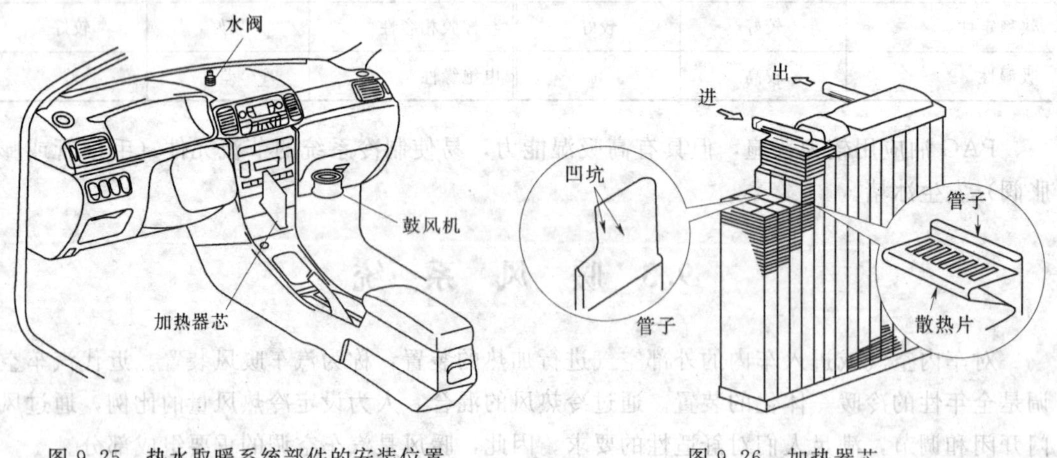

图 9.25 热水取暖系统部件的安装位置　　图 9.26 加热器芯

(2) 水阀。水阀用来控制进入加热器芯的水量，进而调节暖风系统的加热量，调节时，可通过控制面板上的调节杆或旋钮进行控制，其结构见图 9.27。

(3) 鼓风机。鼓风机由可调节速度的直流电动机和鼠笼式风扇组成，其作用是将空气吹过加热器芯加热后送入车内。调节电动机的速度，可以调节向车厢内的送风量。鼓风机的结构见图 9.28 所示。

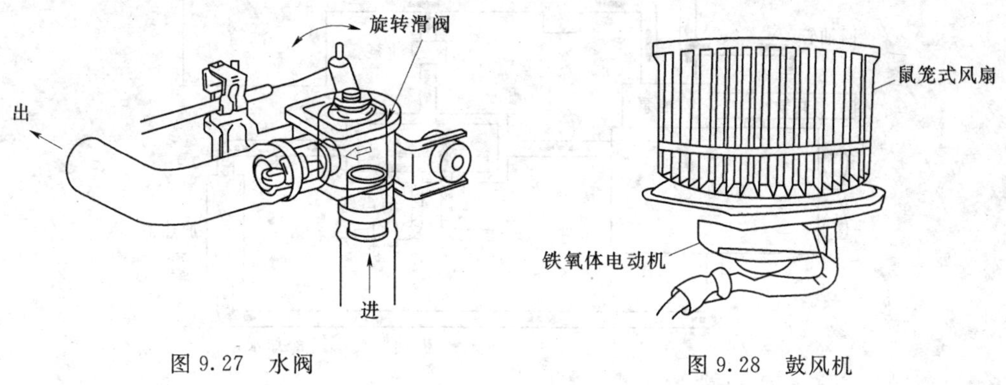

图 9.27 水阀　　图 9.28 鼓风机

3. 热水取暖系统调节温度的方式

就暖风系统而言，其温度的调节方式有两种：一种是空气混合型，另一种是水流调节型。

(1) 空气混合型。这种类型的暖风系统在暖风的气道中安装空气混合调节风门，这个风门可以控制通过加热器芯的空气和不通过加热器芯的空气的比例，实现温度的调节，目前绝大多数汽车均采用这种方式，其示意图见图 9.29。

(2) 水流调节型。这类暖风系统采用前述的水阀调节流经加热器芯的热水量，改变加热器芯本身的温度，进而调节温度。其调节的示意图见图 9.30。

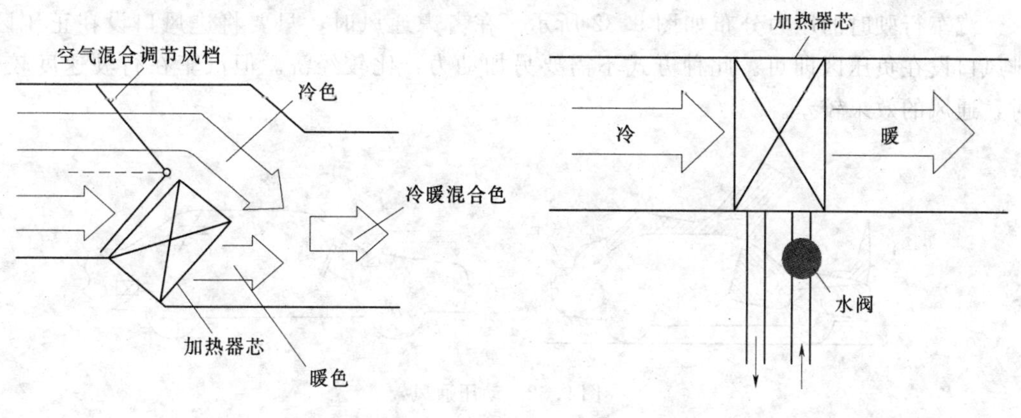

图 9.29 空气混合型暖风系统　　图 9.30 水流调节型暖风系统

9.3.2 燃气取暖系统

在大、中型客车上，仅靠发动机冷却水的余热取暖是远远满足不了要求的，为此在大客车中常采用燃气取暖系统。图 9.31 为燃气取暖系统的示意图。燃油和空气在燃烧室中混合燃烧，加热发动机的冷却水，加热后的水进入加热器芯处负散热，降温后返回发动机再进行循环。

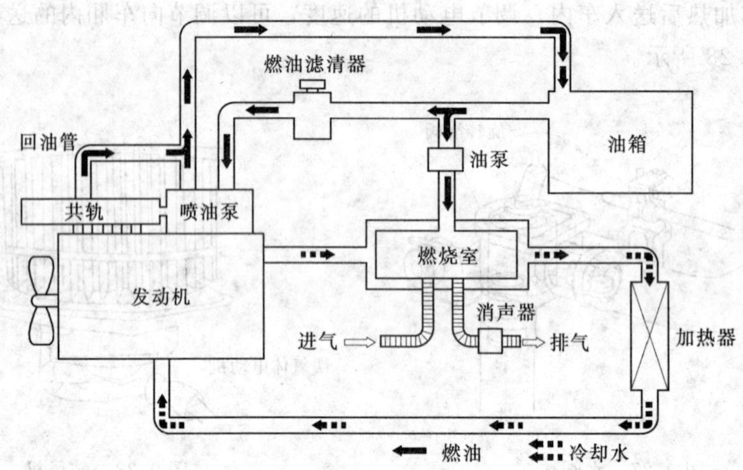

图 9.31 燃气取暖系统

9.4 通 风 系 统

通风系统的作用是将车外的新鲜空气引入车内，将车内的污浊空气排出车外，同时通风系统还具有风窗除霜的作用。通风系统可使车内的空气保持新鲜，提高车辆的舒适性。

基本形式：利用汽车行驶中产生的动压进行通风，利用车上的鼓风机进行强制通风。

9.4.1 动压通风

动压通风是利用汽车在行驶时各个部位所产生的不同压力进行通风。

汽车行驶时的压力分布如图 9.32 所示。在考虑通风时，只要将进风口设在正压区，排风口设在负压区即可。此种方式不需要另加动力，比较经济。但汽车在行驶速度较低时，通风的效果较差。

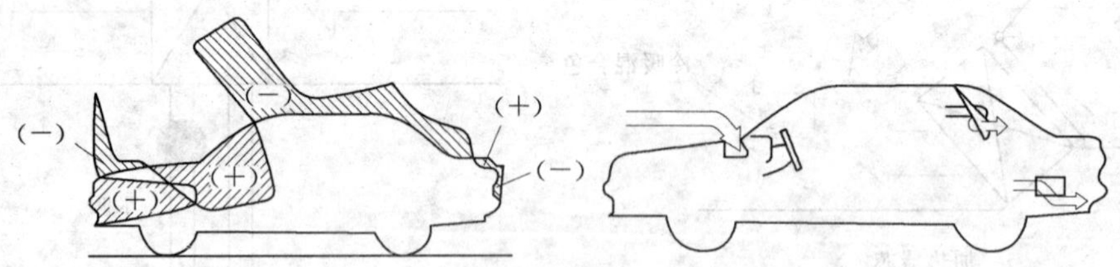

图 9.32 动压通风

(＋)—正压；(－)—负压

9.4.2 强制通风

强制通风是利用鼓风机进行通风。在进风口安装在台鼓风机将车外的空气吸入车内，车内的空气从排风口排出，如图 9.33 所示。

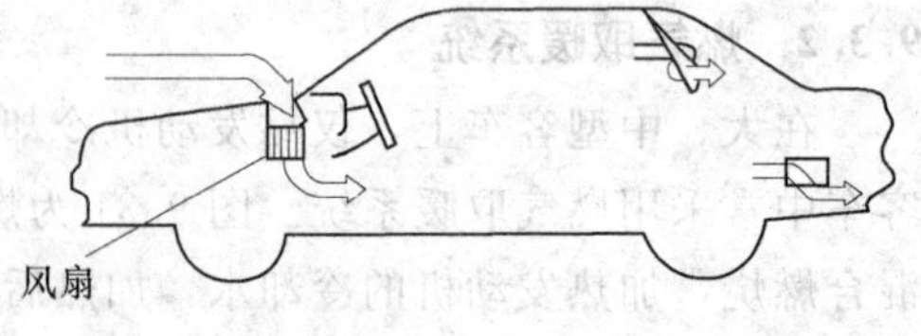

图 9.33 强制通风

此种方式不受车速的限制，通风效果好。

如果将两种通风方式组合起来，就形成了

综合通风方式。汽车低速行驶时采用强制通风，高速行驶时采用动压通风方式。这样就保证了汽车在各种工况下均能保持良好的通风效果，同时也降低了能耗。

9.5 空气净化系统

空气将化系统的作用是除去车内空气中的灰尘，保持车内空气的清洁。部分车辆的空气净化系统还具有去除异味、杀灭细菌的作用。

净化方式：在空调系统的进气系统中安装空气滤清器，如图 9.34 所示。

有些车辆的空气净化系统在滤清器中加入活性炭，可吸收空气中的异味。还有些车辆在净化系统中设有香烟传感器，当传感器检测到车内存在烟气时，便通过放大器自动使鼓风机以高速挡运转，排出车内的烟气。高档车辆的空气净化系统除上述功能外，在系统中还有杀菌灯和离子发生器，如图 9.35 所示。

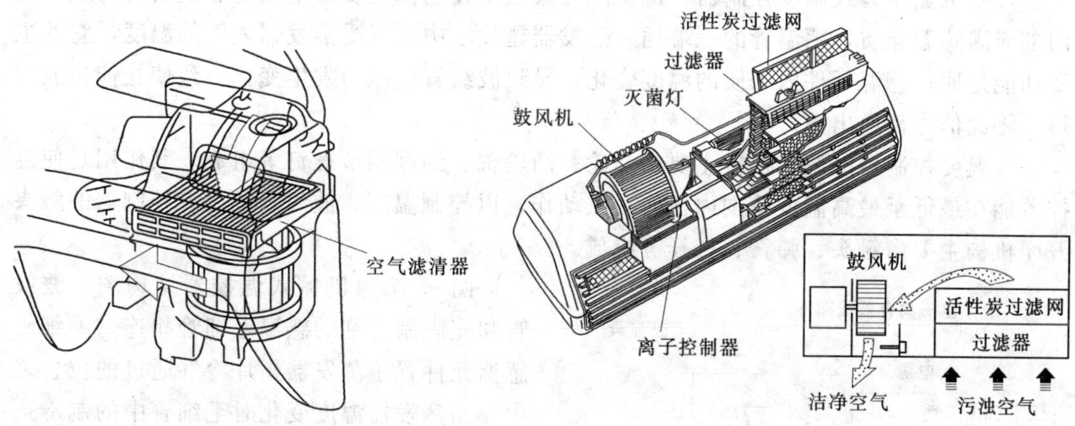

图 9.34 空调进气系统中的空气滤清器

图 9.35 有杀菌灯和离子发生器的空气净化系统

9.6 汽车空调控制部件

1. 电磁离合器

压缩机电磁离合器主要由前板、皮带盘（转子）及电磁线圈组成，如图 9.36 所示。

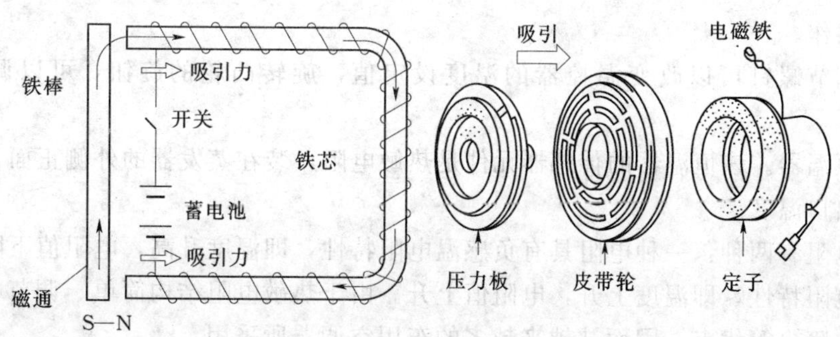

图 9.36 电磁离合器结构原理图

电磁离合器有定圈式和动圈式两种。

汽车空调用的电磁离合器，其作用是将汽车发动机的动力传递给压缩机主轴，使压缩机运转，完成制冷循环。压缩机的工作或停转由电磁离合器线圈电源的通断进行控制。

电磁离合器的工作原理是当电流通过离合器绕组时产生较强的磁场，衔铁被线圈磁力牢牢吸住，压缩机主轴通过键与毂连接，而衔铁与毂紧箍，这时皮带轮旋转，通过转板上吸力带动衔铁旋转，主轴即被驱动。当离合器线圈断电时，衔铁被弹簧弹回，皮带轮只在轴承上空转。

2. 温度控制器

温度控制器又称恒温开关，是汽车空调系统中的一种开关元件，是感受蒸发器表面的温度，通过自身机构的动作从而控制压缩机离合器线圈中电流的通、断致使压缩机产生开与停的动作，起到调节车内温度及防止蒸发器结霜的一种电气控制装置。

汽车空调温度控制器可分为机械压力式和电子式两种。

(1) 机械压力式温度控制器。机械压力式温度控制器主要由毛细管和波纹管构成，其内部充满感温介质，感温管的一端插入蒸发器翅片之中，感受蒸发器表面的温度，它的主要功能是通过感温元件内工质的温度变化，导致波纹管内压力发生变化，致使其伸长或缩短，将此信号传递出去。

该温度控制器的调节机械主要由凸轮、凸轮轴、温度调节螺钉等组成，其作用是使温控器能在最低至最高温度范围内任何一点动作，以控制温度。波纹管式温度控制器的触头开闭机构主要由触头、弹簧、杠杆等组成。

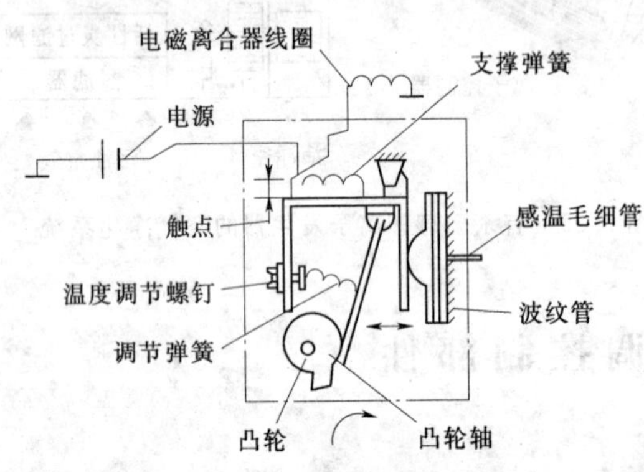

图 9.37　机械式温控器结构图

图 9.37 为机械式温控器结构图。波纹管和充满制冷剂的感温毛细管相连，毛细管感温元件置于蒸发器翅片冷气通过的位置之中。当蒸发器温度变化时毛细管中的制冷剂温度也随着变化，对应的压力也发生变化，温度升高，压力就增大，推动波纹管中膜片运动，推动机械杠杆机构使触点闭合，电磁离合器线圈通电，压缩机旋转，制冷系统循环制冷，如果车内温度降到设定的温度以下，膜片向相反的方向运动，弹簧帮助复位，使触点脱开，电磁离合器线圈断电，压缩机停止工作。

调整调节螺钉可以改变温控器的温度设定值，旋转凸轮的旋钮，可以调整温度的高低。

(2) 恒温器。该恒温器的传感器元件是热敏电阻，装在蒸发器的外侧正面，用以检测蒸发器的出口温度。

热敏电阻有两种：一种电阻具有负感温电阻特性，即温度升高，电阻值下降；一种具有正感温电阻特性，即温度上升，电阻值上升。由于热敏电阻结构简单、调节精度高、工作可靠、故障少等优点，因而被越来越多的车用空调器所采用。

图 9.38 为上海桑塔纳 2000 型轿车空调电路，冷凝器风扇由温度开关和风扇控制器控

制其高低速运转，鼓风机由风速开关控制其转速，在接通空调开关后，通过空调继电器接通鼓风机的低速挡和冷凝器风扇的低速挡。压缩机电磁离合器分别由风扇控制器、压力开关、水温控制开关、蒸发器温度开关、环境温度开关等控制。

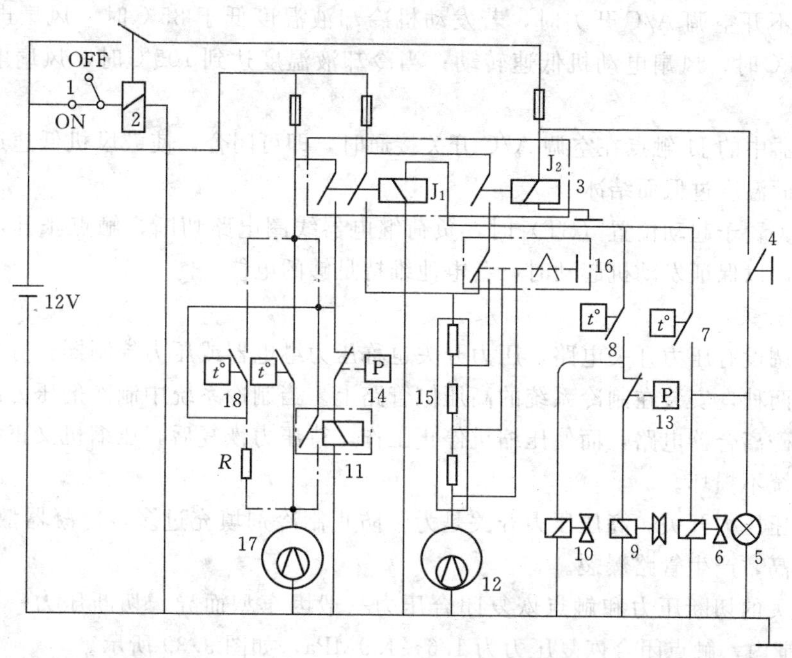

图 9.38 上海桑塔纳轿车空调电路

1—点火开关；2—减负荷继电器；3—主继电器；4—空调 A/C 开关；5—空调开关指示灯；6—新鲜空气电磁阀；7—环境温度开关；8—恒温器；9—电磁离合器；10—怠速提升电磁真空转换阀；11—冷却风扇继电器；12—鼓风机；13—低压保护开关；14—高压保护开关；15—风机调整电阻；16—鼓风机开关；17—冷却风扇电动机；18—冷却液温度开关

其工作过程如下：

点火开关 1 断开（置 OFF）时，减负负荷继电器 2 的线圈电路切断，触点张开，空调系统不工作。

点火开关接通（置 ON）时，负荷继电器线圈电路接通，触点闭合，主继电器 3 中的 J2 线圈通电，接通鼓风机电路。此时可由鼓风机开关 16 进行调速，使鼓风机按要求的转速运转，进行强制通风、换气或送出暖风。

需要制冷系统工作时，接通空调 A/C 开关 4，便可接通下列电路：空调 A/C 开关的指示灯 5 亮，表示空调 A/C 开关已经接通。新鲜空气电磁阀 6 电路接通，该阀动作接通新鲜空气控制电磁阀的真空通路，而使鼓风机强制通过蒸发器总成的空气通道进风，否则将无法获得冷气。电源经环境温度开关 7、恒温器 8、低压保护开关 13 对电磁离合器 9 线圈供电，同时对怠速提升电磁真空转换阀 10 供电。另一路对主继电器中的 J1 线圈供电，使两对触点同时闭合，其中一对触点接通冷凝器冷却风扇继电器 11 线圈电路；另一对触点接通鼓风机电路。

低压保护开关串联在恒温器和电磁离合器之间，当制冷系统缺少制冷剂系统压力过低后，开关断开，停止压缩机工作。

高压保护开关14串联在冷却风扇继电器和主继电器J1的一对触点之间。当制冷系统高压值超过规定值时高压保护开关触点闭合，将电阻短路，使风扇电机高速运转，以增强冷凝器的冷却能力。同时，冷却风扇电动机还直接受发动机冷却液温控开关18的控制。当不开空调A/C开关时，若发动机冷却液温度低于85℃时，风扇电动机不转动；高于95℃时，风扇电动机低速转动；当冷却液温度达到105℃时，风扇电动机将高速转动。

主继电器中的J1触点在空调A/C开关接通时，即可闭合，使鼓风机低速运转，以防止蒸发器表面温度过低而结冰。

点火开关置于起动位置（ST）时，负荷继电器线圈电路切断，触点张开，中断空调系统的工作，以保证发动机起动时，蓄电池维持足够的电能。

3. 压力开关

汽车空调设有压力开关电路，压力开关也称压力继电器或压力控制器，分为高压开关和低压开关两种，安装在制冷系统的高压侧管路上。当制冷系统中制冷剂压力出现异常时迅速切断电磁离合器电路，而使压缩机停止工作，待压力恢复后，压缩机又正常工作，保护了制冷系统不损坏。

(1) 高压压力开关。高压压力开关是为了防止制冷剂填充过多，冷凝器散热又不好，造成压力过高，产生管路爆裂。

高压开关的切断压力和触点恢复闭合压力一般因车型而异，切断压力一般在2.1～3.0MPa范围内，触点闭合恢复压力为1.6～1.9MPa，如图9.39所示。

(2) 低压压力开关。低压开关也称制冷剂泄漏检测开关，作用是当气体泄漏，压力降低，切断电磁离合器电源，以免烧坏压缩机。

低压开关的切断压力一般在80～110kPa范围内，而触点闭合恢复压力为230～290kPa，如图9.40所示。

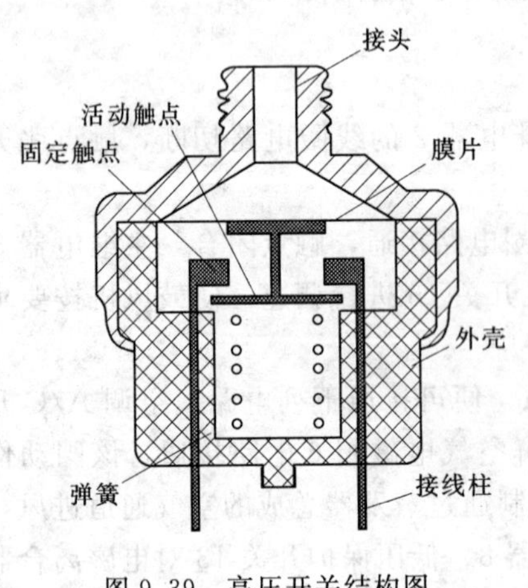

图9.39 高压开关结构图

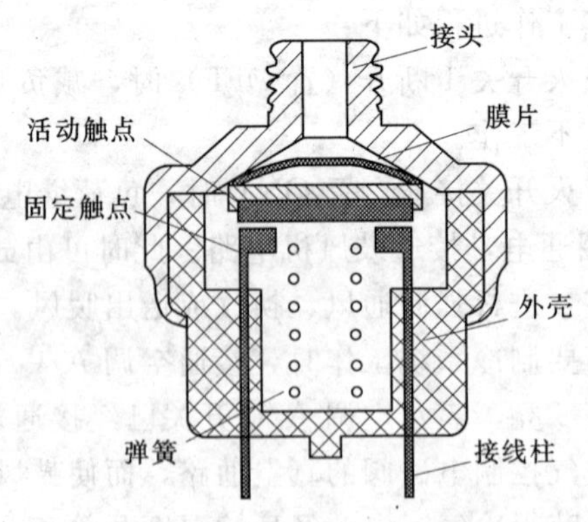

图9.40 低压开关结构图

4. 传感器

(1) 车内温度传感器。车内温度传感器安装在仪表板的下端，多采用马达吸入空气型，内有一个具有负温度系数的热敏电阻。当车内温度发生变化时，热敏电阻的阻值改变，从而向空调ECU输送车内温度信号。

(2) 车外环境温度传感器。车外环境温度传感器安装在前保险杠右下端，包在一个注塑料树脂壳内，以免对温度的突然变化作出反应，它也是一个热敏电阻，向空调 ECU 输送车外温度信号。

(3) 蒸发器温度传感器。该传感器安装在蒸发器表面，用以检测表面的温度变化，防止结霜。当蒸发器周围温度发生变化时，传感器电阻的阻值也随之改变，并向空调 ECU 输出电信号。

(4) 光照传感器。也称阳光强度传感器，安装在汽车前挡风玻璃下面。该传感器将阳光辐射程度转变成电信号，并输送给空调 ECU。

(5) 水温传感器。它安装在发动机冷却循环的水路上，检测冷却液温度。产生的水温信号输送给空调 ECU，用于低温时的冷却风扇转速控制。有些自动空调器没有水温传感器。

(6) 压缩机锁止传感器。它是一种磁电式传感器，安装在空调装置的压缩机内，检测压缩机转速。压缩机每转一圈，该传感器线圈产生 4 个脉冲信号输送给空调 ECU。

5. 易熔塞

易熔塞又称熔化螺栓，是制冷系统中的过压保护装置，它安装在储液干燥瓶上，它有一个孔贯穿螺栓中心，孔中填满一种特殊的焊剂。当高压端的压力和温度升至约 3MPa 和 95～100℃时易熔塞中焊剂熔化，使制冷剂排出至大气中，从而防止制冷装置损坏。

6. 减压安全阀

在空调制冷系统中，由减压安全阀代替易熔塞起到了防止环境污染的作用。它安装在压缩机缸体上，如果高压端的压力升至 3.43～4.14MPa，减压安全阀就会开启，以降低压力，通常它和高压开关起双层保护，一旦减压安全阀开启就必须予已更换。

7. 怠速提升装置

汽车冷气在使用时会消耗发动机功率，因此在排气量较小的发动机，如不开冷气时，调整至正常怠速，一旦将冷气开启则会因功率消耗而使怠速降低，出现发动机怠速不稳定的现象，甚至使发动机熄火，因此设计一种装置在开冷气时使发动机怠速自动升高亦能维持正常的怠速。

9.7 空调系统的使用与维护

正确使用空调系统是保证其发挥最大效率的必要条件，也是节约能源，延长使用寿命的关键，使用与维护空调时应从直观检查、运行检查、电气控制检查这三个方面考虑，具体注意事项如下。

(1) 使用前按标准量加足制冷剂，清除冷凝器、加热器上的污垢，放净蒸发箱里的积水。

(2) 关闭车窗、车门，否则会降低制冷效率。

(3) 调整风口、风向。

(4) 发动机停转，请勿使用空调，以免耗电。

(5) 避免暴晒，以免加重空调负担。

(6) 正确使用空调控制面板上的操作按钮。

(7) 要作常规检查和定期维护。

(8) 经常注意软管是否磨损，老化，堵塞。

(9) 电路是否磨损，短路，保险是否匹配。

(10) 制冷剂、冷冻油的正确选用和保存。

(11) 不要让制冷剂进入眼睛或在雨天作业。

9.8 空调系统的故障诊断

空调系统的故障包括暖风系统的故障、制冷系统的故障、通风系统的故障等，其中暖风和通风系统的故障主要表现为无暖风或暖风不足，检查时只需检查风道是否堵塞，暖风水路是否正常，风道中各种风门工作是否正常，故障部位比较直观，此处不再赘述。制冷系统的故障较为复杂，故障的表现主要是不制冷或制冷不足，故障的原因可以分为制冷循环系统故障和电气控制系统故障，下面分别介绍制冷系统的不制冷、制冷不足或异响故障。

1. 系统不制冷

(1) 故障现象。启动发动机并稳定在1500r/min左右运行2分钟，打开空调开关及鼓风机开关，冷气口无冷风吹出。

(2) 故障原因。

1) 熔断器熔断，电路短路。

2) 鼓风机开关、鼓风机或其他电器元件损坏。

3) 压缩机驱动皮带过松、断裂，密封性差或其电磁离合器损坏。

4) 制冷剂过少或无制冷剂。

5) 储液干燥器(或积累器)、膨胀阀滤网(或膨胀管)、管路或软管堵塞。

6) 膨胀阀感温包损坏。

(3) 故障诊断。系统不制冷故障的诊断程序如图9.41所示。

2. 系统制冷不足

(1) 故障现象。空调系统长时间运行，车厢内温度能够下降，但吹风口吹出的风不冷，没有清凉舒适的感觉。

(2) 故障原因。当外界温度为34℃左右，出风口温度0～5℃，此时车厢内温度应达到20～25℃。若达不到此温度，说明空调系统有问题。其故障主要原因是：

1) 制冷剂注入量太多，引起高压侧散热能力下降，导致制冷效能不良。

2) 制冷剂和冷冻机油脏污，使储液干燥器膨胀阀发生堵塞，导致通向膨胀阀的制冷剂流量下降，引起制冷不足。

3) 制冷剂和冷冻机油中水分过多，导致膨胀阀节流孔出现冰堵，制冷能力下降。

4) 系统中含空气过多，使冷凝器散热能力下降。

5) 由于压缩机密封不良漏气、驱动皮带松弛打滑、电磁离合器打滑等导致压缩机排气温度和压力降低，出现制冷不足。

6) 冷凝器表面积污太多、冷凝器变形等，导致冷凝器散热能力降低。

7) 膨胀阀开度调整过大，蒸发器表面结霜，膨胀阀感温包包扎不紧或外面的隔热胶

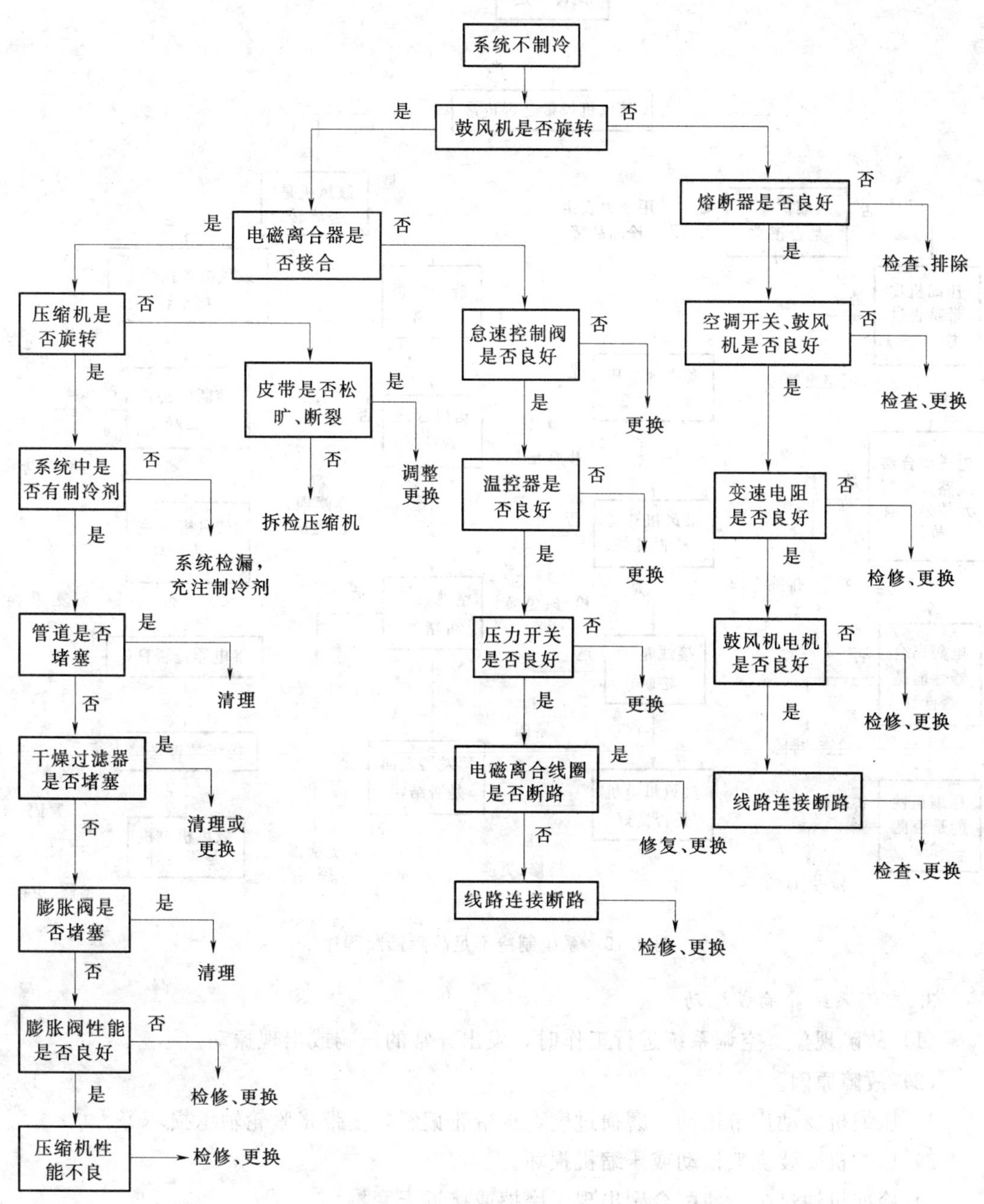

图 9.41 系统不制冷故障的诊断程序

带松脱，造成开启度过大，导致系统制冷不足。

另外，膨胀阀开度过小，使流入蒸发器制冷剂量减少，也会引起制冷不足；送风管堵塞或损坏；温控器性能不良，使蒸发器表面结霜，冷风通过量减少，引起制冷不足；鼓风机开关、变速电阻、鼓风机电机、继电器、线路等工作不良，导致冷风量减少。

(3) 故障诊断。系统制冷不足故障诊断程序如图 9.42 所示。

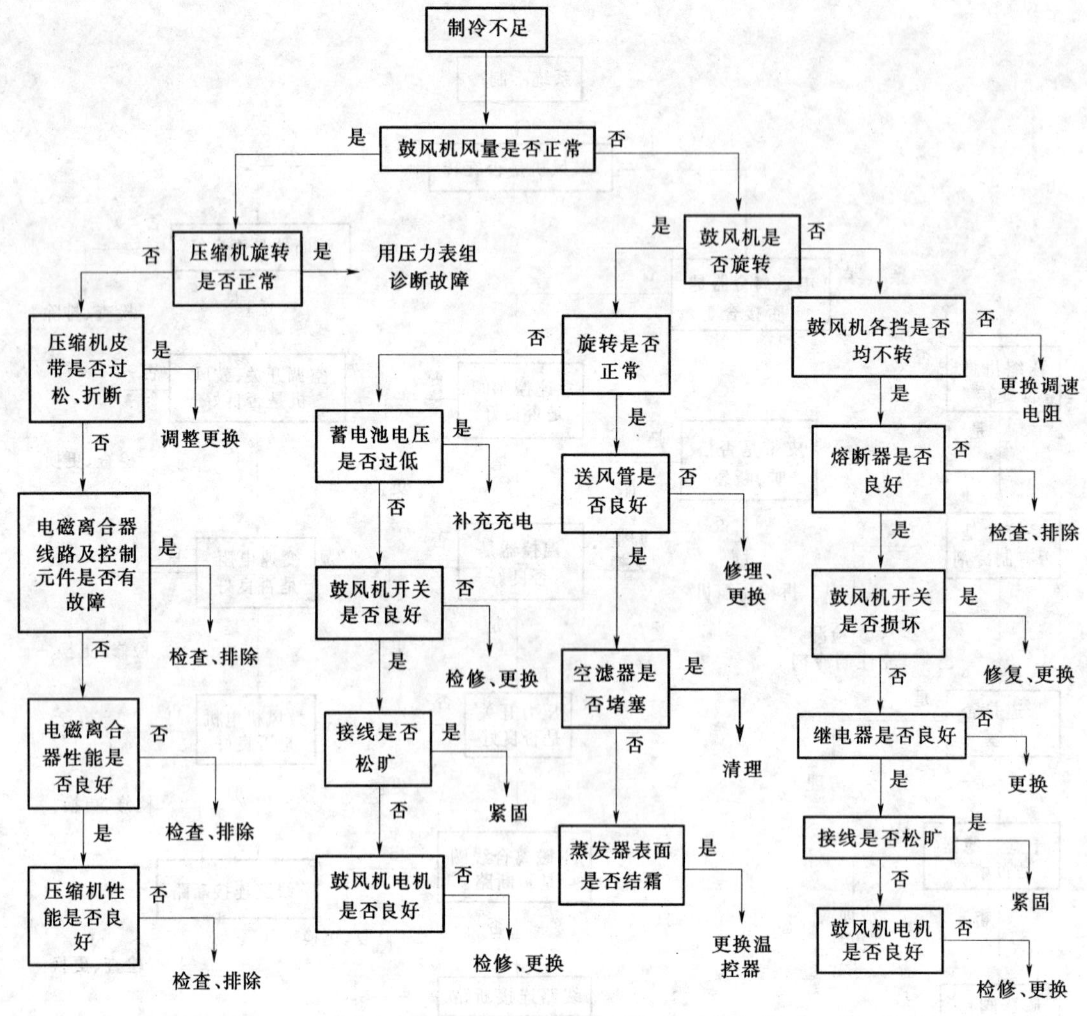

图 9.42 系统制冷不足故障诊断程序

3. 空调系统异响或振动

(1) 故障现象。空调系统进行工作时，发出异常的声响或出现振动。

(2) 故障原因。

1) 压缩机驱动皮带松动、磨损过度，皮带轮偏斜，皮带张紧轮轴承损坏等。

2) 压缩机安装支架松动或压缩机损坏。

3) 冷冻机油过少，使配合副出现干摩擦或接近干摩擦。

4) 由于间隙不当、磨损过度、配合表面油污、蓄电池电压低等原因造成电磁离合器打滑。

5) 电磁离合器轴承损坏，线圈安装不当。

6) 鼓风机电机磨损过度或损坏。

7) 系统制冷剂过多，工作时产生噪音。

(3) 故障诊断。空调系统异响或振动故障的诊断程序如图 9.43 所示。

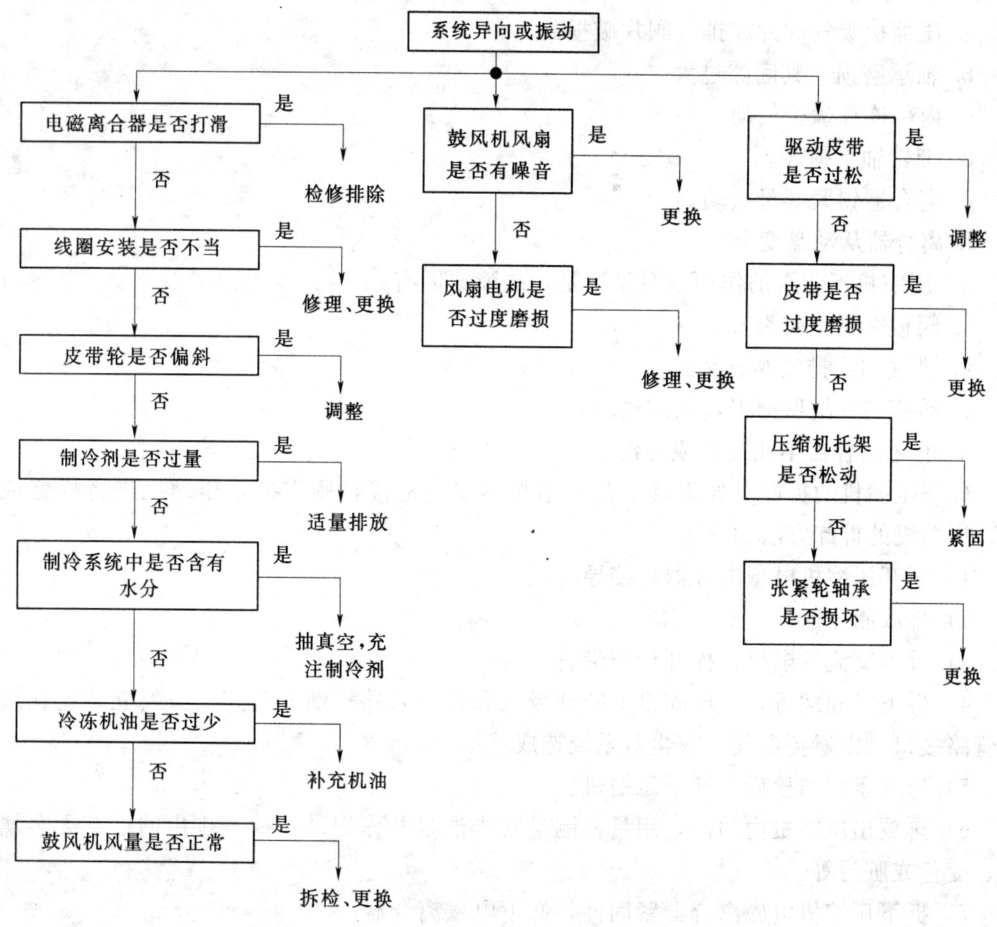

图 9.43 空调系统异响或振动故障诊断程序

9.9 实训项目1 汽车空调的检修

9.9.1 实训目的

(1) 熟悉空调系统的构造。

(2) 掌握空调系统各部件的检修方法。

9.9.2 仪器与工具

(1) 实验用轿车若干辆或完整的空调系统示教台若干台。

(2) 拆装工具若干套，空调压力表组若干组，风扇若干台，万用表若干个。

(3) 检漏仪若干台，抽空机若干台。

(4) 冷冻润滑液若干瓶，氟利昂若干瓶。

9.9.3 实训内容

1. 空调制冷系统的检修

(1) 压缩机的检修。空调压缩机的常见故障及故障原因如下。

1）压缩机有异常响声，可能的原因如下。

a. 压缩机吸气阀片或排气阀片破损。

b. 轴承磨损，其间隙过大。

c. 内部连杆螺栓松动。

d. 带轮轴承损坏。

e. 离合器锁紧螺母松动。

f. 离合器从动盘变形。

2）压缩机不起泵的作用或泵量不足，故障原因有：

a. 阀板密封垫破裂。

b. 进气阀或排气阀破裂。

c. 活塞与气缸壁磨损，间隙过大。

d. 电磁离合器不能接台或打滑。

（2）压缩机的拆卸。如果确定是压缩机本身有故障，则需拆下压缩机进行检修或更换。压缩机的拆卸方法如下：

1）断开压缩机电磁离合器连接导线。

2）排放制冷剂。

3）拆下交流发电机，松开传动带。

4）拆下紧固螺母，从压缩机上断开吸入和排出管路；断开管路后，要立即塞住或盖住管路接口，以避免湿气、灰尘对系统造成荇染。

5）松开紧固螺栓后，卸下压缩机。

6）排放出压缩机内的油，用量杯测量其排油量并作记录，检查排出的油有无金属颗粒、变色或脏污等。

7）拆下压缩机电磁离合器紧固件，卸下电磁离合器。

（3）压缩机及离合器的故障检修。

1）检修压缩机，一般的汽车修理厂不拆解压缩机，如果确诊压缩机不起泵的作用或空调工作时的噪声是压缩机本身有故障造成的，则需更换压缩机。

2）检查压缩机离合器，方法如下：

a. 检查压缩机离合器压盘镀件有无变色、脱皮或其他损坏；若有，则更换离合器组件。

b. 用于转动带轮，检查压缩机带轮轴承的间隙和阻滞情况，若转动时有噪声、间隙或阻滞过大，则更换离合器组件。

c. 检查离合器电磁线圈的电阻，压缩机离合器电磁线圈两端应为通路（电阻较小），否则说明有故障，应予以更换。

（4）压缩机的安装。压缩机的安装按拆卸相反的顺序进行，压缩机安装时应注意以下几项。

1）在每个接头部位须更换新的O形圈，并在安装时涂抹少许制冷剂油，一定要使用与制冷剂相适应的O形圈。

2）用过的油不要倒回容器，以免造成污染，并且不可与其他的制冷剂油混合。

（5）安装后检查。压缩机安装后应作如下检查：

1）检查有无泄漏，并加注制冷剂。

2）检查压缩机传动带张紧力，用张紧力检测仪检查传动带的张紧力应为250N·m；如果张紧力不符，予以调整。

3）检查压缩机冷冻润滑油油面，从加油塞处插入压缩机油尺，如果油尺不能完全插入（油尺插至其弯曲底面与加油口表面平齐），则需转动压缩机离合器驱动。

4）检查压缩机离合器是否正常工作，将电磁离合器施加蓄电池电压，压缩机应工作；电磁离合器一断开电源，压缩机就立刻停止工作。

5）检测空调系统的性能。

2. 冷凝器的检修

（1）冷凝器的常见故障。冷凝器出现散热性能差、泄漏或阻塞故障时会使制冷空调系统制冷不足或不制冷。冷凝器的常见故障如下。

1）冷凝器散热片脏污、堵塞、变形或破损。

2）冷凝器管路连接处有破损、泄漏等。

（2）冷凝器的拆卸。当冷凝器需要更换或需拆下检修时，按如下步骤拆卸：

1）排出制冷剂。

2）拆下与冷凝器相连接的管路，并用布塞住管口。

3）松开冷凝器固定螺栓，取出冷凝器。拆卸冷凝器时应小心不要碰坏冷凝器散热片。

（3）冷凝器的检查与维修。

a. 检查冷凝器散热片表面是否脏污，若有，用软毛刷刷洗。不要用蒸气或高压水枪冲洗，以免损坏冷凝器散热片。

b. 仔细检查冷凝器表面有无脱漆、变形、破损和裂纹等。如果有破损、裂纹或变形，会影响冷凝器的密封性及内部制冷剂的正常流通，需更换冷凝器。

（4）冷凝器的安装。按与拆卸相反的程序安装冷凝器，安装后应抽真空、补充制冷剂并检查有无泄漏。

3. 蒸发器的检修

（1）蒸发器的常见故障。蒸发器出现传热性能差、泄漏或阻塞故障时，也会使空调制冷系统制冷不足或不制冷。蒸发器的常见故障有：

1）蒸发器脏污、堵塞、变形或破损。

2）蒸发器管路连接处有破损、泄漏等。

（2）蒸发器的拆卸。蒸发器的拆卸步骤如下：

1）排放出制冷剂。

2）将蒸发器的吸入管路和排出管路断开。断开管路后应立刻塞住或盖住管口，以避免湿气和灰尘污染系统。

3）拆卸副驾驶座位侧仪表板处的护罩、护板罩架、杂物箱等。

4）断开蒸发器温度传感器插头，卸下有关的自攻螺钉、紧固螺钉和螺母底卸下蒸发器壳体总成。

5）从蒸发器散热片上拉出蒸发器温度传感器。

6）拆下自攻螺钉，小心地分开蒸发器壳体，然后拆下蒸发器。

7）如果有必要，拆下膨胀阀。松开膨胀阀螺母时，要用另一个扳手固定住膨胀阀或蒸发器，以免损坏。

(3) 蒸发器的检修。

1) 检查蒸发器表面是否脏污。若有，用软毛刷刷洗。

2) 仔细检查蒸发器表面有无破损、裂纹和变形等。若有，予以修理或更换。

(4) 蒸发器的安装。按与拆卸相反的顺序安装蒸发器。

1) 安装膨胀阀毛细管时，要将毛细管安装到原位，并用绝热胶带将其包好。

2) 确认无漏气之处。

3) 若更换新的蒸发器，则要添加制冷剂油。

4) 安装后要确认无泄漏，抽真空，并加注制冷剂和检测空调系统的性能。

4. 膨胀阀的检修

(1) 膨胀阀的常见故障。膨胀阀出现阻塞或节流作用失效的故障，会造成空调制冷系统不制冷或制冷不足。常见的故障有：

1) 膨胀阀堵塞，可能是由于干燥剂失效脱落、系统有污物所造成。

2) 膨胀阀温度敏感元件或膜片失效，毛细管安装位置松动移位。

(2) 膨胀阀的检测。膨胀阀的检测方法如下：

1) 将压力表连接到制冷系统中。

2) 启动发动机，并使其转速在1000～1200r/min下稳定运转。

3) 在冷凝器前放一大风扇，以模拟汽车行驶时的气流。

4) 打开空调制冷开关，并将控制开关调节到最大制冷位置，使系统工作10～15min。

5) 观察压力表的示值，低压表压力应为130～180kPa。如果低压表指示压力过低，进行下一步检测；如果低压表指示压力过高，则进行8) 步检测。

6) 在膨胀阀体包裹一层暖布（52℃），看低压表示值是否升高。如果压力升高，说明系统内有湿气，因进行除湿操作；如果压力不升高，则进行下一步检测。

7) 将安装在蒸发器上的感温毛细管拆下并包在暖布中（约52℃），看低压表示值是否升高。如果压力升高，说明感温毛细管安装不当，应重新安装，并重新对系统进行检测；如果压力不升高，则说明膨胀阀已失效或堵塞，需拆检或更换膨胀阀。

8) 若5) 步检测中低压表指示压力过高，则从蒸发器中拆下感温毛细管并置于冰水中（接近于0℃），看压力是否降低。如果压力降低到正常或接近于正常值，则可能是感温毛细管绝热不好或安装位置不当，应重新包扎安装，并重新对系统进行检测。如果压力不降低，则说明膨胀阀已失效，需更换膨胀阀。膨胀阀的安装完毕要确认无泄漏，抽真空，加注制冷剂和检测空调系统的性能。

5. 干燥罐的检修

(1) 干燥罐的常见故障。干燥罐的常见故障是滤芯脏污堵塞，使制冷剂流通不畅，造成制冷不足或不制冷。

(2) 干燥罐的拆卸。

1) 排放出制冷剂。

2) 拆下干燥罐上的管路。

3) 拆下干燥罐的固定螺钉后，拆下干燥罐。

(3) 干燥罐的安装。按与拆卸相反的步骤安装干燥罐，安装完毕要确认无泄漏，抽真

空，并加注制冷剂和检测空调系统的性能。

6. 制冷系统管路的检修

(1) 制冷系统管路的常见故障。制冷系统管路出现阻塞或泄漏而使系统制冷不足或不制冷。常见的故障有：

1) 管子弯折变形而使制冷剂流通不畅或完全阻塞。

2) 管子接头处有损伤或松动而导致泄漏。

(2) 制冷系统管路的拆卸。拆卸管路时应注意：

1) 拧松时，要用两把扳手进行操作，以免损伤管件。

2) 拆下的管子应立即用布等堵塞或将管接头封住，以避免管子内部受污染。

(3) 制冷系统营路的检修。制冷系统管路的检修主要内容有：

1) 检查管路接头处有无松动和泄漏，若有松动，予以拧紧；若按规定的拧紧力矩拧紧后还有泄漏，则必须更换管子。

2) 检查管路有无凹陷、弯曲变形、破裂、管接头处螺纹损伤等。若有，更换该管子。

3) 检查管路是否脏污，若是，可用无水酒精冲洗，待充分凉于后再安装。

注意：不要用压缩空气吹的方法来清洁管子。

(4) 制冷系统管路的安装。安装制冷系统管路时同样要用两把扳手，按规定的拧紧力矩拧紧。过松容易造成管路密封不严，拧得过紧则容易损坏管子接头螺纹。

安装时还应注意：

1) 要用与之相配的O形密封圈，并小心不要让O形圈掉落和碰伤。

2) 安装时，将O形密封圈涂上少许制冷剂油。

3) 连接金属管与软管以前，在管接头处涂上一些制冷剂油。

4) 安装后的管路，应检查管路的布置是否正确、有无其他零部件与其有刮碰的可能。安装完毕要确认无泄漏，抽真空，并加注制冷剂和检测空调系统的性能。

7. 空调暖风系统的故障检修

(1) 暖风系统壳体总成。暖风系统壳体内安装有暖风热交换器，可能出现的故障是壳体破裂、紧固件松动等而造成漏气。当出现暖风量过小等故障时，需检查暖风系统壳体总成。

(2) 通风管道。通风管道可能出现的故障是破裂、紧固件松动等而造成漏气。当出现暖风量过小等故障时，需检查通风管路。

(3) 暖风热交换器与冷却液管。暖风热交换器可能出现的故障是堵塞和表面脏污，冷却液管可能出现的故障是管子破裂和堵塞等。当出现暖风温度过低时，需检查热交换器和冷却液管路。

(4) 暖风及通风控制开关总成。可能出现的故障是拉线断脱、开关损坏等。

8. 空调控制系统的检修

(1) 冷却液温度控制器的检修。冷却液温度控制器的常见故障是其内部电路的电子元件有短路、断路或因潮湿而漏电等导致失去正常的控制功能，因此，将冷却液温度控制器用电吹风吹干后再进行检测，如果功能不能恢复，则更换冷却液温度控制器。

1) 检测冷却液温度控制器各端子电压。用万用表直流电压挡测量各端子对地电压，通过对冷却液温度控制器各端子电压的检测，判断与温度控制器连接的部件及其线路是否有故障。

2）检测冷却液温度控制器各端子电阻。通过对冷却液温度控制器各端子电阻的检测，判断与温度控制器连接的部件及其线路是否有故障。在点火开关断开时，拨开冷却液温度控制器插接器的连接，用万用表欧姆挡测量冷却液温度控制器插头（线束侧）有关端子的电阻。如果使用4109T故障检测盒，则拨开连接线线束4109T与冷却液温度控制器插座的连接后，测量相应检测孔即可。

（2）空调调节控制器的检修。空调调节控制器的常见故障是内部电路有断路或短路等而造成制冷压缩机不工作或压缩机工作控制不正常。

1）检测空调调节控制器各端子的电压或电阻。拨开空调调节控制器插接器，检测其插头（线束侧）各端子的电压或电阻。

2）检测空调调节控制器功能。检测方法如下：

a. 重新接上空调调节控制器插接器。

b. 断开蒸发器温度传感器，空调调节控制器的1号与2号端子之间用1可变电阻替代。

c. 接通点火开关和空调制冷开关。

d. 调节可变电阻值，测量空调调节控制器5号端子对地电压，应为：

（a）电阻值为14Ω左右时，空调调节控制器5号端子对地电压在12V左右（压缩机电磁离合器为通电状态）。

（b）电阻值为150000Ω左右时，空调调节控制器5号端子对地电压约为0V（压缩机电磁离合器处于断电状态）。

如果检测结果为不正常，则更换空调调节控制器。

（3）压力开关的检修。压力开关常见的故障是：触点接触不良或压力开关动作失常而造成压缩机不工作或不起正常的压力保护作用。

1）检测压力开关的通断性。检测方法如下：首先拔开压力开关的插接器，用万用表欧姆挡测量压力开关的4M1与4M2端子之间的电阻，电阻应为0。如果电阻不为0，说明压力开关的常闭触点接触不良，需更换压力开关；如果电阻为0，则用万用表欧姆挡测量压力开关的4M3与4M4端子之间的电阻，电阻应为∞。如果电阻不为∞，说明压力开关内部有短路，需更换压力开关；如果电阻为∞，则进行压力开关的性能检测。

2）检测压力开关的性能。如果检测结果不正常，则更换压力开关。

（4）蒸发器温度传感器的检修。蒸发器温度传感器出现断路或失效将使制冷系统的温度得不到正常的控制。蒸发器温度传感器的感温元件是一个负温度系数的热敏电阻，通过测量其各温度下的电阻是否符合规定值来判断传感器的好坏。将蒸发器温度传感器置入水中，通过向水中加冰以获得较低的冷却液温度。良好的蒸发器温度传感器电阻特性如表9.4所示，如果测量值与之不符，则需更换蒸发器温度传感器。

表9.4　　蒸发器温度传感器电阻参数

温度（℃）	1	3	10	20	25	30
电阻（Ω）	15500	14000	9250	5800	4600	4000

（5）冷却液温度传感器的检修。温控器冷却液温度传感器出现断路或失效，将使冷却液的温度和制冷系统的温度得不到正常的控制。

温控器冷却液温度传感器的感温元件是一个正温度系数的热敏电阻，通过测量其各温

度下的电阻是否符合规定值来判断传感器的好坏。将温控器冷却液温度传感器置入冷却液中，通过加热以获得不同的温度。

冷却液温度传感器电阻特性参见表9.5，如测量值与之不符，则需要更换冷却液温度传感器。

表9.5　冷却液温度传感器电阻参数

温度（℃）	60	70	80	90	100	110
电阻（Ω）	2500	2600	2780	2900	3050	3200

（6）鼓风机电动机及控制模块的检修。鼓风机电动机及控制模块的常见故障是电动机损坏、电动机与控制模块之间接触不良及控制模块本身故障，鼓风机开关不良而造成鼓风机不转或不能高速旋转。

1）检测鼓风机电动机，方法如下：

a. 拆卸并分解鼓风机。

b. 鼓风机电动机两端直接施加蓄电池电压，看鼓风机是否高速旋转。

如果鼓风机不转或转速很低，则说明鼓风机电动机有故障，需更换；如果鼓风机能高速运转，则说明鼓风机的电动机正常。

2）检查鼓风机电动机与控制模块之间的连接。如果接触不良，予以修理；如果接触良好，则检查鼓风机开关及线路，若均良好而鼓风机不转，则需更换鼓风机控制模块。

9.10　实训项目2　轿车空调系统控制电路

9.10.1　实训目的

（1）掌握空调控制系统冷却风扇控制电路。

（2）掌握空调控制系统压缩机电磁离合器控制电路。

（3）掌握空调控制系统风机控制电路。

（4）掌握空调控制系统温度控制电路。

9.10.2　仪器与工具

（1）广州本田雅阁汽车1辆，或汽车电气线路教学试验台1台。

（2）汽车电气设备电路图1套。

（3）数字式高阻抗万用表、汽车故障解码器等。

（4）一字起子、十字起子、尖嘴钳、细探针等。

9.10.3　实训内容

广州本田雅阁轿车空调控制系统采用全自动温度、湿度控制系统。不管气候如何变化，它都能为车室提供并保持良好的舒适性，而驾驶员无需或很少去变换控制板上控制开关的位置。自动空调控制系统ECU能根据各种传感器的输入信号和设定温度；通过空气混合风门改变冷热风的比例，进而控制空气流的温度。当车内温度达到设定温度时，ECU停止驱动控制电机，并把此位置存入记忆。ECU还通过方式风门控制气流流向；通过进气风门控制进气是来自车内还是车外。另外，自动空调控制系统还具有故障自诊断功能，在压缩机转速未锁定和系统压力过低、过高时将使压缩机停止工作，并由显示器闪亮显示故障。其电子控制器有8芯和20芯两个插头，其外形如图9.44所示。图9.45为本田雅阁轿车空调控制电路。

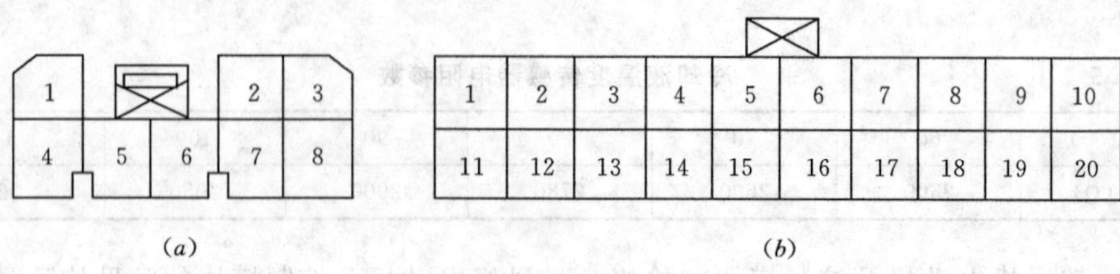

图9.44 本田雅阁轿车空调电子控制器插头
(a) 8芯插头；(b) 20芯插头

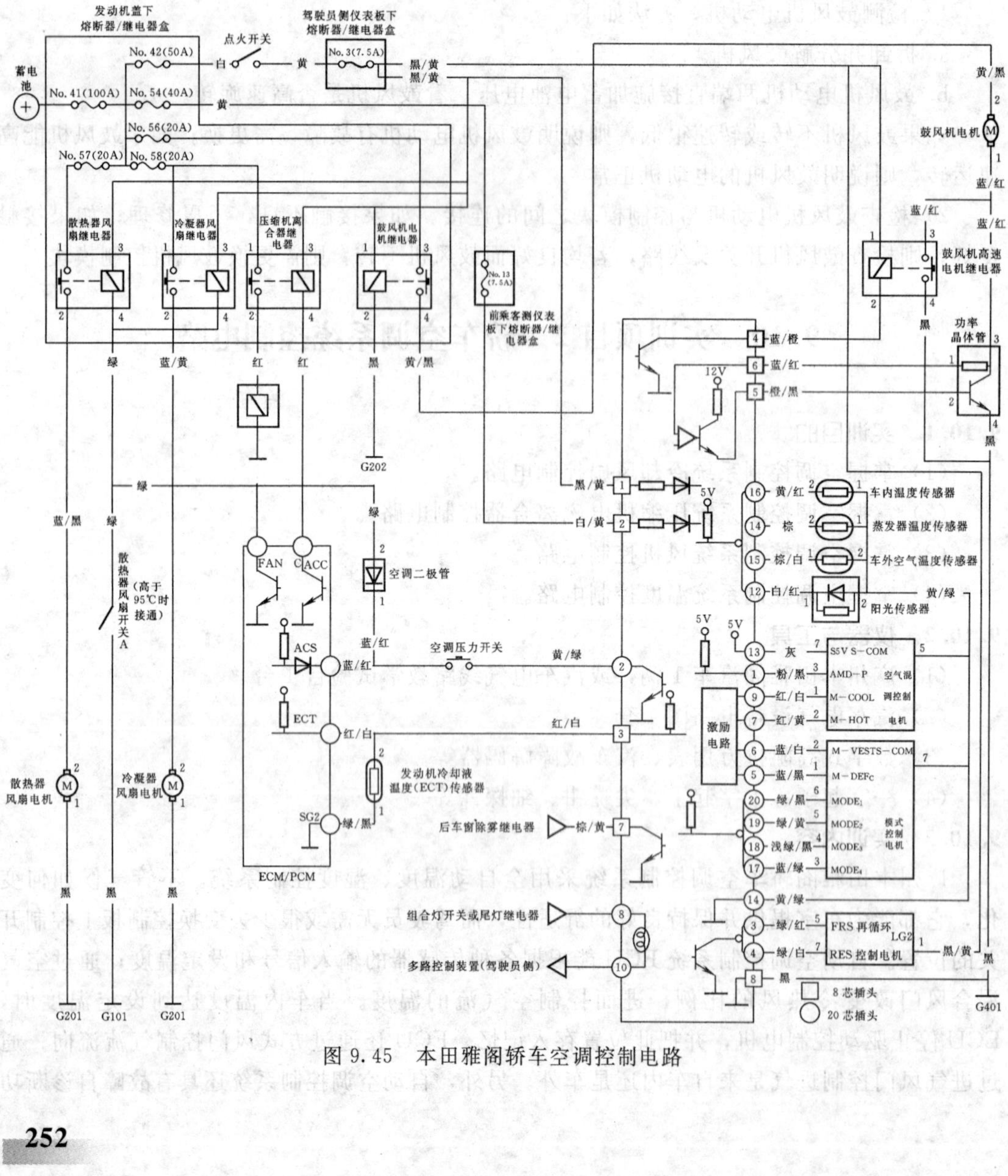

图9.45 本田雅阁轿车空调控制电路

电路分析如下。

1. 冷却风扇控制电路

(1) 散热器风扇电机控制电路：蓄电池正极 → No.41 (100A) 熔丝→No.57 (20A) 熔丝→散热器风扇继电器触点→散热器风扇电机→G201 搭铁点。

若使散热器风扇继电器触点闭合，需要散热器风扇继电器线圈通电，有两个回路可使风扇继电器线圈通电，从而使风扇电动机工作：一是冷却液温度，二是空调压力。

1) 冷却液温度控制回路：蓄电池正极 → No.41 (100A) 熔丝→No.42 (50A) 熔丝→点火开关→No.3 (7.5A) →散热器风扇继电器线圈→散热器风扇开关A (高于95℃接通) →G101 搭铁点。

2) 空调压力控制回路：蓄电池正极 → No.41 (100A) 熔丝→No.42 (50A) 熔丝→点火开关→No.3 (7.5A) →散热器风扇继电器线圈→空调二极管→空调压力开关→空调电子控制器ECU→搭铁。

(2) 冷凝器风扇电机控制电路：蓄电池正极 → No.41 (100A) 熔丝→No.58 (20A) 熔丝→冷凝器风扇继电器触点→冷凝器风扇电机→G201 搭铁点。

控制冷凝器风扇电机工作的也是冷却液温度开关和空调压力开关两个回路。

1) 冷却液温度控制回路：蓄电池正极 → No.41 (100A) 熔丝→No.42 (50A) 熔丝→点火开关→No.3 (7.5A) →冷凝器风扇继电器线圈→散热器风扇开关A (高于95℃接通) →G101 搭铁点。

2) 空调压力控制回路：蓄电池正极 → No.41 (100A) 熔丝→No.42 (50A) 熔丝→点火开关→No.3 (7.5A) →冷凝器风扇继电器线圈→空调二极管→空调压力开关→空调电子控制器ECU→搭铁。

此外，散热器风扇继电器线圈、冷凝器风扇继电器线圈还可以通过ECM/PCM控制搭铁。

2. 压缩机离合器控制电路

蓄电池正极 → No.41 (100A) 熔丝 → No.42 (50A) 熔丝 → 点火开关 → No.3 (7.5A) →压缩机离合器继电器线圈→ECM/PCM→搭铁。

蓄电池正极 → No.41 (100A) 熔丝→No.58 (20A) 熔丝→压缩机离合器继电器触点→压缩机电磁离合器→搭铁。

3. 风机控制电路

蓄电池正极 → No.41 (100A) 熔丝 → No.42 (50A) 熔丝 → 点火开关 → No.3 (79.5A) →鼓风机电机继电器线圈→搭铁。

蓄电池正极 → No.41 (100A) 熔丝→No.56 (20A) 熔丝→鼓风机电机继电器触点→鼓风机电机分两路：一路通过受空调电子控制器ECU控制的功率晶体管搭铁，从而实现鼓风机变速；另一路通过鼓风机高速电机继电器触点搭铁，从而实现鼓风机高速。

高速电机继电器线圈电路如下：蓄电池正极 → No.41 (100A) 熔丝→No.42 (50A) 熔丝→点火开关→No.3 (7.5A) →高速电机继电器线圈→空调电子控制器ECU→搭铁。

4. 温度控制电路

蓄电池正极 → No.41 (100A) 熔丝 → No.42 (50A) 熔丝 → 点火开关 → No.3 (7.5A) →空调电子控制器ECU→搭铁。

空调电子控制器ECU→车内温度、蒸发器温度、车外空气温度、阳光传感器→搭铁。

空调电子控制器ECU→发动机冷却液温度（ECT）传感器→搭铁。

ECM/PCM→发动机冷却液温度（ECT）传感器→搭铁。

空调电子控制器ECU→模式控制电机→搭铁。

空调电子控制器ECU→空气混调控制电机→搭铁。

蓄电池正极→No.41（100A）熔丝→No.42（50A）熔丝→点火开关→No.3（7.5A）→压缩机离合器继电器线圈→ECM/PCM→搭铁。

9.11 实训项目3 空调系统压力的检测

9.11.1 实训目的

（1）将压力表组正确安装并连接到制冷系统，正确检测制冷系统高低压力。

（2）能根据检测的压力确定系统工作状况，分析系统可能存在的故障。

9.11.2 仪器与工具

装备有空调系统的实车一部，压力表组一套。

9.11.3 实训内容

1. 连接压力表组

卸掉系统高低压管路上的检修阀护帽；压力表组高低压侧手动阀都关闭，蓝色的低压侧软管接低压检修阀，红色的高压侧软管接高压检修阀。

2. 启动空调检测系统压力

启动发动机，调整发动机转速至1250r/min，启动空调器，将有关控制器调至最凉位置（风机亦应在最高速），按需要使发动机温度正常（约运行5～10min）后，进行检测。

3. 技术标准

R134a空调系统压力正常范围读表数：低压侧为0.15～0.25MPa；高压侧为1.37～1.57MPa。

R12空调系统正常工作压力范围读表数：低压侧为0.15～0.20MPa；高压侧为1.45～1.50MPa。

4. 结果分析

（1）压力表的读数，高低压侧压力均很低，如图9.46所示，说明制冷剂不足。如空调系统工作一段时间出现此现象，可能系统内某处出现泄漏，必须找出漏点并加以排除。

（2）压力表的读数，高低压侧压力均过高，很可能是制冷剂过多引起，如图9.47所示。应从低压侧放出一部分制冷剂，直到压力表显示规定压力为止。如开始时正常，后来出现上述现象，这是由于冷凝器散热差造成的。可检查冷凝器散热片是否堵塞，风扇皮带过松，风扇转速是否正常，并予排除。

（3）经上述方法排除后，高低压侧压力还是高，可能是加注制冷剂过程中没有将空气抽尽，系统内有空气，可更换干燥剂，清洁冷冻机油，重新加注制冷剂。

（4）压力表读数，低压侧偏高，高压侧偏低，如增加发动机转速，高低压变化都不大，如图9.48所示。这种情况一般是压缩机工作不良造成。应检查压缩机内阀片是否损坏，活塞及环是否磨损，并予以排除。

（5）压力表读数，低压侧出现真空，高压侧压力过低，如图9.49所示。这种情况多出现在膨胀阀感温包内的制冷剂完全泄漏，使膨胀阀打不开，制冷剂不流动，系统不能制冷。排除的办法是更换或拆修膨胀阀。

（6）检测完后，关掉发动机，卸掉压力表组，把检修阀的护帽旋回。

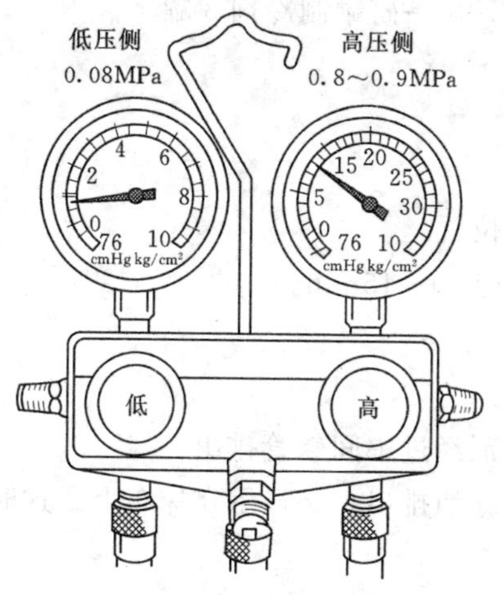

图9.46　压力表读数1

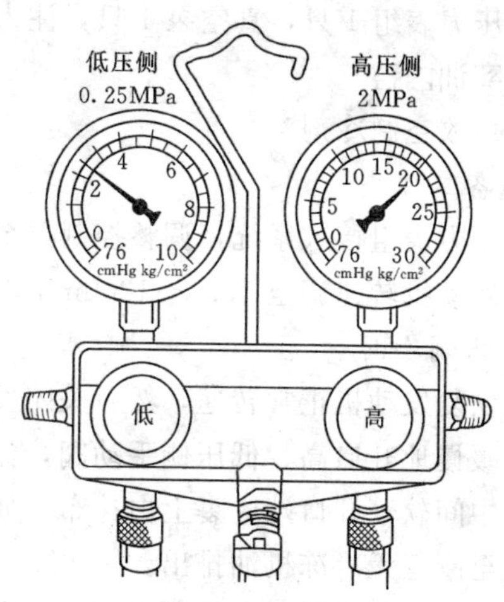

图9.47　压力表读数2

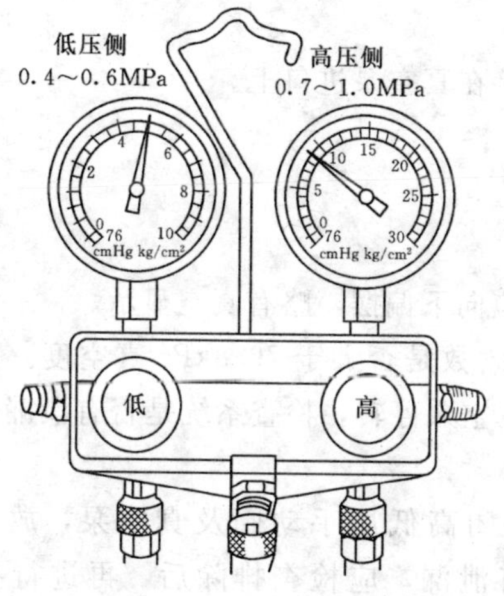

图9.48　压力表读数3

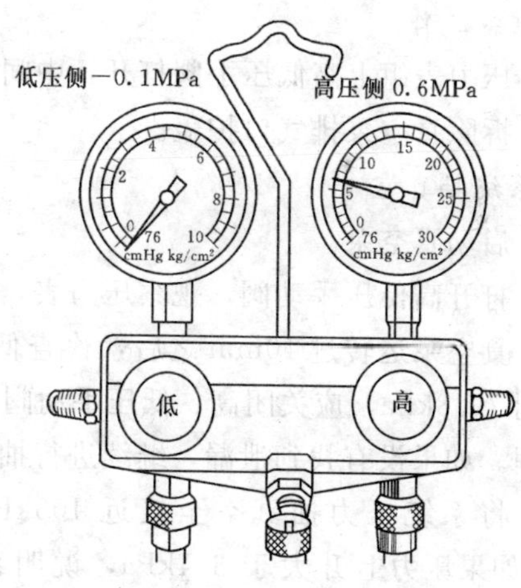

图9.49　压力表读数4

5. 注意事项

（1）R12与R134a不可使用同一个压力表组。

（2）检查过程中应注意旋转件，以免受伤。

（3）压力表组的高低压管位置不能接反。

9.12　实训项目4　汽车空调系统制冷剂的补充

9.12.1　实训目的

（1）掌握放空系统内制冷剂的操作步骤。

（2）掌握系统抽真空。

（3）掌握系统加注制冷剂。

9.12.2 仪器与工具

（1）空调系统工作正常的实车1部。

（2）压力表组1只，真空泵1只，注入阀1只，一磅罐制冷剂3罐。

9.12.3 实训内容

9.12.3.1 放空制冷剂

1. 准备工作

（1）压力表组接入系统，调整控制器至最冷位置。

（2）发动机转速调至1000～1200min，并运行10～15min。

2. 放出制冷剂

（1）恢复发动机正常转速，然后关闭发动机。

（2）缓慢地开启高、低压侧手动阀，让制冷剂经过中间软管排出。

（3）中间软管开口端应裹上白抹布，如有冷冻油排出，必显示在抹布上。这时，应关小手阀，至刚好无冷冻机油排出。

（4）表座上高低压力表读数均为一个大气压，说明系统已放空。

9.12.3.2 系统抽真空

1. 准备工作

（1）压力表组上高低压手阀打开，中间软管接在真空泵进口上。

（2）拆除真空泵排气口护盖。

2. 系统抽真空

（1）启动真空泵。

（2）打开高低压手动阀，观察压力表，表针应向下偏摆，略有真空显示。

（3）真空泵运转过10min之后，检查低压表读数是否大于79.8kPa真空度。如果真空度不到79.8kPa，应关闭高、低压手动阀，使真空泵停转，检查系统是否有泄漏，根据情况修理。如果没有找到泄漏，继续进行抽真空。

（4）将系统压力抽真空至接近100kPa。关闭高低压手动阀及真空泵，放置5～10min，如果压力上升大于3.4kPa，说明系统有泄漏，应检查排除后，再进行抽真空工序；

（5）如果低压表指针保持不动，继续进行抽真空30min以上。然后关闭高低压手动阀后，再关闭真空泵。

9.12.3.3 加注制冷剂

1. 准备工作

（1）按逆时针方向旋转注入阀手柄，直至阀针完全退回。

（2）将注入阀装到制冷罐上，逆时针方向旋转板状螺母，直至最高位置，然后将制冷剂注入阀顺时针拧动，直到注入阀嵌入制冷剂密封塞。

（3）将板状螺母顺时针方向旋转到底，再将压力表组上的中间软管接到注入阀接头上。用手拧紧板状螺母。

2. 系统停开时用一磅罐充注制冷剂

(1) 顺时针方向旋转手柄，使阀针刺穿密封塞。再逆时针方向旋转手柄，使阀针抬起。

(2) 松开表座上中间软管接头，放气几秒钟，再拧紧接头。

(3) 打开表座上高压侧手阀。观察低压表，看表针是否从真空范围转至压力范围，如系统堵塞应予排除后抽真空，再进行下一步作业。

(4) 倒置一磅罐，使液态制冷剂进入系统。

(5) 用手指敲击罐底，如果出现空筒声，说明罐已空。如制冷剂不足，可按上述步骤再注入另一罐，直到满足规定为止。

(6) 关闭表座上高压侧手阀，从中间软管上拆除注入阀，从系统拆除压力表组，重新盖上所有的盖和帽。

3. 系统运行时用一磅罐充注制冷剂

(1) 启动发动机，调整发动机转速到1250r/min，保证表座上两手阀均处于关闭状态。

(2) 调整控制器到最冷位置，鼓风机要调至高速。

(3) 打开表座上低压侧手阀，使气态制冷剂进入系统。低压侧压力降至377kPa时，倒置一磅罐，快速充注制冷剂。

(4) 用手指敲击罐底，如果出现空筒声，说明罐已空。如制冷剂不足，可按上述步骤再注入另一罐，直到满足规定为止。

(5) 关闭表座上低压侧手阀，从中间软管上拆除注入阀，从系统拆除压力表组，重新盖上所有的盖和帽。

9.12.3.4 注意事项

(1) 严禁加错制冷剂。

(2) 制冷剂罐温度不应高于51.7℃。不许用明火和电阻加热器加热制冷剂罐。

(3) 装上或更换一磅罐制冷剂，在充注前一定记住先放掉软管内的空气。

(4) 低压侧加注时，压力低于337kPa前，不要倒置制冷剂罐。搬运制冷剂罐时，应带护目镜，应在通风无火处排放制冷剂。

本 章 小 结

1. 汽车空调的功能是通过人为的方式创造一个人体感觉适宜的环境。汽车空调由制冷系统、加热系统、通风系统、操纵控制系统和空气净化系统组成。制冷系统的热负荷包括通风换气热负荷、传导热负荷、辐射热负荷和乘员热负荷等。

2. 制冷循环包括压缩过程、冷凝过程、干燥过程、膨胀过程和蒸发过程。除了热力膨胀阀制冷系统外，在制冷系统中用一个固定节流的管子取代热力膨胀阀，起到节流降压的作用，称为CCOT制冷系统。

3. 制冷系统一般包括压缩机、冷凝器、储液干燥过滤器、蒸发器、膨胀阀、压力开关等。

4. 对制冷剂的要求有：适当蒸发温度时，蒸发压力不低于大气；在适当冷凝压力时，温度不能过高；无色、无味、无毒、无刺激性，对人体健康无损害；不易燃烧，不易爆炸；无腐蚀性；性能系数较高；与冷冻油接触时，化学、物理安定性良好；有较低的凝固点，能在低温下工作；泄漏时容易侦测。

5. 汽车空调温度控制器可分为机械压力式和电子式两种。

6. 在使用与维护汽车空调时，应该了解一些注意事项和基本常识，掌握进行制冷剂加注操作技能，能应用常用的诊断方法分析故障和排除故障。

单 元 习 题

一、单项选择题

1. 冷凝器散热不良时会发生（　　）。

A. 冷气不冷　　B. 压缩机不运转

C. 蒸发器结霜　　D. 蒸发器破裂

2. 冷气系统检修时如低压端压力过低，其故障可能为（　　）。

A. 制冷剂不足　　B. 制冷剂过多

C. 压缩机损坏　　D. 冷冻油不足

3. 膨胀阀感温包中封入的气体是（　　）。

A. 制冷剂　　B. 空气　　C. 氧气　　D. 氢气

二、判断题（对打“√”，错打“×”）

1. 制冷系统中所采用的润滑油是用硅油。（　　）

2. 蒸发器中制冷剂为低压、液态。（　　）

3. 汽车空调中暖气的热源多用发动机冷却液。（　　）

三、简答题

1. 汽车空调系统由哪几部分组成？各有什么功能？

2. 空调系统故障诊断需要使用哪些仪器？

3. 膨胀阀有什么作用？它是如何工作的？

第10章 辅助电器系统

- 知识目标

(1) 了解风窗刮水的基本组成、分类及工作原理。

(2) 了解风窗刮水的控制电路。

(3) 了解叙述间歇刮水的原理。

(4) 了解电动车窗的组成及工作原理。

(5) 了解电动车窗的控制电路。

(6) 了解电动后视镜的基本组成和工作原理。

(7) 了解电动坐椅系统的组成及工作原理。

(8) 了解中控门锁的功能、组成、各个部件的安装位置和基本工作原理。

- 技能目标

(1) 掌握诊断、排除风窗刮水和洗涤装置中常见故障的方法。

(2) 掌握检修电动车窗各个部件的方法。

(3) 掌握结合电路图诊断、排除电动车窗故障的方法。

(4) 掌握检修电动后视镜的方法。

(5) 掌握检修电动坐椅电动机和控制开关，会诊断、排除电动坐椅故障的方法。

(6) 掌握检修中控门锁系统各个部件的方法。

(7) 掌握结合电路图诊断、排除中控门锁电路中故障的方法。

(8) 掌握结合电路图诊断、排除电动坐椅系统故障的方法。

10.1 风窗刮水器及洗涤装置

辅助电器主要包括风窗清洁装置（雨刮器、洗涤器、除霜装置）、空调、低温起动预热装置、汽车音响、电动车窗、电动后视镜、中央门锁、电动坐椅等。辅助电器设备有日益增多的趋势，主要向舒适、娱乐、保障安全等方面发展。车辆的豪华程度越高，辅助电器设备就越多。

10.1.1 风窗刮水器

风窗刮水器的作用是用来清除风窗玻璃上的雨水、雪或尘土，以保证驾驶员良好的能见度。

风窗刮水器有前风窗刮水器和后风窗刮水器之分。因驱动装置不同，刮水器有真空式、气动式和电动式三种。目前车辆上广泛使用的是电动刮水器。

如图10.1所示，电动刮水器主要由直流电动机、涡轮箱、曲柄、连杆、摆杆、摆臂和刮水片等组成。一般电动机和蜗杆箱结合成一体组成刮水器电机总成。曲柄、连杆和摆杆等杆件可以把涡轮的旋转运动转变为摆臂的往复摆动，使摆臂上的刮水片实现刮水动作。

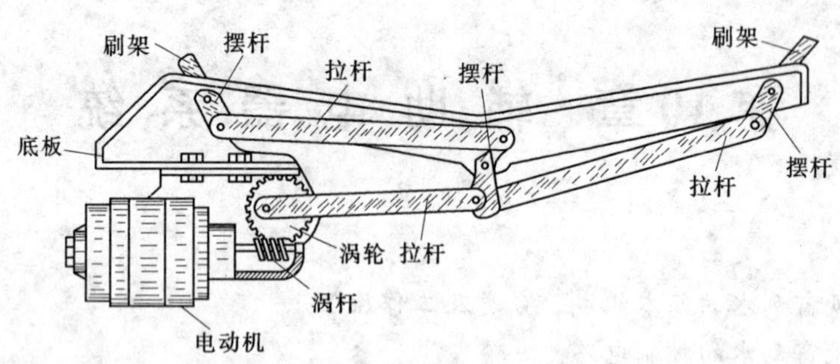

图 10.1 刮水器的组成

1. 刮水电动机

一般刮水电动机有绕线式和永磁式两种。绕线式刮水电动机的磁极绕有励磁绕组，通电流时产生磁场，而永磁式刮水电机的磁极用永久磁铁制成。

(1) 刮水电动机的结构。永磁式电动机体积小、质量轻、结构简单，使用广泛。

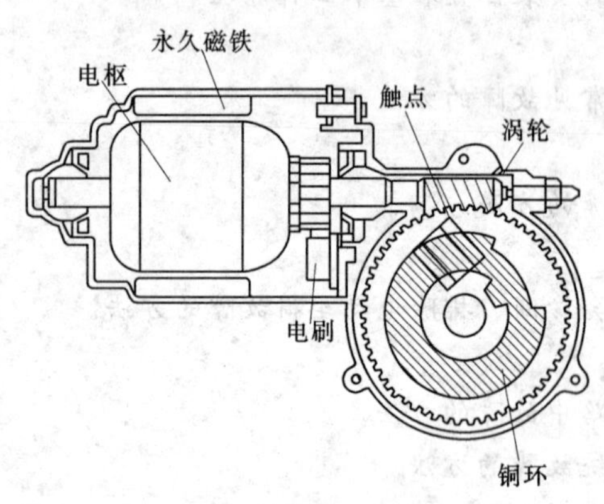

图 10.2 永磁式雨刮电动机的结构

永磁雨刮电动机的结构如图 10.2 所示，主要由外壳及磁铁总成、电枢、电刷安装板及复位开关、输出齿轮及蜗轮、输出臂等组成，通电时电枢转动，经涡轮和输出齿轮及输出轴后，把动力传给输出臂。

(2) 刮水电动机的变速原理。永磁式刮水电动机是利用 3 个电刷来改变正、负电刷之间串联线圈的个数实现变速的，一般有低速、高速和间歇 3 个挡位，且在任意时刻刮水结束后，刮水片均能回到挡风玻璃最下端，即自动复位。其工作原理如下。

如图 10.3 (*a*) 所示，刮水电动机工作时，在电枢内同时产生反电势，其方向与电枢电流的方向相反。如要使电枢旋转，外加电压必须克服反电势的作用。当电动机转速升高时，反电势增高，只有当外加电压等于反电势时，电枢的转速才能稳定。

三刷永磁式刮水电动机工作时，电枢绕组产生的反电动势的方向如图 10.3 (*b*) 所示。当将刮水器开关拨向 L 低速时，则蓄电池电压加在电刷 B_1 和 B_3 之间，在电刷 B_1 和 B_3 之间的两条并联支路中，每条支路中各有四个线圈串联，反电动势的大小与支路中反电动势的大小相等。由于外加电压需要平衡 4 个线圈所产生的反电势，故电动机转速较低。

当将刮水器开关拨向 H 高速时，则蓄电池电压加在电刷 B_2 和 B_3 之间。线圈 1、2、3、4、8 同在一条支路中，其中线圈 8 与线圈 1、2、3、4 的反电动势方向相反，相互抵消后，使每条支路变为 3 个线圈。由于电动机内部的磁场方向和电枢的旋转方向没有变化，所以各线圈内反动势的方向与低速时相同。但是，外加电压只需平衡 3 个线圈所产生的反电势，因此电动机的转速升高。

(3) 刮水电动机的控制电路及自动复位原理。如图 10.4 (*a*) 所示的铜环式刮水器的

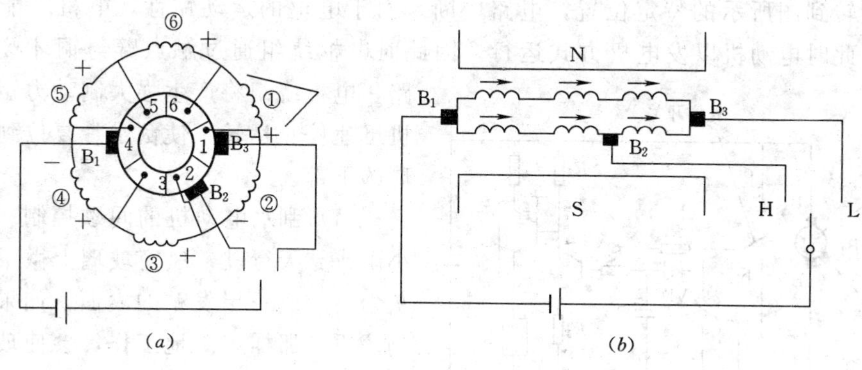

图 10.3 永磁式刮水电动机工作原理

控制电路，此电路具有自动复位的功能。下面分析一下其工作过程。

刮水器的开关有三个挡位，它可以控制刮水器的速度和自动复位。四个接线柱分别接复位装置、电动机低速电刷、搭铁、电动机高速电刷 0 挡为复位挡，Ⅰ挡为低速挡，Ⅱ挡为高速挡。复位装置是在减速涡轮（由塑料或尼龙材料制成）上，嵌有铜环。此铜环分为两部分，其中铜环与电动机外壳相连（为搭铁）。触点臂用磷铜片或其他弹性材料制成，其一端分别铆有触点。由于触点臂具有一定的弹性，因此在蜗轮转动时，触点与涡轮的端面和铜滑环保持接触。

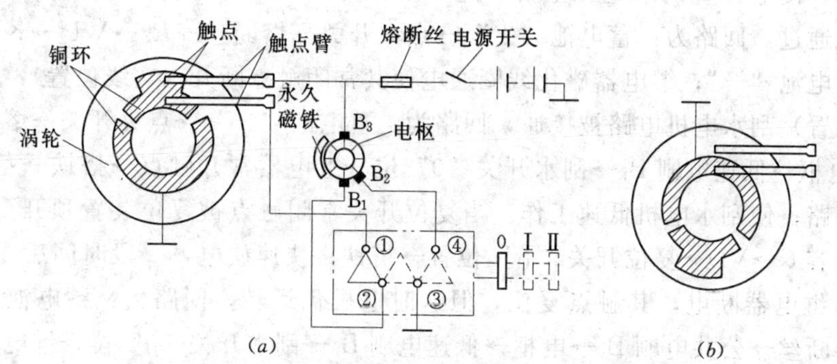

图 10.4 铜环刮水器自动复位置装置

(*a*) 控制电路；(*b*) 铜环与触点接触

当刮水器开关处于“Ⅰ”挡位置时，电流从蓄电池的正极→电源开关→熔丝→电刷 B_3→电枢绕组→电刷 B_1→刮水器开关接线柱②→接触片→刮水器开关接线柱③→搭铁→蓄电池负极，构成回路。电动机以低速运转。

当刮水器开关处于“Ⅱ”挡位置时，电流从蓄电池的正极→电源开关→熔丝→电刷 B_3→电枢绕组→电刷 B_2→刮水器开关接线柱④→接触片→刮水器开关接线柱③→搭铁→蓄电池负极，构成回路。电动机以高速运转。

当把刮水器丌关退回到“0”挡时，如果刮水片没有停止到规定的位置，由于触点与铜环相接触，如图 10.4（*b*）所示，则电流继续流入电枢，其电路为蓄电池正极→电源开关→熔断丝→电刷 B_3→电枢绕组→电刷 B_1→接线柱②→接触片→接线柱①→触点臂→铜环→搭铁→蓄电池的负极，构成回路。由此可以看出，电动机仍以低速运转直至涡轮旋转到图所示的特定位置，电路中断。由于电枢的运动惯性，电机不能立即停止转动，此时电动机以发电机方式运行。因此时电枢绕组通过触点臂与铜环接通而短路，电枢绕组将产生强大制动力矩，电动机迅速停止运转，使刮水片复位到风窗玻璃的下部。

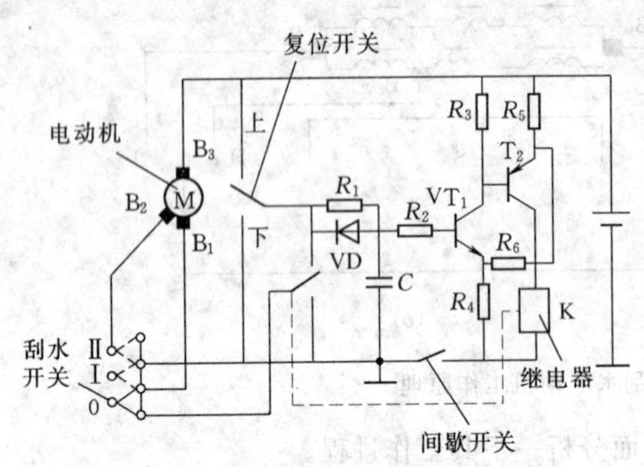

图 10.5 同步间歇振内部电路

(4) 刮水电动机的间歇控制。汽车在小雨或雾天行驶，风窗玻璃上微量水分和灰尘会形成一层发粘的表面，如果刮水器仍按原来那样不断地工作，会使玻璃模糊影响视线，引起刮片的颤动，同时也会对玻璃有损伤。电动刮水器的电子间歇控制按其间歇时间能否调节可分为可调式和不可调式。下面以同步振荡电路控制的间歇刮水器为例介绍其工作过程，电路如图 10.5 所示。

电路中电阻 R、电容 C、二极管 VD 组成间歇时间控制电路，调整其参数可改变间歇时间的长短。当刮水器开关置“0”挡，且间歇开关闭合时，电流由蓄电池“+”→点火开关→熔断丝→复位开关“上”触点（常闭）→电阻 R→电容 C→搭铁→蓄电池“-”形成充电回路；使电容 C 两端电压上升，达一定值时，VT_1 导通，VT_2 随之导通。继电器 K 中有电流通过，回路为：蓄电池“+”→点火开关→熔断丝→R_4→VT_2→K→间歇开关→搭铁→蓄电池“-”；继电器磁化线圈通电使其常闭触点断开（实线位置），常开触点闭合（虚线位置）刮水电机电路被接通，回路为：蓄电池“+”→点火开关→熔断丝→公共电刷 B_3→电枢→低速电刷 B_1→刮水开关“0”位→继电器常开触点→搭铁→蓄电池“-”形成供电回路；使刮水电机低速工作。当复位开关常闭触点被复位装置顶开至常开“下”位置时，电容 C→VD→复位开关“下”位置→搭铁；快速放电，一段时间后，VT_1 截止，VT_2 截止，继电器断电，其触点复位，但这时电机仍运转，回路为：蓄电池“+”→点火开关→熔断丝→公共电刷 B_3→电枢→低速电刷 B_1→刮水开关“0”位→继电器常闭触点→复位开关常开触点→搭铁→蓄电池“-”，只有当复位开关常开触点被复位装置顶回至常闭“上”位置时电机才停止。电容 C 再次充电，重复周期开始。

10.1.2 挡风玻璃洗涤装置

挡风玻璃洗涤装置与刮水器配合使用，可以使汽车挡风玻璃刮水器更好地完成刮水工作，并获得更好的刮水效果。

1. 挡风玻璃洗涤装置的组成

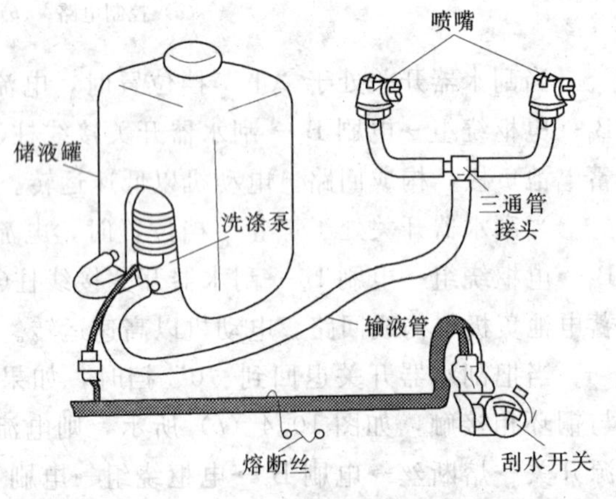

图 10.6 风窗洗涤装置

如图 10.6 所示，挡风玻璃洗涤装置主要由储液罐、洗涤泵、输液管、喷嘴等组成。

洗涤泵一般由永磁电动机和离心叶片泵组装成为一体，喷射压力可达 70～

88kPa。洗涤泵一般直接安装在储液罐上，在离心泵的进口处设置有滤清器。洗涤泵的喷嘴安装在挡风玻璃的下面，其喷嘴方向可以根据使用情况调整，喷水直径一般为0.8～1.0mm，能够使用洗涤液吐喷射在挡风玻璃的适当位置。洗涤泵的连续工作时间不应超过1min。对于刮水和洗涤分别控制的汽车，应先开启洗涤泵，再接通刮水器。喷水停止后，刮水器应继续刮动3～5次，以便达到良好的清洁效果。

常用的洗涤液是硬度不超过205ppm的清水。为能刮掉挡风玻璃上的油、蜡等物，可在水中添加少量的去垢剂和防锈剂。强效洗涤液的去垢效果好，但会使风窗密封条和刮片胶条变质，还会引起车身喷漆变色以及储液罐、喷嘴等塑料件的开裂。冬季使用洗涤器时，为了防止洗涤液的结冰，应添加甲醇、异丙醇、甘醇等防冻剂，再加少量的去垢剂和防锈剂，即成为低温洗涤液，可使凝固温度下降到－20℃以下。如冬季不用洗涤器时，应将洗涤管中的水倒掉。

2. 风窗洗涤装置的控制电路

下面把风窗洗涤装置的控制电路结合下面的刮水器电路共同分析，图10.7所示为桑塔纳轿车刮水器电路。

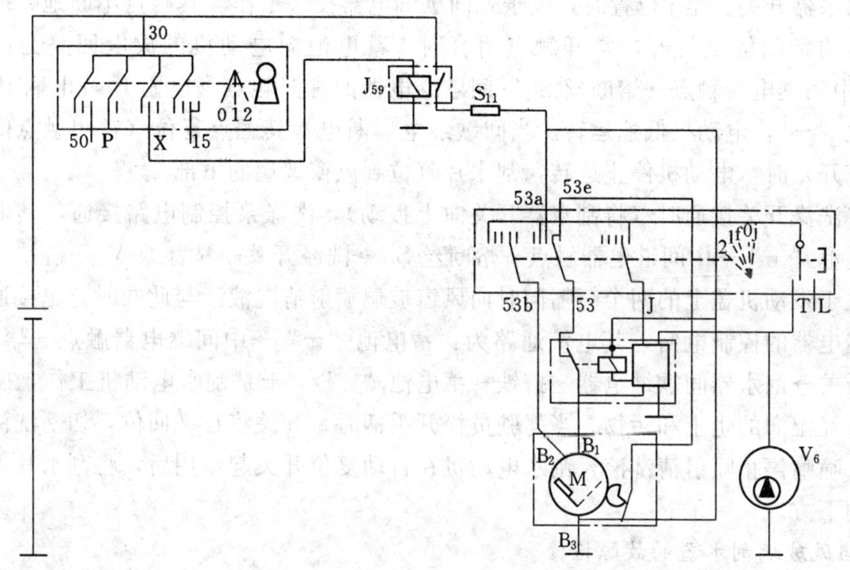

图10.7　桑塔纳汽车挡风玻璃刮水器控制电路

桑塔纳轿车刮水器控制开关有5个挡位，分别为复位停止挡、间歇挡、低速挡、高速挡和点动挡。通常的标记为：F为间歇挡、LO为低速挡、HI为高速挡。

下面分析其工作原理。

将点火开关置于“ON”，接通了蓄电池向中间继电器磁化线圈的电路，其电流通路为：蓄电池“＋”→点火开关30接线柱→点火开关X接线柱→中间继电器磁化线圈→搭铁→蓄电池“－”。在电磁吸力的作用下，中间继电器触点闭合，为刮水器电动机的工作做好准备。

将刮水器控制开关拨到F挡时，蓄电池将通过刮水器开关、间歇继电器常闭触点向刮水电动机供电，其电流通路为：蓄电池“＋”→中间继电器触点→熔断丝S_{11}→刮水器开关53a接线柱→刮水器开关53接线柱→间歇继电器常闭触点→电刷B_1→电刷B_3→搭铁→蓄电池“－”。此时电动机以低速运转。当手离开刮水器开关时，开关将自动回到“0”位。如果此时刮水片处在影响驾驶员视线的位置，自动复位装置的常闭触点打开，常开触点闭合，刮水电动机电枢内继续有电流通过。其电流通路为：蓄电池“＋”→中间继电器触点→熔断丝S_{11}→复位装置的常开触点→刮水器开关53e接线柱→刮水器开关53接线柱→间歇继电器常闭触点→电刷B_1→电刷B_3→搭铁→蓄电池“－”。故电动机仍以低速运转，直至刮水片处在挡风玻璃的下端。

将刮水器控制开关拨到1挡时，刮水电动机以低速运转。其电流路径为：蓄电池“＋”→中间继电器触点→熔断丝S_{11}→刮水器开关53a接线柱→刮水器开关53接线柱→间歇继电器常闭触点→电刷B_1→电刷B_3→搭铁→蓄电池“－”。此时电动机以42～52r/min的转速低速运转。

将刮水器开关拨至2挡时，刮水电动机以高速运转。其电流路径为：蓄电池“＋”→中间继电器触点→熔断丝S_{11}→刮水器开关53a接线柱→刮水器开关53b接线柱→电刷B_2→电刷B_3→搭铁→蓄电池“－”。此时电动机以62～80r/min的转速高速运转。

将刮水器开关拨至j位置时，电子式间歇继电器投入工作。其触点不断地开闭。当间歇继电器的常闭触点打开，常开触点闭合时，蓄电池向电动机的放电回路为：蓄电池“＋”→中间继电器触点→熔断丝S_{11}→间歇继电器的常开触点→电刷B_1→电刷B_3→搭铁→蓄电池“－”，电动机低速运转。当间歇继电器断电，其触点复位（常闭触点闭合，常开触点打开）时，电动机停止运转，刮水片复位到风窗玻璃的下部。

当将洗涤开关接通时（将刮水器开关向上扳动），洗涤泵控制电路接通，其电流通路为：蓄电池“＋”→中间继电器触点→熔断丝S_{11}→洗涤开关→洗涤泵V_5→搭铁→蓄电池“－”。位于发动机盖上的两个喷嘴同时向风窗玻璃喷射清洗液。与此同时，也接通了刮水器间歇继电器的控制电路，其电流通路为：蓄电池“＋”→中间继电器触点→熔断丝S_{11}→洗涤开关→刮水器间歇继电器→搭铁→蓄电池“－”. 于是刮水电动机工作，驱动刮水片刮掉已经湿润的尘土和污物。当驾驶员松开手柄时，开关将自动回位，切断洗涤泵的控制电路，喷嘴停止喷射清洗液，刮水电动机在自动复位开关起作用后，将刮水片停靠在挡风玻璃的下方。

3. 挡风玻璃刮水器的故障检修

在对挡风玻璃刮水器系统的故障进行检修之前，首先要确定是电路故障还是机械故障。其检查方法是从电机上拆下连接刮水片的机械臂，接通刮水器系统，观察电动机的运行。如果电动机运行正常，则是机械问题。

挡风玻璃刮水器系统常见故障有：刮水器不工作、间歇性工作、持续操作不停及刮水片不能复位等。下面以桑塔纳轿车挡风玻璃刮水器系统为例，介绍其常见故障的诊断方法。

(1) 刮水器不工作。故障现象：刮水器在所有挡位均不能工作。

故障原因：电路方面的原因可能是刮水电动机绕组断路；熔断丝断路；线路连接松动、断路或搭铁不良；刮水器控制开关接触不良或继电器触点接触不良。

机械方面的原因可能是蜗轮蜗杆脱离啮合或损坏；杆件连接松脱或损坏；刮水片、传动机构等卡住，故障诊断程序如图10.8所示。

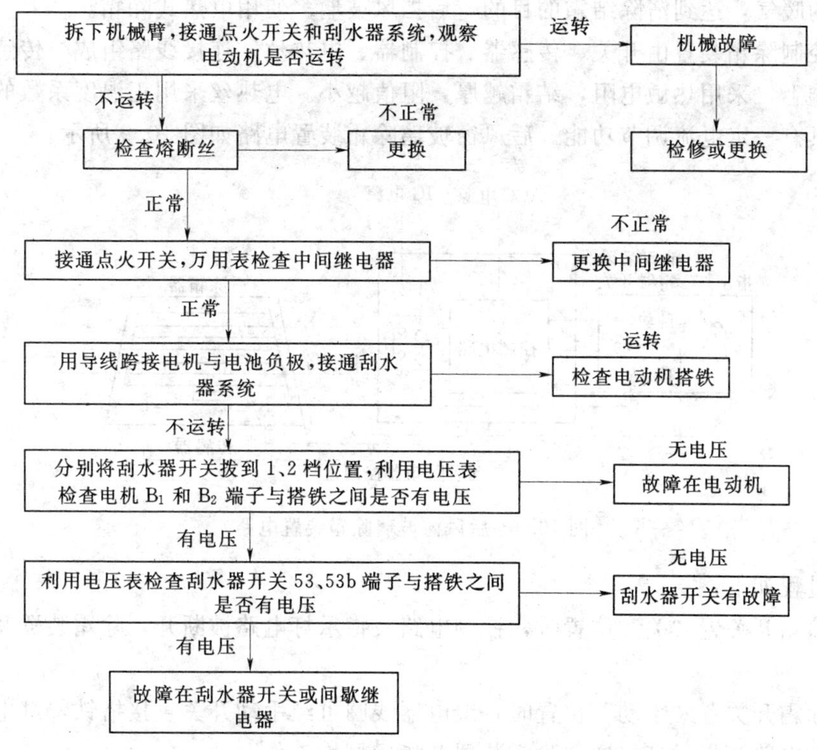

图 10.8 刮水器不工作故障诊断程序

(2) 刮水器速度比正常慢或转动无力。若刮水器各挡位的速度均比正常慢，应首先检查刮水电动机电源线路上的电压是否正常，若电压偏低或过低，则应检查刮水器电路中的中间继电器、熔断丝、控制开关等部件上的接线端子插接是否牢固、部件工作是否正常；若电压正常，则应检查刮水电动机上的电刷接与换向器间接触是否良好、电动机轴承及涡轮润滑是否良好。

4. 风窗洗涤装置的维修

许多风窗洗涤装置的故障都是因输液系统而引起的。因此，应首先拆下泵体上的水管然后使电动泵工作，如果电动泵能够喷出清洗液，则故障在输液系统。否则，按照下列步骤查找故障。

(1) 目测储液罐内的液体存储量。检查熔断丝和线路连接是否良好。

(2) 打开洗涤器开关，同时观察电动机。如果电动泵工作但不喷液，检查泵内有无堵塞，排除泵体内的任何异物；如果没有堵塞，须更换电动泵。

(3) 如果电动泵不运转，用电压表或试灯检查开关闭合时洗涤泵电动机上有无电压。若有电压，用欧姆表检查搭铁回路，若搭铁回路良好，须更换电动泵。

(4) 在第 (3) 步中，如果电动机上没有电压，须沿线路向开关查找，检测开关工作是否正常。如果开关有电压输入，但没有输出，须更换开关。

10.1.3 除霜装置

汽车挡风玻璃在下雪天，气温较低的情况下易结霜，刮水器是无法清除，严重影响驾驶员视线，因此汽车上安装有除霜装置。汽车前、侧挡风玻璃上的霜层通常是利用空调系统中产生的暖气，达到清除结霜的目的，后挡风玻璃多使用电热式除霜。

自动控制除霜装置由开关、传感器、控制器、电热丝、连接线路组成。传感器安装在后风窗玻璃上，采用热敏电阻，结霜越厚，阻值越小。电热丝采用正温度系数的细小镍铬丝，自身具有一定电流调节功能。后风窗玻璃除霜装置电路如图10.9所示。

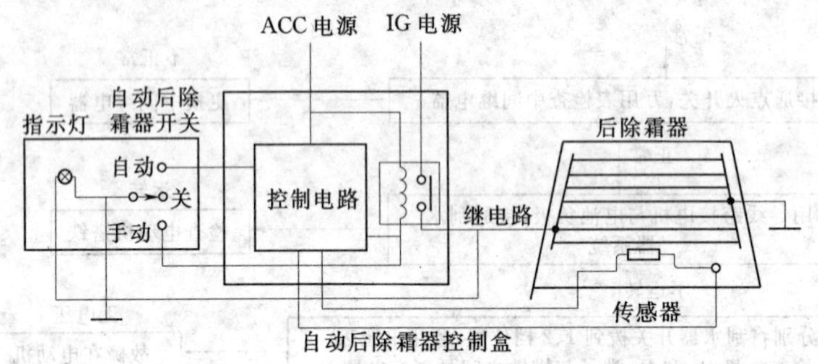

图10.9 后风窗玻璃除霜装置电路

工作过程如下：

(1) 除霜开关置“关”位置时，控制电路及指示灯电路被断开，除霜装置及指示灯均不工作。

(2) 除霜开关置“手动”位置时，继电器线圈可经手动开关直接搭铁，继电器触点闭合，使除霜电路及指示灯接通，除霜装置及指示灯均工作。

(3) 除霜开关置“自动”位置时，若结霜达到一定厚度，传感器电阻值急剧减小到某一设定值，控制电路使继电器线圈通电，继电器触点闭合。由点火开关IG接线柱向电阻丝供电，同时点亮仪表板上的指示灯，表示除霜装置正在工作。当玻璃上结霜减少到某一程度后，传感器电阻值增大，控制电路切断继电器线圈回路，触点断开，电阻丝断电，除霜装置停止工作，同时指示灯灭。

10.2 电动车窗

电动车窗是指以电为动力使车窗玻璃自动升降的车窗。它是由驾驶员或乘员操纵开关接通车窗升降电动机的电路，电动机产生动力通过一系列的机械传动，使车窗玻璃按要求进行升降。现代轿车中普遍安装了电动车窗，以使车窗的升降更加方便，有利于行车安全。

10.2.1 电动车窗的组成及分类

电动车窗主要由车窗玻璃、车窗玻璃升降器、直流电动机和控制开关等组成。

1. 电动机

直流电动机的作用：为车窗玻璃的升降提供动力。

直流电动机类型：采用双向转动的电动机，有永磁型和双绕组型两种。永磁型的电动机是外搭铁，双绕组型的电动机则是各绕组搭铁。这两种电动机都是通过改变电流方向来实现正反转以实现车窗玻璃的升或降。

每个车门各有一个电动机，通过开关控制电动机中的电流方向，从而控制玻璃的

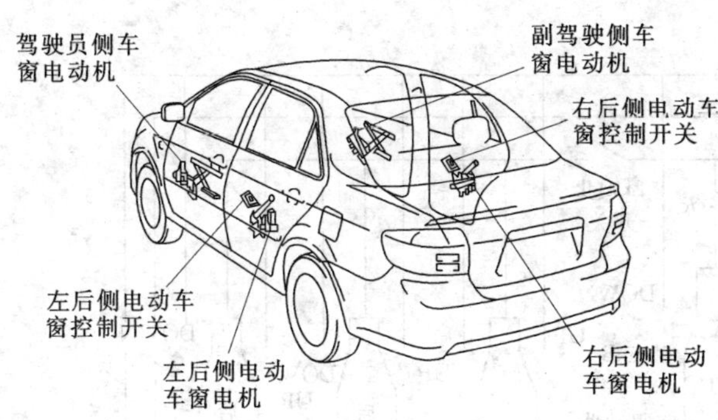

图 10.10 电动车窗部件在车上的布置

升降。

2. 控制开关

控制开关的作用：控制电动机中电流的方向。

控制开关的类型：控制开关一般有两套，一套为总开关，装在仪表板或驾驶员侧的车门上，驾驶员可以控制每个车窗玻璃的升降；另一套为分开关，分别安装在每个车窗上，以便乘客对每个车窗进行升降控制，如图10.10所示。

3. 车窗玻璃升降器

类型：绳轮式（见图10.11）、交臂式（见图10.12）和软轴式（见图10.13）。

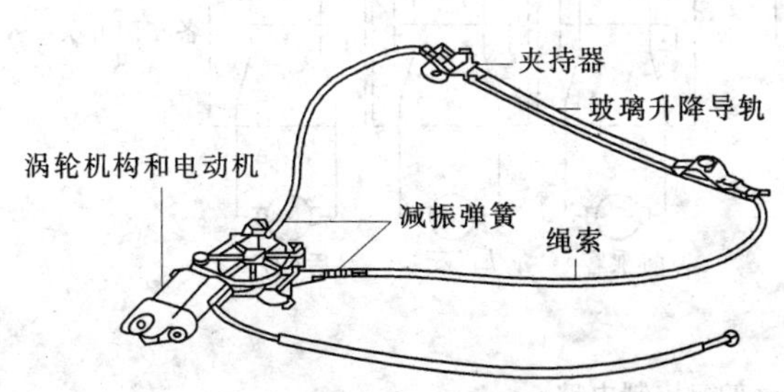

图 10.11 绳轮式电动车窗的基本结构

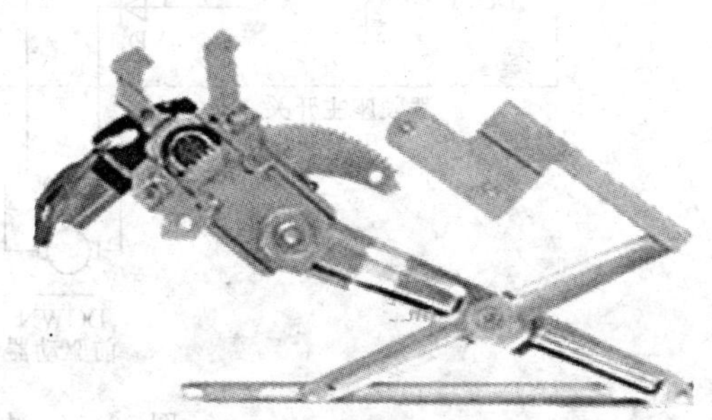
图 10.12 交臂式电动车窗结构

10.2.2 电动车窗的控制电路及工作原理

电动车窗的控制有手动控制和自动控制两种功能。手动控制是指按着相应的手动按钮，车窗可以上升或下降，若中途松开按钮，上升或下降的动作即停止。自动控制是指按下自动按钮，松开手后车窗会一直上升至最高或下降至最低。

图10.14所示为四车门电动车窗的主控制按钮和控制电路。

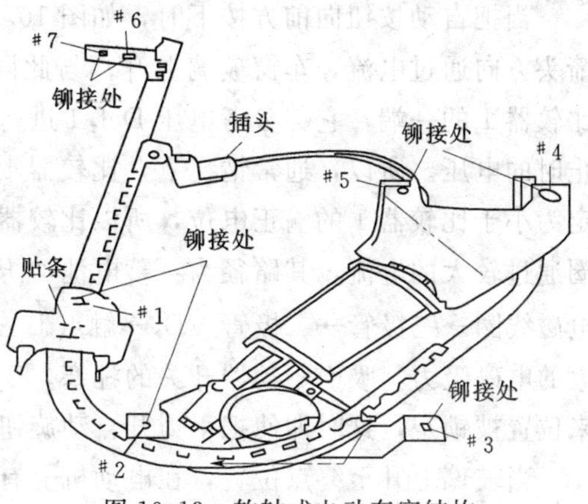

图 10.13 软轴式电动车窗结构

1. 手动控制玻璃升降

向前按下手动旋钮后，触点A与开关的UP接点相连，触点B处于原来状态，电动机按UP箭头方向通过电流，车窗玻璃上升直至关闭；当将手离开旋钮时，利用开关的自身回复力回到中立位置，电动机停转。

若将手动旋钮推向车辆后方，触点A保持原位不动，而触点B则与DOWN侧相连，电动机按DOWN箭头所示的方向通过电流，电动机反转，车窗玻璃向下移动，直至下降到底。

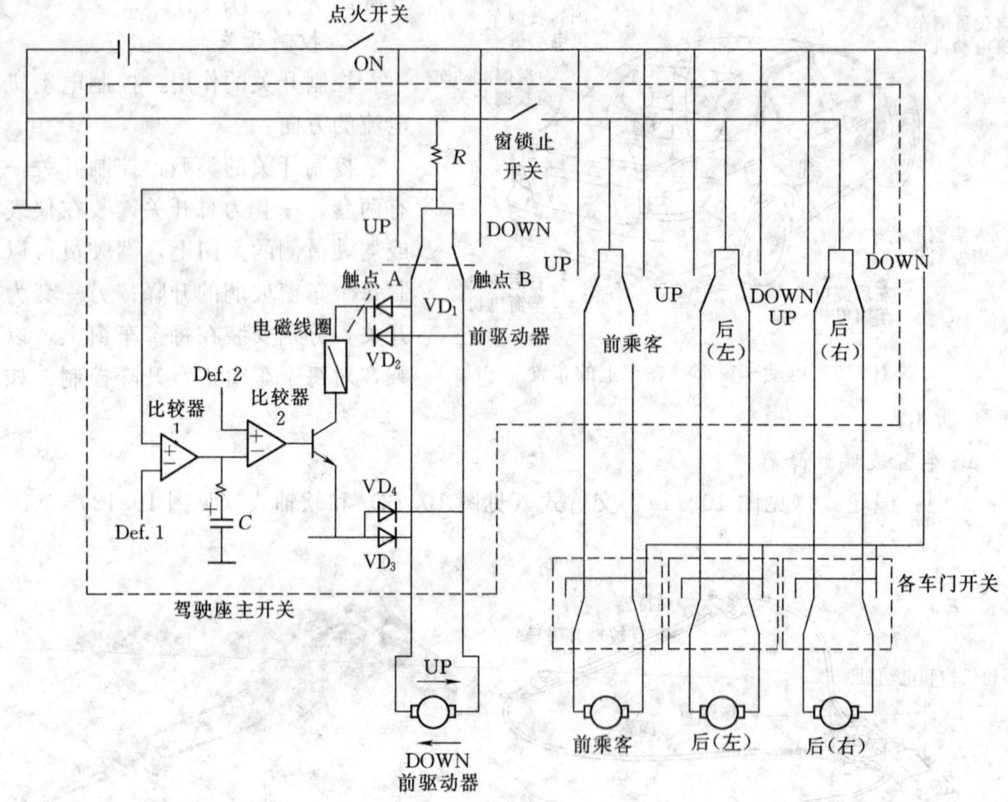

图 10.14 电动车窗控制电路

2. 自动控制玻璃升降

当把自动按钮向前方按下时，如图 10.14 所示，触点 A 与 UP 侧相连，电动机按 UP 箭头方向通过电流，车窗玻璃上升；与此同时，检测电阻 R 上的电压降低，此电压加于比较器 1 的一端，它与参考电压 Def. 1 进行比较。Def. 1 的电压值设定为相当于电动机锁止时的电压。所以，通常情况下，比较器 1 的输出为负位。比较器 2 的基准电压 Def. 2 设定为小于比较器 1 的输正电位，所以比较器 2 的输出电压为正电压，晶体管接通，电磁线圈通过较大的电流，其路径为：蓄电池“+”→点火开关→UP→触点 A→二极管 VD_1→电磁线圈→三极管→二极管 VD_4→触点 B→电阻 R→搭铁（蓄电池“—”）。此电流产生较大的电磁吸力，吸引驱动器开关的柱塞，于是把止板向上顶压，越过止板凸缘的滑销于原来位置被锁定，这时即使把手力开自动旋钮，开关仍会保持原来的状态。

当玻璃上升至终点位置，在电动机上有锁止电流流过，检测电阻 R 上的电压降增大，当此电压超过参考电压 Def. 1 时，比较器 1 的输出由底电位，此时，电容 C 开始充电，当 C 两端电压上升至超过比较器 2 的参考电压 Def. 2 时，比较器 2 则输出底电位，三极管立即截止，电磁线圈中的电流被切断，止板被弹簧通过滑销压下，自动旋钮自动回复到中立位置，触点 A 搭铁，电动机停转。

在自动上升过程中，若想中途停止，则向反方向扳手动旋钮，然后立刻放松。这样触点 B 将短暂脱离搭铁，使电动机因回路被切断而自动停转。同时，通过电磁线圈的电流

已被切断，止板弹簧通过滑销压下，自动旋钮自动回复到中立位置，触点 A，B 均搭铁，电动机停转。

车窗玻璃自动下降的工作情况与上述情况相反，操作时只需将自动旋钮压向车辆后方即可。

10.2.3 电动车窗的故障诊断

以索纳塔轿车为例，介绍电动车窗常见的故障及其原因，见表 10.1。

表 10.1 电动车窗常见的故障及其原因

常见故障	故障原因	诊断思路
某个车窗只能向一个方向运动	分开关故障或分开关至主开关可能出现断路	检查分开关导通情况及分开关至主开关控制导线导通情况
某个车窗两个方向都不能运动	传动机构卡住 车窗电动机损坏 分开关至电动机断路	检查传动机构是否卡住 测试电动机工作情况 检查分开关至电机电路导通情况
所有车窗均不能升降或偶尔不升降	熔断丝被烧断 搭铁不牢	检查熔断丝 检查、清洁、紧固搭铁点
两个后车窗分开关不起作用	总开关出现故障	检查总开关导通情况

10.3 电动后视镜

驾驶员调整后视镜的位置比较困难，特别是乘客车门一侧的后视镜。电动后视的作用是方便驾驶员调整后视镜的角度，驾驶员只需在驾驶位置上操纵电动后视镜开关，就可获得理想的后视镜位置。

10.3.1 电动后视镜的组成及结构

电动后视镜一般由镜片、驱动电机、控制电路及操纵开关等组成。在每个后视镜镜片的背后均有两个可逆电动机，可操纵其上下及左右运动。通常垂直方向的倾斜运动由一个永磁电动机控制，水平方向的倾斜运动由一个永磁电动机控制。后视镜的结构和典型开关分别如图 10.15（*a*）和图 10.15（*b*）所示。

10.3.2 电动后视镜的控制电路及工作原理

如图 10.16 所示为北京现代索纳塔轿车电动后视镜控制电路。每个后视镜都用一个独立的开关控制。操纵开关能使一个电动机单独工作，也可使两个电动机同时工作。

图中电动后视镜开关中用实线框和虚线框分别表示操作时总开关内部的联动情况。

在这里我们只讨论一侧后视镜中一个电动机的工作情况。若要调节左后视镜垂直方向的倾斜程度，按下“升/降”按钮。

(1)“升”的过程。实线框“升/降”开关中的箭头开关均和“升”接通，此时电流的方向为：电源→熔丝 30→开关端子 3→“升右”端子→选择开关中的“左”→端子 7→左

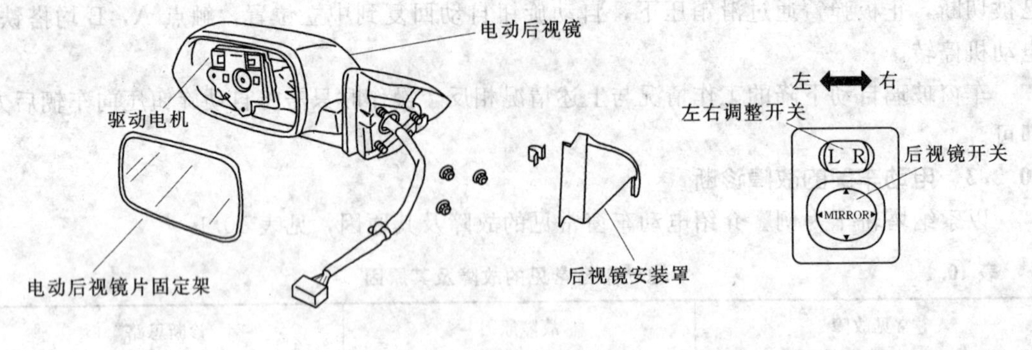

图 10.15　电动后视镜的结构和控制开关示意图

(a) 后视镜结构；(b) 后视镜控制开关

电动后视镜连接端子 8→"升/降"电动机→端子 6→开关端子 5→升 1→开关端子 6→搭铁，形成回路，这时左后视镜向上旋转运动。

(2)"降"的过程。实线框"升/降"开关中的箭头开关均和"降"接通，此时的电流方向为：电源→熔丝 30→开关端子 3→降 1→开关端子 5→左电动后视镜连接端子 6→"升/降"电动机→左电动后视镜连接端子 8→开关端子 7→选择开关中的"左"→"降左"端子→开关端子 6→搭铁，形成回路，此时后视镜向相反的方向旋转。

10.3.3　电动后视镜的检修

电动后视镜常见的故障有电动后视镜均不能工作、一侧电动后视镜不能动、一侧电动后视镜上下方向不能动、一侧电动后视镜左右方向不能动。检查时应首先检查熔断丝、电路连接和搭铁情况是否良否良好，再检查开关和电动机是否良好。以北京现代索纳塔轿车电动后视镜为例，可按上述的顺序和表 10.2 分析故障原因和检修。

表 10.2　　电动后视镜故障诊断表

故障现象	故障原因	故障排除方法
电动后视镜均不能工作	熔断丝熔断	检查确认熔断丝后更换
	搭铁不良	修理
	后视镜开关损坏	更换
	后视镜电动机损坏	更换
一侧电动后视镜不能动	后视镜开关损坏	更换
	电动机损坏	更换
	搭铁不良	修理
一侧电动后视镜上下方向不能动	上下调整电动机损坏	更换
	搭铁不良	修理
一侧电动后视镜左右方向不能动	左右调整电动机损坏	更换
	搭铁不良	修理

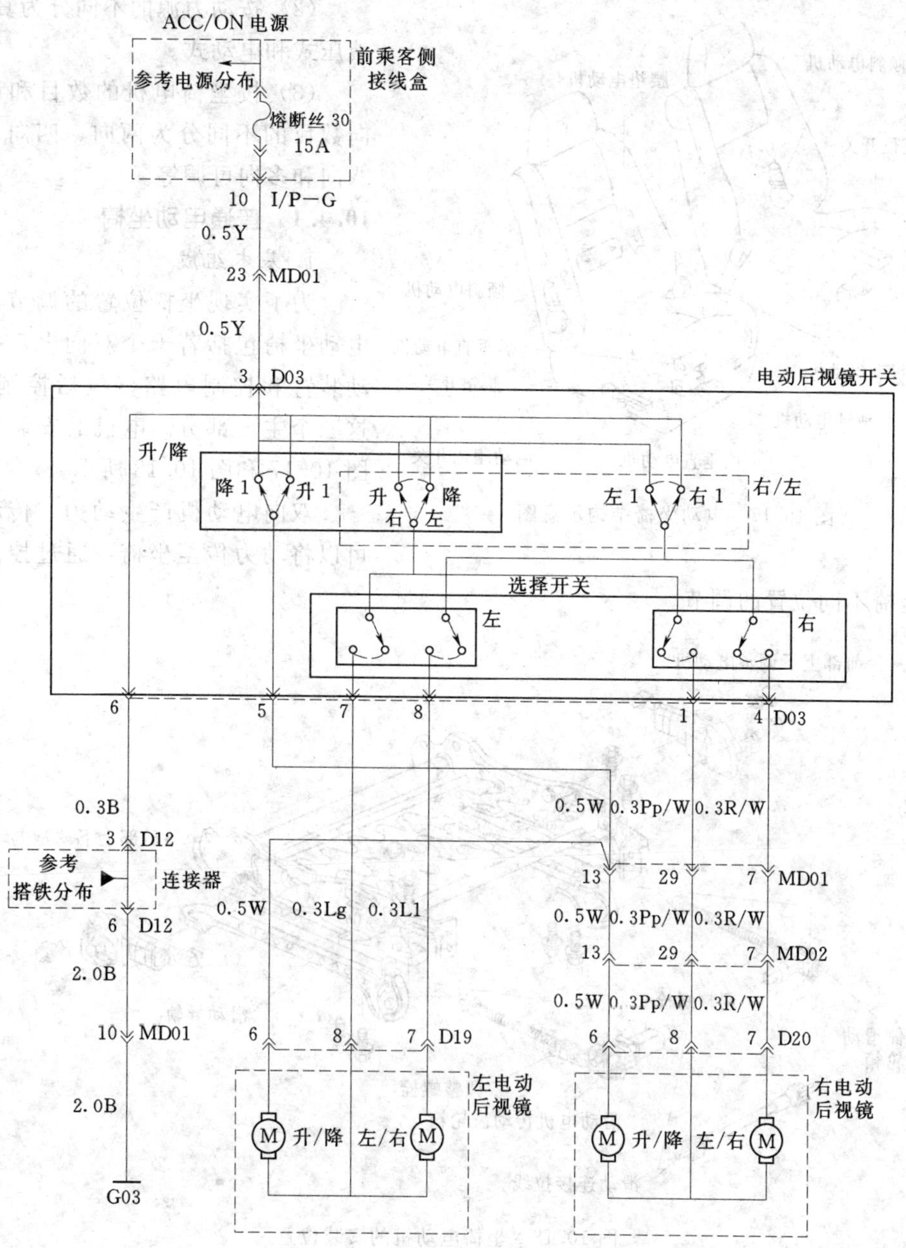

图 10.16 北京现代索纳塔轿车电动后视镜电路

10.4 电 动 坐 椅

1. 作用

为驾驶员及乘员提供便于操作、舒适而有安全的驾驶位置。

2. 类型

(1) 按调节方式的不同分为手动调节式和动力调节式。

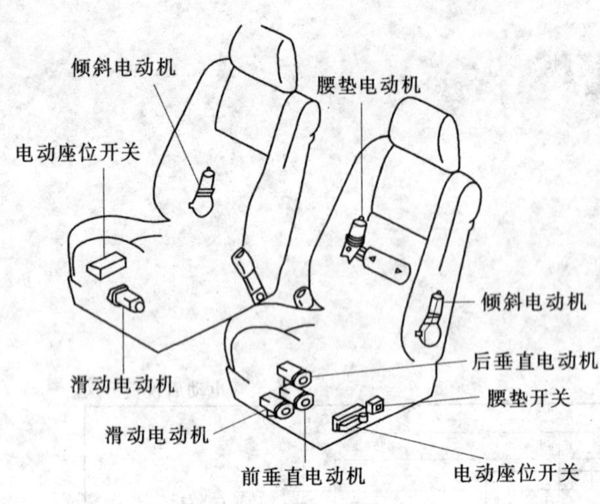

图 10.17 电动坐椅结构示意图

(2) 按动力源的不同分为真空式、液压式和电动式。

(3) 按坐椅电机的数目和调节方向数目的不同分为两向、四向、六向八向和多向可调等。

10.4.1 普通电动坐椅

1. 基本组成

为了实现坐椅位置的调节，普通电动坐椅包括若干个双向电动机，传动装置和控制电路（包括控制开关）这三个主要部分。电机的安装位置如图 10.17 和图 10.18 所示。

双向电动机产生动力，传动装置可以将动力传至坐椅，通过控制开关实现坐椅不同位置的调节。

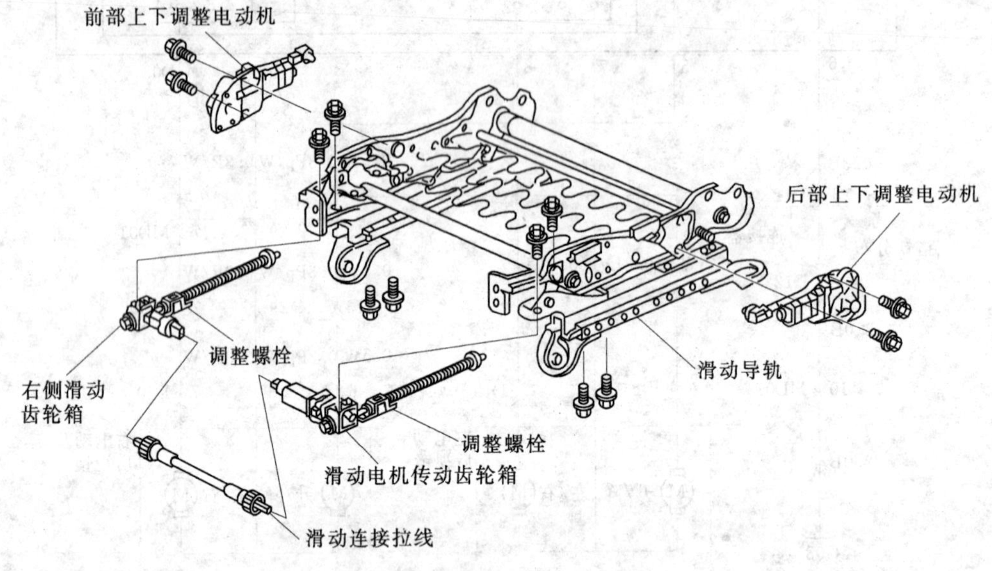

图 10.18 坐椅电动机的安装位置

2. 电动机

一般为永磁式双向直流电动机。它通过控制开关来改变流经电机内部的电流方向，从而实现转动方向的改变。

3. 传动装置

传动装置主要包括变速器、联轴节、软轴及齿轮传动机构等。变速器的作用是降速增扭。电动机分别与不同的软轴相连，软轴再与变速器的输入轴相连，动力经过变速器降速增扭后，从变速器的输出轴输出，变速器的输出轴与蜗杆轴或齿轮轴相连，最终蜗轮蜗杆或齿轮、齿条带动坐椅支架产生位移。

4. 控制电路

该电动坐椅包括滑动电机、前垂直电动机、倾斜电动机、后垂直电动机和腰椎电动机，可以实现坐椅的前后移动、前部高度调节、靠背倾斜程度调节、后部高度调节及腰椎前后调节。以坐椅靠背的倾斜调节例，介绍电路的控制过程。

如图 10.19 所示，当电动坐椅的开关处于倾斜位置时，如果要调整靠背向前倾斜，则闭合倾斜电机的前进方向开关，即端子 4 置于左位时，电路为：蓄电池正极→FLALT→FLAM1→DOOR CB→端子 14→（倾斜开关“前”）→端子 4→1（2）端子→倾斜电动机→2（1）端子→端子 3→端子 13→搭铁。此时坐椅靠背前移。

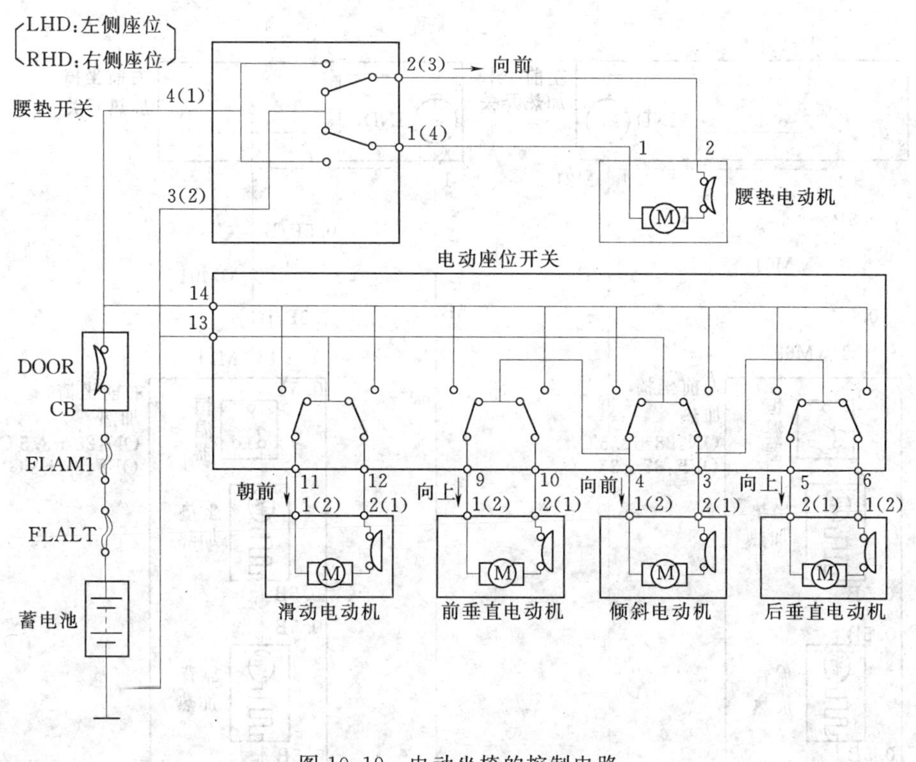

图 10.19　电动坐椅的控制电路

端子 3 置于右位时，倾斜电动机反转，坐椅靠背后移。此时的电路为：蓄电池正极→FLALT→FLAM1→DOOR CB→端子 14→（倾斜开关“后”）→端子 3→2（1）端子→倾斜电动机→1（2）端子→端子 4→端子 13→搭铁。此时，坐椅靠背后移。

10.4.2　坐椅加热系统

坐椅加热系统可以对驾驶员和乘客的坐椅进行加热，使乘坐更加舒适。有些汽车坐椅的加热速度可以调节，有些不可以调节。下面分别对其进行介绍。

1. 加热速度不可调式

以北京现代索纳塔轿车为例，如图 10.20 为其控制电路图。该电路可以对驾驶员和副驾驶坐椅同时进行加热，也可以分别加热。其中坐椅加热线圈和靠背加热线圈是串联连接的。其工作过程如下。

若只需对驾驶员坐椅进行加热，只关闭左前坐椅加热开关。电路为：电源→端子 12

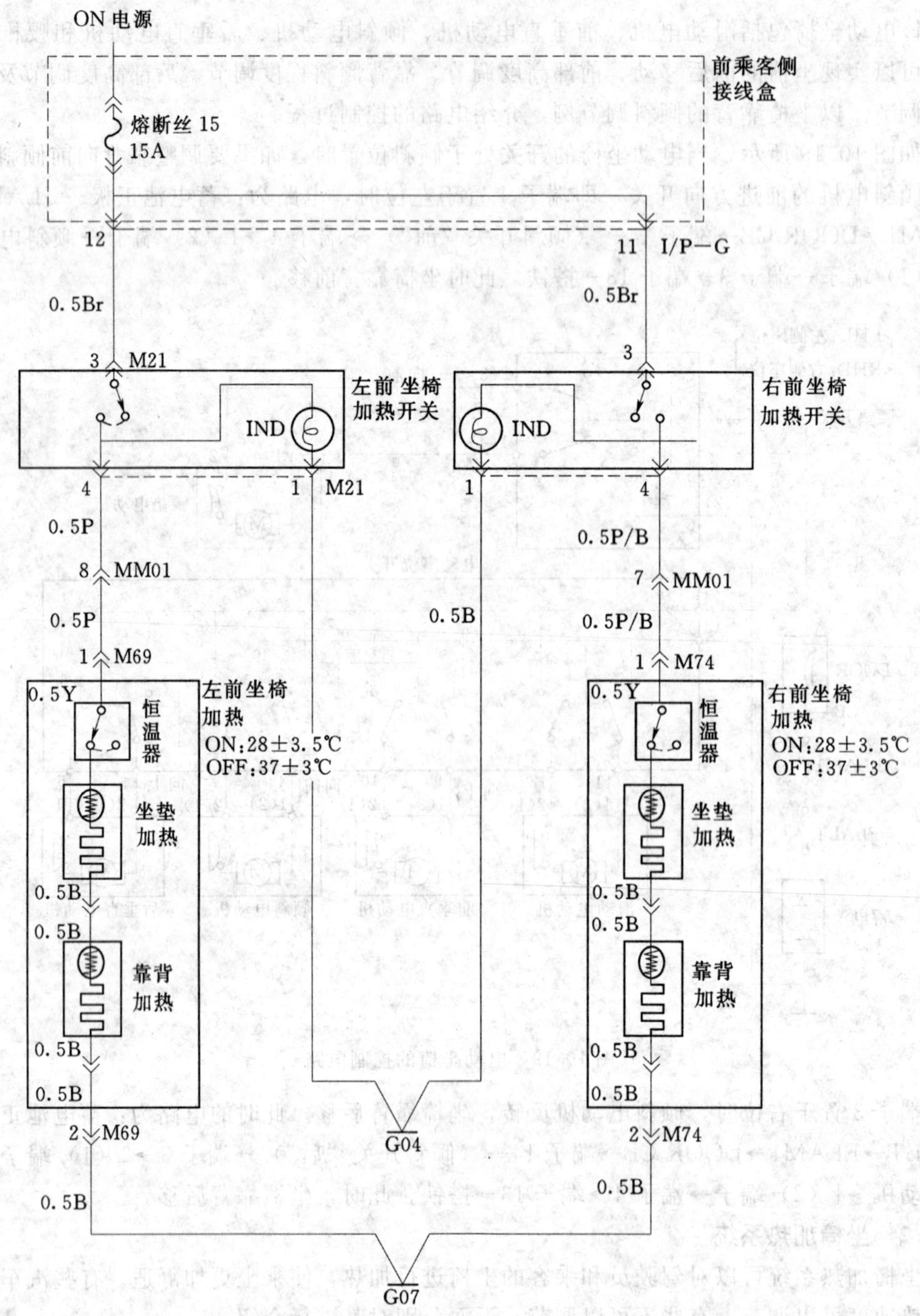

图 10.20 北京现代索纳塔轿车电动坐椅加热电路图

→端子 M21→加热开关→端子 4→恒温器开关→坐椅加热丝→靠背加热丝→搭铁。此时，只对驾驶员的坐椅进行加热。同时驾驶员坐椅加热指示灯点亮。

当需要对两个坐椅同时加热时，则两坐椅的加热开关同时关闭，此时，两坐椅的坐椅加热丝和靠背加热丝串联以后再并联，两指示灯同时点亮，电路分析不再赘述。

2. 加热速度可调节坐椅加热系统

图 10.21 为本田雅阁轿车坐椅加热电路图。

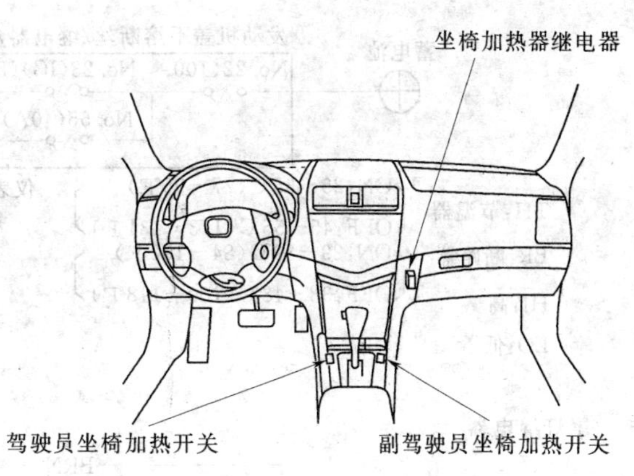

图 10.21 本田雅阁轿车加热器开关和继电器的安装位置

图 10.22 为本田雅阁轿车坐椅加热系统电路。此坐椅加热器的加热速度可以调节。驾驶员和副驾驶员坐椅的加热器和加热控制开关相同。其中 HI 表示高位加热，LO 表示低位加热。该坐椅加热系统可以单独对驾驶员侧或副驾驶员侧的坐椅进行加热，也可以同时对两坐椅进行加热。下面以驾驶员侧的坐椅加热器为例，分析其工作过程。

(1) 当加热器开关断开时，加热系统不工作。

(2) 当加热器开关处于“HI”位置时，电流首先经过点火开关给坐椅加热器的继电器线圈通电，线圈产生磁场使继电器开关闭合。此时加热器的电路为：蓄电池“+”→保险丝→继电器开关→加热器开关端子 5，然后电流分为三个支路：一路经指示灯→继电器端子 4→搭铁，指示灯点亮；另一路经加热器开关端子 6→加热器端子 A_1→节温器→断路器→靠背线圈→搭铁；还有一路经加热器开关端子 6→加热器端子 A_1→节温器→断路器→坐垫线圈→加热器端子 A_2→加热器开关端子 3→加热器端子开关 4→搭铁，此时靠背线圈和坐垫线圈并联加热，加热速度较快。

(3) 当加热器开关处于“LO”位置时，电流流向为：蓄电池“+”→保险丝→继电器开关端子 5，然后分为两个支路：一路经指示灯→加热器端子 4→搭铁。低位指示灯点亮；另一路经加热器开关端子 3→加热器端子 A_2→加热器坐垫线圈→加热器靠背线圈→搭铁。此时靠背线圈和坐垫线圈串联加热，电路中电流较小，因此加热的速度较慢。

10.4.3 汽车自动坐椅

自动坐椅的基本结构及驱动方式与普通的电动坐椅相似，只是在普通电动坐椅的基础上增加了一套具有存储坐椅位置信息的电子控制系统。只要乘员一按按钮，就能自动调出坐椅的各个位置，如果此时不符合存储信息的乘员乘坐，汽车便发出蜂鸣声响信号，以示警告。

自动坐椅的基本结构及驱动方式与普通电动坐椅相似，不同之处是附加了一套电子控制系统。电子控制系统有两套控制装置：一套是手动的，包括电动坐椅开关、腰垫电机及开关和一组坐椅位置调整电机等，司机或乘客可以根据自身需要通过相应的坐椅开关和腰垫开关来调整，它的控制方式和普通电动坐椅完全相同；另一套是自动的，它包括一组位置传感器、储存和复位开关、ECU 及与手动系统共用的一组坐椅位置调整电机，如图 10.24 所示。

此套装置可以根据位置传感器的信号将坐椅位置储存起来，以备下次恢复坐椅位置时使用。两套装置驾驶员可以根据不同需要，通过操纵储存与复位开关选择使用，各装置主

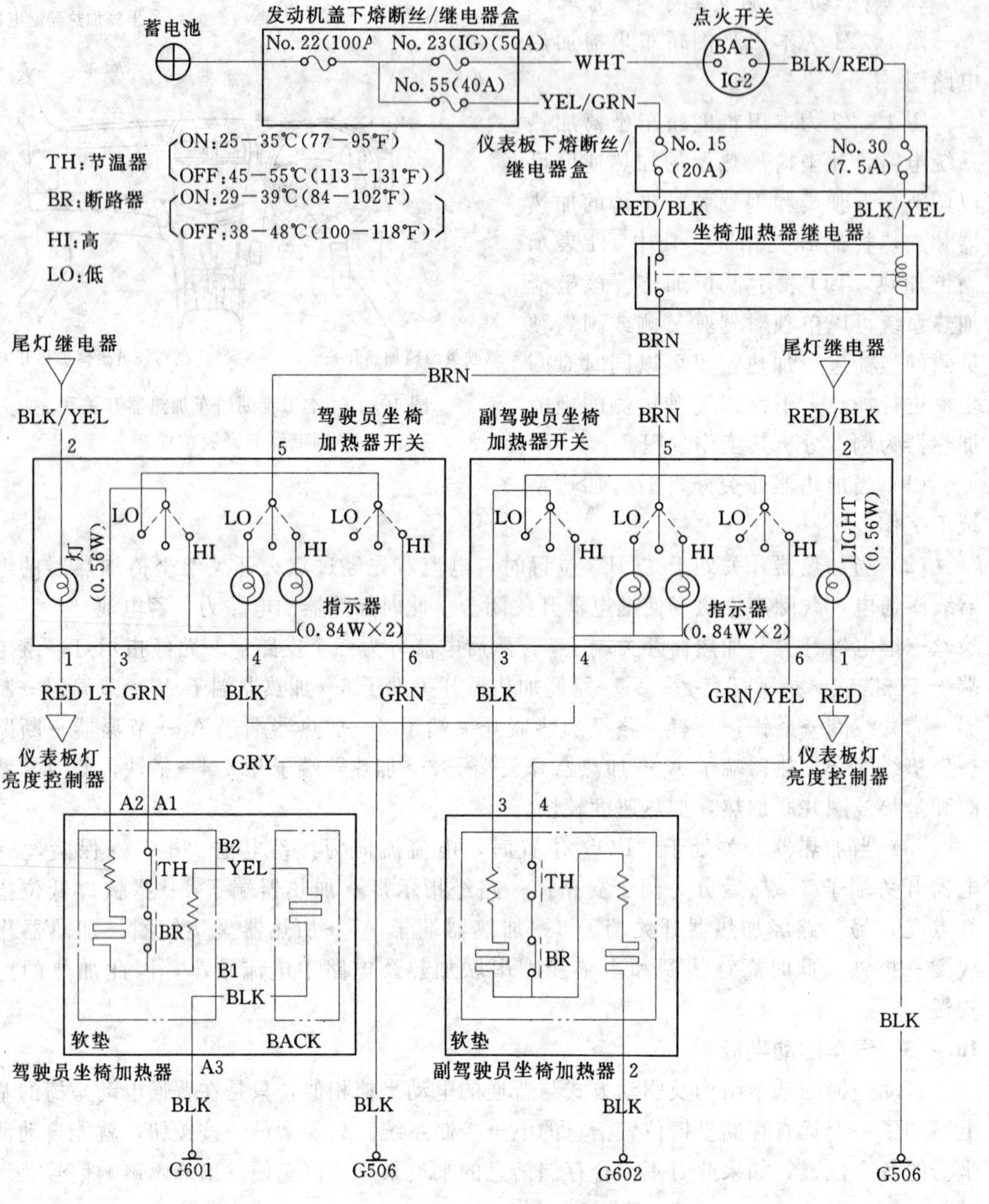

图 10.22 本田雅阁轿车坐椅加热系统电路

要功能如表 10.3 所示。

表 10.3 **自动坐椅装置主要功能表**

装置名称	功 能
ECU	坐椅 ECU 控制自动坐椅的电流通断、存储执行和复位动作。当收到来自自动坐椅开关的输入信号后，在 ECU 内部的断电器动作，控制自动坐椅运动。坐椅的存储和复位由电驱动的倾斜和伸缩 ECU 和坐椅 ECU 之间的相互联系进行控制
自动坐椅开关	该开关接通时间向 ECU 输入滑动、前垂直、后垂直、倾斜或头枕位置信号

续表

装置名称	功　能
位置储存和复位开关	通过倾斜和伸缩 ECU 将记忆和复位输送给坐椅 ECU
腰垫开关	该开关接受来自 DOOR CB 的电源，直接控制腰垫电动机的转向和电流的接通与关断。该开关不接至 ECU，而且调整位置不能储存在复位用的存储器中
位置传感器	该传感器将每个电动机（滑动、前垂直、后垂直、倾斜和头枕）位置信号送至 ECU，用做存储和复位
电动机	这些电动机由来自自动坐椅 ECU 或腰垫开关的电流驱动，用来直接驱动坐椅的各部分，每个电动机具有内设电路断路器

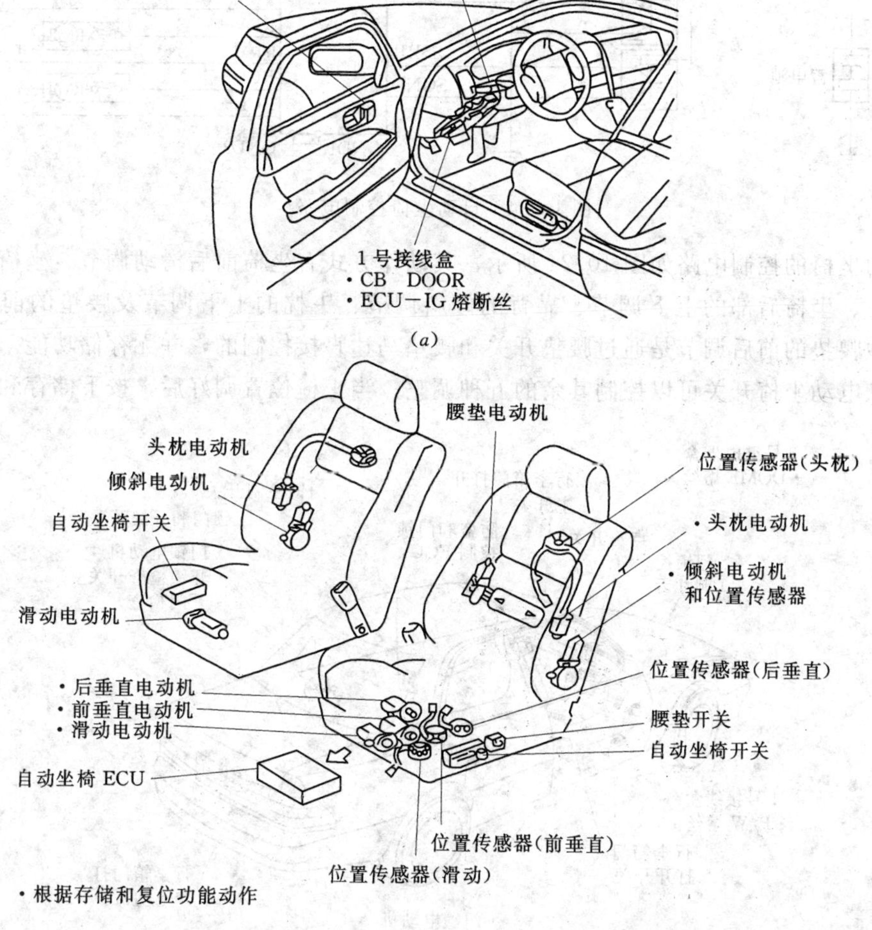

图 10.23 自动坐椅的基本组成和安装位置

(*a*) 手动控制；(*b*) 自动控制

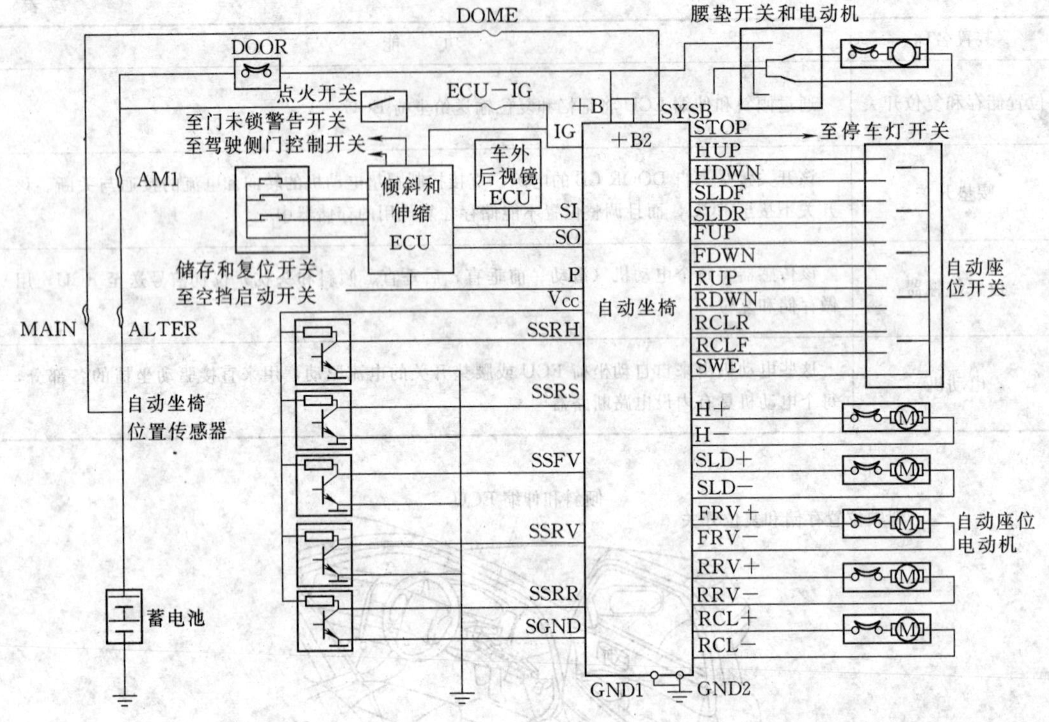

图 10.24 自动坐椅控制电路

自动坐椅的控制电路如图 10.24 所示，其动作方式有坐椅前后滑动调节、坐椅前部的上下调节、坐椅后部的上下调节、靠背的倾斜调节、头枕的上下调节及腰垫的前后调节等。其中腰垫的前后调节是通过腰垫开关和腰垫马达直接控制的，并无存储功能。驾驶员通过操纵电动坐椅开关可以控制其余的五种调整。当坐椅位置调好后，按下储存和复位开

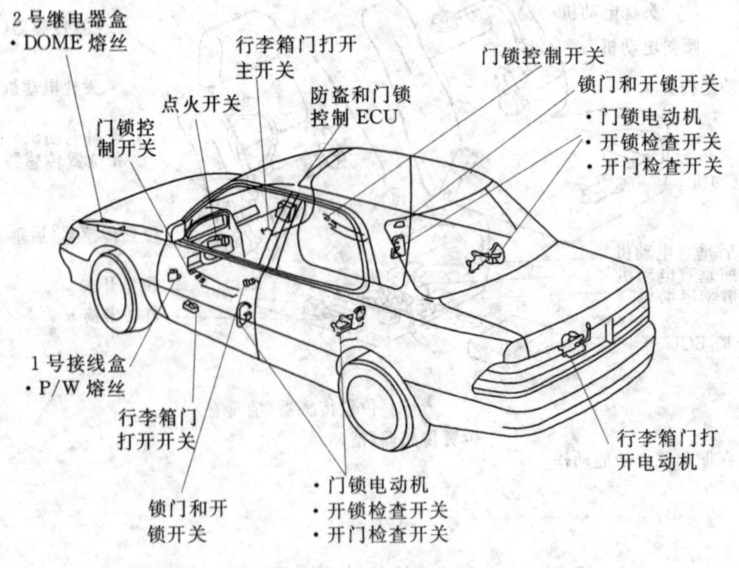

图 10.25 中控门锁系统各部件的安装位置

关，电控装置就把各位置传感器的信号储存起来，以备下次恢复坐椅位置时再用。当下次使用时，只要一按位置储存和复位开关，座位 ECU 便驱动坐椅电机，将坐椅调整到原来位置。控制系统中各装置的功能见表。

10.5 中 控 门 锁

为方便驾驶员和乘客开关车门，现代大部分轿车均按装了中央控制门锁系统。它具有以下功能：

（1）驶员将驾驶侧车门锁扣锁住时，其他几个车门及行李箱门都能自动锁定；同样，若用钥匙锁门，其他几个车门及行李箱门也被锁好；实现集中锁门功能。

（2）将驾驶侧车门锁扣拉起时，其他几个车门及行李箱门都能自动打开；若用钥匙开门，其他几个车门及行李箱门也被同时打开；实现集中开门功能。

（3）为了方便，乘客仍可用各车门机械锁来开关车门。

电动中央门锁按结构分类，常见的有双向空气压力泵式和微型直流电动机式两种。

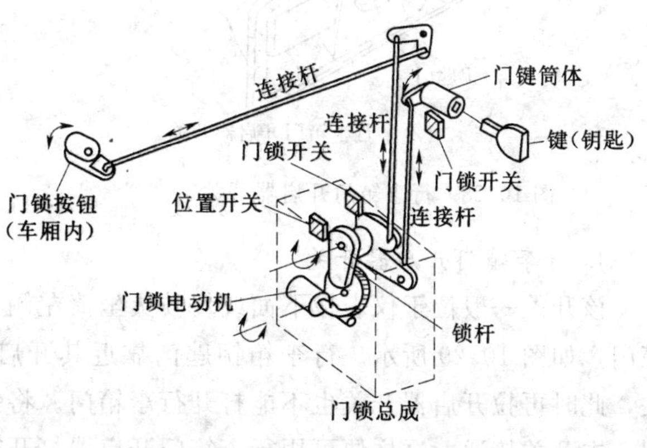

图 10.26　自动坐椅控制电路

10.5.1　中控门锁的组成

中控门锁系统一般由门锁控制开关、钥匙控制开关、门锁总成、行李箱门开启器及门锁控制器组成。如图 10.26 所示为典型的中央门锁控制系统及其组件的安装位置。

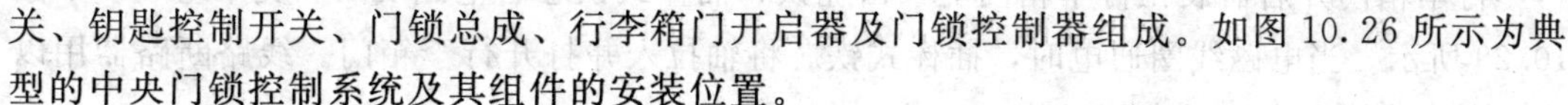

1. 门锁控制开关

门锁控制开关装在驾驶员前门内侧的扶手上，通过门锁控制开关可以同时锁上和打开所有的车门。

2. 门锁总成

门锁总成主要由门锁传动机构、门锁位置开关和门锁壳体等组成，如图 10.26 所示。

门锁传动机构由电动机、涡轮和齿轮等组成，如图 10.26 所示。当门锁电机转动时，涡杆带动涡轮转动，涡轮推动锁杆，车门被锁上或打开，然后涡轮在回位弹簧的作用下返回原位置，防止操纵门锁钮时电动机工作。

门锁位置开关位于门锁总成内，用来检测车门的锁紧状态，它由一个触点片和一个开关底座组成。当锁杆推向锁门位置时，位置开关断开，推向开门位置时接通。即当车门关闭

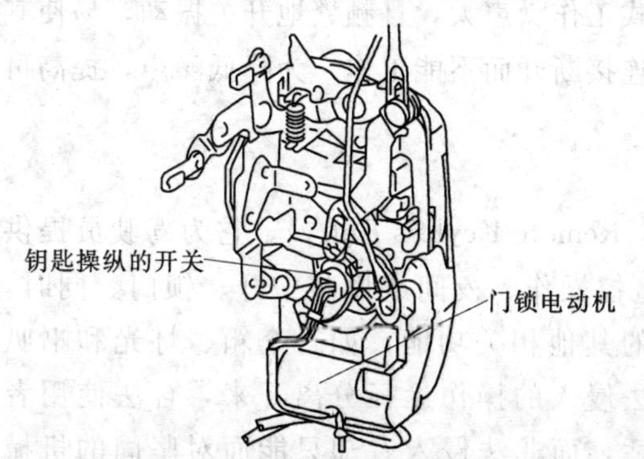

图 10.27　钥匙操纵开关位置

时，此开关断开，当车门打开时，此开关接通。

3. 钥匙操纵开关

钥匙操纵开关装在每个前门的钥匙门上，当从外面用钥匙开门或关门时，钥匙控制开关便发出开门或锁门的信号给门锁控制 ECU 或门锁控制继电器。钥匙操纵开关的位置如图 10.27 所示。

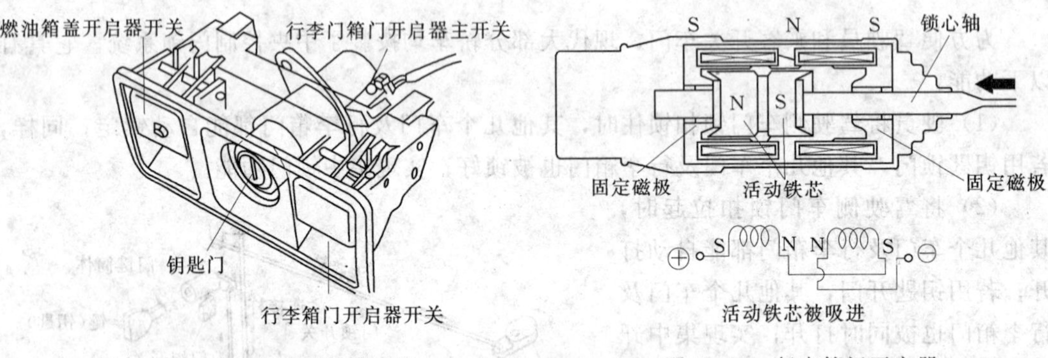

图 10.28 行李箱门开启器开关　　图 10.29 行李箱门开启器

4. 行李箱门开启器开关

该开关一般位于仪表板下面或驾驶员坐椅左侧车厢底板上，拉动此开关便能打开行李箱门，如图 10.29 所示。行李箱钥匙门靠近其开启器，推压钥匙门，断开行李箱内主开关，此时再拉开启器开关也不能打开行李箱门。将钥匙插进钥匙门内顺时针旋转打开钥匙门，主开关接通，这样便可用行李箱门开启器打开行李箱。

5. 行李箱门开启器

行李箱门开启器装在行李箱门上，由轭铁、插棒式铁芯、电磁线圈和支架组成，如图 10.29 所示。当电磁线圈通电时，插棒式铁芯将轴拉入并打开行李箱门。线路断路器用以防止电磁线圈因电流过大而过热。

6. 门控开关

门控开关用来检测车门的开闭情况。车门打开时，门控开关接通；车门关闭时，门控开关断开。

7. 执行元件

执行元件一般为电动机或电磁铁。电磁铁式工作噪声大，且频繁地开关振动，易使其在车门内部支架上变松，从而因为同金属门的连接断开而不能工作。为降低噪声，提高可靠性，现代轿车一般采用电动机。

10.5.2 遥控门锁系统

遥控门锁控制系统也叫无钥匙进入系统（Remote Keyless Entry）。它为驾驶员提供了一个打开门锁的方便手段，如进行远距离遥控操作、夜间或黑暗中开、锁门。同时，此系统还可以提供除中央控制门锁功能以外的其他相关功能，如行李箱、灯光和喇叭控制等功能。遥控门锁系统使正常开启和非法侵入的操作途径分离开来，合法使用者可通过射频遥控进行操作享受它的便捷和舒适，而非法侵入者却只能面对坚固的机械机构束手无策。

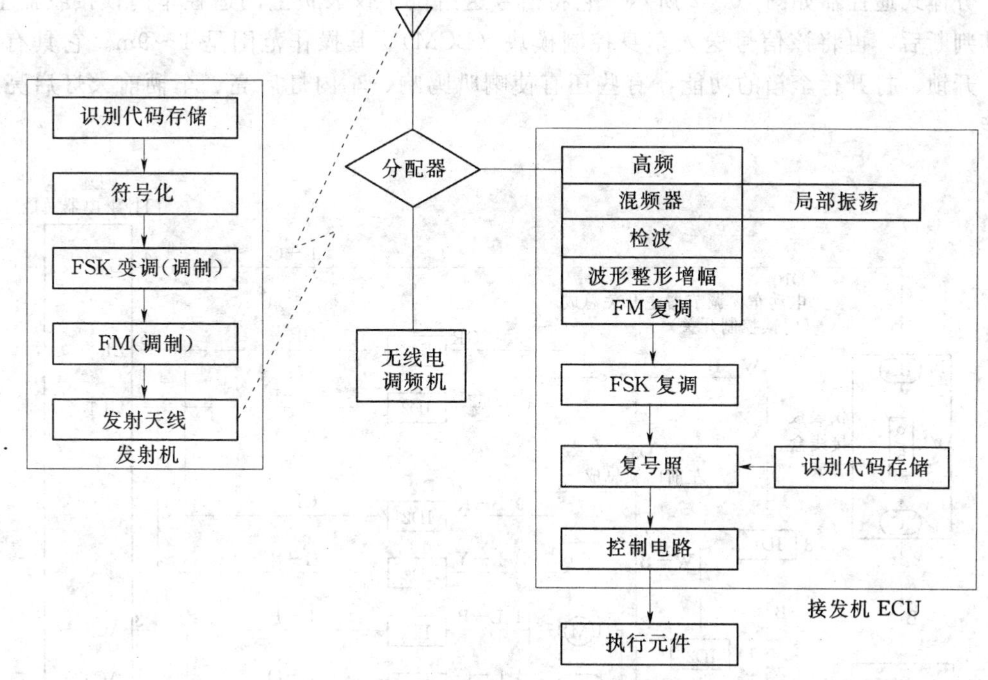

图 10.30　遥控锁基本工作原理图

1. 遥控门锁的基本原理

如图 10.30 所示，遥控器发出微弱电波，由车辆天线接收，ECU 识别送信代码，使上锁、解锁的执行元件进行工作。

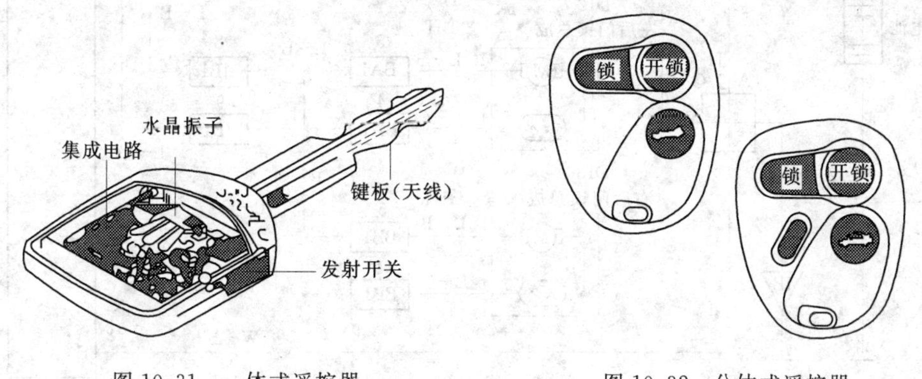

图 10.31　一体式遥控器

图 10.32　分体式遥控器

2. 遥控器

一体式遥控器如图 10.31 所示。遥控器与车钥匙制成一体，在键板上与送信电路组成一体。从识别代码存储回路到 FSK 调制回路，采用了单芯片集成电路而使体积小型化，在电路板的相反一侧装有一般市场上出售的钮形 3V 锂电池（其使用寿命一般为 2 年）。

使用时应注意发射开关每按 1 次，就进行发送，在接收机一侧就接收一次上锁或解锁指令。

分体式遥控器如图 10.32 所示。它将信号送给位于仪表板上的遥控车门锁接收器上，经其判断后，再将该信号送入车身控制模块（BCM）。其操作范围是 1～9m。它具有闭锁、开锁、打开行李箱的功能，有些还有使喇叭鸣响、车内灯启亮、车辆前大灯启亮的功能。

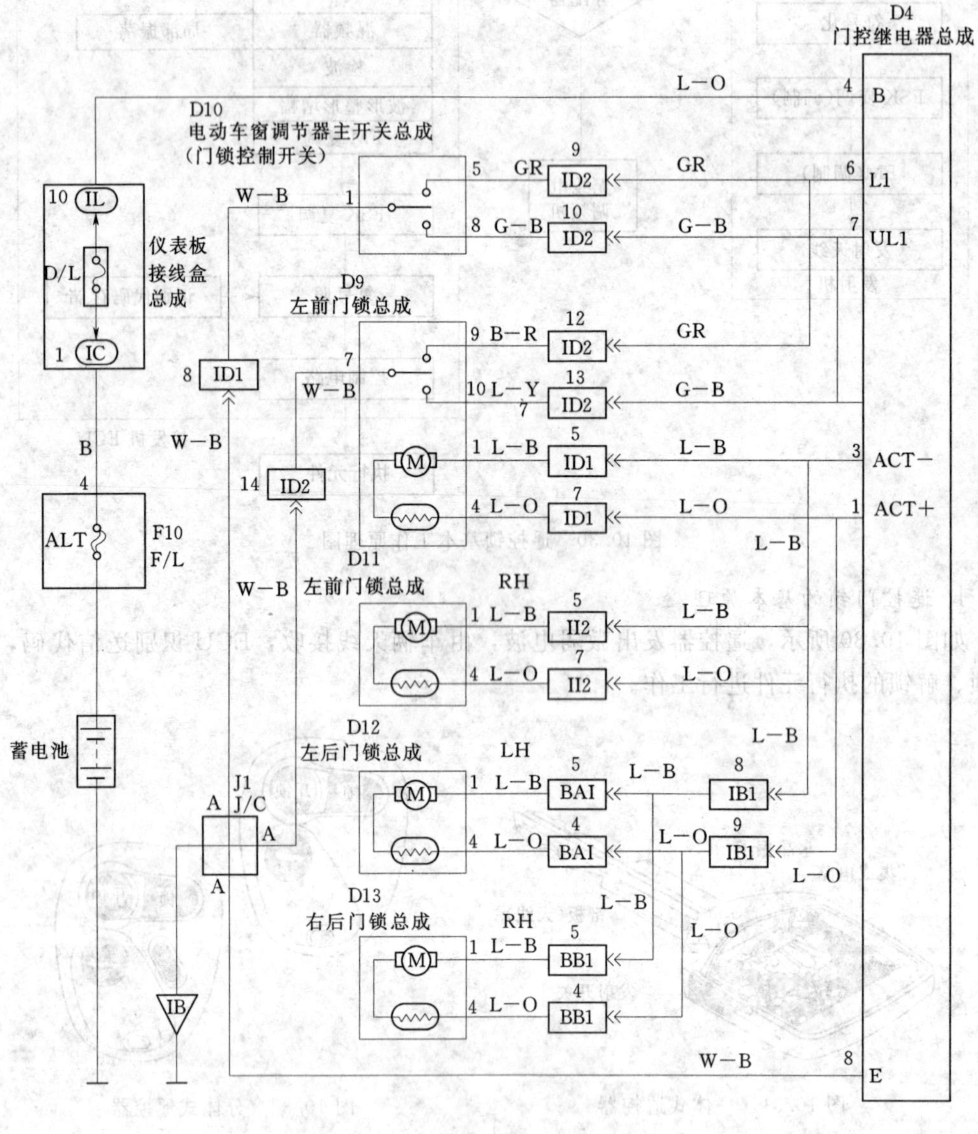

图 10.33　威驰轿车中控门锁电路

10.5.3　中控门锁的检修

各个车型的中控门锁电路区别较大，因此在检修时要结合具体的维修手册进行。但检修的方法和检修的部位基本相似。图 10.33 为丰田威驰轿车的中控门锁系统中中控门锁电路，现以其为例，介绍中控门锁的检修过程。

1. 门锁控制开关的检查

如图 10.34 所示，拆下主开关，结合表 10.4 检查门锁控制开关的导通性。

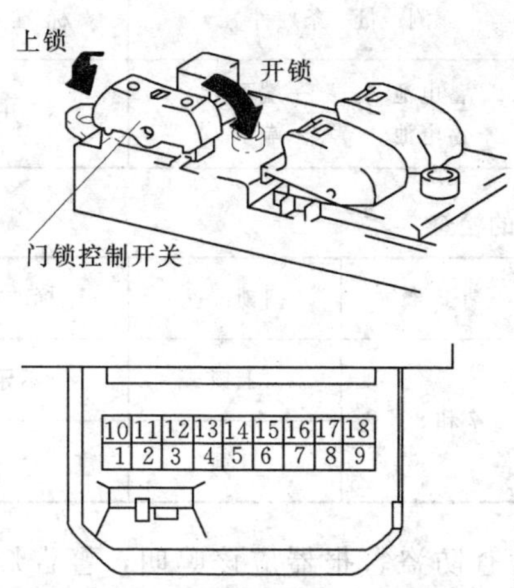

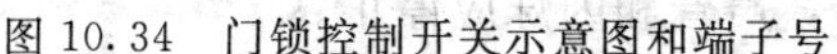

图 10.34 门锁控制开关示意图和端子号

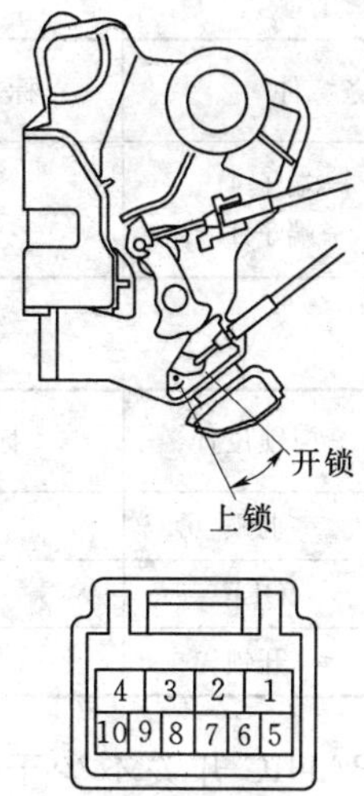

图 10.35 左前门锁电动机的检查

表 10.4 **门锁开关端子检查**

端子号	开关位置	标准状态
1—5	LOCK	导通
—	OFF	不导通
1—8	UNLOCK	导通

2. *左前门门锁总成*

如图 10.35 所示，用蓄电池的正负极直接连接端子 4 和端子 1，检查门锁电动机的工作情况。具体的标准结合表 10.5 所示。

检查门锁在开锁和锁门时开关的导通情况，见图 10.36 和表 10.6 所示。

3. *遥控门锁及遥控器的检修*

检查遥控门锁的工作情况时应注意以下问题：

（1）电动门锁系统工作正常。

（2）所有的车门均关闭。若有任意一个门开着，则其他的车门无法锁上。

（3）点火开关钥匙孔里没有钥匙。

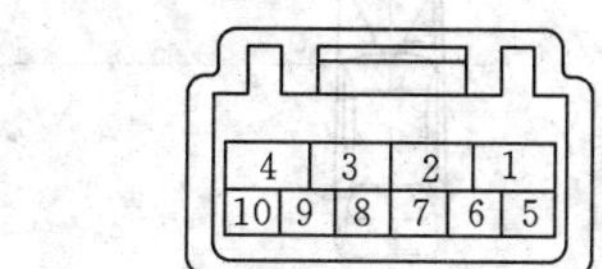

图 10.36 门锁总成端子和开关的检查

遥控器基本功能可按以下方法检查：

（1）当钥匙上任何开关按 3 次时，检查发射器的发光二极管是否亮 3 次。若发光二极管没有闪烁，说明遥控器缺电，应更换电池。

（2）检查能否用遥控器锁上和打开所有的车门。

（3）按下 LOCK 开关时，检查警告灯应该闪烁一次，同时锁上所有的车门。

（4）按下 UNLOCK 时，检查警告灯应该闪烁两次，同时打开所有的车门。

表 10.5　　左前门锁端子的检查

测量条件	标准状态	测量条件	标准状态
蓄电池“+”—端子 4 蓄电池“-”—端子 1	上锁	蓄电池“+”—端子 1 蓄电池“-”—端子 4	开锁

表 10.6　　门锁总成端子的检查

端子号	门锁位置	标准状态	端子号	门锁位置	标准状态
7 和 9	上锁	导通	7 和 8	上锁	不导通
—	OFF	—			
7 和 10	开锁	导通		开锁	导通

(5) 按下 PANIC 开关不少于 1.5 秒时，检查防盗警报器应该鸣叫，警告灯开始闪烁，再次按下 UNLOCK 开关或 PANIC 开关时，声音和闪烁应停止。

10.6 安全气囊

汽车安全气囊系统（Supplemental Restraint System，SRS）是轿车上的一种辅助保护系统，与坐椅安全带配合使用，可以为乘员提供十分有效的防撞保护。

当汽车时速超过 30km/h 发生前碰撞事故时，控制系统检测到冲击力超过设定值时，安全气囊立即接通充气元件中的电雷管引爆火药粉和气体发生剂，产生大量气体，气囊就会迅速充气膨胀，冲破缓冲垫（装饰板），在 30ms 内迅速在乘员与车辆之间形成一道柔软的弹性屏障，使乘员免受伤害。当撞击发生后，气囊随即自动放气，它不会妨碍车内人员出逃，也不影响他们的视线。

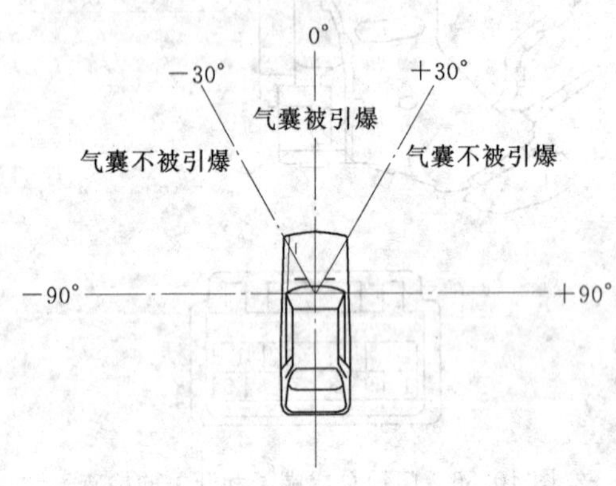

图 10.37　正向引爆的安全气囊有效范围

安全气囊系统有下列几种形式：安装在方向盘内的驾驶员安全气囊；安装在仪表板内的副驾驶席安全气囊；安装在车门上的侧面安全气囊；安装在前排椅背上的后排坐椅安全气囊。它们分别用来在汽车碰撞时保护驾驶员、副驾驶员及乘客。

安全气囊按其被引爆的有效范围分为正向和侧向。正向引爆的安全气囊是在有效范围上 30°角或斜前方发生撞车（图 10.37），而且纵向加速度（负值）达到某一值时，气囊才被引爆，而横向加速度（包括从侧面发生的撞车和统纵轴的侧翻）不能引爆，侧向气囊可用于防侧向冲撞。

10.6.1 安全气囊的组成

安全气囊系统主要由碰撞传感器、电子控制单元、警告灯、气体发生器和气囊等组成。图 10.38 为凌志 LS400 轿车安全气囊系统组件位置图。

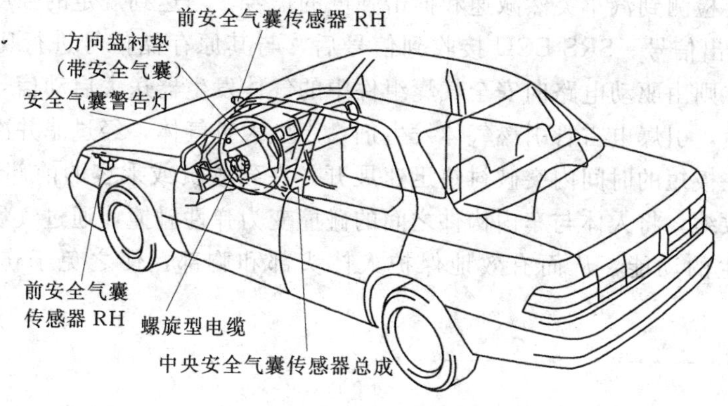

图 10.38 凌志 LS400 轿车安全气囊系统组件位置图

1. 气体发生器

气体发生器与气囊组合为一体安装在转向盘支架上，由气体发生剂、火药、雷管、过滤器和外壳等组成。碰撞发生后，雷管引燃火药，产生高温，使气体发生剂迅速生成大量气体，经过滤后充入气囊，使气囊瞬间展开。

2. 气囊

气囊安装在充气装置上部，用塑料盖板护住。气囊一般由尼龙制成，上面有一些排气孔，充气结束后，排气孔立即排气使气囊变软，这样起到缓冲作用以减轻对驾乘人员的伤害。

3. 气囊传感器

气囊传感器包括前碰撞传感器、中央传感器和安全传感器，用来检测碰撞减速力、碰撞强度，作为电子控制装置计算气囊是否动作的参数。

4. 电子控制装置（ECU）

电子控制装置是 SRS 的控制中心，其功能是接受传感器输入的信号，判断是否启动安全气囊系统。并进行故障自诊断。

10.6.2 安全气囊的工作原理

当汽车时速超过 30km/h 发生前碰撞事故时，装在汽车前端的碰撞传感器和装在汽车中部的安全传感器可检测到车速突然减速，由碰撞传感器将撞击信息传给电子控制单元电脑 ECU，也称微处理器 CPU，经微处理器判断撞击的严重程度，并在几毫秒内决定是否启动气囊。若需要则发出点火信号，使气体发生器在极短的时间内向气囊充气（气体的数量是经过严格设计计算的)，当人体脸部一接触气囊，气囊的泄气孔就逐渐泄气，从而起到对驾驶员和乘客的缓冲保护作用。

由于从传感器接收信号到气囊张开仅需 50ms，而驾驶员撞向转向盘的时间约为 60ms，故在发生碰撞时，能有效地保护驾驶员，避免了驾驶员直接撞转向盘的危险。当汽车行驶中遭受到正面或侧面碰撞时，安全气囊系统的工作原理基本相同。现以图 10.39 所示的正面碰撞为例，说明安全气囊系统的工作原理。

当汽车受到前方一定角度范围内的高速碰撞时，车体会受到强烈的振动，同时车速急剧下降。安装在汽车前端的碰撞传感器和与 SRS ECU 安装在一起的防护碰撞传感器（安全传感器）就会检测到汽车突然减速和撞击强度的信号，当达到规定的强度时，传感器即向 SRS ECU 发出信号。SRS ECU 接收到信号后，与其原存储信号进行比较，若达到气囊的展开条件，则由驱动电路向安全气囊组件中的气体发生器送去启动信号。气体发生器接到启动信号后，引爆电雷管引燃气体发生剂，产生大量气体，经过滤并冷却后进入安全气囊，使气囊在极短的时间内突破衬垫迅速展开，在驾驶员或乘客的前部形成弹性气垫，并及时泄露、收缩，将人体与车内构件之间的碰撞变为弹性碰撞，通过气囊产生的变形吸收人体碰撞产生的动能，从而有效地保护人体头部和胸部，使之免于伤害或减轻伤害程度。

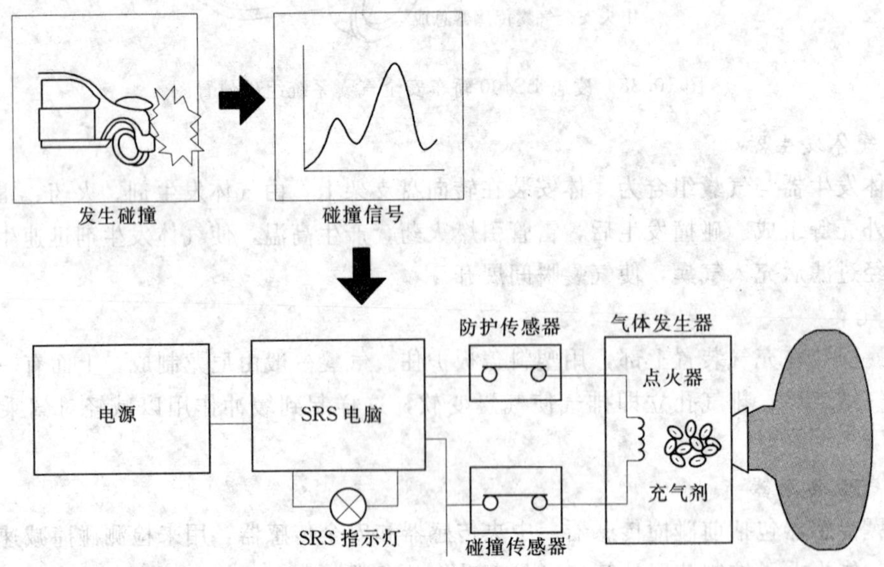

图 10.39 安全气囊工作原理

10.6.3 安全气囊系统控制电路

1994 年以前生产的本田车和本田雅阁（ACCORD）的自诊断系统只能进行故障警示，无故障码显示。诊断时，只能通过 SRS ECU 左侧配置的 16 针测试座测量电压进行诊断；1994 年起生产的车辆开始带有故障输出功能。本田车系 SRS 有两种形式：NEC 型 SRS 用于本田思域（CIVIC）车型；DE 型 SRS 用于本田雅阁（ACCOD）车型。图 10.40 为本田雅阁 DE 型安全气囊控制电路图。

在一般情况下，安全传感器动作所需的惯性力或减速度值比前碰撞传感器动作所需的惯性力或减速度值要小一些。当安全传感器动作时，将 SRS 的点火电路接通。只有当安全传感器与任意一只前碰撞传感器同时接通时，SRS 回路才能接通，使气囊动作。安全传感器的作用是防止因前碰撞传感器短路而造成气囊误爆。SRS ECU 根据安全传感器送出的信号确定是否发生碰撞。在安装或检查前碰撞传感器时，如不慎将其连接器的端子短路，就会引起气囊误爆。设置安全传感器后，只要安全传感器的触点不闭合，气囊的点火电路始终开路，从而避免了气囊的误爆。

当汽车遭受碰撞时，如果安全传感器的触点和任何一个前碰撞传感器的触点同时接通，SRS 电路接通，由蓄电池供电，其电路为：蓄电池正极→发动机舱盖下方熔断丝/继

电器盒熔断器→点火开关→仪表板下方熔断丝/熔断器（NO：25 SRS 10A）口→SRS ECU 13 端子→二极管→安全传感器触点→螺旋电缆（线束）→SRS 气囊点火器电阻（200Ω）→ECU 端子 7→左（或右）前碰撞传感器触点→搭铁→蓄电池负极。

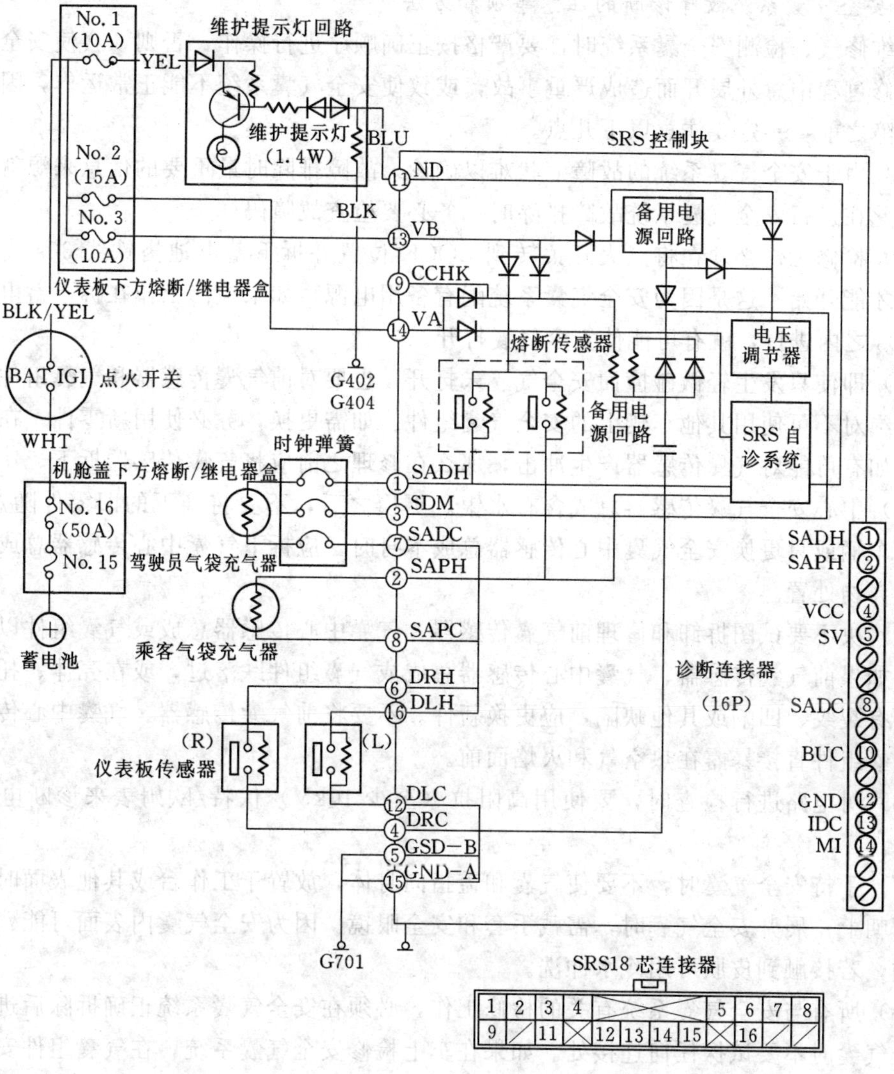

图 10.40　本田雅阁 DE 型电路

10.6.4　安全气囊应用注意事项

（1）SRS 安全气囊系统只是一种对于坐椅安全带起辅助作用的安全系统，如果没有正确系好安全带，则气囊在充气过程中可能导致驾驶员和前方乘客的严重受伤甚至死亡。

（2）气囊充气时太靠近方向盘或仪表板的驾驶员或前方乘客可能会严重受伤甚至死亡，因此在驾驶员能够对车辆保持控制的情况下，尽可能坐的离方向盘远一点。前方乘客应离仪表板远一点。

（3）不要擅自改装、拆卸、敲击或打开前坐椅安全带预紧装置和气囊控制系统的接线，否则可能导致系统突然工作而发生伤亡事故或导致系统失灵。

10.6.5 安全气囊系统的故障诊断

安全气囊系统均有故障自诊断功能，系统一旦出现故障，可通过诊断系统进行故障诊断。

1. 安全气囊系统故障诊断的注意事项和方法

在维修气、检测安全囊系统时，要严格按正确顺序进行操作，否则，会使安全气囊系统在检修过程中意外展开而造成严重事故，或致使安全气囊系统不能正常运作，因此，在排除故障之前，一定要注意以下几点。

(1) 由于安全气囊系统的故障症状难以确诊，故障排除时最重要的信息来源就是故障码。因此在进行安全气囊系统故障排除时，务必要检查故障码。

(2) 检修工作必须在将点火开关转到 LOCK 位置并拆下蓄电池搭铁线 30s 或更长一些时间才能开始。这是因为安全气囊系统配有备用电源，如果检修工作在拆下蓄电池搭铁线后 30s 之内进行，就有可能使安全气囊打开。

(3) 即使只发生轻微碰撞而安全气囊未打开，也要对前气囊传感器和气囊组件进行检查。但绝对不可使用其他车辆上的安全气囊组件。如需更换，务必使用新零件。在检修过程中，如有可能对气囊传感器产生冲击，那么在修理之前应将气囊传感器拆下。

(4) 中心安全气囊传感器总成含有水银。更换之后，不要将换下的旧零件随意毁掉，当报废车辆或只更换安全气囊中心传感器总成本身时，应拆下气囊中心传感器总成并作为有害废弃物处置。

(5) 决不要试图拆卸和修理前气囊传感器、气囊中心传感器总成或气囊组件以供重新使用。如果前气囊传感器、气囊中心传感器总成或气囊组件跌落过，或在壳体、托架或连接器上有裂纹、凹陷或其他缺陷，应更换新件。不要将前气囊传感器、气囊中心传感器总成或气囊组件直接暴露在热空气和火焰面前。

(6) 对电路进行检查时，要使用高阻抗（至少 10kV）伏特/欧姆表来诊断电路系统的故障。

(7) 手持安全气囊时，不要使气囊和盖指向身体，放置于工作台或其他表面时，要使装饰面朝上；展开安全气囊时，需戴手套和安全眼镜。因为安全气囊内表面可能残留有氢氧化钠，若接触到皮肤可用冷水冲洗。

(8) 所有与安全气囊系统有关的检修工作，必须在安全气囊系统正确拆除后进行，安装安全气囊时不要试探任何连接处。如果在车上检修安全气囊系统，在气囊组件安全拆除前，不要坐在气囊附近。

(9) 传感器安装方向是气囊系统发挥正常功能的关键，应将其恢复到原来位置。配线作业要十分小心，在作业前必须使气囊组件安全拆除。

(10) 检修完成后，不要急于将气囊组件接入电路，应先进行电气检查，确认无误时，再将气囊组件接入。

(11) 在安全气囊系统零部件的外表面上有说明标牌，必须遵照这些注意事项。

(12) 安全气囊系统检修工作结束之后，进行安全气囊系统警告灯的检查。

2. 故障诊断方法

安全气囊系统的故障诊断是比较难的，一般有三种方法来确定故障的部位，即安全气囊警告灯法、参数测量法和扫描仪法。诊断中充分利用电脑提供的故障码，可以减小故障

诊断的难度，这里只讲述安全气囊警告灯法。

(1) 故障现象。当接通点火开关或启动发动机后，仪表板上的安全气囊（或 AIR-BAG）警告灯长亮不熄时，表明系统已检测到故障，应对安全气囊系统进行故障码检查（图 10.41）。

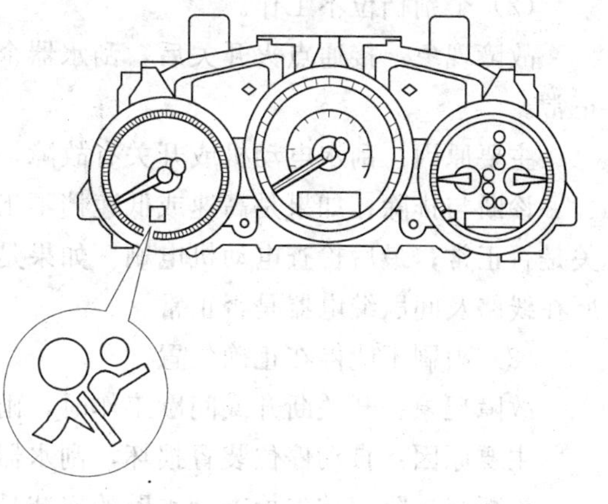

(2) 警告灯的检查。检查安全气囊警告灯的运作，如果灯一直亮，则表明在安全气囊控制装置中，存有一个或多个故障代码。如果安全气囊警告灯不亮，则气囊警告灯电路有故障，当该警告灯有故障时，系统会显示代码，则进行相应代码的检查。

图 10.41 故障灯显示

如果安全气囊警告灯电路出现断路，气囊警告灯就不会亮，故障码也不会输出。如果在进行下一步检查之前，首先要排除警告灯电路故障。

(3) 故障码的检查及记录。检查故障代码，记录输出的任何故障代码，如果输出正常代码，则电源电路曾经有不正常现象或电源电压过低，因此要进行电源电压检查。

(4) 在上一步检查中输出故障代码只能说明与该代码有关的电路曾经发生过故障，但不表明现在故障是否仍然存在或以消失。据此，有必要清除故障码后，在重新进行故障码检查以确定的现在情况。如果忽略这一步骤，而仅用上一步输出的故障代码进行故障诊断，会使寻找故障部件的工作更加困难且容易误诊。

(5) 再以次进行故障码的检查及记录。如输出正常码，则表明系统曾发生过故障但现已排除；如输出故障码，则进行相应的电路检测。

(6) 故障排除。将点火开关重复开—关（开等待 20s，关 20s）5 次后，检查故障码。如果有代码输出，则故障仍然存在，应对应故障代码表进行检查对出现故障码的有关电路进行故障排除分析。在检修工作结束后，应用模拟法进行证实试验。

10.7 实训项目1 雨刮器故障的诊断与检测

10.7.1 实训目的

掌握雨刮器故障诊断与检测的步骤与方法。

10.7.2 仪器与工具

汽车雨刮器系统、汽车雨刮器电路图、万用表等。

10.7.3 实训内容

(1) 刮水器各档都不工作。

故障现象：接通点火开关后，刮水器开关无论置于哪一档位，刮水器均不工作。

主要原因：熔断器烧断，刮水电动机或刮水器开关有故障，机械传动部分故障，线路断路或插接件松脱。

诊断与排除：首先检查熔断器是否熔断，插接件是否松脱，线路有无断路；然后检查开关是否正常；最后检查电动机及机械传动部分。

(2) 个别档位不工作。

故障现象：接通点火开关后，刮水器个别档位（低速、高速或间歇档）不工作，其余正常。

主要原因：刮水电动机或开关有故障，间歇继电器有故障，线路断路或插接件松脱。

诊断与排除：如果是高速或低速档不工作，可先检查该档位对应的线路是否正常；开关是否正常；最后检查电动机电刷。如果是间歇档不工作，应检查刮水器开关的间歇档、所在线路及间歇继电器是否正常。

(3) 雨刷不能停在正确位置。

故障现象：开关断开或间歇工作时，雨刷不能停在风窗底部。

主要原因：自动停位装置损坏，刮水器开关损坏，刮水臂调整不当，线路连接错误。

诊断与排除：首先检查刮水臂的安装是否正确，开关线路连接是否正确，最后检查自动停位机构的触片和滑片接触是否良好。

10.8 实训项目2 后窗除霜装置故障的诊断与检修

10.8.1 实训目的

掌握汽车后窗除霜装置的故障诊断与检修。

10.8.2 仪器与工具

汽车线束后窗除霜装置、汽车线束后窗除霜装置电路图、万用表等。

10.8.3 实训内容

1. 故障现象

除霜器不除霜，除霜器有时工作有时不工作。

2. 故障原因

熔断器或控制线路断路，加热丝或开关损坏，控制线路不良。

3. 诊断与排除

(1) 首先检查熔丝是否熔断，如果熔断则更换相同规格的熔丝；如未熔断，进行下一步。

(2) 检查除霜器开关。将除霜器开关周围装饰板拆下，打开点火开关，用一小段短路线将开关的“B”和“R”端子短接，观察除霜器工作情况。如除霜器工作正常，则开关损坏，应修理或更换；如除霜器仍不工作，进行下一步。

(3) 检查所在线路及插接件是否断路或松脱。将后窗除霜器（电热丝）两侧的两个插头拔下，打开点火开关，用万用表测两个插头间的电压应为12V左右。如无电压，应进一步检查搭铁线及火线是否有断路或接触不良（用万用表测电阻即可）；如有12V左右电压，进行下一步。

(4) 检查除霜器加热丝。一个人在后窗外用手电筒逐行缓慢照射加热丝，另一个人在车内仔细观察加热丝。如发现加热丝的某处充分辉亮，则该处为断路处，应用专用加热丝修理工具修理。

10.9 实训项目3 电动坐椅故障诊断与检测

10.9.1 实训目的

掌握汽车电动坐椅故障诊断与检测的步骤与方法。

10.9.2 仪器与工具

汽车电动坐椅、电动坐椅电路图、万用表等。

10.9.3 实训内容

1. 故障分析

常见故障：坐椅完全不能动作或某个方向不能动作。坐椅完全不能动作的主要原因有熔断器熔断、线路断路、坐椅开关故障等；某个方向不能动作的主要原因有该方向对应的电动机损坏、开关损坏、对应的线路断路等。

诊断步骤：如果是坐椅完全不能动作，可以首先检查熔断器是否熔断；若熔断器良好，则应检查所在线路及其插接件是否正常，最后检查开关。对于有存储功能的电动坐椅系统还应检查其控制单元（ECU）的电源电路及其搭铁线是否正常。如果是某个方向不能动作，可以先检查所在线路是否正常，再检查开关和电动机。

2. 实例

奇瑞轿车电动坐椅电路见图10.42。

（1）检测电动坐椅调节开关。调节开关两端的两个6芯插头见图10.43。

（2）检测电动坐椅调节电机。检测调节电机对应表见表10.7。

表10.7 电动坐椅调节电机检测表

电机工作情况		电源	
		（+）	（－）
前端上下调节电机	向上	A_3	A_4
	向下	A_4	A_3
后端上下调节电机	向上	A_2	A_6
	向下	A_6	A_2
前后调节电机	向前	A_5	A_1
	向后	A_1	A_5
靠背倾斜调节电机	向前	B_3	B_4
	向后	B_4	B_3

（3）检测线路。

1）电压检测法。例如检测前端上下调节电动机线路，可将该电动机上的2芯插头拔下，用万用表的电压挡测量1、2端子间的电压。当该电动机的开关未操作时，电压值应为零；当将开关掷于“向上”位置时，1、2端子间的电压应为＋12V，即1端子为正，2端子为零；当将开关掷于“向下”位置时，1、2端子间的电压应为－12V，即2端子为正，1端子为零 。其他电机线路的检测方法与此相同。

2）电阻检测法。例如检测前端上下调节电动机线路，可将该电动机上的2芯插头拔下，用万用表的电阻挡测量相关处的电阻值。当该电动机的开关未操作时，1、2端子间的阻值应为零；当将开关掷于“向上”位置时，1端子与电源正极间的阻值应为零，2端子与搭铁线（电源负极）间的阻值也应为零，1、2端子间的阻值为无穷大；当将开关掷于“向下”位置时，2端子与电源正极间的阻值应为零，1端子与搭铁线（电源负极）间的阻值也应为零，1、2端子间的阻值为无穷大。其他电机线路的检测方法与此相同。

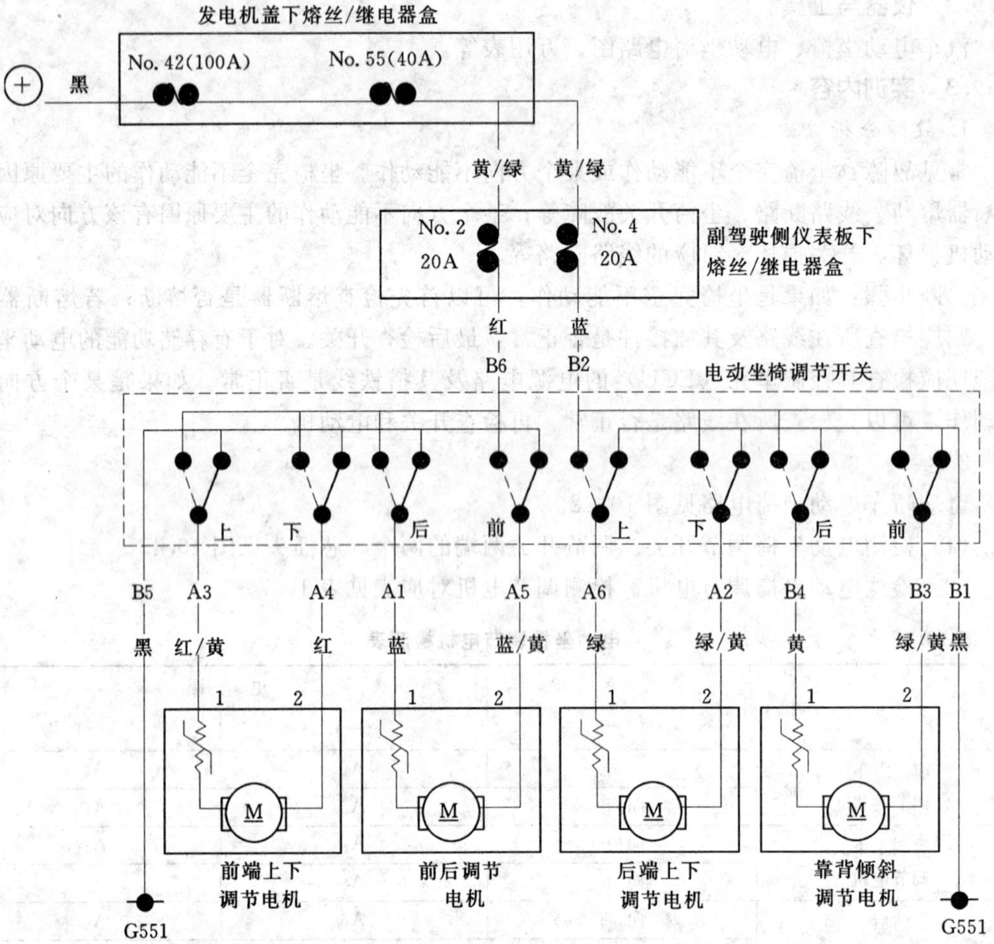

图 10.42 奇瑞轿车电动坐椅电路

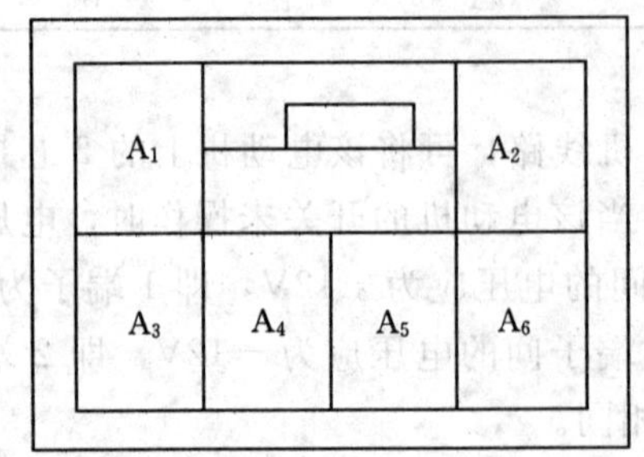

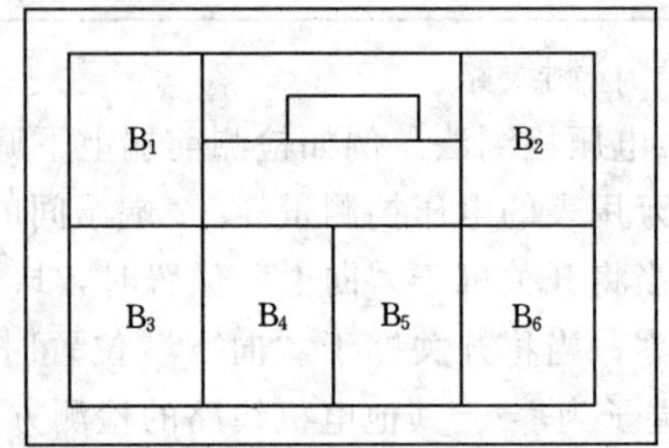

图 10.43 电动坐椅调节开关

10.10 实训项目4 电动车窗的故障诊断

10.10.1 实训目的

掌握汽车电动门窗的故障诊断方法。

10.10.2 仪器与工具

汽车电动门窗、汽车电动门窗电路图、万用表等。

10.10.3 实训内容

1. 故障分析

(1) 玻璃升降器不工作。主要原因：熔断器断路，连接导线断路或相关插接件松脱，有关继电器、开关损坏，电动机损坏，搭铁线锈蚀、松动。

诊断与排除：首先检查熔断器是否断路，然后检查各插接件连接是否紧固可靠；检查电源线是否有电，电压是否正常；检查搭铁线搭铁是否良好可靠；最后检查开关、继电器及电机是否损坏，如确属零部件损坏则应更换新件。

(2) 某车窗不能升降或只能一个方向运动。主要原因：该车窗开关或电机损坏，该处导线断路或插接件松脱，安全开关故障。

诊断与排除：首先检查安全开关是否正常；该窗的开关是否正常；再通电检查该窗电机是否正常，如有故障应检修或更换新件；若正常，应检修连接导线是否有断路处。如车窗只能朝一个方向运动，一般是开关故障或相关导线断路，可先检查线路，再检查开关。

(3) 升降器工作时有异响。主要原因：安装时未调整好，卷丝筒内钢丝跳槽，滑动支架内传动钢丝夹转动，电动机盖板或固定架与玻璃碰擦等机械故障。

诊断与排除：这类机械故障一般是安装位置或精度偏差所致，只需对所在位置的螺钉进行重新调整或紧固、矫正即可。

2. 实例

奇瑞 A5 轿车电动车窗系统控制电路如图 10.44 和图 10.45 所示。

(1) 电动车窗系统的检查。电动车窗系统的检查见表 10.8。

表 10.8 电动车窗系统检测表

步骤	操作方法	正常结果	不正常结果
1	将点火开关转至“RUN”位置	每个车窗工作迅速、顺畅，没有发涩现象	所有车窗均不工作
2	从左前车窗开关上操纵各个车窗使之上升和下降	左前车窗降到最低位置	个别车窗不工作
3	左前车窗上升时，压下左前车窗开关至下降处	每个车窗工作迅速、顺畅，没有发涩现象	电动车窗快速模式不工作
4	确保左前车窗开关上的保持开关处于“OFF”位置	各自的开关不能使车窗工作；仅用左前车窗开关时工作	所有车窗均不工作

(2) 电动车窗不工作的故障诊断程序如图 10.46 所示。

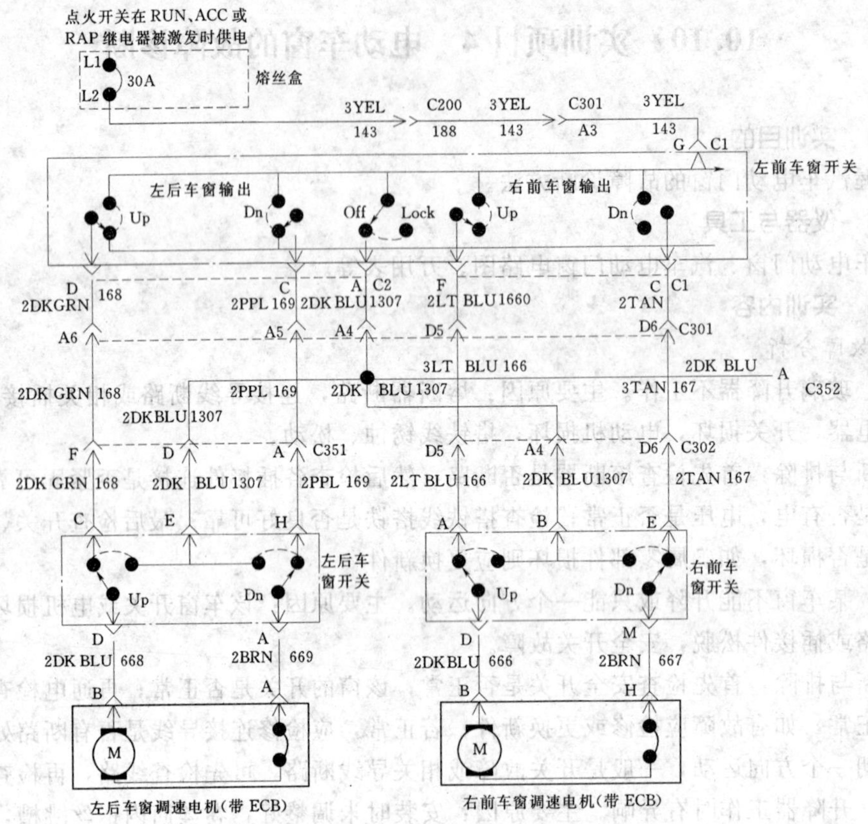

图10.44 奇瑞A5轿车电动车窗系统控制电路（一）

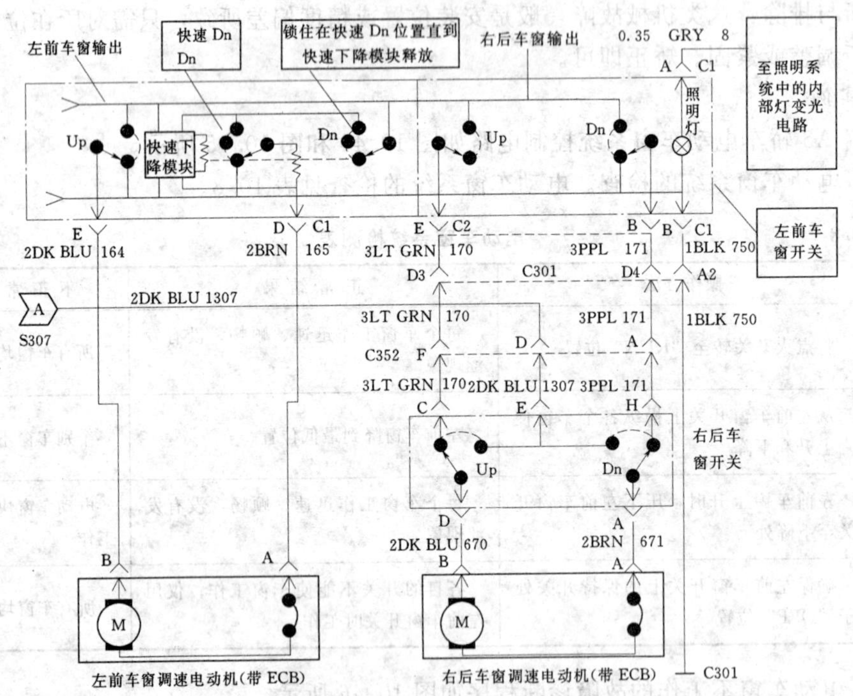

图10.45 奇瑞A5轿车电动车窗系统控制电路（二）

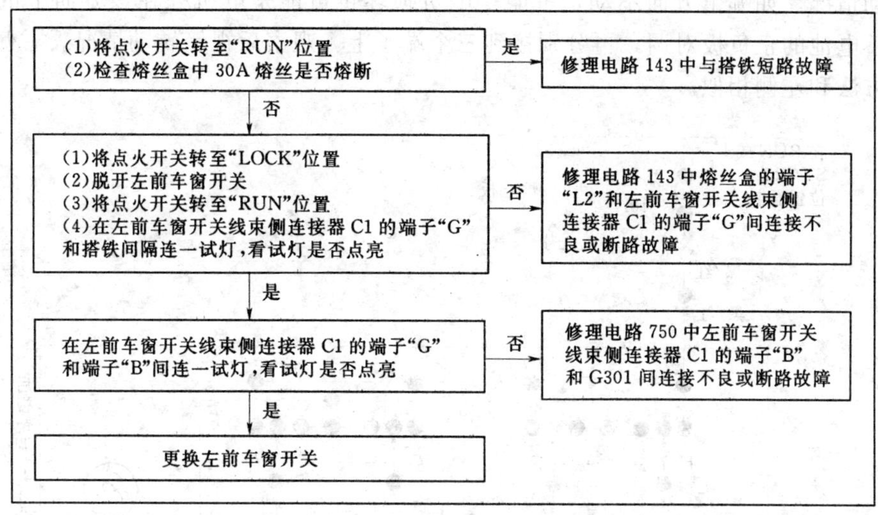

图10.46 电动车窗不工作诊断程序

10.11 实训项目5 电动后视镜的故障诊断

10.11.1 实训目的

掌握汽车电动后视镜的故障诊断方法。

10.11.2 仪器与工具

汽车电动后视镜、电动后视镜电路图、万用表等。

10.11.3 实训内容

1. 故障分析

常见故障：电动后视镜不工作或部分功能不正常。

主要原因：保险丝熔断，线路断路或插接件松脱；开关或电动机有故障等。

诊断与排除：如果两个后视镜都不工作，往往是保险丝熔断，线路断路或插接件松脱等，也可能是开关有故障。可先查保险丝，然后检查开关上的插接件是否松脱；相关各线有无断路或接触不良等；最后检查开关。如果是部分功能不正常，很可能是个别电机及控制开关对应部分有故障或相应线路断路、接触不良等。先查线路，后查开关及电机。

2. 实例

奇瑞A5轿车电动后视镜系统电路如图10.47所示。

(1) 检查后视镜开关。首先从左前车门的内拉手下面拆下装饰盖以及三个螺钉，从车门面板后顶端拆下其上的螺钉，掀起车门面板以拆卸固定件。拆下内手柄并从车门面板松开拉索，从车门面板上断开剩余电器接头，从汽车上拆下车门面板。松开拉手的固定件，从车门面板上拆下拉手。然后用一个小的一字旋具压下位于电动后视镜开关的锁止片，从拉手上拆下开关。最后用万用表检查开关。

(2) 检查执行器（后视镜电动机）。拔下开关上的插头，找到和左侧电机相连的2、3、10三个端子。让蓄电池的正极和端子3相连，负极分别和端子2和10相连，观察后视镜转动情况。如哪个方向不动，可能是电机损坏也可能是电机处在该方向上的极限位置。将蓄电池的正负极对调，再分别接到三个端子上，观察后视镜转动情况。右侧后视镜的检查方法和左侧相似。

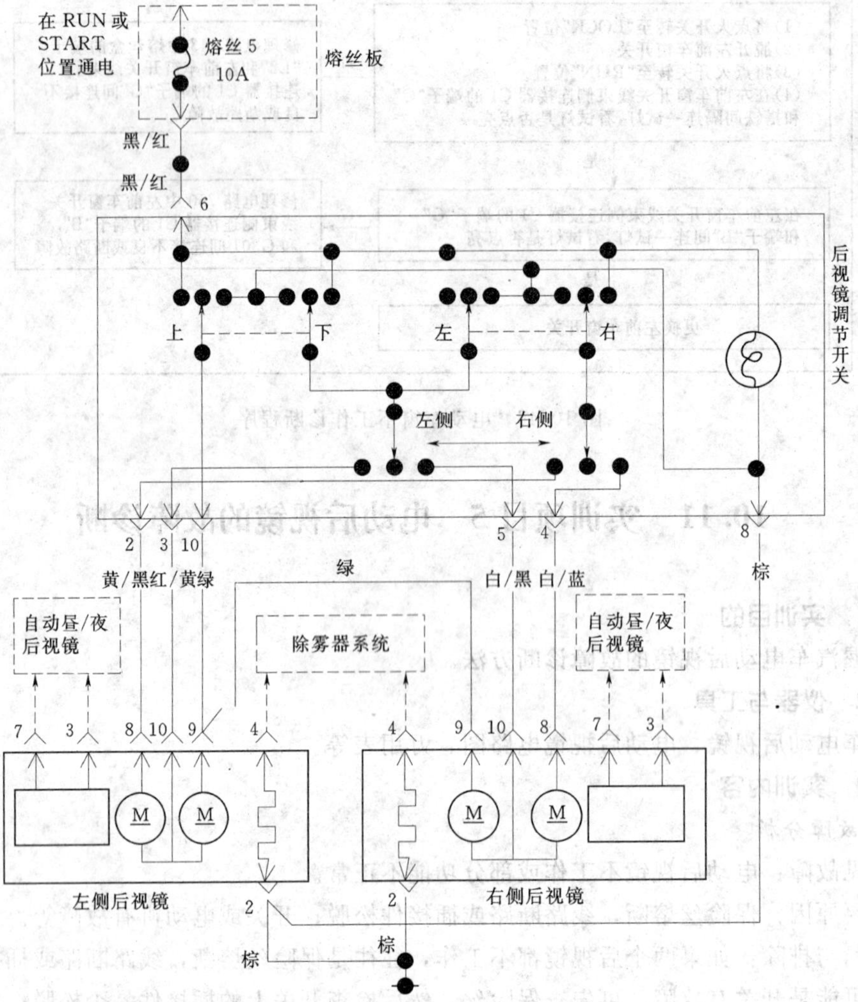

图 10.47　奇瑞 A5 轿车电动后视镜系统电路

10.12　实训项目 6　中控门锁故障诊断

10.12.1　实训目的

掌握汽车中控门锁的故障诊断方法。

10.12.2　仪器与工具

汽车中控门锁、中控门锁电路图、万用表等。

10.12.3　实训内容

以奇瑞 A5 轿车为例，介绍遥控门锁的检查及故障诊断。

1. 遥控门锁系统更换与设定

(1) 遥控门锁接收器的更换

1) 遥控门锁接收器(RCDLR)的拆卸。

2) 松开易扣接头拆下RCDLR。

3) 脱开RCDLR的导线插接器。

4) 从仪表板上拆下RCDLR。

(2) 门锁接收器(RCDLR)的安装。

1) 将遥控门锁接收器(RCDLR)装在仪表底板上。

2) 插好RCDLR的导线插接件。

3) 通过连接易扣接头安装RCDLR。

4) 安装仪表板。

(3) 遥控门锁开锁控制设定方法(不用专用工具)。遥控门锁控制设定有4种模式:模式1——遥控门锁不起作用;模式2——仅喇叭响;模式3——仅大灯闪亮;模式4——喇叭响与大灯闪亮。

1) 坐在驾驶座位上,关上所有车门。

2) 将点火开关转至"RUN"位置。

3) 按下并保持门锁开关在"UNLOCK"位置。

4) 按下遥控器"UNLOCK"键,报警器将发出1~4次的响声,响的次数等于当前模式号,说明车辆处于该模式。

5) 当欲设定的模式号被警报器指示出时,将门锁开关从"UNLOCK"位置释放。

6) 将点火开关转至"OFF"位置,设置完成。

注意:在上述方法中,如果点火开关被移至"OFF"位置或任一车门被打开,遥控开锁校验设定将被终止,且系统将保持在最新模式。

(4) 遥控门锁上锁控制设定方法。遥控上锁的控制设定方法与遥控开锁的控制设定方法基本相同,只是门锁开关位置和按下遥控器上的键改为"LOCK"键。

(5) 遥控器的校准。当出现下列情况时应对遥控器进行校准:遥控器使用超过256次;更换遥控器电池后,马上使用超过16次。

遥控器的校准方法是:同时按下并保持住遥控器的"UNLOCK"和"LOCK"键至少7s,或直到喇叭响3次为止。

2. 门锁电机的检查

首先关闭点火开关,拆下车门内侧板,接近门锁电机。拆下电机的2芯插头,然后将蓄电池的正负极分别与电机插座的两个插芯相通,电机应转动;再将蓄电池的正负极对调接在两个插芯上,电机应反转。如电机不转或转动不平稳,则应修理或更换电机。四个车门及后箱电机检查方法相同。

10.13 实训项目7 安全气囊故障诊断

10.13.1 实训目的

掌握汽车安全气囊的故障诊断方法。

10.13.2 仪器与工具

汽车安全气囊系统、安全气囊电路图、万用表等。

10.13.3 实训内容

以奇瑞 A5 轿车为例，介绍安全气囊的检查及故障诊断。

奇瑞 A5 在仪表盘上均设有指示灯，如图 10.48 所示，当安全气囊系统出现故障时，自诊断系统将故障码存储在安全气囊 ECU 中，可按下面的程序调取，由安全气囊指示灯显示。

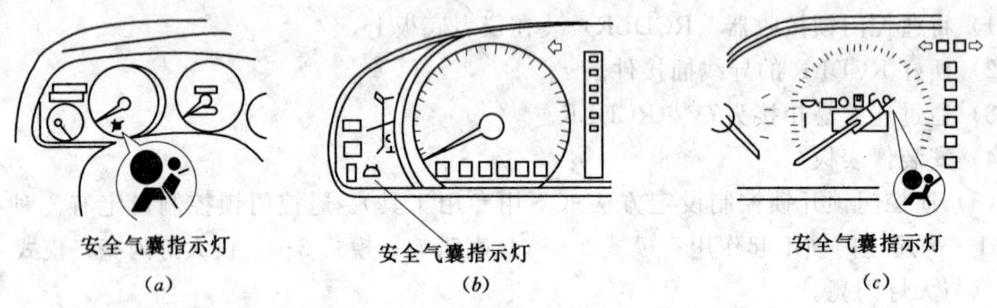

图 10.48 奇瑞 A5 仪表盘指示灯

故障码的调取。安全气囊系统故障码的调取也是通过在诊断座上采取跨线的方法来进行的，具体方法步骤如下：将点火开关拧到“ACC”或“ON”位置，等待 20s 以上。将诊断座的 TC 端子与 E1 端子用导线跨接，此时安全气囊指示灯将会闪烁故障码。故障码波形如图 10.49 所示。

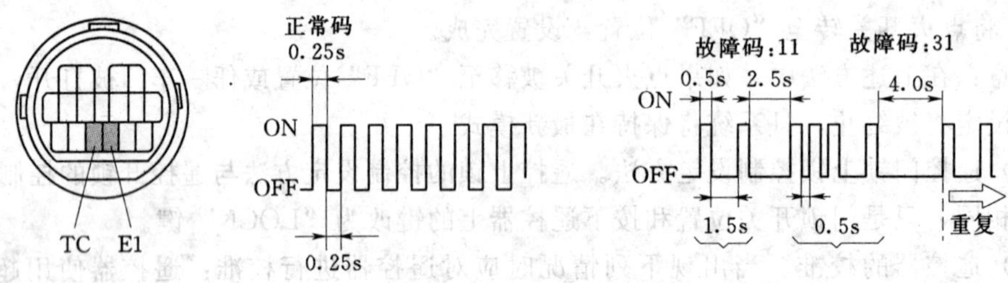

图 10.49 故障码波形

故障码的清除：安全气囊系统第 11～22 故障码只需将蓄电池搭铁线拆下 10s 以上即可清除。

本 章 小 结

1. 风窗清洁装置由风窗玻璃刮水器、风窗玻璃洗涤器与除霜装置三部分组成。电动刮水器由直流电动机、传动机构、挂臂和刮片组成，电动机旋转经减速和传动机构的作用使刮片摆动，利用直流电动机的变速来实现刮水器的变速，有自动复位功能和间歇控制；风窗玻璃洗涤器主要由储液罐、洗涤泵、软管、三通、喷液器等组成；除霜装置可利用暖风或电阻丝进行除霜。

2. 电动车窗系统主要由双向直流电动机、车窗玻璃升降器、控制开关、继电器、断路器等装置组成，通过开关控制电动机的电流或磁场方向，使车窗办理了上升或下降。车

窗玻璃升降器常见的有钢丝滚筒式和齿扇式两种。

3. 电动后视镜主要由微型直流电动机、驱动器、控制开关三部分组成。微型直流电动机采用双向永磁式，每个后视镜安装两个，上下方向一个电动机控制，左右方向有另一个电动机控制，通过改变电动机的电流方向，使反射镜上、下、左、右转动。有的电动后视镜还带有伸缩功能，由伸缩开关控制伸缩电动机工作，使整个后视镜回转伸出或缩回。

4. 电动中央门锁组成、工作原理及检修办法。

5. 电动坐椅组成、工作原理及检修办法。

6. 汽车安全气囊系统组成、工作原理及检修办法。

单 元 习 题

一、单项选择题

1. 改变永磁式电动刮水器转速是通过（　　）。

A. 改变电动机端电压

B. 改变通过电枢电流

C. 改变正负电刷间串联的有效线圈数

D、改变电枢绕组的电阻

2. 中央门锁直流电机执行机构动作，都是通过改变（　　）方向转换其运动方向。

A. 电流　　B. 电压　　C. 电阻　　D. 电源的大小

3. 每个电动后视镜应在其背后装（　　）个可逆永磁电动机。

A. 1 个　　B. 2 个　　C. 3 个　　D. 4 个

4. 每个电动车窗应装（　　）个可逆永磁电动机。

A. 1 个　　B. 2 个　　C. 3 个　　D. 4 个

5. 电动坐椅前后方向的调节量一般为（　　）。

A. 30mm　　B. 80mm　　C. 120mm　　D. 180mm

二、判断题（对打“√”，错打“×”）

1. 不打开空调 A/C 开关，且冷却液水温低于 83℃时，散热器风扇工作。（　　）

2. 刮水器开关置于间歇位时，刮水电机以慢速工作模式间歇刮水。（　　）

3. 汽车后挡风玻璃除霜电热丝应采用常火线供电。（　　）

4. 低温起动预热装置汽油机一般采用电热塞，而柴油机一般采用进气加热器。（　　）

5. 电动车窗主控开关上的总开关是控制分开关的搭铁线。（　　）

6. 双压力泵式中央门锁压缩空气为门锁打开，抽吸空气为门锁锁住。（　　）

7. 每个电动后视镜都用一个独立控制开关，开关杆无法使两个电机同时工作。（　　）

8. 带存储功能的电动坐椅，采用了微机控制，它能将选定的坐椅调节位置进行存储，只要按指定的按键开关，坐椅就会自动地调节到预先选定的坐椅位置上。（　　）

三、简答题

1. 试分析继电器控制式电动风扇工作原理。

2. 简述电动刮水器的变速原理及自动复位功能。

3. 电动车窗由哪几部分组成前座乘客侧车窗玻璃是如何上升和下降的？

4. 试分析右侧后视镜左右调整过程？

5. 电动中央门锁有何功用？

6. 试分析坐椅前部上、下调节的工作过程？

7. 目前常见的汽车防盗装置有几类？各有何特点？

第 11 章　汽车音响与导航系统

- **知识目标**

（1）了解汽车音响系统的基本组成。

（2）了解收音机的基本结构及工作原理。

（3）了解磁带和 CD 播放器的基本结构及工作原理。

（4）了解天线的基本知识。

（5）了解卫星定位导航系统的功能和基本知识。

- **技能目标**

（1）掌握对收音机进行维护和故障排除的方法。

（2）掌握对磁带和 CD 播放器进行维护和故障排除的方法。

11.1　音　响　系　统

随着人们对乘车舒适性要求的不断提高，汽车多媒体技术也快速地不断向前发展。激光唱机取代磁带播放机，已成为中高档轿车多媒体系统的主流，一些中高档轿车还装用了车载 VCD、DVD 多媒体系统，使行车增加了更多的乐趣，成为名副其实的移动影院和娱乐中心。另外，车载 GPS 系统发展非常迅速，许多车主安装了便携式 GPS，一些中高档轿车随车配备了车载导航系统，以更加方便行车的需要。

汽车音响系统如图 11.1 所示，它是一种创造舒适驾驶环境的设备。汽车音响系统主要使用收音机、磁带放音机。随着数字技术的发展，新的车型通常装有 CD 播放器，用来播放录制的数字信号。

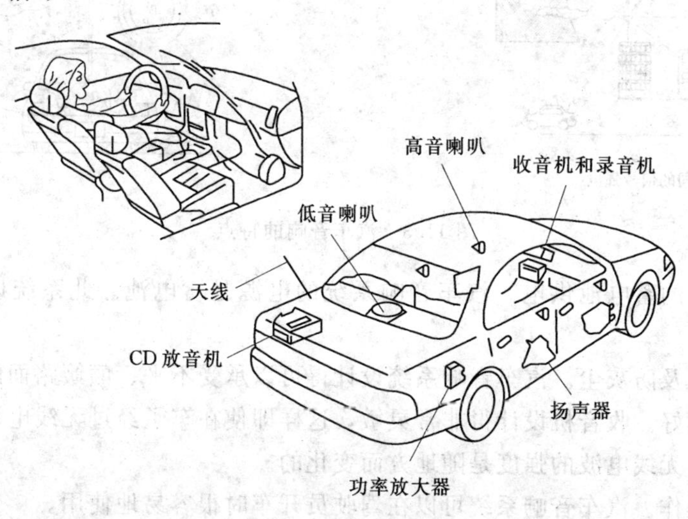

图 11.1　音响系统

11.1.1　汽车音响的基本知识

1. 汽车音响的组成

汽车音响的组成随车型和等级有所不同。在某些情况下，用户可以根据零售商的推荐来选择相关部件，一般有如图 11.2 所示的组成部分。

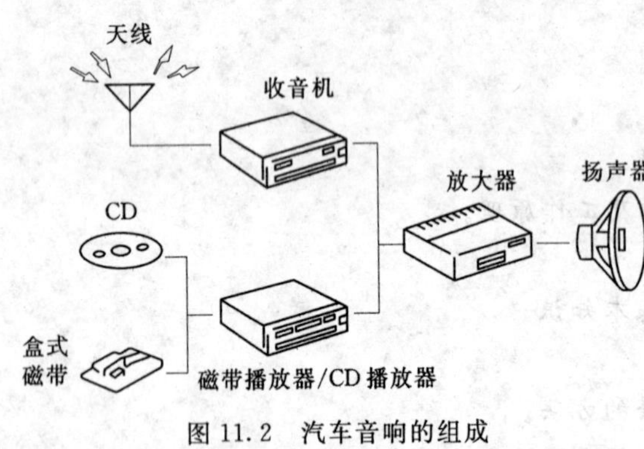

图 11.2　汽车音响的组成

（1）收音机。收音机是利用天线接收无线电台发射的无线电波，将它转变成声音信号并送到放大器。

（2）磁带和 CD 播放器。磁带放音机读取磁带上所录制的模拟信号，并将声音信号发送到放大器。此装置有自动倒带、自动检索功能等。CD 播放器读取光盘上的数字信号，CD 的声音比磁带的声音清晰。还可以快速地选择歌曲，这是 CD 播放器的一个优点。

（3）放大器。放大器将来自收音机、磁带放音机和 CD 播放机的信号放大，并将其信号送到喇叭。

（4）喇叭。喇叭将放大了的电信号转变成空气振动。实现立体声播放，至少有两只喇叭。

2. 汽车音响的特点

汽车音响系统的原理与家用音响系统是一样的。但是汽车音响系统是在车辆中使用，其使用条件比较差，它要具备如图 11.3 所示的特点。

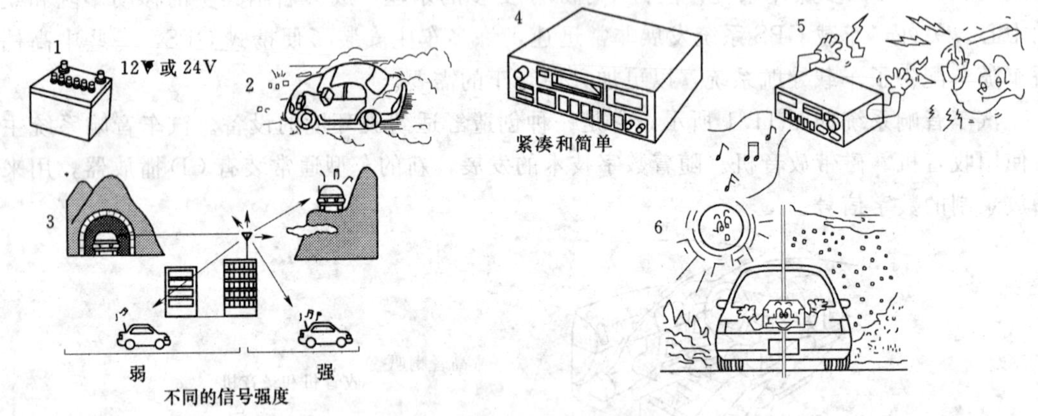

图 11.3　汽车音响的特点

（1）由汽车的蓄电池供电。汽车音响系统的电源是蓄电池。此系统以 12V（24V）电压工作。

（2）耐振动及防灰尘。汽车音响系统设计得可以承受不平、颠簸路面的振动及灰尘。

（3）灵敏度好。收音机设计得非常灵敏，这样即使在车子经过无线电波不强的区域也可以收到信号。无线电波的强度是随地方而变化的。

（4）容易操作。汽车音响系统可以在驾驶员开车时很容易地使用。

（5）对电气噪音不敏感。汽车音响系统对汽车中诸如点火系统、充电系统和启动系统

产生的电气噪音不敏感。

(6) 对温度变化不敏感。汽车音响系统能承受高温和低温之间的温度变化。

11.1.2 收音机的原理

1. 概述

收音机通过接收从许多广播电台发射的无线电波中的一种来选择某一需要收听的节目。

在无线电广播中，分调幅广播 AM 和调频广播 FM，如图 11.4 所示。收音机接收 AM 广播和接收 FM 广播是不同的。它们通过按钮操作来切换。

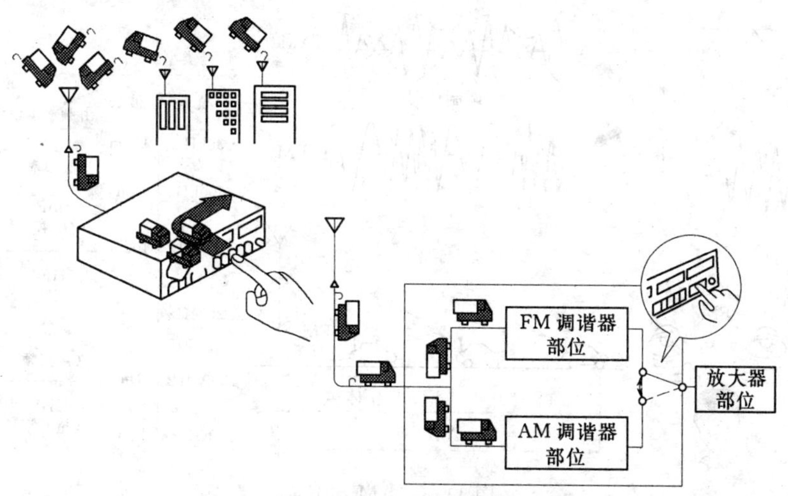

图 11.4 收音机

2. 收音机的工作原理

收音机通过天线收到广播信号后，还必须清除电信号中的载波，如图 11.5 所示 。广播电台发射的音乐和语音的信号与载波进行合成变成调制信号。因此，要把此信号转换成音乐和语音，必须去掉载波，只得到声信号。

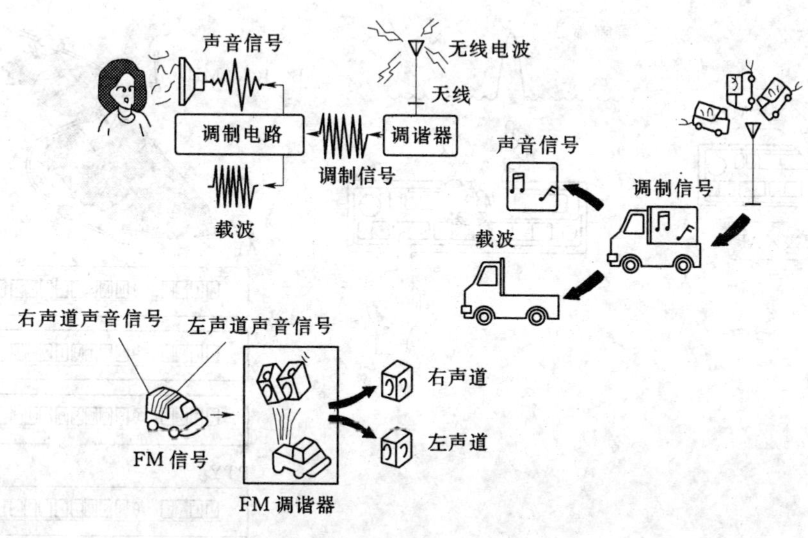

图 11.5 收音机的工作原理

因为收音机收到的无线电信号非常微弱，要由放大器将信号充分放大，这样使喇叭发出声音。放大器可以装在收音机中，也可以单独装，作为立体声音响的一个组件。

3. AM 和 FM 的比较

AM 是调幅的缩写，它将载波的波幅按声音信号转换。FM 是调频的简称，它将载波的频率按声音信号的频率转换。

将 AM 信号与 FM 信号比较，见图 11.6。可以看到有以下区别：

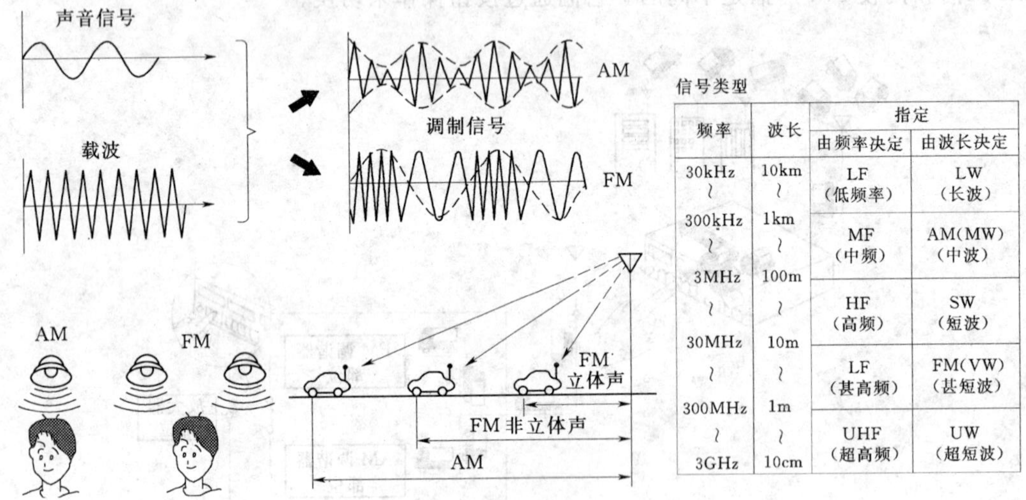

频率	波长	指定	
		由频率决定	由波长决定
30kHz ~ 300kHz	10km ~ 1km	LF（低频率）	LW（长波）
300kHz ~ 3MHz	1km ~ 100m	MF（中频）	AM(MW)（中波）
3MHz ~ 30MHz	100m ~ 10m	HF（高频）	SW（短波）
30MHz ~ 300MHz	10m ~ 1m	LF（甚高频）	FM(VW)（甚短波）
300MHz ~ 3GHz	1m ~ 10cm	UHF（超高频）	UW（超短波）

图 11.6　AM 和 FM

（1）与 AM 广播相比，FM 广播有良好的音质和较少的噪音。所有的 FM 广播均是立体声广播，但 AM 广播除某些电台（或节目）外，均是单声道的。

（2）AM 广播使用中波，FM 广播使用超高频。AM 广播服务范围大于 FM 广播。

4. 收音机的功能

目前汽车广泛采用的数字收音机有如图 11.7 所示功能。

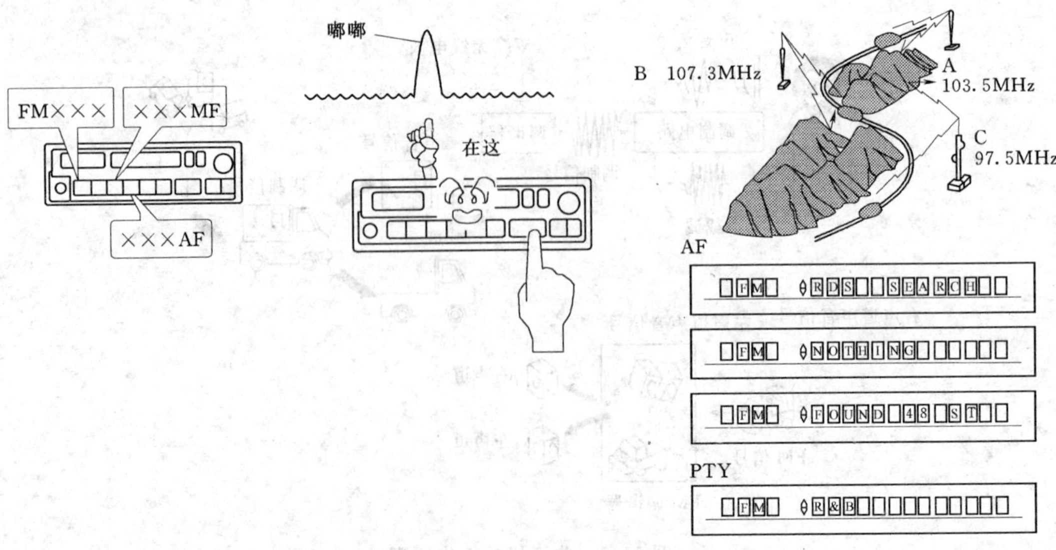

图 11.7　收音机的功能

（1）预设功能。通过将收到的广播存入预设按钮，用户只要简单地按一下此按钮便可以选择此电台。

（2）自动寻台功能（SEEK）。通过按调谐按钮，接收到的频率依次变化。当系统探测到收到的无线电波有一定强度，它停止搜索并输出此广播电台的节目。

（3）RDS（无线电数据系统）功能。RDS是一种数据发送系统，它利用FM广播的空的波段，是一种用无线电文本发送各种有用数据或其他信息的信息服务。

在RDS功能中，功能最强大的是AF功能。使用此功能，可以执行网络跟踪，它能在某个节目的接收条件变差时，自动切换到播送相同节目的另一个广播电台。

使用PTY功能，频率自动调谐到播送需要的种类的电台。将会有更多"非常先进的功能"。

11.1.3 天线

天线是无线电信号通往收音机的"大门"，是产生良好声音的重要元件。

1. 天线的类型

汽车天线有两类：拉杆天线和后窗印刷型天线，如图11.8所示。

拉杆天线又可以分成装在前后翼子板上的类型和装在车顶后中部的类型。有些拉杆天线采用马达驱动型，通过收音机开关可以使之伸缩。

印刷型的后窗天线是将导电漆涂在后窗玻璃上。其特点是不像拉杆天线要移上移下，也没有风的噪音，同时因为它不需折叠也不会生锈所以很耐用。

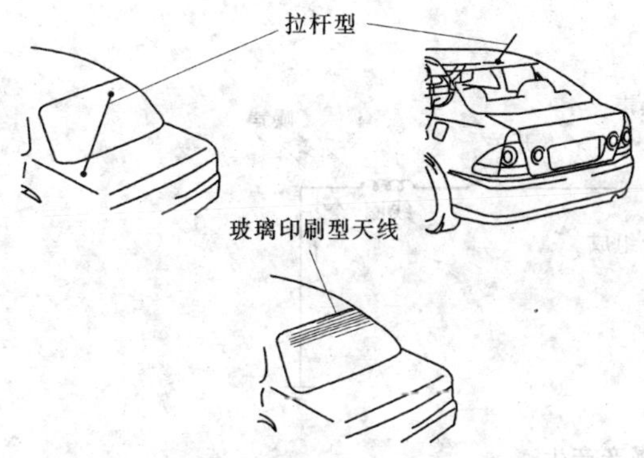

图11.8 天线类型

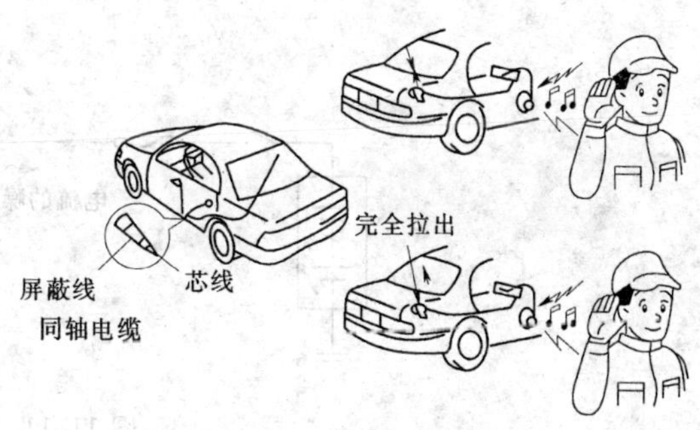

图11.9 天线接收灵敏度

2. 天线接收灵敏度

天线收到的无线电波变成电信号后通过同轴电缆的芯线（馈线）送到收音机，在用拉杆天线的情况下，要高质量地听收音机，天线应该拉足。如果是后窗印刷型天线，印刷上的细微破坏将会导致灵敏度变坏，如图11.9所示。

3. 天线和噪音

天线接收的信号通过同轴电缆到达收音机。如果有其他无线电波进入，收音机中将产生噪音，见图11.10。

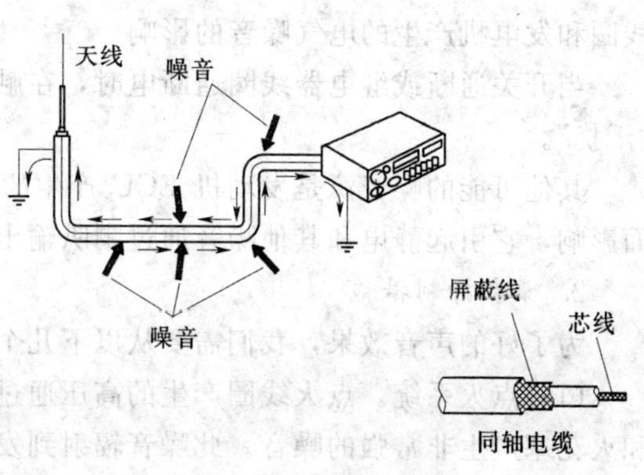

图11.10 天线和噪音

4. 收音机接收问题

由于汽车收音机的收音质量取决于天线长度和汽车的噪音干扰，汽车收音机可以清晰接收节目的广播服务区域是比较小的。

11.1.4　调幅广播

1. 噪音的影响

调幅广播容易受外界噪音的影响，如图 11.11 所示。

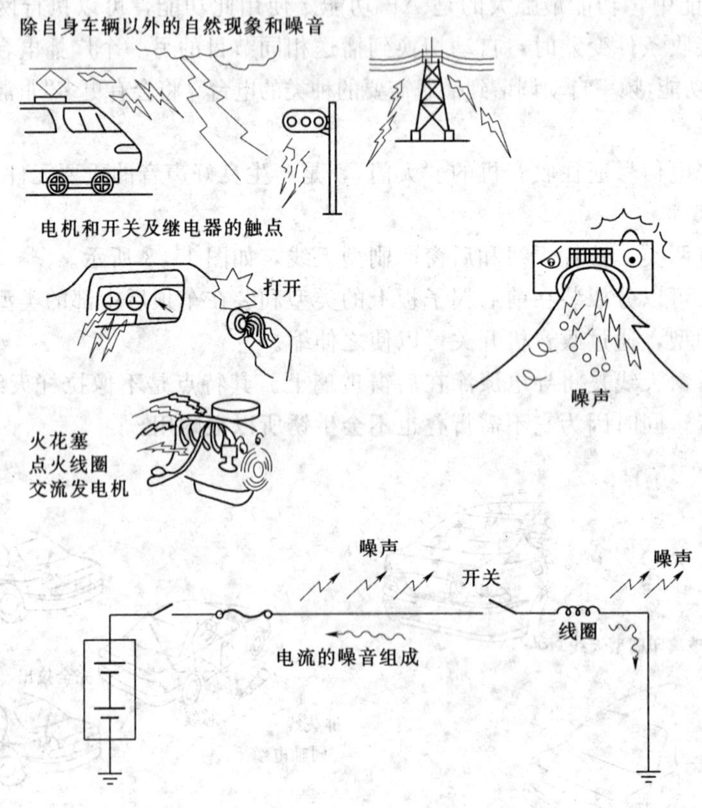

图 11.11　噪音产生

如果无线电波微弱的区域发生雷电或者靠近交通信号、电力线或火车轨道，噪音就易于产生。此外，汽车音响系统容易受到音响系统所在汽车的电器元件，诸如火花塞、点火线圈和发电机产生的电气噪音的影响。

当开关通断或继电器线圈通断电时，在触点之间会产生火花。这就所谓的“噪音”或“干扰”。

其他可能的噪音源是发动机 ECU 产生的脉冲电流等。这种干扰对汽车音响系统有负面影响，它引起静电和其他噪音通过喇叭输出。

2. 噪音抑制措施

为了好的声音效果，我们需要从以下几个方面对噪音进行抑制。

(1) 点火系统。点火线圈产生的高压通过高压线圈传送到火花塞。此高压在高压线圈和火花塞产生非常强的噪音。此噪音辐射到发动机罩，并从那里进入无线电天线。要防止此噪音的产生，要采取如图 11.12 所示的措施。

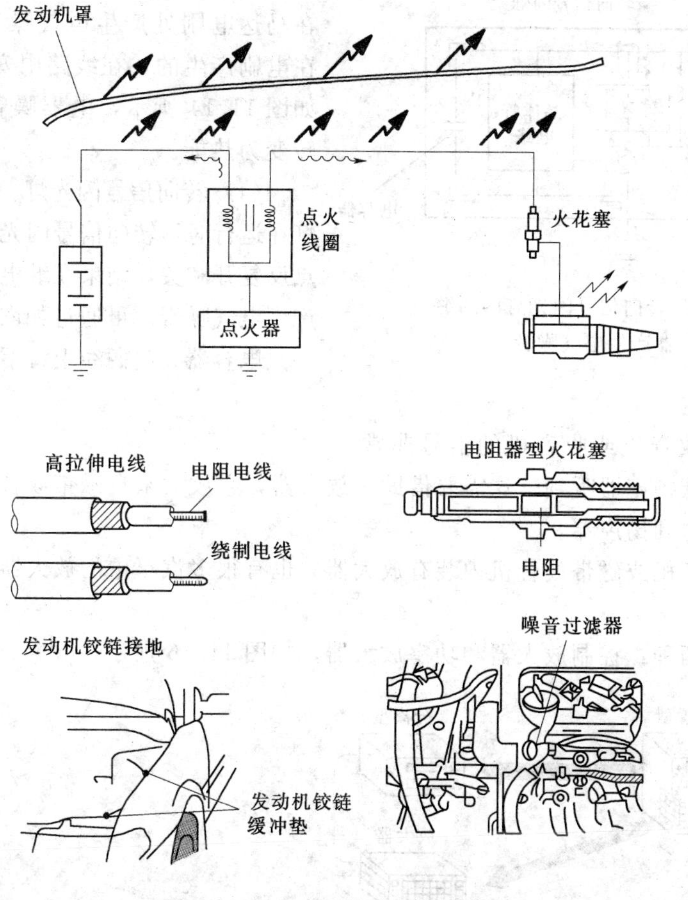

图 11.12　点火系统噪音抑制措施

1）高压线。使用电阻式或缠绕式电线作为高压线的芯线，可将电流中的噪音成分转化成热能。

2）电阻式火花塞。在火花塞的中央电极串入一只电阻，用于抑制噪音成分。

3）发动机罩接地。使用导电橡胶做的发动机罩垫子，将发动机罩连接到车身。

（2）喇叭。当喇叭操作时，在喇叭的触点产生电气噪音。为减小此噪音时，可在的触点处并联一只可变电阻，见图 11.13。

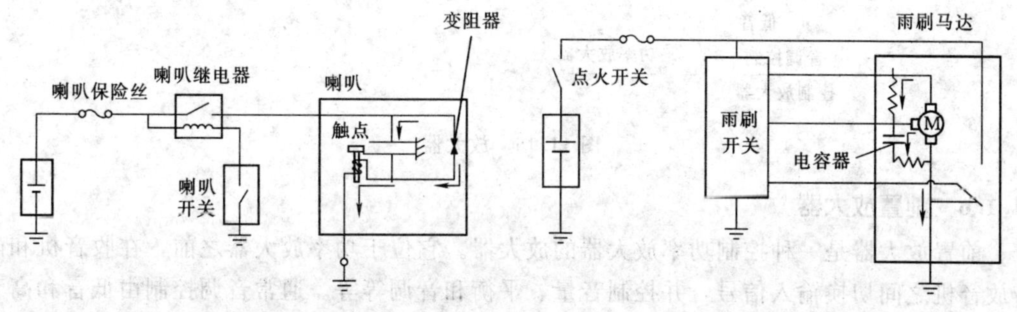

图 11.13　喇叭的触点产生电气噪音

图 11.14　马达电刷处产生电气噪音

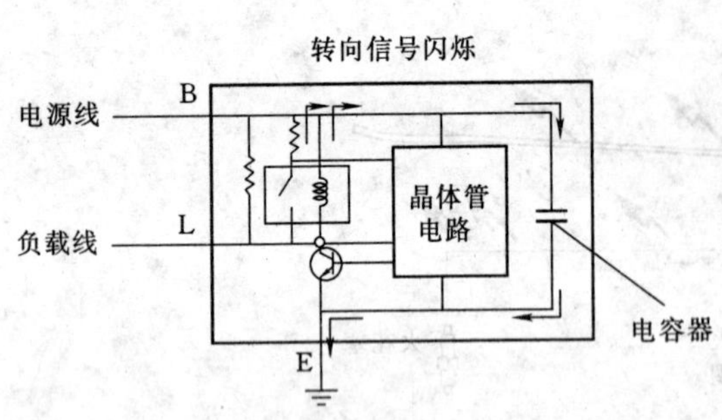

图 11.15　转向信号闪光灯内的继电器产生电气噪音

(3) 雨刷马达。当雨刷马达运行时，在马达电刷处产生电气噪音。因为噪音是在电刷产生的，在线路中安装一只电容器。如图 11.14 所示，电器噪音被电容器吸收转变为热能。

(4) 转向信号闪光灯。当转向信号闪光灯在运行时，转向信号闪光灯内的继电器触点反复开和关，结果在继电器触点和线圈内产生电气噪音。可通过如图 11.15 所示连接一只电容器，电源线上将不再产生噪音。

11.1.5　放大器

来自磁带放音机或收音机的信号非常弱，因此不能从扬声器听到。这需要借助于放大器，它放大来自磁带放音机或无线电接收机的信号并发送到扬声器。

普通的收音机或磁带放音机内装有放大器。也有很多汽车中的放大器是音响系统中的一个独立组件。

放大器有两种：控制放大器和功率放大器，如图 11.16 所示。

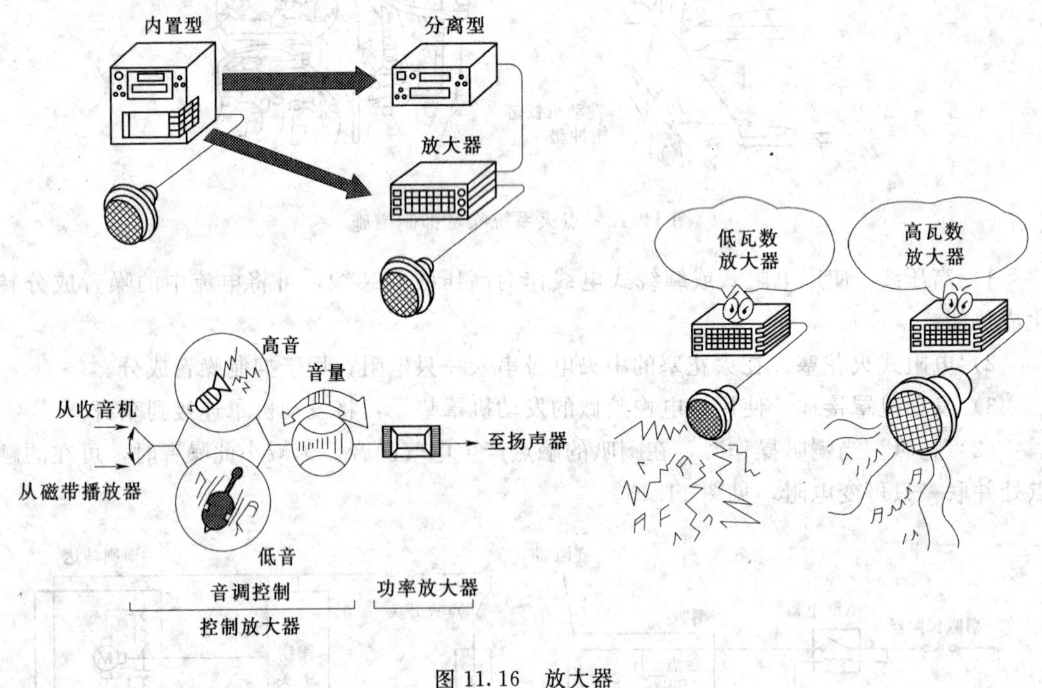

图 11.16　放大器

11.1.6　前置放大器

前置放大器是一种控制功率放大器的放大器。它位于功率放大器之前，在收音机和磁带放音机之间切换输入信号，并控制音量、平衡和音调等等。通常音调控制由低音和高音的双音控制组成。在这种情况下，低音和高音的强度可以分别控制。

11.1.7 功率放大器

功率放大器以固定比率放大来自前置放大器的信号并使喇叭发出声音。因此，如果来自前置放大器的信号弱，喇叭的声音就低；来自前置放大器的信号强，喇叭的声音就高。输出功率表示放大器使喇叭发出多高的声音，单位是“W”。数字越大，放大器可以发出的声音越响。就汽车音响而言，用户听的时候，需用功率只是几瓦，但是一般都使用20～30W的放大器。这是因为使用大的输出功率可以产生轻松和舒适的声音。

11.1.8 扬声器

扬声器将放大器放大的信号转变成声音。扬声器系统包括低音扬声器、中音扬声器和高频扬声器以及全频率扬声器。另外，有双分频和三分频扬声器：前者将放音频率分成两个范围，中低频和高频，并用一只音箱的低音喇叭和高音喇叭发声。后者将频率分离成低、中和高频范围，使用三只扬声器放音。

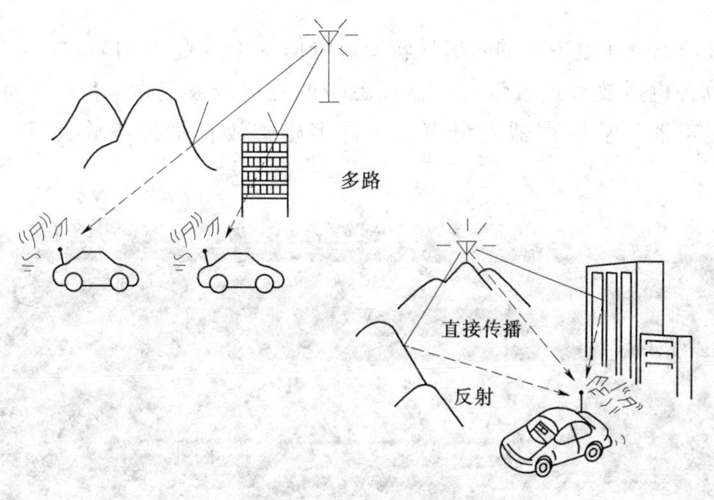

图11.17 扬声器

1. 扬声器的结构和原理

如图11.17所示，磁铁产生的磁力作用到板极和中心柱极，在极之间集中有一圆柱形缝隙，有一动圈可以在缝隙中上下自由地移动。动圈与振动膜板（纸盆）相连。当动圈流过放大后信号（电流）时，动圈按照电流上下振动，导致纸盆的运动并且发出声音。

2. 扬声器的阻抗

扬声器的阻抗是指扬声器对于输入信号的阻抗值，是从输入端一侧看的值。此值显示了如图11.18所示的特征，它在低频范围中的某点有最大值，图11.18中的标准电阻称为额定阻抗，一般为4Ω和8Ω并且必须与放大器的输出阻抗匹配。

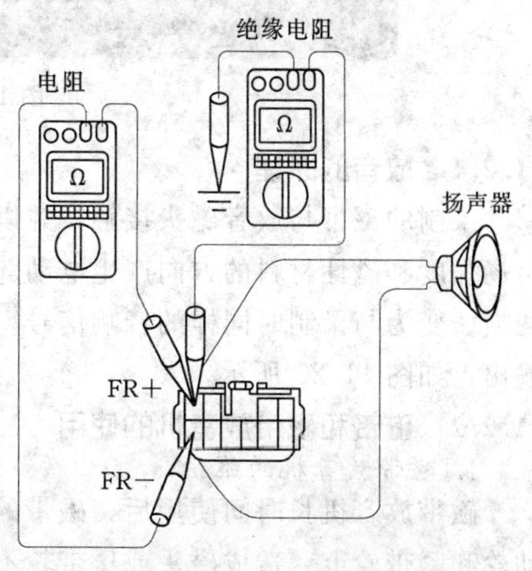

图11.18 扬声器检查

3. 最大容许输入

最大容许输入是指不会使扬声器破坏的最大瞬时输出极限的指标，单位是瓦（W）。瓦数越大，装置可以承受的电流越大。如果容许的最大输入值太小，扬声器容易损坏。

4. 扬声器检查

从无线电接收机或放大器拆开扬声器线并检查如图 11.18 所示项目。

(1) 测量每个扬声器的电阻 在正（+）和负（−）端子之间测量扬声器的电阻。

电阻：4Ω 扬声器大约 4Ω；8Ω 扬声器大约 8Ω。

提示：收音机类型不同，连接器端子的位置不同。

(2) 检查各扬声器线与车身之间的绝缘电阻。

电阻为∞。

11.2 磁带播放机

磁带放音机是把录在磁带上的磁信号转变成电信号（放音）的装置，如图 11.19 所示。

当在磁带放音机播放盒式磁带时，盒式磁带的磁信号被变为电信号。此信号被放大器放大并发送给扬声器，从扬声器发出声音。许多磁带放音机配备放大器、AM/FM 收音机、CD 等装置。

图 11.19　磁带播放机

11.2.1　放音的原理

录制的磁带与放音磁头接触，并以录制速度相同的速度通过，根据放音磁头线圈上的磁场强度和磁性材料的方向产生电动势。电动势的信号通过音量、音调、音场调整及通路切换、变为与录制时同样的音响信号。此信号被放大器放大并发送到扬声器，并从扬声器输出，如图 11.20 所示。

11.2.2　磁带和磁带放音机的使用

1. 磁带放音机的维护

磁带放音机长时间使用后，磁带的磁性粒子、异物灰尘等黏附到诸如与磁带接触的主动轮和紧带轮上。造成磁头或压带轮不能完全与磁带接触，导致声音故障。为了防止这些问题，需要经常用清洁磁带清理装带部件。

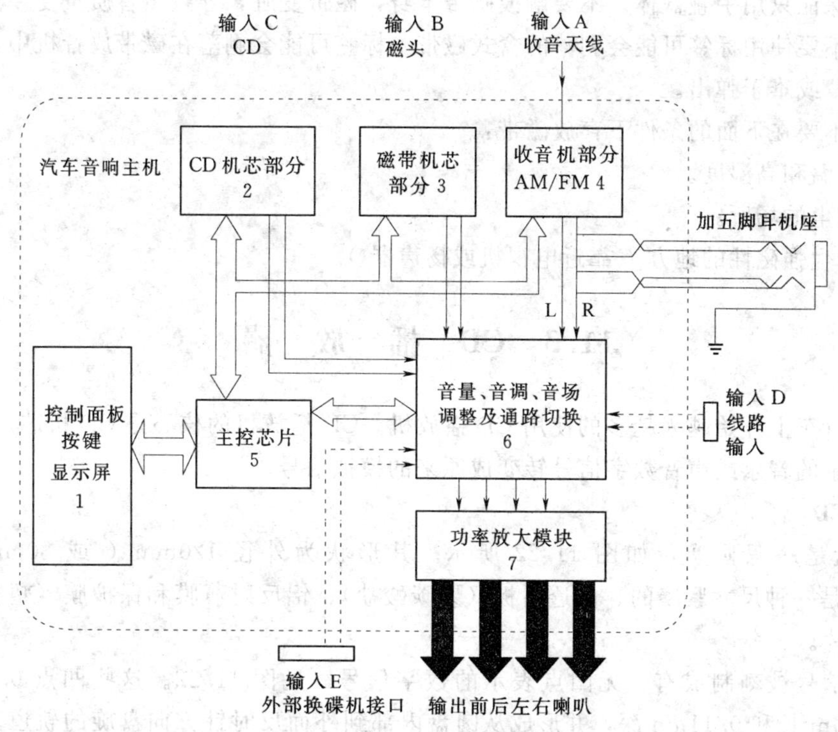

图 11.20 音响系统内部原理图

2. 磁带和磁带放音机使用注意事项

为了防止磁带性能的下降或盒式磁带本身引起的故障，必须注意如图 11.21 所示事项。

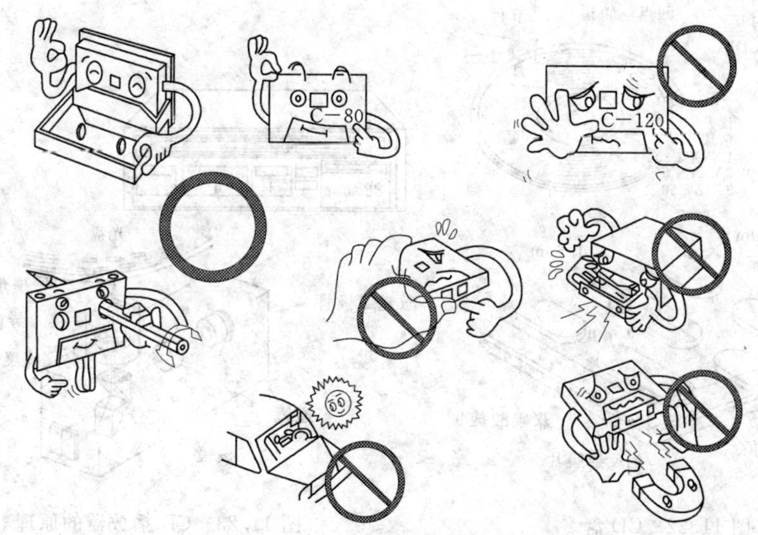

图 11.21 磁带和磁带放音机的处理

(1) 当磁带不用时，将它存放在盒内。

(2) 使用少于 C90 (90min) 的盒式磁带。

(3) 务必保持卷紧磁带，如果它变松，将播放不好。

(4) 保证只用手碰盒体。不要触摸磁带本身，磁带变脏，导致声音质量变差。

(5) 不要使用标签可能会剥落的盒式磁带。标签可能会剥落在磁带放音机中，或导致装载不良，或难于弹出。

(6) 不要在下面的条件下存放磁带：

1) 高温和高湿度。

2) 多尘的场所。

3) 产生强磁性的地方（靠近电视机或扬声器）。

11.3 CD 播 放 器

现代汽车上开始越来越多的使用 CD 播放机。CD 播放机的核心是 CD 机芯。它将 CD 盘上所刻录的音乐或声音数字信号转变成原来的模拟信号。

11.3.1 CD

CD 盘是一只圆盘，如图 11.22 所示。其形状为外径 120mm（或 80mm），厚 1.2mm。是一种尺寸紧凑的、由透明板（聚碳酸盐）、铝反射薄膜和保护膜（塑料）三层组成的唱片。

声音信号被刻制成有、无凹点表示的数字信号，见图 11.22。这些凹点 0.5μm 宽、0.9～3.3μm 长和 0.11μm 深，并形成从圆盘内部到外面反时针方向盘旋的轨道。在轨道的开始位置（最里面），音乐数据内容（歌曲的总数、总放音时间各歌的位置等）被刻制成读入信息。依据此信息显示磁道数和放音时间，并执行歌曲的选择和搜索。

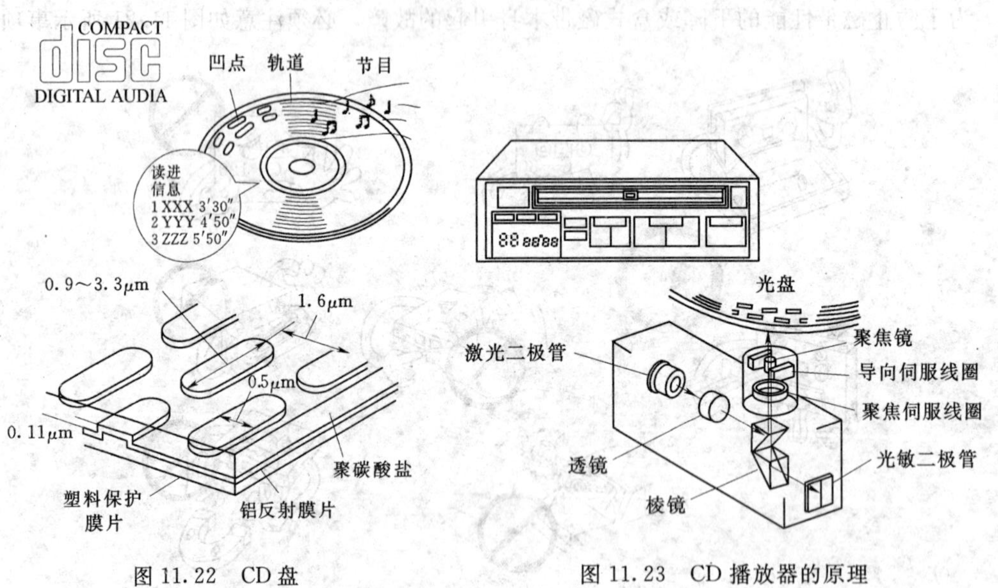

图 11.22　CD 盘　　　图 11.23　CD 播放器的原理

11.3.2 CD 播放器的原理

CD 播放器根据激光束发射到刻在 CD 上凹点处的反射光强度，获得信号并转为电信号，再以此转换成声音信号。其基本结构如图 11.23 所示。

(1) 光学拾波器。光学拾波器正确地对 CD 上的凹点发射激光，并获得反射光，如图

11.24 所示。当激光束击在无坑的地方，光束几乎100%反射并回到光电二极管。当光束击中某个坑，产生的衍射导致只有大约30%的光回到光电二极管。光电二极管收到的光的强度变化而产生的电流变化即为CD所刻制的声音信号。

（2）光学拾波导向伺服。光拾波器跟踪伺服系统按照CD的转动跟踪在轨道上的光拾波器，并一直将聚焦透镜保持在跟踪伺服系统的校正范围中，如图11.25所示。当搜索时，它也起快速移动光拾波器到目标磁道的功能。

（3）CLV伺服系统（恒定线速度）。在CD盘上，声音信号是以恒定线速度刻制的。因此读信号时，必须通过变化CD盘的转速控制信号以恒速通过光拾波器。当光拾波器在CD最里面时，转速很高（500r/min），光拾波器在CD最外面时，转速较低（200r/min）。如图11.26所示。CLV伺服系统通过与CD上所刻制的信号同步，使线速度变成恒量。

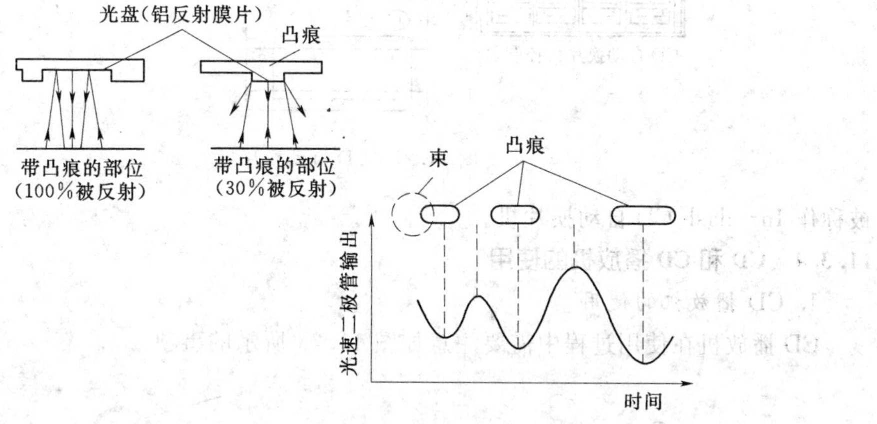

图11.24 光学拾波器

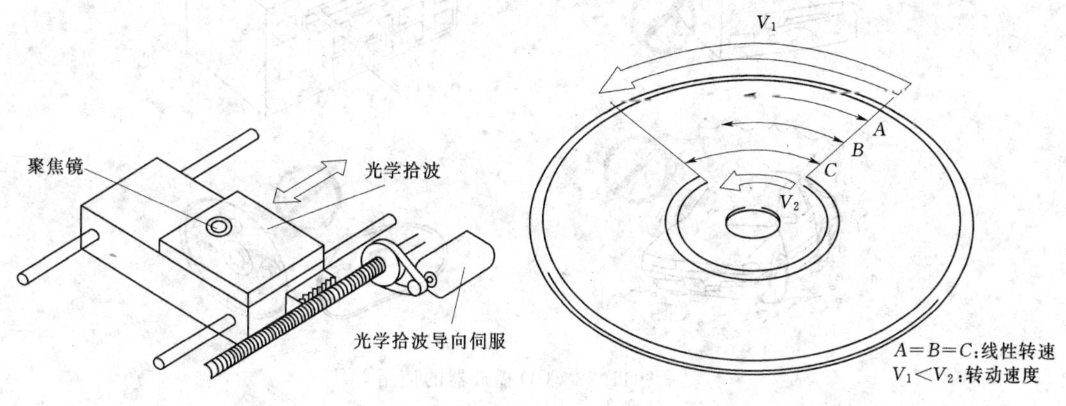

图11.25 光学拾波导向伺服

图11.26 CLV伺服系统

11.3.3 CD自动换片机

部分汽车的CD播放机采用多个盘片的连续播放，这将用到CD自动换片机自动地切换CD盘，并通过可以插入多张CD盘的片仓播放数字音响，如图11.27所示。

CD自动换片机由在CD上读信号的光拾音器和在片仓内自动更换CD盘的换片机构组成。有两种CD换片机：一种类型与收音机分离，另一种与收音机组合成为一体。后者

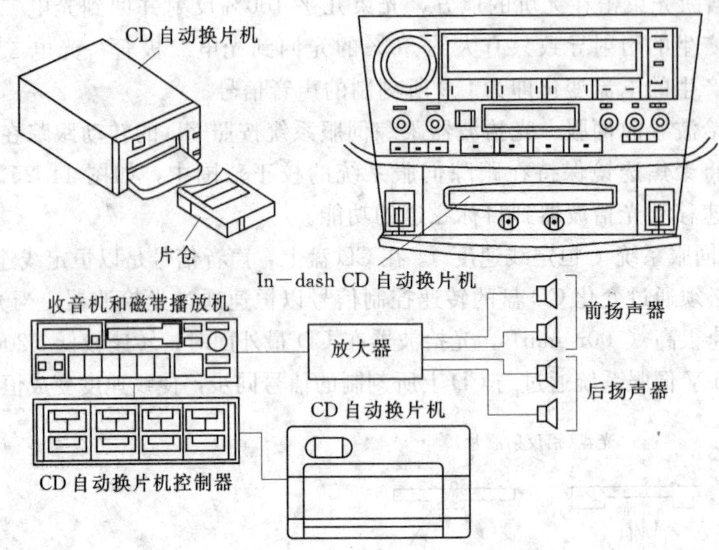

图 11.27　CD 自动换片机

被称作 In－dash CD 自动换片机。

11.3.4　CD 和 CD 播放机的使用

1. CD 播放机的使用

CD 播放机在使用过程中需要注意如图 11.28 所示的事项。

图 11.28　CD 播放器的使用

(1) 当天冷或下雨时，如果 CD 播放机内部结露（有水滴），则须进行通风或除湿。否则，播放机可能会跳道或开不起来。

(2) 在不平整的道路上行驶时，会导致严重的振动，播放机会跳道，因此要小心。

(3) 除了光盘外，不得塞入任何物体，例如将螺丝刀或其他的金属物体或磁铁插入光盘装载槽口。

(4) 不得使用开裂的或翘曲的 CD 盘。

2. CD盘的使用

CD盘在使用过程中应注意图11.29所示事项。

图11.29 CD盘的使用

(1) 污垢、灰尘、划痕和翘曲可以使CD播放机跳道。

(2) 操作时要当心，特别在存取CD盘时。

(3) 如果触摸了播放表面（没有印刷的那面），CD变脏将导致声音质量变差，因此务必在拿光盘时不要留下指纹。

(4) 不要将纸或其他材料贴到标签表面上，不要刮坏表面。

(5) CD不用时，存放好。不要保存在高温和高湿度处。

(6) 不要将光盘放在汽车座位或仪表板上阳光直接照射处。

(7) 如图11.29所示，清理CD时，需要使用含高分子复活剂，高挥发复活剂的专用清洁剂，不得使用苯、唱片喷雾剂、静电去除剂等。

(8) 如果光盘弄脏了，用一块软布用水弄湿从内向外揩（径向）。不得沿圆周方向擦。

11.4 汽车音响的基本电路及典型故障分析

汽车音响的故障检修应从它的电路特点和基本线路进行着手。

11.4.1 汽车音响电路特点

目前我国汽车拥有量相当大，普通型、豪华型车辆举目可见，相应车上使用的音响随着车型的不同，实际安装应用的也各不相同。例如：国产130货车、沈阳金杯面包车、天津夏利轿车等车上安装的大都是一些普通型音响。而国产桑塔纳、奥迪等轿车上安装的均为中级型音响。引进的宝马、凯迪拉克、现代、奔驰等轿车上安装的均是高档汽车音响。从不同车上安装的汽车音响不难看到，实际应用的汽车音响种类繁多、样式各异，一般较难掌握来自不同车上安装的音响的基本概况，往往在日常维修中会被一些不同车型音响出现的不同故障难住，有无从下手维修的感觉。分析日常维修所遇到的实际困难，主要有下面两点：

(1) 难以确定故障出在具体位置。

(2) 缺乏维修参考资料。

从上述两点原因中不难看出，难以确定故障点的关键是没有对汽车音响线路有详细的了解，对局部线路的作用掌握的不是十分透彻。当然，借助维修参考资料对快速排除故障会起到帮助作用，但维修汽车音响是很难实现这一点的，因为汽车音响主要是引进产品，日常维修基本是依靠自身掌握的电子技术知识，在线路上缓慢查找，迫切希望能够找到故障点，但并非容易，因此，认识汽车音响总体概况必须从根本上开始，也就是从它的基本电路着手。图 11.30 所示是基本电路方框图之一，它是汽车音响最基本最简单的线路。从图 11.30 中可以看到，该电路主要由三个部分组成。

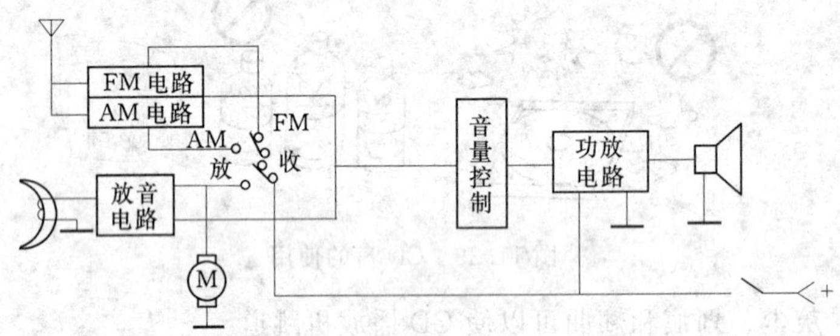

图 11.30　汽车音响基本电路

(1) 收音电路。

(2) 放音电路。

(3) 功放集成电路

图 11.30 体现出汽车音响的三大基础电路，任何高难和复杂的电路均是建立在这个电路基础上的，无一例外。例如，图 11.31 所示线路均是建立在图 11.30 基础上的。“立体声解码电路”的设置为机器功能增添了新的色彩，但无论机器进行何种改进和更新，三大基本电路总是汽车音响的根本。因此，掌握汽车音响的收音电路、放音电路和功放电路有助于排除来自不同位置发生的故障，会起到事半功倍的作用。

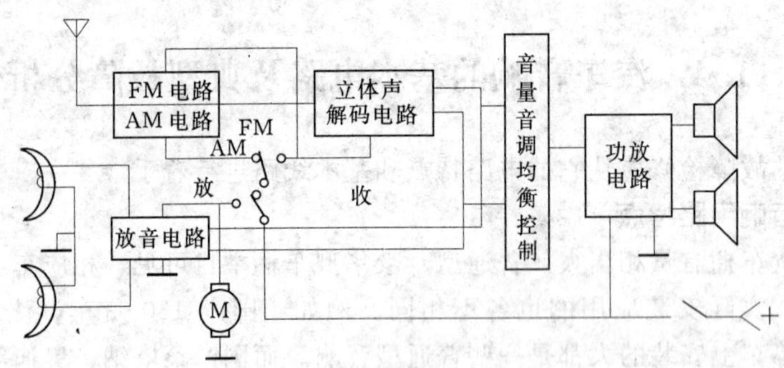

图 11.31　汽车音响基本电路

另外，汽车音响电路故障基本是以供电线路出现“断路”为常见，因此掌握机器供电线路的电压走向，也是一个重要环节，这可从上面给出的线路方框图中明显看出，当机器电源开关打开以后，机内功放集成电路便处在工作状态中，电压分向主要由收、放音转换

开关来完成。在常见机型中，一般12V高电位仅存在于机内电源位置、功放集成电路位置、收放音转换开关位置，线路故障多数出在电压分向12V降压点处，应该引起注意。

11.4.2 汽车音响典型故障类型

不同汽车上的音响设备虽然种类繁多，线路以及机械应用各不相同，但它们都存在最基本的故障特点。无论是什么样的机型，总体可以归纳出下面六种典型故障。

1. 整机不工作

这种故障日常维修中见到的不是很多，只占整个维修量的3%。

这种故障大多发生在电源供电线路上，突出表现在车上电源断路、机内线路烧断、电位器开关触点烧坏等。

检修这种故障，对于一些普通型、中级型机器不是十分困难，因为这种故障位置较为直观，修理过程比较简便，无需更换任何部件。但是，当这种故障发生在一些高档汽车音响中时其检修就相对困难一些。这主要是因为一些高档机器电源供电方式与普通型机器不同。它们大多采用多级电源供电，而且电源供电线路分向到达具体位置的作用很难得到快速理解，尤其是电源采用电子开关电路的机型则更是这样。多级推动开关电路在设计上是比较微妙的，如想找到造成整机不工作的故障点，需经一段曲折的检查过程后，方能得出结论。能够找到故障点，就是修复机器走向成功的标志，剩下的就是面对损坏元件的更换问题，其维修的关键就是能否购置到损坏元件，如贴片三极管等。

2. 机械故障

机械故障是汽车音响比较常见的故障，约占整个维修量的60%。

汽车音响的机械故障突出表现在放音变调、绞带、不走带。损坏情况有皮带断、齿轮牙磨平等。日常维修中机械故障存在的困难突出表现在更换损坏配件方面，因为在电子市场上很难购买到来自不同机器上应用的不同配件，也正是由于在购置配件方面存在有一些困难，所以有相当数量的机器因无配件更换而放弃维修。实际维修常采用的一些应急维修方法有：从旧机器上拆件、自制、补齿、穿钉、加垫等。

3. 放音走带，收、放音均不响

这种故障在日常维修中较为突出，属于典型机内功放集成电路损坏范例，约占整个维修量的30%。

由于汽车音响功放集成电路是收音与放音共用电路，它存在工作时间长、本身功率产生热量大、车体热源烘烤、电源不稳等因素的影响，出现损坏的机会较多。

4. 收音正常，放音不响

这种故障实际维修中见得不是太多，其故障点多数在供电线路断路，约占整个维修量的3%。

这种故障有两种现象，一种为放音走带机器不响，另一种为放音不走带无音响。

检修这种故障时，收音正常可确定功放电路是正常的。当遇到放音走带机器不响时，一般故障点仅在放音前置级供电线路断路。如遇到放音不走带机器不响时，一般故障点仅在收、放音转换开关的放音供电位置。

这种故障如发生在一些普通型、中级型机器中则排除难度不大，一般故障点好确定。但是，如这种故障发生在一些高档机器中，如采用电子收、放音转换电路的机型中排除故障时就较难得到快速定位和确定故障点，这就需要维修人员能够细致地确定电子转换控制电路的具体位置，然后进一步检查故障点。

5. 放音正常，收音不响

这种故障日常维修中遇到的也不是很多，故障点多数在收音供电线路上，其中断路比较常见，约占整个维修量的3%。

检修这种故障应重点检查机内收、放音转换开关收音点位置，因为该故障表现为AM 。

FM 收音均不响，因此故障点基本在收音供电线路的关键点位置。

同样，这种故障能够出现在一些高档机型中，特别是出现在采用电子开关进行收、放音转换的电路和显示屏控制电路中。在排除故障方面相应存在有一些难度，因为这种电路开关连锁控制线路比较繁杂，检查故障点需经过一段曲折的检测过程才能确定转换开关的具体位置。

6. 收放音均正常，CD 不响

在 CD 与收放音共用功放电路的高级汽车音响中出现这种故障的现象经常遇到，随着安装 CD 机的车型不断普及，其维修量将会逐渐增加。

一般单碟 CD 播放器、六碟 CD 播放器、十碟 CD 播放器的故障部位多数在控制电路、供电线路、CD 播放器本身线路和机械部分。当轿车上使用的 CD 播放器出现故障时一般维修难度较大，因为购置配件基本没有，例如唱头损坏后因难以购置新件将无法完成对CD 播放器的维修过程。

另外，维修汽车 CD 播放器是最为麻烦的一项工作，因为在整个维修过程中必须把CD 播放器与控制主机同时从车上拆下来。一般多碟 CD 播放器存在无脉冲电路和有脉冲电路控制两种，选碟方式极其特殊，机械阶梯选课方式在家电中前无先例。

11.5 汽车导航系统

11.5.1 GPS 介绍

GPS 技术以前多用于军事上，主要用于陆、海、空导航，定点轰炸以及舰载导弹制导。该技术在海湾战争及近期反恐战争中发挥了巨大威力。GPS 是以全球 24 颗定位人造卫星做基础，向全球各地全天候地提供三维位置、三维速度等信息的一种无线电导航和定位系统。

GPS 的定位原理是：用户接收卫星发射的信号，从中获取卫星与用户之间的距离、时钟校正和大气校正等参数，通过数据处理确定用户的位置。民用 GPS 的定位精度可达10m 以内。GPS 具有的特殊功能很早就引起了汽车界人士的关注，当美国在海湾战争后宣布开放一部分 GPS 的系统后，汽车界立即抓住这一契机，投入资金开发汽车导航系统，对汽车进行定位和导向显示，并迅速投入使用。

11.5.2 汽车导航系统

汽车导航系统又叫汽车 GPS 导航系统。是指车辆道路交通信息通信系统，如图11.32 所示。

1. 基本组成

汽车 GPS 导航系统由两部分组成：一部分由安装在汽车上的 GPS 接收机和显示设备

组成；另一部分由计算机控制中心组成，两部分通过定位卫星进行联系。计算机控制中心是由机动车管理部门授权和组建的，它负责随时观察辖区内指定监控的汽车的动态和交通情况。

图 11.32 汽车导航系统

2. 基本功能

整个汽车导航系统起码有两大功能。

一个是汽车踪迹监控功能，只要将已编码的 GPS 接收装置安装在汽车上，该汽车无论行驶到任何地方都可以通过计算机控制中心的电子地图上指示出它的所在方位。

另一个是驾驶指南功能，如图 11.33 所示。车主可以将各个地区的交通线路电子图存储在软盘上，只要在车上接收装置中插入软盘，显示屏上就会立即显示出该车所在地区的位置及目前的交通状态，既可输入要去的目的地，预先编制出最佳行驶路线，又可接受计算机控制中心的指令，选择汽车行驶的路线和方向。导航系统的显示屏是一个地图画面，输入目的地后，一个红色的箭头指示汽车要走的方向。接下来，导航系统的地图变成了立体地图，让人一目了然，到了该拐弯的时候，有声音提醒。新导航系统更加先进，在停车场行走的时候可以告诉司机哪里有停车位，前面的行车路线哪里堵车，塞车有多远，如果改变路线的话应该走哪条路。

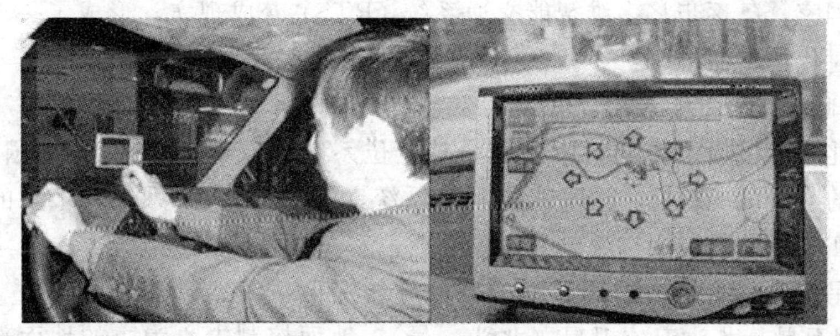

图 11.33 驾驶指南功能

3. GPS 基本工作过程

(1) 用户输入目的地。在出发前，用户通过系统的输入方法将目的地输入到导航设备中。除了在系统显示的电子图上直接点击选取地点外，更多时候是借某种输入方法，将目的地名输入到系统中。国内汽车自主导航产品基本都是基于 PC 机构，或者借助外接键盘，以类似 PC 机的中文输入法作为地名输入方法的汽车导航系统，或者利用触摸屏借助日益成熟的手写识别技术进行中文输入。依靠键盘或触摸屏同时也可以实现几乎所有的功能按键的功能。基于“以人为本”的设计思想，特别是考虑到安全性能要求，目前人们也在开发基于语音技术的产品。

(2) 行驶路线。汽车导航主机从 GPS 接收机得到经过计算确定的当前经纬度，通过与电子地图数据的对比，就可以随时确定车辆当前所在的地点。一般汽车导航系统将车辆当前位置默认为出发点，在用户输入了目的地之后，导航系统根据电子地图上存储的地图信息，就可以自动算出一条最合适的路线，作为新的路线。

(3) 行驶中的导航。汽车自动导航系统的输出设备包括显示屏幕和语音输出设备。在行驶过程中，驾驶员必须全神贯注于驾驶，而不能经常查看显示屏幕，因此，一个实用而人性化的车辆自动导航的车辆自动导航系统利用语音输出，在必要时刻向驾驶员提示信息。比如，车辆按照系统推荐路线行驶到应该转弯的路口前，语音输出设备提示驾驶员："300m 后请向左转"，这样驾驶员根本不必要关注屏幕的显示，也可以按照推荐路线正确快捷地到达目的地。

4. 汽车导航系统的发展

GPS (Global Positioning System) 即全球定位系统，是由美国建立的一个卫星导航定位系统，利用该系统，用户可以在全球范围内实现全天候、连续、实时的三维导航定位和测速；另外，利用该系统，用户还能够进行高精度的时间传递和高精度的精密定位。

卫星导航器产品于 20 世纪 90 年代中期面世，据权威数据分析，2005 年日本市场将突破 300 万台，美国、欧洲则将分别达到 150 万台和 250 万台，到 2010 年，全球汽车导航器的容量有望达到 1300 万台以上。而在中国，卫星导航器市场前景同样异常诱人。据统计，2004 年中国轿车销量达到 220 万辆，以后每年还将会保持 20%的增长率。如果 30%的轿车使用导航器，则国内市场容量每年将达到近 100 万台。

近年来，随着全球定位系统 (GPS)、现代 地理信息系统 (GIS) 与遥感技术 (RS) 的发展与结合，促进了现代空间数据快速获取的集成技术、计算机技术与通讯技术的发展与结合，人们不断从更广泛的领域中涉足导航系统和导航电子地图的研究，特别是在美、日等一些发达国家，已逐步将多维智能交通系统 (RTS) 变成现实，形成了一个全球交通事业深远和跨时代的革命。

5. 中国北斗卫星定位系统

古人以北斗七星指引方向，中国的全球定位系统也取名"北斗"。中国的北斗计划，加上俄罗斯的 Glonass 系统、欧盟的伽利略系统、美国的 GPS 系统，未来的全球定位系统，将出现四强竞争的局面。

北斗卫星定位系统是由中国建立的区域导航定位系统。该系统由四颗 (两颗工作卫星、2 颗备用卫星) 北斗定位卫星 (北斗一号)、地面控制中心为主的地面部分、北斗用户终端三部分组成。

北斗定位系统可向用户提供全天候、24 小时的即时定位服务，授时精度可达数十纳秒 (ns) 的同步精度，北斗导航系统三维定位精度约几十米，授时精度约 100ns。美国的 GPS 三维定位精度 P 码目前已由 16m 提高到 6m，C/A 码目前已由 25～100m 提高到 12m，授时精度日前约 20ns。

北斗一号导航定位卫星由中国空间技术研究院研究制造。四颗导航定位卫星的发射时间分别为：2000 年 10 月 31 日、2000 年 12 月 21 日，2003 年 5 月 25 日，2007 年 4 月 14 日，第三、四颗是备用卫星。2008 年北京奥运会期间，它在交通、场馆安全的定位监控方面，和已有的 GPS 卫星定位系统一起，发挥了"双保险"作用。

北斗一号卫星定位系统的英文简称为 BD，在 ITU (国际电信联合会) 登记的无线电频段为 L 波段 (发射) 和 S 波段 (接收)。北斗二代卫星定位系统的英文为 Compass (即指南针），在ITU登记的无线电频段为L波段。

“北斗一号”卫星定位系统工作原理：

“北斗一号”卫星定位系统中用户到第一颗卫星的距离，以及用户到两颗卫星距离之和，从而知道用户处于一个以第一颗卫星为球心的一个球面，和以两颗卫星为焦点的椭球面之间的交线上。另外中心控制系统从存储在计算机内的数字化地形图查寻到用户高程值，又可知道用户出于某一与地球基准椭球面平行的椭球面上。从而中心控制系统可最终计算出用户所在点的三维坐标，这个坐标经加密由出站信号发送给用户。

“北斗一号”的覆盖范围是北纬5°～55°，东经70°～140°之间的心脏地区，上大下小，最宽处在北纬35°左右。其定位精度为水平精度100m（1σ），设立标校站之后为20m（类似差分状态）。工作频率：2491.75MHz。系统能容纳的用户数为540000户h。

北斗系统有三大功能。

快速定位：北斗系统可为服务区域内用户提供全天候、高精度、快速实时定位服务，定位精度20～100m。

简短通信：北斗系统用户终端具有双向报文通信功能，用户可以一次传送40～60个汉字的短报文信息。

精密授时：北斗导航系统具有单向和双向两种授时功能。根据不同的精度要求，利用授时终端，完成与北斗导航系统之间的时间和频率同步，可提供数十纳秒级的时间同步精度。

由于对包含车辆的位置和状态信息的数据要求有一定的实时性。同时车辆与调控中心之间的信息沟通实际上也是一种数据的通信方式，其信息量一般也不会超过GSM短信息的长度范围。因此利用GSM的短消息业务基本可满足系统通信的需要。其次，通过短信息方式发送数据其成本代价远远低于其他方式（如通过话音信道）。

与其他无线电台等传统方式比较，采用GSM短信息网络系统具有以下优点：

（1）速度快，实时性好，不掉线。

（2）可以双向通信，及时返回终端信息。

（3）设备体积小，操作简单。

（4）由于控制中心无须专门设置大功率发射电台，将大大降低安装费用。

（5）覆盖面广受地理环境。

本 章 小 结

1. 汽车音响具有音质效果好、噪音低、抗干扰、性能稳定、操作方便等特点。汽车音响系统由天线、接收装置、声场修正、可听频率增幅、扬声器等五个部分组成。与其他音响相比，汽车音响外形体积受到限制，工作条件十分苛刻，采用低压12V或24V蓄电池作为直流电源。

2. 汽车音响浓缩了大量高新技术，采用数字调谐技术；对磁带机芯的逻辑控制，采用多片连续播放或CD机和大功率功放输出，采用了数/模转换和数字滤波技术，还有新颖的消噪音技术。

3. 由于音响电源容易被中断，高级汽车音响一般都具备防盗系统。压强偶像再使用汽车音响就必须按正确步骤输入正确密码，或使用编程解码后，音响系统才能正常工作。汽车音响在检测与维修时，应该了解一些注意事项和维修技巧，能用所学知识和常见的诊断方法分析故障原因，找出故障部位。

4. GPS（Global Positioning System）即全球定位系统，是由美国建立的一个卫星导航定位系统，利用该系统，用户可以在全球范围内实现全天候、连续、实时的三维导航定位和测速；另外，利用该系统，用户还能够进行高精度的时间传递和高精度的精密定位。

5. GPS 的整个系统由空间部分、地面控制部分和用户部分所组成。

单　元　习　题

一、单项选择题

1. 汽车音响对 AM 波段的接收灵敏度一般要求小于（　　）μV。

A. 10　　B. 30　　C. 50　　D. 80

2. 多片 CD 唱机一般安装在（　　）位置。

A. 仪表板下　　B. 前坐椅下　　C. 后行李箱　　D. 后座位下

3. GPS 即全球定位系统是由（　　）颗卫星组成的。

A. 4　　B. 8　　C. 12　　D. 24

二、判断题（正确的打“√”，错误的打“×”）

1. 汽车音响的音量可选用 VOL 键。（　　）

2. 采用数字调谐技术是汽车音响区域数字化的一个重要标志。（　　）

3. GPS 在行驶中导航可以预设目的地。（　　）

三、简答题

1. 汽车音响系统由哪几部分组成？

2. 汽车音响系统常见的故障及原因有哪些？

3. GPS 有哪些主要功能？

参 考 文 献

[1] 郭远辉．《车身电气及附属设备构造与检修》(第一版)．北京：人民交通出

[2] 胡光辉．《汽车电器设备构造与维修》，北京：机械工业出版社，2008.

[3] 周建平．《汽车电器设备》，北京：人民交通出版社，2002.

[4] 李东江．《现代汽车电气设备》，北京：机械工业出版社，2001.

[5] 毛峰．《汽车车身电控技术》，北京：机械工业出版社，2004.

[6] 孙余凯等．《汽车电器识图技巧》，北京：人民邮电出版社，2003.

[7] 杨江河等．《汽车修理技师手册》，北京：机械工业出版社，2001.

[8] 燕来荣等．《汽车检修易学通》，北京：人民邮电出版社，2009

[9] 关达凯等．《汽车修理实用手册》，北京：机械工业出版社，2007.

[10] 薛宏建．《汽车故障与检修》，北京：金盾出版社，2007.